典型国家预算绩效管理与政策评估丛书

丛书主编 / 马海涛
从书执行主编 / 曹堂哲

# 美国政府预算绩效评价与管理

United States Government Budget Performance Assessment and Management

财政部预算评审中心◎编著

中国财经出版传媒集团
中国财政经济出版社
·北京·

**图书在版编目（CIP）数据**

美国政府预算绩效评价与管理 / 财政部预算评审中心编著．-- 北京：中国财政经济出版社，2024.11.
（典型国家预算绩效管理与政策评估丛书）．-- ISBN 978 - 7 - 5223 - 3515 - 5

Ⅰ. F817.122

中国国家版本馆 CIP 数据核字第 2024YR5028 号

责任编辑：董小烨　陆宗祥　　　　责任校对：张　凡
封面设计：南博文化　　　　　　　责任印制：张　健

美国政府预算绩效评价与管理
MEIGUO ZHENGFU YUSUAN JIXIAO PINGJIA YU GUANLI
中国财政经济出版社 出版

**URL**：http：//www.cfeph.cn
E - mail：cfeph@cfeph.cn

社址：北京市海淀区阜成路甲 28 号　邮政编码：100142
营销中心电话：010 - 88191522
天猫网店：中国财政经济出版社旗舰店
网址：https：//zgczjjcbs.tmall.com
北京厚诚则铭印刷科技有限公司印刷　各地新华书店经销
成品尺寸：170mm × 240mm　16 开　32.75 印张　534 000 字
2024 年 11 月第 1 版　2024 年 11 月北京第 1 次印刷
定价：98.00 元
ISBN 978 - 7 - 5223 - 3515 - 5
（图书出现印装问题，本社负责调换，电话：010 - 88190548）
本社图书质量投诉电话：010 - 88190744
**打击盗版举报热线：010 - 88191661　QQ：2242791300**

# 本书编委会

**主　编：** 李方旺

**副主编：** 常海林　赵　鹏　曹堂哲

**编　委：** 胡　诚　侯　飞　张雅涵　杨卓妮
申　晔　程铄雅　丁一博　田　梦
薛　莹　王　盈　程小珊　孙　阳
黄丰雨　许铁宁　秦泽宇　程子轩
柏子旋　李　敏　彭珮文　王梦琦
解诗琪　张子怡　刘　晴　罗　淋
于冬仪

# 丛书总序

自20世纪初期启动预算绩效评价以来，我国预算绩效实践先后经历了预算绩效评价（2001—2011年）、预算绩效管理（2011—2017年）、全面实施预算绩效管理（2017年至今）三个阶段。2017年10月，党的十九大报告明确提出“全面实施绩效管理”改革目标；2018年9月，《中共中央 国务院关于全面实施预算绩效管理的意见》（中发〔2018〕34号，以下简称《意见》）正式发布，要求“力争用3—5年时间基本建成全方位、全过程、全覆盖的预算绩效管理体系”等。

五年来，各地区、各部门、各单位围绕落实《意见》目标，精心谋划、认真组织、大力推动，已基本完成这一阶段性目标。值得注意的是，全面预算绩效管理仍面临着预算与绩效融合不够深入、绩效管理系统性不强、绩效管理各环节质量有待提升、绩效结果运用有待深化、绩效立法有待推进等问题。下一步，如何进一步深化预算绩效评价与管理改革，推动预算绩效管理提质增效成为亟须解答的重大课题。

习近平总书记在党的二十大报告中指出，“世界之变、时代之变、历史之变正以前所未有的方式展开”。为了健全完善中国特色的现代化预算制度，深化预算绩效管理和评价制度，我们有必要及时梳理分析国际组织，美国、英国等典型国家和地区在预算绩效管理和评价制度的成功经验做法及发现的问题，聚焦我国“面向世界科技前沿、面向经济主战场、面向国家重大需求、面向人民生命健康”的发展目标，做好比较分析和批判性借鉴，实现为我所用。

世界银行、国际货币基金组织，以及美国、英国、加拿大、新西兰等部分经济合作与发展组织（OECD）成员国在实践发展历程中，预算与绩效不断深度融合、绩效评价方式方法不断优化、绩效结果运用不断完善、绩效治理体系不断健全，这些正是当前我国深化预算绩效评价和管理改革可资利用和借鉴的地方。以美国为例，自1993年美国国会颁布《政府绩效与结果法案》以来，预算绩效管理取得迅猛发展。其中，一个重要方向是预算绩效向政策评估的扩展，如2017年特朗普政府推动出台的《基于证据的决策基础法案》，将绩效评价等绩效信息作为预算决策的基础，要求预算配置要和资金的实际效果建立因果联系。我国刚刚印发的《预算评审管理暂行办法》将“政策评估”作为预算评审的重要方法，其他主要国家也从法律和实践层面，将政策评估作为预算绩效管理的重要支撑。

近年来，我国不断健全完善政策评估评价制度。2019年10月，习近平总书记在中央经济工作会议上指出，重大政策的出台和调整要进行综合影响评估。2020年11月，党的十九届五中全会通过《中共中央关于制定国民经济和社会发展第十四个五年规划和二〇三五年远景目标的建议》，明确提出，健全重大政策事前评估和事后评价制度。政策评估和评价是循证决策的重要环节。循证决策源自循证医学，核心要义是“使决策建立在经过严格检验而确立的客观证据之上”。美国管理和预算办公室（OMB）描述了四种相互依赖的证据种类：政策分析、项目评估、基础事实结论、绩效测量。正如乔舒亚·安格里斯特所说：“使用数据回答特定因果关系的经验研究最有价值。”这四类证据的最终指向是找到政策干预与产出效果的因果关系，并作为预算决策的依据。

最近20年来，因果推断及其理论与实践的长足发展，不仅促进了应用经济学领域涌现了大量估计因果效应或因果推断的方法，还开启了学者们在公共政策或项目中应用因果推断来进行效应评估的探索之路：英国、美国等国家在循证决策中愈发重视数据基础设施的建设以及调查证据、定量证据的归因过程。2021年的诺贝尔经济学奖有3位获奖者。分析发现，3位获奖者的研究领域有部分交叉：加州大学伯克利分校教授戴维·卡德主要应用因果推断对劳动经济学领域的问题进行研究，美国麻省理工学院教授乔舒亚·安格里斯特和美国斯坦福大学教授吉多·因本斯因则在计量经济学方法论研究中对因果效应以及因果推断进行了深入挖掘与精彩诠释，并将其运用于劳动经济学与教育经济学领域的研究。可以看出，“以因果推断的方法进行实证研究”是3位经济学家获得经济学诺贝尔奖的共同之处。

可见，预算绩效向政策拓展是预算绩效管理的重要方向，而政策评估是预算绩效管理深化的重要支撑，将政策评估纳入译丛，既有助于我们从一个相对全面的视角把握国际预算绩效管理的发展演变历程，也能够反映预算绩效管理发展的最新方向。

基于“古为今用、洋为中用”的原则，我们拟编纂“典型国家预算绩效管理与政策评估丛书”，丛书主要翻译世界银行，国际货币基金组织，美国、英国、加拿大、日本、新西兰等 OECD 成员国的预算绩效管理制度、技术指南、典型案例和先进的评估方式方法等，为我国的预算绩效评价和管理改革提供借鉴。丛书选题分为预算绩效管理和政策评估的基础类、技术指南类、体系制度类和前沿评估方式方法类。

基础类主要反映预算绩效管理的多学科基础最新成果，比如政策评估、政府绩效管理、绩效预算、政府成本与会计等方面。技术指南类反映预算绩效管理各环节、各领域、各层次的技术指南。体系制度类主要编译和整合典型国家预算绩效管理的体系和进展，比如美国预算绩效管理、英国预算绩效管理等。前沿方法类反映政策评估、绩效评价等方面的最前沿的评估方式方法。

我们按照“成熟一本出版一本”的原则，久久为功，经过持续的努力，一定能在更宽广视野中，借鉴有益成果，推动预算绩效管理与政策评估理论研究的深化和实践的提质，推动我国新一轮财税体制改革的进程，推动现代预算制度的建立，加速国家治理体系与能力现代化进程。

**马海涛**

2024 年 1 月 1 日

# 本书序言

## 我国预算绩效管理的历史回顾与展望：中美比较分析的视角①

改革开放以来，我国政府绩效管理呈现出“行政主导、分头推进、渐进改革”的“碎片化”发展态势：在对象上经历了从侧重“用人”绩效到侧重“办事”绩效再到侧重“预算”绩效的转移；在环节上经历了从绩效评价到绩效管理的发展；在推动主体上经历了从组织人事部门、监察部门和编制部门再到财政部门牵引推动的演进。党的十九大以来，我国进入了全面实施绩效管理新时代，2018年9月《中共中央 国务院关于全面实施预算绩效管理的意见》（以下简称《意见》）印发，各地区、各部门也相继出台贯彻落实《意见》的措施，预算绩效管理上升为解决绩效管理问题的“关键点和突破口”，这意味着我国进入了以“预算”绩效为牵引和抓手，以预算绩效反映“办事”绩效，并纳入“用人”绩效，推动全面实施绩效管理的新时代，将深刻地改变政府治理和预算管理。②

### 一、我国预算绩效管理改革成效与问题

党中央、国务院、全国人大历来高度重视预算绩效管理。21世纪初，我国就开始了预算绩效评价试点，2003年党的十六届三中全会通过了《中共中央关于完善社会主义市场经济体制若干问题的决定》，提出“建立预算绩效评

---

① 本书序言由李方旺、曹堂哲组织撰写，撰写小组成员为：李方旺、曹堂哲、侯飞、胡诚、柏子旋、程子轩、解诗琪。

② 曹堂哲，李方旺．基于预算绩效的政府战略性绩效管理新形态——问题、逻辑与实施路径［J］．兰州大学学报（社会科学版），2019，47（05）：61－70.

价体系”，标志着我国预算绩效管理改革正式启动，直到2011年，我国一直围绕预算绩效评价开展工作。2011年7月，财政部印发《关于推进预算绩效管理的指导意见》（财预〔2011〕416号），随后印发了《预算绩效管理工作规划（2012—2015）》（财预〔2012〕396号），我国预算绩效管理实现了从绩效评价向全过程预算绩效管理的拓展。2015年实施的新《中华人民共和国预算法》六次提及预算绩效，奠定了预算绩效管理的法律基础，2018年中共中央、国务院印发《关于全面实施预算绩效管理的意见》，要求“力争用3－5年基本建成全方位、全过程、全覆盖的预算绩效管理体系，实现预算和绩效管理一体化”，我国预算绩效管理进入了全面实施的新阶段。

### （一）我国预算绩效管理改革成效①

《中共中央 国务院关于全面实施预算绩效管理的意见》已经印发六周年了，中央、省、市、县“基本建成全方位、全过程、全覆盖的预算绩效管理体系”的政策目标已经实现：全方位多主体联动的实施格局基本形成；全过程闭环运行的制度框架基本定型；全覆盖分类实施的态势基本呈现；协同高效的预算绩效治理体系基本建立，治理能力稳步提升；各地政府、各部门、各单位创新突破取得实质性进展。

1. 形成了全方位预算绩效管理格局。

随着我国预算绩效管理改革的推进，预算绩效管理从项目拓展到政策、部门、政府层面，从“点”（项目）到“线”（政策和转移支付）再到“面”（部门）最后到“体”（政府），逐步深化、层层递进，稳步建立了“全方位”管理格局。一是项目层面的预算绩效管理体系基本成熟，并纳入预算管理一体化系统。二是政策层面预算绩效管理迈出实质性步伐。专项转移支付全过程预算绩效管理机制基本建立。以财政扶贫专项资金（中央财政衔接推进乡村振兴补助资金）为代表的一般性转移支付资金绩效管理体系实现了制度化、流程化和信息化。2018年，财政部预算评审中心出版了《中国财政支出政策绩效评价体系研究》，总结了财政支出政策绩效评价的经验。2021年，财政部预

---

① 此段写作参考了：

［1］曹堂哲．2022：开创预算绩效管理新篇章［J］．中国财政，2022（09）：51－53.

［2］曹堂哲．“十四五”深化预算绩效管理改革的若干思考［J］．中国财政，2021（01）：64－67.

算绩效管理工作聚焦教育、卫生健康领域，突出政策性评价和整体评价，开展了水污染防治等多项重大支出政策后评价。2020年财政部首次发布中国财政政策半年和全年执行情况报告，为开展政策绩效管理提供了基本的“参照系”。各部门、各单位选取本行业的重大政策开展绩效评价和管理；北京、山东等地探索开展诸如“疏解整治促提升”“新旧动能转换”等重大战略性跨域资金的全过程预算绩效管理。三是部门和单位预算绩效管理体系基本形成。国家卫健委、教育部、水利部、交通运输部等部委，广东、山东、上海等地出台部门（单位）预算绩效管理办法，形成了全口径、全过程的部门（单位）预算绩效管理体系。四是政府层面预算绩效管理在探索中不断前进。减费降税政策效果评价、财源建设评估等方面的实践探索将政府预算收入纳入了绩效管理。财政部对县级政府预算开展的县级财政管理绩效综合评价和地方财政管理绩效考核，适应进一步深化预算管理制度改革的要求，不断修订完善，作用持续发挥。政府财政运行综合绩效评价在不断探索中前进。北京、山东、浙江等地积极探索，将财政管理绩效综合评价拓展为财政运行综合绩效评价，为形成省对市、市对县、县对街乡镇的财政运行综合绩效评价共性指标框架和评价体系奠定了基础。比如，2019年以来浙江省义乌市开展了街道财政运行综合绩效评价工作；2019年底北京市从财力保障的充足性、组收的积极性、成本的节约性、管理的规范性、产出的有效性等方面，开展了市对十六区财政运行综合绩效评价。2023年，四川省财政厅印发《市（州）政府预算绩效评价办法（试行）》，建立起政府预算绩效评价体系，多维度对市（州）财政运行状态进行精准“画像”。

2. 制定了全过程预算绩效管理制度体系。

近年来，围绕全过程预算管理的主要内容和环节，先后出台了预算绩效管理系列制度和实施细则，全过程预算绩效管理制度框架基本建立。一是事前评估。北京、山东、上海、广东等地已经修订或制定了新增重大政策和项目事前绩效评估管理办法。二是绩效目标管理。2015年印发的《中央部门预算绩效目标管理办法》和《中央对地方专项转移支付绩效目标管理暂行办法》形成了绩效目标管理的基本制度，2021年8月印发的《中央部门项目支出核心绩效目标和指标设置及取值指引（试行）》进一步规范了部门预算项目支出绩效目标管理的操作细则。广东省建立了“三全、三化、五同步”的绩效目标管理体系。财政部编制了中央部门绩效指标和标准手册，并嵌入到预算管理一体化系统。三是绩效运行监控。《中央部门预算绩效运行监控管理暂行办法》《中央财政预算执行动态监控管理办法》形成了预算执行和绩效运行“双监控”的基本制度。四是绩效评价与结果运用。《项目支出绩效评价管理办法》完善了项目支出绩效评价的基本制度。广东、山东、上海等地出台部门预算绩效管理办法，形成了部门整体支出绩效评价的基本框架。北京、山东、江苏、四川等地出台绩效评价结果运用办法，形成了反馈与整改、报告与通报、向社会公开、与考核挂钩、与预算挂钩等绩效结果运用机制。

3. 构建了全覆盖预算绩效管理体系。

近年来，预算绩效管理从一般公共预算向其他“三本”预算不断拓展，全覆盖的预算绩效管理体系初步形成。一是一般公共预算。《关于加强政府投资基金管理 提高财政出资效益的通知》《政府和社会资本合作（PPP）项目绩效管理操作指引》《关于推进政府购买服务第三方绩效评价工作的指导意见》等制度和办法印发，涉及一般公共预算等财政资金的政府投资基金、主权财富基金、政府和社会资本合作（PPP）、政府采购、政府购买服务、政府债务项目绩效管理制度日趋完备。二是政府性基金预算。各地开始探索政府性基金政策层面和项目层面的预算绩效评价和管理机制。如上海市印发了《上海市政府性基金预算绩效管理办法（试行）》等。2021 年，财政部印发了《地方政府专项债券项目资金绩效管理办法》，探索形成了符合政府性基金特点的专项债券项目绩效管理办法。三是国有资本经营预算。近年来，全方位、全过程、全覆盖的国有资本经营预算绩效管理在探索中不断完善。2016 年，财政部印发《中央国有资本经营预算管理暂行办法》，明确“中央国有资本经营预算应当实施绩效管理”。各地各部门也积极探索，如江苏省印发《江苏省省级国有资本经营预算支出绩效目标管理办法》，规范国有资本经营预算支出绩效目标管理。国务院国资委印发《中央国有资本经营预算支出执行监督管理暂行办法》，为开展绩效运行监控和绩效评价提供了基本框架。2024 年《国务院关于进一步完善国有资本经营预算制度的意见》（国发〔2024〕2 号）明确要求“提升国有资本经营预算支出效能”“推进预算绩效管理”。四是社会保障基金预算。福建、浙江、云南、广东、辽宁等地不断推进社保基金预算绩效管理体系，从 2019 年开始，国家医保局对全国 601 个统筹区的各项医保基金运行情况开展评价工作。辽宁省于2020年出台《辽宁省社会保险基金预算绩效管理办法（试行）》，2022年财政部印发了《社会保险基金预算绩效管理办法》（财社〔2022〕65号），我国初步建立了分险种、全过程、多部门的社会保险基金预算绩效管理体系。

4. 实现了预算绩效治理协同高效。

形成了党委政府统筹领导，财政部门组织协调，各部门主责落实，人大、政协、审计、纪检监察等协同监督，社会第三方广泛参与的协同联动机制。一是法律保障更加有力。新《中华人民共和国预算法》确立了预算绩效管理的法定要求，《中华人民共和国预算法实施条例》进一步明确了预算绩效管理的职责划分、监督和考核制度、报告制度等，为制定专门的预算绩效管理法律、法规、规章奠定了基础。二是责任机制更加明确。预算绩效管理从财政部门一家"独唱"走向全员"合唱"，形成了财政部门和预算部门职责清晰、各有侧重、相互衔接的主体责任机制。三是运行机制更加顺畅。从"办事""花钱"两张皮，走向业务和财务融合一体化，形成了事前、事中、事后的闭环运行机制，形成了"全面论"和"重点论"相统一的工作方法，即绩效目标、监控和自评全覆盖与重点审核、监控和评价相结合的机制，形成了单位自评、部门评价和财政评价各有侧重，相互衔接的评价机制。四是协同治理基本成熟。绩效理念融入政府治理的每一个单元，融入资金流向的每一根"血管末梢"，从财政管理的"小循环"纳入了政府治理的"大循环"，形成了预算绩效信息与预算安排、政策调整、管理改善相挂钩，与工作考核、政府绩效考核、干部考评、人大审查监督、审计监督、问责公开相衔接的协同治理机制。五是参与机制更加规范。《财政部关于委托第三方机构参与预算绩效管理的指导意见》和《第三方机构预算绩效评价业务监督管理暂行办法》为引导和规范第三方机构从事预算绩效评价业务，严格第三方机构执业质量监督管理提供了基本规范。

5. 推进了预算绩效管理创新突破。

近年来，各级政府、各部门、各单位根据实际情况积极推动重点领域绩效管理的探索试点，实现了系列突破。比如，国家层面积极推动扶贫项目资金全过程绩效管理，打造了预算绩效管理的标杆和样本；开展基于绩效、诚信和能力的科研管理改革试点；优化教育经费使用结构，加强教育经费绩效管理等。

各地区也根据实际，锐意改革，做出特色，形成亮点。比如，北京市打造了全成本预算绩效管理“北京模式”，上海市深化了成本预算绩效管理改革，海南省三亚市、广东省珠海市等地探索将成本预算管理拓展到基建和投资领域，实现了事前评估、投资评审和成本预算绩效分析的联动；广东省健全绩效目标和指标标准体系，深化全公开改革；山东省着力推动部门全过程预算绩效管理改革；云南省打造了激励约束型绩效管理模式；安徽省建立了省、市、县、乡四级预算绩效管理地方标准，持续推动了预算绩效管理流程化、制度化、标准化和信息化；廊坊市形成了“全方位、全过程、全覆盖、全成本、全融合”的预算绩效管理“廊坊经验”。

6. 初步建立了中国特色绩效评价体系①。

预算绩效评价是预算绩效管理的核心，具有重要作用。近年来，财政部预算评审中心坚持公正、客观、专业、效率原则，以“开疆拓土”之势，不断优化绩效评价流程，构建全方位绩效评价体系，加强能力体系建设，取得积极成效。一是创建多层次绩效评价模式。针对不同项目类型特点，研制了分行业、分领域、分层次绩效考评指标和标准体系，为不同领域绩效评价提供多层次的框架。探索部门整体支出绩效评价模式，逐渐构造立足于部门预算管理、能力建设和履职效能以及社会评价的四维绩效评价框架。二是总结形成绩效评价工作规范。近年来，在总结既有规范评价基础上，推出《预算绩效评价业务操作规范》(1.0 版)，初步建立规范的绩效评价业务流程和操作规程。三是强化流程监控，确保绩效评价质量。建立专家全程参与机制，加强内审专家在绩效评价方案、初步评价结论等环节的审核把关作用，增强绩效评价的客观性、公正性。搭建绩效评价报告多级复核机制，保障绩效评价报告质量。四是加强能力建设。财政部预算评审中心结合实际，汲取前沿理论知识和技术方法，构筑能力体系，为绩效评价提供专业化的技术支撑。在加强培训力度、着力构建自身队伍的同时，强化社会力量参与绩效评价的工作机制。建立了7 000 多人组成的各行业、各领域专家资源库，探索形成有效利用专家智慧的多种方式和多元渠道。与会计审计、工程造价、咨询评估等社会中介机构加强协同合作。每年有50 多家中介机构通过招标被吸纳为协作机构，按照统一规

---

① 李方旺. 打造中国特色预算绩效评价体系 [N]. 中国财经报，2022-09-24.

范的工作流程和工作方案参与预算绩效评价，成为评价工作的重要社会力量。五是，积极构建预算绩效评价支撑体系。建立信息化工作平台，实现了岗位节点化、工作流程标准化和工作内容信息化，形成了绩效评价项目的全程留档、监控和信息化管理机制，为大数据技术在评审业务领域的应用奠定基础。结合实际工作，开展了中国财政支出政策绩效评价体系研究、政府投资基金绩效评价研究、部门整体预算绩效评价研究、分行业分领域绩效评价指标体系研究等课题研究。①

## （二）我国预算绩效管理改革现存问题

我国预算绩效管理取得了显著成绩，站在新时代新征程的新起点，与“二〇三五年，各方面制度更加完善，基本实现国家治理体系和治理能力现代化”要求相比，预算绩效管理在制度、理念和实践中还存在诸多亟待解决的问题：

1. 预算绩效管理制度体系亟待完善。

我国预算绩效管理制度体系不断完善，法制化水平不断提高。《中华人民共和国预算法》《中华人民共和国预算法实施条例》等法律和行政法规明确了预算绩效管理的法律地位。青海省人大颁布了《青海省预算绩效管理条例》，安徽省印发了预算绩效管理地方标准《安徽省预算绩效管理规范》，内蒙古自治区颁布了《内蒙古自治区预算绩效管理条例》等，分层次的制度体系建设取得了长足进展。

但政府、部门、政策和项目层面预算绩效管理的系统性、整体性、规范性、协同性仍有待加强。一是预算绩效的法律基础尚不够牢固。我国目前尚未颁布全国性的预算绩效管理单行法律或行政法规，预算绩效管理的实施缺乏坚实的法律支撑，领导重视程度很大程度上决定了预算绩效管理的执行力和实施效果，政府层次差异、地域差异和行业差异较为明显。二是“三全”预算绩效管理体系融合程度不充分。各地区、各部门已经基本建成了“三全”预算绩效管理体系，通过夯基垒台，搭好了预算绩效管理的“四梁八柱”，但是预算绩效管理系统集成还不够，比如：政府预算、部门（单位）预算、政策和

① 李方旺．打造中国特色预算绩效评价体系［N］．中国财经报，2022-09-24.

项目预算绩效管理尚未形成相互关联的体系，存在项目预算绩效管理相对成熟，政策、部门和政府层面预算绩效管理还不够完善情况；从政府预算绩效管理到部门预算绩效管理再到政策、项目预算绩效管理“自上而下”分解衔接的机制还不够完善，系统集成的路径和方式、方法还有待进一步探索完善等。三是“三全”预算绩效管理制度还有短板弱项。在实践中，一些地方的事前评估、部门整体支出绩效管理、绩效结果应用与问责、绩效审查监督等方面的制度还不够完善，制度执行力还不够强；诸如社会保险基金预算绩效管理、国有资本经营预算绩效管理等覆盖“四本预算”的绩效管理制度体系还有待进一步分类突破和深化。

2. 政府层面预算绩效管理有待改善。

随着我国预算绩效管理改革的不断深化，政府层面的预算绩效管理取得了一定成效，财政部实施的地方财政管理绩效考核和县级财政管理绩效综合评价，各地开展的财政运行综合绩效评价等，推动了政府预算绩效管理的不断深化。但也存在一些不足：一是收入绩效管理较为薄弱。全国部分省市县开展了收入绩效管理试点，但是收入绩效管理的制度、方法、指标体系等都不够完善。收入绩效管理在财政管理中的作用尚未得到清晰的认识和有效的运用。二是政府层面的预算和绩效还存在较为明显的“两张皮”现象。我国已经形成了一些针对地方政府（区域）层面的绩效考核指标体系，比如高质量发展考核、公立医院高质量发展考核等绩效考核指标，尚未形成一个全面反映“四本”预算及其运行成效的政府预算绩效评价指标，政府层面的各行业发展考核体系与预算绩效缺乏有机联系。国民经济和社会发展规划、财政中期规划、财政支出政策、预算项目之间的衔接还不够紧密。三是政府层面的预算绩效管理体系尚未建立。大部分地区尚未建立政府预算绩效管理目标管理体系，基于预算数据和大数据的循证决策机制不够完善，预算绩效管理推动政府决策科学化和政府治理提升方面还有努力空间。四是政府层面预算绩效管理机制不够健全。谁来推动、如何推动、怎么推动、怎么用等问题都有待回答，实际工作中也存在实施主体专业技术能力有待提高，专业人才和技术支持还不够充分等问题。五是跨部门绩效管理不够完善。政府层面的一些重大战略事项和决策部署，往往涉及部门之间和政府层级之间的跨部门协作，支持保障这些跨部门事项一般会设置一些重大专项、专项转移支付资金、政府引导基金等，从而实现“集中财力办大事”的目标。跨部门、跨区域的预算绩效管理机制尚不够完善，尚未形成政府层面的跨部门预算绩效目标管理体系和运行机制。

3. 部门层面预算绩效管理有待夯实。

这些年我国已经基本建立了全口径的部门（单位）预算绩效管理体系，部门（单位）预算绩效管理的主体责任得到落实，但与系统完备的部门预算绩效管理体系相比，依然有提升空间。一是部门预算绩效管理理念尚未牢固树立。一些部门（单位）对“花钱必问效、无效必问责”的理解不够深刻全面，片面认为预算绩效管理是财政和财务的事情，对业务部门的预算绩效管理责任不够清晰。一些部门（单位）对业务实施过程中“既讲节约，又讲效果”的认识不足，还存在“占盘子”、铺摊子、不计成本、铺张浪费等现象，物有所值的绩效理念尚未牢固树立，预算绩效管理的引导、规范和监督作用发挥不够充分。二是部门预算绩效目标管理的系统性不足。部门发展战略、年度工作计划、部门职能、部门预算、部门（单位）整体支出、政策和项目支出之间缺少系统性联系，存在“绩效孤岛”和“绩效烟囱”的现象。绩效目标各环节全覆盖要求与部门资金使用者的绩效自觉性之间存在差距，有的部门自评存在走形式的倾向，有些部门事前绩效评估和重点绩效评价有“遮丑”倾向。三是预算绩效管理协同性不强。有些部门（单位）尚未建立“预算为主线，统筹财务和业务”的部门整体预算绩效管理体系，部门财务系统、财务报告、绩效报告、预决算系统、成本核算系统之间尚未形成有机的衔接和整合，支持成本绩效分析的部门财务和预算数据系统尚未建立。一些部门和单位尚未建立和健全统筹资源、资产和资金的预算管理体系，资产预算绩效管理体系不够完善。一些部门和单位没有将预算收支全面纳入绩效管理，仅对部分金额较大的项目支出开展绩效评价，评价结果应用方式单一，如何围绕部门和单位职责，衡量部门和单位整体及核心业务实施效果尚处在探索阶段。

4. 预算绩效管理质量和效果有待提升。

预算绩效管理各环节的质量和效果有待进一步提升。比如：绩效目标管理各环节全覆盖要求的初衷与资金使用者绩效自觉性之间存在差距；重点绩效评估、评价、后评价的质量、效益和结果运用有待进一步提升；绩效管理区域发展不够均衡，不同层级政府推动预算绩效管理“冷热”不均；分行业、分领域、分层次的预算绩效管理共性模板化倾向和个性要求之间存在差距；重大政策、重点领域、重大投资、重大项目等方面的预算绩效管理对政府决策的支撑作用有待进一步发挥等。①

从结果运用来看，预算绩效管理在预算决策中的基础性地位有待提升，物有所值的绩效理念有待牢固树立。一些的地区和部门还存在预算和绩效、业务和财务“两张皮”的现象；绩效信息和绩效结果运用于预算管理中的力度还不够，尚未达到用绩效理念和方法改变预算管理制度和规则的要求。有些部门还存在“绩效是预算绩效处（科）的绩效”的片面认识，支出处室运用绩效理念和方法“分好钱、花好钱、管好钱”的意愿、能力都存在缺口。一些地方预算绩效管理存在工作形式化、报告模板化、得分优良化的倾向，预算绩效管理的深度不够，一些地方将绩效评价等同于审计工作，更多的是做达标考核和合规审查，绩效管理深入到业务流程的深度不够，未能实现“打开成本看业务，打开业务看绩效”，成本绩效理念深度融入政府履职管理全过程还不够深入。

5. 预算绩效管理审查监督亟须加强。

随着人大预算审查监督工作向支出预算和政策拓展，《全国人民代表大会常务委员会关于加强中央预算审查监督的决定》提出“加强预算绩效的审查监督工作”。预算绩效审查监督在实践中取得了显著成效，但仍存在一些问题和挑战。一是工作规划有待完善。虽然全国人大制定并实施了预算绩效审查监督工作相关的决定，但有些地区尚未制定预算绩效审查监督的单项规划、行动计划、实施方案，预算绩效审查监督缺乏总体筹划和全面的工作指引。二是全过程预算绩效审查监督机制不够完善。我国建立了重点绩效目标、部分自评报告、部分重点绩效评价报告同预决算报人大审查监督的机制，但是全过程预算绩效审查监督的工作机制还不够健全，比如：人大对事前绩效评估的监督，各地人大的做法参差不齐，监督介入的时间点、组织方式、作用发挥等方面各地存在差异。三是预算绩效监督对象和预算审查监督对象未能有机融合。我国已经明确了预算审查监督的重点，也明确了要对重大投资、重大项目、转移支付、政府性基金等绩效情况开展审查监督，但对这些预算支出开展审查监督的时候，具体政策或项目选择标准不够明确，一些支出预算和支出政策的预算审

① 曹堂哲．深化预算绩效管理改革的前瞻和设想［N］．中国财经报，2023－05－23.

查监督和绩效审查监督尚未形成有机融合和同步开展。四是预算绩效审查监督缺少操作规范。预算绩效审查监督方面的操作规程法规范和操作指南不够健全，预算绩效审查监督的技术支撑不够充分。五是绩效监督结果应用有待加强。人大预算绩效审查监督结果在调整政策、改进预算安排、促进政府管理等方面的作用发挥还有待进一步提升，预算绩效监督结果应用的范围、力度、方式方法和机制都有待进一步完善。

6. 预算绩效评价应有的作用远未充分发挥。

目前，我国预算绩效评价应有的作用远未充分发挥。一些部门绩效管理意识淡薄，被动应付绩效评价工作，缺乏积极性和主动性；参与评价的社会中介机构能力水平参差不齐，一定程度上制约着绩效评价质量和效率；绩效评价范围仍然偏窄，主要集中在项目支出，而部门整体支出、财政政策和制度等领域的绩效评价相对滞后；具体评价工作中还存在着主观随意性较大，评价指标、评价程序缺乏规范性，评价手段的量化性、科学性和合理性不足等问题。更为重要的是，尚未建立刚性的评价结果的应用机制，绩效评价与预算安排和政策调整挂钩的硬性约束机制尚待完善。对此，应采取多方面举措加以解决。①

## 二、中美预算绩效管理制度演进与体系比较

从预算绩效管理制度的角度来看，中美两国在制度演进以及制度体系等方面既有共同点，也有一定差异。

### （一）预算绩效管理制度共同点

中美两国的预算绩效管理制度共同点主要表现在以下几点。

1. 都以绩效目标管理为基础。

1949 年，胡佛委员会（Hoover Council）的成立标志着美国联邦政府正式开始绩效预算实践，将绩效信息作为预算授权与预算拨款之间的桥梁。美国从 1949 年至今近八十年制度构建历程中不变的是“绩效目标设定的合理性决定

① 李方旺．打造中国特色预算绩效评价体系［N］．中国财经报，2022－09－24．

了预算授权的合理性，绩效目标完成的有效性决定了预算拨款的有效性”。[①] 因此，绩效目标是美国预算绩效管理制度的逻辑起点，贯穿在预算绩效管理全过程之中。

我国在20世纪初期开展预算绩效评价时候就要求“财政部门和预算部门（单位）根据设定的绩效目标，运用科学、合理的绩效评价指标、评价标准和评价方法，对财政支出的经济性、效率性和效益性进行客观、公正的评价。”财政部印发的《财政支出绩效评价管理暂行办法》（财预〔2011〕285号）对绩效目标做了明确的说明。2015年印发《中央部门预算绩效目标管理办法》（财预〔2015〕88号）和《中央对地方专项转移支付绩效目标管理暂行办法》（财预〔2015〕163号），初步建立了预算绩效目标管理制度。2018年9月《中共中央 国务院关于全面实施预算绩效管理的意见》进一步实现了绩效目标管理全方位和资金全覆盖，实现了预算绩效管理“从事后（评价）向中段（监控）、前端（绩效目标）和起点（事前绩效评估）的延伸；从目标管理向全成本预算绩效管理的深化”。我国的预算绩效目标管理是成为预算绩效管理的基础、“红线”和“龙头”。

2. 都强调结果运用的多维性。

20世纪七八十年代的美国预算绩效管理实践结果表明，纯粹的削减预算赤字、控制总额目标将会导致政府支出的社会效益低下以及配置结构失衡，因此美国预算制度的功能从“控制”转向“管理”、落点从“总额”转向“结果”。

近年来，我国强调预算绩效管理的结果运用和激励约束《中共中央 国务院关于全面实施预算绩效管理的意见》要求“各级财政部门要抓紧建立绩效评价结果与预算安排和政策调整挂钩机制，将本级部门整体绩效与部门预算安排挂钩，将下级政府财政运行综合绩效与转移支付分配挂钩。对绩效好的政策和项目原则上优先保障，对绩效一般的政策和项目要督促改进，对交叉重复、碎片化的政策和项目予以调整，对低效无效资金一律削减或取消，对长期沉淀

① JOYCE P G. 2003. Linking Performance and Budgeting: Opportunities in the Federal Budget Process [J]. IBM Center for The Business of Government, 1: 6–47. 另参见谭融，杨淳．论美国政府绩效评估体系的建构 [J]. 中共天津市委党校报，2011，13（04）：68 – 72. DOI：10.16029/j.cnki.1008 – 410x.2011.04.015.

的资金一律收回并按照有关规定统筹用于亟需支持的领域。”这些要求推动我国形成了预算绩效结果与预算安排、政策调整、管理改善挂钩，实现了预算绩效结果与人大、纪检、审计、组织人事系统的衔接。

总之，中美两国的预算绩效管理都强调结果运用的多维性，强调预算绩效信息对于预算管理和政府治理的积极作用。

3. 绩效测量与评估（评价）是预算绩效管理的基础支撑。

美国预算绩效管理形成初期强调“绩效评价”，将绩效评价作为提升联邦政府行政能力的重要手段；制度完善时期强调“绩效预算”，提出以绩效评价结果作为预算配置的依据；制度现代化时期强调“循证决策”，将项目评价（program assessment）、绩效衡量（performance measurement）、统计资料、因果推断等作为提升预算安排科学性的依据。

我国也高度重视绩效评估和评价，尤其是绩效指标和标准体系的建设。“十四五”规划 5 次提及绩效，24 次提及评估，20 次提及评价（包括 1 次后评价）。“绩效”、“评估”、“评价”前所未有地成为第二个百年奋斗征程开年的高频词语。《中共中央 国务院关于全面实施预算绩效管理的意见》要求“各级财政部门要建立健全定量和定性相结合的共性绩效指标框架。各行业主管部门要加快构建分行业、分领域、分层次的核心绩效指标和标准体系，实现科学合理、细化量化、可比可测、动态调整、共建共享。”当前，绩效指标和标准体系已经嵌入预算一体化系统，成为预算管理的“基础设施”

总之，中美两国都将绩效测量与评估（评价）作为预算绩效管理的重要支撑，并不断完善绩效测量和评估（评价）方式方法。

4. 信息化和数字化是预算绩效管理的技术支撑。

信息化和数字化是自奥巴马政府以来的预算绩效管理的重要内容。从“web2. 0”到“跨信息孤岛”，再到 2018 年特朗普签署《21 世纪综合数字体验法案》（*The 21st Century Integrated Digital Experience Act*）强调信息采用率，信息技术以及数字化成为了推进美国预算绩效管理制度现代化的有力手段。美国预算绩效管理对数据驱动、技术更新的重视，凸显了预算绩效管理中的循证决策新范式，即强调“证据”在预算决策方面的作用，证据既是提升绩效管理科学性的媒介之一，同时还是推动预算绩效管理流程公开化与透明化的切入点。

这些年，我国加快了预算绩效管理信息化建设步伐，“依托预算管理一体化系统，充分利用大数据等现代信息技术，推动预算绩效管理信息化、智能化”①。力图打破“信息孤岛”和“数据烟囱”，促进各级政府和各部门各单位的业务、财务、资产等信息互联互通。同时我国也建立了绩效目标随预算公开、绩效评价随决算公开的制度体系，绩效信息公开力度、范围逐渐加大，绩效信息使用更加有效。

## （二）预算绩效管理体系制度差异性

1. 制度的功能存在差异。

美国预算绩效管理在解决预算制度面临的突出问题中发挥了重要作用，随着预算制度改革的需要而不断完善，先后发挥了管理控制、消除赤字、预算决策、政府治理等多重功能。最初是为了衔接“授权－拨款”之间的空缺；之后是作为消除赤字的重要手段；随着对“政府支出的效益与效能”的持续关注，成为一种连接预算决议与政府能力的工具。随后国会、联邦政府以及总统等各方都认为“预算决策实质上不是经济问题而是制度问题”，最终以《政府绩效与结果法案》的形式确立了新型绩效预算制度。由此可见，美国预算绩效管理制度的演进离不开构建制度的各方的“预算决策离不开制度，完善制度离不开绩效管理”② 这一共识。

我国预算绩效管理制度的各个发展阶段发挥功能的侧重点不同：绩效评价阶段侧重合规审查和达标考核，对于提高预算管理的合规性发挥了重要作用，主要发挥“控制”功能；随着预算绩效评价向管理拓展，绩效目标管理的引入，增加了预算绩效管理的“计划”功能；“三全”预算绩效管理体系实施以来，预算绩效管理作为预算管理和政府治理的双重变革，具有了控制、计划、管理、问责等多重功能。尤其是成本预算绩效管理改革的深化，成本理念融入政府履职全过程各环节，成为撬动改革，推动高质量发展的重要路径。

① 曹堂哲. 2022：开创预算绩效管理新篇章［J］. 中国财政，2022（09）：51－53. DOI：10.14115/j.cnki.zgcz.2022.09.028.

② HO A T. 2018. From Performance Budgeting to Performance Budget Management：Theory and Practice［J/OL］. Public Administration Review，78（5）：748－758. https：//doi.org/10.1111/puar.12915.

2. 制度法制化程度存在差异。

专门委员会的推动和立法程序是美国预算绩效管理制度演进和形成的特征之一。具有特殊职能的委员会以及具有针对性的法案为美国预算绩效管理制度的建立提供了深厚的基础：自 1905 年起，美国联邦政府成立了一系列旨在提升行政能力以及预算效率与效益的委员会，这些委员会为任期内总统的战略决策以及相关法案的制定提供了有力支持。比如：罗斯福总统的“凯普委员会”与《1905 年重组法案》、塔夫脱总统的“经济与效率委员会”与《国家预算的必要性》、杜鲁门总统的“胡佛委员会”与《1950 年预算和会计程序法案》等。20 世纪 70 年代以来，管理和预算办公室（OMB）被赋予了为总统预算以及重要政策的颁布提供信息，并对绩效管理报告进行审查的职能，推动了预算绩效管理改革进程；克林顿执政时期《戈尔报告》的定期更新和《政府绩效与结果法案》（GPRA）的颁布，推动美国预算绩效管理制度进入了单项立法保障的新阶段。

对于我国来说，我国预算绩效管理立法工作尚在推进过程中，预算绩效管理的要求分散在《预算法》和《预算法实施条例》《全国人民代表大会常务委员会关于加强中央预算审查监督的决定》等法律、法规和规章中，全国除了青海省、内蒙古自治区等地人大制定了《预算绩效管理条例》外，尚未制定专门针对预算绩效管理的行政法规和法律，亟需形成融合行政法和监督法的专门预算绩效管理法律法规。

## 三、中美政府层面预算绩效管理体系比较

中美两国政府层面的预算绩效管理体系存在以下异同。

### （一）政府层面预算绩效管理相同点

1. 都强调政策、预算和绩效的衔接。

无论是美国的“跨部门优先事项－部门优先目标－战略审查”政府预算绩效管理框架，还是我国的“全方位、全过程、全覆盖”预算绩效管理体系，都强调以预算反映政府职能和范围，注重预算与政府战略、规划的衔接。

美国联邦政府绩效管理经历了最初的项目评级（PART 工具），到政府议

程完成进度追踪，再到战略、预算与绩效整合的发展。战略审查（strategic review）与年度进展回顾（Annual Reviews of Progress）成为推动政府预算绩效管理体系发展的关键：战略审查要求联邦政府阐明未来四年政府议程的战略对象或目标（strategic objectives），并将其作为跨部门优先事项（CAP）与机构战略计划（ASP）统筹与配置的指导标准，根据该标准，预算会进一步分配至联邦政府绩效计划（FGPP）与机构绩效计划（APP）对应的项目或政策之中（计划之中的个别目标会成为“优先目标”），根据每个绩效目标的里程碑（milestones）与评估标准（metrics）开展年度进展回顾与年度战略审查（annual strategic review），报告预算拨付、配置、使用以及产生效益等方面的绩效，年度进展回顾有助于 OMB 与各联邦机构协商绩效改进的优先顺序、年度战略审查又是总体战略审查的依据。总体而言，美国形成了政府预算绩效管理事项的层层嵌套衔接：议程与战略嵌套、战略与绩效计划嵌套、绩效计划与里程碑嵌套、里程碑与具体指标嵌套、具体指标与预算嵌套、预算支撑议程，明确了各层级责任。除此之外，美国联邦政府预算绩效管理还十分注重管理体系的延续性，通过设置过渡网站（transition website）、倡导每个绩效目标对应的“里程碑”，确保预算绩效管理工作不随时间推移以及政治环境波动而中断或出现重大偏差。

我国建立的中期财政规划和全面预算绩效管理制度都要求对支出政策和政府预算开展绩效管理。2015 年《国务院关于实行中期财政规划管理的意见》（国发〔2015〕3 号）针对“专项规划、区域规划与财政规划衔接不够，不利于预算统筹安排”等问题，要求实施“中期财政规划管理，由财政部门会同各部门研究编制三年滚动财政规划，对未来三年重大财政收支情况进行分析预测，对规划期内一些重大改革、重要政策和重大项目，研究政策目标、运行机制和评价办法，通过逐年更新滚动管理，强化财政规划对年度预算的约束性”。该意见要求“在财政支出政策方面，财政部门要与相关部门梳理规划期内重大改革、支出政策和支出项目，明确政策目标，列出分年度工作任务和时间节点，说明资金使用对象、保障标准、运行流程，建立预算绩效评价机制，并加大结转结余资金清理力度，减少新增沉淀资金。”中期财政规划为绩效管理向政策和政府层面拓展奠定了基础。《中共中央 国务院关于全面实施预算绩效管理的意见》将预算绩效管理主体从项目向政策、部门（单位）整体、政府预算拓展，从一般公共预算向政府性基金预算、国有资本经营预算和社会保险基金预算拓展，从事后评价向全过程闭环拓展，“三全”预算绩效管理体系为政府层面开展预算绩效管理奠定了基础。

2. 都强调结果运用和激励约束。

中美两国都强调预算绩效结果运用和激励约束对建立健全政府层面预算绩效管理的重要性。

美国联邦政府建立起了预算绩效评价工作的激励机制，主要表现在以下几个方面：一是将联邦雇员授权（Strengthening and Empowering the Federal Workforce）议题提升至总统管理议程（PMA）优先领域的高度，优化对联邦雇员的授权，激励联邦雇员特别是预算绩效管理工作人员寻求提升绩效和预算执行科学化的有效路径。二是为了落实联邦雇员授权，引入了“多样化、平等化、包容以及可及性”（Diversity，Equity，Inclusion，and Accessibility，DEIA）指标，引导遴选联邦政府工作人员（特别是预算绩效管理工作组）的过程中，充分考虑成员的多样性，进而推动绩效管理工作兼顾科学与公正。三是通过行政命令（Executive Order）兼顾预算绩效管理中“合法性”与“减少繁文缛节”的目标。

我国的政府预算绩效管理体系同样强调构建预算绩效管理的激励约束机制。《中共中央 国务院关于全面实施预算绩效管理的意见》要求“建立责任约束制度，明确各方预算绩效管理职责，清晰界定权责边界。健全激励约束机制，实现绩效评价结果与预算安排和政策调整挂钩。增强预算统筹能力，优化预算管理流程，调动地方和部门的积极性、主动性。”

## （二）政府预算绩效管理差异性

1. 法律基础和技术支撑存在差异。

美国联邦政府层面的预算绩效管理以相对稳定又不断修正的法律作为基础。从1921年《预算和会计法案》、1993年《政府绩效与结果法案》、2010年《政府绩效与结果现代化法案》，再到2018年《循证决策基础法案》，一百多年来，美国联邦制政府层面开展预算绩效管理都基于坚实的法律基础。多项法案建立了预算绩效管理各方（总统、国会、联邦部门以及OMB等）的“游戏规则”和实施路径。比如在《政府绩效与结果现代化法案》（GPRAMA）中明确了管理各方的权责，为绩效管理所涉及的各个事项与目标指定了目标领导者。与此同时，每一届政府的预算绩效管理都从上届政府的实践之中汲取经验，不断修正法案，优化预算绩效管理的实施方式方法，技术和工具支撑不断完善，从克林顿时期的国家绩效评审、布什时期的项目评级工具、奥巴马时期的机构优先目标，再到特朗普时期在绩效管理过程中重视“影响评估”对于证据的构建，重视通过“随机对照试验”（RCT）检验预算决议的科学性等。

我国的政府预算绩效管理尚处于框架构建时期，尚未完成预算绩效管理各方权责划分的制度化，而权责划分对于推动预算绩效管理高效率以及问责机制的合理性具有重要意义。同时我国预算绩效管理改革既要着眼建立规范统一的法律和制度框架，又要平衡“试点改革”与“全局建设”之间的关系，鼓励各地探索预算绩效管理的实践路径。在预算绩效管理工具支撑上，还需要转变绩效管理的达标考核和合规审查模式，引入“循证决策”、数据驱动、成本效益分析等工具方法，不断优化预算绩效管理方式方法，推动预算绩效管理提质增效。

2. 绩效目标和指标的丰富性存在差异。

美国政府预算绩效管理强调科学设定绩效目标和指标，要求“指标细化且可行、平衡效率与公正”，绩效指标具有不断丰富和拓展的趋势。2008 年，奥巴马政府开始推动“总统优先事项绩效指标—跨部门优先事项绩效指标—机构优先事项绩效指标—项目或计划绩效指标”的指标体系改革，倡导建立精细、科学以及可行的政府预算绩效管理指标体系；而后，特朗普政府强调“跨孤岛式”管理，旨在通过跨越信息孤岛，促进不同机构优先目标（CAP）协同推动总统管理议程（PMA）优先领域的重要事项，进而增强联邦政府绩效管理体系在统筹规划预算方面的能力。拜登政府选择在此基础上实现“将社会公正与政府责任嵌入政府预算绩效管理流程”，提出以“平等（equitable）、有效（effective）以及负责的（accountable）行政”作为政府绩效管理的共同愿景，而为了平衡政府预算绩效管理中效率与社会公正间的关系，拜登政府鼓励联邦政府将公共服务供给的对象视为“顾客”，并在跨部门供给公共服务的过程之中，从最能改善顾客体验的“生活事件”（life events）入手，科学合理设定绩效目标和指标。由此可见，美国政府预算绩效指标设置以科学、细化、全面为落脚点，并逐步将平等、有效、问责等价值嵌入政府管理活动的方方面面。

我国政府层面的预算绩效管理指标体系主要是上级财政部门对下级政府开展财政运行综合绩效评价，主要围绕财政运行“收、支、管、调、防”等各方面设置绩效指标，政府层面的预算绩效管理指标与政府层面的其他各类考核指标（比如高质量发展考核、地区公立医院高质量发展考核等）并列而行，指标之间的统筹衔接、丰富性和包容性不够充分。

3. 政府预算绩效管理运行机制差异性。

美国联邦政府预算绩效管理作为政府战略议题与总统管理议程的重要组成部分，其运行机制与联邦政府过程高度契合。一是时间周期。时间周期上强调绩效目标应该与美国每一任总统的管理议程的时间跨度相符，进而为定期检验“长期性目标”以及“阶段性目标”提供了清晰的架构。二是注重跨部门协同。美国联邦政府预算绩效管理以战略“领域”引导“部门”实施，明确总统管理议程中确定的重大战略，继而划分该领域中的“跨部门”绩效目标和“部门”绩效目标。领域式划分有助于克服绩效管理进程中的僵化问题，避免“信息孤岛”，以提升管理的公开性与透明度。三是多方协同形成闭环。在总统管理议程框架下，经多方共同商议将战略目标分解为绩效目标，对绩效目标实施情况开展追踪，及时反馈绩效成果与政策影响，并通过绩效评价和审查监督确保预算执行与预定目标相吻合。在此过程中，绩效信息成为预算安排和政府治理体系的重要支撑。

我国预算绩效管理目标体系的建设主要以部门为单位，建立“分行业、分领域、分层次”的绩效目标和标准体系，政府层面“跨部门”绩效目标建设相对薄弱，部门优先目标与跨部门目标之间的衔接关系不够紧密，在各部门需要横向合作才能实现的绩效目标时，可能会出现“多头管理”、重复评估、绩效信息沟通共享不充分、不及时等问题。

## 四、中美部门层面预算绩效管理体系比较

### （一）部门预算绩效管理体系共同点

1. 部门预算绩效管理都形成了完整闭环。

美国按照《政府绩效与结果法案》（GPRA）、《政府绩效与结果现代化法

案》（GPRAMA）建立起部门预算绩效管理闭环；我国按照《中共中央 国务院关于全面实施预算绩效管理的意见》要求开展部门（单位）预算绩效管理。无论是美国还是中国，部门预算绩效管理都是一个涵盖事前、事中和事后的“全链条”闭环体系，他们都会在部门预算编制环节设定部门整体和分项支出绩效目标，在部门预算执行环节开展绩效运行监控，在部门决算环节形成绩效评价报告。

事前的绩效目标设定都反映了部门职能概述、年度工作任务、整体绩效总目标、部门年度绩效目标和指标、项目与预算之间的对应关系等内容；事中运行监控报告明确绩效目标实现情况、整体执行情况、偏差原因和纠偏措施等方面的内容；事后绩效评价报告主要提供绩效目标与实际绩效的比较、总体评价和整改措施等。尽管在具体实施和操作方法存在一些差异，但中美部门预算绩效管理体系均形成了持续改进、不断优化的 PDCA 闭环管理体系。

2. 部门预算绩效管理都从整体上谋篇布局。

战略规划是美国联邦各机构预算编制的重要依据。各机构以战略规划为起点，制定战略目标与绩效目标，遵循“战略—绩效”的管理路径，实现了战略管理和绩效预算的紧密衔接。机构战略规划界定了机构使命、长期总目标和分目标、实现这些目标的策略，以及完成使命相关的具体国家问题、需求、挑战和机遇，机构用于监测其进展情况的方法。在每届政府任期之初，在编制总统预算的同时，每个联邦机构都会编制一份经修订的为期四年战略规划，列出该机构希望实现的长期目标。新一届政府从一开始就确定该机构要实现的战略重点和目标、该机构为实现这些优先事项而采取的行动，以及该机构将如何应对可能阻碍进展的挑战和风险，这样就能确保合理规划和资源配置，也是推动今后多年执行工作取得成效的保障。

我国为提升财政资源配置效率和使用效益，压实各部门绩效管理主体责任，部门整体预算绩效管理着力强化预算统筹能力，提升财政对国家战略规划的支撑保障。从现实层面来看，我国部门整体绩效管理坚持“目标导向”，积极围绕党中央和国务院的重大战略部署，以“三定方案”为统领，从部门职能职责、中长期发展规划、年度工作计划出发，研究确定部门整体支出绩效目标，努力实现预算“花钱”和“办事”绩效的有机统一。

3. 部门预算绩效管理都重视公开与问责。

在美国，绩效网站（Performance. gov）为绩效管理工作提供一个集中报告的在线窗口来查找有关机构目标的信息，并定期更新各机构实现机构优先目标（APGs）和跨部门优先事项（CAP）的进展情况，从而帮助改进问责制。目前美国政府正在持续支持绩效网站的发展，使其不仅符合《政府绩效与结果现代化法案》（GPRAMA）要求，还能向公众展示联邦机构正在实施的管理举措和绩效改进情况，促进了与美国公众的直接沟通。

相较于美国而言，我国预算绩效信息公开制度实施时间较短，但各级政府对推进预算绩效信息公开做出了重要尝试，2017 年开始至今，全部中央政府部门均在财政部官网统一发布了年度预算绩效信息，作为部门决算报告的重要组成部分，各部门公开绩效目标比例逐年提高，公开的力度越来越大，内容越来越丰富。地方政府预算绩效信息公开力度逐年加大，比如广州市形成了“全方位、全过程、全覆盖、全公开”的预算绩效管理模式。

## （二）部门预算绩效管理体系差异性

1. 前置性基础建设程度不同。

1993 年，美国国会通过《政府绩效与结果法案》（GPRA）。GPRA 的出台，首次以立法的形式把联邦政府推行的绩效管理制度固定下来，并确立了“战略规划—绩效计划—绩效报告”的绩效管理框架，作为各部门展示其使命进展情况的共性框架。2011 年签署的《政府绩效与结果现代化法案》（GPRAMA）延续了 GPRA 法案绩效管理的相关条款，并允许更频繁地产生数据、强调各机构的最高优先目标、更新绩效管理的新要素以及使计划流程与选举周期保持一致。2019 年 1 月，特朗普总统签署了《循证决策基础法案》（Foundations for Evidence - Based Policymaking Act of 2018，简称《循证法案》），旨在确保证据的有效性和证据的严格使用。《循证法案》要求 24 个首席财务官法案（CFO 法案）机构制定证据构建计划，即学习议程、年度评估计划和机构评估政策，以及进行能力评估，以推进证据构建活动。《循证法案》中“学习议程”和“能力评估”两项条款更新了 GPRA 和 GPRAMA 法案中“机构战略规划”的要求，“年度评估计划”条款增加了与“绩效计划”周期同步更新的新要求。各联邦部门在预算绩效管理框架下，按照法律制度相关要求，分别、连续地制定和编制各自的战略规划、绩效计划和绩效报告。

2018 年 9 月《中共中央 国务院关于全面实施预算绩效管理的意见》明确要求“实施部门和单位预算绩效管理”“全面设置部门和单位整体绩效目标”“逐步开展部门整体绩效评价”。随后《财政部关于贯彻落实〈中共中央 国务院关于全面实施预算绩效管理的意见〉的通知》（财预〔2018〕167 号）要求“逐步推动预算部门和单位开展整体绩效自评，提高部门履职效能和公共服务供给质量。积极推动绩效管理实施对象从政策和项目预算向部门和单位预算、政府预算拓展；探索建立部门和单位预算整体绩效报告制度”。作为当前预算绩效管理工作层级最高，也最具有权威性的政策性文件，对积极推进部门整体绩效管理很有现实指导意义，但目前部门预算绩效管理的政策要求分散在不同的文件中，或者在一份文件的不同地方予以表述，尚未出台一份全国层面的部门整体预算绩效管理办法和实施细则，部门预算绩效管理的现实状态与改革要求相比，制度建设相对滞后。

2. 绩效与预算结合紧密度不同。

美国的绩效预算改革历史表明，构建绩效预算体系是困难的，因为其要求远远超出了“仅在预算中报告相关绩效（审查）的措施”①。美国政府实现预算与绩效深度融合的过程并非一帆风顺，1993 年国会颁布的《政府绩效与结果法案》（GPRA），让联邦政府把联邦项目的重点放在绩效上，然而在项目管理中使用绩效信息方面的进展令人失望，因此美国提出“预算和绩效整合”倡议：为了更加注重绩效，行政当局计划将绩效审查与预算决定正式结合起来，从 2003 年预算开始编制基于绩效的预算。绩效预算需要系统地改变预算过程，不仅包括预算编制的绩效嵌入，还包括向立法机构提交预算报告、对报告进行预算审查、拨款、预算执行以及支出审查和审计等流程的调试或重构。

当前美国联邦各机构预算编制与政府绩效已经实现了紧密结合。2010 年《政府绩效与结果现代化法案》（GPRAMA）法案规定，各机构需要确定绩效目标、报告目标进展情况并进行数据驱动的审查。这些做法旨在服务于两个关键目标：一是评估组织的状况和影响；二是为政策制定和战略（包括有效的

---

① Ho A T－K. Performance Budgeting in the U. S. ［A］. 见：A. T. －K. Ho, M. De Jong, Z. Zhao. 第 1 版. Performance Budgeting Reform ［M］. Routledge, 2019：53 － 70.

资源分配）提供信息。2010年《政府绩效与结果现代化法案》（GPRAMA）更新了1993年《政府绩效与结果法案》（GPRA）要求，建立了预算制定与机构年度绩效计划、衡量和报告同步的法定框架。根据该法案要求，各机构必须通过战略规划、年度绩效计划和年度绩效报告，把预算编制与政府绩效联系起来，OMB则负责协助各机构把两者结合起来。此外，在美国，越来越多的联邦机构专注于取得的成果，并在年度绩效报告和预算申请中展示他们的活动如何帮助实现机构或政府的目标。不少联邦机构把项目和绩效评估视作一门“好生意”，因为建立能够提供必要趋势数据的系统对预算申请特别有用。通过这些系统，机构可以预测在不同的预算方案下，预算拨款委员会期望的绩效水平。

部门整体预算绩效管理是我国“全面实施预算绩效管理”的重要内容和难点之一。为推进预算与绩效融合，我国聚焦预算和绩效一体化，将绩效管理融入预算编制、执行、监督全过程。一方面，通过制定涵盖预算绩效管理各环节的操作规范和工作指引，将绩效管理有效融入预算管理各环节，确保部门整体预算绩效管理各项工作有据可依、有章可循，推动绩效管理与部门日常预算管理相融合，促进部门管理水平提升。另一方面，借助加大绩效考评结果应用力度，落实“花钱必问效、无效必问责”的要求，倒逼预算部门落实绩效责任，初步形成了“重绩效、讲绩效、用绩效”的预算绩效格局。但绩效信息在资金分配中的影响力仍然较弱，依然存在绩效和预算“两张皮”的现象，业务和财务、绩效与预算深度融合有待加强。

## 五、中美预算绩效审查监督比较

### （一）中美预算绩效审查监督共同点

中美两国都在不断完善预算与绩效“双审查”“双监督”机制。美国国会通过预算绩效立法、参与绩效计划制定、审批预算的同时审查绩效、听取和审查绩效报告、实施绩效监察、高风险清单管理、开展绩效审计、听证会、推动绩效信息公开等措施，实质性地嵌入到预算管理全过程，推动了政府预算绩效改革的实施，形成了立法主导的预算绩效治理模式。

1. 审批预算的同时审查绩效。

《政府绩效与结果现代化法案》（GPRAMA）要求各部门在制定绩效计划的时候至少每两年与国会相应委员会协商一次，并在部门战略目标和分目标设置中采纳国会意见和建议。直属于总统的管理与预算办公室在制定或调整联邦政府优先目标时，应定期与国会协商，包括获得相关委员会的意见，并至少每两年与国会有关委员会协商一次。美国国会在政府预算管理过程中处于核心地位，对于美国总统提交的预算草案，美国国会对其有无限修正权。国会预算办公室（Congressional Budget Office，OBO）是一个不具党派性质的独立专业机构，协助国会客观、公正、高效地编制预算，审查行政机关提出的各项预算要求。为了对行政机关执行预算的情况进行经常性的监督，拨款委员会中主管某一行政部门的小组委员会，要充分了解受其管辖的行政机关的活动。监督的范围不限于财政方面，也包括行政机关执行的政策、计划、工作方法和成绩，监督的目的主要是作为决定下年度拨款的基础，但决定如何拨款也可用作制裁行政机关的手段。拨款委员会认为行政机关的活动有缺点时，可以在向国会提出的拨款报告中，公开发表对行政机关的批评，监督行政机关改进，在拨款的条款中附加限制，或直接削减或停止行政机关的拨款，强迫行政机关进行改革，制止行政机关滥用权力，也可以要求行政机关对某一事项进行调查，向国会提出报告或改进措施。拨款委员会可以要求各预算部门提交进展报告或者陈述工作，检查预算执行情况，获满意后才能获得进一步的拨款，达不到要求或未提报绩效使用情况的部门，则不予拨款。

2. 审查绩效报告和实施绩效监察。

《政府绩效与结果现代化法案》（GPRAMA）规定，每个机构必须对照年度绩效计划，报告机构整体和项目绩效完成情况，如果没有完成，必须解释原因，如有不切实际的和不可行的，要分析原因并提出建议。针对未达到的绩效目标，部门主管应向国会提交一份部门将采取行动改善绩效的说明，包括拟议的法定变更或计划的行动；如果一个部门的项目或活动连续3个财政年度没有达到管理与预算办公室（OMB）确定的绩效目标，管理与预算办公室主任应在60天内向国会提交改善绩效的行动建议。

联邦政府各部门和机构中设有监察长办公室，监察长由总统根据参议院的建议和同意任命，并负有对所在部门开展的活动情况进行审计和调查的职责。

监察长应依法披露与该机构的项目和业务管理有关的重大问题、弊端和缺陷并提出纠正行动建议。同时监察长要遵守美国总审计长为联邦机构、组织、方案、活动和职能所制定的审计标准。

3. 实施绩效审计。

开展绩效审计是政府问责署的重要职能。与此相关，美国政府问责署的主要职责还包括：审查会计记录、财务事项以及财务报表；审查各项工作是否遵守相关法律法规和制度；审查各项工作是否具有经济性和效率性；审查各项工作的成果，评估其是否达到了预期结果，其中包括立法部门制定的目标。美国政府问责署的绩效审计主要包括开展项目绩效审计、制定高风险清单管理、推动绩效信息公开等。总体来看，美国国会的预算绩效审查监督法律制度和组织机构的双重保障下，嵌入预算编制、执行、决算和监督的全过程，形成了有效的机制。①

2021 年我国《全国人民代表大会常务委员会关于加强中央预算审查监督的决定》（以下简称《决定》）要求“加强预算绩效的审查监督工作”，全国各地持续探索创新，初步建立了预算与绩效“双审查”“双监督”机制：一是事前绩效评估的审查监督。人大常委会对事前绩效评估的审查监督主要包括提出事前绩效评估项目选取的意见和建议，参与事前绩效评估过程，审查事前绩效评估项目的预算安排变动情况和事前绩效评估报告等。二是绩效目标管理的审查监督。人大及其常委会在开展政府预决算全口径审查和全过程监管的过程中，也应该同时融入绩效目标的审查和监管，主要包括财政政策、重点支出和重大投资项目、部门预算、中央对地方转移支付、一般公共预算收入、政府债务、政府性基金、国有资本经营预算、社会保险基金预算等方面的绩效目标设定和实现情况。三是绩效运行监控的审查监督。《决定》要求财政和部门“每季度提供预算执行、有关政策实施和重点项目进展情况。”以此为基础，人大常委会通过听取和审议专项工作报告、执法检查、专题调研等方式，利用现代信息技术开展预算联网监督，“加强对重点收支政策贯彻实施、重点领域财政资金分配和使用、重大财税改革和政策调整、重大投资项目落实情况的监

① 曹堂哲，李敏，纪元．美国国会如何开展预算绩效审查监督［N］．绩效新时代，2020-09-26.

督”，并及时发现预算执行和绩效运行中的问题，运用法定方式督促推动解决。四是绩效评价及其结果运用的审查监督。《决定》要求政府“将重要绩效评价结果与决算草案同步报送全国人民代表大会常务委员会审查。”人大常委会要“加强对重点支出和重大项目绩效目标、绩效评价结果的审查监督。”此外，推动绩效结果运用也是人大常委会预算审查监督的重要内容。《决定》要求“加强绩效评价结果运用，促进绩效评价结果与完善政策、安排预算和改进管理相结合，推进预算绩效信息公开。”五是完善预算绩效听证制度。《决定》指出，在实施预算绩效管理监督过程中，人大常委会可以根据实际情况召开预算绩效听证会，听取人大代表和社会公众的意见和建议，并形成听证结论，履行绩效审查监督职能。六是充分发挥绩效审计作用。《决定》指出，“审计机关应当按照真实、合法和效益的要求，对中央预算执行和其他财政收支情况以及决算草案进行审计监督，为全国人民代表大会常务委员会开展预算执行、决算审查监督提供支持服务。”①

### （二）中美预算绩效审查监督差异性

1. 资源整合能力和监督方法存在差异。

美国国会使用多样的信息来源和分析结果，支撑其预算审查监督活动。联邦机构开发了大量的绩效、预算和财务信息供内部使用，并向国会报告以供审查监督。例如，机构制定一项战略规划，其中包括以结果为导向的长期总目标和分目标；年度绩效与问责报告包括机构在实现其目标方面的进展情况，并允许国会监测绩效趋势。该报告还提供了有助于分析其运行结果和财政状况的财务信息。预算文件与绩效数据相结合，可为国会提供信息，用于确定资源是否实现了计划的绩效改进。这些信息综合使用，可以帮助国会议员和国会工作人员履行其监督职责。通过立法支持机构——美国国会研究局（Congressional Research Service，CRS）、国会预算办公室（Congressional Budget Office，CBO）和美国政府问责署（Government Accountability Office，GAO）——国会委员会也可以获得相当多的资源开展监督。众议院和参议院设立的各种支持办公室也

---

① 曹堂哲，彭佩文．人大“双审查双监督”：提升预算绩效管理新机制［N］．中国财经报，2021－6－5.

可通过履行其法律、立法、行政、经济等职能在监督方面发挥作用。此外，一系列外部利益集团和研究机构也提供了丰富的信息来源。

我国人大开展预算绩效审查监督还处于起步阶段，一方面人大在获取绩效信息方面尚未形成完整体系；专门委员会在绩效审查监督中作用的发挥还需进一步完善；人大在整合各方资源，提高内设机构预算审查监督能力等方面都有待进一步强化。

2. 信息公开的部门职责分工与机构协调配合存在差异。

美国政府预算绩效信息公开的过程涉及了立法部门、司法部门和行政部门①。其中立法部门负责制定保障信息公开的法案，如联邦政府制定联邦《阳光政府法案》，州政府制定其所在州的《阳光政府法案》等。司法部门负责在行政部门或其他使用公共资金部门违背法律要求隐瞒部门预算绩效数据时，强制其公开预算绩效信息，如当公民在法律规定范围内申请某部门预算绩效信息公开的过程中受阻时接受公民的申诉并进行裁决。行政部门负责按照法律规定进行本部门的预算绩效信息公开，并在公众提出申请信息公开时依据法律规定对更多预算绩效数据进行公开。美国政府预算绩效信息公开的过程中，各部门职责分工清晰，保障了信息公开过程的高效性和信息公开结果的真实性，有助于公众的参与、评价与监督。

我国当前预算绩效信息公开主要还是部门预算绩效信息公开，国家机关之间协同治理水平有待进一步提升。

## 六、深化我国预算绩效管理的路径与未来

### （一）进一步完善预算绩效管理制度体系

1. 推动建立以“绩效预算”为目标的预算绩效管理制度。

绩效预算与传统的、分项列支的预算模式不同，强调预算支出的效率，强调要按照一定标准衡量政府部门工作的绩效，进而按照绩效决定预算支出。以《政府绩效与结果法案》（GPRA）及其现代化法案为基础，通过立法推动、长

① 肖鹏．美国政府预算制度［M］．北京：经济科学出版社，2013：316－317.

期规划、绩效预算的实施以及绩效与预算的紧密结合，形成了以绩效为核心的良好框架，为提高政府工作效率和服务质量提供了有力支持。

我国推行的预算绩效管理改革，强调全过程绩效结果运用，实际上是要建立绩效结果与预算的挂钩机制，比如：事前绩效评估直接决定预算决策，绩效目标、绩效运行监控、绩效评价都与预算挂钩，但在实际执行过程中，有些部门和地区还存在绩效与预算“两张皮”的现象，尤其是部门（单位）整体层面、政府层面的预算和绩效“花开两朵、话分两支”的情况较为普遍。针对上述问题，我国需要在全面实施预算绩效管理的基础上，强化绩效预算改革目标，尤其是要在部门（单位）整体和政府层面不断建立和完善绩效预算体系。

2. 夯实预算绩效法律基础。

完善的法律体系是确保预算绩效管理制度有效运行的基础。美国不仅在各类法案中对预算绩效管理提出“分散要求”，还颁布了《政府绩效与结果法案》（GPRA）《政府绩效与结果现代化法案》（GPRAMA），预算绩效的单项立法保证了预算绩效管理制度运行的权威性、规范性和有效性。

当前，我国预算绩效的法律要求主要分散在《中华人民共和国预算法》《中华人民共和国预算法实施条例》等法律法规中，缺少全国性的单项立法，存在立法层次不高、法治化基础建设不足等问题，不利于预算绩效管理的深入推广和执行。借鉴美国预算绩效管理经验，稳步提高预算绩效管理立法层次，从部门规章、行政法规向单行法律拓展，绩效立法要兼顾维护政府推动预算绩效管理工作的“行政法”和人大等权力主体审查监督预算绩效的“监督法”双功能。以预算绩效立法为基础，在国家治理层面健全预算绩效的权责体系、组织体系、运行体系、制度体系和技术指南体系等。①

3. 实现预算与绩效管理全过程的深度融合。

下一步要进一步实现预算与绩效管理全过程的深度融合，让绩效信息对预算决策发挥决定性作用，尤其是要补齐事前评估、部门整体绩效评价与管理、全周期政策（项目）预算绩效管理、绩效结果应用等方面或环节的制度办法。将预算绩效管理纳入《重大行政决策程序暂行条例》和“健全重大政策事前评估和事后评价制度”，理顺事前、事中、事后绩效管理中预算申请、预算分

① 曹堂哲. 深化预算绩效管理改革的前瞻和设想［N］. 中国财经报，2023-05-23.

配、预算评审、审计和预算审查监督的职责分工，在全过程预算绩效管理中形成党委政府、财政部门、预算部门、审计部门、人大、纪检监察部门、社会与第三方机构等各方职责明确、各有侧重、相互衔接的运行体系，并形成合力。①

4. 牢固树立物有所值绩效理念。

对成本效益的高度重视是贯穿美国预算绩效管理体系的重要理念。美国1949年开始实施的绩效预算强调“投入产出效率”；《国家绩效评估报告》（Report of the National Performance，NPR）《政府绩效与结果法案》和《政府绩效与结果现代化法案》都强调，创造一个高效节约的政府。报告指出；项目评估报告强调成本效益分析等。

针对我国预算绩效管理中存在的成本指标“虚化”、质量“弱化”、效益“软化”等问题，下一步应将成本预算绩效管理作为实现预算与绩效管理深度融合的桥梁，推动预算绩效管理理念从达标考核和合规审查向物有所值转变，坚持以人民为中心，用正确的政绩观引导科学的预算绩效观，避免绩效管理中的唯结果论倾向，避免好大喜功、铺张浪费、不计成本等现象，引入成本效益分析等方法，将成本质量和效益理念融入预算绩效管理全过程，实现投资建设功能标准、公共服务标准、财政支出标准和成本定额标准统一，全面实施全成本预算绩效管理，完善成本预算绩效管理制度体系。

## （二）健全政府层面预算绩效管理体系

针对政府层面预算绩效管理体系性不足，国家发展规划、专项规划、中期财政规划和年度预算衔接不够紧密，预算统筹力度不足等问题，应不断增强预算绩效管理的系统性。借鉴美国联邦政府层面建立的以总统管理议程（PMA）和跨部门优先事项（CAP）为核心的绩效管理体系经验，我国下一步应将深化全方位预算绩效管理改革重点转到系统集成、协同高效上来，增强政府、部门（单位）、政策和项目层面预算绩效管理的系统性、整体性和协同性，从“自下而上”转向“自上而下”，以党委政府重大决策部署作为绩效管理的重点，探索建立政府绩效计划制度，完善建立政府重大事项预算绩效管理体系，完善

① 曹堂哲．深化预算绩效管理改革的前瞻和设想［N］．中国财经报，2023-05-23.

跨部门绩效目标管理，将绩效管理作为宏观把握预算编制的有力工具。占领财政运行综合绩效评价“制高点”，建立财政运行综合绩效监测、评价和管理制度，实现财政运行综合绩效评价和政府绩效考核有机衔接、相互补充。夯实部门整体预算绩效管理，以部门整体预算绩效评价为突破口，推动建立以战略为导向、以预算为主线、以绩效为基础的部门整体预算绩效计划、监测和报告制度体系。引入零基预算和成本效益分析等方法，提高政策选择科学性、政策设计的精准性、政策执行的有效性、政策效果的可持续性。

### （三）强化部门整体预算绩效管理

1. 建立部门整体绩效计划和报告制度。

针对预算绩效管理“碎片化”与预算绩效管理改革“系统性、整体性和协同性”的矛盾，2018 年 11 月财政部印发的《关于贯彻落实〈中共中央 国务院关于全面实施预算绩效管理的意见〉的通知》要求“加快设立部门和单位整体绩效目标”“探索建立部门和单位预算整体绩效报告制度”，支持各部门和单位从“要我绩效”向“我要绩效”转变。在全面实施预算绩效管理的总体部署下，我国部门预算绩效管理“建机制”“定指标”“促应用”各项工作稳步推进。但相较于政策和项目绩效管理，当前我国部门整体预算绩效管理的立法基础薄弱、协同推进机制尚未落地生效，前置性基础建设工作进度滞后于实践发展，部门整体支出绩效目标报告和绩效评价报告制度和机制、形式和内容仍不健全。

绩效计划是实现预算与战略衔接的重要机制。通过绩效计划，将战略规划分解为未来一定时期内预计达到的绩效目标和指标，可以确保部门资金需求和资金统筹安排保持一致、项目活动与整体发展战略保持一致；绩效报告作为绩效信息传播的主要载体，提供了部门在战略规划和年度绩效计划中的目标进展情况，是支持问责、透明和决策的重要组成部分。美国《政府绩效与结果法案》（GPRA）、《政府绩效与结果现代化法案》（GPRAMA）均在立法层面对联邦绩效框架和绩效计划及报告制度做出延续性要求，联邦部门实践也证明这一基础建设对于财政资源统筹规划和合理配置以及部门日常工作开展的重要意义。其做法为我国引入部门预算绩效管理的优良要素提供了一种借鉴思路：一是树立部门整体绩效观，通过整合人力、物力、财力实现绩效互补与聚合；二是探索建立部门整体绩效计划制度，通过完善前置性基础建设，在明确战略目标的基础上紧扣部门使命和职能，系统梳理部门整体绩效目标的层级分解体系；三是建立部门整体绩效报告机制，把部门绩效目标、项目绩效目标、绩效指标进展情况全部纳入绩效报告范畴，探索实现“一个部门、一本预算、一份绩效”。

2. 打造以战略为导向、预算为纽带的全过程闭环机制。

部门整体绩效管理的一个关键条件是“任务和目标明确”。战略规划是至关重要的，它能够做出决策，为政府项目确立明确的方向。纵观美国预算绩效管理演变，其动机之一就是试图增加预算系统中战略决策支持和绩效信息的影响，增强预算与政府优先政策之间的一致性。机构的日常工作与其广泛的战略目标和绩效目标之间存在逻辑联系。这就意味着，预算请求应根据其对机构战略重点的影响来提交，这些战略重点通常是在机构战略规划中确定的。此外，这还意味着“方案”（或者用联邦预算编制的语言来说：“计划、项目和活动”）应与机构的广义战略目标和绩效目标相关联。

预算体现着国家战略政策，规定着政府活动的范围和方向。2021 年《国务院关于进一步深化预算管理制度改革的意见》（国发〔2021〕5 号）提出“各级预算安排要将落实党中央、国务院重大决策部署作为首要任务，贯彻党的路线方针政策，增强对国家重大战略任务、国家发展规划的财力保障。”我国部门预算绩效管理着力从整体上谋篇布局，在整体绩效管理的推进中，不少部门牵住了部门整体绩效目标的“牛鼻子”，一定程度上实现了“将战略规划与预算决策联系起来”，但当前部门年度绩效目标与中长期战略目标并未建立清晰的衔接关系，也难以“将战略规划转化为年度工作计划和预算申请理由”。因此，我国实施部门整体预算绩效管理的关键是以战略为导向，预算为基础，打造“事前评估、事中监控、事后评价”三位一体的绩效生命周期循环，形成预算资源分配与整体发展目标间的紧密联系。

3. 推动一站式绩效报告可读性建设。

在政府预决算中报告绩效信息并非新鲜事。近年来，无论是中国还是美国政府一直积极将绩效信息作为预决算文件的一部分进行报告，现已形成了较成熟规范的做法，也积累了大量丰富的信息。在《政府绩效与结果法案》（GPRA）之前，美国没有系统地要求各机构报告结果。《政府绩效与结果法案》（GPRA）所要求的绩效公开显然是以绩效为导向的管理和问责的工具典范。绩效网站集中了大型 CFO 法案机构以及其他非 CFO 法案机构的战略和绩效计划及报告，以及支持优先管理或政策领域的其他举措或工作的信息，成为了解联邦部门在关键领域的目标和绩效的公众窗口。该网站还按主题（如国防、国际事务、交通等）展示机构战略目标和优先目标，使访问者能够按机构和主题搜索。此外，为回应绩效预算框架“资料溢出”的固有特点，管理和预算办公室（OMB）和各机构制定了数百项报告删除或修改建议，并采取了其他一些机制或授权来确定并酌情删除不必要、过时或重复的报告，以更好地满足国会的信息需求，确保有效的信息审查。

新预算法实施以来，我国预算绩效公开取得了显著成绩，公开范围、力度和及时性都在不断提高，但绩效信息公开还不满足一站式的要求，主要体现在：相关责任主体在预算公开信息选择上有较大的自由裁量权，信息公开不具备系统性和统一性；部门预算整体绩效公开办法制度建设相对滞后，绩效信息公开缺乏机器可读的标准范式。借鉴美国绩效信息公开的经验，下一步应进一步强化绩效信息公开：一是提高一致性，加大门户网站绩效专栏建设，实现预算绩效信息公开的内容和形式规范、完整，绩效公开信息可查、可比；二是交本明白账，回应社会关切，聚焦社会热点，尽可能量化说明本部门整体绩效目标和重点工作的完成情况，并对专业性较强的名词进行解释，让公众看得更明白，了解得更清楚。

## （四）提升预算绩效审查监督能力

现代预算制度建立的过程中，人大作为预算审查监督的重要主体，将预算审查监督的重点向支出预算和政策拓展，必然要强化对预算绩效的审查监督。借鉴美国的经验，我国可以从以下方面提升预算绩效审查监督能力：

第一，探索高风险清单管理。针对我国人大预算绩效审查监督覆盖面不够、体系性不强等短板，可借鉴国会责任总署的做法，探索建立高风险清单管理制度。建立重大支出政策和重大项目绩效和风险预警指标体系，分领域对政府支出政策和项目进行“体检”，按照预算年度更新高风险清单，为人大开展预算绩效审查监督提供一本“明白账”和“体检表”。

第二，将人大预算审查监督嵌入预算绩效管理全过程。人大常委会在预算全口径审查和全过程监督中也需要融入绩效审查监督的内容，其中既包括预算收支，也包括预算所体现的国家战略和政策，从而实现预算与绩效的“双审查、双监督”。

第三，完善预算绩效听证制度。积极汲取浙江省温岭市的“民主恳谈”和上海市闵行区人大常委会的项目预算绩效听证会等实践，在实施预算绩效管理监督过程中，人大常委会可以根据实际情况召开预算绩效听证会，完善听证制度和程序，提高听证会的可操作性，发挥听证会在预算绩效管理中的实质作用。

第四，强化绩效审计。人大常委会可通过绩效审计、审计决议、对审计查出突出问题整改情况开展跟踪监督、健全人大预算审查监督与纪检监察监督、审计监督的贯通协调机制，加强信息共享，形成监督合力等方式用好绩效审计的武器。

### （五）推动我国预算绩效管理制度的配套改革

1. 完善数字预算绩效管理，强化循证决策。

美国2014年颁布《数据法案》（The Data Act of 2014）旨在提高联邦政府的财务和绩效数据的透明度和可比性，要求政府部门使用统一的数据标准和格式进行数据报告，促进了财务和绩效数据的集成和分析，提高了数据的准确性和可用性。2018年《循证决策基础法案》（The Foundations for Evidence－Based Policymaking Act of 2018）要求政府部门建立学习和评估官，推动政策和投资基于证据，强调了数据在政策制定中的重要性，促进了政府部门建立绩效数据收集、处理、分析和应用的体系。

我国数字预算绩效管理还存在一些亟待解决的问题，比如预算绩效管理流程嵌入预算管理流程还不够深入，存在“两张皮”现象；预算绩效信息的整体性、系统性和协同性有待提高；大数据等信息资源和信息手段在预算绩效管理全过程中的实质性应用还浮于表面；各部门、各单位、各行业绩效数据壁垒依然存在等。对此，未来加强数字预算绩效管理应从多方面发力。

第一，加强顶层设计，优化预算决策流程。站在数字政府建设的高度统筹谋划数字预算绩效管理，将数字预算绩效管理纳入数字财政和预算一体化框架中一体规划、一体推进，引入“循证决策”和立项评估决策的理念，将绩效信息作为预算决策和政府决策质量的重要基础和依据。将事前评估置于预算编制之前，通过数字预算绩效监管，实现政策和项目的“穿透式”监管，将绩效评价结果信息作为下一轮预算安排、政策调整和管理改善的依据。

第二，强化数据利用，在预算绩效管理各环节提高信息技术含量。提高预算绩效管理各环节大数据等信息手段和技术的应用深度和广度，改变预算绩效评估、监控和评价主要靠人工收集资料、填报报表、定性分析和打分评级这种“重程序，轻实质”的做法，在事前评估环节通过引入大数据分析加强行业研究和政策研究水平，推动财政政策和项目更加精准、可持续。在绩效监控环节，通过加强关键绩效指标的数据分析，实现监测、预警和“穿透式”监管；在绩效评价环节，广泛利用大数据技术，建立预算支出与利益相关者的直接关联，更加精准地评价产出和效益，提高评价的可信度和精准性。

第三，统筹预算、资产和业务，完善数字资产绩效管理体系。落实《行政事业性国有资产管理条例》关于“各部门及其所属单位应当按照国家规定建立国有资产绩效管理制度，建立健全绩效指标和标准，有序开展国有资产绩效管理工作”等要求，加快推进资产管理大数据系统建设，并将资产管理绩效评价和管理体系嵌入资产管理系统，实现资产管理节约、规范、安全、高效等方面的绩效指标自动生成，实现可视化监测、评价和预警。

第四，强化成本绩效，建立成本预算绩效管理信息平台。要和预算一体化衔接，从宏观、中观和微观角度建立支出结构和成本绩效数据库，做实成本绩效标准。加强大数据、云计算技术、区块链技术等的应用，不断提高成本预算绩效管理的标准化、制度化、流程化、信息化水平。

第五，建立统一的财务和绩效数据标准。制定统一的数据收集、处理和报告标准，确保数据的透明度和一致性；同时，引入先进的技术手段，如大数据和人工智能，提高数据处理和分析的效率和准确性。

2. 将绩效责任融入组织治理体系。

《政府绩效与结果现代化法案》（GPRAMA）要求所有机构负责人（Agency Heads）任命一名首席运营官（Chief Operating Officer，简称 COO），COO 可以是机构副负责人（Deputy Head of the Agency）或者与之同等职级。机构负责人与 COO 协商后，任命一名直接向其做汇报的绩效改进官（Performance Improvement Officer，简称 PIO）。《政府绩效与结果现代化法案》（GPRAMA）

还建立了绩效改进委员会（Performance Improvement Council，简称PIC），并由OMB负责绩效管理的副主任担任其委员会主席，即首席绩效官（Chief Performance Officer，简称CPO）。PIC由各机构代表组成（主要是PIO、副PIO、相关职员等），处理来自各机构的建议和信息，并向机构提供绩效管理和绩效改进相关服务。

针对我国预算绩效管理中业务和财务融合不够深入的问题，可借鉴美国经验，进一步夯实预算绩效管理的责任体系，将预算绩效管理责任融入部门（单位）治理体系，配置好绩效责任，实现业财融合。从“以政领财、以财辅政”的高度深入推进预算绩效管理，将预算绩效管理作为“一把手”工程，形成财政部门抓重点，预算部门抓全面的工作体系，将重大预算绩效结果纳入政府决策事项议程，强化预算绩效管理在政府治理中的基础和支柱作用。提高预算绩效结果在政府绩效考核中的权重。人大要进一步完善预算审查与绩效审查“双审查、双监督”机制。审计机关要强化对预算绩效管理工作的审计监督，积极开展绩效审计。①

除此之外，深化预算绩效管理改革还需要完善中期财政规划、政府收支分类、项目支出标准、国库现金管理、政府财务报告、提升第三方机构参与预算绩效管理能力，加强监督管理等综合配套改革。

**本书翻译组**

2024年8月

① 曹堂哲．深化预算绩效管理改革的前瞻和设想［N］．中国财经报，2023－05－23.

次提升了绩效改进委员会（Performance Improvement Council，简称 PIC），并由 OMB 负责绩效管理的副主任担任委员会主席，[illegible]（Chief Performance Officer，简称 CPO）、PIC [illegible] 组成，[illegible] 改进提供服务。

[illegible]

[illegible]

本书翻译组
2024 年 8 月

[illegible]

# 目录

## 第一编　历史演变与法律框架

## 第二编　联邦制政府层面预算绩效评价与管理



## 第三编　部门层面预算绩效评价与管理

第一编

# 历史演变与法律框架

# 第一章　美国政府预算制度与绩效管理概览

【内容提要】绩效预算强调投入产出和效率，要求按照一定标准衡量政府部门工作绩效，并据此决定预算支出。无论是作为预算管理方法，还是预算组织形式，绩效预算较早起源于美国。在美利坚合众国《宪法》的框架下，经过两百余年的变迁，美国发展了具有特色的预算制度体系：经历了从分项排列预算、旧绩效预算、PPBS、目标管理、零基预算、自上而下预算，到当今新绩效预算的变迁。本章从美国预算制度、绩效预算制度体系及其发展脉络三个方面进行梳理，展现了美国政府预算制度的变迁与预算绩效管理的全景。

## 第一节　美国政府预算制度

预算是经法定流程和程序审核批准的年度财政收支计划，政府预算是各级政府制定的具有制度保障以及符合法规规定的年度财政收支计划。预算体现国家的战略和政策，反映政府的活动范围和方向，是推进国家治理体系和治理能力现代化的重要支撑，是宏观调控的重要手段。正如希克所言，“毫不夸张地说，一个国家的治理能力在很大程度上取决于它的预算能力。”[①] 换言之，预算绩效反映财政收支支持保障政策和治理目标的程度，在很大程度上决定了国家治理绩效的高低。

美国政府预算制度的变迁是在美利坚合众国《宪法》框架下稳定进行的[②]，自1787年以来，经过两百余年的理论研究与实践，基于对预算理性的追

① Schick, A. (1990). *Capacity to Budget.* Washington: The Urban InstitutePress. p1.

② 王熙．美国预算制度变迁及其对中国的启示［J］．中央财经大学学报，2010（2）：16－20.

求，美国政府结合社会背景等外部因素和自身财政体制、财政发展情况，不断发展完善政府预算制度，形成了全流程的政府预算管理制度，实现了美国政府预算制度高效运转、经济社会稳定运行。

## 一、美国财政体制及财政关系概况

权力配置影响预算制度，一个预算的行动者只有拥有更多权力，才能够调配更多预算资源。纵观美国两百余年预算史，其实质是立法机构（国会等）与行政机构（总统等）相互制衡，争取预算权力的过程。立法机构与行政机构依托各自的影响力，通过修订法律或制定规则，来为自身争取更多的预算权力①。

### （一）美国财政收支概况

预算是财政分配资源的基本工具，涉及相关组织（政府、家庭等）的财务状况以及未来的计划安排，美国 2023 年预算组成及 2022 年预算执行和 2023 年预算如表 1 -1 和表 1 -2 所示。

**表 1 -1　　美国 2023 年预算组成部分概况**

| 百万美元<br>组件 | 2022 年预算 | 2023 年预测 | 2023 年预算 | 方差 2022F 至 2023B | | 方差 2022B 至 2023B | |
|---|---|---|---|---|---|---|---|
| | | | | 数量 | 百分比 | 数量 | 百分比 |
| 正在进行的业务，包括战略优先事项 | 951.2 | 901.3 | 960.2 | 59.0 | 6.5% | 9.0 | 0.9% |
| 未经检验合计 | 951.2 | 901.3 | 960.2 | 59.0 | 6.5% | 9.0 | 0.9% |
| 消费者财务调查（三年一次） | 14.7 | 14.7 | 0.5 | (14.1) | -96.4% | (14.1) | -96.4% |
| 总计，经营预算 | 965.9 | 915.9 | 960.8 | 44.8 | 4.9% | (5.1) | -0.5% |
| 单周期资本预算 | 20.0 | 18.5 | 21.7 | 3.2 | 17.5% | 1.7 | 8.4% |
| 多周期资本预算 | 2 405.5 | 2 405.5 | 3 171.2 | 765.7 | 31.8% | 765.7 | 31.8% |

注意：由于四舍五入，组成部分的总和可能不等于总数，也可能不产生所示的百分比。

资料来源：2023 Board Operating and Capital Budgets。

① 王逸帅．美国预算民主的制度变迁研究［D］．上海交通大学，2009.

表 1－2　　2022 年预算执行情况和 2023 年预算

（按预算类别划分单周期经营预算）

| 百万美元<br>预算类别 | 2022 年预算 | 2023 年预测 | 2023 年预算 | 方差 22F 至 22B | | 方差 23B 至 22F | |
|---|---|---|---|---|---|---|---|
| | | | | 数量 | 百分比 | 数量 | 百分比 |
| 收支平衡点成本 | 989.2 | 918.9 | 858.7 | (70.3) | -7.1% | (60.2) | -6.6% |
| 印制美联储钞票 | 983.8 | 913.8 | 852.5 | (70.0) | -7.1% | (61.3) | -6.7% |
| 固定印刷成本 | 612.5 | 612.5 | 587.0 | — | 0.0% | (25.5) | -4.2% |
| 可变印刷成本 | 371.3 | 301.3 | 265.5 | (70.0) | -18.9% | (35.8) | -11.9% |
| 收支平衡点支持费用 | 5.4 | 5.1 | 6.2 | (0.3) | -5.7% | 1.1 | 21.5% |
| 货币阅读 | 1.0 | 0.8 | 1.0 | (0.2) | -18.1% | 0.2 | 24.4% |
| 销毁和遵守 | 4.4 | 4.3 | 5.2 | (0.1) | -2.9% | 0.9 | 21.0% |
| 理事会费用 | 70.8 | 60.5 | 72.8 | (10.3) | -14.6% | 12.2 | 20.2% |
| 货币发行 | 37.6 | 28.3 | 33.6 | (9.3) | -24.7% | 5.4 | 18.9% |
| 钞票发展 | 27.1 | 26.3 | 32.2 | (0.8) | -3.1% | 6.0 | 22.8% |
| 货币的教育 | 6.1 | 6.0 | 6.9 | (0.2) | -2.8% | 0.9 | 14.9% |
| 活动经费预算 | 1 060.0 | 979.4 | 931.4 | (80.6) | -7.6% | (48.0) | -4.9% |
| 持仓 | 20 | 20 | 22 | 0 | 0.0% | 2 | 10.0% |
| 货币发行 | 1 | 1 | 3 | 0 | 0.0% | 2 | 200.0% |
| 钞票发展 | 10 | 10 | 10 | 0 | 0.0% | 0 | 0.0% |
| 货币的教育 | 9 | 9 | 9 | 0 | 0.0% | 0 | 0.0% |

资料来源：BOARD OF GOVERNORS OF THE FEDERAL RESERVE SYSTEM：2023 Currency Budget。

美国是联邦制国家，包括联邦政府、州政府及地方政府（郡、市等）三级政府，各级政府管辖地域以及事权范围具有区别。相应地，美国财政体制同样分为联邦、州及地方三级，各级财政收入与支出范围不同，权责各有侧重。

1. 政府收入分类。

美国政府收入主要分为税收收入、非税收入、债务收入及基金收入四类。税收收入即通过征税获得的收入，美国各级政府拥有相对独立的税制体系，联邦政府、州政府及地方政府通过不同的征收方法获得税收收入。非税收入包括投资收益和收费两种类型，联邦政府的非税收入包含美联储的储备收益、使用费等内容，州政府非税收入包含彩票收入、高等教育收费等，地方政府非税收入主要是市政服务收费。债务收入即政府以信用方式获得的收入。基金收入即政府以成立基金的方式获得的收入，包括政府性基金、权益类基金和信托类基金。

2. 政府支出分类。

根据预算编制方法的不同，美国政府支出可以分为经常性预算支出及资本性预算支出。其中，经常性预算支出多为消费性支出，是政府履行职责所必要的支出；资本性预算支出是投入于社会再生产形成的资本的支出。

3. 美国政府收支规模。

两百年以来，美国政府财政支出及财政收入保持稳定的增长趋势。图 1－1 展示了 1948—2012 年美国联邦政府财政收支规模及占 GDP 比重的变化趋势，2021 年第一季度至 2023 年第三季度政府收支规模分别如图 1－2 和图 1－3 所示。在 20 世纪后半叶至 21 世纪初，联邦政府财政支出主要以国防支出、社会安全支出为主，医疗保险、收入保障支出占比呈现上升趋势，而州政府财政支出主要聚焦于健康和社会服务支出及教育支出。美国政府财政收入主要来源是税收收入，联邦政府收入占据美国政府财政收入的主体地位。

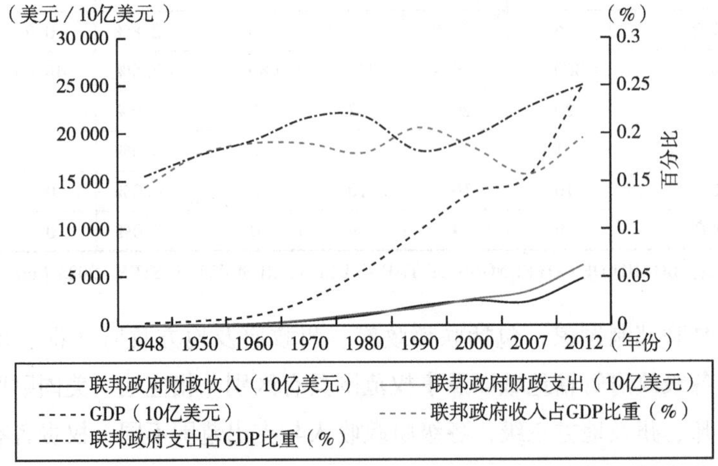


**图 1－1　1948—2012 年美国联邦政府财政收支规模及 GDP 比重变化趋势**

资料来源：作者根据相关资料归纳而得，整理自肖鹏《美国政府预算制度》等。

## （二）美国政府间财政关系

美国财政实行三级财政管理体制，联邦政府、州政府及地方政府的收支具有较强独立性，各级政府设置独立的服务范围和收支名目，对本级预算进行编制和执行等，无隶属关系。

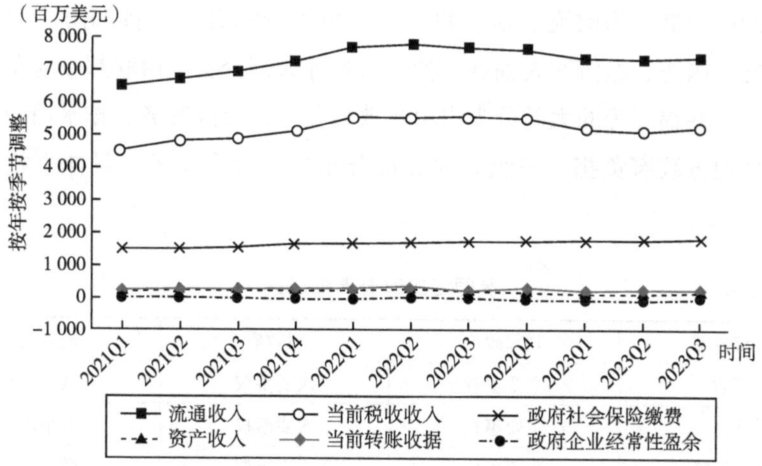


**图 1－2　美国 2021 年第一季度至 2023 年第三季度政府收入规模**

资料来源：U. S. Bureau of Economic Analysis：Government Current Receipts and Expenditures。

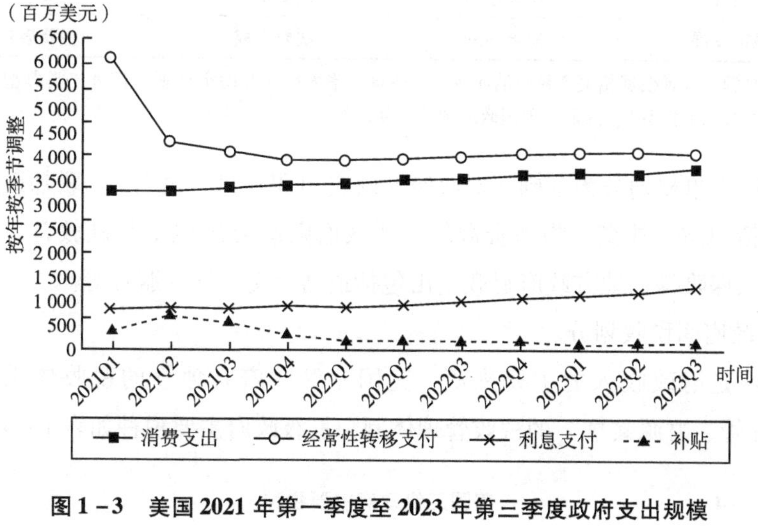


**图 1－3　美国 2021 年第一季度至 2023 年第三季度政府支出规模**

资料来源：U. S. Bureau of Economic Analysis：Government Current Receipts and Expenditures。

1. 政府间事权划分。

美国三级政府对事权和财权划分明确合理①。联邦政府承担宏观调控和收

① 刘松华（审计署京津冀办）. 国外三类典型分税制财政体制及对我国的借鉴［EB/OL］. 中华人民共和国审计署官网，2012－12－19.

入再分配的职能，州政府、地方政府主要负责资源有效配置和解决市场失灵等。因此，国防、退伍军人福利、社会保障等大部分支出由联邦政府负担；公路建设、公共福利等的大部分支出由州政府负担；社区服务、排水消防的大部分支出由地方政府负担。三级政府在部分事权上存在交叉，具体事权划分如表 1－3 所示。

**表 1－3　　　　美国三级政府事权划分**

| 事权范围 | 联邦政府 | 州政府 | 地方政府 |
|---|---|---|---|
| 国防 | 主要事权 | 次要事权 | 微小事权 |
| 外交 | 主要事权 | 次要事权 | 微小事权 |
| 社会保障 | 主要事权 | 主要事权 | 微小事权 |
| 公路建设 | 主要事权 | 主要事权 | 次要事权 |
| 卫生 | 次要事权 | 次要事权 | 主要事权 |
| 教育 | 次要事权 | 次要事权 | 主要事权 |
| 城市发展 | 次要事权 | 次要事权 | 主要事权 |

资料来源：作者根据相关资料归纳而得，整理自中华人民共和国审计署《国外三类典型分税制财政体制及对我国的借鉴》、肖鹏《美国政府预算制度》等。

美国以事权划分为基础，对政府财政支出职责进行划分[①]。联邦政府财政支出包括国防、外交、物力资源等；州政府财政支出包括基础教育、医疗开支、收入保险等；地方政府财政支出包括道路公交、社区服务等。

2. 政府间税收划分。

税收是财政收入的主要来源。美国三级政府有独立的税收体系，实行“分别征管、财源共享”的税收管理体制，三级政府主要税种如表 1－4 所示。

**表 1－4　　　　美国三级政府主要税种**

| 联邦政府 | 州政府 | 地方政府 |
|---|---|---|
| 个人所得税 | 销售税 | 财产税 |
| 关税 | 公司所得税 | 社会保障税 |
| 消费税 | 个人所得税 | 公司所得税 |
| 公司所得税 | 资源税 | 个人所得税 |

① 陈侯坚. 美国政府事权与财政支出责任划分及其启示［J］. 经贸实践，2017（24）：46.

续表

| 联邦政府 | 州政府 | 地方政府 |
|---|---|---|
| 社会保障税 | 社会保障税 | 销售税 |
| | 财产税 | |
| 遗产与赠与税 | 遗产与赠与税 | 消费税 |
| | 消费税 | |

资料来源：作者根据相关资料归纳而得，整理自中华人民共和国审计署《国外三类典型分税制财政体制及对我国的借鉴》、肖鹏《美国政府预算制度》等。

3. 美国政府间转移支付制度。

按照使用条件差异，美国政府间转移支付制度分为以下四种类型。

（1）专项拨款。美国转移支付制度以专项拨款为主，下级政府在接受上级拨款后需要按照规定的方式使用。专项拨款的类型主要包括医疗保险、交通运输、教育培训等。

（2）配套拨款。在转移支付过程中，接受拨款的州和地方政府需要按照比例拿出配套资金，与联邦政府的拨款一同用于项目支出，达到以少量资金获得更好服务的目的。

（3）非专项拨款。非专项拨款是未明确规定拨款用途和使用方式的拨款，接受拨款的政府自行决定资金用途。非专项拨款能够减小地区间差异，提高经济发展水平较差地区的公共服务水平。

（4）税式支出。税式支出是联邦政府通过减税、免税、特殊税率等方式支持州和地方政府的补贴方式，能够促进州和地方政府提高公共服务水平。

## 二、美国政府预算制度的历史演进

美国自组建联邦政府以来，政府预算制度不断演变，呈现明显的阶段性特点。以美国发生的重大事件或出台的预算法律为分界点，我们将美国政府预算制度演变流程分为七个阶段。

### （一）1789—1861 年：国会主导预算过程阶段

自美国组建联邦政府至内战爆发的时间内，预算制度大体上沿袭英国的预算制度[①]。在内战爆发前，美国预算完全由国会主导，财政部长以及总统没有对预算进行编制或干预的权力。《宪法》中明确规定，在未得到国会授权的情况下，行政机构以及总统没有预算支出的权力。在这种规定下，美国国会能够掌管国家的"钱袋子"。

在《宪法》授予的财政预算权力下，国会制定财政预算的规则，同时创建了专门的委员会架构。1802 年在众议院成立的筹款委员会以及 1816 年在参议院成立的财政委员会，在 19 世纪上半叶几乎完全控制国家预算事项，财政部长收集和统计参众两院提供的预算数据，但不能对预算进行评价和决策。在这个阶段，美国国会始终处于主导地位，在预算的统筹方面，国会有权规定总的预算限额，规定资金支出的目标以及支付时间。在此基础上，各行政部门受到国会的直接影响和领导。

这一阶段美国政府预算制度存在一定的缺陷，如缺乏监督评价机制、财政部没有编制预算的决策权、国会直接领导降低效率等问题，与现代政府预算制度具有明显差距。

### （二）1861—1865 年：预算制度转变契机阶段

1861—1865 年，美国爆发了历史上最大规模的内战——南北战争。在战争爆发前期，联邦政府面临巨大财政压力，无法筹措到足够用于战争以及战时发展的资金，这直接导致北方在内战初期举步维艰。随着内战的白热化，美国北方潜在的政治经济力量，推动联邦政府修改了部分预算制度[②]，并建立更加全面完整的财政预算制度。

在内战爆发前，依据固有的体制，行政机构要向国会递交复杂的申请和报告，这无法满足战时快速筹措资金的需求。1863 年，美国总统林肯在联邦政府陷入困境时，暂时主导了美国政府预算，同时美国财政部也参与到物资的调配过程中来。美国内战的爆发彻底激发总统对预算干预权利的要求，掀起总统提高行政预算要求权的浪潮。

在内战的催化作用下，国会的预算机构做出重要调整，总统拥有了对预算的一定的裁量权。调整后，国会明确了预算的分工方式，参众两院对财政收支

①② 章伟．预算、权力与民主：美国预算史中的权力结构变迁［D］．复旦大学，2005.

做出分割，提高了部门的专业化。

这一阶段为美国政府预算制度转变提供契机，虽然没有彻底改变国会的主导地位，但美国政府充分认识到国会主导政府预算的弊端，为后续美国政府预算的发展演进起到助推作用。

### （三）1866—1920 年：战后预算制度发展阶段

战争结束后，政府财政收入急剧降低，出现大量赤字状况，美国经济受到明显影响。国会分别于 1865 年、1867 年在众议院和参议院成立拨款委员会，以专门管理财政支出事项。在这个阶段，总统能够对国会制定的预算实行否决权，拥有少量的预算权。在进入 20 世纪后，国会制定了《反赤字法案》（Ant deficiency Act），对预算执行的全过程进行管理，对政府官员预算拨款的额度以及使用方法进行限制，提高了预算拨款使用的效率。

这一阶段，美国为快速适应战后经济发展的需求，推动预算制度快速转变、发展、完善，为美国现代化预算制度的形成奠定基础。

### （四）1921—1940 年：总统主导预算过程阶段

在 1921 年以前，美国政府预算制度缺乏统一性，联邦政府各部门和机构分别向国会申请预算拨款，形式较为松散。在 1921 年以后，美国出台《预算和会计法案》（Budget and Accounting Act），增强了政府预算制度的集中统一性。

1921 年《预算与审计法》主要包括以下内容：第一，规定联邦政府内各行政部门不得直接向国会提交本部门的预算草案，仅总统能够向国会提交联邦政府的预算草案。这一规定扩大了总统的预算主导权，形成了统一集中的政府预算。第二，创立预算局（如今演变为管理和预算办公室，OMB），协助总统形成政府预算报告。联邦政府内各行政部门在制定本部门预算报告后，将其交由预算局审核，预算局对本部门预算报告进行修改和说明，同时总统也将一些项目预算交由预算局进行预算编制，预算局在做好这一系列协调工作后将报告交给总统，最终总统将预算报告呈交给国会。第三，法案创建了美国审计总署（General Accounting Office，GAO），对联邦政府各部门的财政支出进行控制，对各机构的项目和绩效进行审计。美国审计总署成立后，美国财政部专门负责国库相关事务，而会计和审计的相关职能交由审计总署。

这一阶段，美国政府预算制度仍是控制为主，预算编制采取分项目编制方法，以各项目成本为根本，对有限的资源实行再分配①，有效控制了政府部门的腐败问题。这个阶段，美国政府预算获得了渐进性的调整，总统的权力获得极大的提升，但其仍然存在一些问题。

### （五）1940—1962 年：由控制转为管理的预算制度阶段

随着政府预算制度的逐步调整和完善，美国政府预算由逐项预算逐步转为绩效预算，由控制向管理的转变。1939 年，预算局由财政部调整至总统办事处，更名为管理和预算办公室（Office of Management and Budget，OMB）。1940 年以后，OMB 不断完善其管理职能，尝试制定预算的绩效评价体系，注重联邦内各部门预算效率，选择效率高的预算方案。1949 年，OMB 对绩效预算进行定义，强调了产出（Output）的重要作用，这标志美国政府开始关注预算执行的效果，关注一定投入下产出的最大化。但由于技术、环境等问题，绩效预算制度在 1961 年被规划 – 项目 – 预算系统（Planning – Programming – Budgeting System，PPBS）取代。

PPBS 将项目规划、方案制定及预算安排三个要素有机融合，以计划为核心对财政支出进行划分，提高了资金的利用率，降低了各部门项目的执行成本。

1940—1962 年这一阶段，美国政府不断探索以管理为核心的预算制度，采取不同的方法提高预算编制和使用效率，促进了绩效管理与预算的融合，进一步完善了政府的管理制度。

### （六）1962—1974 年：总统与国会权力平衡阶段

1921 年出台的《预算与审计法》使美国预算体制由国会主导转变为总统主导，但这一主导方式缺乏国会的参与和监督，造成权力高度集中的局面，进而导致决策的片面。20 世纪 60 年代，越南战争的爆发引发了总统和国会的分歧，双方认为资金应当用于不同的用途，由此诞生了“七年预算战争”。

① 肖鹏．美国政府预算制度［M］．北京：经济科学出版社，2013.

这一阶段，总统与国会就预算权力展开“明争暗斗”，由于总统在财政支出以及税收上具有优先权，而按照法案的规定国会没有权威发展独立的财政收支预算制度，因此在大多情况下国会只能对总统的预算报告进行答复和响应。

### （七）1974—2008 年：总统、国会制衡约束阶段

在越南战争、中东战争爆发后，美国财政面临巨大负担，政府财政支出陡增、财政收入提升缓慢，导致美国政府出现巨大预算赤字，总统的权威受到了质疑和挑战①。在此背景下，1974 年国会出台《国会预算与扣押法案》（Congressional Budget and Sequestration Act），旨在增大国会的预算权力来构建一个全面的预算管理体系。该法案并未改变总统的主导作用，而是增强了国会自身的部分权力，如对财政支出做出优先排序、对项目进行评估等。法案改变了原有的预算管理过程，在总统的绝对主导权下加入国会的决议，丰富了预算管理过程，避免了权力的过度集中。

《国会预算与扣押法案》规定的国会预算过程如图 1－4 所示，法案对国会参与预算的全过程需要完成的事项进行明确规定。在此过程中，总统参与到各个流程中，对国会以及参众议院有关预算工作起到指导、制约、平衡的作用。

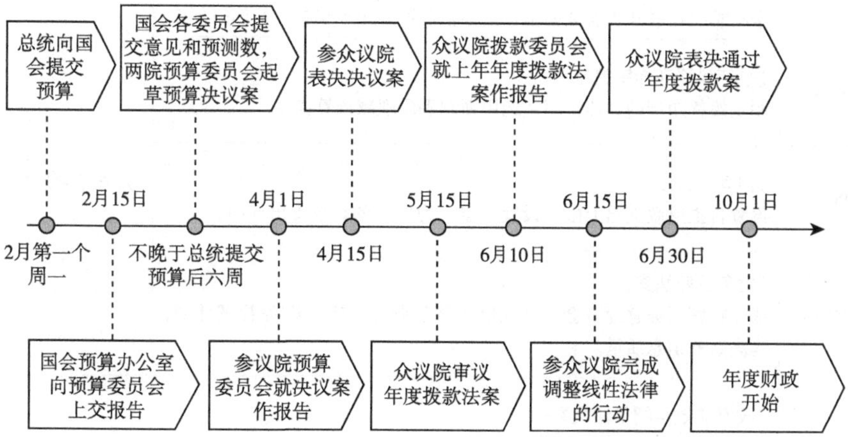


**图 1－4　国会预算流程图**

资料来源：整理自《国会预算与扣押法案》、肖鹏《美国政府预算制度》、官方网站等。

---

① 肖鹏．美国政府预算制度［M］．北京：经济科学出版社，2013.

在1974年《国会预算和扣押法案》出台后，美国总统与国会在政府预算权力上形成了制衡作用，基于20世纪末美国政治经济环境的变动，国会陆续出台多部法案（如表1－5所示），如1985年的《平衡预算和赤字控制法》（Balanced Budget and Deficit Control Act）、1990年的《财务总监法案（1990）》（Controller Act）、1997年的新《平衡预算法案》（Balanced budget Act）等，一系列法案的出台最终使国会和总统在美国预算控制权力上达成一致和平衡。

**表1－5　　1974年—2006年美国预算史重要法案及事件归纳**

| 时间 | 法案名称及主要内容 | 预算模式 |
|---|---|---|
| 1921年 | 《预算与审计法》<br>预算编制采取分项目编制方法，以各项目基本为根本对有限的资源实行再分配 | 1940—1961年<br>PB（绩效预算） |
| 1961年 | 肯尼迪总统将国防部“计划－方案－预算”系统推广至联邦政府，强调预算的计划性 | PPBS（规划－项目－预算系统） |
| 1974年 | 《国会预算与扣押法案》<br>成立众议院、参议院预算委员会，成立国会预算办公室，建立国会参与的预算流程。 | 20世纪70年代开始MBO<br>（目标管理） |
| 1979年 | 卡特总统在联邦政府全面推行按零基预算方式来编制公共部门预算 | ZBB（零基预算） |
| 1985年 | 《平衡预算和赤字控制法》<br>制定拨款扣押的具体程序，运用强制手段削减预算赤字。 | |
| 1990年 | 《预算执行法案》<br>设置自主财政支出上限，设置“量入为出”的财政支出规则。 | |
| 1990年 | 《财务总监法案》<br>成立首席财务官理事会，加强财务管理制度，丰富财务管理计划，提高财务信息质量。 | |
| 1993年 | 《政府绩效与结果法案》<br>部门需上交部门战略性计划以及本部门的绩效报告，确立了绩效评估的法律框架。 | 新绩效预算 |
| 1997年 | 《平衡预算法案》<br>从减税和削减财政支出上来平衡政府的预算。 | |

资料来源：整理自肖鹏《美国政府预算制度》等。

## 三、美国政府预算管理制度体系

### （一）美国政府预算管理的目标与原则

1. 政府预算管理目标。

政府预算管理目标是指政府进行预算管理时的方向及要求，也是检验、考核预算管理成效的标准①，主要包含以下四个目标：第一，最高目标为解释政府公共受托责任。政府预算管理需要如实地反映出各级政府受托责任的履行效果和情况，对政府活动进行监督，对官员行为进行约束。第二，构建有机循环的财政运行机制。政府预算管理需要构建一个有机、循环、良性的财政运行机制，确保预算资源的合理配置。第三，强化收支平衡的监控机制。预算管理实现了对财政总量的限制，在对预算进行管理时需要对财政收支的影响因素进行全面、系统地分析，强化监控机制。第四，政府预算管理目标是促进健全的财务体系。通过预算，政府能够在施政过程中发现财务体系的漏洞和问题，进而提出财务体系的完善方案。

2. 政府预算管理原则。

一国预算的立法、编制、审议、执行等流程需要遵循政府预算原则，其影响一个国家的预算形式和预算体系②。1945 年美国预算局局长史密斯提出了美国政府预算管理的八条原则：第一，反映行政计划原则，即政府预算反映和支持其行政首脑的想法和计划；第二，加强行政责任原则，即预算的实施需要赋予相关行政机构权力和责任；第三，依据政府预算报告原则，即预算从编制到执行的全过程需要以预算报告为基石；第四，弹性执行原则，即预算在执行的过程中可以根据环境变化弹性调整；第五，适度权力原则，即行政首长的权力是适度的；第六，程序多样化原则，即预算管理程序是多样的，需要根据需要来调整程序；第七，行政主导原则，在遵守基本政策方针条件下，适度加强行政主导；第八，机构协调原则，即预算各机构要相互协调、相互监督。

---

① 肖鹏．美国政府预算制度［M］．北京：经济科学出版社，2013.

② 邹靖，梁永晋，王晓培．美国政府绩效预算对我国预算绩效改革的启示［J］．财政研究，2015（7）：107－110.

美国预算管理原则随着社会经济环境的改变而不断变化，但其始终符合预算管理发展的需要，能够为实现预算管理的高效奠定基础。

### （二）美国政府预算编制管理

预算的编制是预算管理的原点，美国已形成了完善的预算编制管理制度①。美国的政府预算编制阶段大致持续 12 个月。首先，美国联邦政府财政部结合上一年度收支基础上，于当年 2 月估计本财政年度的收入水平，并向总统提交财政收入报告，同时政府各行政部门制定本部门年度预算收支计划，提交计划给 OMB。其次，OMB 对各部门预算进行审查，于年中提交预算规划给总统。总统结合财政收入报告和国家宏观财政政策和货币政策，确立本财政年度政府预算的基本框架，框架涵盖各部门的预算开支以及宏观经济政策导向。再次，OMB 在 7 月提供各部门财政预算编制的细节和说明等。随后，各部门向 OMB 提交预算的申请。在 10 月左右，OMB 对各行政部门和机构提交的预算进行调整。12 月总统对 OMB 的决定做出裁决。最后，次年 2 月总统向国会提交预算，至此完成财政年度美国联邦政府预算的编制。

### （三）美国政府预算执行管理

政府预算执行是实施政府所制定的年度收支计划，并在实施过程中持续监督控制、动态调整的过程。下面将介绍美国政府一个完整的预算执行周期的主要内容。

1. 计划与控制财政资金分配。

OMB 通常对财政收支分配做出详细计划和说明②，目的在于使资金的使用落实，督促联邦政府各行政部门合理分配资金并承担相应职责③。美国财政资金的分配有三个阶段：一是初始资金分配。总统制定的预算报告是最初的财务计划框架，在国会的修改调整后通过国会颁布美国年度财政计划。二是自动资金分配。若各行政部门的预算数额在 OMB 规定的范围内，则进入到自动分配阶段，即部门无须将预算提交给 OMB，预算资金自行完成分配。三是资金再

---

① 肖鹏．中美政府预算编制机制设计差异与启示［J］．中央财经大学学报，2009（11）：14－19.

② 郭晓斐．美国政府部门预算与国库现金管理问题研究以及启示［D］．中国政法大学，2011.

③ 刁大明．美国联邦政府拨款制度研究［D］．南开大学，2010.

分配。预算在执行的过程中可能会出现与期望有所差距的状况，此时 OMB 需要结合实际情况对部门的支出计划进行调整。

2. 解除与延期财政支出计划。

解除是按照法律规定取消已存在的预算权力，延期是政府官员推迟某项预算行动，暂时扣留预算支出的行为。对财政支出计划的解除和延期是基于外在影响下的特殊行动，在实行解除或延期时，政府需要准确说明采取行动的原因。

3. 预算执行报告。

联邦政府内所有负责预算执行的部门都需要结合国会的指示和规定出具执行报告。执行报告能详细反映预算的完成进度和变化趋势，有利于政府进行宏观经济决策。

4. 监督与检查预算执行。

监督与检查贯彻在美国政府预算执行的各个阶段，美国政府预算执行的监督检查主要是对各阶段报告的检测①。政府各部门需要于 10 月 1 日前提交部门执行报告的初始版本，随后国会对该初始报告进行修订，形成与实际相符的财政支出结构。次年 5 月，美国当局对预算执行报告进行第二次修订，同时相应地调整部门的财政支出计划。次年 7 月完成最后修订，充分考虑计划的差异以及财政数额的变化。

### （四）美国政府决算管理

政府决算是指按照法律规定程序，出具的年度政府预算执行结果报告，是对一个财政年度的政府预算执行结果的总结。联邦政府在每个财政年度需要出具决算报告，报告由美国联邦政府财政部和 OMB 共同配合进行编制，在财政年度末由其部长和主任审核，审核完成后签字交由总统和国会进行后续审核。

1. 决算报告的编制。

美国联邦政府预算编制实行收支两条线的方法，在这种预算编制方法下，财政部与总统 OMB 需要对相关执行部门的决算进行编制，在财政年末，财政部部长以及办公室主任需要对收入决算及支出决算进行审查并签字，形成汇总的决算报告。

① 肖鹏．美国政府预算制度［M］．北京：经济科学出版社，2013.

2. 决算的审核批准。

决算报告编制完成后需要经历审核批准的系列过程，首先国会审计总署对决算报告进行审计，审计通过后交由国会和总统，最后由国会完成批准，成为正式决算，并于次年4月前进行公布。

3. 决算报告的主要内容。

联邦政府的决算报告主要包括文字说明以及年度财务报表。报告中涵盖财政部长声明、总审计长说明等内容，反映联邦政府管理层对该年度决算报告的观点；财政报告正文及附录，反映该财政年度的报表以及相应解释；补充信息、辅助信息及附加情况、附注，反映报告所必要的相关信息以及补充说明；美国政府责任署报告，反映政府责任署对年度决算进行审计的报告。

### （五）美国政府预算信息公开制度

1. 美国预算公开法律依据。

美国政府预算的公开制度以联邦《宪法》为指导，同时具有详细的法案和条例对预算公开的程序、内容等进行明确规定。在法律方面，美国预算信息公开制度从1946年颁布的《行政程序法》（Administrative Procedure Law）开始逐步完善，此后历经多部法律的出台（如表1－6所示），构建了完备的法律体系①。

**表1－6　　美国政府预算信息公开制度相关法律**

| 出台时间 | 法律名称 | 主要内容 |
|---|---|---|
| 1946年 | 《行政程序法》（Administrative Procedure Law） | 公众有权得到政府部分信息，在有正当理由时，政府有权拒绝向公众提供信息。 |
| 1966年 | 《信息自由法案》（Freedom of Information Act） | 政府信息由保密原则转变为公开原则，促进信息公开化。 |
| 1972年 | 《联邦咨询委员会法》（Federal Advisory Committee Act） | 对专家咨询全过程信息进行公开。 |
| 1976年 | 《阳光下的政府法案》（Government in the Sun Act） | 公众了解预算议程，具有一定的观察权。 |
| 1974年 | 《隐私权法》（The Federal Privacy Act） | 保护政府信息的隐私。 |

资料来源：作者根据相关资料及官方网站等归纳而得。

① 丁丽．典型国家预算公开法律体系建设的借鉴［J］．全国流通经济，2017（12）：85－87.

2. 美国预算公开方式。

依照以上法律规定，美国政府预算公开包括主动公开和依申请公开两种方式。主动公开即行政机关需要将部分信息主动及时公布在网站上，供公民查询、使用。依申请公开即政府的部分信息不具有普适性，公民可以通过申请的方式获得这部分信息，同时政府有权拒绝公众的申请。

3. 美国预算公开内容。

联邦政府对公众公开的预算文件包括预算正文、预算分析书、附录以及历史图表等内容①。预算正文即美国针对一个财政年度出具的预算报告，包括对预算的概述、各行政部门的预算总结以及总统对预算的部分解释和说明等。预算分析书是对专门领域的分析，包括联邦政府财政收支分析、政府债务分析等。附录包含更为具体的信息，包括每个部门、每个项目、每个账户的预算、工作说明、拨款条款等。历史图表即展示年度数据的图片和表格，反映美国政府收支、盈亏等的发展趋势。

## 第二节　美国政府绩效预算制度

绩效预算，无论是作为预算管理制度的具体方法，还是作为一种预算组织形式，最早起源于美国②。绩效预算理念最早用于实践是在 20 世纪 30 年代，美国农业部率先按可清楚识别的项目编制预算，在一定程度上提高了政府部门资金的使用效率。而后 1949 年在第一届胡佛委员会（The first Hoover Commission）正式提出绩效预算的概念。尽管 20 世纪 50 年代的绩效预算由于制度、技术的限制未能得到普遍推广，但是美国政府在推行绩效预算的过程中的重要思想、重要成果对于如今大多数国家开展预算制度改革而言，具有重要意义。20 世纪 70 年代末 80 年代初兴起的新绩效预算改革，又对绩效预算做出更深层面的探索与进步。

① 牛美丽．政府预算信息公开的国际经验［J］．中国行政管理，2014（7）：110－117.

② 张志超等．美国政府绩效预算的理论与实践．北京：中国财政经济出版社，2006.

## 一、绩效预算的定义及特点

根据美国总统预算局（1950）定义，“绩效预算是这样一种预算，它提交所需资金的使用目的和目标，提议用来实现这些目标的项目成本、测量每个项目成绩和已完成工作情况的定量数据[①]。”而后20世纪80年代后西方各国为摆脱财政困境、提高政府效率，又陆续开展新绩效预算改革。

绩效预算并不是按照传统既定的预算程序评价政府活动，而是在成本—效益分析的基础上确定支出标准，关注政府“产出”，从而有效降低政府提供公共物品的成本，提高政府财政资金支出的使用效率。绩效预算制度下，政府的预算体制的职能取向由控制转变为管理，不再只关注并控制会计意义上政府的各项项目支出，注重培养政府部门人员的管理能力，调整核心预算机构的角色，实现了从“管人”到“管事”的转变。

绩效预算与传统的、分项列支的预算模式不同，强调预算支出的效率，强调要按照一定标准衡量政府部门工作的绩效，进而按照绩效决定预算支出。在政府开展绩效预算过程中，需要考虑该项目是否对解决“市场失灵”、改善社会公共福利有帮助，强调用社会效益作为预算依据并衡量业绩。其次在编制过程中要求预算决定机构应该按照各类部门的预算执行状况（部门业绩）确定其预算资金的供给量，这有助于在公平、效率原则下，硬化政府部门预算约束[②]。

而新绩效预算更关注支出的结果。通俗来说，政府在确定部门的业绩指标和预算指标后，部门可以依据这些确定好的指标，自行选择实现指标的技术路线，这大大提高了政府部门的工作积极性，同时也使得政府行为与市场经济要求更为协调。

新绩效预算相较以前的预算改革存在以下三方面的区别[③]：一是早期绩效预算强调预算支出应该生产的产出，新绩效预算则强调支出的最终结果。二是早期预算改革主张引入“理性的预算分析”来将政治因素从预算过程中排除出去；而新绩效预算强调项目分析，在该预算模式下，政治家在确定财政收支

---

① 马骏，赵早早．公共预算：比较研究［M］．北京：中央编译出版社，2010.

② 张志超等．美国政府绩效预算的理论与实践［M］．北京：中国财政经济出版社，2006.

③ 马骏，赵早早．公共预算：比较研究［M］．北京：中央编译出版社，2010.

总额、战略目标以及支出重点方面发挥主导作用。三是早期预算改革关心预算编制环节的改革，新绩效预算则全面重构预算过程。在预算执行中，将资金使用的自由度与灵活性下放给支出部门和管理者，重视总额控制，强调需要在总额控制的约束下制定战略目标。

绩效预算基本逻辑可以概括为政府在编制预算的过程中，以效率为目标，对活动的运作进行分析；一边考虑产出，一边考虑成本；确定绩效单位并对之进行测量；确定单位成本——即生产一个单位的产出将耗费的成本；最后，将单位成本乘以预期产出的单位总量，就可以编制出部门的预算①。绩效预算主要包括以下内容：政府职能（经济、国防、教育等）、部门（如教育下面分为高等教育、中等教育和初等教育等）、支出费用（分列为经常支出和资本支出）、最终产品（如受教育人数、新建校舍及教育设施等）及成本与目的，然后从各项计划的最终产品成本及目的来衡量和评估其绩效。

此外，绩效预算要想成功发挥作用，还必须具备以下几个基本条件：

（1）预算效率目标：政府不能单单依靠经济意义的效率，需要用一套综合的指标体系测量公共管理活动的社会效益。

（2）预算编制：政府部门必须依靠具体的活动编制预算并收集相关信息，这些信息通常是关于什么样的活动，运用什么样的程序以及其提供的服务水平和数量。

（3）政府部门评估：评估实际成本和绩效与计划水平的差距，以此监督相关执行机构，促使他们不断改善自身问题。

（4）制度保障：绩效预算的成功实施也离不开法律的支持。成功的绩效预算应该有全面系统的法律框架，从而对政府在预算的编制、执行过程中发挥审议监督的作用。

## 二、美国政府绩效预算的法律基础

立法层面上，美国建立了健全的法律制度、陆续出台一系列法律文件为绩效预算的推进实施提供法律支持。《预算与审计法》、《国会预算和扣押控制

① 马骏，赵早早．公共预算：比较研究［M］．北京：中央编译出版社，2010.

法》(Congressional Budget and Impoundment Control Act)、《平衡预算和赤字控制法》等法案奠定了美国预算的基本法律基础。1993 年的《政府绩效与结果法案》(Government Performance and Results Act of 1993, GPRA) 标志这美国新绩效预算的开始，它和《从繁文缛节到以结果为本：创造一个工作更好并且花费更少的政府》(From Red Tape To Results: Creating a Government that Works Better and Costs Less) 两份文件为美国的绩效预算指明目标与工作重点。《从繁文缛节到以结果为本：创造一个工作更好并且花费更少的政府》对预算管理的制度的基本性质上做出明确定义：民众导向、市场导向、结果导向。报告中提出了 384 项建议、1 250 个具体的步骤，这些建议可以归结为简化规制、顾客优先、授权与结果导向、节俭效益四大原则①。

1993 年 GPRA 实现了联邦政府“绩效预算”的制度化，要求所有的政府部门通过发展和使用绩效预算技术改善预算管理水平。其明确要求采取渐进扩展、有序推进的方式逐渐在联邦各政府部门推行绩效预算管理。在整个绩效预算管理过程中，法案要求联邦政府各部门必须定期出具三种与绩效预算管理相关的政府文件：部门战略规划、部门年度绩效计划、部门年度绩效报告，同时对这三种报告明确具体要求②。GPRA 强调以绩效管理为基础开展政府的预算工作，促成预算与绩效的有机结合，使得绩效高的项目可以获得更大的预算，绩效低的项目的预算受到削减。两者的有机结合提高了政府资金的使用效率。联邦政府在以该法案为基础的框架下逐步开展绩效预算改革，实现了整个国家预算制度的革新。

随着绩效预算理念的不断发展以及政治环境的不断变化，绩效预算的相关理论与概念随之更新。2010 年的《政府绩效与结果现代化法案》(Government Performance and Results Modernization Act of 2010, GPRAMA) 应运而生。该法案是在原有 GPRA 法案的基础上，结合美国实际国情与预算绩效管理的政策与技术更新发展而来。该法案的实施弥补了原有 GPRA 的局限性，GPRA 虽然以立法的形式对预算管理工作进行规定，但是在政府部门的战略目标设定、绩效指标的选择与评价、绩效信息与资源配置的匹配问题、实施和监督的落实问

① 志言. 美国的预算绩效管理 [J]. 预算管理与会计，2010 (4): 51-54.

② 张志超等. 美国政府绩效预算的理论与实践. 北京：中国财政经济出版社，2006.

题、信息披露与使用的限制等方面存在局限。GPRAMA 重新审视项目评价工具，鼓励基于证据制定政策，要求机构定期设定绩效目标、测量结果并向国会与公众报告。GPRAMA 的出台深化了绩效预算改革进程，促进以结果为导向的绩效管理文化，加强了跨机构的协作，满足了现代社会对政府的核心需求。

此外《反赤字法》（Antideficiency Act）、《国会预算及扣押控制法》《联邦信贷改革法案》（Federal Credit Reform Act）等文件则对绩效预算的具体执行做出相应规定。《反赤字法》禁止政府在拨款之前提前开支，要求 OMB 按照法定方式将预算资金在各执行机构之间进行分配①。当预算资金完成分配划拨后，日常的财政资金由财政部负责。为了确保《反赤字法》的严格实施，该法案对相应违规行为作出明确处罚规定。1974 年颁布的《国会预算及扣押控制法》对延迟拨款、撤销拨款作出规定。1990 年颁布的《联邦信贷改革法案》则主要对需要直接贷款和贷款担保的联邦信贷项目进行管理。

## 三、美国政府绩效预算的治理主体

美国是行政、立法和司法三权分立的国家。行政和立法部门各有一套参与预算编制和审核的系统，二者各有侧重，互相制约、共同配合，履行政府预算及其绩效管理的职能②。

### （一）行政部门

行政部门参与预算编制的主要角色包括：总统、财政部、国民经济委员会、经济建议委员会、总统管理和预算办公室，其中总统管理和预算办公室（OMB）是核心预算机构。1921 年的《预算与审计法》（Budgeting and Accounting Act）的颁布明确了总统在预算编制方面的权力与责任。总统批准年度财政预算基本框架，向国会提交预算报告，随时向国会提交追加预算的请求和预算修正案。

### （二）立法部门

立法部门主要负责联邦政府的预算审核，参与预算的机构包括：国会筹款

① 张志超等．美国政府绩效预算的理论与实践．北京：中国财政经济出版社，2006.

② 志言．美国的预算绩效管理［J］．预算管理与会计，2010（4）：51－54.

委员会、国会拨款委员会、国会预算办公室和美国政府责任署。国会拨款委员会负责拨款法案，国会预算办公室负责为国会两院提供专业及时、非政治化的分析。国会在收到总统提出的联邦预算草案后开始审议工作，政府责任署负责审计政府财务，使政府财务活动限制在国会批准的范围内。审议讨论后结果通知总统，预算审议通过后须制定出相应的预算法案，最后对拨款法案进行签署，需要注意的是，政府预算提交国会通过后由总统签字才具有法律效力。

美国通过立法的形式，明确了行政部门和立法部门之间部门预算整体绩效报告的责任体系，如图 1－5 所示。

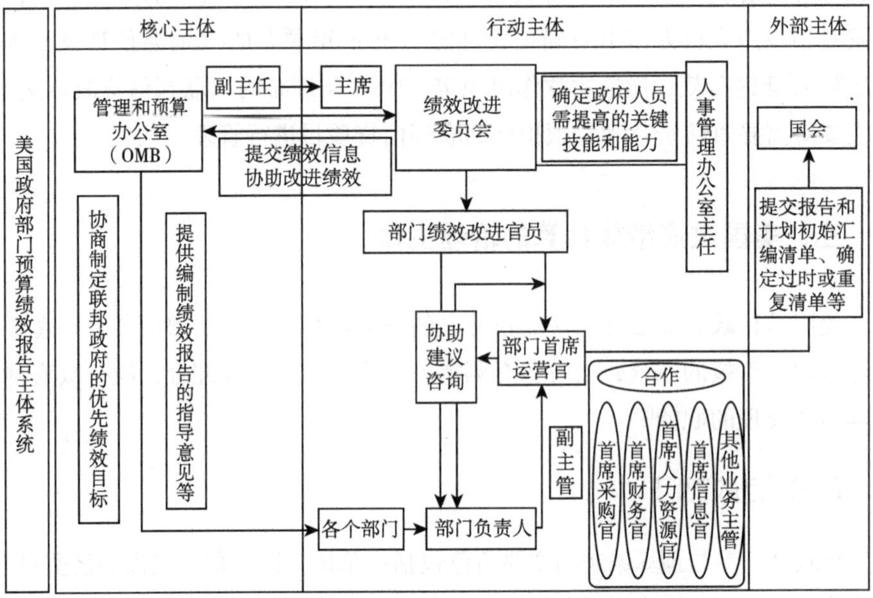


**图 1－5　美国政府预算绩效管理的职责体系**

资料来源：马海涛，曹堂哲，李敏．我国部门预算整体绩效报告制度的基本框架和实施路径——基于整体性治理的系统集成分析［J］．财政研究，2021，（05）：26－37.

美国总统的管理和预算办公室（Office of Management and Budget，OMB）是部门预算整体绩效报告的核心主体。其职责主要分为两部分。其一是参与制定联邦政府部门年度绩效计划，确定各部门优先目标总数及实现目标的优先次序，并形成相应的时间表；按季度审查部门优先目标，审查部门战略计划，建设相关绩效网站，为国会和公众提供公开有效的信息渠道等。其二是在每个财政年度审查部门计划或活动是否与绩效目标和分目标相吻合，并向部门负责人、参议院国土安全和政府事务委员会（Committee on Homeland Security and Governmental Affairs of the Senate）、众议院监督和政府改革委员会（Committee on Oversight and Governmental Reform of the House of Representatives）以及政府责任署（Government Accountability Office，GAO）提交关于未实现目标的报告。根据绩效报告的具体情况，向国会提交相应的情况说明与行动建议。

各部门是美国部门预算整体绩效报告的行动主体，包括部门负责人、部门首席运营官（Chief Operating Officers，COO）、部门绩效改进官（Performance Improvement Officers，PIO）、人事管理办公室主任等。部门负责人统筹管理该部门年度绩效目标的实现，按照管理和预算办公室编制绩效报告的指导意见，在其他管理人员的协助下，努力提升部门整体绩效。部门首席运营官是每个部门的副主管，协助部门负责人开展工作，利用绩效信息提高部门绩效，同时监督各部门在改善部门内部和政府间管理职能方面所做的努力。部门绩效改进官是部门负责人与首席运营官协商指定的部门高级主管，直接向首席绩效官报告，向部门负责人和首席运营官就部门目标的选择提出相关建议。联邦绩效改进委员会（Performance Improvement Council）主席由 OMB 副主任担任，其余人员包括由主席确定的其他绩效改进官和个人，主要协助管理和预算办公室主任改善联邦政府绩效，实现联邦政府优先目标。

国会及政府责任署、社会公众等是外部主体。美国政府责任总署隶属于国会，对国会直接负责，通过高风险清单开展绩效审计。国会除审查年度绩效报告外，也要审查政府责任署提交的临时规划和评估报告，评价具体执行情况；监督部门战略计划的制定及调整；审查各部门提交的关于未实现目标的报告和即将采取改善绩效活动的报告等。社会公众通过阅读绩效网站公开发布的年度绩效报告，对部门绩效结果进行监督。

## 四、美国政府绩效预算运行过程

以 GPRA 及其现代化法案为基础，美国绩效预算的整体流程包括以下主要环节：

### （一）预算编制阶段

美国政府绩效预算的编制主要确定以下两个内容：

1. 战略性计划任务。

美国在绩效预算中使用整体性的战略计划。GPRA 要求战略计划以五年为周期，随着战略计划的执行而更新变化。一般情况下，各部门在确定本部门的战略计划任务时，需要与政府预算管理部门、国会进行必要的磋商，同时还要取得并慎重考虑利益相关者的意见与建议。GPRAMA 进一步对战略规划进行调整，要求其制定年度绩效计划和进行季度绩效评估，确保了目标、优先事项与政策的一致性。

2. 绩效计划。

GPRA 要求绩效计划要包含该财政年度的绩效目标和指标。绩效计划是联邦政府和各部门对未来一定时期内，预计达到的绩效目标和衡量指标的计划。GPRAMA 进一步在联邦政府层面和部门层面设立绩效计划与优先目标，各部门需要对绩效目标的实现过程、保障机制作出详细说明。此外绩效目标和指标应该尽量以客观、量化的方式表达，GPRAMA 要求目标须包含短期（季度）目标和长期目标。绩效计划是相应预算资金分配的重要依据，通常需要展现过去、将来和未来的绩效目标的年度数据。

美国的绩效预算通过将战略计划、绩效计划、绩效报告有机联系在一起，帮助决策者确定支出的优先顺序、资源的分配，提高了预算资金的使用效率和政府的工作效率。

### （二）预算执行阶段

在预算执行阶段，各部门应按照《反赤字法》和《国会预算及扣押控制法》以及国会通过的预算决议，严格执行预算，以绩效目标为导向，控制拨款数额和用途开支，不得超预算授权。政府各部门需要每月按时向 OMB 和财政部报送资金使用详细报告，同时需要在年末编制年度绩效报告和项目报告并接受审查。

在预算执行过程中，美国政府同时开展绩效运行监控。GPRAMA 设置了“季度优先进度审查和绩效信息使用”条款对政府层面和部门层面的绩效运行实施审查、追踪和监控。政府层面上，OMB 主任在绩效改进委员会的支持下，至少每季度一次对联邦政府优先目标取得的进展、总体趋势以及达到计划绩效水平的可能性进行审查；在部门季度优先目标审查的活动中，机构负责人和首席运营官在部门绩效改进官员的支持下，与相应的目标领导者（goal leaders）

一起审查该部门在最近一个季度取得的进展、部门总体发展趋势以及实现绩效目标的可能性。

### （三）决算阶段

在每个预算年度结束时，各预算单位需要提交上一财政年度的绩效报告，用于比较绩效计划中的目标与实际绩效。在这个报告中，各部门不仅要从以前年度的项目实际完成情况中，分析总结经验教训，还要根据经验教训估计下一财政年度的年度绩效计划的执行情况、实现未来财政年度绩效目标改进措施。同时，对那些未能实现的绩效目标做出具体解释和说明。年度绩效报告是美国政府在预算绩效管理的过程中用于实现自我完善机制的一种体现，是对相应政府部门的组织绩效的综合评估。1997 年美国公共生产力研究中心提出了政府绩效评估的七大步骤：鉴别拟要进行绩效评估的项目、陈述目的、选择衡量标准或指标、鉴别项目投入、产出、效率和生产力指标、监督、绩效报告、结果和绩效信息①。

GPRAMA 要求每个部门负责人都应向管理和预算办公室提交最新的绩效信息，并在部门的公共网站上公开。比如：环保署根据其 2016 财年年度绩效计划中确定的年度预算绩效指标和目标，在年度绩效报告中详细呈现了 2016 财年的绩效结果和前几年的趋势数据，列出了促进各个战略目标实现的环保署方案和活动，各个战略目标的进展概述，所面临的挑战与机遇以及各个战略目标的绩效计量和数据，并辅以绩效结果的文字解释和相关内容的补充信息。同时规定需要减少部门重复、过时的报告，取消不必要的报告。

关于政府的信息公开，GPRAMA 设置了“联邦政府项目、优先目标和结果的透明度”条款对目标和结果的公开做了规定，进一步提高了信息透明度。法案规定 OMB 确保单一绩效网站的有效运作，确保该网站渠道对社会公众是有效、公开的。网站应包含各个部门已确定项目的信息，项目信息应包括该部门对“项目”（Program）一词的准确定义、该项目的目的以及对该部门任务和目标的贡献说明，确定本财政年度和前两个财政年度对该项目的资金支持情况。其次还需要对政府部门的项目、优先目标以及结果进行相关内容的公开披

① 张志超等．美国政府绩效预算的理论与实践．北京：中国财政经济出版社，2006.

露，如目标实现方式、影响目标实现的内外部因素、各个优先绩效目标的负责人等具体信息。通过网站的搭建运行、定期向公众报告绩效信息，大大提高了政府工作与信息的透明度，有效推动了公众与政府间的良性互动，提高政府的工作效率。

### （四）预算监督

政府预算在编制、审批、执行阶段中，对预算的监督可以说在各个阶段都能看到。比如在编制阶段，OMB 负责对各部门上报的预算数据进行审核与监督；在预算的审批阶段，国会通过预算办公室和各相关预算委员会的技术合作和调查取证，对总统递交的预算数据进行分析和评估[①]。在预算年度结束后，在对联邦政府各部门的预算执行情况进行审计的活动也属于预算监督的一部分。

美国联邦政府的预算监督主要分为内部控制和外部控制两类。内部控制主要依赖于机构的自身监督，这种监督通常通过监察官制度实现，各部门在机构内部设立监察官办公室，对自身部门的账目、预算执行情况进行监督，此外 OMB 也有权利检查所有联邦机构的账目。外部控制则主要体现为审计部门的事后监督，主要依赖于对政府责任署来实施。各预算单位需要定时向政府责任署报送财务情况分析报告，政府责任署在收到报告后通过审查会计账户、实地检查、规范性评估等方式进行审计。政府责任署也有权要求有关部门更正其存在的问题并向国会报告。为确保预算监督审计工作的顺利执行，《首席财务官法案》（Chief Financial Officers Act）、《政府管理改革法》（Government Management Reform Act）等相关法律先后被国会通过。在整个预算过程中，国会正式批准由政府责任署审计的联邦政府决算报告后，也就意味着政府该预算年度预算程序的结束。

## 第三节　美国绩效预算体系发展脉络

伴随着美国绩效预算体系的不断发展完善，多位学者对预算的功能展开研究，为分析绩效信息在预算研究或编制中的作用提供了全新的视角。1940 年，

---

① 张志超等．美国政府绩效预算的理论与实践．北京：中国财政经济出版社，2006.

美国政治科学家 V. O. 凯尹（V. O. Key Jr）将预算研究和预算制定的中心问题定义为“决定应将 x 元分配给活动 A 而非活动 B 的理由是什么?”① 威尔达夫斯基（Aaron Wildavsky）认为“预算在任何群体中都是一个不同人表达不同期望并制定不同决策的过程”。② 预算有其追求“收益最大化”结果的一面，又有其面向“政策过程”的一面，即维持政府运转、达成“协议”以及履行“承诺”的过程。

此外，对美国绩效管理发展阶段划分的研究也较为丰富。Bouckaert 根据公共行政理论对绩效评估的影响，将绩效思想影响下的联邦政府发展阶段划分为“效率政府 - 行政官员政府 - 管理者政府 - 民营化政府”。③ Nicholas Henry 基于政府绩效评价的不同侧重点，将绩效管理发展阶段划分为“效率时期 - 预算时期 - 管理时期 - 民营化时期 - 政府再造时期”。④ 朱立言综合上述两种视角形成了“绩效评估萌芽时期 - 绩效预算时期 - 全面发展时期”三阶段划分。⑤

结合美国预算管理过程及既有学者的研究，本书将美国联邦政府预算绩效管理演变历程划分为四个阶段：

1. 绩效评价时期（20 世纪初—1949 年）。

1905 年罗斯福建立的“凯普委员会”（Keep Commission）以及 1906 年纽约市政研究院（New York City Bureau of Municipal Research）的绩效评价实践标志着美国联邦政府正式引入绩效管理。这一时期是绩效预算的序曲，主要是开展项目和组织绩效评价，通过绩效评价推动行政效率的提升，进而促进“政府改革”。

2. 绩效预算提出时期（1949—1960 年）。

在胡佛委员会（Hoover Commission）的努力与《1949 年重组法案》的要

① Key V O. Incremental Thinking: “The Lack of a Budgetary Theory” [J]. Public Budgeting & Finance, 1981, 1 (2): 86 - 92.

② [美] 阿伦·威尔达夫斯基，娜奥米·凯顿. 预算过程中的新政治（第五版）[M]. 苟燕楠，译. 北京：中国人民大学出版社. 2014: 4.

③ Bouckaert G. The History of the Productivity Movement [J]. Public Productivity & Management Review, 1990, 14 (1): 53.

④ [美] 尼古拉斯·亨利. 公共行政与公共事务 [M]. 张昕等，译. 北京：中国人民大学出版社, 2002: 286.

⑤ 朱立言，张强. 美国政府绩效评估的历史演变 [J]. 湘潭大学学报（哲学社会科学版），2005 (1): 1 - 7.

求下，绩效信息逐步融入到政府预算拨付与支出过程中，并通过预算改革推进政府绩效改善。

3. 绩效预算探索时期（1961—1993 年）。

这一阶段，美国先后探索实施“规划 - 项目 - 预算系统”、零基预算以及目标管理等预算制度，并尝试将绩效管理融入上述预算制度中，推动了绩效预算不断深化。

4. 绩效预算合法化、制度化和现代化时期（1993 年至今）。

克林顿政府时期，国会通过《政府绩效与结果法案（1993）》（GPRA）以立法的形式确立了绩效管理的地位并阐明了其与预算的紧密关联。2010 年《政府绩效与结果现代化法案》（GPRAMA）颁布，绩效预算进入全方位现代化（包括立法、指标改革、权责划分等）的发展时期。这一阶段尤其值得关注的是 2018 年美国国会通过了《循证决策基础法案》（Foundations for Evidence - Based Policymaking Act of 2018），预算和绩效融合进一步深化，打造了基于证据决策的全新治理模式。

## 一、绩效预算的“序曲”（20 世纪初—1949 年）

之所以将这一时期称为美国绩效预算的“序曲”，是因为此时的美国联邦政府已经认识到绩效评价在“政府改革”中发挥的作用，并尝试在政府项目中推广绩效评价以提升效率，绩效管理的思想逐渐进入到预算过程之中。

美国第 27 任美国总统（1909 年—1913 年）塔夫脱（William Howard Taft）以“国家预算”作为切入点要求进一步赋予联邦政府管理与使用预算的权力，此时拨款委员会的权力被进一步扩大，成为了美国国会中更有权力的委员会。但联邦政府预算规模与支配权力的扩大必然会导致国会的不满并产生“控制和协调”预算的需求。美国第 28 任总统（1913 年—1921 年）威尔逊（Thomas Woodrow Wilson）于 1921 年签署了《1921 年预算和审计法》，建立了全新的预算流程并加强了预算在行政控制与协调方面的作用，此外还要求总统向国会提交当年的预算提案。该法案主要实现了三个突破：一是首次提出行政部门应根据当年财政收支及其运用情况对来年的目标进行设定，并预测第二年的财政情况；二是规定了行政部门应认真分析各联邦部门的拨款请求并向国会提供一份综合拨款预算计划（a consolidated budget plan for appropriations）；三是成立了预算局（Bureau of Budget，BoB，即后来的 OMB），要求每个联邦部门有一名预算官员负责编制预算并与 BoB 进行协商协调，以帮助 BoB 更深入地了解联邦机构的组织、运营以及财政需求情况，各联邦部门在预算审查过程中向预算局提供了重要的统计以及运营信息，这也为之后在预算编制以及分配过程中充分考虑绩效信息奠定了基础。总的来说，该法案为联邦预算的行政准备程序引入绩效预算的思想与特征①，成为之后 20 多年联邦政府预算程序的规范性文件。

## 二、“绩效预算”设想的正式提出——胡佛委员会与《1949 年重组法案》

### （一）“绩效”思想引入的根据——预算授权（Budget Authorization，BA）与拨款（appropriation）间的“空隙”

1850 年后，预算的“授权 - 拨款”二分造成了预期与实践脱节，因而绩效管理思想被引入预算过程中。根据美国宪法规定，国会的“财政权力”是对政府支出的立法权，因此美国联邦政府支出是一种“依法拨款”，国会在行使支出立法权时需严格遵守与其他相关立法相同的要求与条件。然而，宪法或一般法律并没有规定国会应如何行使政府支出立法权，因而国会进行政府支出立法的依据是国会“规则以及惯例”（rules and practices），随后逐渐形成了“授权”与“拨款”两步正式的流程。因此，理解“绩效”在联邦预算过程中发挥作用的起点应该是“预算授权”（budget authorization）与“预算拨款”（budget appropriation）之间的“空隙”。②

1. 授权。

授权（authorization）一般指代（能够）定义政府行动权力的任何法定条款，它可以用于政策制定以及行政事务等领域。虽然授权行为并不能提供支出，但授权可以明示或暗示国会对政府行动提供拨款，即辅助国会行使支出立法权。

---

① Ho A T - K. Performance Budgeting in the U. S. [A]. A. T. - K. Ho, M. De Jong, Z. Zhao. 第 1 版. Performance Budgeting Reform [M]. Routledge, 2019: 53 - 70.

② Saturno J V. Authorizations and the Appropriations Process [R]. R46497, Congressional Research Service (CRS), 2023.

2. 拨款。

拨款是预算决策的第二步，它是指联邦机构为了实现特定目的而在指定时间内从财政部获得支付款项的行为（即提供预算支出的法定条款）。

众议院和参议院现行预算规则中，特别阐明了“授权与拨款分开”原则，该原则源于拨款行为中日益严重的拖延问题。总的来说，授权与拨款间的关系发展经过了以下几个阶段。

首先，“授权从拨款中简单剥离出来”。1837 年之前国会的规则只要求对拨款进行立法，不存在拨款前授权，导致了拨款法案通过前会经历持续的争议与长期的辩论，进而造成预算支出拨付的低效。随后，众议院提出了一项提案——拨款法案仅针对“经授权的拨款”。尽管该提案并没有立即通过，但却在两院预算实践中得到了广泛遵守。1837 年，“将‘拨款’限于‘授权之后’”成为众议院规则的正式组成部分，1850 年成为参议院规则的正式组成部分。在授权与拨款分开的原则形成初始，授权通常用于计划的初步制定，而年度拨款法案（Annual Appropriations Acts）则实现了对特定活动细节和金额进行规定和控制。授权法通常是永久性的，其向政府部门和机构授予获得拨款的权力。在这些法规中，“国会向获得授权的部门和机构提供拨款”通常是以“暗示”的方式进行，即授权法规不包含对拨款具体金额的规定。这样的实践模式造成了新的问题：即粗略的预算授权法案已经无法适应规模庞大的政府事务体系。此时，拨款与授权之间的关系发展进入新的阶段。

其次，“以预期构建授权与拨款间的联系”。随着联邦政府活动的规模和影响范围扩大，授权与拨款分开原则的实践也发生了变化——授权法规愈发细致，拨款立法愈发依赖授权法规的具体规定——即“因授权而拨款”（authorized to be appropriated）：授权法开始更详细地规定各联邦机构活动的权力范围，这就使得一次性拨款成为了普遍的拨款形式，“寻求授权与拨款间的联系何在”的需求随之诞生。随着立法委员会在预算决策中的作用变得更加广泛，授权法规成为了立法委员会关于未来预算拨款理想水平的建议。根据威尔达夫斯基的总结，这种传统的“授权 - 拨款”二分式预算被称为“渐进预算”，即联系起授权与拨款的“桥梁”是立法委员会内部形成的简单化“预期”（即预算基线，一般是通过反复协商以及内部妥协形成的）——立法委员会在授权中阐明对某项政府活动预算拨款的预期，一次性的拨款负责实现预期。这也为将绩效信息引入联邦政府预算授权与拨款间提供了基础：通过考察上一财年政府部门利用拨款实现预期的情况，来决定下一财年是否对该部门授权，并形成该部门某一活动所需拨款的预期。

最后，“以绩效构建授权与拨款之间的联系”。如前所述，随着时间的推移，由于预算参与者由传统的“铁三角”（委员会、利益集团以及部门）渐渐变得多元与透明，威尔达夫斯基推崇的“渐进预算理论”所依据的根基——“设置预算基线时的政治”——受到了挑战，将授权与拨款联系起来的工具也发生了变化。如果说“渐进预算”所持的观点是“联邦预算决策的依据是过去的决策”，那么将绩效引入联邦预算框架之中的观点则是“联邦预算决策的依据是过去的决策呈现出的效果”，即将绩效信息作为授权与拨款之间的桥梁。美国政府责任署（GAO）于2016年颁布了《联邦拨款法原则（第四版）》（Principles of Federal Appropriations Law），其中阐明了绩效在弥合授权与拨款之间空隙的作用：将实质性职能授予需要资金来产出绩效的部门的法规（即组织立法），本身就是对必要拨款的充分法律授权①。因此，部门绩效成为联系起“授权”（立法）与“拨款”（资金）的媒介。

### （二）“绩效预算”设想的落地

1947年，胡佛委员会成立，强化了预算过程中的管理导向；1949年，《重组法案》颁布，突出了政府工作分析在预算分配中发挥的作用，并强调了利用绩效评价的结果改进预算使用的情况。至此，绩效预算的设想落地并被持续推广。

1947年，杜鲁门政府设立了“胡佛委员会”（Hoover Commission），官方名称为“政府行政部门组织委员会”（Commission on Organization of the Executive Branch of the Government），该委员会由前总统赫伯特·胡佛（Herbert Hoover）担任主席，其目标主要包括以下几个方面：①采取措施以促进美国联邦政府规划（能力）、效率以及服务的改善；②用最少的财政支出维持高绩效的基本服务、活动以及政府职能；③消除或整合具有相似性质的服务活动；④对行政的职能、服务以及活动进行界定与限制。② 尽管该委员会最终未能阻止联

① 详见GAO《联邦拨款法原则（第四版）》，第二章，2016：55.

② Lederle J W. The Hoover Commission Reports on Federal Reorganization [J]. MARQUETTE LAW REVIEW, 33.

邦支出的急速增长，但为强化预算过程中的管理导向提出了一些具体的建议。

1949 年，胡佛委员会提出了《重组法案》(Reorganization Act of 1949)，该法案成为美国联邦政府绩效预算纪元的开端。比如说，该委员会提议联邦政府应该重视 BoB 的工作，因为它是总统履行管理职能的代表性机构之一，同时将 BoB 定位为"对政府部门的主要职能、行为或项目进行分析"的机构，指出 BoB 的分析结果不仅有助于做出更加理性的预算分配，还有助于总统在财政支出控制方面的更好实践。这也是联邦政府及其机构首次在官方文件中提出并解释"根据绩效编制预算"即"绩效预算"的概念。

1950 年，国会通过了《1950 年预算和会计程序法案》，该法案还为 BoB 对政府机构与项目进行管理与财政审查提供了法律与立法上的保障。其要求对会计制度进行一些改进，以便将绩效管理职能纳入预算过程，同时指示总统提交一份"按照机构活动划分机构义务"的预算。[①] 这些举措倡导并鼓励 BoB 等部门在预算过程中建立起自己的绩效评估功能。到 1951 年，绩效预算被广泛应用于各联邦机构部门之中。

在之前的举措与设想取得初步成功之后，第二届政府行政部门组织委员会(Commission on Organization of the Executive Branch) 同样也由赫伯特·胡佛担任主席，并进一步阐述了"绩效预算"这一概念的定义并予以实践。1955 年，该委员会发表的关于"预算与会计程序"实践的声明中指出："预算远不止于准备数据以及对预期支出进行估计和测算。预算职能对于我们整个政府的运行都至关重要——预算编制不应只依靠于对部门支出的控制，对支出预算的部门还应秉持一种基于绩效的管理方法。"[②]

到 20 世纪 50 年代中期，绩效预算被普遍认为是行政预算过程中的一种合法行为。这一阶段的 BoB 的主要职责包括：对联邦政府以及各机构的计划与行动进行评估并制定改进计划，以及为总统审查和分析所有的立法提案。此时，绩效管理思想既影响了预算编制，还规范了预算执行过程："预算执行提案"的编制不止是一项会计工作或只与政府内部财务和控制职能相关，而是

---

① Performance management and budgeting: how governments can learn from experience [M]. F. S. Redburn, R. J. Shea, T. F. Buss, etc. Armonk, N. Y: M. E. Sharpe, 2008: 3-18.

② Divine W R. The Second Hoover Commission Reports: An Analysis [J]. Public Administration Review, 1955, 15 (4): 263.

转变成为一个综合了预算、管理以及政策影响预估的整合过程。[①] 此时，这种绩效导向的预算机制的关键因素在于预算局（BoB）开展的年度绩效审查流程（annual performance review process）。首先，该审查流程围绕各行政部门向总统以及 BoB 提交的绩效报告展开；其次，这些行政机构的报告应该对当前预算执行的成本与效率进行对比，并将当年的成本 - 效益数据与过去的绩效数据进行对比；最后，要对部门管理过程中所采用的方法、未来一个财年期望实现的改进等相关信息进行说明。尽管此时的绩效报告已经弥合了授权 - 拨款二分之间的空隙，但是其也不可避免地成为了政府部门向拨款委员会请求预算的工具，而非针对预算执行效益的事前评估（appraisal）。[②]

## 三、“绩效预算”改革的路径探索：20 世纪 60—80 年代

20 世纪 60—80 年代，美国绩效预算改革进入到路径探索时期，定量方法的引入为绩效预算改革提供了工具基础，“扣押”手段在设定预算基线中发挥的作用逐渐加强，渐进预算成为绩效预算的前身。

### （一）绩效预算改革路径探索的几个阶段

定量方法的引入为绩效预算寻找到了实践路径的方向。肯尼迪在任时的国防部长罗伯特·麦克纳马拉（Robert Strange McNamara）尝试将“对效率的系统分析”带入五角大楼等联邦部门，他曾经用界定明确的分析工具（主要是定量工具）管理了福特公司，因此当时的政府以及各位“天才少年”（whiz kids）都坚信使用同样严格的、以效率为基础的管理思路能够改善联邦政府的预算，这为定量方法在推动预算融入联邦政府决策方面的科学性与可行性提供了依据。随后，林登·约翰逊总统迅速启动了“规划 - 项目 - 预算系统”（planning - programming - budgeting system，PPBS）。1961 年，该系统首先在国防部实施，于 1965 年拓展至所有联邦机构。该系统的目标是将预算的重点由

①② 详见第二届政府行政部门组织委员会 1955 年的报告 The Report to the Congress by the U. S. Commission on Organization of the Executive Branch of the Government, volume 1. Washington, D. C.: The U. S. Government Printing Office.（《美国政府行政部门组织委员会向国会提交的报告》，第一卷 p5，美国华盛顿：美国政府印刷局）

"经济性、支出控制以及管理效率"拓展至"规划、效益－成本分析以及项目资源分配之间的紧密联系"，促成了联邦政府绩效预算改革第一波浪潮：对绩效预算改革实践的方向进行探索。

"渐进预算"成为了绩效预算决策路径的前身。70年代初，尼克松政府继续推行以政策为导向的绩效预算改革，最突出的特点就是目标管理预算体系的形成，即在预算审查的过程中侧重采用目标管理的方法。该预算体系能够对预算支出能否达到项目的预期目标进行盘算，并能在预算决策过程中使项目活动与政策目标更加一致。之后，由于尼克松在任五年期间多次采用"扣押"手段（即总统利用自身的预算权挑战国会的优先项目，并提出远低于国会多数派期望的拨款水平；如果拨款委员会仍然选择增加拨款，那么总统则可以利用其预算拨款草案否决权来拒绝拨款，进而出现了总统扣押资金的局面），《1974年国会预算与扣押权法案》（Congressional Budget and Impoundment Control Act 1974）就是这一现象的产物。"扣押"的滥用让国会认识到需要在预算决策程序中设立一个参谋机构［国会预算局（Congressional Budget Office，CBO）］，从而与经济顾问委员会（Council of Economic Advisers，CEA：OMB与总统的经济参谋）的预算权实现制衡。此时的联邦预算授权与拨款逐渐呈现出"渐进"与"制衡"的特征——非正式结构以及预算参与各方的非正式博弈在预算编制中发挥了重要作用，这也是威尔达夫斯基将当时的联邦预算视为"妥协的结果"的原因。70年代末，卡特政府引入了零基预算，试图摒弃预算项目的既有限制与既成事实，实现从零开始编制预算，进一步加强规划、预算以及支出审查之间的联系，强调使用绩效数据评估各项目方案，推进联邦政府预算支出的成本－效益改善。在此过程中，卡特政府认识到联邦预算中除了"妥协与协商"在发挥作用，还应有其他信息作为构建"决议－授权－拨款"间关联的依据。

之后，多项法案的失败突出了绩效预算的优势、为构建当前联邦预算框架排除了其他选择。20世纪80年代至90年代初，联邦政府绩效预算改革陷入相对沉寂，一是因为《经济复苏税法案》（the Economic Recovery Tax Act of 1981）的全面推行加剧了联邦政府财政赤字的问题；二是因为卡特政府之后的两任执政政府（里根政府和布什政府）将注意力都放在了与国会进行税收改革的辩论上。这一时期关于构建联邦预算框架的争论主要有两个产物：一是

《1985 年平衡预算和紧急赤字控制法案》[Balanced Budget and Emergency Deficit Control Act of 1985，又被称为《格拉姆 - 拉曼德 - 霍林斯法案》(The Gramm - Rudman - Hollings Balanced Budget and Emergency Deficit Control Act of 1985)]。法案阐明了此后每年削减赤字并于 1993 年达到赤字为零的目标，要求总统预算和国会决议必须与目标保持一致，同时要求预算决议中的总量应与各部分总量保持一致。此外，法案规定若目标没有实现，总统可以强制执行扣押。但该法案以失败告终。二是《预算执行法案》(1900) (Budget Enforcement Act of 1990)。其确定了在联邦预算中的强制性支出上应该以运用量入为出法为主，同时还主张开展一系列信贷改革。但是该法案并没有改善联邦预算的结果。

总而言之，上世纪 60 至 80 年代是美国联邦预算框架的探索时期。国会与联邦政府都在寻找促成高效与科学的预算决议 (resolution) 的因素，特别是 80 年代的实践经验让绩效信息在构建整个联邦预算框架的作用逐渐浮出水面。

## (二) 绩效信息能够推动联邦预算决议的原因

1. OMB 行为方式变化。

80 年代，联邦预算审查方 (主要是指 OMB) 的行为特性发生变化，逐渐由中立变为非中立、由提供决策信息变为提供合理性论证、以及由对项目进行持续跟踪转变为对部门支出总额进行控制。汤姆金 (Shelley Lynne Tomkin) 注意到此时在政策制定中发挥作用的不止是两院与总统等的非正式协商，也不是审查之后的联邦部门预算申请，而主要是联邦部门 (行政部门) 预先明确的预算优先事项 (priorities) 决定了政策，这也不难解释为什么小布什政府任期内旨在将优先事项正规化与制度化。汤姆金认为，OMB 中的政策制定行为开始呈现出“自上而下”的模式，来自 OMB 政务官 (political appointees) 的政策指南也变得愈发具体。“OMB 发展过程中的这一变化是我在 1982 年和 1983 年的访谈数据中观察到的、最令人瞩目的制度性逆转。受访者的回答显示出一种趋势——预算审查者为政务官已经做出的决策 (政策) 提供合理化论证或相关补充，而非为政策制定提供评估建议和信息。”① 与威尔达夫斯基合著

① Tomkin S L. Inside OMB: politics and process in the President's Budget Office [M]. Armonk, N. Y: M. E. Sharpe, 1998: 89.

《预算与治理》的休·赫克洛（Hugh Heclo）认为，OMB不仅仅是一个官僚机构，它是一个众所周知的为总统直辖机构服务的地方。但是如果某个总统直辖机构旨在推动总统的预算偏好，那么那些服务于总统的机构便难以避免政治化。[①] 汤姆金利用杜鲁门时期预算局（BoB）的员工开始协助白宫起草立法以及约翰逊政府利用BoB员工在各联邦部门达到政治目的等实例论证了上述观点。

因此，如何重新定位OMB、联邦部门以及国会间的关系，如何重新界定OMB的审查职能以及如何认识预算总量控制与绩效改善之间的关系成为了将绩效信息引入联邦预算中的中心议题，在一定程度上也为GPRA的颁布提供了思路。

2. “调和”（reconciliation）的广泛应用重新界定了预算参与各方的边界。

“调和”最初是预算编制中的两次预算决议严重失衡的解决方案。在调和被广泛应用于控制赤字与预算流程后，联邦政府逐步意识到在预算中关注“事前”因素并形成“一致”机制的重要性。而能够在预算调和中兼顾事前视角并促成一致方案的关键就在于绩效信息的引入。

（1）预算调和的概念。预算调和是美国国会中的一项特殊议事程序，目的是在参议院中加速通过与预算相关的法案。采用预算调和形式的法案可以不受参议院冗长辩论规则的限制，仅需要超过半数投票便可以通过。近年来，美国政治环境两极化越发严重，且参议院两党席位时常十分接近，因此通过预算调和形成法案已经成为目前美国国会立法的重要途径。[②] 按照规定，预算调和指向的法案必须与政府支出、收入或联邦债务上限有关。参议院每年在上述三个领域中至多可以通过调和产生一部相关的法案，因此预算调和法案每年至多只有三部。无论是增加或减少税收、减少赤字、增加或减少强制性支出还是调整公共债务限额，调和都被用于集中或协调多个利益相关者在联邦预算决策过程中的注意力。

（2）预算调和产生的背景。上世纪70年代，国会为提升预算决策的科学性，决定在授权拨款之前增加一道程序——国会预算决议。根据《1974年预

① Tomkin S L. Inside OMB: politics and process in the President's Budget Office [M]. Armonk, N. Y: M. E. Sharpe, 1998: 54.

② Lynch M S. Budget Reconciliation Measures Enacted into Law Since 1980 [J]. Congressional Research Service, 2022.

算法案》的规定，最初包含两次预算决议：第一次决议旨在为其他委员会设定要完成的目标（包括预算授权、支出、收入、该财年赤字或盈余以及相应公共债务总额建议水平），但该决议并不具有法律效力。在第一次决议过程中，预算委员会召开听证会对总统预算中的经济政策等方面展开讨论，并进行影响分析和预估，参众两院的分歧也应在该听证会上达成一致。第一份一致性决议通过后，国会将开展授权和拨款工作，预算委员会将召开听证会，审查最新的经济数据与国会行为。随后，预算委员会将根据上述审查的信息来决定第一次决议的目标是否需要调整，并提交第二次一致性预算决议。第二次决议的内容与前一次决议大致相同，但不同之处在于第二次决议中的总额等具有法律约束力。因此，在第二次决议通过之后，任何旨在修改或突破该预算决议的立法均会遭到反对，并被判无效。

但两次决议在预算编制（特别是以缩减赤字为导向的预算编制）与政策制定中的作用出现了失衡。虽然第一次决议不具有约束力，但是其作为一种尝试性的决议却为将来一个财年的预算总额和收支目标制定了大致的框架与上限。而第二次决议只是在审查的基础之上对第一次决议的规定做出细微的协调与调整，但原则上并不需要做太大改动。故当时的联邦部门都倾向于申请较高额度的预算，旨在削减赤字的目标反而激励了各部门增加预算。联邦政府与国会都认识到：除非引入某种机制，强制各部门遵守第一项预算决议中的开支水平，否则第二项决议只会反映增加的开支。

解决上述失衡问题的方案是将“调和”（reconciliation）附加到第一次决议中。1980 年，即卡特政府执政的最后一年，其与参众两院的国会领导人在国会大厦共同举行了长达 8 天的秘密会议，旨在商议如何在不改变当前预算程序的基础之上让预算框架重回削减赤字的轨道之上。该会议的结果是达成了一项削减 15 亿美元开支并增加 46 亿美元收入的新计划，而为了实现该计划，就要促使第一项预算决议具有一定的强制效力。预算委员会为了增加第一次决议的效力，重新查阅之前的预算法案并发现了其中一项模糊的条款（被称为“弹性条款”）——“允许预算委员会制定‘任何其他被认为合适的程序’”。因此，预算委员会提出，将调和作为第一项决议的一部分，如果第二次决议在 10 月仍未通过，第一次决议将被视为最终预算决议进入执行程序。里根执政的第一年（1981 年），联邦政府就将调和作为削减赤字的核心机制，涉及的方面包括权利性支出以及预算授权和拨款。[①] 此后，调和作为一种有力的工具被应用于预算程序中。

(3)"调和"程序对联邦预算产生的影响。调和程序的广泛运用、逐年扩大的赤字以及预算参与者不断增多，都让国会与联邦政府感觉到依据非正式协商实现的"渐进"与妥协正在逐渐失灵，而此时的联邦预算逐渐出现了两种趋势：

第一，对"事前"的关注。这主要是由于调和冲击了预算参与各方"在政治契约上的边界"[②]：由于80年代特殊的经济社会背景（通货膨胀、冷战尚未结束以及政党分裂加剧等），国会与联邦政府之间、联邦政府各部门之间甚至两党控制的国会委员会之间都存在着不同的预算偏好，加之调和程序的作用机制主要是针对不同参与方的预算基线，这恰好导致了对预算参与各方的参与边界进行了重新划分。艾伦·希克认为，不同的预算基线体现了服务于不同政治目标的不同假设，而对基数进行调和则表明了该程序其实是一种制度冲击——里根政府时期总统的期望是减税并大力增加国防支出，他的偏好与国会在税收、福利以及国防上的意见相去甚远，因此他的预算通常被称为"到达即死"，总统的预算基数变成了他自己的偏好。而当时民主党控制的众议院预算委员会则不同意对学生贷款、老年人食品补贴以及公共服务就业等项目进行预算削减。除此之外，由于调和工具被应用于预算（第一次）决议中，并成为了国会预算办公室（CBO）以及预算委员会根据削减目标相互调试的机制，这进一步削弱了国会内部以及不同委员会之间达成一致决议的基础——"渐进"。因此，联邦预算决议已经"从一种审查当年决策的方式转变为一个修改先前年度实施的立法的过程"。换句话说，由于调和在预算基线中发挥的作用使预算的"预"更加突出，而审查也不再仅仅满足于只对当前财年的项目进行跟踪与评估。更重要的是，应该以上一财年预算执行情况以及基线准确程度支撑下一财年预算的运作机制，这与绩效预算的思想大致吻合。

第二，对"一致"（多数）的渴求。正是因为调和在预算决议中的重要性

① Peters J. Reconciliation 1982: What Happened? [J]. Political Science, 1981, Vol. 14, No. 4: 732-736.

② [美] 阿伦·威尔达夫斯基，娜奥米·凯顿. 预算过程中的新政治（第五版）[M]. 苟燕楠，译. 北京：中国人民大学出版社，2014.

逐渐增加，导致在预算流程中实现一致的基础逐渐被削弱。除此之外，前文提到的《1985 年平衡预算和紧急赤字控制法案》的失败让预算参与各方认识到“渐进”所依赖的妥协与协商仍然有改进的空间。

20 世纪 80 年代，每一预算参与方都想平衡预算，但预算在那十年中从未平衡，为了寻找解决方案，国会与联邦政府决定从解释持续赤字入手：起初，预算参与各方都认为赤字与经济密切相关，即年度支出对通货膨胀率、实业、经济增长以及利息率的波动非常敏感，而预算收入则在很大程度上受经济活动水平的影响。但这一解释似乎并不能完全说明在整个 80 年代以及 90 年代初期，增加预算支出的同时减少收入却无法改变经济衰退的外部环境，而采用相反决策的联邦预算却在 1998 年开始出现盈余，且带来了“战后历史上持续时间最长的繁荣”（见表 1－7）；国会预算局渐渐意识到持续的赤字或盈余或许源于一种“结构性”因素——联邦支出和税收之间的长期不匹配——背后的政治压力：只要联邦税收超过 GDP 的 19% 就会面临减税的政治压力，因此，80 年代主动减税的措施并没有产生促进效应的原因是当时税收占 GDP 百分比不高，并不需要主动削减税收。该结构性解释表明，如果具有能够达成一致的条件，便有可能通过一定措施与手段去影响财政收入和支出。结合前文提到的《格拉姆－拉曼德－霍林斯法案》的失败经验，这种“一致”并不是在文书工作中目标与总量的一致，而是一种政治上的一致，因为该法案侧面论证了利用表面上的一致掩盖内在的不一致会对治理能力产生影响[①]。对预算决策“一致”的渴求还表现在《预算执行法案》（1900）（Budget Enforcement Act of 1990，BEA）的颁布过程与具体内容之中：BEA 同样源于预算各方反复地谈判与协商，其涉及了预算的每一方面并提出应探索出快速形成一致性预算决议的新途径。除此之外，BEA 抛弃了年度赤字削减目标，支持对国会支出的直接限制而非求助于相互的妥协：“该程序被用于强制执行关于选择性支出规模、收入上的预算中立以及强制性支出立法等方面事先达成的一致意见。”[②] 联邦预算

① ［美］阿伦·威尔达夫斯基，娜奥米·凯顿．预算过程中的新政治（第五版）［M］．苟燕楠，译．北京：中国人民大学出版社，2014．

② United States General Accounting Office, Budget Issues: Budget Enforcement Compliance Report, June 2002（GAO－02－794）, p33.

中用于推动快速形成一致预算决议的“伯德规则”（Byrd Rule）① 正是 BEA 的首次应用。但是 BEA 并未阻止经济环境造成的预算不稳定化趋势，此时的预算参与者逐渐意识到，达到某一多数都认可的预算结果需要一种中立的媒介，这就是绩效。

**表 1-7　　1985—2003 年的收入和支出缺口**

| 年份 | 预算数 | | | 百分比 | | |
|---|---|---|---|---|---|---|
| | 收入（百万美元） | 支出（百万美元） | 赤字/盈余（百万美元） | 收入占 GDP 百分比（%） | 支出占 GDP 百分比（%） | 赤字/盈余占 GDP 百分比（%） |
| 1985 | 734 037 | 946 344 | -212 308 | 17.21021 | 22.18795 | 4.977767 |
| 1986 | 769 155 | 990 382 | -221 227 | 16.99321 | 21.88085 | 4.887644 |
| 1987 | 854 287 | 1 004 017 | -149 730 | 17.91841 | 21.05895 | 3.140541 |
| 1988 | 909 238 | 1 064 416 | -155 178 | 17.69445 | 20.71433 | 3.019879 |
| 1989 | 991 104 | 1 143 743 | -152 639 | 17.8427 | 20.59064 | 2.747938 |
| 1990 | 1 031 958 | 1 252 993 | -221 036 | 17.49452 | 21.24167 | 3.747167 |
| 1991 | 1 054 988 | 1 324 226 | -269 238 | 17.31426 | 21.73294 | 4.418682 |
| 1992 | 1 091 208 | 1 381 529 | -290 321 | 17.00694 | 21.53172 | 4.524777 |
| 1993 | 1 154 334 | 1 409 386 | -255 051 | 17.03732 | 20.80175 | 3.76441 |
| 1994 | 1 258 566 | 1 461 752 | -203 186 | 17.53647 | 20.3676 | 2.831131 |
| 1995 | 1 351 790 | 1 515 742 | -163 952 | 17.87981 | 20.04837 | 2.168555 |
| 1996 | 1 453 053 | 1 560 484 | -107 431 | 18.27435 | 19.62546 | 1.351108 |
| 1997 | 1 579 232 | 1 601 116 | -21 884 | 18.68687 | 18.94582 | 0.258951 |
| 1998 | 1 721 728 | 1 652 458 | 69 270 | 19.27854 | 18.50291 | 0.77563 |
| 1999 | 1 827 452 | 1 701 842 | 125 610 | 19.27768 | 17.95263 | 1.325052 |
| 2000 | 2 025 191 | 1 788 950 | 236 241 | 20.01755 | 17.68248 | 2.335072 |
| 2001 | 1 991 082 | 1 862 846 | 128 236 | 18.91634 | 17.69803 | 1.21831 |
| 2002 | 1 853 136 | 2 010 894 | -157 758 | 17.11291 | 18.56974 | 1.456827 |
| 2003 | 1 782 314 | 2 159 899 | -377 585 | 15.80241 | 19.15016 | 3.347756 |

资料来源：United States Budget for Fiscal Year 2024，Historical Table 1.1，p.22. & Tabel.2. p.23-24.

① 伯德规则限定了预算调和法案可以包括的内容，它最早由西弗吉尼亚州参议员罗伯特·伯德提出，并由此得名。根据规定，当参议员认为法案中某些条款不符合预算调和宗旨时可以提出异议并删除相关条款，以防止参议员滥用预算调和的形式向法案中加入与预算无关的内容。任何参议员都可以提出相关异议，并由参议院主持官员（presiding officer）裁定，按照惯例参议院议会议员（Senate parliamentarian）也会给出裁决意见；推翻该裁决需要不少于 60 名参议员投票支持，而作为参议院主席的副总统也有权推翻裁决。

2. 纯粹的“削减赤字”导向预算导致了预算支出的低质量。

由前文的介绍可知，削减赤字这一目标几乎贯穿了整个80年代以及90年代初期的联邦预算。伴随着“渐进”的效用逐步减弱、调和的应用范围逐步扩大以及1985年与1990年颁布的两项法案逐渐失效等现实问题的交织，预算短缺的现象愈发严重，在“削减赤字”呼声的强压之下，不合理的现象逐渐增多，最主要的表现是支出质量的降低。例如，为了实现预算决议中的削减目标，国会可能会只对该财年11个月的项目支出进行投票以制造该项目所花费的金额较低的假象（将财政支出置于前一财年还是后一财年，视何者能够制造削减赤字的假象而定），这一现象在食品券项目以及医疗保险项目中尤为突出，直接导致了预算支出的削减以及社会效益的降低——1980年，为了削减在公共卫生方面的预算支出，相关部门选择关闭某些公立医院，为了给公共卫生部门中更为资深的人员腾出空间，印第安人卫生服务办公室必须解雇许多工资水平较低的专家。

因此，绩效预算第一波浪潮的经验可以被总结为：以政策目标或计划的预期为导向，强调绩效信息在选择项目方案中的作用、绩效结果在分配预算中的作用，进而推动政策或项目目标、预算支出以及支出（绩效）审查间的联系。但是这种绩效信息的特点是其范围选择具有一定主观性，缺乏以时间顺序推进的连续性，作为一种非结构化以及依靠联邦部门自觉驱动而出现的产物，第一波依靠绩效数据与结果推动的绩效预算改革失败的重要原因在于缺乏可靠的“成本”数据以及法律支持。这同时也预示了绩效预算第二波改革浪潮的方向——合法化、制度化以及现代化。

## 四、“绩效预算”改革的合法化、制度化与现代化：1993年至今

绩效预算改革的第二波浪潮同样以GPRA的颁布为起点、在PMA与PART等工具的应用中迅速发展，并伴随着信息技术的发展以及社会治理的需求走向现代化。

### （一）“技术工具－绩效信息－预算审查”

1993年1月5日，国会通过了《政府绩效与结果法案》（GPRA），同年8

月 3 日，克林顿签署颁布了该法案。该法案被视为联邦政府由“预算推动改革”走向“绩效推动改革”的分水岭：国会首次在法规中要求各联邦政府机构设定目标、衡量绩效并向国会提供报告与信息以供其使用。这项立法是 20 世纪 90 年代绩效预算改革的一个里程碑，它标志着国会首次完全接受了以绩效为导向的战略计划（即 GPRAMA 中要求联邦机构公布的“机构战略计划”）以及公共报告（即 GPRAMA 中要求联邦机构上传的“机构绩效更新”），更重要的是其确认了以绩效为导向的预算提案。三者作为一个系统的概念被纳入法案。根据 GPRA，联邦机构需要制定年度和多年绩效计划、建立绩效目标以及编制年度绩效报告（APR）。虽然该法案主要是通过绩效的角度推进联邦部门尽量全方位地搜集、使用与报告相关信息，但是它为各机构和部门提供了评估和报告长期绩效结果并将该结果应用于预算提案制定过程之中的法律授权。因此，该法案为绩效预算提供了必要的信息并有助于改善 OMB 的预算支出审查过程。[①] 可以说，GPRA 不仅满足了国会在政策制定和监督工作以及 OMB 在预算工作方面的需求，同时满足了联邦机构项目经理的需求。

1996 年，国会通过了《克林格 - 科恩法案》（Clinger - Cohen Act），也被称为《首席信息官法案》（Chief Information Officer Act）。该法案伴随着戈尔“将信息技术融入政府行政”的呼声而产生，为之后的“重塑政府中的国家伙伴关系”（National Partnership for Reinventing Government，NPR）奠定了法律上的基础。该法案要求每个联邦机构都应有一个首席信息官（Chief information officer，CIO）负责监督和改进信息技术管理和实践，以便联邦机构拥有必要的信息技术基础来衡量、评估、报告与更新绩效信息，并将绩效信息应用于推动机构有效运作和 OMB 支出审查之中。

综上所述，《克林格 - 科恩法案》颁布的契机为：克林顿政府从法律角度肯定了将绩效信息作为联邦机构与 OMB 评估或审查政府活动的依据。在 GPRA 颁布之后，克林顿政府迅速认识到绩效信息的连续性、客观性以及准确性需要一定技术支撑，如此才能有效解决第一波绩效预算改革面临的“成本 - 效益”（cost - efficiency）数据缺失问题，并巩固 GPRA 的成果，从而将客观科学的绩效信息应用于预算支出审查之中。

---

① BoB 于 1970 年正式更名为 OMB 以反映在预算过程中对“绩效管理与预算审查一体化”的重视。

至此，绩效预算逐步形成了“技术工具－绩效信息－预算审查”的机制。此时要解决的问题为“绩效信息是否只能应用于预算审查之中”以及“绩效信息应该如何应用于预算相关的工作中”。

### （二）“绩效信息－联邦项目－预算编制与审查”

小布什政府执政之后，总统管理议程（PMA）不仅用于对联邦政府执政战略计划、阶段性计划以及优先目标进行详细说明，还为评估联邦政府项目是否达到预期绩效目标提供依据，同时其进一步推动了绩效信息在联邦政府预算编制中发挥的规范性作用；而考察 PMA 在联邦绩效管理中发挥的作用并不能采用孤立的视角，其作用机制的工具支撑源于项目评估评级工具（PART）的运用。PART 实现了绩效信息、联邦项目以及预算编制和审查的结合，成功地将自 20 世纪 50 年代以来联邦绩效预算改革推向了高潮。

PART 是一个主要围绕着问卷调查而展开的预算支出审查与评估框架，之后逐渐演变成为了 OMB 对 5 年周期内所有联邦项目支出请求进行评估的强有力工具，即绩效预算实践路径的形成。[①] 之所以将 PART 视为上世纪 50 年代之后绩效预算改革的又一次高潮，是因为 PART 系统地、全面地、透明地渗入到了所有联邦项目的评估之中，并在 OMB 的监督下整合了战略目标设定、绩效评估以及预算申请或提案审查。在之后的研究中，有学者证明了 PART 的实施对行政预算编制产生了重大影响，[②] 该工具推动了 OMB 在网上公开发布所有联邦项目评估的得分结果，便于联邦机构领导、关键利益相关者、国会代表、公众看到不同的联邦项目是如何评估的以及评估结果是如何影响总统向国会提交的预算提案。

### （三）继续推进绩效信息与预算提案的透明度

奥巴马政府就任后，主要的注意力放在了应对 2009—2013 年经济危机和

---

① Posner P, Fantone D. Assessing Federal Program Performance: Observations on the U. S. Office of Management and Budget's Program Assessment Rating Tool and Its Use in the Budget Process [J]. Public Performance & Management Review, 2007, 30 (3): 351－368.

② Ho A. The Governance Challenges of the Government Performance and Results Act A Case Study of the Substance Abuse and Mental Health Administration [J]. Public Performance & Management Review, 2007, 30 (3): 369－397.

经济衰退带来的挑战、推进医疗改革以及其他重大政策改革等领域。尽管绩效预算改革不是奥巴马政府推动政府改革的首要任务，但是奥巴马既没有如里根与布什政府一样将大量时间花在与国会争夺预算控制权上，也没有用消极态度对待绩效、预算与项目的融合进程，而是充分利用 GPRAMA 以及 OMB 管理副主任（OMB DDM）所提供的保障，并在此基础上继续推动绩效数据和绩效评估结果报告的公开，进而提升联邦机构对绩效报告的支持率以及绩效预算的透明度。例如 2009 年颁布的《美国复苏和再投资法案》（American Recovery and Reinvestment Act of 2009，ARRA）和 2014 年颁布的《数据责任和透明度法案》（Data Accountability and Transparency Act，即《2014 年数据法案》）等都旨在推动上述进程。

GPRAMA 的颁布与实施重申了透明的绩效数据与预算提案相结合的立法承诺，并对 GPRA 做出了实质性的改变——首先，机构绩效计划（Agency Performance Plans，APP）需要涵盖每项“项目活动”（program activities）以作为预算账户的一部分（portion of a budget account）①；其次，OMB 应发挥更核心的作用，通过机构预算请求以及总统预算提案在预算中寻求推进 PMA 的政策偏好。随着奥巴马第二任期的开始，政策议题中的党派冲突、政治利益日益分化导致国会与白宫间的僵局重现，加上经济衰退导致的历史赤字危机，都使得联邦政府对预算管理和项目绩效评估的关注慢慢减退。

尽管奥巴马政府之后的联邦政府并未将绩效预算改革作为 PMA 或者是其他优先事项的优先目标，但是从七十多年绩效预算改革的实践经验来看，我们可以从中总结出绩效预算框架演变和构建的要点。

1. 绩效预算的落地与制度环境息息相关。

绩效预算之所以能迅速在美国联邦与地方政府中开展实践并产生影响，与它产生之初就带有解决经济、财政或社会中的行政决策、资源分配以及执行监督等需求密不可分。自 20 世纪初至 20 世纪 40 年代，联邦政府以及其他行政机构决策者都表达出需要加强对行政预算编制与实施过程的控制，以促进政府支出的效率与效益。甚至在当时的美国州和地方政府都出现了推动绩效预算改

---

① 总统预算提案的“附录”（appendix）卷中的每个拨款或基金账户（appropriation or fund account）通常都会列出一项或多项计划活动（program activities）。

革的呼声，为的是缓解行政压力，而这种压力源于用更少的资源完成更多的行政事务的需求。除此之外，公众也期望政府机构能够公开其所实施的项目以及项目涉及的公共支出。因此，经济、财政以及政治压力推动下的政府改革（即在一定的制度环境中推动改革）论证了绩效预算改革的必要性，否则，决策者或官员可能会缺乏必要的改革动力。①

2. 绩效预算的改革是一种制度变革。

美国的绩效预算改革历史表明，构建绩效预算体系是困难的，因为其要求远远超出了“仅在预算中报告相关绩效（审查）的措施”。绩效预算需要系统地改变预算过程，不仅包括预算编制的绩效嵌入，还包括向立法机构提交预算报告、对报告进行预算审查、拨款、预算执行以及支出审查和审计等流程的调试或重构。同样地，这些变化并不是部门内部的无序行动，这是因为：首先，变革通常需要在立法的基础上做出跨部门的改变，立法为授权提供支撑，而授权又能为预算办公室监督预算的执行过程、知悉各部门预算支出以及分析预算支出运营情况提供合法性依据；其次，绩效预算改革还可能通过改变不同利益相关者所掌握的信息量来实现，因为信息可能会改变行政－立法关系以及政府－公民关系；此外，在绩效预算改革这一“程序和组织变革”的背后是预算编制规范体系的转变，该体系鼓励公共问责制、透明度以及循证决策作用下的持续改进，因此并不能将绩效预算改革视为一种行政机构内部的孤立变化，其更是一种综合了价值观、社会规范以及利益相关者优先事项的制度变革。②

3. 绩效预算改革需要在专业能力建设方面进行大量投资。

美国漫长的改革历史表明，绩效预算既非易事同时成本较高——改革需要在各种专业能力以及流程改变各方面进行大量投资。上世纪初，纽约市政研究局（The New York Bureau of Municipal Research，NYBMR）③ 指出：一个（完善的）预算系统应该包括基本的行政和立法实践，即精心设计的会计方法、科学充分的专家服务以及高效的工作报告和评估记录保存——简而言之，即良好管理的所有流程……都包含了对公务员进行严格的训练，以使其能够适应并

①② Ho A T－K. Performance Budgeting in the U. S. ［A］. 见：A. T. －K. Ho, M. De Jong, Z. Zhao. 第1版. Performance Budgeting Reform ［M］. Routledge, 2019：53－70.

③ 纽约市政研究局（NYBMR）成立于1907年并于1921年政府重组（reorganization）完成之后解散。作为进步时代成立的机构之一，NYBMR旨在推动公共服务以及公共行政的专业化。

参与基于合理商业原则而建立的体制之中。但是，无论是谁，旨在于立法机关中将上述体制推动为“预算法案”、并寄希望法案能掀起一场即时的财政革命，都很可能面临失望。这些提倡尽快建立预算制度的人不仅要在未来一个季度对会计和报告方法、公务员实操模式、公共工程管理以及成本管理等进行科学研究，还要对整个公务员队伍进行长期的教育与培训。这也从侧面印证了当时无论是地方或是联邦政府都意识到预算改革并非易事。

正如当代最负盛名的预算研究者艾伦·希克（Allen Schick）在布鲁金斯学会任职时发布的报告所述：在20世纪50—60年代的美国州政府的倡导下，开展了各种目标导向下的预算改革，而其中热心的改革者也很快发现改革比他们预期的要困难得多。从雇用新的分析人员，到向现有的经理提供培训、引入新的预算项目结构和会计准则、进行长期的财政规划和项目目标设定，再到设定项目绩效叙述（program performance narratives）的标准，政府机构都不得不投入大量的资源和时间来实施改革。从本质上讲，绩效预算是一场能力建设的实践，目的是提升预算办公室和部门的所使用政策工具的技术性以及所做出决策的合理性。这意味着预算改革的成本或代价很高，可能需要数年才能完成。[①] 这也从侧面解释了为何美国联邦政府绩效预算改革持续时间长、投入成本高以及涉及流程多。

4. 绩效预算改革与预算执行密不可分。

美国长达近八十年的绩效预算改革表明，以绩效作为切入点对联邦预算体系进行改革的作法通常不会对政治体系、拨款过程及其结果（outcomes）产生任何重大影响。美国公共行政学者以及政治科学家阿伦·威尔达夫斯基（Aaron Wildavsky）于1988年出版的《预算过程中的新政治》(The New Politics of the Budgetary Process）一书中就指明：立法机关的拨款主要与权力分配、价值观、意识形态、政治策略以及选民需求有关；站在客观角度撰写的分析报告以及绩效衡量的结果可能会为决策者提供信息，但它们对政策决策的直接影响可能有限。[②]除此之外，对于预算编制和预算执行的过程，都是由政府这一行政部门

① Schick, Allen. Budget Innovation in the States [M]. 1971. Washington, D. C.: the Brookings Institution. pp56 - 57

② [美] 阿伦·威尔达夫斯基，娜奥米·凯顿. 预算过程中的新政治（第五版）[M]. 苟燕楠，译. 北京：中国人民大学出版社. 2014.

负责，而该过程的理想情况是：职业公务员以及专职管理者更偏向于使用证据以及绩效信息来对支出请求进行评估，并对预算执行进行监控。随着时间的推移，美国绩效预算改革的经验已经证实：与立法阶段相比，绩效预算更有可能在预算的执行阶段产生重大影响而非编制阶段。因此，提倡在预算过程中引入“绩效治理”的学者何达基认为，绩效预算可能更适合概念化为绩效预算管理（performance budget management）[①]。

① Ho A T－K. Performance Budgeting in the U. S. [A]. 见：A. T. －K. Ho, M. De Jong, Z. Zhao. 第1版. Performance Budgeting Reform [M]. Routledge, 2019: 53－70.

# 第二章 政府绩效与结果法案（1993—2010年）

**【内容提要】**美国是世界上最先探索政府绩效管理的国家之一。20世纪90年代，由于长期财政赤字、项目浪费和效率低下、绩效信息不够充分、绩效结果运用不够等问题凸显，绩效管理在政府部门得到重视，绩效立法逐渐被关注。1993年，克林顿总统上任，在联邦政府实施了战略化的绩效管理模式，成立了国家绩效评审委员会，并由国会立法通过了《政府绩效与结果法案》（The Government Performance and Results Act，简称GPRA），为美国联邦政府各部门实施政府绩效管理提供了法律实施依据，奠定了美国政府绩效管理的制度基础。

## 第一节 法案的背景

1993年，克林顿总统上任，在联邦政府实施了战略化的绩效管理模式，成立了国家绩效评审委员会，并由国会立法通过了《政府绩效与结果法案》（The Government Performance and Results Act，简称GPRA），为美国联邦政府各部门实施政府绩效管理提供了法律实施依据，奠定了美国政府绩效管理的制度基础。

### 一、政府绩效管理研究和探索的兴起

美国是世界上最先探索政府绩效管理的国家之一。早在19世纪末，许多城市政府腐化无能的事件被陆续曝光，通过财政预算控制地方政府绩效的呼声开始出现。20世纪40年代，在胡佛委员会的推动下，理论界与实践部门对绩

效评估与绩效预算的关注进一步提升。但完整的绩效管理体系尚未形成，直到20 世纪 90 年代才逐步发展。

20 世纪 80 年代是政府绩效评估和绩效管理理论研究和实践探索的“冬眠期”[①]。由于实践部门认为绩效评估对政策制定没有意义，绩效评估和绩效管理的理论研究和实践运用进展缓慢。许多公共部门虽然资料丰富，但信息贫乏，导致他们认为：在绩效评估和绩效管理上投入金钱和时间并不能取得很好的结果。从而，理论研究得不到实践部门的支持，实践部门也不愿意采纳绩效研究的成果。“对产出数字或单位工作时间的过分关注，导致了联邦政府部门对绩效的狭隘理解。这就导致了政府项目的孤立和短视，既得不到上级的支持，也没有持久性。”[②]

20 世纪 90 年代，公共行政领域的焦点又重新集中到对政府绩效评估的研究，开始了对政府绩效评估和绩效管理理论研究和实践探索的复兴。推动政府绩效评估复兴的重要动力包括：公民对政府信任度的持续下降、公民的抗税运动的频繁发生、立法部门企图控制政府支出的努力、公共服务私有化的迅速推进、英国和新西兰等国家为减少财政赤字的创新行动以及美国地方政府所发起的首创精神[③]。

## 二、“法案”制定的原因

20 世纪 90 年代前后，美国面临严峻的财政和绩效问题。一方面，不仅财政赤字巨大，而且管理赤字、信用赤字和绩效赤字愈发严重；另一方面，联邦项目中存在浪费和效率低下的问题，破坏了美国人民对于政府的信心，也削弱了联邦政府充分满足最基本公共需求的能力。联邦项目目标不够清晰且缺乏可操作性，项目绩效信息不够充分，联邦政府管理者在改进成果和效率方面严重无力。同时，联邦项目的绩效和成果没有得到充分重视，对国会的政策制定、支出决定和项目审定造成了严重的障碍。

1989 年，里根总统时期，管理和预算办公室（U. S. Office of Management

---

①③　朱立言，张强．美国政府绩效评估的历史演变［J］．湘潭大学学报（哲学社会科学版），2005（1）：1－7.

②　Dineen. Productivity Improvement：It's Our Turn. The Bureaucrat，1985，p10.

and Budget，OMB）起草的《管理报告》（*Management Reports*）正式提出了政府绩效管理的建议并描述了其操作性方案，构成了美国政府绩效管理法的基本形态，为四年后美国《政府绩效与结果法案》奠定了雏形。

1990 年，《财政官员法案》（*Financial Officials Act*）通过，其中的某些要点也成为 GPRA 立法的基础。首先，《财政官员法案》指导部门和机构在年度财务状况报告中说明上一财政年度项目绩效情况。其次，总统预算办公室各部门、机构共同努力，制定具有五项功能的绩效评估措施。这些措施与私营部门在日常管理中使用的商业性的绩效评估有诸多相似之处。这里的私营部门主要包括债务公司、资产管理公司、存货管理公司和保险公司等。

1991 年，参议员威廉姆·罗斯（William Ross）向国会提交了推动政府绩效管理的立法议案。该议案以加利福尼亚州桑尼维尔市（Sunnyvale）实施政府绩效管理 10 年来成功经验为基础，而加州绩效管理的这些做法后来成为《政府绩效与结果法案》的重要内容。该提案在国会引起了广泛的关注和热烈的讨论，1992 年，19 名参议员支持罗斯的绩效法案的立法。1993 年，克林顿总统强烈支持出台 GPRA。随后，GPRA 在参众两院全票通过。

立法执行部门在起草 GPRA 时，不再简单地依靠加州的管理经验，并且相信它在联邦政府机构实行是可行的。其原因有两个：一是在《财政官员法案》的年度绩效报告中已经包括了绩效测量和绩效信息的内容。二是其他国家，尤其是 OECD 国家已经开始实施类似的绩效管理，并取得了成功的经验。绩效管理对美国人来说没有任何革命性的变革，GPRA 的主要内容在私营部门管理中随处可见，而且以营利为目的的绩效管理已经存在数十年，《政府绩效与结果法案》的贡献在于将绩效管理的方法引入政府的公共管理领域。

值得提及的是，1991 年，奥斯本（David Osborne）和盖布勒（Ted Gaebler）合著的《改革政府——企业精神如何改革着公营部门》（*Reinventing Government ：How the Entrepreneurial Spirit is Transforming thePublic Sector*）直接催生了戈尔主持的国家绩效评价委员会的《国家绩效评估报告》（*Report of the-National Performance*，NPR），其标题就是“从繁文缛节到结果导向：创造一个高效节约的政府”（*Fom Red to Result*：*Creating a Governmentthat Works and Costs Less*）。报告指出：政府的目标是寻求一个能和美国民众订立新的服务契约的，能确保效能、效率、回应能力的全新政府。手段为：顾客导向、提升服务机关的竞争力、创造动态市场机制、借由市场机制解决问题、授权员工追求结果、分散决策权力、简化预算流程、人事管理分权化、简化政府采购程序等。由此，结果导向被明确地提出。所有这一切，构成了《政府绩效与结果法案》的立法渊源①。

### 三、“法案”制定的目的

第一，通过制度使联邦部门更加负责任地做出项目成果，以此来提高美国人民对联邦政府的信心；

第二，开展项目绩效改革，改善设置项目目标、项目绩效衡量标准、公开发布报告进展方面措施，将重点关注项目成果、服务质量和用户满意度。

第三，通过制定项目目标计划和为其提供有关项目成果和服务质量的信息，帮助联邦管理者改进所提供的服务；

第四，提供更多关于达到法定目标方面的信息，以及有关联邦项目和支出成效及效率方面的信息，改善国会的政策制定；

第五，改进联邦政府的内部管理。

## 第二节　法案的主要内容

GPRA 一共由 12 个部分所组成，内容包含了美国进行绩效改革立法的主要原因、此项法案的核心目的、重要内容以及实施进程等众多方面的基本内容。法案规定：部门负责人应该向管理与预算办公室主任提交战略计划，计划应当包括当年财年以及未来五年的内容；同时要求，必须至少每三年进行一次更新以及修订工作。提交的战略计划须说明以下几方面内容：本部门职能状况、项目完成任务（包括设定具体指标、相关所有资源投入等）、项目（包括未来项目）时间表安排以及部门长期发展动态等。战略计划的制定应协同国会并征求考虑相关单位意见。

---

① 葛洪．略论美国《1993 政府绩效与结果法案》[J]，《中国行政管理》，2004（5）：26－27.

GPRA 要求：所有联邦政府机构必须向 OMB 提交战略计划；所有联邦政府机构必须在每一个财政年度编制年度绩效计划，设立明确的绩效目标；在各部门的年度绩效计划的基础上编制总体的年度绩效计划，各部门的预算安排应与其绩效目标相对应，并且须提交给议会审议；联邦政府机构须向总统和议会提交年度绩效报告，对实际绩效结果与年度绩效目标进行比较，年度绩效报告必须在下一个财政年度的 6 个月内提交。同时，在 9703 条款对管理责任和机动权进行了增加说明，在准备和提交绩效计划的过程当中，管理和预算办公室主任将审查并可以批准关于下放的建议，使项目管理者对项目的运行及实际绩效要担负更为明确、具体的责任。为检验上述各项要求在实施过程中的实际效果，GPRA 还对试点方案进行了明确，法案在 1118 条款、9704 条款、1119 条款对绩效目标的试点方案、管理责任和机动权的试点方案、绩效预算的试点方案进行了相应阐释。

GPRA 规定了联邦政府绩效管理的基本内容。GPRA 主要通过三项报告制度来实现对政府机构的绩效评估。即战略规划、年度绩效计划和年度绩效报告。

第一部分，战略规划，包括该部门使命、主要的职能、运作总目标，以及如何实现目标的管理过程、技能、人力、信息、资本和其他资源的描述，还包括对未来评估体系的描述。

第二部分，年度绩效计划，要求涵盖该部门预算中列出的每一项活动，该计划应建立绩效目标，用客观的、可量化、可衡量的或者经预算管理局授权的可替代形式来表述目标；建立绩效指标并描述为了达到绩效目标而使用的资源，评定每一项目行动的相关产出、服务水平和结果。

第三部分，年度绩效和报告是 GPRA 的核心内容，规定各政府部门将已项目实际达到的绩效与计划中的绩效目标进行比较，评价当前财年的绩效计划，解释和说明在哪些方面没有达到绩效目标，说明根据本法案 9703 条款为达到绩效指标放宽了哪些权限和评价的应用，对已完成评价的项目的发现进行概括说明。①

---

① 牛美丽．美国公共预算改革：在实践中追求预算理性［J］．武汉大学学报（社会科学版），2003（6）：36.

## 一、战略规划

GPRA 在 306 条款对战略规划进行了详细规定，战略规划应包括以下五方面内容：第一，说明本部门的工作任务。第二，描述总体的工作目标及如何实现目标。第三，描述战略计划中总目标与年度绩效目标的关系。第四，确认影响绩效总目标实现的主要外部因素。第五，描述拟评价的项目，并制定评价的时间表。

战略计划最少在六年内有效，但每隔三年必须进行调整。战略计划是执行绩效法案各项规定的基础。战略计划要说明机构的目标，即机构及其项目存在的意义、项目所要完成的任务及其时间要求，说明机构长期的发展方向，及机构管理者的近期行动等。

在制订战略计划之前，要对部门、机构项目的发展方向及其安排进行广泛的讨论，听取各方面的意见。部门、机构要向议会进行咨询，也可以向其他相关部门或团体征求意见，避免在项目执行过程中发生争执。同时，给项目管理者创造稳定的工作环境，使按绩效计划设计的年度特定的目标有序地进行。

## 二、年度绩效计划

GPRA 在 1115 条款对绩效计划进行了详细规定，年度绩效计划应包括以下五方面内容：第一，设定绩效目标。设定绩效目标并确定通过项目行动所要达到的绩效水平；将这些目标用客观的、数量化的、可衡量的方式来表达。第二，制定绩效指标。制定在衡量或评价各项目的产出、服务水平和成果时所使用的绩效指标。第三，描述测量绩效的方法。测量绩效的方法要科学。第四，简要说明为达到绩效目标所需的运作程序、手段和技术，以及人力、资本、信息和其他资源。第五，确定赋予管理者的权限和责任。

在年度绩效计划中选择目标和指标时，应遵循下列原则：一是项目管理者要用目标和绩效指标来判断项目在达到预期目标方面做得怎样；二是在部门的负责人或利益相关者评论项目的完成情况时，要以系统的绩效评估结果为依据。年度绩效目标来自于战略计划的总目标。年度计划实现的目标是实现战略计划总目标的一部分。年度绩效计划的目标更多关注产出，总目标更多地关注结果。

通过测量试点项目绩效的完成情况，检验机构编制年度绩效计划的能力。美国从14个主要部门选出70个试点项目。试点项目的范围非常广泛，涵盖政府功能的各个方面，大到涉及社会安全的项目，小到具体的社区服务项目。选取试点项目进行试点的目的是让机构积累绩效评估的经验。

1997年，由于有些绩效计划没有可操作性，影响绩效评估的实施，因此，总统预算和管理办公室采取以下措施：一是所有从事绩效测量的专职人员进行统一培训，使他们能够为部门、机构选择适当的、可行的绩效措施。二是促使各政府机构能提供更多、更好的绩效信息。三是将前一年的预算程序作为下一年绩效评估的基础。要求各部门在绩效计划中描述绩效测量的详细情况，并附带前一年的预算报告。四是通知各部门及时收集绩效数据，为确定下一年的绩效目标做准备。

**【专栏2-1】**

## GPRA关于年度绩效计划与报告的条款

年度绩效计划与报告的主要内容如下：

A预算内容与向国会报告。美国法典第31条第1105款（a）经过修正，在末尾增加了一个新的内容：“(29) 随着1999财政年度的开始，将按照第1115款提供一个覆盖整个预算的联邦政府绩效计划。”

B绩效计划与报告。——美国法典第31条第11章经过修正，在第1114款后面增加了新的内容如下：

第1115款绩效计划

(a) 在执行1105（a）(29) 条款时，管理和预算办公室主任应要求各部门准备包括执行该部门预算的各项目行动的年度绩效计划，该计划应达到：

(1) 设定绩效目标并确定通过项目行动所要达到的绩效水平；

(2) 将这些目标用客观的、数量化的、可衡量的方式来表达，除非在条款（b）中授权可以通过其他方式表达；

(3) 简要说明为达到绩效目标所需的运作程序、手段和技术，以及人力、资本、信息和其他资源；

(4) 制定在衡量或评价各项目的产出、服务水平和成果时所使用的绩效指标。

(5) 提出一个可以与所制定的绩效目标进行比较的基准；

(6) 说明用于检验和验证衡量绩效价值的手段。

(b) 如果某部门在与管理和预算办公室主任协商时，确认某一项目行动以客观、量化和可衡量的方式表示的绩效目标，不具有可行性，管理和预算办公室主任有权提出一种替代方式，该替代方式应该：

(1) 包括以下单独的情况说明：

(A) 一个最低效力的项目和一个成功的项目

(B) 由管理和预算办公室主任提出的替代方式具有足够的精确性，依此就能准确、独立地确定该项目行动的绩效是否达到了所说明的指标；或

(2) 声明为什么表示该项目绩效的任何方式都是不可行和不切实际的。

(c) 为遵循本条款，各部门可以合并、拆分或汇总各项目行动，除非这些合并或汇总无法实现，或者会使那些行使部门主要职能的项目行动的重要性大大减弱。

(d) 各部门可以随年度绩效计划一起提交关于该计划任何部分的非公开的附录，这些计划是：

(1) 为保守国家国防和外交政策的机密，经美国总统之行政命令特别授权设定的标准；

(2) 完全可以归类于这样的总统行政命令之下。

(e) 本条款规定的职能和活动是指政府的固有职能，根据本条款要求制定绩效计划仅适用于联邦雇员。

## 三、年度绩效报告

GPRA 在 1116 条款对项目绩效报告进行了详细规定，年度绩效报告应包括以下四方面内容：第一，列出根据 1115 条款制定的部门绩效计划中的绩效指标，并对项目实际取得的绩效和该财年绩效计划中的绩效指标进行比较。第二，如果没有达到绩效目标，应当解释和说明为什么没有达到目标，以及将

来完成绩效目标所制定计划的时间表。如果绩效目标不切实际或不可行，应说明为什么要这样制定以及采取什么措施。第三，对某个财政年度内已完成的项目评估进行概括说明。第四，对未实现绩效目标，说明根据本法案 9703 条款放宽了哪些权限和评价的应用。

一个完整的评价周期包括：计划、实施、测定和评估。项目的成败是影响下一轮绩效评估的重要因素，包括绩效计划和战略计划。调整和修改上一年报告中的相关信息，调整下一年的计划，使其更加现实，是绩效管理的重要组成部分。如果发现目标过高，则会将其降低；相反，提高那些如果实际上可以实现但一直被低估的目标。

在此之外，GPRA 对于自身实施过程中的一些问题还进行了规定。主要包括三方面内容：第一，与国会监督的关系，该项法案中的所有内容均不对国会建立、修改、延缓或废除绩效目标的能力构成限制；第二，与审计总署的关系，法案中规定在 1997 年 6 月 1 日之前，应由审计总署向国会报告该法的执行情况；第三，与人事机构的关系，法案规定由人事管理办公室负责培训实施该法的管理人员，并规定该办公室应开发一个有关战略规划与绩效评估的培训，作为其培训项目的一个组成部分。

## 四、GPRA 的显著特征

GPRA 具有以下几方面的显著特征：

第一，规范效力的统一性。一方面，它规定除了其明确排除的特殊机构之外，所有的联邦行政机构均应服从这一法律；另一方面，它要求各机构的计划与报告均应遵循其要求，而不得任意采用其他形式；此外，对于实施绩效管理的不同形式而言，GPRA 也不局限于一般的绩效评估，而是将绩效审计与绩效预算一并整合进来。

第二，实施过程的渐进性。GPRA 颁布于 1993 年，而该法案的全部内容却直到 2000 年才在所有联邦机构中普遍实施。在其长达 7 年的间隔时间里，几乎每一年均安排了新的改革措施开始施行，包括：1994 年开始绩效评估的试点，1995 年开始管理责任与弹性的试点，1997 年开始提交战略规划，1998 年开始绩效预算的试点，1999 年开始提交年度绩效计划，2000 年开始提交年度绩效报告。

第三，治理的分权原则。依据GPRA中作出的规定，在政府绩效改革的推进过程中，有关权力在各国家机关间进行了合理的分散安排。其中，对政府绩效的最终评价权理论上属于国会，以副总统为首的国家绩效评审委员会负责全面推动联邦政府的绩效改革；OMB则具体负责绩效改革推进过程中的协调工作；各联邦机构自身的绩效评估则仍由机构的负责人承担；审计总署、政府的人事管理办公室等机构也分别承担一定职责。

第四，操作的灵活性。例如，对于政府绩效进行测量的方法，可以由不同部门结合自身特点进行选择应用，而非硬性规定；在进行绩效测量时，也只对产出和结果这两种对象进行了定义，而没有再进行细化。

## 第三节　法案的实施情况

法案实施以来，有力推动了美国“政府再造”运动，提高了政府的工作效率和公众的满意水平。从1993年1月至2000年9月，美国联邦政府费用节省了1 000多亿美元；促使了政府规模的缩小，联邦政府共裁员426 200人，裁减了7.8万个管理岗位；精简规章制度，清除了厚达16万页的各种规章法则。①

### 一、法案的实施

GPRA主要通过三项报告来实现对政府机构的预算绩效管理：

1. 战略规划（Strategic Planning）。

各部门领导向OMB和国会提交涵盖未来5年的战略规划。部门战略规划应包括该部门使命、主要的职能、运作总目标以及如何实现目标的管理过程、技能、人力、信息、资本和其他资源的描述，还包括对未来评估体系的描述；

2. 年度绩效计划（Annual Performance Plans）。

OMB要求各部门提交年度绩效计划，年度绩效计划涵盖该部门预算中列

① 杜兰英、张珊金．美国政府绩效评估研究的回顾与评析［J］．江淮论坛，2006（6）：27.

出的每一项活动。该计划应建立绩效目标，用客观的、可量化、可衡量的或者经管理和预算办公室（OMB）授权的可替代形式来表述目标，建立绩效指标；

3. 年度绩效报告（Annual Performance Reports）。

每年3月底各部门应向总统和国会提交前一财政年度的绩效报告，该报告应评估本财政年度的绩效计划实现程度，如果绩效目标未能实现，应解释和描述未能实现的原因、绩效目标不切实际或者不可行的原因以及改进建议。

OMB和国会是预算绩效管理活动的主要管理机构，总统和国会是主要的监督机构，OMB还应向总统和国会提交绩效预算计划方案（Performance Budgeting Pilot Projects），对年度绩效预算进行可行性与合理性评估。

GPRA颁布于1993年，但真正实施是从1997年秋季开始的[①]，GPRA第三节规定各部门在1997年9月底之前提交第一个战略规划，至2004年2月，各部门应已提交至少两套战略计划，7套年度绩效计划和5套年度绩效报告。当1993年GPRA颁布之时，国内各界人士均对其抱有较大的希望，但实施之后对其褒贬不一。GPRA的本质特征是通过绩效测量（Performance Measurement）引导人们关注结果，所以该法案的实施在提高政府机构对绩效结果的重视程度和促进绩效改进方面起到了一定作用，各部门制定战略规划有效保证了政府工作的一致性，但该法案在实施过程中也确实遇到了诸多困难和问题。1998年美国众议院多数党领袖Dick Armey对各机构实施GPRA的排名结果显示大部分机构的评估等级为“F”最好的也只不过是“C”。[②] 管理和预算办公室主任Sean Keefe认为：“尽管大多数机构开始实施GPRA，但大都没有将其真正用于管理和提高绩效”。[③] 纽约州立大学Radin认为GPRA的实施流于形式，并没有触及政府决策过程的核心，在实际操作过程中绩效结果与预算关联不够紧密，导致了大多数机构没有动力和压力去重视和提高绩效。[④] 通过对GPRA的实施分析可以发现，在公共部门进行绩效改革过程中，面临的巨大挑战就是如何在一个稳定的政府管理系统中设置法律制度来约束政府行为。在我国亦是如此，

---

① 林鸿潮．美国《政府绩效与结果法》述评［J］．行政法学研究，2005（2）：11－12.

② 颜如春．关于建立我国政府绩效评估体系的思考［J］．行政论坛，2003（9）：23－25.

③ 傅小随．20年来发达国家和地区的绩效化政府运动评析［J］．行政与法，2002（4）：28－29.

④ Charlie Tyler, Symposium introduction, Journal of Public Budgeting, Accounting & Financial Management, Fort Lauderdale, Spring, 2000.

如何在我国建立一套约束政府行为的绩效管理制度？其中一个关键问题在于立法，因为政府绩效管理制度的建立直接约束的对象就是政府行为，唯有立法的规范和约束才能使政府按照绩效管理制度的要求来服务于社会。但是绩效立法的成败，与立法本身设计的制度、立法实施的外部环境、利益相关者的沟通与协调、立法实施的管理者之间的关系密切相关。

## 二、法案的成果

### （一）政府预算绩效管理深入人心

在政府再造运动中，将政府绩效提到了首要位置。法案颁布将政府绩效管理制度化、法律化，确立了绩效测量（Performance Measurement）的制度框架即战略规划、绩效计划和绩效报告制度。通过总统与所有联邦机构之间的绩效协议书，落实了法案的实施。美国审计总署（General Accounting Office）公布了关于“评估标准”和“最佳工作方法”的各种指南及报告，内容涉及许多重要的管理因素，如信息技术、财务管理、结果导向战略等。[①] 这些指南和报告促使国会把以绩效为导向的管理思想逐渐渗透到整个联邦政府的工作当中。

### （二）以结果为导向，促进各级政府的交流

在实现法案 10 多年后，各级政府机构建立了更多以结果为导向的目标和绩效信息。法案要求通过绩效协议将工作目标层层分解，这使得联邦政府与州政府、地方政府之间，各联邦部门之间，甚至各部门内部的关系变得更具有平等的契约色彩，使其权责关系发生了重大变化，打破了部门割据。同时，推动了各部门间的交流与合作，达到资源的最佳利用。[②]

---

① Halachmi. A. Performancemeasurement, accountability and improved performance [J]. Public Performance and Management Review. 2002. 25 (4). 370 – 374.

② Philip Andrew Stevens Asesing the performance of local government [J]. National Institute Economic Review, 2005, 193. 90 – 101.

### （三）提高了公众满意度

《戈尔报告》中提出了政府改革的四项主要原则，其中之一就是顾客至上。1995 年的一个调查显示，只有 46% 的联邦政府职员认为在他们的组织中具有为满足公众期望的服务目标，到 2000 年这一比例上升到了 71%。2000 年的调查显示，80% 的政府服务项目获得了公众的肯定，大大高于 1992 年 36% 的比例。① 罗纳德·凯特尔研究表明，克林顿政府的绩效改革在政府形象方面取得了很大成效，遏制住了公众对政府信任的急剧下降趋势，提高了公众对政府的信心和信任度。

### （四）以目标为导向的绩效评价体系

GPRA 的出台为联邦政府的绩效管理奠定了坚实的法律基础，同时也是首次在法律层面上要求联邦政府机构设立绩效目标。2001 年，小布什总统上台后，OMB 发布了《总统管理议程》（President Management Agenda，PMA）。PMA 提出实施预算和绩效整合倡议，强调绩效评价结果和绩效信息的重要性，要求联邦部门实施基于绩效的项目预算。此外，PMA 要求各机构与 OMB 合作，为项目选择目标，并评价其实施过程、成本和效率等。在 GPRA 与 PMA 的框架要求下，各联邦机构开始设立自己机构的战略目标、目标达成计划并按年度提交进度绩效报告，这标志着美国联邦政府开始明确以目标为导向的绩效评价体系。

为了保证 GPRA 和 PMA 的有效实施，OMB 于 2004 年引入了“项目评级工具”（Program Assessment Rating Tool，PART）。PART 工具用于评估联邦项目预算的实施绩效，是一个以“综合打分制”为核心的支出评价框架。通过 PART，OMB 实现了对于 5 年周期内所有联邦政府项目绩效预算的评价与监管。

---

① Ken S. Cavalluzzo，Christopher D. Ittner. Implementing performance measurement innovations evidence from govermmentl Il. Accounting［J］. Organization and Society，2004，29，243 - 267.

## 三、法案的影响

GPRA 出台后，切实在对行政人员、对组织管理方式、对组织绩效，以及对财政预算产生了一定的影响。

首先，GPRA 的实施促进了相关行政工作人员对绩效管理的学习，相关人员通过学习绩效管理的知识技能，开始从绩效管理角度重新思考组织的使命和责任。考茨（Kautz）认为，GPRA 实施对联邦政府的行政人员的影响十分显著，行政人员开始重新思考项目目的、顾客产出的测量结果，此外他们变得更加关心数据的可靠性、可比性和标准化。①

其次，GPRA 的实施有助于政府组织绩效提高，但受原有政治系统影响，组织绩效水平提高受限。阿尔弗雷德·何（Alfred Ho）以美国毒品滥用和精神健康服务管理局（SAMHSA）为例发现，GPRA 实施中遇到的挑战主要来自不同部门间各自为政及相互竞争，联邦政府和州政府在管理项目中各自的职责关系，平衡不同利益集团的利益要求，这些使得 GPRA 的挑战主要是权力在不同的政治行动者之间的重新分配②。马修（Dull Matthew）指出，布什政府认为 GPRA 法案的初衷是好的，但对于提高政府组织绩效可能是无效工具③。

最后，GPRA 实施后，未能使绩效信息与政府预算直接关联。绩效信息在预算部门的使用、绩效信息对预算结果的影响，直接反映了绩效管理与财政预算关联的成功与否，也影响到绩效管理的实施效果，GPRA 明确提出绩效信息在预算部门使用，但是目前实施效果并不理想。怀特（Berry White）认为，美国 GPRA 规定绩效与部门预算直接挂钩，在实施阶段却成为政党政策，其效果受到了政党政治的影响④。布勒尔（Jonathan D. Breul）认为，GPRA 的法律性

---

① James R. Kautz, et al. The Government Performance and Results Act of 1993: Implications for Social Work Practice [J]. Social Work, 1997, (4).

② Alfred Ho. The Governance Challenges of the Government Performance and Results Act : A Case Study of the Substance Abuse and Mental Health Administration [J]. Public Performance & Management Review, 2007, (3).

③ Dull, Matthew. Why PART ? The Institutional Politics of Presidential Budget Reform [J]. Journal of Public Adinistration Research and Theory, 2006, (2).

④ Berry White. Seizing the Moment on GPRA [J]. Government Executive, 2001, (1).

框架、战略计划和结果测量这些特点都有助于法案的成功，但 GPRA 实施中也明显暴露两个缺点：绩效预算试点没有成功；没将国会和政府工作真正连接起来。这些缺点将提高 GPRA 失败的风险，会使 GPRA 变成一个空洞的法律文案和报告[①]。雷丁（Beryl A. Radin）认为，GPRA 的实施并没有触及政府决策过程的核心，在实际操作过程中绩效结果与预算关联不够紧密，导致了大多数机构没有动力和压力去提高绩效[②]。

① Jonathan D. Breul. GPRA：A Foundation for Performance Budgeting ［J］. Public Performance &Management Review, 2007,（3）.

② Beryl A. Radin. Intergovernmental Relationships and the Federal Performance Movement ［J］. Publius the Journal of Federalism, 2000,（1）.

# 第三章 政府绩效与结果现代化法案（2010 年至今）

【内容提要】《政府绩效与结果现代化法案》旨在加强和升级 1993 年颁布的《政府绩效与结果法案》，以应对政府机构在追求更高效、更透明、更有成效方面所面临的长期挑战。现代化法案明确规定了政府机构必须制定更为详尽且具有战略意义的绩效计划，强化了政府部门间的协调合作机制，并设定了更为严格的绩效评估和报告标准。这一变革旨在使公众能更轻松地追踪联邦资金的流向和政府服务的效果。此外，法案还特别突出了信息技术的重要性，要求借助数字平台，提高绩效数据的可获取性和透明度。本文将从概述和分析《政府绩效与结果现代化法案》的角度出发，深入探讨该法案是如何优化了联邦政府原先的绩效管理策略。

## 第一节 现代化法案的背景

1993 年颁布的《政府绩效与结果法案》（Government Performance Results Act of 1993）被普遍认为是美国联邦政府绩效管理的重要里程碑。该法案的核心在于推动政府机构以结果为导向，建立一种新型的绩效管理体系。法案要求政府机构公布年度绩效计划和报告并对政府机构的绩效进行分析和评估，以提高联邦机构工作的透明度和公众的信任度，从而实现更为高效的绩效管理。这一法案的实施标志着美国联邦政府绩效管理进入了一个新的时代。

随着时间的推移，原有政策面临着新的挑战和限制，包括对更复杂的公共管理问题的应对、公众对政府透明度和回应性要求的提高以及在全球化背景下跨部门合作的必要性。此外，随着公共管理理念的演变和新技术的应用，原有绩效管理体系的现代化和扩展势在必行。在这样的背景下，2010 年《政府绩效与结果现代化法案》（Government Performance and Results Modernization Act of 2010，以下简称为“现代化法案”）应运而生。现代化法案是在原有法案基础上的一个重要更新和扩展，标志着美国政府在绩效管理方面的深刻变革。其出台背景涉及多个方面因素，主要包括先前相关政策的实践和挑战以及公共管理理念的演变。“现代化”的含义聚焦于使用更新、更有效的工具和方法，确保法案目标能够通过一个更加透明、问责和技术驱动的方式实现，这也有助于联邦政府更有效地服务公众并提高公共资源使用的效率。现代化法案原文第一段话概述了本法案的目的及大致内容①：“本法案旨在现代化和细化1993年《政府绩效和结果法案》，要求每季度对联邦政策和管理优先事项进行绩效审查，以建立首席运营人员、绩效改进人员和绩效改进委员会，以及用于其他目的。”

原文强调了该法案是为现代化和完善《政府绩效和结果法案》，“Modernization”在法案的上下文中通常指的是对现有系统和过程进行更新和提升，以更好地满足当前和未来的需求，并利用新技术和方法来增强管理效率。在《政府绩效与结果现代化法案》的框架下，“现代化”可能包括以下方面：一是融入新技术，利用信息技术来自动化绩效数据的收集、存储、分析和报告，从而减少手动错误，提高数据处理效率，并使信息更易于获取和共享。二是改进绩效指标，开发更高精度和相关性的绩效指标，这些指标更全面地反映了联邦机构的工作成效，并能够指导决策者进行基于证据的规划和资源分配。三是强化绩效评价体系，定期进行绩效评估并公开以增加透明度，同时确保通过评估得出的结果能够反馈到政策制定和预算分配的过程中。四是建立战略管理结构，如法案中提到的，建立首席运营官和绩效改进官等职位，以及绩效改进委员会，形成一个聚焦于绩效管理和改进的组织结构，确保政策和项目的实施更加符合其既定目标。五是加强财政问责制，通过明确目标和测量成果来支持结果导向的预算制定，提升预算的透明度，并向公众说明如何通过预算分配来提升政府部门的绩效。

① Text - S. 3853 - 111th Congress（2009 - 2010）：GPRA Modernization Act of 2010 | Congress. gov | Library of Congress，to modernize and refine the requirements of the Government Performance and Results Act of 1993，to require quarterly performance reviews of Federal policy and management priorities，to establish Chief Operating Officers，Performance Improvement Officers，and the Performance Improvement Council，and for other purposes.

## 一、改革需要

自 20 世纪初起，美国政府为了提高政府工作效率，开始探索绩效评价，并将绩效信息运用于预算管理中。1906 年，纽约市政研究局（New York Bureau of Municipal Research）首次尝试了以效率为核心的政府绩效评价方法。此后，不同政府部门采用了多种基于绩效的预算和管理方法，例如 20 世纪 30 年代田纳西河流域管理局和农业部的实践，以及 20 世纪 60 年代约翰逊政府的“计划 - 规划 - 预算系统”和 20 世纪 70 年代卡特政府的“零基预算法（Zero - Base Budgeting）”。同时，美国能源部、国家科学基金会和国家航空航天局等科技资助机构也在科技投入绩效评价方面进行了实践探索。1993 年，美国国会通过了《政府绩效与结果法案》，旨在通过定期的绩效评估来提高公共服务效率并增强政府对公众的责任性。2001 年，小布什政府提出《总统管理议程》（President's Management Agenda，简称 PMA），进一步加强了预算和绩效的整合。为了落实这些政策，2004 年，总统管理和预算办公室（Office of Management and Budget，简称 OMB）引入了“项目评级工具”（Program Assessment Rating Tool，简称 PART），用于对联邦政府项目进行绩效评估，以确保财政支出的有效性。然而，PART 因其“指标化”和“打分制”受到质疑，于 2008 年被奥巴马政府停止使用，取而代之的是“机构优先绩效目标”方法，推动各联邦机构以更加关注长期成效和机构层面目标的方式来优化绩效评价体系。2011 年，奥巴马总统签署了《政府绩效与结果现代化法案》，标志着美国预算绩效管理进入现代化新阶段。

### （一）《政府绩效与结果法案》的局限性

《政府绩效与结果法案》在 1993 年被提出并成为法案，目的是增强政府的透明度以及对公共账目的问责性。该法案要求联邦机构制定长期目标、五年战略计划以及年度绩效计划，并提交年度绩效报告，以评估联邦机构的工作表现和成果，为政策制定和资源分配提供依据。该法案在颁布时各界人士均对其抱有较大期待，但在实施之后反应却褒贬不一。

一方面，法案以立法的形式对政府绩效管理进行了强制性规定，为绩效管理的持续性推进提供了基本依据和保障，减少了政治的干扰，并取得了一定的成效；配合谨慎的财政政策，1998 年，联邦预算实现了自 1956—1957 年以来的首次盈余，政府组织内部的运作效率和战略绩效得到了明显提升。[①] 另一方面，在绩效管理的实际推行过程中，评估主体的单一、机构领导的意识偏差、“结果导向”原则的背离、各部门与 OMB 之间沟通的缺乏、成本过高及部门的本位利益博弈等因素，使其实际效果又比较有限。《政府绩效与结果法案》的局限与挑战具体如下：

1. 目标设定的模糊性。

在《政府绩效与结果法案》的框架下，各机构被要求明确其使命及战略目标，并制定年度绩效计划以衡量这些目标的实现情况。然而，实践中发现，许多机构在目标设定方面存在模糊性的问题。首先，许多机构的目标过于宽泛和抽象，缺乏明确的指导和方向以及具体化和可操作性，这导致了目标实施的困难。例如，一个机构的目标可能是“提供高质量的教育”，但缺少明确的标准和要求来定义和衡量何谓“高质量”。其次，目标设定往往缺乏对动态环境变化的适应性。面对不断变化的社会、经济和政治环境，机构需要能够灵活调整和重新评估其目标。然而，由于目标设定较为僵化，政府机构可能无法在需要时做出及时的调整和适应。此外，目标的设定也可能受到政治因素和利益相关者的影响，导致目标设定的结果偏离了实际需求。政治因素可能导致机构将目标设定为满足特定利益群体的需求，而忽视了广泛的公共利益和目标。这种目标的偏离可能导致资源分配和政策决策的不公平与不合理。

2. 绩效指标的选择与评价问题。

《政府绩效与结果法案》鼓励联邦机构使用具体的绩效指标来衡量进度和成效。然而，确定合适的绩效标准并非易事。一些指标可能过于简化，无法全面反映复杂的、多面向的公共管理任务和成果。例如，某些指标可能只关注数量和产出，而忽略了质量、效益以及对利益相关者的影响。此外，过度依赖定量指标也是绩效指标选择与评价问题的一个风险。虽然定量指标可以提供明确的数字和量化数据，使绩效评价更具客观性和可比性，但过分强调量化指标可

① 吴建南，温挺挺．政府绩效立法分析：以美国《政府绩效与结果法案》为例［J］．中国行政管理，2004（9）：90－94.

能导致机构过度关注容易量化的领域，而忽视了那些更难以衡量但同样重要的成效，从而造成结果取向的偏差，忽视了过程的质量和关键绩效因素。

3. 资源配置与绩效的不匹配。

《政府绩效与结果法案》试图让绩效信息成为资源配置和预算过程中的一个关键考量因素，但实践中预算和资源的分配往往受到多种因素的影响，如政策倾向、立法机关的利益平衡和历史基线等。例如，项目可能会因为诸如政治动荡或自然灾害等不确定甚至不可预测的因素而未能实现预期的绩效目标，但这并不一定意味着该项目是失败的。因此，在绩效评价中需要充分考虑这些外部因素，以便对项目绩效进行更全面、准确的评价，从而更有效地指导资源的配置和使用。另一个挑战在于，绩效导向的实施需要政府内部的有效合作和协调，而相互独立的部门和机构之间往往难以形成共识和协作。这可能导致绩效信息未能有效地应用于资源决策过程中，从而削弱了资源配置的绩效导向性。

4. 实施和监督的复杂性。

《政府绩效与结果法案》要求联邦机构能够开展相对复杂的计划和报告活动，这需要机构内部具备相关领域的专业知识和能力。然而，并非所有机构都能轻松满足这一要求，因此在实施过程中可能出现各种知识和能力的不足。此外，复杂的实施和监督工作需要额外的资源支持，包括财政、人力和技术等方面。对于一些资源有限的机构而言，可能无法轻松满足这些额外资源的需求，从而影响实施和监督的效果。政策环境、市场环境以及社会环境等外部环境的变化和不确定性也增加了实施和监督的复杂性。

5. 信息披露与使用的局限。

尽管政府部门制定了详尽的战略计划并进行了绩效报告，但仍然存在信息的实用性不足的问题。国会和公众对这些信息的解读和利用也面临着一定的困难。如果绩效信息的呈现方式过于专业、难以理解，或者缺乏直观的可视化形式，那么利益相关者将难以从中获取有用的见解。这可能会包括使用过度的行政术语或专业术语，以及缺乏清晰的图表或图像来展示绩效数据。结果是，利益相关者无法轻松理解和运用这些信息，从而无法充分发挥其潜在的指导作用。其次如果数据收集和整理的周期过长，或者信息传达和沟通环节存在滞后，那么信息的应用性将受到影响。在快节奏和不断变化的环境中，过时的绩效信息可能无法提供及时而准确的指导，这可能会影响到政府的决策能力和实现目标的能力。此外，如果提供的绩效信息与利益相关者的真实需求不相符，或者绩效信息难以支持决策或绩效目标达成，那么这些信息就会被视为无效。这种情况可能表现为提供了过多的琐碎数据和细节，而缺乏可操作性和洞察力；或者是因为信息没有针对不同的利益相关者进行定制化处理，不能满足他们的具体需求。

6. 政治和文化因素的抵制。

政治和文化因素的抵制对于《政府绩效与结果法案》的有效实施构成了严峻挑战。在一些情况下，试图改变组织的文化和工作方式可能会遇到阻力，在政府部门内部甚至政治领导层之间引发摩擦和难以克服的障碍。由于组织文化的根深蒂固和工作方式的惯性，员工可能对新的评价和反馈机制持怀疑态度，认为其会对工作产生不利影响，或者对现有的实践模式和权力结构感到威胁，从而对改革产生排斥情绪。此外，政治领导人对于绩效管理制度的支持是成功实施《政府绩效与结果法案》的关键，然而这种支持并不总是可靠且持续的。政治局面的变化、不同政治派别之间的冲突以及政治权力的转移都可能导致政府对绩效管理的关注和支持程度发生变化，影响到制度的连续性和稳定性。

7. 结果与责任的模糊关联。

《政府绩效与结果法案》旨在通过绩效管理来强化政府责任，然而在实际操作中，结果与责任之间的关联往往并不明晰。当绩效结果未能满足预期时，往往难以明确界定谁应承担责任以及如何追究责任，特别是在涉及多机构协作和复杂政策领域的情境中。这种情况可能导致责任追究的模糊性，进而影响到政府绩效管理的效果和公众对政府责任的认知。

## （二）反思 PART 评估工具

在 2000 年至 2008 年间，布什政府推行项目评级工具（Program Assessment Rating Tool，简称为 PART）对联邦项目进行量化打分，这一工具尽管在评估联邦项目绩效方面取得了一定的进展，但也同样遭受诸多批评。[①②] 首先，PART 的复杂性成为广泛批评的焦点。该工具包含一系列详尽的问题，涵盖了

① 张志超等．美国政府绩效预算的理论与实践［M］．中国财政经济出版社，2006.

② 晁毓欣．美国联邦政府绩效管理改革三部曲［J］．山东财政学院学报，2011（2）：46－51.

项目的设计、实施、绩效以及改进计划等多个方面，这使得评估过程耗时且繁杂。这种复杂性还导致了评价的不一致性，不同的评价人员可能对同一问题产生不同的理解和评分，从而影响评价结果的可靠性和公正性。其次，PART 过于注重程序和过程而非最终结果。有观点认为，虽然确立清晰的程序和规范对于项目管理至关重要，但评估工具更应关注项目的实际成果和对公众的最终影响。PART 过于强调为满足报告要求而产生的绩效信息，但在信息的深入分析以及管理和决策方面的利用上却显得不足，国会很少利用机构的绩效目标和指标进行监督和政策制定，各机构也未能充分利用这些信息来评估其工作的有效性或推动改进，更未向公众提供充分的绩效信息。这种不足可能导致对项目绩效的评价不够全面。再者，PART 还面临着缺乏长期持续性的挑战。布什政府任期结束后，随着新行政团队的上任，PART 并未得到延续使用，这显示出其作为绩效评价工具缺乏跨行政期的稳定性和持久性。此外，PART 的评价通常聚焦在单一项目层面，而对部门或机构的整体绩效评价则显得薄弱。这种片面的关注可能无法全面反映机构整体的绩效，忽视了不同项目间的协同效应及其对总体绩效的影响。尽管如此，PART 的实施仍为预算绩效管理改革提供了宝贵的经验和教训，对后续《政府绩效与结果现代化法案》的设计和施行产生了深远的影响。

## 二、现实意义

### （一）增强政府责任和减少浪费

《政府绩效与结果现代化法案》的实施为强化政府的问责性与透明度构筑了新的框架。法案要求联邦机构定期设定绩效目标、测量结果并向国会和公众报告。这种做法的现实意义在于，它有助于保障政府资源被用于实现清晰、可量化的目标，从而有效减少因目标模糊或执行不力而导致的资源浪费现象。

### （二）促进决策基于证据

《政府绩效与结果现代化法案》着重强调了基于证据的政策制定原则。该法案积极倡导政府在制定和修改政策时，应当充分利用数据和实证依据，以确保政府行动的科学性和有效性。这意味着决策将更加依赖于实际绩效数据和研究结果，而不仅仅是理论假设或政治考量，通过这一方式，政府可以更加精准地识别社会问题，并针对性地提出解决方案，从而更有效地满足公众需求，推动社会进步。

### （三）提高战略规划的重要性

法案明确要求各机构制定长期的战略规划，并将这些规划与预算和绩效目标紧密结合。这一举措使得政府的工作目标不再局限于短期的成效，而是能够持续关注并追求长期的效益和影响。通过提升战略规划的质量和水平，政府能够更好地将资源分配与长期的国家和社会目标相协调，从而增强政策实施的前瞻性和持续性。

### （四）强化绩效管理文化

《政府绩效与结果现代化法案》的出台促进了一种以结果为导向的绩效管理文化。法案要求政府领导明确负责绩效改进，并定期评估政府程序和政策的效果。这种文化上的深刻转变，不仅增强了每个政府机构对绩效改进的坚定承诺，而且激发了创新精神和程序优化的动力，从而有效提升了政府服务的质量和效率。

### （五）加强了跨机构的协作

《政府绩效与结果现代化法案》强调了跨联邦机构在目标和优先事项上的协调合作，明确要求各机构在共同的政策领域内协同工作。这种跨部门协作能够有效打破部门孤岛，促进资源共享与信息流通，从而有助于构建针对复杂跨领域问题的综合性解决方案。

### （六）提升了公众参与

通过定期向公众报告绩效信息，《政府绩效与结果现代化法案》提升了公众对政府行为的认知度与参与度。这使得公众能够监督政府的工作，同时为公众提供反馈政府服务和政策效果的途径。这一举措显著强化了民主政治中政府与公民之间的互动和对话，进而增强了政府行动的社会合法性和公信力。

《政府绩效与结果现代化法案》之所以具有深远的现实意义，是因为它不仅推动了政府工作方式的现代化进程，更在塑造公众与政府关系方面发挥了积极作用。法案的实施促进了政策的透明度与有效性，而这两点正是现代社会对政府的核心需求和期待。通过实施这一法案，政府不仅展现了其致力于提高治理效能的决心，也为公众提供了一个更加开放、透明的政府服务环境，从而进一步巩固了民主制度的基石。

## 第二节　现代化法案的主要内容

### 一、基本框架

《政府绩效与结果现代化法案》旨在改进联邦政府的绩效管理体系，以提高联邦项目的透明度、协调性和效率。法案详细规定了一系列要求，以保证政府机构按照绩效信息进行决策，并将这些信息及时、全面地呈现给公众和国会。《政府绩效与结果现代化法案》的基本框架（见图 3－1）和目标主要体现在以下六个方面：

1. 战略规划。

要求各个联邦机构至少每四年进行一次战略规划，制定使命宣言、长期目标、目的和策略，并充分考虑风险管理以及与其他机构的协调合作。

2. 绩效计划。

每个机构需每年发布机构绩效计划，其中包括年度绩效目标、通过何种活动达成这些目标以及如何评估进展。

3. 绩效报告。

《政府绩效与结果现代化法案》要求机构在每个财政年度结束后的第三、第四个月提供绩效报告，其中应包括绩效目标的实际结果、未达成目标的原因及改进措施。

4. 绩效改进。

强调以结果为导向的决策原则，要求机构进行绩效审查（reviews），优化资源配置，并广泛利用绩效结果作为决策依据。

5. 透明度和公开性。

强制要求机构将绩效信息公布在网上，公众可以通过一种集中的平台查询联邦政府机构的绩效数据。

6. 更高的责任感。

通过建立首席绩效官和绩效改进官等角色来强化机构管理者对于绩效评估的责任。

**【专栏3-1】**

## 《政府绩效与结果现代化法案》目录英文

Sec. 1. Short title; table of contents.

Sec. 2. Strategic planning amendments.

Sec. 3. Performance planning amendments.

Sec. 4. Performance reporting amendments.

Sec. 5. Federal Government and agency priority goals.

Sec. 6. Quarterly priority progress reviews and use of performance information.

Sec. 7. Transparency of Federal Government programs, priority goals, and results.

Sec. 8. Agency Chief Operating Officers.

Sec. 9. Agency Performance Improvement Officers and the Performance Improvement Council.

Sec. 10. Format of performance plans and reports.

Sec. 11. Reducing duplicative and outdated agency reporting.

Sec. 12. Performance management skills and competencies.

Sec. 13. Technical and conforming amendments.

Sec. 14. Implementation of this Act.

Sec. 15. Congressional oversight and legislation.

第1节　简称；目录。

第2节　战略规划修订。

第3节　绩效规划修订。

第4节　绩效报告修订。

第5节　联邦政府与机构优先目标。

第 6 节　季度优先进度审查及绩效信息的运用。

第 7 节　联邦政府项目、优先目标和结果的透明度。

第 8 节　机构首席运营官。

第 9 节　机构绩效改进官员和绩效改善委员会。

第 10 节　绩效计划和报告的格式。

第 11 节　减少重复和过时的报告。

第 12 节　绩效管理技能和能力。

第 13 节　技术性和格式调整修订。

第 14 条　本法的实施。

第 15 条　国会监督和立法。

《政府绩效与结果现代化法案》在《政府绩效与结果法案》的基础上进行了创新与补充，沿用战略规划、绩效计划和绩效报告的整体框架，具体内容从原来的 12 部分增加到 15 部分。包括对先前《政府绩效与结果法案》要求的修订；还引入了一系列新的概念和工具，如绩效框架、优先目标以及跨机构的绩效目标；此外，法案还强调建立政府间的协作机制，以更有效地解决复杂的政府宽泛问题。通过这些举措，《政府绩效与结果现代化法案》旨在进一步提升联邦政府在项目运作、资金分配、政策执行等方面的绩效水平，并增强政府工作的透明度。

| 战略规划 | 绩效计划 | 绩效报告 | 信息公开 | 组织管理 | 法案实施 |
|---|---|---|---|---|---|
| • 更改了与总统任期不配的修改年限<br>• 附加了联邦机构战略规划具体应包括对任务、大致目标和长期目标的完整描述 | • 确认了相关部门及负责人的职责，厘清了部门与绩效关系<br>• 要求部门绩效计划包括两年绩效目标<br>• 增加了“顾客服务评估”“效率评估”等新术语 | • 各部门网站对绩效报告进行及时有效的更新<br>• 要求向管理与预算办公室和国会分别递交解释报告 | • 增加了“绩效规划与报告的格式”条款<br>• 对绩效报告的形式作出了严格规定，减少重复过期的部门报告 | • 设立首席运营官，在部门内监督以提高管理能力的具体作为，负责在部门内外联系对使命目标有益的人事关系<br>• 任命绩效改进官（agency performance improvement officer） | • 要求美国总审计署对过渡时期的计划和报告进行评估<br>• 要求有关绩效管理的关键技能和能力培训<br>• 总审计官应在规定时限前向国会提交法案实施情况 |

**图 3－1　《政府绩效与结果现代化法案》基本框架**

资料来源：作者整理自绘。

## 二、主要内容

### （一）部门战略规划

《政府绩效与结果现代化法案》为了使部门战略规划与总统任期相匹配，减少政府更迭给战略规划可能带来的负面影响，将战略规划的覆盖期限由《政府绩效与结果法案》规定的五年改为四年。这一调整赋予了部门负责人更大的灵活性，使他们能够根据环境变化及时制定或调整战略计划。法案还要求部门负责人至少每两年与国会相应的委员会进行一次协商，并在部门战略目标和分目标设置中充分吸纳国会的意见和建议。

部门战略规划是制定绩效计划的基本依据。战略规划中应清晰地阐述部门的使命、职责和未来一段时期的重点工作任务，明确未来的任务目标。联邦机构战略规划具体应包括对任务，大致目标和长期目标的完整描述，各机构应在战略规划中详细地描述其怎样服务于政府的宏观优先目标，如何与国会和受影响的单位的建议相结合等内容。

### （二）绩效计划

绩效计划是联邦政府和各部门对未来一定时期内预期实现的绩效目标和衡量指标的谋划与设置。《政府绩效与结果现代化法案》引入了新的绩效管理工具——优先目标，代替了2002年布什总统引入的项目评级工具（PART）。优先目标分为联邦政府层面和部门层面两类（见图3－2）。

1. 联邦政府层面的绩效计划与联邦政府优先目标。

《政府绩效与结果现代化法案》规定，管理和预算办公室（OMB）主任应该与各部门协调，共同制定联邦预算。

联邦政府绩效计划详细列出了每个绩效目标在下一财政年度应达到的绩效水平。对于每一个绩效目标，都必须设定明确、可衡量的绩效指标、季度目标和里程碑，以便清晰地追踪进展。此外，计划还需阐明不同机构、组织、方案活动、规章、税收支出、政策和其他活动对实现这些目标的具体贡献。同时，针对政府层面或跨部门层面的重大管理挑战，需制定具体的应对计划。

联邦政府的优先目标是在 OMB 与各部门充分协调后制定，包括结果导向的跨领域政策目标、整个联邦政府需要改进管理的目标。这些优先目标应具有长期性，至少每四年更新或修订一次，在总统任期开始一年后的第一个完整财政年度随美国政府预算一同提交，并在绩效管理网站上公开。根据需要，OMB 可以对联邦政府的优先目标进行调整，以回应联邦政府运作环境的重大变化，并通知国会。在制定或调整联邦政府优先目标时，OMB 主任应定期与国会协商，包括获得相关委员会的意见，并至少每两年与国会有关委员会进行一次正式协商。

2. 部门绩效计划与优先目标。

OMB 督促各部门申请预算时提交绩效计划，并推动其在美国的绩效网站（https：//www. performance. gov/）上公开绩效计划信息，并定期更新，每年至少更新一次。每个部门负责人应在不迟于每年 2 月的第一个星期一，在部门的公共网站上公开该部门的绩效计划，绩效计划应涵盖该部门预算中规定的每一个项目活动（Program activity），并报告总统和国会。

部门绩效计划主要包括以下内容：

一是部门绩效目标。部门绩效目标确定在提交年度和下一财政年度部门应达到的绩效水平。

二是部门绩效目标的贡献。需要阐述部门绩效目标对部门战略规划中确定的总目标和分目标、联邦政府绩效计划中制定的联邦政府绩效目标以及机构优先目标的促进作用。

三是绩效目标的实现过程。部门需要提供一份绩效目标实现过程的详细描述，包括操作流程、培训、技能和技术以及人力、资本、信息和其他所需的资源和战略，明确界定里程碑，明确对每个绩效目标作出贡献的组织、方案活动、规章、政策和其他活动（含机构内外）。

四是说明跨部门合作。部门需要说明在绩效目标以及相关联邦政府绩效目标的实现过程中，该部门与其他部门的合作方式，并确定负责实现每个绩效目标的部门官员，即目标领导者。

五是设定绩效指标。将客户服务、效率评估等绩效指标新增到了绩效指标体系内。

六是实现目标的保障措施。描述部门面临的主要管理挑战，并确定应对这些挑战所计划采取的行动、绩效目标、绩效指标和里程碑以及负责解决这些挑战的机构官员。分析方案活动对机构任务和目标所做的贡献，据此确定活动开展的优先顺序，并阐释证据和缘由。另外，对于每一个设立首席人力资源官的机构，首席人力资源官需要编制年度绩效计划中如何实现绩效计划的部分内容，包括操作流程、培训、技能和技术，以及人力、资本、信息和其他所需的资源和战略。

部门优先目标是部门绩效计划的重要组成部分。每两年需由部门负责人重新确定。OMB 主任应确定整个政府机构优先目标总数和每个机构优先目标的数量。机构优先目标由该机构负责人确定，并要明确一位机构官员即目标领导者，负责实现每个机构的优先目标。机构优先目标应该反映该机构的最高优先事项，含有 2 年内有把握实现的目标。部门需要季度目标和季度里程碑，以便开展季度审查。如果部门优先目标包括特别授权（根据行政命令确定的标准）的项目活动或信息，该部门的负责人应该在规定的分类附录中提供此类信息。

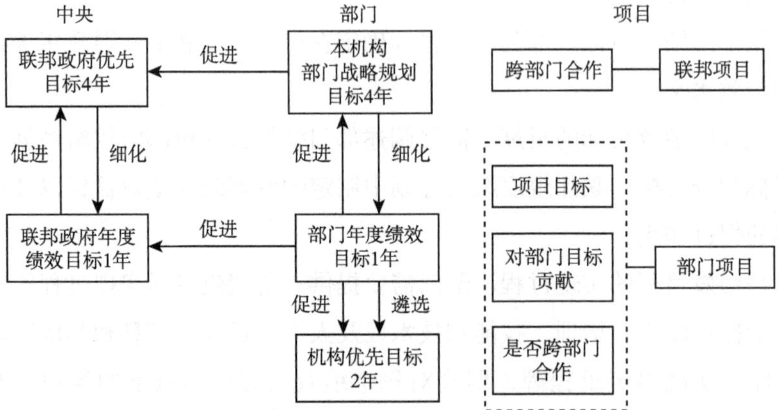


**图 3－2　《政府绩效与结果现代化法案》确立的目标体系**

资料来源：作者整理自绘。

## （三）绩效运行监控

《政府绩效与结果现代化法案》设置了“季度优先进度审查和绩效信息使用”条款对政府层面和部门层面的绩效运行实施审查、追踪和监控。

1. 联邦政府的优先目标审查。

在绩效改进委员会（Performance Improvement Council）的支持下，OMB 主任至少每季度与相关部门官员共同审视每个联邦政府的优先目标在上一季度的进展、整体趋势及其达成预期绩效的可能性。审查内容涵盖以下三个方面：

首先，组织人员。评估哪些机构、组织和项目活动的人员对于实现每个联邦政府的优先目标有积极作用。

其次，活动贡献。确定机构、组织、计划活动、法规、税收支出、政策和其他活动是否按既定计划对联邦政府的优先目标作出贡献。

最后，风险控制。根据未能达到计划绩效水平的风险程度对联邦政府的优先目标进行分类。对于那些最不可能达到计划绩效水平的优先目标，需确定绩效改进的前景和战略，这可能包括对机构、组织、计划活动、法规、税收支出、政策或其他活动的必要调整。

2. 部门优先目标审查。

在部门季度优先目标审查的活动中，机构负责人和首席运营官（Chief Operating Officers）在部门绩效改进官（Performance Improvement Officer）的支持下，与相应的目标领导者（goal leaders）一起审查在最近一个季度取得的进展、总体趋势以及达到绩效计划水平的可能性。部门绩效目标审查的内容与联邦政府有效目标审查的内容基本类似。

### （四）部门绩效报告

《政府绩效与结果现代化法案》要求每个部门负责人都应向 OMB 提交最新的绩效信息，并在部门的公共网站上公开。这些信息应当在每个财政年度结束后的 150 天内进行更新，并将实际绩效完成值与部门绩效计划中设定的预期绩效目标值进行比较。在保持合理的行政负担前提下，应当提高更新实际完成绩效的频率，以便为政府、国会、合作伙伴提供具有重要价值的数据。《政府绩效与结果现代化法案》要求各部门确保用于衡量绩效目标进展情况相关数据的准确性和可靠性（如图 3 - 3 所示）。

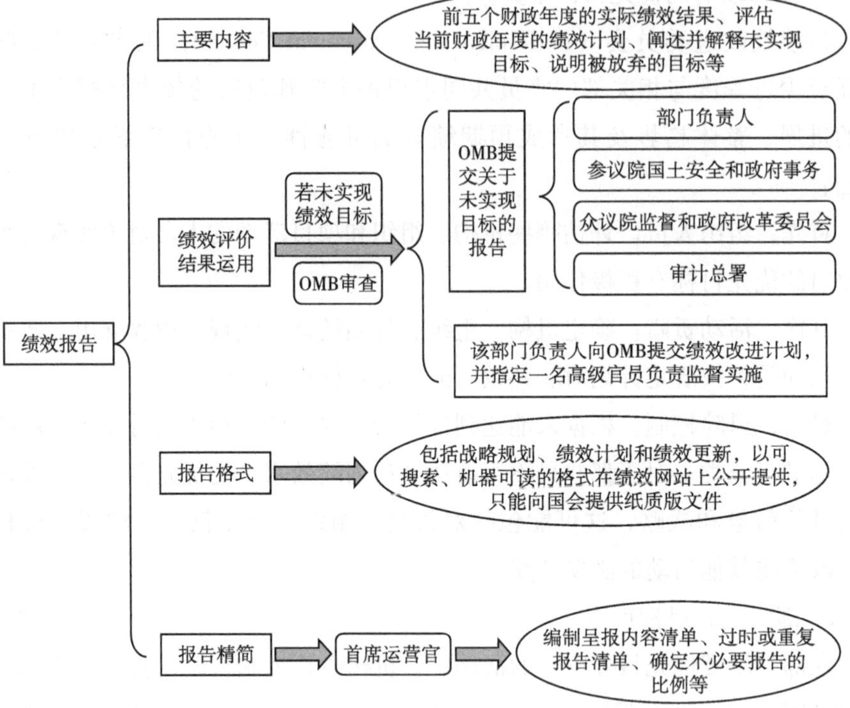


**图 3－3　部门绩效报告相关内容**

资料来源：作者整理自绘。

## （五）部门信息公开

《政府绩效与结果现代化法案》设置了“联邦政府项目、优先目标和结果的透明度”条款以对目标和结果的公开做出规定。

OMB 应该在 2012 年 10 月 1 日前确保单一绩效网站的有效运作；每季度至少更新一次网站；网站应包含各个部门已确定项目的信息。每个项目的信息应包括该部门对“项目”（Program）一词的准确定义、该项目的目的以及对该部门任务和目标的贡献说明、确定本财政年度和前两个财政年度对该项目的资金支持情况。

1. 部门优先目标和结果的透明度。

各部门负责人应向 OMB 提供该部门优先目标的相关信息。网站要公开每个部门已经确定的优先目标，还应整合每个部门优先目标的相关信息，反映该部门在设置优先目标时回应和采纳国会意见和建议的情况；确定可能对实现部门优先目标产生重大影响的部门外部以及控制之外的关键因素；阐述各部门实现优先目标的方法，这包括实现这些目标所需的战略和资源，以及明确设定的里程碑。此外，还需指出哪些组织、项目活动、法规、政策和其他活动（包括部门内外的）有助于达成这些目标。还应描述部门与其他部门合作以实现目标的方式，并指定负责实现优先目标的部门官员；说明该部门用于衡量实现优先目标进展情况数据的准确性和可靠性；最近一个季度取得的成果以及基于计划绩效水平的总体趋势数据；评估有关组织、方案活动、规章、政策和其他活动是否按计划做出贡献；查明可能达不到计划绩效水平的部门优先目标，并给出可以改善绩效的前景或策略。

2. 联邦政府优先目标和结果的透明度。

OMB 主任应在网站上提供联邦政府每一个优先目标的简要说明等相关信息，信息类型与部门优先目标和结果的信息提供大体一致。OMB 主任应发布指导意见，以确保此类信息的提供方式能够连贯一致地反映所有联邦政府和部门的项目内容和绩效结果。

### （六）推进机制和组织保障

《政府绩效与结果现代化法案》建立了一个包括绩效改进委员会、部门首席运营官、部门绩效改进官员的部门整体绩效管理体系。

1. 绩效改进委员会。

OMB 副主任担任该委员会主席，每个部门的绩效改进官员除上述指定人员外，还包括主席确定的其他绩效改进官员及其个人。绩效改进委员会的职责包括：第一，主持绩效改进委员的会议，决定其议程，指导其工作，并酌情指导设立绩效改进委员会的分组，以处理特定主题事项；第二，协助 OMB 主任改善联邦政府绩效，并实现联邦政府的优先目标；第三，按照联邦政府优先目标的绩效设定，协助 OMB 主任执行规划、报告，努力解决特定的政府范围内或跨行业绩效问题；第四，促进各部门之间的交流，促进特定计划、部门或跨部门的绩效改进；第五，与其他部门间管理委员会协调；第六，酌情向非成员部门，特别是小型部门征求意见和信息；第七，考虑公司、非营利组织、外国、州和地方政府、政府雇员、公共部门工会和政府服务客户的绩效改进经验；

第八，获得委员会要求部门提供的协助、信息和建议。各部门应在法律允许的范围内制定并向 OMB 主任提交绩效信息，或在适当情况下通过 OMB 主任，按照主席指定的时间和格式提交绩效信息，以简化和改进绩效管理政策和要求。

2. 部门首席运营官。

首席运营官是每个部门或同等部门的副主管，其职责包括：第一，改进该部门的管理和绩效，通过战略和绩效规划、测量、分析、定期评估进展等信息的使用，提供全面的组织管理，以此提高该部门的绩效，实现部门使命和目标，并利用绩效信息改进已取得的成果；第二，向部门负责人提供相关咨询和协助；第三，监督各部门为改善部门内部和政府间的管理职能所作的努力；第四，协调并与部门内外的相关人员如首席财务官、首席人力资源官、首席采购官或高级采购主管、首席信息官和该部门的其他业务主管等合作，上述相关人员在促进、实现该部门使命和目标方面都发挥着重要作用。

3. 部门绩效改进官。

绩效改进官员是由该部门负责人与首席运营官协商指定的部门高级主管，其职责包括：第一，直接向首席绩效官员报告。除非首席运营官有其他指示，绩效改进官员需要建议并协助部门负责人和首席运营官，确保通过战略和绩效规划、测量、分析、定期评估进展情况，以及利用绩效信息改善所取得的成果，实现部门使命和目标；第二，向部门负责人和首席运营官就部门目标的选择提出相关建议，包括与其他部门为实现共同目标进行合作的机会；第三，协助部门负责人和首席运营官监督该部门战略规划、绩效计划和绩效报告要求的实施状况，包括该部门对联邦政府优先目标做出的贡献；第四，支持部门负责人和首席运营官定期审查部门绩效，每季度至少审查一次部门优先目标的进展情况（如果适用的话）；第五，协助部门负责人和首席运营官在人员绩效评估中开发和使用绩效衡量指标，并酌情协助其他部门人员规划程序和评估；第六，确保部门在所有目标实现方面不断取得进展，将其传达给部门和国会的领导、管理人员和雇员，并在部门的公共网站上公布。

4. 管理和预算办公室。

美国管理和预算办公室（Office of Management and Budget，OMB）是美国绩效管理的主要负责机关，在各级部门绩效管理中发挥重要作用。其主要职责有：第一，拟订国家预算，包含接收及修改机关的预算请求和绩效计划，OMB

副主任担任绩效改进委员会主席，负责总统与绩效相关的议程；第二，OMB 与其他机关共同协商、促进联邦政府优先目标（Federal Government Priority Goals，FGPG）的发展，并与国会相关委员定期协商；第三，与相关部门协调制定联邦政府年度绩效计划（Federal Government Performance Plan，FGPP）；第四，OMB 决定全国行政部门的优先目标总数、个别部门的目标数，并且确定部门优先目标和目标实现的优先次序，编制时间表；第五，审查部门战略计划，将 OMB、国会、公众、部门人员以及利益相关者的意见纳入其中，确保社会各阶层可以了解到战略计划；第六，部门优先目标季度审查，各部门的首长、副首长每个季度都要接受 OMB 对于部门优先目标的进度审查，此项评估自 2011 年第三季度开始；第七，网站建设，OMB 在 2012 年 10 月 1 日前建设相关的绩效网站，为国会和公众提供公开有效的信息渠道；第八，确定很可能达不到预期绩效目标的项目，并给出相应证据；决定机关过时或重复目标项目的最低比率。

5. 政府责任署。

《政府绩效与结果现代化法案》将绩效评估提升到了法律层面，为美国政府责任署对各联邦部门开展绩效审计工作提供了参考和依据。美国政府责任署对国会直接负责，向国会报告工作，隶属于国会。政府责任署每年会提供一份公开的年度绩效报告并提交国会，但是审计结果和意见不具备法律效力，而是由国会做相应处理，政府责任署在组织上、法律上保持完全独立，有利于审计作用的充分发挥。政府责任署从负责简单的会计审核到财务审计再到项目效果的审计，发生了内容上的实质性改变，促进了美国政府在经济性、效果性以及效率性等方面更好地发挥作用。政府责任署的主要职责有：第一，审查会计记录、财务事项以及财务报表；第二，审查各项工作是否遵守相关法律法规和制度；第三，审查各项工作是否具有经济性和效率性；第四，审查各项工作的成果，评估其是否达到了预期结果。

### （七）绩效管理技能和能力

《政府绩效与结果现代化法案》规定自法案颁布之日起 1 年内，人事管理办公室主任（the Director of the Office of Personnel Management）应与绩效改进委员会协商，确定制定目标、评估计划、分析和使用绩效信息的联邦政府人员，提高关键技能和能力；本法颁布之日 2 年内，人事管理办公室主任应酌情将这些关键技能和能力纳入相关职位分类；并与《美国法典》规定的各部门合作，将已经确定的关键技能纳入各部门相关员工的培训中。

## 三、《政府绩效与结果现代化法案》与《政府绩效与结果法案》的比较

2010年颁布的《政府绩效与结果现代化法案》是结合了近十年的实践经验与最新科学技术，为适应当代社会发展而诞生的产物。该法案旨在更有效地提升美国联邦政府各职能部门的效能，并增强对社会公众的透明度。为此，法案对1993年颁布的《政府绩效与结果法案》中的各条款要素进行了补充与改进。通过深入比较和分析这两个法案的异同（见表3－1），我们能够探索美国政府绩效管理的立法与实施的基本逻辑，以期为我国政府绩效立法工作提供有益的参考与启示。

**表3－1　《政府绩效与结果现代化法案》与《政府绩效与结果法案》的比较**

| 比较内容 | 《政府绩效与结果法案》（1993） | 《政府绩效与结果现代化法案》（2010） |
|---|---|---|
| 目的和背景 | 在20世纪90年代初，美国国会通过了《政府绩效与结果法案》，目的是增加联邦机构的责任感，并推动效率的提升。法案强调了目标的设定、绩效的测量和结果的报告，这旨在对税收花费提高透明度，并确保钱款被有效使用。《政府绩效与结果法案》的目标是通过引入绩效考核机制来改进联邦机构的程序和服务 | 到了21世纪，政府机构面临了新的挑战，比如信息技术的快速发展、公众对透明度和问责制的期望提高、以及更加复杂的全球性问题。为了应对这些挑战，加强和更新《政府绩效与结果法案》的框架，2010年国会通过了《政府绩效与结果现代化法案》。通过明确优先领域目标、加强领导责任和问责机制、以及利用现代技术，《政府绩效与结果现代化法案》旨在提升政府运营的效率和效果 |
| 战略规划 | 要求的战略规划是相对静态的，每五年修订一次，这限制了政府机构对快速变化环境作出快速响应的能力。《政府绩效与结果法案》的战略规划包含了机构使命、长期目标、目标实现所需的资源和流程 | 要求机构进行更为动态的规划，包括制定年度绩效计划和进行季度绩效评估。这种频繁的评估确保了目标与最新的优先事项和政策变化保持一致，并允许机构更加敏捷地调整其方法来应对挑战和机遇 |
| 绩效指标和目标 | 要求机构确立绩效目标和指标，但实践中发现，一些重要的公共服务成效难以量化。此外，绩效信息的利用程度有限，很少直接影响到预算分配和决策 | 对目标和指标的要求更加具体，包括短期（季度）目标和长期目标。法案试图加强目标设定的性价比分析，以便更加精准地确定哪些项目有用、哪些需要改进。此外，绩效信息被更加广泛地用于决策过程 |

续表

| 比较内容 | 《政府绩效与结果法案》（1993） | 《政府绩效与结果现代化法案》（2010） |
| --- | --- | --- |
| 信息的透明度和访问 | 虽然提供了更多的关于政府绩效的公开信息，但公众往往难以获得、理解或利用这些信息 | 强化信息透明度并要求利用在线平台，比如 Performance. gov，在其中发布关于机构目标、绩效数据和进展状况的信息。这增加了公众访问、监督和参与政府决策过程的机会 |
| 领导和问责 | 在《政府绩效与结果法案》下，绩效管理多由单个机构内部执行，领导责任和问责机制相对模糊。虽然促进了内部评估和改革，但缺少具体的问责机制以确保绩效目标的实现 | 加强了机构领导的角色，并要求指定一个首席绩效官（CPO），这个官员负责监管和报告机构的绩效目标和成果。通过提升高层领导的责任，《政府绩效与结果现代化法案》试图确保绩效管理在政府运作中的核心位置 |
| 战略和跨部门合作 | 侧重于单个机构的绩效目标，这限制了处理跨部门问题的能力 | 强调跨部门的合作，特别要求定义联邦财政支出的跨部门优先领域，并为它们设立联邦政府层面的目标。这有助于解决需要多部门协作的复杂问题，比如国家安全、环境保护和公共卫生 |
| 预算和资源分配 | 提倡将预算和绩效目标链接起来，但这种联系实际上并不牢固，预算决策往往受到政治影响 | 要求在预算和绩效之间建立更直接的联系，并鼓励基于证据的决策制定。这意味着预算分配和资源的使用应更多地基于绩效数据和成果 |
| 技术利用 | 未能充分利用信息技术，绩效数据的收集、存储和分析相对原始 | 考虑到现代技术的进步，要求利用信息技术来简化数据收集、增强数据分析和提高数据的可及性，以支持实时决策和公众监督 |
| 绩效目标和报告的更新 | 《政府绩效与结果法案》要求联邦机构每五年制定一次战略计划，每年准备绩效计划和绩效报告 | 《政府绩效与结果现代化法案》对此进行了细化，引入了更加频繁的评估（如季度评估），并要求设置高层级的优先目标以及如何战略性地分配资源以支持这些目标。此外，它还强化了跨部门合作，特别是在解决复杂、跨领域问题时 |
| 绩效信息在决策中的作用 | 《政府绩效与结果法案》倡导使用绩效数据指导决策，但实践中这种使用并不成熟 | 《政府绩效与结果现代化法案》增加了对绩效数据在预算制订、政策制定和管理决策中应用的强调，试图加强绩效数据对政府决策过程的实际影响 |
| 准时性和连续性 | 《政府绩效与结果法案》的战略计划和报告让政府机构关注更长期的目标，但可能不足以应对短期挑战和问题 | 《政府绩效与结果现代化法案》的季度性目标和评估提供了更实时的绩效管理方式，确保连续性和及时性 |

《政府绩效与结果法案》为美国政府机构引入了一种新的绩效管理文化，其核心聚焦于目标设定、结果度量和结果报告（财政部财政科学研究所，2004）。[①] 随后颁布的《政府绩效与结果现代化法案》在此基础上进行了深入的现代化改造和扩展，使绩效管理更为灵活动态、数据驱动，同时跨部门合作也取得了显著的提升。该法案进一步强调了公众透明度和领导责任的重要性，并尝试将绩效数据更加紧密地融入政府决策和预算分配过程中。可以说，《政府绩效与结果现代化法案》是对初版《政府绩效与结果法案》的关键补充和改进，使其更好地适应当前的技术环境和治理挑战。

## 第三节　现代化法案的实施情况和效果

### 一、现代化法案的应用与实施

2010年颁布的《政府绩效与结果现代化法案》在联邦政府的绩效管理和问责制度方面产生了深远的影响。该法案的实施目的是促使政府达到更高水平的绩效，并增强目标设定、结果导向和数据驱动的决策制定。在执行《政府绩效与结果现代化法案》的过程中，政府机构扮演了核心角色，根据法案规定，这些机构制定了战略规划、绩效计划以及年度绩效报告。这些文件明确了绩效目标和指标，以及相关的执行措施和进展描述。同时，还设立了负责绩效管理和结果的高级官员，以确保持续的绩效监测和评估。2016年，Moynihan和Kroll对该法案早期的实施情况进行了评估，并发现："新的绩效管理流程主要关注具有优先级别的跨机构目标的实现、机构目标的先后定序，以及数据驱动的绩效审查"。[②] 在新的流程引入后，机构管理者对绩效数据的使用频率明显增加，他们认为这是一个令人鼓舞的现象，表明机构绩效管理正在改进。

2013年，Moynihan在《新联邦绩效管理系统：政府绩效与结果现代化法

---

① 财政部财政科学研究所《绩效预算》课题组编. 美国政府绩效评价体系［M］. 经济管理出版社，2004.

② The Design and Practice of Integrating Evidence：Connecting Performance Management with Program Evaluation［J］. Alexander Kroll；；Donald P. Moynihan. Public Administration Review，2018.

案开始实施》一文中，讨论了新法案在实施过程中面临的主要挑战，即要确保联邦机构遵从新法案各项要求的出发点是为了促进机构改进，而不仅仅是为了规避惩罚。Moynihan 乐观地认为，如果得到有效执行，新法律能够催生一种不断改善机构绩效的文化。① 首先，现代化法案促使政府机构更加关注绩效管理和结果导向，从而加强了政府的效能和公众信任；其次，现代化法案引入了“优先目标”作为一种新的管理工具，以建立一个系统性的方法来将联邦政府层面的战略规划目标、部门层面的战略规划目标、年度绩效目标和具体的计划（项目）相互联系起来。这种方法有效地避免了规划与计划、计划与项目之间的脱节现象，实现了联邦政府绩效管理的系统化运行；同时现代化法案要求设立官员负责各种与管理和绩效相关的任务，这为国会与机构就个别议题进行互动提供了一种便利的手段（Brass C T，2012）。② 该法案对联邦机构制定和报告绩效目标的要求，渐渐使政府活动更加透明，并且促使政府更好地使用数据和证据来评估和规划其服务。

尽管有这些进展，对《政府绩效与结果现代化法案》实施情况的研究也揭示了若干问题和挑战。美国政府责任署（GAO）在评估报告中指出了《政府绩效与结果现代化法案》实施过程中存在的一些具体问题，例如：需要加强对联邦政府优先目标的评估等（GAO，2014）。③ 以及在制定具体、可操作的绩效目标和指标方面存在困难。由于联邦机构的复杂性和政策多样性，确定合适的绩效目标往往涉及多个利益相关者和机构间的协商和合作。此外，一些机构在应用数据来支持绩效评价和决策方面仍然存在技术和文化上的障碍。除此之外，如何确保绩效数据的准确性和可信度也是一个挑战。现代化法案要求政府机构进行自我评价和报告，但这也带来了潜在的主观性和操纵性的风险。同时，对数据收集和报告的一致性和标准化也意味着需要更多的努力和资源投入。

---

① JU. S. Government Accountability Office. Tiered Evidence Grants：Opportunities Exist toShare Lessons from Early lmplementation and lnform Future Federal Efforts，GAO－16－818Washington，DC，2016.

② Brass C T. Changes to the Government Performance and Results Act（《政府绩效与结果法案》）：Overview of the New Framework of Products and Processes［J］. 2012.

③ United States Goverment Accountabity Office（GAO），Managing for results：OMB should strengthen reviews of cross－agency goalsiEB/OL.（2014－06－102021－03－07］. https：//www. gao. gov/products/GAO－14－526.

综上所述，《政府绩效与结果现代化法案》对联邦政府的绩效管理和结果导向带来了显著的积极影响。然而，法案在实施过程中仍然面临一些问题和挑战。为了进一步推动绩效管理的优化，需要深入研究并改进绩效目标的制定和测量方法，加强数据的质量和可靠性，以及提升机构间的协作和合作能力。这些努力将有助于更好地发挥法案的潜力，促进政府工作的高效运行和公众满意度的提升。

## 二、美国环保署（EPA）案例分析

美国环保署（U. S. Environmental Protection Agency，以下简称 EPA）在《政府绩效与结果现代化法案》框架下，建立了包括战略规划、绩效计划、绩效报告、信息公开为主线的部门整体绩效管理体系。[①]

### （一）部门战略规划

EPA 部门战略规划包含环境保护局的长期目标、目标和战略措施的战略测量框架，描述了环境保护局在未来 4 年努力实现的可衡量的人类健康和环境结果。为 EPA 的绩效管理体系规划、预算编制、绩效衡量和问责制提供了基础。

EPA 在其官网上发布了在 EPA 战略计划（2014—2018）（FY 2014 -2018 EPA Strategic Plan）。该战略规划主要包括：

1. 部门使命。

EPA 以“保护人类健康和环境”作为部门使命，围绕这一使命展开部门的战略规划。

2. 部门战略目标。

五大战略目标依次是应对气候变化，改善空气质量；保护美国的水资源；清理社区，推进可持续发展；确保化学品安全，防止污染；通过执法和确保遵守来保护人类健康和环境。

3. 跨部门战略目标。

四大战略目标依次为努力走向可持续的未来；努力在社区中发挥明显的作

① 根据 www. performance. gov. 网站资料整理翻译。

用；启动国家、部落、地方和国际伙伴关系的新时代；支持环境保护局成为一个高绩效组织。

4. 绩效测量的框架。

包括战略目标的层级分解和绩效目标之间的对应关系。政府鼓励联邦政府各部门和部门使用广泛的分析和测量工具来衡量绩效结果的有效性，其中最重要的分析工具之一是项目评估，它可以提供相关项目有效性的严格证据，并总结在部门未来战略规划制定方面的经验。

5. 伙伴关系。

与联邦、州、地方和印第安族群部落（Tribal government）等合作伙伴以及许多利益相关者进行协商是部门战略规划过程中不可或缺的一部分。《政府绩效与结果现代化法案》也反映了咨询的重要性，该法案指导各部门与国会协商，并要求它们征求和考虑可能受战略计划影响或对战略计划感兴趣实体的意见和建议。在制定 2014—2018 财年 EPA 战略计划的过程中，EPA 广泛地征求了各方建议：第一，在制订计划草案的整个过程中，与主要合作伙伴和共同监管部门合作；第二，发布了联邦公报通知，并鼓励在 www. regulations. gov 网站上分享对计划草案的反馈；第三，通知了 800 多个组织和个人审查计划草案的可用性，并开展审查；第四，利用社交媒体吸引公众参与计划草案，如 Twitter、Facebook以及高级管理人员的博客等。

2020 年的预算申报，首先要提供环保署的战略规划，美国环保署制定了《协同工作：环保署 2018—2020 战略规划》（Working Together FY 2018 - 2022 U. S. EPA Strategic Plan February 2018（Updated：September 2019））。该战略规划明确了美国环保署的三大总目标（Goal）和十一个分目标（Objective），这些目标是制定绩效计划和申报预算的前提（见表 3 - 2）。

**表 3 - 2　　《协同工作：环保署 2018—2020 战略规划》目标**

| 一级目标（Goal） | 二级目标（Objective） |
|---|---|
| 目标 1：核心使命 | 目标 1. 1 改进空气质量 |
| | 目标 1. 2 提供清洁和安全水 |
| | 目标 1. 3 振兴（Revitalize）土地防治污染 |
| | 目标 1. 4 确保市场上化学品的安全 |

续表

| 一级目标（Goal） | 二级目标（Objective） |
|---|---|
| 目标2：合作联邦制 | 目标2.1：加强共同问责 |
| | 目标2.2：提高透明度和公众参与 |
| 目标3：遵守法律 | 目标3.1：法治和程序 |
| | 目标3.2：创造一致性和确定性 |
| | 目标3.3：优先重视稳健科学 |
| | 目标3.4：精简和现代化 |
| | 目标3.5：提高效率和效力 |

## （二）部门绩效计划

部门绩效计划包括以下主要内容：第一，绩效目标体系；第二，绩效指标体系；第三，操作流程。

1. 部门优先目标。

EPA 的战略计划进一步对部门优先目标做了说明。部门优先目标（Agency Priority Goals，APGs）是领导层为实现近期成果、成就而为部门设定的优先事项。2016 财年，EPA 开始了五项 2016—2017 财年的 APGs 工作：

（1）提高国家水基础设施的恢复能力，同时保护公共卫生和环境，特别是在高风险和脆弱社区；

（2）清理污染场地，提高社区的宜居性和经济活力；

（3）评估和降低化学品带来的风险，促进在商业中使用更安全的化学品；

（4）通过联合治理、技术支持的业务流程改进以加强环境保护；

（5）减少汽车和卡车的温室气体排放。

在战略计划中，将每一个部门优先目标进行分解，使其具体可量化，并详细阐述了 EPA 在实现部门优先目标的进程中与各州、地区和印第安族群部落等其他部门的合作方式，以及 EPA 在这一进程中的操作流程、战略调整、一系列的法规修订等努力。同时，针对每一个战略目标的实现，都查明了部门以外的因素和新出现的问题，并说明其对实现目标所可能产生的影响，进一步指出该部门针对此问题做出的努力与改进。

截至2016财年末，该部门已按计划进行了三次绩效评价，两次评价结果喜忧参半。尽管已经取得了一定的成果，但是 EPA 在完成化学评估方面面临着挑战，例如，该部门在 2016 财年没有完成任何一项有毒物质控制法（TSCA）对现有化学品的评价，在 APGs 下的其他项目评价依旧在进行中。

【专栏 3 -2】

### 环保署案例 2022—2023 财年部门优先目标①

APG -1：逐步减少氢氟烃（HFCs）的生产和消费。根据美国创新和制造法案中氢氟碳化物逐步削减的时间表，到 2023 年 9 月 30 日为止，美国氢氟碳化物的年消费量将低于 3.039 亿公吨二氧化碳当量（MMTCO2e）的基线的 10%，这一规定已被写入实施条例。减少 10% 将使美国的消费限额在 2023 年降至 273.5 MMTCO2e 以下。

APG -2：为环境保护署及其部落、州、地方和社区合作伙伴提供工具和指标，以促进环境正义和外部民权合规。截至 2023 年 9 月 30 日，环境保护署将制定并实施累积影响框架，并将发布一份遵守外部民权指南。同时，环境保护署将建立至少 10 个指标用于评估其在减少环境和公共卫生条件差异方面的成效。此外，该机构还将对工作人员和合作伙伴进行培训，使其能够有效使用这些资源。

APG -3：清理受污染的场地并投资于水基础设施，以提高负担过重和服务不足的社区的宜居性和经济活力。到 2023 年 9 月 30 日，环保署将向至少 10 个社区提供技术援助，以帮助实现清洁和安全的水，并减少对危险物质的暴露。

2. 跨部门战略目标。

EPA 制定了一套基于部门优先事项的跨部门战略，旨在从根本上改变该部门内外部的工作方式，以实现 EPA 在五大战略目标和科学、透明和法治核心价值观下所阐述的使命成果。FY2014——2018 的战略计划清晰地描述了每个跨部门战略的愿景和运作原则，对于每一项跨部门战略目标，EPA 都制定了年度行动计划，承诺与现有的计划、预算和问责流程保持一致，并酌情支持 EPA

① 根据 EPA Strategic Plan | US EPA 官网翻译。

的研究和发展议程。致力于跨部门战略目标的实现，环保局也采取了多项切实可行的措施。

以“努力走向可持续的未来”这一跨部门战略目标为例，为加强环保署的可持续性工作，特别关注以下三项行动：第一，确定跨项目优先领域，最大限度地提高环境保护局推进可持续发展目标的能力，并采取适当的行动；第二，聘用并授权环境保护局工作人员；第三，通过利用多种形式的外联、协作和信息，吸引和授权利益相关者，包括环保署传统上不合作的团体，扩大关于环境主义的对话。

**【专栏3－3】**

## 环保署案例2022—2026长期业绩目标——跨部门战略①

战略1：科学

（1）将研究开发办公室研究成果满足合作伙伴需求的年度百分比从2021财年的基线93%增加到95%。

（2）基于科学诚信的目标实施126项行动，这些行动由每个EPA计划和地区的副科学诚信官员认证。

战略2：儿童健康

评估并考虑有关儿童的所有生命阶段的环境健康信息和数据，用于所有已完成的涉及人类健康的美国环境保护署（EPA）行动。

战略3：劳动力

（1）美国环保署将完全符合行政命令14028《提高国家网络安全》中的五项高优先级指令。

（2）将EPA合同支出的4%授予位于历史上未得到充分利用的商业区的小企业，相比之下，2018至2020财年的平均年度基准线为2.2%。

（3）在完成设施气候评估和项目优先排序后的24个月内，启动所有环保署（EPA）所拥有设施的重点气候适应性项目。

（4）环保署将实现最高的多样性、公平、包容和无障碍成熟度等级，即“领先和持续”，如2021年11月全政府范围的战略计划所定义，以提升联邦劳

① 根据EPA Strategic Plan|US EPA官网翻译。

动力中 DEIA（多样性、平等、包容和无障碍）的发展，并实现机构性别公平和平等行动计划中确定的所有环保署目标。

（5）将所有优先级内部行政流程自动化。

（6）自动化主要的环境保护署许可程序。

（7）完善 1 000 个业务流程。

战略 4：伙伴关系

（1）将部落条约权利视为可能影响部落条约权利的所有环保署部落协商的一部分。

（2）与 2021 财年基线的 1 056 起相比，消除滞后的《信息自由法》回应积案。

3. 跨部门优先目标。

跨部门优先目标（CAPs）旨在克服部门之间的合作障碍，以实现跨部门目标。总统管理委员会，包括部门首席运营官，每月评估跨部门优先目标的进展情况，EPA 代理副行政官在 2016 财年也积极参与其中。

美国绩效公开网站及 EPA 官网（https：//www. performance. gov/及 Planning，Budget，and Results | US EPA）上提供了关于政府范围内上限目标的相关信息。EPA 参与了 15 个上限目标中的大部分，包括为实现联邦政府内最紧迫的管理优先事项而设定的 8 个上限目标，如更好的客户服务、更智能的 IT 以及扩大共享范围等。各联邦部门的服务目标和跨部门优先目标旨在推进主要基础设施项目中的联邦基础设施许可和审查程序现代化。例如，在“人与文化上限”目标下，环境保护署与人事管理办公室合作，在 2016 财年的员工观点调查中添加了环境保护署特有的、受员工启发的问题，并取得了有史以来最高的答复率。而且，EPA 的员工敬业度指数上升了 4 个百分点，这是大型联邦部门的最高改进之一。

## （三）绩效运行监控

为了落实 EPA 战略规划（2014—2018 年）中的战略目标和战略措施，EPA 将通过在年度绩效计划和预算中提出的年度绩效指标来跟踪绩效目标的进展情况。根据这些年度指标得出的绩效结果将在年度绩效报告中披露，而且相关的绩效信息会在确定优先事项、制定未来预算等事项时得到充分应用。

2014—2018 财年 EPA 战略计划中借鉴了环境保护署环境报告（Report on the Environment，ROE）中的一些指标，这些指标有助于 EPA 监测国家环境状况的趋势以及环境对人类健康的影响。

部门高级领导层将与项目和区域经理和员工密切合作，协调年度行动计划，并定期评估进展情况。

## （四）年度绩效报告与项目评估

EPA 根据其 2016 财年年度绩效计划中确定的年度预算绩效指标和目标，在 EPA 2016 财年的年度绩效报告中，详细列出了促进各个战略目标实现的 EPA 方案和活动、各个战略目标的进展概述、所面临的挑战与机遇以及各个战略目标的绩效计量和数据，并辅以绩效结果的文字解释和相关内容的补充信息。报告引言和概述部分提供了 EPA 的使命声明和组织结构。报告的目标概述部分介绍了 2016 财年的绩效结果、前几年的趋势数据，以及拨款计划/项目情况表，作为预算决策的背景。

2016 财年的年度绩效报告（APR）中主要由项目绩效与评估结果组成，其后提供了一份详细的绩效衡量数据表，按照战略目标和年度预算绩效指标进行组织，总结了各项战略目标的长期进展情况，并给出了各项年度预算绩效指标的结果，包括对未实现或超出目标的解释。每一个战略目标都给出了概要介绍，以此提供 2016 财年的成果和资金信息。同时也总结了 EPA 四项跨部门战略目标的长期进展情况。根据 2010 年《政府绩效与结果现代化法案》和 OMB 实施指南的要求，EPA 的 2016 财年 4 月报告了 2014—2018 财年 EPA 战略计划中确定的五大战略目标、十三个分目标和四个跨部门战略目标的进展情况。绩效报告的主要内容如下：

1. 绩效结果。

EPA 在 2016 财年年度绩效计划中，环保署承诺实施 185 项年度绩效指标/目标。截至 2016 年 12 月 31 日，绩效衡量结果的数据可用于 2016 财年 185 个预算绩效指标/目标中的 152 个，该部门完成了 111 个绩效指标。

由于某些措施的最终年终数据尚不可用，环境保护署无法报告 185 项绩效措施中的 33 项。一般来讲，环境结果在一个财政年度内并不明显，而评估是一项长期工作，随着时间的推移获取信息。环保署很大程度上依赖于从州、部落和地方部门获得的绩效数据，所有这些都需要时间来收集和审查质量。广泛的质量保障和控制过程也可能延迟绩效数据的报告。当报告周期与本报告所依据的联邦财政年度不一致时，也可能导致数据滞后，例如，每两年报告一次的数据。该部门的 2017 财年 4 月将提供 2016 财年的额外结果，该结果将纳入 2019 财年年度绩效计划中的“项目绩效和评估”部分。

表 3 – 3 列出了 EPA 各项战略绩效目标指标的结果，在年度绩效报告中对遗漏目标和其他结果进行了详细解释。EPA 根据长期表现审查年度绩效，并在审视 2016 财年绩效基础上，对项目做出相应调整。作为其绩效管理过程的一个组成部分，EPA 将持续定期审查其绩效，运用评价结果，并根据需要调整 2017 和 2018 财年的方案方法和目标。如，EPA 通过实施新的结构化方法重新设计了 2016 财年的战略审查，并且将企业风险管理引入其中。该方法关注部门可能面对的风险、挑战、机遇和行动；将战略审查与部门内部控制审查协调一致；扩大了战略审查的范围，首次将 EPA 的任务支持和研究计划纳入其中。这一管理创新方法为制定环境保护局的企业风险管理计划奠定了基础。另外，环保署首席财务官和科学顾问办公室召集了一个部门范围内的战略远见项目小组。专家组从 80 多个主题中确定了 8 个新出现的优先问题和可采取行动的建议，以改进该部门的规划和决策。EPA 还建立了一个由 550 多名成员组成的实践社群，作为战略和年度规划、预算和项目管理的一个组成部分，以提升部门能力和战略前瞻度。

**表 3 – 3　　　　EPA 各项战略绩效目标指标结果**

| 绩效指标 | 战略目标 1 | 战略目标 2 | 战略目标 3 | 战略目标 4 | 战略目标 5 |
|---|---|---|---|---|---|
| 实现 | 15 | 37 | 21 | 12 | 9 |
| 未实现 | 0 | 14 | 9 | 6 | 6 |
| 待处理数据/不可用数据 | 15（待处理数据） | 4（待处理数据） | 2（不可用数据） | 10（不可用数据） | 0 |
| 指标总数 | 30 | 55 | 32 | 28 | 15 |

2. 项目评估。

美国环保署在 2016 财年展开了项目评估工作，并将项目评估结果公布在绩效网站上。项目评估报告主要包括项目名称和对应的评估部门、评估目的简要描述、评估结果和结论以及后续的评估建议、答复、评估的重大意义等。

EPA 2016 财年开展的项目评估工作包括：第一，监察主任办公室（Office of Enforcement）作为评价部门开展了 EPA 对 6 区小颗粒物监测的审查结果、环保局对会议费用的跟踪和报告现状、在数字化时代为 EPA 定位新的印刷理念等 10 个项目的评估工作；第二，行政办公室（Office of Administration）作为评价部门开展了"将气候适应标准纳入资金机制"项目的评价工作；第三，空气和辐射办公室（Office of Air and Radiation）作为评价部门开展了"对第五篇许可程序审查"、"国家执行计划进程"两个项目评估；第四，行政和资源管理处（Office of Administration and Resource Management）作为评价部门开展了对"采购战略"的评估工作；第五，环境信息中心（Environmental Information Center）作为评价部门开展了对"国家 FOIA（《信息自由法》）程序"的评估工作；第六，执行与合规保证办公室（Office of Enforcement and Compliance Assurance）作为评价机构开展了对"水质光谱仪传感器现场测试"的评估工作；第七，化学安全和污染预防办公室（Office of Chemical Safety and Pollution Prevention）作为评价机构开展了对"害虫综合管理"的项目评价；第八，研究和开发办公室（Office of Research and Development）作为评价机构开展了对"美国环保局实验室评价综合报告 - 后续行动""行政和研究支助办公室的校外管理部门整合工作"的两个项目评价。

对于评价过程中涉及到的内容，都会在绩效网站获得。对于每一个项目评价提出的意见，EPA 会在自己的能力范围内制定相应的改进措施和机制，对于自身无法控制和改变的问题也会开诚布公加以说明。评价机构基于 EPA 改进的结果，做出答复，进一步提出建议或者阐述改进的意义。

3. 绩效衡量数据的有效性。

EPA 根据 OMB 的指导，制定数据质量记录（Data Quality Records，DQRS），为选定的绩效测量和信息系统提供验证和确认信息。DQR 记录、管理和控制与职责、质量程序以及与个人绩效衡量数据生命周期相关的其他元数据，旨在提高绩效结果的透明度、客观性和有用性。EPA 的项目办公室选择制定 DQR 的措施，所有 EPA 当前的 DQR 都可以通过 Planning，Budget，and Results | US EPAr 获得 PDF 格式，而且该 PDF 文件包括参考支持性文件的 DQR。

DQPS 主要内容包括 EPA 绩效数据质量程序的背景信息以及所选定绩效计

量的数据质量记录。行政办公室（Office of Administration）、空气和辐射办公室（Office of Air and Radiation）、行政资源管理办公室（Office of Administration and Resource Management）、执行和合规保证办公室（Office of Enforcement and Compliance Assurance）、环境信息办公室（Office of Environmental Information）、总检察长办公室（Office of General Counsel）、印度和部落事务办公室（Office of Indian Affairs and Tribal Affairs）、国土应急管理办公室（Office of Land and Emergency Management）、研发办公室（Office of Research and Development）以及水管理办公室（Office of Water）在数据质量记录的程序中均有各自的计量代码，而且公开了每个部门的目标数量和标题、目标编号和标题、分目标编号和标题、战略目标代码和标题、管理办公室、绩效计量术语定义、原始数据的收集和来源、源数据报告、相关信息系统、数据质量程序、数据监督、计算方法、最后成果报告的监督和时间安排、数据限制和资格、以及第三方审计数据的适用性。

4. 年度绩效信息收集程序的简化。

在 2016 财年，该部门简化了年终数据收集、分析和沟通的流程，以增加绩效分析和产品的价值，并通知部门决策。在 8 个月内跟踪的指标表明，与该部门上一年末的流程相比，数据收集所涉及的步骤减少了 15%，天数减少了 50%；分析所涉及的步骤减少了 33%，天数减少了 60%；以及生产应付账款所涉及的步骤减少了 44%，天数减少了 46%。总体而言，客户对年终流程的满意度提高了 54%。

# 第四章　循证决策基础法案（2018 年至今）

【内容提要】2018 年，美国国会通过了《循证决策基础法案》（Foundations for Evidence - Based Policymaking Act of 2018），该法案的实施使得预算和与绩效的融合逐步拓展渐深入。预算和绩效之间的关联向前端延伸到战略与规划，向后端延伸至结果导向的资源配置，向中段延伸为管理流程再造。这一系列的举措最终形成了基于预算绩效的政府绩效管理模式，并构建了全新的、以证据决策为核心的治理模式。本章将从法案的出台背景、核心内容以及实施成效等多个方面着手，对《循证决策基础法案》进行详尽的解读。在此基础上，总结提炼出具有实际价值且可供借鉴的经验与做法，以期为我国相关领域的发展提供有益的参考。

## 第一节　法案出台的背景

《循证决策基础法案》（Foundations for Evidence - Based Policymaking Act of 2018）的出台是为了提升美国联邦政府对数据的使用和决策过程。该法案的提出是对政府制定政策时应当基于实证研究和数据分析的长期呼吁的回应。该法案于 2019 年 1 月 14 日被正式签署，其出台背景可以追溯到前总统贝拉克·奥巴马时期的一系列改革，这些改革倡导基于证据的政策制定，在其任期内取得了一定的进展。

在此背景下，美国国会委员会进行了广泛的调研和审议，特别是由保罗·瑞恩（Paul Ryan）和佩蒂·默里（Patty Murray）牵头的“证据委员会”（Commission on Evidence - Based Policymaking）。该委员会旨在研究如何更有效运用现有的数据，从而提升政府的绩效和透明度。

该委员会于 2017 年提交了最终报告，强调了建立稳固的政策制定基础的重要性，特别是提高数据访问性、保护隐私、增强政府数据的安全性和有效性。作为对这些建议的响应，联邦立法机构设计并最终通过了《循证决策基础法案》。该法案要求强化数据管理，提升政府服务效率，并将数据分析和实证研究更好地应用政策制定过程中。

该法案的出台标志着联邦政府对提升政策发展、实施和监督过程中的数据驱动决策给予了更高的重视。法案明确强调了透明度、责任以及效率的重要性，旨在确保政府能够更精准、更有效地服务于公民，并为政府资金的分配和使用提供坚实可靠的证据支持。这一法案的推出，并非空穴来风，而是基于对过去几十年政策执行经验的深入总结，同时结合了政治、经济和科学领域的创新思想。其出台深刻反映了现代社会治理中日益凸显的"以证据为基础"的治理理念。接下来，本书将从历史和现实两方面来考察这一法案的出台背景。

## 一、历史追溯

在 20 世纪 90 年代初，美国政府面临着一系列复杂的社会挑战，诸如人口老龄化、健康保险改革和教育质量提升等问题。为了制定出更为有效的公共政策，政府开始尝试改进其决策机制，强调以问责制和结果导向的管理。其中，《政府绩效和结果法案》是最早的改革努力之一，该法案要求联邦机构设立目标、衡量绩效，并利用这些指标指导决策。

随着时间推移，尽管《政府绩效与结果法案》在一定程度上提升了管理绩效，但在实践过程中也暴露出不少问题，例如指标设定过于宽泛、数据收集与利用缺乏效率等。这些问题刺激了更深层次的改革需求，特别是在数据驱动决策和科技快速发展的背景下。这一改革需求在 2010 年通过的《政府绩效与结果现代化法案》中得到进一步体现，该法案加强了《政府绩效与结果法案》的要求，并扩展了更多的绩效管理工具如创建首席绩效官（CPO）及其他机制。

21 世纪以来，美国政府在应对经济紧缩的形势下，强调更多地依据项目效果进行资金分配，而不是投资于没有办法证明其效果的项目上，这种决策机制被称为"基于证据的政策制定"。2019 年 1 月国会通过了《循证决策基础法案》，该法案要求联邦政府、州政府以及地方政府根据绩效证据和绩效评估结果编制预算，使预算更加关注项目实际创造的价值。该法案内容主要包括联邦取证活动（Federal Evidence - Building Activities）、开放政府数据法案（Open Government Data Act）、保密信息（Confidential Information Protection And Statistical Efficiency）和一般条款（General Provisions）四部分，其目标是确保国会和行政部门能够根据证据做出重要的政策决定，从而打造一个高效的联邦政府，并确保纳税人的钱被明智地使用。

证据建设数据咨询委员会（Advisory Committee on Data for Evidence Building）表示，联邦政府在制定政策时掌握的证据不足以满足循证决策的需求；复杂且特定的数据访问程序会导致混乱，为建立证据带来不必要的成本。美国政府责任署（Government Accountability Office，CAO）指出，管理者和决策者在获取支持数据以进行证据决策时，面临的最大挑战是各部门缺乏持续的评估结果。故该法案要求管理和预算办公室（OMB）制定一份联邦机构目录和清单，各机构指定首席评估官和首席数据官，负责确保机构有效利用数据。数据将以机器可读、可延展的开放格式提供，政府内外的专业人士都能够以不同的方式使用这些数据。这项立法为公众提供了有效获取和使用政府数据的方法。值得注意的是，《循证决策基础法案》并没有否认《政府绩效与结果现代化法案》的基本流程，而是进一步在组织中设立绩效评估官，确保预算管理和绩效管理的每一个环节都能够深度运用绩效信息。

## 二、现实原因

进入21世纪，公共政策制定面临的挑战日益增加，政府需要更准确、及时地响应公众需求，这就要求政策制定必须基于强有力的数据和分析。这一点不仅体现在提高效率和效果上，也体现在对公共资源的负责任管理上。公众、媒体、民间组织对政府的问责要求日益提高，推动政府决策过程必须更加透明和基于事实。

同时，技术进步为政府提供了获取、处理和分析海量数据的能力，这些都对传统的决策模式提出了改革要求。通过深入的政策数据分析，政府能够提供更加个性化和精准化的公共服务，同时深化对复杂社会系统的理解和预测能力。

《循证决策基础法案》的颁布标志着美国联邦政府在政策制定和资源分配实现了重大突破，引领着政府向更加透明、高效和以结果为导向的运行模式转型。该法案的出台，不仅体现了美国联邦政府在制定政策时日益强化的实证决策制定趋势，更是政府在推动管理创新和政策改革方面迈出的坚实步伐。法案要求政府部门更好地管理和利用数据，保护公民隐私，强化政府透明度和问责制，这些举措的推出主要基于以下几点现实考量：

### （一）政策制定的复杂性增加

随着社会的发展和技术的进步，政府所需要应对的政策问题日益复杂。传统的政策制定方式常常受限于经验主义和直觉判断，这导致决策过程存在一定程度的不确定性和低效率。在这种背景下，决策者对于能够提供有力证据以指导政策制定的需求愈发强烈。他们渴望借助更加科学、客观和准确的方法，来应对日益复杂的政策挑战，提升决策的质量和效率。

### （二）科技发展促进数据分析

数据分析的方法和技术在过去数十年间取得了显著进步。伴随着大数据、云计算以及人工智能等技术的日趋成熟，政府得以获取一系列新型工具，以实现对数据的更精确收集、处理与分析。这些先进技术的应用，为基于实证的决策制定提供了坚实的技术支撑，并展现了广阔的应用前景。

### （三）提高政府透明度和问责性的社会要求

公众和各方利益相关者对政府的透明度和问责性提出了越来越高的要求。通过制定基于证据的政策，政府可以更有效地展示其工作进程、决策依据和政策成效，以此提升政府的信誉和公众信任。

### （四）政府效率与有效性的内在驱动力

在财政预算有限的背景下，联邦政府需要在各种公共服务项目之间进行优先级排序，这就要求政策制定和资源分配基于明确的效益评价。基于证据的决策制定能够帮助决策者识别和支持那些最有效的计划，确保公共资金的高效使用。

### （五）“证据委员会”的推动

由保罗·瑞恩（Paul Ryan）和佩蒂·默里（Patty Murray）共同启动的“证据委员会”（Commission on Evidence - Based Policymaking）在 2017 年的报告中，对联邦数据管理及政策制定的现状进行了广泛调研，并提出了针对现代化政府运营的一系列建议。该法案顺应了委员会推荐的若干核心原则和建议，特别是关于数据访问、隐私保护以及利用数据提高决策质量方面的内容。

### （六）党派共识和跨部门合作的成果

《循证决策基础法案》得到了两党的支持，并考虑到了各部门、机构和公共组织的诉求，这显示出在这个问题上的广泛共识以及跨党派、跨部门合作的努力。

## 第二节　法案主要内容

《循证决策基础法案》是美国政府在 21 世纪政策制定与评估进程中的里程碑式立法，旨在通过促进机构间的数据共享、提升政府决策的透明度与效率、强化基于数据的评估来支持以证据为基础的决策制定框架。

### 一、法案的核心原则及目标

《循证决策基础法案》根植于多年来政府运营中扎实的理论研究与实务探讨，其目的是在联邦政府中构筑并维系一种运用、理解并推崇基于证据的政策实施的文化。通过精确界定数据的收集、管理以及利用方式，此项立法旨在确保政策制定过程建立在适时、有效且高质量的证据基础之上。具体目标如下：

1. 提升数据的可访问性和使用。

法案要求在全联邦政府范围内提升各类政府数据的可访问性和使用，以便更好地实施和评估政府政策和程序。它促使公共数据以开放格式提供，并强调数据的质量与安全保护。

2. 保护隐私数据的安全。

在提升数据可用性的同时，法案强化了对个人隐私的保护，遵从严格的隐私框架和法律要求，确保数据利用不侵犯个人隐私。

3. 增进决策的透明度。

法案通过开放决策过程及其所依据的数据，增进政府决策的透明度，提升消费者信任，同时允许公众、专家以及各利益相关者更深入地理解政府行为，从而能够将资源更有效地投入于高效的政策方案中。通过提升透明度，法案为构建更加开放、公正和高效的政府决策体系奠定了坚实基础。

4. 监管政策的实施效果。

法案要求对政府政策进行定期和系统的评估，基于数据和证据监管政策的实施效果，保证资源的有效利用以及持续的改进和创新。

## 二、具体内容

### （一）建立统一的政府数据管理和使用标准

法案强调了利用高质量数据作为决策基石的重要性，并明确要求各联邦机构对既有数据进行系统的梳理与标准化的管理，以确保数据的一致性与可比较性。此举旨在将数据管理无缝集成于决策和政策评估的常规流程之中，使之成为不可或缺的一环。同时，法案亦敦促政府机构积极开发或采纳精准的工具和方法，诸如数据分析、学术研究和随机控制试验等，以科学、系统地制定和评估政策，进而提升决策的有效性与公信力。

**【专栏 4-1】**

**法案原文——第 3511 节. 数据清单和联邦数据目录**[1]

（a）综合数据清单——

（1）总则——各机构负责人应与局长进行协商，并根据第（2）款规定的指导意见，制定并维护一份全面的数据清单。该清单应详述机构所创建、收

[1] Text - S. 2046 - 115th Congress（2017 - 2018）：Foundations for Evidence - Based Policymaking Act of 2017 | Congress. gov | Library of Congress.

集、控制、指导或维护的所有数据资产。每个机构的负责人应保证该清单的清晰与全面性，以便能够明了机构所拥有的数据资产状况。

(2) 指导——局长应根据第 (1) 款为各机构制定和维持全面的数据清单制定指导意见。此类指导应包括以下内容：

(A) 要求机构负责人在综合数据清单中列入该机构每项数据资产的元数据，包括：

(Ⅰ) 对数据资产的描述，包括所有变量名称和定义。

(Ⅱ) 数据资产的名称或所有权。

(Ⅲ) 说明该机构是否——

(Ⅳ) 已确定该数据资产是根据第 5 篇第 552 条通过请求提供的开放政府数据资产，还是符合 (b) 款规定的披露条件的公共数据资产；

(Ⅴ) 截至该指示之日，决定是否做出。

(Ⅵ) 根据第 3582 条作出的任何决定。

(Ⅶ) 说明公众可以查阅或请求查阅数据资产的方法。

(Ⅷ) 最近更新数据资产的日期。

(Ⅸ) 负责维护数据资产的每个机构。

(Ⅹ) 数据资产的所有人。

(Ⅺ) 对使用数据资产的任何限制。

(Ⅻ) 数据资产的所在地。

(XIII) 其他有用的元数据。

(B) 要求机构负责人将第 40 编第 11103 节所界定的国家安全系统内规定的任何数据资产排除在综合数据清单之外。

(C) 机构负责人在制定综合数据清单时，应确定哪些信息（如有）不宜公开的标准。这些标准至少应涵盖确保清单中所有依据《第五编》第 552 条应予以公开的信息均得到披露的要求。

(D) 要求各机构负责人需遵循局长设定的程序，提交根据 (C) 项编制的数据清单，该清单包含任何对数据清单和数据资产的实时更新，或者提供一种方式（如电子超链接）以便访问这些数据资产。这样做是为了将这些数据资产包含在根据 (C) 条款维护的联邦数据目录中，并为了满足 (E) 项的要求将数据资产列于清单上。

### （二）建立政策办公室和评估官角色

法案要求每个主要的联邦机构建立一个以评估为核心的政策办公室。这些办公室的主要职责包括评估政策和项目的有效性，确保决策基于有效证据。此外，法案规定每个联邦机构需要任命一个“首席评估官”（Chief Evaluation Officer，CEO），负责监督评估工作并保证评估的质量和独立性。

**【专栏 4 -2】**

#### 法案原文——第 314 节．首席评估官①

（a）设立——每个机构的负责人应任命或指定该机构的一名雇员作为该机构的首席评估官。

（b）任命——一个机构的首席评估官的任命或指定应不考虑政治派别，而是基于在评估方法、公关行为方面所证明的专业知识和对该机构的专业认识。

（c）限制——首席评估官不得同时担任以下任何一项：任何机构的首席财务官；任何机构的首席负责人；任何机构的首席人力资源官；任何机构的首席收购者；任何机构的监察长。

（d）协调——机构首席评估官应当在可能的范围内与机构内部的其他官员进行协调，涉及的工作范畴包括：与负责执行机构隐私政策、处理隐私与保密问题的官员合作；与机构的首席数据官进行沟通；和第 315 条所指定的机构官员协作；协调所有涉及评估和分析需求的评估或分析单位与机构人员；与机构业绩改进干事合作；携手机构项目管理员；并与其他机构的首席评价官员进行交流。

（e）职能——机构首席评估官应承担以下职责：持续对机构的评估活动、政策研究以及正在进行的评估行为进行评估，关注其范围、质量、方法论、一致性、效率、独立性以及平衡性；审视机构在建立和应用评估方面的能力，并给予评估；负责制定和执行机构的评估政策；以及协调、制订并实施第 312 条规定的计划。

① Text - S. 2046 - 115th Congress（2017 - 2018）: Foundations for Evidence - Based Policymaking Act of 2017 | Congress. gov | Library of Congress.

## （三）实施开放数据政策

该法案规定联邦机构需制定透明的、可重复的开放数据策略和计划，并向公众提供机构的数据资产，促进数据的可访问性和可用性的同时保护个人隐私和机密数据。这种开放数据的政策有助于研究人员、政策制定者和公民获取并使用数据，推进创新和提高政府效率。

【专栏4－3】

### 法案原文——第202条．开放政府数据[①]

1. 修订了《美国法典》第44篇第3506条——

A. 在第（b）款中——

a. 将第（2）款修正如下：

（2）根据局长的指导，制定和维持一项战略性资源管理计划，该计划应：

（A）描述信息资源管理活动如何帮助完成机构任务；

（B）包括一项开放数据计划，该计划——

（i）要求该机构制定以下程序：

（Ⅰ）要求在《开放政府数据法》颁布之日或之后创建的数据收集机制以公开形式提供；

（Ⅱ）促进与非政府实体（包括企业）、研究人员和公众的合作，以了解数据使用者如何重视和使用政府数据；

（ii）制定并执行一套方法，用以收集与分析机构内外部用户对数据资产的使用情况。此外，需在机构内部确定一个固定点，负责协助公众，并确保在合理期限内，就数据质量、可用性、改进意见以及遵循开放数据规定的投诉等方面提供响应；

（iii）制定并实施一个程序，以评估和改进公开政府数据资产的及时性、完整性、一致性、准确性、有效性和可用性；

（Ⅳ）包括依据现行法律、法规和政策，满足实现原子能机构开放数据计

① Text－S. 2046－115th Congress（2017－2018）：Foundations for Evidence－Based Policymaking Act of 2017 | Congress. gov | Library of Congress.

划目标的需求，这包括获得必要的技术资源、为员工提供相应的培训，以及执行采购标准，从而能够从公共及私营部门获取创新的解决方案；和

（V）要求该机构在根据第 3511 条披露数据资产时遵守第 3511 条的要求，包括局长根据该条制定的任何标准；和

（C）每年更新一次，并在每次更新后五天内在该机构的网站上公开；

（iv）在末尾增加以下新款：

（6）根据局长的指示——

（A）使该机构的每个数据资产以开放格式和开放许可证的形式可用；

（B）使该机构的每一项公共数据资产都作为开放的政府数据资产提供；

（C）使由该机构创建或为该机构创建的每个开放的政府数据资产在开放许可证下可用。

B. 在第（d）款中——

（iii）在末尾增加以下新款：

（5）确保该机构的任何公共数据资产都是机器可读的；和

（6）让公众参与使用该机构的公共数据资产，并鼓励通过以下方式进行合作：

（A）定期（不少于每年）在该机构的网站上公布非政府用户使用此类资产的情况；

（B）向公众提供机会，要求将特定数据资产优先披露，并为制定机构标准提供建议，以便确定披露数据资产的优先次序；

（C）协助公众扩大对公共数据资产的使用；和

（D）举办挑战、竞赛、活动或其他旨在从该机构的公共数据资产中创造附加价值的举措。

## （四）创建联邦数据战略

法案强调制定联邦数据战略（Federal Data Strategy）的重要性，该策略旨在改进政府数据的使用和管理，为公共服务提供更好的支持，同时促进经济增长和知识发展。

法案的制定和实施涵盖了以下主要组成部分（见表 4－1）。

表 4-1　　法案涵盖组成部分

| 组成部分 | 解释 |
|---|---|
| 科学技术政策办公室（OSTP） | 法案扩大了科学技术政策办公室（Office of Science and Technology Policy，简称OSTP）的职能，要求其负责协调联邦政府各部门之间的合作，以提升政府在研究资助、数据开放性、数据保护以及其他政策相关的证据建设方面的工作效果。OSTP 角色的强化，将确保联邦政府在相关领域的决策更加依赖于数据和实证，进而提升决策的透明度和可靠性。此举不仅有助于促进决策的科学性和合理性，还能够加强数据共享与保护机制，从而有效保障公众利益和信息安全 |
| 机构首席数据官（CDO） | 立法要求每个联邦机构指定一个首席数据官（CDO），该职位的职责包括提升机构数据治理和分析能力，确保质量数据的生成和机构的数据策略制定 |
| 访问联邦数据的过程 | 法案提供了一个框架，便于研究人员和其他用户访问受隐私保护措施保护的联邦数据，同时搭建联邦数据目录以支持数据搜索和应用 |
| 数据的可访问性和透明度 | 法案要求提高各种联邦数据资源的可获得性和透明度。它鼓励机构公开可用的数据集，并且这样的公开需符合对个人隐私的保护和数据安全的要求。法案也对数据的格式和发布方式提出了明确的指导原则，以便数据能被广泛、合理地使用 |
| 隐私保护和数据安全 | 法案着重强调个人隐私保护和数据安全。这不仅是通过合规过程来实现的，还包括通过技术手段和政策措施，以确保被收集和使用的数据不会损害个人隐私，同时防止未授权访问或数据泄露 |
| 评估政策和结果的要求 | 法案强调了使用数据进行评估的重要性，并要求机构制定多年期的评估计划，系统化地分析政策和计划的成效，从而制定更为明智的决策 |
| 建立首席评估官职位（CEO） | 联邦机构被要求指定或聘任首席评估官（Chief Evaluation Officer，CEO），负责监督该机构的评估工作。首席评估官的任务包括监督数据的使用，确保机构在制定和执行政策时考虑相关证据 |
| 建立学习议程 | 各机构需创建学习议程，作为长期策略来定期评估其政策和程序。这些议程旨在指导将来的研究方向，以确保政府投资有利于实现社会目标并且根据证据对政策进行调整 |
| 进度报告和计划 | 根据法案的规定，联邦机构必须对国会提供关于他们使用数据、评价程序和分析结果的进度报告 |
| 促进跨部门合作 | 法案推动跨部门合作以共享数据和资源，鼓励联邦机构之间以及与州、地方政府和私营部门之间的伙伴关系，目的在于创造一个支持和有效率的数据利用环境 |
| 训练 | 法案还提倡为联邦员工提供培训，以便更好地理解数据分析和评估技巧，以便在决策过程中有效利用数据 |

### 三、法案的执行和监督

此外，这项法案还涉及一系列的执行和监督机制，以确保规定的目标和程序得到恰当实施。具体措施包括：

1. 跨机构合作。

不同联邦机构之间需要相互协作共享数据和最佳实践，由相关的政府部门提供协调和指导，以促进整体数据管理战略的实施。

2. 定期评估与报告。

联邦机构需要定期审查数据和证据政策的实施进展，并向国会报告，以确保法案在各个机构得以均衡有效地执行。

综上所述，《循证决策基础法案》在过去的政府管理实践与理论基础上，进一步强调并落实了在政策制定和评估过程中以证据为基础工作的原则。此举对于美国联邦政府来说，不仅代表着自上而下管理和决策制定机制的一次重大转型也为其他国家在现代治理实践中推行以数据和证据为导向的治理模式提供了宝贵的借鉴与启示。

## 第三节 法案实施情况

### 一、相关实施机构

#### （一）美国循证决策委员会（Evidence – Based Policymaking Commission）

《循证决策基础法案》标志着联邦政府在公共管理实践中向数据驱动和事实验证的决策模式转变。这一立法举措响应了美国联邦政府提效、提质以及透明化的广泛呼声。

法案呼吁设置循证决策委员会，通过联邦政府跨部门的合作来提升决策的数据支持能力。该委员会通常由跨领域的专家组成，其成员可能包括数据科学家、政策分析师、隐私专家和行政管理专家。其核心职责是监管和指导联邦机关在政策制定和实施时的数据利用，除此之外还涉及推动跨部门的数据整合和共享；提高数据存取、管理和分析的质量和效率；确定并促进最佳实践，增强联邦机构的循证决策能力；评估和盘点各部门的数据资产，以支持更好的政策制定；保障与数据收集相关的隐私权和安全性问题得到妥善处理等等。

循证决策委员会在政策制定过程中提供数据支持和专家建议，确保政策决策基于可靠证据，增进政策透明度、公众信任和政府效能。它还在制定和评估政府的长期战略和年度性能计划方面起到关键作用，使得政策更能反映经验证据和评估的效果。循证决策委员会在操作上需要与各联邦机构合作，发展一套共有的数据标准和格式，便于信息的共享和聚合分析。委员会也支持和促进针对现有政策和程序影响力评估的研究工作，协助政府根据这些研究成果做出政策调整。但委员会在具体实施职责时也会面临诸多困难如确保数据质量、处理部门间数据系统不兼容等技术性问题，以及遵守联邦隐私法规的合规要求。此外，要有效地整合和分析数据，委员会还面临跨部门合作和沟通的组织阻碍。

循证决策委员会的设立是美国政府向数据驱动和透明决策转变的关键里程碑。该委员会的工作不仅提升了政策制定和执行的质量，而且增进了政府的可信度和公众的信任。尽管在实践中面临不少挑战，但循证决策委员会的蓬勃发展显示了美国联邦政府在现代公共政策和管理领域的不懈努力。

### （二）美国评估科学办公室（Office of Evaluation Sciences，OES）

OES 成立于 2015 年，是美国政府的一个联邦办公室，隶属于管理和预算办公室（Office of Management and Budget，OMB）。它集结跨领域专家，如经济学家、心理学家、数据分析师等，运用行为科学和其他评估方法来改进和评估联邦政策和程序。OES 专注于实施评估项目，合作伙伴通常来自各种联邦政府部门，旨在使用科学方法测量政府项目的效果，并提出改进方法。

OES 团队成员通常在某一政策领域有丰富经验，他们运用高级数据分析和试验设计，如随机对照试验，来测量和改善政策的实施与效果。OES 工作典型的范式是与联邦政府部门合作进行项目设计、实施随机对照试验或准实验设计，并应用统计分析方法评估政府程序的有效性。通过这种方法，OES 生成有关哪些干预措施最有效的坚实证据，帮助政府机构更科学地决策和改进服务。OES 的工作涵盖广泛领域包括社会安全网、公共卫生、教育和劳动力等。

在进行评估时，OES 追求的是方法论的严谨性和结果的适用性。其评估工作通常是以提升政策或项目透明度、促进责任制、并帮助预算编制和支出优化为目标。例如，OES 可以通过随机对照试验来评估某项针对失业人口的就业援助计划的有效性，从而为进一步的政策调整提供依据。

在推动循证决策实践上 OES 也发挥了关键作用。OES 作为一个跨学科专家团队，通过与各机构合作，利用证据来推动效率、促进节约和改进任务绩效，将基于证据的见解转化为改进政府的具体建议，并对其进行测试。由于该办公室从属于美国管理和预算办公室（Office of Management and Budget，OMB），可以轻松地部署技术支持，提供独立且跨政府部门的分析观点，并为高质量证据构建活动制定标准。为确保结论的信度和效度，OES 采取六个步骤来获取证据和进行测试：与联邦机构合作界定结果的优先级；将循证见解转化为具体的建议；利用随机评估来嵌入测试；利用现有的管理数据来分析结果；确保工作满足评估的最佳实践；测量效果并构建证据从而进行持续改进。

从 2017 年起，OES 在 10 多个部门完成了 42 项试验，涉及社会保障、教育、医疗、公共住房等多个领域。以附加保障收入为例，美国社会保障署以 50 000 名受益人群作为样本，其中 40 000 人被随机分配收到一张提醒单；作为对照组，另外 10 000 人则未收到提醒单。证据表明，收到提醒单的受益者申报其所得收入的概率增加了 34%，同时他们申报的收入也增加了大约 75%。再比如，卫生部门发起了“给病人设置提醒来提高病人对健康数据的使用”的循证项目，以 2 182 名患者为样本，共分为四组：①没有任何提醒单；②设置基本的提醒；③以医生为责任人的提醒，说明患者的数据将会用于患者下一个就诊的医生；④有机会赢得 50 美元礼品卡的基本提醒。研究表明，医生为责任人进行提醒的患者更有可能使用健康数据的流程图；而接受基本提醒或者礼品卡提醒的患者与没有提醒单的患者相比，结果没有显著差异。

OES 的作用在于它在实证研究与项目评估领域的专业知识和操作层面的

活动，而循证决策委员会或类似机构的职能更侧重于设置整体政策框架、确保评估品质，并推动政策与实证研究相结合的文化。OES直接进入具体问题的深水区进行详细分析，而循证决策委员会则设计和监督应用这些分析的宏观路线图。尽管它们的工作重点不同，但它们的共同目的是使政府通过系统的、科学的方法来制定更好的政策和项目，从而为公众利益服务。在实际中，这两种方式往往相互依赖并相辅相成，共同推进政府决策过程的现代化和科学化。

## 二、实施情况

2019年1月，美国国会通过《循证决策基础法案》，作为美国立法史上一项重要的法案，其颁布标志着联邦政府在政策制定中系统性地纳入证据和数据分析的一次重要探索与承诺。自该法案通过以来，各联邦机构逐步落实要求，致力于制定和实施新的数据管理政策和数据治理结构。其中包括确定首席数据官（CDO）、建立数据治理机构、发展联邦数据战略以及编制年度证据计划和学习议程。在管理和预算办公室的有效指导下，公务员们将法案视为一种有目的地改善部门绩效的机会，而不是为了满足外部问责需要。① 同时该法案为美国循证决策的进一步发展提供了法律支持。2019年7月10日，OMB发布了《第一阶段〈循证决策基础法案〉的执行：学习议程，人事以及计划指引》，明确了实施该法案的四个阶段及主要任务和时间节点：② 第一，学习议程，人事和计划（2019年1月），第二，开放数据获取和管理（2019年7月），第三，基于统计用途的数据管理（2020年1日），第四，项目评估（2022年之后）（见图4-1）。

---

① How Philanthropy Can Help Governments Accelerate a Real Recovery (ssir. org).

② Cf Office of Mgm't & Budget, Exec. Office of the President, OMB Circular No. A-130, Managing Information as a Strategic Resource, available at https: //www. whitehouse. gov/sites/whitehouse. gov/files/omb/circulars/ A 130/al 30revised. pdf; Office of Mgm't & Budget, Exec. Office of the President, Management of Federal Information Resources (Dec. 12, 2000) (revising OMB Circular No. A-130), available at https: //www. whitehouse. gov/wp-content/uploads/2017/11/Management-of-Federal-Information-Resources-Dec 12-2000. pdf; Office of Mgm't & Budget, Exec. Office of the President, OMB Circular No. A-11, Preparation, Submission, and Execution of the Budget (June 20 I 9), available at https: //www. whitehouse. gov/wp-content/uploads/2018/06/al 1. pdf; OMB M-13-13; and OMB M-14-06.

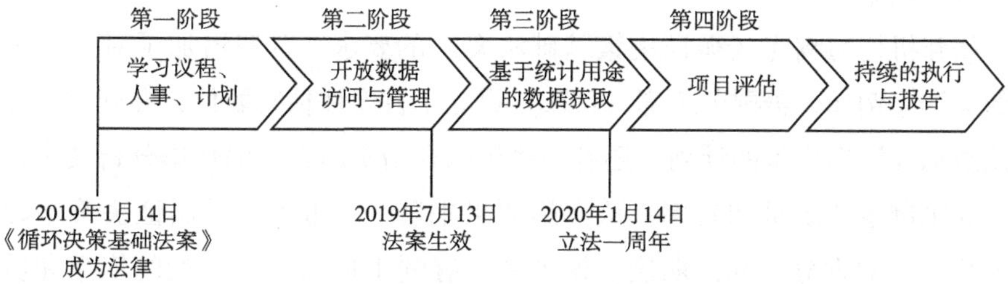


**图 4－1 《循证决策基础法案》实施阶段**

资料来源：MEMORANDUM FOR HEADS OF EXECUTIVE DEPARTMENTS AND AGENCIES M－19－23（whitehouse. gov）。

《循证决策基础法案》建立在支持信息质量、访问、保护以及证据构建和使用的联邦政策和数据基础设施投资的长期原则之上。在以这些原则为基础的同时，法案创建了一个新的范式，呼吁各机构重新思考他们目前如何规划和组织证据建设、数据管理和数据访问功能，以确保与数据和证据需求的集成和直接联系。这种范式需要机构内多个参与者（例如高级领导、政策官员、项目管理员、绩效经理、战略规划者、预算人员、评估者、分析师、一线员工和数据专业人员）和关键外部利益相关者的参与和合作。它加速、扩大和加强了许多正在进行的活动的实施包括：联邦数据战略；① 政府范围内的重组建议，以加强联邦评估并重组人口普查局、劳工统计局和人口普查局；经济分析以改进经济统计数据；② 新的对外援助管理机构监测和评估指南；③ 新的集中支持共享服务和标准；④ 以及与数据法案和地理空间数据法案等开放数据法相关的

① See Office of Mgm't & Budget, Exec. Office of the President, OMB M－19－18, Federal Data Strategy－A Framework for Consistency（2019）, available at https：//www. whitehouse. gov/wp－content/uploads/2019/06/M－19－18. pdf.

② See Office of Mgm't & Budget, Exec. Office of the President, Delivering Government Solutions in the 21st Century Reform Plan and Reorganization Recommendations（2018）, available at https：//www. performance. gov/GovReform/Reform－and－Reorg－Plan－Final. pdf.

③ See Office of Mgm't & Budget, Exec. Office of the President, OMB M－18－04, Monitoring and Evaluation Guidelines for Federal Departments and Agencies that Administer United States Foreign Assistance（2018）, available at https：//www. whitehouse. gov/wp－content/uploads/2017/1 1/M－18－04－Final. pdf.

④ See Office of Mgm't & Budget, Exec. Office of the President, OMB M－19－16, Centralized Mission Support Capabilities for the Federal Government（2019）, available at https：//www. whitehouse. gov/wp－content/uploads/2019/04/M－19－16. pdf.

持续开放数据政策。①

联邦机构为响应《循证决策基础法案》的要求，普遍增加了对数据和证据的关注。例如，美国劳工部（DOL）设立了首席评估官职位，并开发了支持使用数据和证据决策的计划。还有一些机构开始实施先进的数据分析技术，以提高决策制定的质量和效率。从实施效果来看，一方面，《循证决策基础法案》促进了数据分享和透明度，循证决策有利于提高公共决策的依据和质量（Ron Haskins，2018）。② 例如，发布的开放数据被研究人员、非盈利组织和私人公司广泛地用于创新和研究，推动了知识的进步和经济活动的发展。另一方面，也正在推动文化和行政流程的转变，使基于证据的决策逐步成为联邦机构的常态。相关培训和工具的发展也增强了政策制定者和数据科学家之间的沟通与合作。

为了支持更好的数据管理，很多联邦机构成立了数据治理委员会或类似的治理机构。这些治理机构负责监督机构内数据资源的管理，包括制订数据管理政策、推荐数据管理最佳实践以及支持数据相关立法的执行等。数据治理机构也负责确保数据质量、标准化和保护隐私。《循证决策基础法案》的实施还得到了《联邦数据战略》（Federal Data Strategy）的指导，这一战略为使用政府数据提供了原则、实践和十年行动计划。该战略强调了将数据视为战略资产并推动跨部门协作，为理解如何更好地收集、管理、共享和使用数据提供框架。提出了一系列行动，要求机构制定和实施具体的数据行动计划。

这些举措表明，美国联邦政府正努力推动证据为基础的政策制定的实施，虽然面临一系列挑战，但相应的结构和政策正在逐步构建和完善中。从长远看，这有望让政府决策更加科学、高效和透明。具体来看，其积极影响可以有以下几点。

---

① Digital Accountability and Transparency Act of 2014, Pub. L. No. 113 – 101 , 128 Stat. 1146, available at https：//www. congress. gov/l 13/plaws/publl 01/PLA W – 1 I 3publ 101. pdf; Geospatial Data Act of 2018, Pub. L. No. 115 –254, div. B, tit. VII, Subtit. F, 132 Stat. 3413, available at https：//www. congress. gov/115/bills/hr302/BILLS – I 15hr302enr. pdf.

② Evidence – Based Policy：The Movement, the Goals, the Issues, the Promise [J]. Ron Haskins. The ANNALS of the American Academy of Political and Social Science, 2018.

### （一）数据透明度和访问性

首先，该法案要求联邦机构公开其持有的数据并使之可访问，这一要求大大提高了数据透明度，降低了研究人员和公众获取和使用这些数据的门槛。通过公开数据目录，议员、民间组织、独立研究者以及公众可以更容易地访问和分析政府数据，从而提高了政府活动的公开性和透明性。同时通过这一立法，要求联邦政府对其数据资产进行更加结构化的管理。不仅仅是公开可用的数据，而且要求政府机构识别和记录所有数据资源，这种资源清单的创立为未来的数据共享和交叉利用打下坚实基础。

### （二）循证决策

法案强调使用高质量数据和证据来支持政策决策，这推动了联邦政策制定以循证方式进行，即基于经过验证的研究和分析结果来制定政策和执行计划。这一做法有助于避免基于直觉或未经证实的假设来做决策，增加了政策有效性和资源配置的合理性。

### （三）评估和分析能力

法案推动联邦机构建立和提升评估及分析能力。这包括创建首席数据官（CDO）职位以及提高联邦雇员数据科学技能。增强这些能力可帮助政府部门更加有效地管理和利用大量数据，以便为政策决策提供有力的支持。进一步来说，法案要求政府采纳和发展更为精细化的评估方法和工具。例如，随机对照试验等严谨的实验设计现在正被鼓励用于评估政策或项目的效果。这些措施进一步促使政府在规划政策时更加侧重事前的证据搜集和分析，以及事后的成效跟踪和评估。

### （四）长期战略和政策规划

《循证决策基础法案》要求联邦部门制定开放数据、数据管理以及使用数据和证据制定政策的战略规划。这些规划包括利用数据改进决策、开展有针对性的政策评估以销售政策持续效能，并使用数据来增强政府的责任和透明度。在这战略中，各部门需要确定如何构建和利用数据资产，以及如何通过评估来了解和提高自身制定和执行政策的能力。法案还提倡跨部门间协作，推动各种政府机构之间数据的共享与合作，将决策过程转变为更为集中和统一的体系，从而促进信息的快速流动和跨部门解决方案的成型。

### （五）认知转变

此外，法案促成了一种文化与认知的转变，即在公共管理和政府决策制定中更注重数据和科学证据的作用。这种转变鼓励了包括公共部门、学术界和私营部门在内的多个利益相关方的协作，以形成一种更全面、综合的方法来支持和推动政策创新及改革。同时，该法案通过确保数据的开放性和透明性，提高了公众参与政策制定过程的可能性。这不仅加强了政府的问责机制，也为公民和民间组织参与公共讨论和监督提供了更多的途径和工具。

尽管《循证决策基础法案》取得了一些进展，但在实施过程中也遇到了挑战。其中的一大难题是缺乏数据共享和整合的基础设施。不同部门和机构之间的数据孤岛现象仍然普遍存在，数据的标准化和互操作性问题尚未得到全面解决，这限制了数据的广泛使用和有效分析。资源分配也是一个问题，一些小型或资源不足的机构可能缺乏实施法律要求的资金和技术支持。此外，全面落实《循证决策基础法案》的原则和实践还需要持续的领导支持和机构文化的改变。

综上所述，该法案在美国联邦政府层面强调了以数据和证据为基础的决策制定，这对于增强政府透明度、加强公众信任以及提升政策的效率和有效性具有根本性的意义。未来，随着法案实施的持续深化，可以预期联邦政府将在持续监督、评估和检验政策成效方面取得更加显著的进步，从而更好地服务于公共利益。

## 三、实践案例

特朗普政府在 2018 年、2019 年、2020 年的预算说明中，反复强调积极累积证据和运用这些证据来增强政府运作效率的重要性。以 2020 财年为例，循证决策主要集中在以下四个方面（OMB，2020）[①]：①寻求学习和改进的循

① Building and Using Evidence to Improve Government（whitehouse. gov）.

证战略。设置和委任评估官，发展持续性的多年学习议程，看重单一组织内部系统性改进的同时强调与外部组织建立合作伙伴关系，推动知识共享和实践提升；②政府将评估作为探索学习和寻求改进的关键手段，通过系统性的评估方法，可以确保政策实施的效果和冲击得到适当测量，进而平衡改进措施的方向与步骤；③综合利用数据寻求学习和改进，加强数据的管理能力以确保政策制定和政府运作能够得到准确有效的数据支持；④在联邦循证过程中强调透明和问责的治理价值，政府推动相关流程和结果的透明公开，并确保相应的决策和实施过程可以接受公众及相关方的监督，以体现政府行为的透明度和问责性。通过上述四个方向的重点实施，特朗普政府意图确保政府活动的每一步均基于可靠证据，以促进政府服务的有效性和效率等级不断提升。

2023 年 6 月，美国专利商标局（United States Patent and Trademark Office，简称为 USPTO）① 公布了《2022—2026 年战略计划》（以下简称为“计划”），该计划是根据《循证决策基础法案》的要求而制定的。美国专利商标局表示，他们的最终目标和使命是“推动创新、创业和创造力，造福所有美国人和世界各地的人民”。在这一最终目标的指导下，《2022—2026 年战略计划》设立了如下五个目标，详见表 4 - 2：

**表 4 - 2　美国专利商标局（USPTO）《2022—2026 年战略计划》目标**

| 目标 | 子目标 |
|---|---|
| 目标 1：推动美国的包容性创新和全球竞争力 | 目标 1.1 加强美国作为全球创新领导者的作用 |
| | 目标 1.2 通过积极参与和广泛、随时获取知识产权资源和工具促进包容性创新 |
| | 目标 1.3 培养更多美国人的创新意识，从年轻一代开始 |
| 目标 2：促进可靠知识产权的有效交付 | 目标 2.1：发放和保持强大可靠的专利，以激励和保护创新 |
| | 目标 2.2：发放和维护准确可靠的商标注册，以保护品牌和投资 |
| | 目标 2.3：改善专利申请悬而未决 |
| | 目标 2.4：改善商标申请悬而未决 |
| | 目标 2.5：优化专利和商标申请流程，以提高申请人和其他利益攸关方的效率 |

① 美国专利商标局（uspto. gov）是授予专利、注册商标的联邦机构，并通过商务部长就知识产权政策向美国政府提供建议。在该计划中，知识产权是指专利、商标、版权及商业秘密。

续表

| 目标 | 子目标 |
| --- | --- |
| 目标3：促进知识产权保护，使其免受新的和持续性的威胁 | 目标3.1：保护专利不受欺诈及滥用行为的侵害 |
| | 目标3.2：保护商标注册的完整性 |
| | 目标3.3：促进合作伙伴关系，以改善国内知识产权执法，减少国内知识产权侵权与犯罪 |
| | 目标3.4：促进合作伙伴关系，以改善全球知识产权执法，减少全球知识产权侵权与犯罪 |
| | 目标3.5：为知识产权法律的制定与实施提供相关支持 |
| | 目标3.6：与利益相关者展开合作，使他们能更好地保护自己的知识产权 |
| 目标4：使创新产生积极影响 | 目标4.1：为寻求知识产权保护的人确定可用资金来源 |
| | 目标4.2：促进对联邦资助创新项目的保护及国内部署 |
| | 目标4.3：优化支持创新的国内及全球生态系统 |
| 目标5：通过最大化代理运营来创造有影响力的员工及客户体验 | 目标5.1：创造能够平衡生产力、健康、团队归属及社会联结四者关系的员工体验 |
| | 目标5.2：无差别提供卓越的客户体验 |
| | 目标5.3：开发现代网络技术基础设施及应用程序 |
| | 目标5.4：通过提高数据分析的成熟度来进一步创造机会，同时优化强制性披露和责任承担机制 |
| | 目标5.5：优化资源配置以更好地完成任务 |

资料来源：美国专利商标局发布2022—2026年战略计划 | 美国专利商标局（uspto.gov）。

对于每个战略目标，该计划包括三个关键组成部分：目标、战略和关键绩效指标（KPI）。目标描述了将为实现目标而采取的可衡量的、具体的倡议；战略则更有针对性，它定义了团队为实现目标而执行的具体活动；关键绩效指标则是可以监控的变化指标，使USPTO能够客观地衡量在实现每个目标方面的进展（在某些情况下，关键绩效指标衡量的是在实现目标方面的进展；还有一些情况，关键绩效指标衡量的是外部因素，这些因素虽然不是行动的直接结果，但可以帮助确定是否以及何时需要改变战略以更好实现目标）。

如目标1.1"加强美国作为全球创新领导者的作用"，其中又包括4个战略分别是：①与联邦合作伙伴合作，确定美国专利商标局应重点关注的关键技术，并支持这些领域的创新和知识产权保护；②制定激励措施和计划，鼓励关键技术领域的创新，包括气候、健康、制造和其他关键技术与新兴技术；③确保由政府和公司资助的美国创新受到知识产权保护的工作；④与其他国家在能力建设、培训和政策制定方面合作，以简化对美国发明进行全球保护的途径并缩短时间。此外还包括 5 个关键绩效指标，分别是：①以专利数据衡量的美国创新，特别是在关键技术领域；②衡量美国创新和创业精神的指标包括新企业的开工率、对早期创新者的公共和私人投资额、初创企业创造的就业机会、初创企业的存活率，以及利用机会（或可用的替代指标）创办的新创业者的百分比；③全球数据和按国家分列的创新研究；④创新激励计划数据；⑤商标注册率，包括新企业或小企业的注册率。

# 第二编

# 联邦制政府层面预算绩效评价与管理

# 第五章　联邦政府层面的预算绩效管理体系

**【内容提要】**每一届执政政府将会以一定的改革目标作为其执政要点并将其拟定成为“总统管理议程”（PMA），而总统管理议程的实现需要明确一定的优先事项与具象化的战略，对战略完成情况的度量就需要搭建一个完善、科学、高效的绩效管理体系。因此，总统管理议程是我们考察美国联邦政府绩效管理的一个最直接、全面以及科学的切入点。本章首先综合联邦政府绩效管理的框架基础和实操基础，描绘了当前美国联邦政府绩效管理整个体系的管理过程；之后，结合联邦绩效管理的基础对该管理体系的合法性基础进行研究，从中梳理参与绩效管理的各机构的运作机制，并对最新的联邦绩效管理综合性法案进行解读，为从全流程、全方位的角度研究 PMA 奠定基础；随后，梳理 1993 年来美国联邦政府绩效管理的变化发展，并介绍总统管理议程的基石、落地以及现代化进程，明确其在搭建联邦政府绩效管理框架中的作用；最后，阐明跨部门优先事项（CAP）成为联邦绩效管理过程要点的原因，明确其在推动联邦政府绩效管理实践中的核心作用。

2021 年 11 月 18 日，美国管理和预算办公室（Office of Management and Budgeting）和总统管理委员会（President's Management Council，PMC）公布了《拜登 - 哈里斯管理议程》（Biden - Harris Management Agenda Vision），其作为拜登政府的施政蓝图，突出了以下几点：首先是“当前的联邦政府绩效管理工作流程、计划、措施以及评估标准等方面都集中体现于总统管理议程（President's Management Agenda，PMA）”。即 PMA 基本确定并包含了美国联邦政府绩效管理框架的各方面；其次是“当前的联邦政府绩效管理流程包括对跨部门优先事项、战略计划、机构优先目标及其指标、产出的评估与追踪”。即联邦政府绩效管理的实践或运作机制由对以上事项进行评估、追踪并报告等活动组成；最后，“跨机构、跨州、跨社区和跨部门的体系，对于共建公平、有效、负责、为所有人带来成果的政府具有重要意义”，因此，联邦政府绩效管理体系的构建与运作需要跨越部门、机构、事项甚至是法案等的界限，并综合考虑“制定目标－确定指标－开展评估－审查与报告”等步骤流程。①

联邦政府绩效管理体系的形成并非一蹴而就，而是经过了长时间的探索与总结演进至今。本章首先综合联邦政府绩效管理的框架基础和实操基础，描绘当前美国联邦政府绩效管理体系的管理过程；其次，结合以上基础对该管理体系的法规指导——GPRAMA——进行研究，从中梳理参与绩效管理的各机构的运作机制，并对最新的联邦绩效管理综合性法案——OMB 通告 A－11 号文件——进行解读，为从全流程、全方位的角度研究 PMA 奠定基础；随后，梳理自克林顿政府以来联邦政府绩效管理框架以及措施的变化，并探讨 PMA 在确定与指导框架构建方面发挥的作用，可以说，当前的联邦绩效管理框架（跨部门优先事项－部门优先目标－战略审查）由 PMA 确定并体现于其中；最后，结合前文的研究，阐明跨部门优先事项（CAP）成为联邦绩效管理过程要点的原因，并介绍其概念、实施机制以及运行周期等，明确其在推动联邦政府绩效管理实践中的核心作用。

## 第一节　联邦政府层面的预算绩效管理基础

美国联邦政府绩效管理体系的形成离不开多个基础的共同作用。综合来看，该体系的框架基础包括“结果导向”、“改进绩效”与“重视因果关系”等要点；在这些要点之外，评估与界定“成果”也具有重要意义，“影响评估”为联邦绩效管理体系与框架提供了实操基础。为了突出各事项的优先程度以及在绩效改善方面的显著性，绩效管理过程中通常包含了重要战略审查和年度进展回顾，此时“审查与回顾”为绩效管理的框架寻找到了科学的切入点。本节梳理了当前美国联邦政府绩效管理体系架构的框架基础、实操基础以及切入点。

① President's Management Council (PMC). Biden Harris Management Agenda Vision 2021 [J]. President's Management Agenda, 2021.

## 一、绩效管理逻辑模型——绩效改进框架

绩效改进框架为美国联邦政府绩效管理确定了逻辑起点，并为寻求 PART 的替代工具奠定了基础。奥巴马政府于 2009 年公布联邦政府绩效管理议程与框架之后，第一条“绩效至上——用新的绩效改进和分析框架替换 PART”引起了广泛的讨论，其中多数讨论集中于项目评估（Program assessment）与绩效衡量（performance measurement）的新发展以及首席绩效官（CPO）在其中发挥的作用。面对公众的讨论和质疑，奥巴马政府决定对克林顿政府以来的绩效管理思路进行梳理，并从其中汲取可用于新绩效管理框架与工具的要素以阐明新框架的政策延续性与合理性。

在对 1993 年后的绩效管理工作进行梳理后，克林顿政府与布什政府“在绩效管理方面付出巨大努力，但是却在向公众展示管理成果时不被认可”的原因得以揭露，即缺乏绩效管理合法性认证、缺乏对结果的重视、缺乏科学的项目评估方法、缺乏对评估结果的应用以及缺乏改进绩效的动力。[①] 基于此，对于奥巴马政府来说，建立一个“重视结果、应用绩效信息、阐明项目管理与绩效衡量关系，同时具备合法性”的绩效管理逻辑模型成为其推动绩效管理议程的关键一环。2011 年，联邦政府明确了制定绩效管理新框架的相关计划——与绩效改进委员会（PIC）合作，“从根本上重新配置联邦政府项目绩效的评估方式”，同时，联邦政府用“绩效改进和分析框架”（performance improvement and analysis framework）取代 PART，形成联邦项目绩效管理逻辑模型（如图 5－1 所示）。模型详细展示了联邦项目绩效评估的全过程，其拥有比 PART 更完全的参与机制。

新的评估逻辑模型更为细化，同时在术语运用上更加口语化，这极大方便了政府以及外部专家参与评估过程并提供绩效信息。[②] OMB 公布的 2010 财年政府预算分析中提出，新的联邦项目绩效分析模型取代 PART 将会把绩效管理

---

① Brass C T. Obama Administration Agenda for Government Performance: Evolution and Related Issues for Congress [J]. Congressional Research Service (CRS), 2011.

② Metzenbaum S H. Performance Management Recommendations for the New Administration [J]. Center for Public Management Publications, 2009, 11.

的重点由对项目进行简单的“有效”或“无效”分级，转变为要求机构领导者设立优先目标（priority goals）、展示项目目标的实现过程并解释项目绩效结果所包含的趋势。此外，新的评估方法将让更多公众参与进来，促使国会和外部专家制定更好、更开放的绩效衡量流程。①

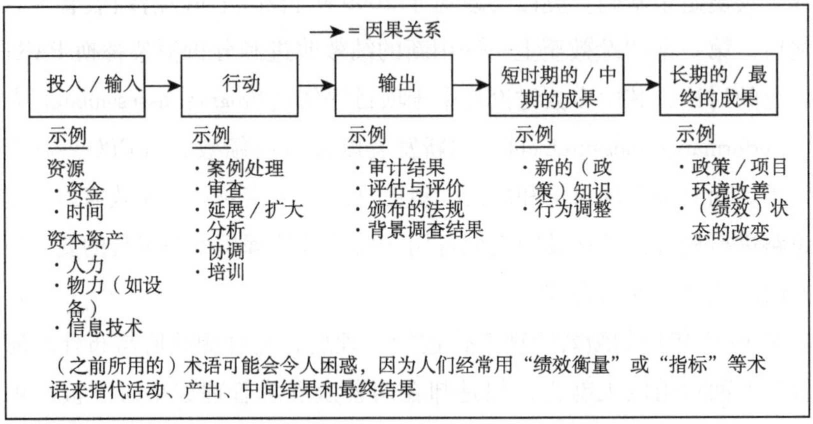


**图5－1　联邦项目绩效管理逻辑模型：绩效改进框架的运作方式**

资料来源：Brass C T. Obama Administration Agenda for Government Performance: Evolution and Related Issues for Congress [J]. Congressional Research Service (CRS), 2011.

## 二、影响评估

影响评估（impact evaluation）为当前联邦政府绩效管理体系提供了评估政策与项目的具体思路，界定了每个绩效目标对战略对象（strategic objectives）产生的影响，进而为循证决策提供了有力工具。

2009年10月7日，OMB备忘录（OMB memorandum）正式颁布，宣布联邦政府应着重关注名为“影响评估”（Impact Evaluation）的项目评估工具，逐渐替代PART在项目评估中的作用。② OMB备忘录对“影响评估”这一术语进

① OMB, Analytical Perspectives, Budget of the U. S. Government, FY2010, p. 9.

② OMB, “Increased Emphasis on Program Evaluations,” memorandum, M－10－01, October 7, 2009, at http: //www. whitehouse. gov/omb/assets/memoranda_2010/m10－01. pdf. See also OMB Director Peter R. Orszag, “Valuing Evaluation,” October 7, 2009, at http: //www. whitehouse. gov/omb/blog/09/10/07/ValuingEvaluation/.

行了明确界定：如果联邦政府想要颁布某项政策或开发某个项目，进而对经济社会产生干预效果，那么就需要对该政策或项目进行定量评估，首先评估该政策或项目所导致的经济社会利益结果发生变化的程度，其次对没有该政策或项目时的社会经济状况进行估计，最后对两种结果进行比较与衡量。[①] 随后，国会研究服务机构（Congressional Research Service，CRS）又例举了影响评估的实践：如果美国的经济陷入衰退，专家与学者预计美国的就业机会将会随着时间的推移而减少（如图5－2中的虚线）；假设此时颁布了一项经济衰退时期旨在增加就业的政策并付诸实施，那么美国就业机会的变化趋势也会受到干预（如图5－2中的实线）；影响评估就是将政策产生的效果与无干预的预测结果进行比较。若颁布该政策将会使得文职工作岗位数量增加（例如1.36亿个工作岗位），此时再对没有颁布该政策时的文职工作岗位数量进行推断（如1.35亿个工作岗位），就可以得到该政策影响评估的结果即为“一百万个工作岗位”。为了对没有政府干预时的情况进行估计，OMB以及相关学者引入“反事实推断”（counterfactual estimation）的方法，这也为之后在联邦政府中采用因果推断以协助循证决策奠定了基础。

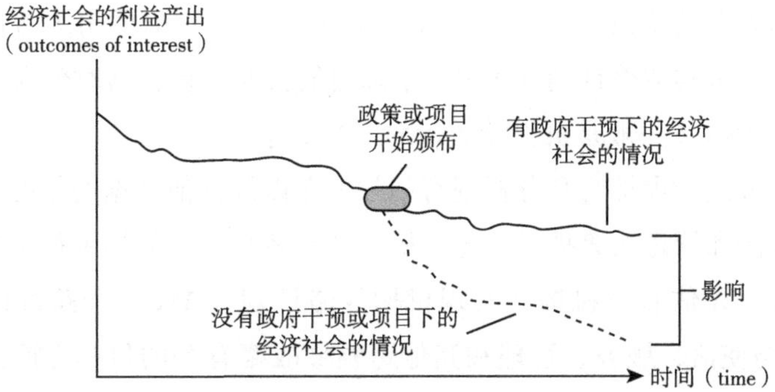


**图5－2 影响评估图示**

资料来源：CRS；在该图中，实线与虚线表明，政策实施后的经济社会效益或绩效仍然在持续下降，但下降幅度小于没有政府干预时的下降幅度。

为了进一步论证引入影响评估的必要性，OMB备忘录还列举出当前政策

① Brass C T, Williams E D, Nuñez－Neto B. Congress and Program Evaluation: An Overview of Randomized Controlled Trials (RCTs) and Related Issues [J].

或项目评估中存在的几个问题，包括评估对象不够全面、评估结果对预算优先事项管理实践的影响较弱、缺乏确定最有效政策方案的必要程序以及在许多机构中缺乏评估办公室和人员配备。

## 三、战略审查与年度进展回顾（Annual Reviews of Progress）

战略是当前联邦政府绩效管理的实践落点，而战略审查（strategic review）与年度报告又提供了整理、归类以及利用战略相关证据的具体说明，因此，战略审查为绩效管理体系运作提供了切入点；而年度进展回顾有助于促进 OMB 和各机构协商确定绩效改进的优先顺序。

战略审查主要围绕联邦政府以及各机构的战略目标或对象（strategic objectives）展开，其不仅是对影响评估结果的综合应用，同时能够满足自奥巴马政府以来就提出的“数据驱动的绩效审查”（Data – Driven Performance Reviews）的要求。

战略审查又是围绕战略目标而展开的。战略目标每四年更新和修订一次，包括跨政府范围的跨部门优先事项（CAP）目标以及联邦机构内部的机构战略计划（ASP），反映了该机构在政府任期内试图实现的成果或目标影响，代表了联邦机构为在其使命（一般是 CAP 目标）上取得进展的努力方向。战略目标不仅阐明了机构战略计划（ASP）中确定的长期成果，同时包含了更具体的绩效目标和指标（一般是机构绩效计划，APP）。

战略审查是一项综合和分析现有绩效信息以及其他证据的年度评估，旨在为预算、立法和管理决策提供信息。机构领导者与目标领导者每年都会进行一次战略审查，评估联邦机构在实现机构战略计划（ASP）和跨部门优先事项（CAP）中与使命、服务、管理和其他跨领域战略有关的目标方面的进展，并通过评估对战略目标下的绩效计划和目标进行分类。对机构战略目标进展的评估需要从多个角度和证据来源（定性和定量）进行分析，此时需要应用“影响评估”工具，来帮助联邦政府以及各机构领导层确定政策影响的相对水平，进而明确阐述选定某一举措或项目作为战略目标的原因，并采取能产生长期社会影响的后续行动。

此外，年度进展回顾有助于促进 OMB 和各机构协商确定事项与决策的优先顺序。正是通过内部战略审查流程，OMB 能够与各机构开展合作，确定哪些战略目标绩效获得了“显著进展”（Noteworthy Progress，NP），或相对于其他战略目标来说，其成为了接下来的“重点改进领域”（Focused Area for Improvement，FAFI）。[①]

## 第二节　联邦政府层面预算绩效管理运作机制

自 1993 年来，法案在联邦政府绩效管理体系构建中发挥重要作用，它不仅为绩效管理提供合法性论证，平衡了国会与联邦政府在绩效管理中的关系，同时法条也体现了绩效管理框架演变历史，凝结了绩效管理事项间关系。因此，以法案作为切入点来研究联邦政府绩效管理运作机制具有合理性，本节以 GPRAMA 为切入点，明确联邦机构、OMB、总统以及国会在确定一系列联邦政府绩效管理议程目标中所展现的分工协作关系，全面阐述了美国联邦政府绩效管理体系的整体运作机制。

### 一、GPRAMA 的规定

GPRA 颁布于 1993 年，在经过 4 年的逐步推广（NPR 的前两个阶段）与 13 年的全面实施完善后（NPR 第二阶段到 2011 财年总统预算提案发布），2011 年 1 月 4 日，奥巴马签署颁布《政府绩效与结果现代化法案》（GPRAMA），对 GPRA 做出修订以使其更符合总统管理议程以及联邦绩效管理的实质性改变。这些改变从总体上看主要分为两类：基于机构视角下的优先事项设置与运作机制的改变，以及基于时间推进下的优先事项等目标清单与报告的改变。

机构 - 目标（或计划）的改变，即通过法案（法律）的形式明确规定相关绩效管理机构的职责和权力，包括每个机构推进总统管理议程（PMA）以及参与绩效管理过程中应提交的报告、目标清单以及计划，跨部门优先事项（CAP）就源于 OMB 以及绩效改进委员会（PIC）协作推进的目标体系。因此，

① Office of Management and Budgeting（OMB）. OMB Circular No. A - 11, SECTION 260 - DATA - DRIVEN PERFORMANCE AND STRATEGIC REVIEWS［S］, SECTION 260 - DATA - DRIVEN PERFORMANCE AND STRATEGIC REVIEWS.

本部分将从 GPRAMA 中主要涉及的四个绩效管理利益相关方——总统、OMB、联邦机构以及国会——设定相关目标（或计划）体系并进行绩效管理的权责展开，进而对 GPRAMA 中提及的各种优先目标与绩效计划概念进行辨析，从而明确跨部门优先事项（CAP）的来源以及联邦政府绩效管理体系的运作机制，同时也是对第八章中介绍的奥巴马政府通过法案以平衡联邦政府与国会间关系的举措的直观展现。

### （一）总统的议程－预算路线

结合前言的介绍，我们明确了 PMA 对于构建绩效管理体系的重要性，因此，GPRAMA 中关于总统权责及其相关概念的陈述仍然是研究联邦政府绩效管理的起点。

总统管理议程（PMA）是每一任总统上任之后公开发布的关于如何推进政府改革以构建“公正的、有效的以及负责的联邦政府”的路线图。为了实现上述目标，总统管理议程之中会规定几项总统优先事项（presidential priorities），而总统优先事项中具有长期性质的、急切需要关注的以及需要跨部门协调合作才能完成或克服的管理挑战被称为“跨部门优先事项”（CAP）。因此，总统以及总统管理委员会（PMC）共同颁布的 PMA 为 CAP 的形成提供了方向以及指引。

在跨部门优先事项（CAP）形成过程中还有一个概念被称为“总统预算提案”（President's Budget Proposal），在相关法令中也可以被称为“美国政府的预算”（Budget of the United States Government），它是政府政策优先事项（Administration's policy priorities）的声明以及联邦预算资源分配的统一计划。[①] 而 GPRAMA 中关于总统预算提案的规定，则在很大程度上为 OMB 以及总统管理委员会（PMC）确定、调整与修改包括 CAP 在内的一系列跨机构或机构内的优先事项或目标体系提供了丰富信息以及合法性保障。总统预算提案对于跨部门优先事项（CAP）的影响主要包含以下两个方面：其一是总统预算提案所提供的信息可能会成为跨部门优先事项（CAP）调整的依据与标准。总统提交的财年预算提案包括两个部分，一是行政部门范围内的计划清单（包括已确定的联邦机构

① 详见《美国法典》第 31 编第 1105（a）节。

绩效计划等）以及向国会提交的报告（报告中包含了联邦各机构按照 OMB 规定的数量比例，在已有计划或目标体系中认定的“过时或重复”的计划，联邦机构也需要将其提交给 OMB）。GPRAMA 规定，OMB 在制定与调整 CAP 时，需要与国会相关委员会进行协商，通过国会才能对一些跨部门优先事项（CAP）目标或事项进行删减或合并，而这一协商过程是 OMB 将其接收到的联邦机构报告与国会接收到的总统预算提案进行再次整合的过程；其二是总统预算提案与跨部门优先事项（CAP）以及联邦政府绩效计划（FGPP）在提交时间上的一致性（CAP 与 FGPP 都需与财年总统预算提案一同提交给国会），时间视角下的联邦绩效管理（即联邦绩效管理全过程）将在第四节中进行详细介绍。

### （二）OMB 的机构 – 目标（或计划）路线

根据《2011 财年总统预算提案》以及 2010GPRAMA 的规定，管理与预算办公室（OMB）在推进 PMA 以及联邦绩效管理过程中需要确定或审查以下优先事项与绩效计划。

1. 确定并审查跨部门优先事项（CAP）。

（1）广泛搜集信息。对于确定跨部门优先事项（CAP）这一职责来说，OMB 的首要任务是广泛搜集相关信息以将其作为确定跨部门优先事项（CAP）目标的依据。OMB 主要是通过综合以下三个方面的信息来确定跨部门优先事项（CAP）的：首先是确定总统管理议程（PMA）的总统优先事项中“长期性的、急迫的以及只能通过跨部门协作才能完成的”领域。这一部分参见梅岑鲍姆报告中关于“总统优先事项”（presidential priorities）的定义（详见第八章）；其次是结合联邦机构在其公共网站上公布的“机构战略计划”（Agency Strategic Plan，ASP），确定 ASP 的目标以及战略覆盖对象（objectives）会在多大程度上影响跨部门优先事项（CAP）的制定、执行与推进。机构战略计划（ASP），由 GPRA1993 中规定的联邦机构“战略计划”（strategic plan）演变而来。机构战略计划（ASP）要求每个主要的联邦机构需按照总统任期的时间跨度来设置其未来四个财年的主要职能以及运作的“总体目标与目标对象”，并阐释在确立上述目标时综合考虑了哪些评估结果。最重要的是，联邦机构还应该描述它如何与其他机构合作以实现其中需要跨部门才能实现的目标。最后是结合联邦机构公布的机构绩效计划（Agency Performance Plans，APP），明确 APP 中关于机构绩效目标（performance goals）[①] 的设想是否会影响 CAP 以及影响程度如何。机构绩效计划（APP）主要是由联邦机构确定并提交至 OMB、国会以及总统的计划报告，其中，年度绩效计划（APP）不仅是机构预算请求乃至总统预算提案的重要组成部分，它还为机构审查其优先目标以及 OMB 确定 CAP 提供了重要的信息参考（通过"APP 中绩效目标的确定"来为跨部门优先事项（CAP）提供数量化、可视化以及可衡量的绩效标准信息）。关于年度绩效计划（APP）的具体含义将在"联邦机构的机构 - 目标（或计划）路线"部分中详细介绍。

GPRAMA 要求 OMB 在制定跨部门优先事项（CAP）目标期间应与国会、联邦机构以及非联邦利益相关者等保持联系。一方面，OMB 应在制定跨部门优先事项（CAP）目标期间咨询以下国会委员会以确定相应信息：①参议院和众议院拨款委员会；②参议院和众议院预算委员会；③参议院国土安全与政府事务委员会（The United States Senate Committee on Homeland Security and Governmental Affairs）；④众议院监督与政府改革委员会；⑤参议院财务委员会；⑥众议院筹款委员会（United States House Committee on Ways and Means）等。另一方面，OMB 还应与总统管理委员会（PMC）、绩效改进委员会（PIC）、其他政府间的委员会、总统执行办公室（EOP）以及联邦机构保持密切合作，以保证跨部门优先事项（CAP）执行时的协调并将绩效改善穿插其中。随着跨部门优先事项（CAP）目标实施的推进，OMB 需要继续与这些利益相关者进行扩大化的协商，进而在实现目标成果的轨道上利用相关信息，实现反馈循环。

（2）通过机构一级的事项（或计划）报告明确完成跨部门优先事项（CAP）的权责。根据机构等利益相关者提供的报告等信息来制定和公布跨部门优先事项（CAP）及其目标后，利益相关者特别是联邦机构就应在其报告之

① 绩效目标（performance goals）：根据 GPRA1993 与 GPRAMA，绩效目标也可被称为绩效目标水平，机构确定绩效目标时应将其展现为有形的、可衡量的目标，并可以与实际成就进行比较。这可能包括以定量标准、价值或成本 - 收益等表示的目标。绩效目标可分为两大类：第一类是在机构层面制定的"绩效目标"——这些目标构成的体系合称"机构绩效计划"（APP），这些机构级绩效目标的 81398 B328 部分需要被确定为机构优先目标（APG），同时还需要一个目标领导者来负责推进机构级绩效目标以及 APG 的实现。第二类则是跨部门层面的绩效目标，即联邦政府绩效计划（FGPP）中根据跨部门优先事项（CAP）目标制定的各绩效目标。也就是说，CAP 是 FGPP 确定与实施的信息来源。

中充分体现跨部门优先事项（CAP）的进展情况以便于OMB的问责与调整。由前文内容可知，机构一级的报告主要涉及机构战略计划（ASP）、机构绩效计划（APP）以及机构绩效更新（APU，也可称为“机构绩效报告”——Agency Performance Report，APR）等，而参与跨部门优先事项目标推进的机构必须在上述报告之中阐明相关信息。

首先，如果跨部门优先事项及其目标同样属于机构一级任务交付的重要组成部分，那么这一跨部门优先事项（CAP）目标同时具备了“跨部门”与“机构内”优先目标的双重意义，此时，所涉联邦机构应在其机构战略计划（ASP）之中描述该ASP的战略目标与战略对象将会如何影响跨部门优先事项（CAP）的制定，必要时还应结合该ASP，在APP中建立所涉机构特定的绩效目标。其次，机构绩效计划（APP）应该为衡量该机构推进实现跨部门优先事项（CAP）目标的贡献提供绩效目标、绩效指标和（或）里程碑；最后，机构绩效报告（APU或APR）的摘要应该突出跨部门优先事项（CAP）所涉机构是通过创新、提升效益或效率、还是改善服务，来扩大其在实现跨部门优先事项（CAP）目标中的影响，同时还应包括该机构的负责官员等信息，以便于确认机构对实现跨部门优先事项（CAP）目标的贡献。总的来说，机构绩效报告（APU或APR）描述了机构在实现跨部门优先事项（CAP）目标过程中所取得的进展。

（3）对跨部门优先事项（CAP）目标进行管理与调整。在OMB通过相关信息掌握相关机构执行跨部门优先事项（CAP）目标的情况之后，联邦政府特别是OMB还应对跨部门优先事项（CAP）进行持续性的追踪与管理，主要是通过以下三种方式进行管理。

其一，确定跨部门优先事项（CAP）目标领导者（CAP Goal Leaders）。每个跨部门优先目标至少配备了两名来自总统执行办公室（EOP）和关键联邦机构的目标领导者，负责跟踪管理目标的执行流程并在现有绩效管理结构（例如机构间工作组、机构间政策委员会等）内分配推进实现跨部门优先事项（CAP）目标的任务。此外，每个跨部门优先事项（CAP）目标都应配备一个由目标领导者带领的目标实施团队，团队成员包括跨部门优先事项（CAP）目标涉及的机构、OMB以及目标领导者指定的其他人员，该团队负责跨部门优先事项（CAP）的落实与实践工作。同时，由于跨部门优先事项（CAP）目标众多且有时候存在目标方向重合的情况，为了减轻领导者的工作负担，他可以在适当情况下确定一名“副目标领导者”来监督跨部门优先事项（CAP）目标的日常运营情况、定期审查目标绩效并做出适当的路线修改。

其二，确定跨部门优先事项（CAP）实施行动计划。上述提到的跨部门优先事项（CAP）目标实施团队会制定一份行动计划以解释联邦政府将如何实现该目标，该行动计划就是之后将会介绍的“联邦政府绩效计划”（FGPP）。

其三，目标领导者对跨部门优先事项（CAP）进展情况的定期审查。这里所说的审查是一种“已经被证明能产生更好结果的、规律性的以及数据驱动的绩效评估管理实践”。① 当前虚拟技术平台推动的定期绩效审查为跨部门优先事项（CAP）目标领导者提供了协作机制——通过频繁的绩效审查能够使联邦机构专注于跨部门领域的优先事项，各团队聚集在一起诊断管理议题，通过分析数据以及经验信息来识别管理机遇，进而有助于领导者决定后续步骤以提高绩效。同时，对跨部门优先事项（CAP）目标进行频繁的数据驱动绩效审查有助于重点关注跨部门优先事项（CAP）所涉机构的行动效率，进而改善机构交付的服务。

2. 指导联邦机构确定高优先级绩效目标（HPPG）。

OMB 应指导各联邦机构确定其高优先级绩效目标（High Priority Performance Goals，HPPGs）。高优先级绩效目标（HPPG）是在 2011 财年总统预算中规定的，它能够帮助联邦机构在推进自身绩效改进的过程中实现“以结果为导向”的目标。虽然 GPRAMA 没有赘述 OMB 与各联邦机构应如何确定高优先级绩效目标（HPPG），但是明确了高优先级绩效目标（HPPG）与“机构优先目标”（Agency Priority Goals，APG）保持同步能够帮助机构对自身优先事项目标实现进度审查，机构优先目标（APG）又会通过机构绩效更新（Agency Performance Update，APU）等方式提交至国会，国会将根据机构绩效更新（APU）提交的信息进一步调整 GPRAMA 中规定的绩效计划或目标体系的标准，包括 OMB 确定、新增、删除或者合并跨部门优先事项（CAP）的相关标准。关于机构优先目标（APG）以及机构绩效更新（APU）的具体含义将在“联邦机构的机构 - 目标（或计划）路线”部分中详细介绍。

① Government Accountability Office（GAO）. GOVERNMENT PERFORMANCE MANAGEMENT：Key Considerations for Implementing Cross - Agency Priority Goals and Progress Addressing GAO Recommendations [R]. GAO - 21 - 104704, GAO, 2021：2.

3. 确定联邦政府绩效计划（FGPP）。

联邦政府绩效计划（Federal Government Performance Plan，FGPP）是跨部门优先事项（CAP）中绩效目标（performance goals）的集合与体现。GPRAMA 要求 OMB 与各机构协调制定 FGPP 并将该计划与之后每一财年的总统预算一并提交至国会。在联邦政府绩效计划（FGPP）中，OMB 需要指定一个或多个从属于跨部门优先事项（CAP）的“联邦政府绩效目标”（Federal Government Performance Goal，FGPG）以形成相应的目标体系，同时促进上述优先事项目标在跨部门实现过程中的协调与高效运行。除此之外，联邦政府绩效计划（FGPP）需要确定一名“主要政府官员”（lead Government official），负责协调跨部门优先事项（CAP）推进过程中各联邦机构的行为与努力。

4. 年度绩效计划（APP）中“未实现目标”（Unmet goal）的报告。

GPRAMA 要求 OMB 每年对联邦机构是否“达到”或“未达到”机构绩效计划（APP）中的绩效目标进行评估与确认。如果存在任何“未实现目标”，各联邦机构与 OMB 应该生成多种、多元、多项相关报告与计划来解决未实现的目标，并将该报告提交至国会。GPRAMA 规定，联邦机构在确认其机构优先目标（APG）时必须认真参考 OMB 关于其在上一财年或政策周期中是否存在“未实现目标”以及相应解决报告，并将其作为设立本财年 APP 绩效目标时充分考虑的因素与依据。

## （三）联邦机构的机构-目标（或计划）路线

根据 GPRAMA 规定，联邦机构的绩效管理职能与职责主要包括以下几个方面。

1. 起草与上报预算请求。

GPRAMA 充分结合了 1921 年国会颁布的《预算和会计法案》（Budget and Accounting Act），对联邦机构拟定预算提案的职责进行了明确规定，避免了联邦机构重复拟定与提交该财年的预算提案。根据 1921 年《预算与会计法案》与 GPRAMA 的相关规定，大多数行政部门机构特别是联邦机构必须在将预算请求（Budget requests）发送给国会之前，向总统提交该请求以进行第一次修改与调整，在修改与调整过程中，OMB 可以经总统授权后代表总统执行该工作。当 OMB 收到机构的预算请求及其机构绩效计划（APP）后，会根据相应指示对请求与计划进行适当修改，以反映与突出总统预算提案（President's Budget Proposal）中的政策偏好与重点。此外，部分联邦机构在得到国会授权后无需经过总统修改即可直接向国会提供其预算请求，以便国会更加直观了解这些机构在利用预算资金推进绩效计划或者跨部门优先事项（CAP）时的表现与所遇到的困难，进而为设定是否需要删改某些事项、计划或目标的标准提供信息，这也是前文提到 APP 是机构预算提案的重要组成部分并会对跨部门优先事项（CAP）的确定产生影响的原因。

除了充分考虑 1921 年《预算和会计法案》的规定之外，GPRAMA 还将 2000 年《报告合并法案》（The Reports Consolidation Act，RCA）中关于联邦机构提交预算请求的程序作为规定机构制定与上交预算提案的法案参考，以保持预算提案的连续性并减少机构的文案负担，实现"减少繁文缛节"的承诺。GPRAMA 沿用了《报告合并法案》中的规定：允许联邦机构在 OMB 同意的情况下将其机构绩效更新（APU）与机构预算请求等财务报表与报告打包在一起，合并作为"绩效和责任报告"（Performance and Accountability Report，PAR）；OMB 应督促联邦机构在财政年度结束后 45 个日历单位（calendar day）内向国会提交绩效和责任报告（PAR），并在此之前至少 10 个工作日将绩效和责任报告（PAR）草案提交给 OMB 审批。最初 OMB 要求所有机构都采用绩效和责任报告（PAR）模式以简化上报与审批程序，并要求在上述提到的期限内提交 GPRA 要求的项目绩效计划（Program Performance Plan，即之后的 APU），但是绩效和责任报告（PAR）草案打包与合并是一个较长的过程，因此 GPRAMA 之后对这一条进行了修改与说明——各联邦机构可以灵活地选择是在 45 天内还是在财政年度结束后 150 天内（即来年 2 月份）完成相关报告的打包与提交，如果选择后者，联邦机构则应在 45 日内只提交预算提案，150 日内只提交机构绩效更新（APU）即可。

2. 确定机构战略计划（ASP）。

GPRAMA 要求各联邦机构在其公共网站上发布四年机构战略计划（ASP）以确定机构在未来四个财年主要职能和运作的"总体目标和目标对象"；同时，联邦机构还应与国会以及非联邦利益相关者进行磋商并鼓励多元主体参与到机构战略计划（ASP）的制定中。GPRAMA 对各联邦机构如何与国会协商提出了更具体的要求——在制定或调整机构战略计划（ASP）时，机构需要"定期”与国会进行协商，包括适当考虑来自授权、拨款和监督委员会中对制定或调整机构战略计划（ASP）这一决议持赞成或反对态度的多数人或少数人的意见；此外，由于协商制定机构战略计划（ASP）等计划的过程会影响拨款委员会关于该财年行政预算乃至总统预算的看法，同时对机构战略、机构绩效计划乃至跨部门事项财政支出等关键决策的落地也具有一定影响，而预算恰好是推动上述计划或事项的基础，因此各联邦机构还需每两年咨询国会众议院拨款委员会（House Committee on Appropriation）关于修改与调整 ASP 的意见。最后，无论是否修改或调整机构战略计划（ASP），联邦机构都应征求并考虑非联邦利益相关者的意见和建议。

3. 确定并发布机构绩效计划（APP）。

机构绩效计划由 GPRA 1993 中规定的“年度绩效计划”（Annual Performance Plan，APP）演变而来，GPRAMA 要求联邦机构在其公共网站上发布每一财年中每一“项目活动”（program activity）的具体内容以及所指向的预算等计划，该计划还应附着总统或该联邦机构提交的预算提案一同提交给国会、总统以及 OMB。根据前文的介绍，年度绩效计划（APP）是总统预算提案的重要组成部分，其通过该提案为国会是否删减、合并或新增某一计划或事项的标准提供信息。除此之外，为了衡量或评估年度绩效计划（APP）的进展情况，联邦机构必须充分参考机构绩效更新（APU）中的信息以建立相应绩效指标，包括效率、产出以及结果。同时，联邦机构还需要确定每项绩效目标的“目标领导者”（goal leaders）并督促其负责实现相应目标。

除了上述关于年度绩效计划（APP）制定过程的介绍，年度绩效计划（APP）还通过以下方式为跨部门优先事项（CAP）的制定提供信息：其一，联邦机构在制定年度绩效计划（APP）时应充分描述机构如何解决所面临的管理挑战，进而识别出哪些管理挑战只能通过跨部门的方式解决；其二，年度绩效计划（APP）还必须识别出“低优先级计划活动”（low - priority program activities）并为这种识别结果提供“循证理由”（evidence - based justification），以便于机构快速筛选出跨部门一级以及部门一级优先事项的相关信息。

4. 确定并审查机构优先目标（APG）。

明确了跨部门优先事项（CAP）中需协调合作的部门以及机构绩效计划（APP）中需要完成的绩效目标后，各联邦机构即需着手落实上述事项与计划，最直接的手段就是根据跨部门优先事项（CAP）与年度绩效计划（APP）提供的信息制定机构优先目标（Agency Priority Goal，APG）以及根据年度绩效计划（APP）提供的信息对机构优先目标（APG）进行季度审查。

根据梅岑鲍姆和齐恩兹设想的总统管理议程（PMA）优先事项或目标层级（详见第八章）可知，机构优先目标是跨部门优先事项的下一级目标，由机构绩效计划（APP）中有限数量的绩效目标组成。虽然机构优先目标（APG）最终由联邦机构确定、提交以及审查，但是OMB在确定机构优先目标（APG）的过程中发挥了关键作用，这也是机构优先目标（APG）能与CAP目标协调的重要原因。机构优先目标（APG）的具体制定过程为：首先，OMB确定机构优先目标的总数、每个联邦机构要制定的目标数量以及每个联邦机构负责人确定或修改机构优先目标的频率（如每两个财年一次）。其次，联邦机构负责人根据OMB下达的规定确定并上报该机构的机构优先目标（APG）（根据GPRAMA，APG应该“突出并反映该机构最高级的优先事项”）。在确定机构优先目标（APG）的过程中，应该着重考虑以下两个方面的信息：一是OMB制定的跨部门优先事项及其流程，这些事项会对机构一级安排自身的优先事项提供方向指引以及绩效要求。二是机构自身对于其机构战略计划（ASP）看法的咨询报告（consultations），机构对于其未来四个财年将要实现的战略是跨部门优先事项（CAP）与具体绩效指标间的联结，因此机构关于自身战略的认识会为设定、调整或删除某项机构优先目标（APG）提供重要的参考标准。再次，各联邦机构必须指定一名机构官员作为目标领导者（goal leader）以负责实现每项机构优先目标（APG）。最后，GPRAMA要求联邦机构负责人在每个财年的四个季度的起始点进行机构优先目标（APG）的“优先进度季度审查”（quarterly priority progress review），该审查需要重点关注每个机构实现机构优先目标（APG）的进展情况特别是要以高优先级绩效目标（HPPG）为审查的标准。

5. 在OMB指导下确定高优先级绩效目标（HPPG）。

高优先级绩效目标（HPPG）是联邦机构根据年度绩效计划（APP）对机构优先目标（APG）进行季度审查的蓝本。

### （四）国会的机构－目标（或计划）路线

1993年GPRA的颁布被视为联邦政府管理职能特别是绩效管理职能构建

的分水岭，该法案标志着国会首次为联邦机构制定运作目标、衡量绩效结果、报告项目计划做出法定要求，并将这些信息作为其决策依据。① 而17年后颁布的GPRAMA既保留了GPRA的主要思想——对绩效与结果的重视，同时还进行了机构的新设与改变（如绩效改进委员会的设置、首席绩效官的任命等）、绩效计划与优先事项在功能与时间上的重设以及跨部门事项与部门战略等关键环节协商过程的重构，而对协商过程的重构主要表现在对于以上介绍所有事项特别是跨部门优先事项（CAP）审核中，国会的参与机制与影响机制发生了变化。主要表现在以下四个方面：

1. 参与战略计划与优先事项的制定过程。

战略计划涉及到联邦机构内部与机构间未来四个财年的运作目标以及政府改革进程中较为具体的目标导向，它既是实现总统管理议程（PMA）优先事项的细化目标，同时也为各联邦机构的实践提供了指引。在GPRAMA颁布之前，机构往往会由于行动战略或计划缺乏外界参与和监督导致旨在提升政府绩效的行为落入“孤立的绩效模型”（a Siloed Performance Model）的窠臼。② 因此，GPRAMA鼓励非联邦利益相关者以及国会充分参与到机构战略计划（ASP）以及跨部门优先事项（CAP）等重要事项的制定过程中，这不仅能推进关注与监督政策实施的多种方式，同时还能在机构战略计划（ASP）与跨部门优先事项（CAP）绩效评估中引入“影响评估”（impact evaluation）进而明确某一事项或项目的实现到底是由部门或跨部门的行动驱动、还是由与部门行为无关的“外部”因素推动，若是后者则应减少预算投入，从而形成“部门战略 & 跨部门优先事项 - 绩效计划 - 预算 - 政策”的逻辑链条。

2. 审核总统提交的预算提案。

自1937年预算局（即后来的OMB）从财政部转移至总统行政办公室后，国会与联邦政府之间关于预算制定与审计权力的分配就成为两者互动的焦点之一。③ 而GPRAMA的颁布则从“行政 - 立法合作关系”（Executive - Legislative

① Brass C T. Changes to the Government Performance and Results Act (GPRA): Overview of the New Framework of Products and Processes [J]. Congressional Research Service (CRS), 2012, 7 - 5700 (R42379).

② Kamensky J M. Are We There Yet? The Evolution of the US Federal Performance Management Framework: 1993 - 2022 [J]. International Journal of Public Administration, 2023: 1 - 11.

③ Meyers R T, Rubin I S. The Executive Budget in the Federal Government: The First Century and Beyond [J]. Public Administration Review, 2011, 71 (3): 334 - 344.

Partnership）的角度让该问题得到了暂时的缓解并以法律的形式给予其保障，最主要的表现之一就是对总统任期以及任期内所提交的全部预算提案进行审核与调整，进而影响预算对应的绩效计划或政策，从而提升某一计划、事项（特别是跨部门优先事项，CAP）或流程的透明度与可信度。除此之外，GPRAMA 强调，无论任何情况，如果 GPRAMA 中所提及的任何计划或事项只反映了总统的政策偏好，或以不反映基本法规甚至是国会议题的方式来对计划或事项进行绩效评估，任何旁观者都有权利认为该计划或事项是不可信的。这条规定在很大程度上为总统预算提案提供了监督以及纠偏机制。

3. 审核联邦机构提供的绩效责任报告（PAR）。

前文提到，GPRAMA 规定，机构与国会就机构战略计划（ASP）的磋商必须包括对拨款委员会（House Committee on Appropriation）的少数与多数意见的考量。为了将国会中具有影响力的委员会的意见充分纳入绩效审核以及跨部门优先事项（CAP）的制定中，GPRAMA 还规定应考虑授权委员会（authorizing committees）以及监督委员会（oversight committees）的意见，而这些意见的形成应该是由国会对各个联邦机构在每个财年开始前提交的预算提案以及优先事项进行充分考察后做出的合法决定。

4. 审核 OMB 提交的“未实现目标”报告并与其商讨解决方案。

国会需综合考虑上述所有报告中的绩效信息，与 OMB 共同磋商新增、删除以及合并计划或项目的标准。OMB 每年都会按照一定比例来新增、删除或合并某些由其决定的计划或事项（一般来说，这些事项的数量占事项总数的 10% 左右），而新增、删除或合并的标准是由国会对上述所有报告进行审查后再与 OMB 共同磋商的结果。对于更加特殊的跨部门优先事项（CAP）来说，其调整标准是由 OMB 与上述几个特殊的国会委员会“定期、反复”地商讨而定，前者着重表达总统的政策偏好，后者着重强调预算的绩效。此外，为了提供问责上的保障，OMB 应在国会的监督下将上述进程中涉及的所有绩效信息以及季度审计的结果公布在公共网站上。

部门视角下的跨部门优先事项的运作机制如图 5－3 所示。

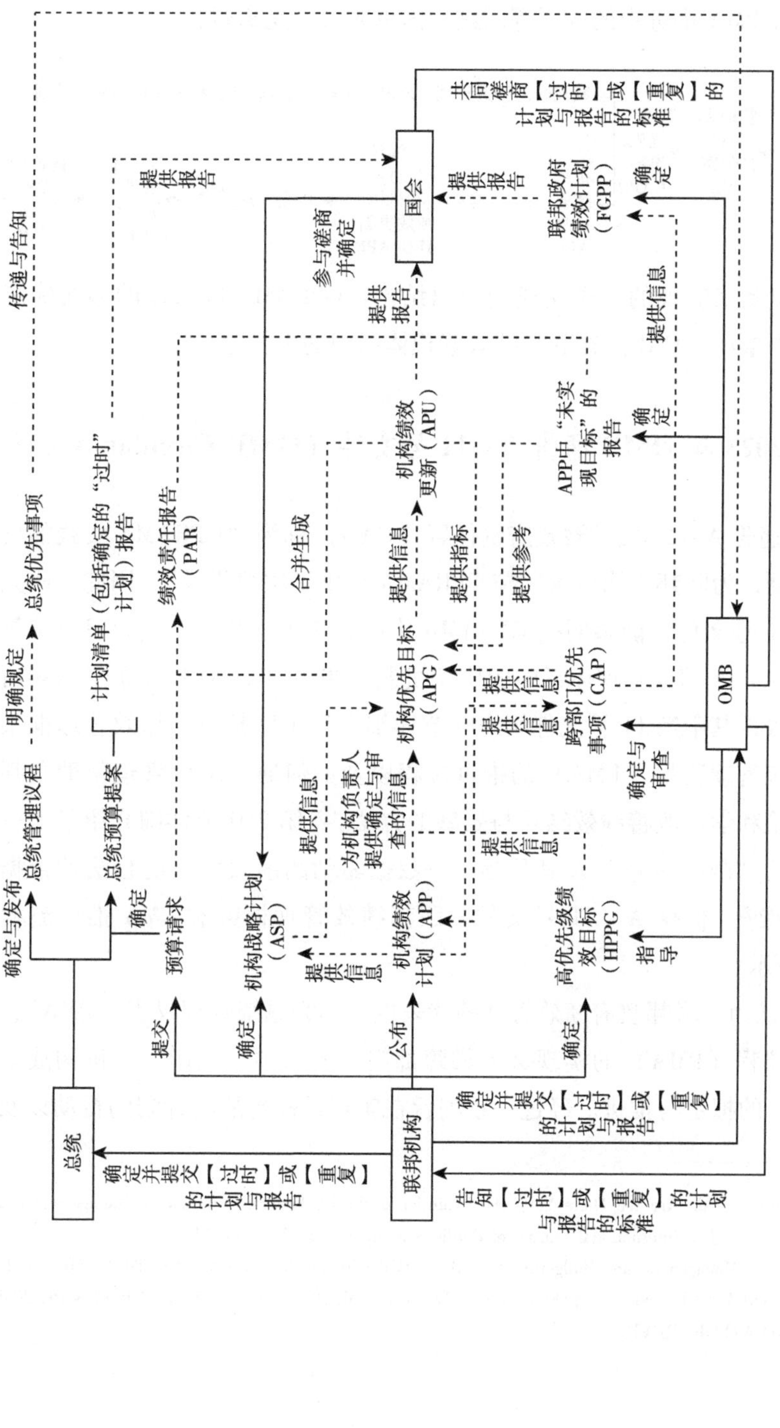


**图5-3　部门视角下的联邦绩效管理运作机制**

资料来源：作者自制；图中实线表示机构到目标或计划间的关系，虚线表示目标或计划之间以及目标到机构的关系。

综上所述，从联邦绩效管理体系中机构（或利益相关者）的视角来看，CAP 串联起了四个主要的绩效管理利益相关者，解决了联邦绩效管理中的合法性问题以及 PMA 推进中的效率等问题。简单来说，是通过：

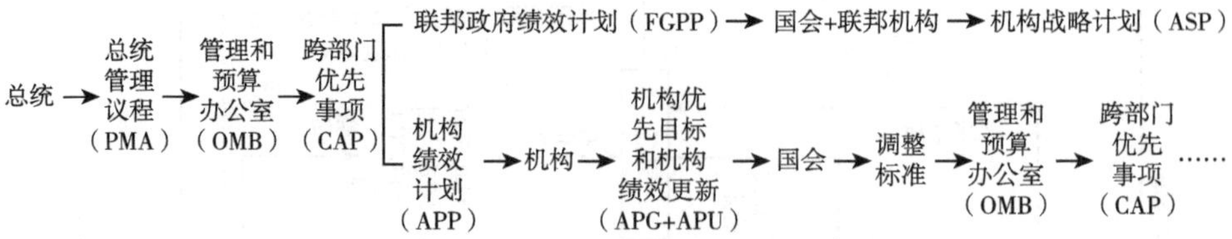


这一机制来实现的，进而我们得出结论：GPRAMA 以法律的形式确定了跨部门优先事项（CAP）在联邦绩效管理体系中的中枢地位。

## 二、2023 年 OMB 通告 A－11 号文件（OMB Circular A－11）

OMB 通告 A－11 文件被政府责任署（GAO）称为“GPRAMA 实践的后续合法性依据，为联邦机构后续实施 GPRAMA 提供了法律指导”，因此，研究最新的 A－11 号文件，能够明确 GPRAMA 中的各事项、战略审查以及总统管理议程（PMA）在绩效管理体系中的协调机制。2023 年，OMB 发布了当年所有工作的通告，其中第 11 号文件第 200 节详细介绍了联邦政府绩效管理框架的搭建、总统管理议程（PMA）的推进过程以及如何通过绩效管理帮助联邦政府做出决策和学习改善绩效结果与效率的方法。① 第 260 节详细介绍了上一部分中提到的“战略审查”及其目标——数据驱动的绩效审查的合法性依据以及具体实操②。根据 A－11 号文件，联邦绩效管理框架和 PMA 推进流程如图 5－4 所示。

OMB 认为，联邦政府绩效管理的代表性工具为总统管理议程（PMA），而总统管理议程（PMA）的实现又依靠跨部门优先事项（CAP）与机构战略计划（ASP）的拟定与推进。经过一系列旨在实现目标与战略计划的行动以及相

① Kamensky J M. Are We There Yet? The Evolution of the US Federal Performance Management Framework: 1993－2022 [J]. International Journal of Public Administration, 2023: 1－11.

② Office of Management and Budgeting (OMB). OMB Circular No. A－11, SECTION 260－DATA－DRIVEN PERFORMANCE AND STRATEGIC REVIEWS [S], SECTION 260－DATA－DRIVEN PERFORMANCE AND STRATEGIC REVIEWS.

关评估，实现目标管理状况与利益相关者状况的绩效信息反馈，进而实现“基于绩效信息的决策与改善结果和效率的学习过程”。

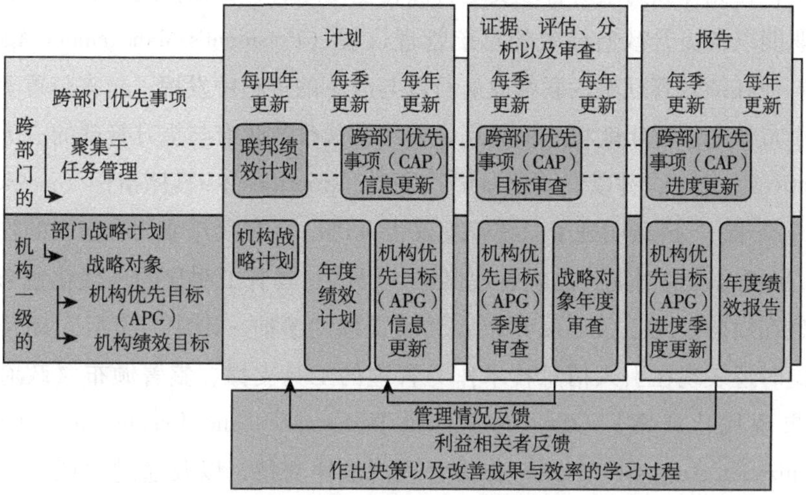


**图5－4　联邦绩效管理框架和总统管理议程（PMA）推进流程**

资料来源：Kamensky J M. Are We There Yet? The Evolution of the US Federal Performance Management Framework：1993－2022［J］. International Journal of Public Administration，2023：1－11.

## 第三节　总统管理议程

美国联邦政府绩效管理框架的构建是一个渐进的过程。1905年罗斯福总统（Theodore Roosevelt）连任并建立了“凯普委员会”（Committee on Department Methods，Keep Commission），为之后每一任的美国联邦政府定下了减少繁文缛节以及“（推进）政府改革”（Government Reform）的基调。一百多年来每一任总统领导下的联邦政府都有其明确的执政目标并且都首先明确两个最直接的问题：一是如何开始改革工作；二是一旦开始改革，如何持续推进与实施。[①] 自20世纪末克林顿政府提出“重塑政府”（Reinventing Government）这

① Breul J D，Kamensky J M. Federal Government Reform：Lessons from Clinton's “Reinventing Government” and Bush's “Management Agenda” Initiatives［J］. Public Administration Review，2008，68（6）：1009－1026.

一理念之后，绩效管理成为了衡量联邦政府完成其执政目标与改革进度的有力手段。联邦政府中进行绩效管理同样需要科学的框架、全面的指标以及精准的切入点，在克林顿为绩效管理奠定合法化基础之后，旨在推进政府改革、优化政府职能以及提升政府绩效的总统管理议程（President's Management Agenda, PMA）便在绩效管理融入联邦政府行政与改革的进程中发挥了越来越重要的作用：小布什上任首年就将总统管理议程作为其改革政府与提升管理的三大措施（initiatives）之一，并以“议程→优先事项（priorities）→具体指标（metrics）→绩效（结果）”链条明确了总统管理议程（PMA）在联邦绩效管理中的作用机制。① 奥巴马政府时期，总统管理议程（PMA）具有了明显的现代化色彩，这既表现在横向维度上关于联邦政府绩效管理“事前－事中－事后”闭环的构思，同时还表现在引入信息技术作为管理的工具支撑、签署颁布《政府绩效与结果现代化法案》（the Government Performance and Results Act（GPRA）Modernization Act, GPRAMA）作为管理的法律支持、以及通过“议程→优先事项→战略（strategies）→目标→具体指标→里程碑（milestone）/证据（evidence）→绩效（结果）”链条作为总统管理议程（PMA）运行机制的补充完善。可以说，总统管理议程（PMA）的演进过程即美国联邦政府绩效管理框架的构建过程。

总统管理议程于2001年正式施行，其为所有联邦机构确定了联邦政府管理范围内的优先事项（priorities），改善了政府的运作方式并显著提升了绩效。每一届联邦政府对于总统管理议程（PMA）的定义有不同表述：小布什政府将总统管理议程（PMA）定义为“管理改革的起点”，其基于公民中心、结果导向以及市场为基础的原则而建立，并指出了当前联邦政府所面临的核心管理问题，这些问题具有明显的针对性，因为它们“具有最明显的缺陷，最能改善政府绩效”（即优先事项），总统管理议程（PMA）重点关注上述问题的补救措施并为全面实施补救措施而努力；奥巴马政府则将PMA定义为基于透明、促进参与以及协作原则而建立的管理计划，该计划能推动联邦政府有效运作；特朗普政府延续了奥巴马政府总统管理议程（PMA）中对联邦政府绩效管理协同效

① Breul J D. Three Bush Administration Management Reform Initiatives: The President's Management Agenda, Freedom to Manage Legislative Proposals, and the Program Assessment Rating Tool [J]. Public Administration Review, 2007, 67 (1): 21-26.

应与现代化的重视，将总统管理议程（PMA）定义为“能够推动联邦政府现代化的关键领域的愿景”，认为总统管理议程（PMA）能够推动各联邦机构交付优先事项成果、提供优质服务，同时能够提升联邦机构代表美国人民有效管理纳税人资金的能力；拜登政府则认为总统管理议程（PMA）能“支持任何孤立的联邦部门达到其无法企及的进步并为其提供机会”，换句话说，即通过跨部门、跨机构以及跨层级的方式推动联邦部门实现优先事项等管理目标，而这些管理目标又是基于“平等（equitable）、有效（effective）以及负责的（accountable）行政”这一愿景以及共同价值为启发来构建的。尽管每一届联邦政府对总统管理议程（PMA）的定义的表述不同，但我们都可以从“共同价值 - 共同愿景 - 管理目标 - 实施措施”这几个层次来理解其内涵，还可以从“议程/目标 - 优先事项 - 指标 - 结果”这几个层次来解析其内容。总的来说，总统管理议程（PMA）界定并确立了联邦政府管理改革的关键优先事项与举措，而执行这些举措并完成优先事项的目标，能够提升联邦部门产出绩效的能力。更重要的是，总统管理议程（PMA）能够将整个联邦政府范围内不同联邦部门完成优先事项和行动计划改革的目的、目标以及行动战略聚合起来。为了推动总统管理议程（PMA）优先事项的执行进度，联邦政府会利用《政府绩效与结果现代化法案》（GPRAMA）中所要求的跨部门优先事项（Cross - Agency Priority，CAP）目标来协调各联邦部门的行动以及公开对联邦部门执行情况进行追踪后的相关信息。

## 一、前奏阶段（1993—2000 年）——克林顿时期

克林顿政府执政前一年（1992 年），政府改革的方法出现了巨大的转变——时任总统乔治 · H. W. 布什拒绝任命国会设立的改革委员会（reform commission）的成员并借此表达对传统改革方法的不满。[①] 由于他拒绝成立改革行动委员会，因此共和党参议员威廉 · 罗斯（William Roth）所提出的一项国会已同意并已被纳入综合预算法案中的立法提案无法贯彻执行。当时的联邦政府通过拒绝传统改革方法来表达其参与政府改革的意愿与观点：联邦政府应

① 传统改革方法即通过蓝带委员会（blue ribbon commission）是指由一些专业人士组成的、目的在于对某项社会事务进行调查研究的组织——来收集改革建议并确定改革措施。

该积极参与到改革建议的拟定过程中，在该过程中充分发挥联邦政府履行行政职能的作用，国会作为立法机构也不能完全包揽改革的执行过程，① 即政府改革需要对联邦政府的角色进行重新定位。

这一问题在克林顿政府执政伊始便得到了回答。1993 年 3 月 3 日，克林顿发表了“精简政府讲话”（Announcing the Initiative to Streamline Government），阐述了联邦政府的改革思路与议程，改革的执行工作也贯穿于其八年的总统任期。可以说，克林顿政府为总统管理议程的颁布奠定了扎实的理论与实践基础。但是通过总结“国家绩效审查”（National Performance Review，NPR）与“重塑政府中的国家伙伴关系”（National Partnership for Reinventing Government，NPR）的两项工作的实践经验，可以发现当时的绩效管理工作在连续性与制度化方面仍有改进空间，联邦政府绩效管理需要处理好以下关系：非正式组织与正式制度、跨部门合作审查与部门内部改革工作、长期改革计划与短期合作项目以及国会与联邦政府。而总统管理议程的提出，为在联邦政府绩效管理中解决上述问题提供了制度化的思路。

## 二、制度化阶段（2001—2008 年）——小布什时期

通过“议程”要素改善联邦部门绩效是小布什政府进行联邦绩效管理的思维起点，而以制度化的方式将“总统管理议程”嵌入联邦政府绩效管理全过程则是其执政八年期间的代表性举措。在竞选时期，布什就将改善联邦政府的管理和绩效作为其竞选纲领的重要内容；执政初期，他制定了具有针对性的议程以提高机构的管理能力以及联邦项目的绩效和成果；之后，他颁布的政府改革措施包括立法提案管理自由权（Freedom to Manage Legislative Proposals）、总统管理议程（PMA）以及项目评级工具（Program Assessment Rating Tool，PART），其中，立法提案管理自由权履行了“减少繁文缛节”这一承诺，使得总统管理议程能够平稳持续地运行，也为预算与绩效结合创造了条件。

布什政府执政八年期间所制定的联邦政府绩效管理措施具有以下特点：一

① Sistare H. Government Reorganization: Strategies and Tools to Get It Done [J]. IBM Center for The Business of Government, 2004.

是对持续行动与结果的重视。这一点在他于2001年发布的《总统给总统管理议程的信息》（President's Message to the President's Management Agenda）可以观察到，他写道："政府喜欢开启事项——宣布宏伟的新计划和事业。但良好的开端并不是衡量成功的标准。最终重要的是'完成、绩效、结果'：（政府）不仅要作出承诺，还要兑现承诺。在我的政府中，这将是从最远的地区政府办公室到最高办公室的标准"；二是提出了"议程-优先事项-指标-绩效（结果）"的绩效管理思路；三是项目预算与项目绩效的紧密结合，即PART的推行。综合来看，布什政府执政下的联邦政府绩效管理出现了以下变化：

### （一）总统管理议程的提出与落实

1. 提出倡议。

2001年2月28日，就职一个月后，布什总统向国会提交了《新起点的蓝图》（A Blueprint for New Beginnings）政府改革报告。其中，他呼吁建立一个"积极但有效"的政府，"赋予各州、城市以及公民做出决策的能力；通过问责确保结果；并通过竞争促进创新"。同时，这份报告也阐述了改革的三个原则，进而为制定总统管理议程与改善联邦政府绩效提供了指引：一是以公民为中心——而非以官僚机构为中心；二是以结果为中心——而不是以过程为导向；三是以市场为基础——积极促进而不是扼杀创新和竞争。

2001年4月8日，布什提交的有关2002财年预算提案的第一节就是"提高政府绩效"，其中除了承诺将按照上述三个原则来推进联邦政府"改革和现代化"之外，还宣布上述原则的提出只是议程的第一步，预示着总统管理议程的诞生。

2. 制定总统管理议程战略。

与克林顿政府扁平化的意见征集不同，布什政府选择通过OMB高层官员来了解当时最影响联邦政府绩效的问题，这样的方式也使得总统管理议程（PMA）制定所花费的时间少于《戈尔报告》的成文时间。2001年3月15日，OMB主管米奇·丹尼尔斯（Mitch Daniels）启动了制定PMA细节的工作：他决定在白宫会议中心召集OMB高级干部并举行会议，会议上，参会人员需提出最需要关注的以及最重要的政府工作议题。这次会议一共提出超过100个政策提案、计划以及管理议题，同时还详细讨论并盘点了政府问责办公室的高风险清单以及管理问题百科全书（encyclopedic listing of management problems）等，这为确定总统管理议程（PMA）优先事项目标奠定了基础。

2001 年 7 月，为了避免在执行总统管理议程（PMA）的过程中因为部门标准不一以及评估流程不清造成的执行偏差，布什发布了一份备忘录，要求各部门和机构负责人指定首席运营官（chief operating officers）并重新建立了由这些官员组成的总统管理委员会（PMC）。PMC 是各部门和机构履行总统管理议程、政府范围内的优先事项（priorities）并建立跨部门合作的重要媒介，它为机构内部、机构或部门间的各类政策，特别是评估政策实施提供了一个完善的整合机制。

2001 年 8 月，总统管理议程正式发布，其中包括了五个政府范围的改革计划（优先事项）以及九个特定机构目标（布什政府的总统管理议程详细内容见第七章），前者体现了布什政府对于构建联邦政府绩效管理框架的整体思路，即“议程 - 目标/优先事项/长期核心问题 - 指标 - 绩效（结果）”链条。布什政府并不建议将过于细致或冗长的措施作为优先事项，而认为应把注意力放在会议提出的议题上，并将其凝练成五个最能够影响联邦政府绩效、需要持续行动以及具有长期意义的管理问题，进而形成了总统管理议程（PMA）优先事项，分别是：①人力资本的战略管理；②竞争性采购；③改善财务绩效；④拓展电子政务；⑤预算与绩效整合。同时，为了阐述总统管理议程（PMA）的长远意义以及“行动”的重要性，布什政府的 PMA 强调“其应重点关注被普遍认为是严重问题的补救措施，并应该承诺全面实施这些措施”；随后，为了衡量“全面实施”优先事项的效果与进度，布什政府又为每个优先事项制定了 8—10 个可衡量的成功标准，以衡量联邦机构取得的阶段成果与绩效。

3. 实施总统管理议程。

（1）“红绿灯”记分卡的全面推广。与克林顿政府以国家绩效审查（NPR）这一外部机构对联邦政府绩效进行审查的做法不同，布什政府虽然选择延续上届政府“制定计划 - 跟踪进度”（即负责绩效审查的部门应该全过程跟踪改革计划的实施进度）的做法，但是却选择了 OMB 对联邦政府绩效进行管理，并且为了实现 PMA 中“不懈的后续行动”这一承诺，OMB 还成立了“职业计划审查员”（career program examiners）来跟踪联邦机构改革计划实施情况，较往届政府而言，这一做法在预算和管理之间建立起了更紧密的联系。在审查过程中，

“红绿灯”记分卡发挥了重要的作用。①

在克林顿政府时期，“红绿灯”记分卡只用于联邦政府高级管理人员对所属机构的自评估中，但是在布什政府执政时期，这一工具被全面推广于联邦政府绩效管理之中。记分卡采用简单的“红绿灯”评分系统来跟踪每个部门和联邦机构实施 PMA 的状态和进度，评分标准由总统管理委员会（PMC）制定并交由政府和学术界（国家公共管理学院等）进行审核。绿色分数表示该机构已满足优先事项成功标准的所有要素；黄色表示该机构在所有标准中均达到了中等绩效水平；红色意味着该机构存在着一个及以上严重缺陷。2001 年启动该评估方法时，130 个打分项（总统管理议程中针对的 26 个主要政府机构都实施了 5 个优先事项）中有 110 个评分为红色——几乎没有一个机构对其在五个优先事项中的实施情况表示满意。管理和预算办公室发布的《绩效与管理评价：2004 财年美国政府预算》（*Performance and Management Assessment*：*BUDGET OF THE UNITED STATES GOVERNMENT*，*Fiscal Year* 2004）中有一部分为“2004 财年联邦政府机构绩效与管理评价”（PERFORMANCE AND MANAGEMENT ASSESSMENTS），该部分对在联邦政府各机构中推行“红绿灯”记分卡进行了详细的讲解，并为联邦机构以及部门提供了详实的操作指南。② 截至 2008 年 3 月 31 日，劳工部（Department of Labor）、社会保障管理局（Social Security Administration）和环境保护局（Environment Protection Agency）落实总统管理议程（PMA）的情况最令人满意并获得了五个绿色分数。

（2）项目评级工具（PART）的嵌入。如果说记分卡这一工具的主要作用是跟踪项目或政策的进度，那么项目评级工具则是一种能够将政府项目绩效与联邦预算紧密结合、针对项目全生命周期并且在提升联邦政府绩效方面具有一定激励作用的评估工具，同时它在总统管理议程（PMA）优先事项落实中也发挥了重要作用。PART 于 2002 年启动，通过将资源与计划结果联系起来，进而将绩效信息与资金决策层面的预算决策过程融合，并提高联邦机构内各个计划的绩效。项目评级工具（PART）采用诊断问卷的形式，包括 25—30 个问

① Friel, Brian. OMB Chief: Management Agenda Needs “Relentless Follow - Up.” Government Executive [EB/OL]. 2003. http://www.govexec.com/dailyfed/0503/052203b1.htm.

② Office of Management and Budget, OMB. Performance and Management Assessments [J]. U.S. GOVERNMENT PRINTING OFFICE, 2003.

题，其涉及：①项目是否有明确目的并且能否经过精心设计以实现其目标；②评估战略规划并权衡该机构是否建立了以结果为导向的年度和长期目标；③对机构计划的管理进行评级，包括提高项目实施效率等工作的质量；④对计划结果（即计划是否实现其长期目标和年度目标）的准确性和一致性进行评估等问题。除了25个基本问题之外，PART还针对不同联邦项目类型定制了附加问题。

上述四个部分中每个部分的问题答案都会产生从0—100的数字分数，之后再将数字分数合并起来并转化为定性评级："有效"计划是指得分为85—100分的计划；"中等有效"计划得分为70—84；"合格"项目得分为50—69；"无效计划得分则为0—49。同时，如果某一计划未能提供可衡量的绩效标准或绩效数据，则会收到"结果不予展示"这一评级。此外，PART结果会与预算资金资助紧密联系，这是因为该结果能帮助政府做出"是否对某一项目进行投资或资助"的决定；而一个项目或计划哪怕再"有效"，但如果不能帮助联邦政府落实总统管理议程（PMA）中的优先事项，也会被OMB减少预算资金。截至2008年2月，OMB运用项目评级工具（PART）评估了1 000多个联邦政府项目计划的绩效，这些项目的预算占联邦预算的98%，在帮助联邦政府对落实总统管理议程（PMA）、规划预算与提升绩效等方面起到了重要作用。

总的来说，项目评级工具（PART）为总统管理议程（PMA）的实施提供了有力的工具支撑，为评估项目有效性提供了充足证据。其在两个方面超越了GPRA：首先项目评级工具（PART）能够生成关于项目是否有效的"判断"（judgement），这种判断的依据是对项目管理以及实施结果（发生了什么）所进行的公开和系统性评价；其次是项目评级工具（PART）能够呈现某些项目的实施效果：部分项目的有效性难以被证明，而通过项目评级工具（PART）的呈现，能够让OMB中的决策者将预算与项目联系起来。

### （二）联邦政府绩效管理跨部门、跨机构趋势

联邦政府绩效管理跨部门的趋势除了之前提到的总统管理委员会（PMC）的作用之外，还具体表现在以下几项制度安排中：

首先是2001年秋天，总统管理议程（PMA）颁布一个月后，总统人事助理克莱·约翰逊（Clay Johnson）成立了一个指导委员会（steering committee），为优先事项制定考核标准并对总统任命的政府改革领导者进行领导力

培训。该委员会包括人事管理局（Office of Personnel Management，OPM）、管理和预算办公室（OMB）、总务管理局（General Services Administration，GSA）的代表以及几位内阁任命的人员。

其次是2002年政府卓越委员会（the Council for Excellence in Government）为了帮助联邦政府各机构中的改革领导者将改革行动转化为绩效成果，举行了四次互动研讨会，每次会议的时间与主题分别为：2002年2月——扩大电子政府；2002年3月——预算和绩效整合；2002年3月——人力资本战略管理；2002年5月——竞争性采购。

最后是为了使联邦政府各机构之间的绩效信息交流更为流畅，并且将基于结果的联邦政府绩效管理改革制度化，布什政府成立了绩效改进委员会（Performance Improvement Council，PIC）。与总统管理委员会（PMC）的作用不同，前者主要负责在总统管理议程（PMA）优先事项的执行过程中建立交流机制，而后者则更多在项目和结果的跨部门交流上发挥作用。2007年11月，为了将基于结果的管理延续到下届政府，布什发布了第13450号行政令，要求各机构任命绩效改进官（performance improvement officers，PIO），其任务包括：协调绩效计划和报告；确保计划目标是积极、现实且能被准确衡量的；定期与经理会面以评估他们的绩效等。同时，该行政命令还要求绩效改进委员会（PIC）应由绩效改进官（PIO）组成、由OMB管理副主任领导，以进一步推动该委员会在制定绩效评估标准以及促进跨部门、跨机构的（绩效）信息交流等方面发挥作用。

### （三）绩效-预算整合

1. 项目级别的整合。

小布什政府非常重视在资金和管理决策中定期考虑绩效信息，同时还需要保证计划或项目取得预期成果并有可持续改进的行动。政府的预算绩效整合倡议要求各联邦机构寻找改进项目或计划的管理和设计的机会，然后制定和实施明确、积极的计划以提高项目预算的绩效并对成功的计划进行更多投资。在项目与绩效挂钩的背景下，各联邦机构大幅调整了向OMB提交的预算申请，同时，其申请也会被纳入过去和预计的绩效信息库中。

2. 政府雇员的绩效文化。

布什延续了克林顿政府的做法，改进了联邦政府高级管理人员的绩效管理标准，使其更加注重结果。最主要的表现是2002年联邦政府根据《国土安全法》（The Homeland Security Act of 2002）创建了国土安全部（the Department of Homeland Security），并建立了新的人事制度：雇员是否加薪取决于其绩效结果；随后，布什政府宣布将高级管理人员的薪酬与绩效评估标准挂钩并于2003年将该规定纳入法律。2004年8月，人事管理办公室和OMB发布了规定，为高级管理人员的绩效工资制度制定了详细规则。此时，数千名高管的薪酬水平和薪酬调整幅度由评估系统及其所对应的激励而定，该系统根据基准绩效做出雇员工作是否有意义的判断。除此之外，还通过法律授权近60%的联邦文职人员在薪酬与个人绩效之间建立类似的联系。截至2008年初，绩效工资制度覆盖了近300 000名联邦政府员工，① 之后，绩效工资的影响持续扩大，其要求所有机构都要确定客户服务标准并将其与2008年中期的员工评估挂钩。②

可以说，小布什政府以总统管理议程促进联邦政府绩效的思路取得了明显的成效，并且与他的其他两大政府改革措施（立法提案管理自由与项目评级工具即PART）形成了一定的协同效应。

但是，在其第一任期结束后，政府责任署（Government Accountability Office，GAO）指出，国会与总统应当重新审视联邦政府的“基础”——政府在国家面临财政失衡日益严重的背景下所制定的计划和承诺，并将这种基础与政府的行为紧密结合，而非使其成为摆设。③ 同时，公共管理学界十分关注当时所出现的优先事项与政府行为之间的脱节问题——这将导致意在改善政府绩效的努力与其目标背道而驰，并提出总统管理议程的落地成型还需要在明确优先事项之后制定一致的、科学的行动目标与行动流程，建立持续行动的机制；④ 最

---

① U. S. Office of Management and Budget (OMB). 2007a. Alternative Personnel Systems in the Federal Government: A Status Report on Demonstration Projects and Other Performance - Based Pay Systems [EB/OL]. 2007. Washington, DC: Government Printing Office. http://www.opm.gov/demos/2007StatusReport_on_DemonstrationProjects_and_OtherPerformance - BasedPaySystems.pdf [accessed July 27, 2008].

② Federal Customer Service Enhancement Act, H. R. 404, 110th Cong., 1st sess.

③ U. S. Government Accountability Office. 2005. 21st Century Challenges: Reexamining the Base of the Federal Government. Washington, DC: Government Printing Office. GAO - 05 - 325SP.

④ Kettl D F, Kelman S. Reflections on 21st Century Government Management [J]. iBM Center for the Business of Government, 2008.

后，小布什政府的立法提案管理自由权这一设想也被公共管理学界学者看作是对国会权力的“攫取”,[①] 因此除了制度化的绩效管理，如何提升联邦政府绩效管理合法性问题也成为了奥巴马政府制定总统管理议程时需要着重考虑的问题。

### 三、现代化时期（2009 年至今）

现代化时期的总统管理议程我们将在本书第八章详细阐述。

## 第四节　跨部门优先事项[②]

奥巴马政府执政以后，美国联邦政府绩效管理议程逐渐具有了现代化的趋势，绩效管理工具呈现出更为浓厚的理性色彩。[③] 对总统管理议程进行“优先事项 - 战略 - 绩效标准”的层级划分，不仅标志着政府绩效管理框架的逐渐明晰，同时也突出了对能够推动 PMA 进展的工具的需求，这种工具的作用机制即促进跨部门合作并完成目标。2011 年 1 月 4 日，奥巴马签署颁布《政府绩效与结果现代化法案》（GPRAMA），正式将上述工具称为跨部门优先事项（Cross - Agency Priority，CAP）[④]。按照梅岑鲍姆与齐恩兹的设想，联邦层面的绩效目标体系应按照优先事项的层级来划分（详见第八章），因此跨部门优先事项（CAP）目标从属于总统管理议程中的优先事项目标，同时作为该

① Breul J D. Three Bush Administration Management Reform Initiatives: The President's Management Agenda, Freedom to Manage Legislative Proposals, and the Program Assessment Rating Tool [J]. Public Administration Review, 2007, 67 (1): 21 - 26.

② 本节所说的“跨部门优先事项”（CAP）之“部门”与“机构优先目标”（APG）等之“机构”是同一指代，都是指各联邦机构（agency 或 agencies），只是为了突出介绍 CAP 在 GPRAMA 与 PMA 中的特殊位置以及在联邦绩效管理中的作用机制，特意将其译为“部门”，以便于区分大量概念。这里的“跨部门”与联邦机构下的“分支部门”（branches）并非同一对象。

③ Choosing the Nation's Fiscal Future [M]. Washington, D. C.: National Academies Press, 2010: 12808.

④ GPRAMA 最初将这一工具称为“联邦政府优先目标”（Federal Government Priority Goals, FGPGs），但是由于其和其下属的“联邦政府绩效目标”（Federal Government Performance Goals, FGPGs）缩写相同，容易造成操作上的不便，因此之后将其更名为更确切的“跨机构优先事项目标”（Cross - Agency Priority Goals, CAP Goals）。

优先事项目标的工具，不断促进多个主要联邦机构积极合作以加快 PMA 优先事项的完成。上一节通过梳理总统管理议程的基石、形成以及发展历程明确了其对于构建联邦政府绩效管理框架的意义，这一节将基于 GPRAMA 及其相关规定，从概念、体系以及实践等方面详细介绍推进议程优先目标完成的有力工具——跨部门优先事项。

## 一、跨部门优先事项目标与联邦政府绩效管理

奥巴马政府在优化 PMA 运作流程中所推行的措施之一就是对总统管理议程（PMA）的优先事项及其绩效指标进行细分，梅岑鲍姆将优先事项划分为“总统的 - 跨部门的 - 部门的 - 单个项目的”优先事项体系，四者层层相扣，因而总统优先事项是总统管理议程（PMA）推动联邦政府改革的有力手段，跨部门优先事项又是总统优先事项的一个子集。因此，要研究总统管理议程（PMA）的实践路径，跨机构优先事项是一个直接与客观的切入点。

除此之外，基于目前国际公共行政学者的观点，目前主要有四种不同的政府绩效管理系统模式与框架：一是“绩效行政模型”（performance administration mode）。该模型包括正式和程序性的机制，这些机制注重创建线性的投入、产出或结果测度系统，该系统主要关注绩效计划与预算的生产率和效率。同时，该模型还假定政府机构与绩效行政的程序具有很大的稳定性，并且在很大程度上依赖于逻辑模型的使用。二是“孤立的绩效模型”（siloed performance model）。该模型的基础是为不同的政府机构职能和预算计划分门别类建立专门的绩效系统，这些职能和计划相互脱节且缺乏整合，即使在同一个政府机构内也是如此。该模型假设绩效评估的函数和绩效管理程序在很大程度上是相互独立的，且十分强调责任；三是“绩效管理模型”（performance management mode）。该模型认为，绩效评估不仅应该用于问责，还应用于机构以及项目内部的学习和改进。绩效信息由系统生成、整合并用于项目管理和预算决策。四是“绩效治理模型”（performance governance mode）。该模型提倡应以协同协作的方法取代层级节制的绩效管理，认为绩效管理在实践与方法上应是“跨机构或跨部门”的——即多个独立行为者为公共服务供给做出贡献，推动绩效系统的透明化，并为政府部门与非政府行为者一起做

出决策而提供信息。[①] 由此可见，逐步走向“绩效治理”的政府绩效管理模式离不开跨部门或跨机构的合作，因此，跨部门优先事项（CAP）还是研究美国联邦政府绩效管理模式演进的一个科学的切入点。

## （一）跨部门优先事项的概念

跨部门优先事项是执政政府用来加快总统管理议程中数量有限的总统优先事项目标（presidential priority goals）进展的工具。总统优先事项目标的实现需要多个机构之间的积极合作，因此就需要在总统优先事项目标中细分出完成上述事项时跨部门（或机构）的行动目标、协调进路以及目标层级，这就是跨部门优先事项（CAP）目标的由来。跨部门优先事项（CAP）目标具有长期性质，通过推动跨政府合作（cross - government collaboration）以应对影响大多数联邦机构的、政府范围内的管理挑战。

作为总统优先事项的一个子集（subset），跨部门优先事项（CAP）目标用于执行总统的管理议程，并辅之以其他跨机构协调和目标设定工作。从决策机构来看，跨部门优先事项（CAP）是由 OMB 在绩效改进官（PIO）以及 OMB 管理副主任（OMB DDM）共同组成的绩效促进委员会（PIC）的协助之下决定的，并且随着每个总统政府的任期而进行四年一次的更新或修订。从预期结果来看，跨部门优先目标是根据既可能会推动总统管理议程（PMA）进展、又可以增进跨部门协调性、还能以成果导向的政策领域确定的。

《GPRA 现代化法案》（GPRAMA）要求联邦政府设定两种类型的跨部门优先事项（CAP）目标（在《GPRA 现代化法案》中称为“联邦政府优先目标”）：

第一，跨越机构（或部门）界限的、跨越数量有限的交叉政策领域[②]的以

① Bouckaert, G. , & Halligan, J. (2007). Managing Performance: International Comparisons (1st ed.). Routledge. https://doi.org/10.4324/9780203935958.

② 交叉政策领域（crosscutting policy area）：即需要各联邦机构交叉合作才能达到预期政策效果的政策领域。国会和监督机构（主要指 OMB）对跨越机构和计划界限的政策领域十分感兴趣，而在这些领域中，多个机构或项目可能会合作并为期望的政策成果共同努力，但在某些情况下，会有“重复努力”的情况发生。接下来就会介绍到，GPRAMA 要求 OMB 在其绩效网站上发布每个机构的计划（agency plan）以及该计划在多大程度上实现了该政策成果的一条或多条的信息，以对机构绩效进行评估并避免“重复实现”；同时，政府问责局（GAO）还需要每年单独报告具有“重复目标和活动”的计划、机构和举措。

及以成果为导向的目标。该类目标之后被政府责任署（GAO）统称为“以任务为中心的跨部门优先事项（CAP）目标”；

第二，改进整个联邦政府的管理职能的目标，主要从以下几个领域展开设定：信息技术、财务管理、人力资源、采购和收购以及不动产。该类目标之后被 GAO 统称为“以管理为中心的跨部门优先事项（CAP）目标”。

## （二）跨部门优先事项与联邦绩效管理实践

实现跨部门优先事项（CAP）目标是实施 GPRAMA 和联邦绩效管理框架的重要工具，更确切地说，跨部门优先事项（CAP）目标是联邦绩效管理实践的主要落点或中心。

GPRAMA 旨在创建一个综合的、跨领域的联邦绩效管理框架，而实施该框架的要求之一即建立一系列以 4 年为一周期、以管理为中心、以结果为导向，并涵盖了总统优先事项中有限的任务和管理领域的目标，这类目标被称为“跨部门优先事项目标”。[①] 根据拜登政府发布的总统管理议程，当前美国联邦政府绩效管理框架，主要包括对战略目标（strategic objectives）、跨部门优先事项（CAP）目标、机构优先目标（Agency Priority Goals，APGs）以及前述三者指标与成果进行的追踪与评估。由于 GPRAMA 旨在构建一个具有连续性的、更加综合的以及跨领域的联邦绩效管理框架，因此其中还阐明了机构战略计划（Agency Strategic Plan，ASP）和机构优先事项（APG）与跨部门优先事项（CAP）的协调机制——机构战略计划描述了联邦机构未来四年的整体目标并为跨部门优先事项（CAP）目标的制定提供信息。随后，联邦机构根据 ASP 中对于“机构绩效计划（Agency Performance Plan，APP）将对战略目标落实产生什么影响”的阐述来确定其机构绩效计划（APP），机构绩效计划（APP）由一系列的机构绩效目标构成，且部分绩效目标将会被认定为机构优先目标（APG）。而联邦机构在确定机构优先目标（APG）时应该阐明该机构优先目标（APG）将如何促进跨部门优先事项（CAP）目标体系中某一目标的实现，即机构在确定未来两个财年的机构优先目标（APG）时应该以跨部门优先事项

---

① Government Accountability Office（GAO）. GOVERNMENT PERFORMANCE MANAGEMENT: Key Considerations for Implementing Cross - Agency Priority Goals and Progress Addressing GAO Recommendations [R]. GAO -21 -104704, GAO, 2021: 2.

（CAP）作为其依据与信息来源。

综上所述，从机构视角来看，跨部门优先事项（CAP）以及机构优先目标（APG）贯穿了总统管理议程（PMA）推进政府改革的整个过程并连接起了绩效管理各利益相关方。从时间维度来看，跨部门优先事项（CAP）通过与总统管理议程（PMA）同步同频的方式，承接了机构战略和总统预算提案的要求，实现了开启机构优先目标（APG）等目标与计划的制定的职能。如果说总统管理议程（PMA）为确定联邦绩效管理框架提供了有力支撑，那么实现跨部门优先事项（CAP）目标则是落实联邦绩效管理框架的实践要点，而这种实践则是通过“总统管理议程（PMA）—战略—跨部门优先事项（CAP）目标—机构战略计划（ASP）—年度绩效计划（APP）—机构优先目标（APG）”机制实现的。上述机制恰好串联起了当前美国联邦绩效管理流程中的关键要素，也就是说：跨部门优先事项（CAP）是联邦制政府绩效管理的核心——它向上对标总统管理议程（PMA），又通过绩效目标体系，向下衔接机构优先目标、绩效监控和报告等。第三部分将会继续围绕上述机制详细介绍整个联邦政府的绩效管理运作。接下来将详细介绍跨部门优先事项（CAP）目标的实施机制。

## 二、跨部门优先事项（目标）的实施机制

明晰了跨部门优先事项的来源、概念以及分类过后，就需要继续探讨其运作机制以明确跨部门优先事项（CAP）的信息来源以及实践要点。要想清晰且明确地研究跨部门优先事项的运作流程，还需重新回到其在“时空”上的起源——GPRAMA。根据 GPRAMA 的规定，政府责任署（GAO）应定期向国会报告该法案的实施情况，报告中至少应包含促进跨部门优先事项（CAP）目标实施的关键考虑因素（key considerations）以及 OMB、各联邦机构在落实实施 GPRAMA 建议方面的进度，其中前者阐明了跨部门优先事项（CAP）目标的运作机制。根据 GPRAMA 和 2021 年 GAO 向国会提交的报告，目前联邦绩效管理实践中推动跨部门优先事项（CAP）目标实施的关键步骤和关键要素见表 5－1：

表 5-1　　实施跨部门优先事项（CAP）目标的关键要素

| 实施跨部门优先事项（CAP）目标的关键步骤 | 关键要素 |
|---|---|
| 建立目标 | 建立一系列综合的、以结果为导向的跨领域任务，和以管理为中心的目标，该目标体系应反映政府的最高优先级政策 |
| | 让负责实施跨部门优先事项（CAP）目标的团队和主要利益相关者尽早参与以结果为导向的目标体系和绩效衡量标准的制定过程 |
| 确定目标领导者和贡献者（contributors，贡献机构和方案） | 确定跨部门目标领导者和子目标领导者，进而在跨部门优先事项（CAP）目标实施过程中推动领导力、协调性、连续性以及机构支持共同发挥作用 |
| | 阐明并商定实施跨部门优先事项（CAP）目标的团队的定位、职责以及决策流程 |
| 明确能够推动跨部门优先事项（CAP）目标实施的资源 | 为实施跨部门优先事项（CAP）目标投入一定资源，包括资金、人员和技术 |
| | 为了推动跨部门优先事项（CAP）目标实施过程中的协同性，应创建实践经验等其他资源的存储库（repository），以便在跨部门优先事项（CAP）目标实施团队之间共享 |
| 使用绩效信息 | 专注于提高数据的质量和使用率，以便对目标进度和持续改进联邦政府的承诺进行定期评估 |
| 报告目标实施结果 | 报告能够对“制定绩效评估标准”等目标实现进展的评估标准产生影响 |
| | 在一个跨部门优先事项（CAP）目标周期结束时，对是否实现目标以及进度进行评估和报告 |
| | 指定沟通策略以便于向主要利益相关者和公众传达跨部门优先事项（CAP）目标的价值 |

资料来源：Government Accountability Office（GAO）. GOVERNMENT PERFORMANCE MANAGEMENT：Key Considerations for Implementing Cross-Agency Priority Goals and Progress Addressing GAO Recommendations［R］. GAO-21-104704, GAO, 2021：8-19.

## 三、联邦政府层面绩效管理过程

### （一）事项运行周期视角下的绩效管理过程

从第二节的介绍中，我们明确了研究联邦政府绩效管理的运作机制可以从机构切入，而从 GPRAMA 规定的每一财政年度相关计划以及目标制定的时间线出发，对推进预算提案、形成审查报告清单以及开启下级事项等方面的运作机制进行研究，则可以为我们描绘出当前联邦政府绩效管理的全过程。上一部分着重以 GPRAMA 为根据、从机构职能的视角对各绩效计划以及事项特别是跨部门优先事项的制定、审查与调整等的运作机制进行了考察。但是 GPRAMA 中关于绩效管理的介绍不仅是从“机构 - 事项”这一维度展开的，还是从“事项 - 时间”这一维度展开的，最明显的表现就是该法案开创性地提出了机构战略计划（ASP）的周期应与总统任期同步、跨部门优先事项的周期应与总统管理议程（PMA）周期同步。接下来就以 2011 财年开始（GPRAMA 落地）~ 2015 财年开始（机构战略计划与跨部门优先事项正式全面推广）这一时间段的议程、事项以及计划制定为例，分析时间维度下的绩效管理运作机制。按照各事项作用周期进行分类，主要分为以下几类：

1. 四年更新一次的事项。

（1）机构战略计划（ASP）。按照 GPRAMA 规定，机构战略计划（ASP）必须涵盖联邦机构未来四个财政年度的主要职能和运作的“总体目标和指向对象”并描述它如何与其他机构合作以实现数量有限的目标。从制定周期上来看，GPRAMA 调整了 1993 年 GPRA 规定的“五年一周期的战略计划”的更新流程，目的就是为了推进部门战略与总统任期同步，进而在总统任期内尽可能搜集关于其内阁以及机构的运作情况与绩效信息，以构建一个“基于证据的”问责流程。从提交时间上来看，各联邦机构必须在总统任期第一年后（即二月的第一个星期一之前）提交每四年更新一次的战略计划——这个时间节点与总统预算提案（PBP）的截止时间相同，旨在推进机构战略与总统预算提案及其管理议程的同步上传，进而便于将计划与现实情况进行对比，为问责服务。

GPRAMA 颁布时正值 2011 财年第二季度（2011 日历年年初）始，同时也是奥巴马政府第一任期的中后期，虽然当时机构战略计划（ASP）已经开始施行且原则上机构战略计划（ASP）应在每届联邦政府执政前期就公布，但是考虑到这一时间点的重要性以及机构战略计划（ASP）应体现总统任期全过程的努力，因此国会当时并没有要求联邦政府即奥巴马政府立刻将其“战略计划”（Strategic Plan，SP）改为“机构战略计划”（ASP），而是给了各联邦机构两个财年做好战略计划转型准备工作——各机构应在《2013 财年总统预算提案》提交日期（2012 年 2 月）之前提交其将战略计划（SP）转变为机构战略计划（ASP）的方案。2013 年总统大选结束后的一年内，各联邦机构正式开始拟定与提交其未来四个财年的机构战略计划（ASP）（即 2015—2018 财年机构战略计划）并将该模式延续下去。

（2）总统管理议程（PMA）与跨部门优先事项（CAP）。根据前文的介绍，总统管理议程（PMA）确定并建立了联邦政府旨在实施的政府关键管理改革优先事项和举措，希望随着时间的推移能够通过该议程推动提升联邦机构交付使命成果、提供优质服务以及代表国内公民有效管理纳税人资金等能力。PMA 传达和组织了整个联邦政府改革优先事项及其举措的目的、目标以及实施战略。最初小布什政府关于总统管理议程（PMA）的构想是每五年更新一次以突出其战略性与延续性，而奥巴马政府执政之后，为了更好地推动这些管理优先事项（即总统优先事项）的执行与问责，之后的联邦政府都按照 2010 年 GPRAMA 的规定推动总统管理议程（PMA）优先事项的执行——总统管理议程（PMA）的制定周期尽量与跨部门优先事项（CAP）同步，并通过跨部门优先事项（CAP）目标来协调和公开跟进联邦机构实施 PMA 优先事项的情况。因此总统管理议程（PMA）与跨部门优先事项（CAP）目标一般是同时发布的。

确定跨部门优先事项（CAP）目标之后，相应的网站（如 www. performance. gov）每季度都会对每个目标的实现情况进行更新并将其作为跨部门优先事项（CAP）目标合法性的保障，这些信息包括目标领导者、参与机构、组织、联邦政府绩效计划（FGPP）、机构优先目标（APG）、关键里程碑（milestone）、目前面临的管理挑战以及应对这些挑战的计划等。

正是因为考虑到跨部门优先事项（CAP）是新增的政府间事项且其应该将

总统管理议程（PMA）与总统预算联结起来，GPRAMA 仍然采用了“先由临时计划推进调整，再由定期事项落实规律”的思路——OMB 应该在充分考虑各方信息之后，于 2012 财年第二季度前同《2013 财年总统预算提案》一起将“临时版跨部门优先事项（CAP）”（interim CAP）目标以及总统管理议程（PMA）提交至国会，国会审核通过后 OMB 应全程追踪跨部门优先事项（CAP）目标实施的情况并将其作为下一周期跨部门优先事项（CAP）目标的参考信息。2014 财年第二季度开始后，临时版的跨部门优先事项（CAP）目标失效，各联邦机构通过上一周期的调整与过渡，逐步明确了跨部门优先事项（CAP）的运作流程，此时 OMB 提交的是一份“最终版”的跨部门优先事项（CAP）目标，所涉时间跨度为四个财年并在其中充分体现总统管理议程（PMA）优先事项的要求。此后，OMB 皆按四个财年为一个时间单位制定跨部门优先事项（CAP）目标。

值得一提的是，为了确保跨部门优先事项（CAP）的合法性，OMB 不仅要做到信息及时公开以及意见广泛搜集，还要与国会拨款委员会开展至少两年一次的“跨部门优先事项（CAP）制定与调整”磋商会议。

2. 两年更新一次的事项。

如果说跨部门优先事项（CAP）与机构战略计划（ASP）分别为整个联邦政府层面以及联邦机构内部制定了未来四个财年的战略目标，那么以两年为一个时间单位更新的联邦政府绩效计划（FGPP）、机构绩效计划（APP）以及作为年度绩效计划（APP）绩效目标中相对优先的机构绩效目标（APG）则为上述长期性的、持续性的以及前瞻性的事项或目标提供了相对中期的、阶段性的以及标准化的操作指引。总的来说，联邦政府绩效计划（FGPP）是跨部门优先事项（CAP）目标的细化绩效目标体系，年度绩效计划（APP）是机构战略计划（ASP）的细化绩效目标体系，而年度绩效计划（APP）中最为重要的、应被率先考虑的目标则成为了机构优先目标（APG）。他们都是随着当年的总统预算提案一起提交并且覆盖了当前财年以及未来一个财年的绩效计划。

3. 每年更新一次的事项。

每一财年都会进行一次更新的事项包括总统预算提案（PBP）、机构绩效更新（APU）和绩效目标和关键实施里程碑（milestone）。

GPRAMA 规定总统预算提案应包括各行政部门内部的某些计划清单以及各联邦机构向国会提交的报告。除此之外，清单内必须包括“联邦机构确定要消除或合并的事项”，而消除或合并事项的数量标准需要 OMB 确定，按照 OMB 规定的数量将清单报给 OMB 后，OMB、机构以及国会方面的对接人员将共同协商哪些事项可以被取消或合并。

以 2011 财年—2014 财年为例，2011 财年正式开始施行 GPRAMA，2012 年年初（2012 财年第一季度结束），联邦机构应公布其“临时性（2012—2014 财年）机构战略计划（ASP）”、2012—2013 财年的年度绩效计划（APP）以及 2012—2013 财年的机构优先目标（APG），并在其公共网站上公布上一财年（2011 财年）的绩效信息；OMB 应确定过渡时期（2012—2014 财年）的跨部门优先事项（CAP）以及 2012—2013 财年的联邦政府绩效计划（FGPP），并公布消除或合并事项的数量标准；总统应公布 2013 财年的总统预算提案（与临时版 CAP 提交时间相同）；国会应根据跨部门优先事项（CAP）目标对联邦政府各机构进行审查。2013 年，奥巴马成功连任，GPRAMA 以及跨部门优先事项（CAP）也进入全面实行阶段：2014 年年初（2014 财年第一季度结束），为了与总统任期同步，联邦机构应公布未来四年（2015—2018 财年）的机构战略计划（ASP）、2014—2015 财年的年度绩效计划（APP）以及 2014—2015 财年的机构优先目标（APG），并在其公共网站上公布上一财年（2013 财年）的绩效信息；OMB 应确定未来四年（2015—2018 财年）的跨部门优先事项（CAP）以及 2014—2015 财年的联邦政府绩效计划（FGPP），并公布该年合并或消除事项的数量标准；总统应公布 2015 财年的总统预算提案（与该阶段总统管理议程（PMA）、跨部门优先事项（CAP）的提交时间相同）、未来四年的总统管理议程（PMA）、机构的预算提案以及报告清单；国会应与 OMB、联邦机构协商消除或合并的事项，参与跨部门优先事项（CAP）以及机构战略计划（ASP）的制定中，并根据跨部门优先事项（CAP）目标对各事项以及联邦机构进行审查。

从时间维度来看，GPRAMA 中所涉及的各事项特别是跨部门优先事项（CAP）的运行机制如图 5 -5 所示。

通过从时间维度对 GPRAMA 中涉及的各事项与计划的周期进行考察，我们可以发现跨部门优先事项在时间上的运作规律是与其在一系列事项或计划中的职能作用息息相关的——与政府部门的战略以及总统的管理议程同步、承接总统预算提案并突出其政策偏好以及开启机构间和机构内的绩效计划。因此从时间维度上来说，跨部门优先事项（CAP）主要在联邦政府绩效管理体系中发挥的是“承上启下”的作用。

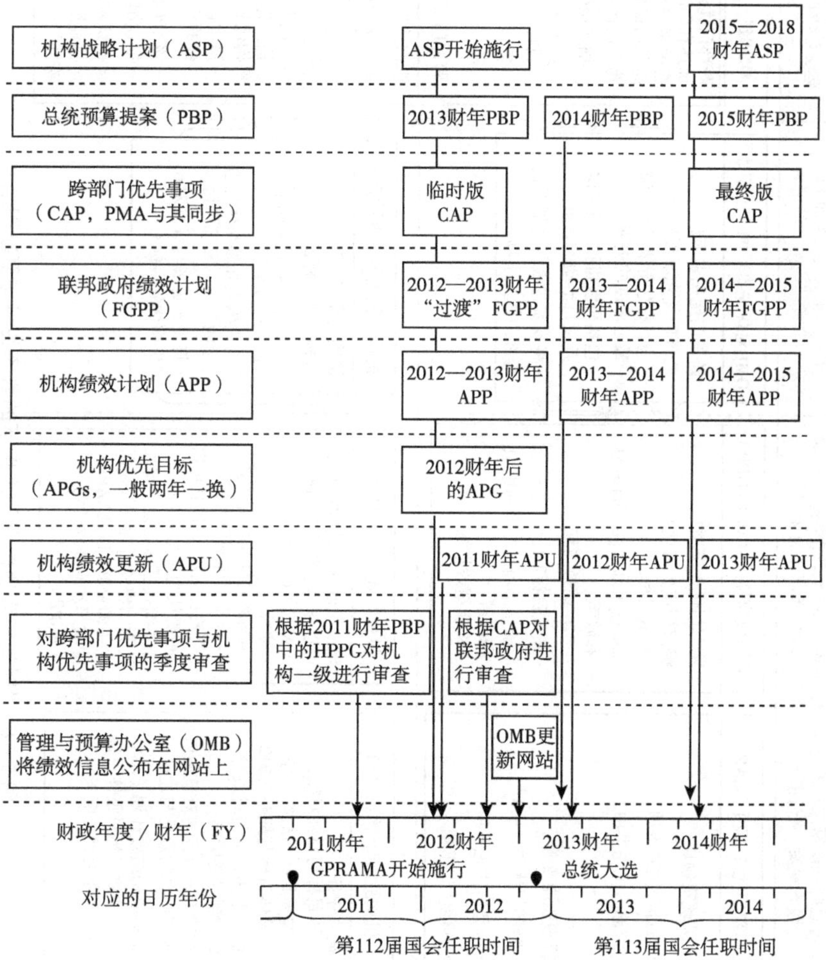


**图5－5　时间维度下的跨部门优先事项运作机制**

资料来源：Brass C T. Changes to the Government Performance and Results Act（GPRA）：Overview of the New Framework of Products and Processes.

更进一步地，还可以综合时间与事项的具体内容，总结出机构内部以及之间事项的关系以及更新周期。如图5－6所示。

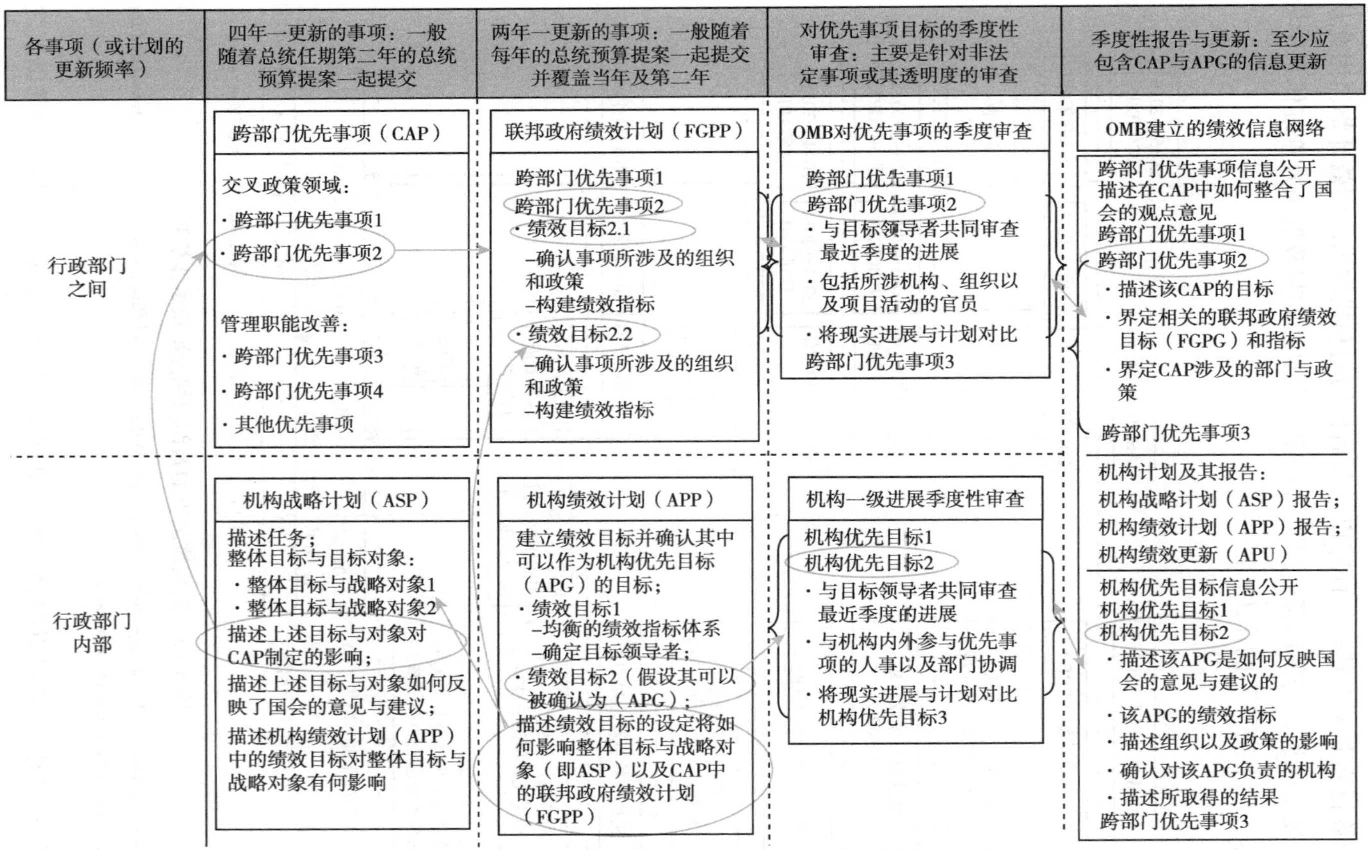


**图5－6 “时间－事项内容”维度下的事项关系与更新周期**

资料来源：Brass C T. Changes to the Government Performance and Results Act（GPRA）：Overview of the New Framework of Products and Processes.

由上图可知，联邦机构之间与内部的各优先事项以及绩效计划并非毫无联系、各自运行，而是在更新周期以及制定过程中具有一定关联，进而实现GPRAMA“各利益相关者均参与其中”的要求。

## （二）联邦政府绩效更新（performance update）网站中的管理流程

除了能够从GPRAMA中观察当前美国联邦政府绩效管理的流程外，结合上一部分中提到的机构绩效更新（APU）等一系列绩效信息报告与更新的要求，我们还可以从联邦政府绩效管理官网（www. performance. gov）上的实践要点切入，阐明联邦政府绩效管理的过程。如下图所示：

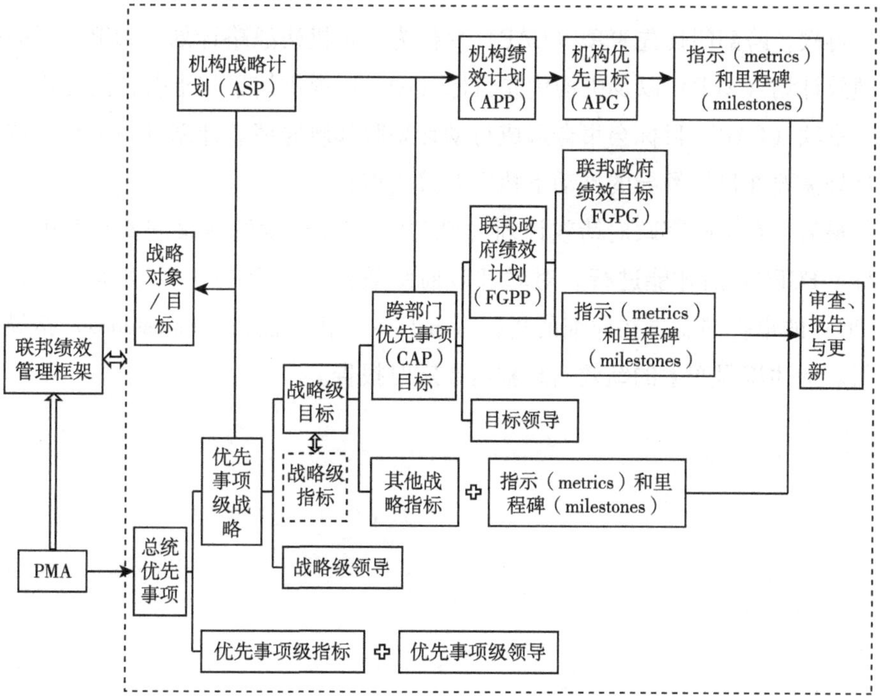


**图5－7　基于面板网站的联邦政府绩效管理流程**

资料来源：作者自制。

据该网站最新的表述，首先，总统管理议程（PMA）确定了联邦绩效管理的大致框架。如在对拜登政府的总统管理议程（PMA）进行介绍时所述：当前美国联邦政府绩效管理与审查的流程是基于跨部门优先事项（CAP）、机构优先目标（APG）、战略审查以及相关的指标展开的，而上述目标的优先顺序和负责单位等又集中体现于总统管理议程（PMA）中。总统管理议程（PMA）确定了总统级优先事项，并阐明了各优先级事项下的战略、指标以及负责领导等，优先事项战略与机构战略计划（ASP）共同构成绩效管理体系中的“战略对象/目标”并接受战略审查。

其次，各总统优先事项战略又被分为若干战略级目标（即该战略的成功指标），同时各战略又被指派了对应负责实施领导。而战略级目标中需要跨部门合作或跨领域合作的有限数量的目标被确定为跨部门优先事项（CAP）目标，剩余战略级目标在实施一段时间后直接进入对“指标”和“里程碑”的审查中。

再次，跨部门优先事项（CAP）目标为确定机构战略计划（ASP）下的机构绩效计划（APP）以及机构优先目标（APG）提供信息与指引，同时跨部门优先事项（CAP）目标会集合形成行动计划联邦政府绩效计划（FGPP），该行动计划需要在目标领导的推动下执行并接受审查。

最后，对于联邦政府绩效计划（FGPP）实施进度的考察需要在明确绩效目标（FGPG）后才能进行。对联邦政府绩效计划（FGPP）和机构优先目标（APG）的审查都需要在详细的指标（metrics）和里程碑（milestones）指导下进行。上述流程产生的绩效信息都需要定时报告。

# 第六章　国家绩效评审委员会与戈尔报告（1993—2001 年）

【内容提要】本章着重介绍克林顿时期的预算绩效管理体系和成果，以克林顿时期的预算绩效管理改革背景为切入点，剖析了该时期改革措施和带来的成效，详细介绍了国家绩效评价委员会的构成情况、主要职能、实施绩效管理的四个阶段及成效，阶段主要包括戈尔报告、平衡预算世界中的治理措施、布莱尔之家文件等。随后主要对戈尔报告进行了详细分析，在理论、现实和新旧矛盾的不断冲突之下诞生的戈尔报告坚持四个原则，消除繁文缛节，由注重过程的系统转变为注重结果的系统；把客户放在首位；授权雇员以取得成果；一削到底，并创造出一个少花钱多办事的政府。明确了提高政府工作效率和减少成本所必须做的事情，服务于客户，放权于雇员，精兵简政，积极面对改革，还引用了英国、新西兰和澳大利亚的改革经验，指出美国在发展新公共管理方面的问题。

## 第一节　克林顿时期的预算绩效管理

### 一、克林顿时期预算绩效管理改革的背景

20 世纪 80 年代末期，海湾战争导致全世界能源价格猛涨，引发了美国经济出现严重衰退。1991 年美国内经济出现 1% 的负增长，失业率高达 7%，财政赤字 2 000 多亿美元，老布什政府失去了民意支持。克林顿打着“变革美国经济和社会”的旗号在 1993 年竞选成功。

克林顿执政期间，美国经济保持了长期持续增长，国家财政收支平衡，社会就业充分，实现了低失业率、低通胀率和高经济增长的“两低一高”。这局

面一直延续到小布什执政初期，经济增长周期长达 10 年。“其间失业率低于 6%，通胀率降至 2% 以下，是 30 年以来最低水平。联邦财政出现盈余，到 2000 年时达到 2 560 亿美元”①。

克林顿的政策汲取了卡特政府、里根政府和老布什政府的经验教训，是兼顾新自由主义和保守主义的“第三条道路”。其经济政策属于凯恩斯主义范畴，在政治上采纳新保守主义的理念。凯恩斯主义的核心是放弃经济自由、由国家干预经济，以国民收入为中心，目标是充分就业、促进经济繁荣。在经济萧条时政府减少税收、增加开支、刺激消费；经济出现通货膨胀时，政府增加税收、紧缩开支。20 世纪 30 年代，罗斯福新政就是采用凯恩斯主义，使得美国度过了经济大萧条，经济得到恢复和发展。克林顿在竞选时就以罗斯福“新政”的传人自居。

### （一）财政形势

与几位前任总统相比，克林顿政策的成功之处在于着眼长远利益和公共利益，重视提升经济增长潜力。主要措施有：

第一，采取与里根和老布什不同的紧缩性财政政策，减少财政赤字。1993 年克林顿促使国会通过《综合预算调整法案》，规定 5 年内削减联邦财政赤字 4 960 亿美元。首先裁减的是政府行政开支，减少雇员，同时削减国防经费，关闭部分海外军事基地和减少退伍军人的福利津贴等。到 1999 年，美国防开支占联邦政府的财政预算减至 14.6%。到 1998 年，美国出现了 29 年来首次联邦政府财政盈余，约 630 亿美元。

第二，将公共开支和私人开支的重点从消费转向投资，优先投资对就业和长期增长具有拉动作用的基础设施、科技和教育。包括投资交通、通信基础设施用来改善投资环境，把建设全国范围的信息高速公路作为经济振兴的刺激手段，投资科技和教育以提高国家竞争力。比如，1998 年增加 20% 的教育拨款，新增经费 510 亿美元；采取减税措施，鼓励更多的青年接受高等教育等。

第三，改革税收制度，对富裕阶层增税，把减税的主要受益对象给予中产

① 罗晖．美国总统的科技观与科技政策（二）［J］．全球科技经济瞭望，2009，24（01）：54－63.

阶级，兼顾贫困阶层。年收入超过 18 万美元的富裕阶层应缴所得税从 31% 提高到 36%，年收入超过 25 万美元的还另缴纳 10% 的附加税。同时，允许中等收入的中产阶级选择较低的个人所得税率，对多子女的贫困家庭免税。

第四，实行稳定的货币政策，与财政政策互相配合，实现价格稳定、适度长期利率目标。为避免紧缩财政政策影响经济运行，美国联邦储备理事会（简称“美联储”）适时对利率进行微调，保持利率在较低水平，避免利率波动对经济的冲击。货币政策与财政政策的协调配合保持了市场稳定，刺激了私人投资和企业生产，促进了经济增长。

第五，维护美国的科技优势，鼓励投资研究开发，提高产业竞争力，克林顿首次把提高美国科技竞争力摆到政府的战略高度，他宣称要“领导美国参加全球经济竞争并取得胜利”。他持续提高联邦政府的研究开发经费，鼓励企业投资研究开发，1995—2001 年，美国全社会研究开发支出的增长速度年均 5%，高于欧盟（3.8%）和日本（2.9%）。克林顿还敦促国防部推进军事技术向民用转移，把美国的军事科技实力转化为产业竞争力。对科技创新的持续投入提升了美国产业的竞争力，20 世纪 90 年代末期美国占据了全球 60% 左右的计算机市场，汽车工业在落后日本 13 年之后，于 1994 年产量重新回到世界第一。

第六，实施积极的出口政策，促进高技术产品出口，扩大对外贸易。1993 年克林顿宣布实施“国家出口战略”，对内建立联邦政府贸易促进协调机制，对外主攻南美、大中华经济区、印度等十大新兴市场。在配合出口的产业政策上，克林顿采取出口融资和担保结合的配套政策，支持信息产业、现代制造业和服务业出口。克林顿实行强硬的谈判政策，对日本、中国施加压力，要求开放市场和保护美国企业的知识产权；对加拿大等邻国，则以北美自由贸易区方式消除障碍。克林顿还促使国会于 1993 年大幅度放宽对计算机和电信技术出口限制，简化出口许可证审批程序，扩大了美高技术产品出口。

### （二）预算管理中的弊端

美国的绩效改革是针对项目预算的缺陷提出的。项目预算虽然有利于实现事务与预算匹配，解决因两者脱节带来的政府低效率难题，但无法解决政府的两大支出——用于机构维持各项基本公共服务的支出和拓展性项目支出之间的矛盾，从而导致预算膨胀。在里根政府时期，甚至批准了荒唐的支出达上万亿美元的“星球大战”项目。克林顿接任美国总统前，连续执政 12 年的前任政府留下了高达 2 900 亿美元赤字的“烂摊子”。1993 年克林顿当选美国总统后，为顺应民意，实现建设花钱更少、办事更好的“好政府”竞选承诺，在上任后一个月内向国会发表了题为《美国变革的前景》的演说，提出了包括削减预算赤字，增加公共和私人投资，开展预算支出绩效评价的经济复兴计划。

### （三）克林顿政府的重塑

进入 20 世纪 90 年代以来，公共行政领域的焦点又重新集中到对政府预算绩效管理的研究。推动政府绩效评估复兴的重要动力包括：公民对政府信任度的持续下降、公民的抗税运动的频繁发生、立法部门企图控制政府支出的努力、公共服务私有化的迅速推进、英国和新西兰等国家为减少财政赤字的创新行动以及美国地方政府所发起的首创精神。20 世纪 90 年代前后，美国不仅面临着巨大的财政赤字，而且还面临着更加严重的管理赤字、信用赤字和绩效赤字。

克林顿于 1993 年 1 月就任总统后不久就提出改革联邦政府的问题。克林顿改革政府的目的，一是使对政府日益疏远和厌恶的公众恢复对政府的信心；二是解决政府财政不足及巨大的预算赤字问题。实际上，这两大问题一直困扰着当代美国政府。与卡特和里根不同的是，克林顿推行的改革不仅规模更大，而且是州和地方政府的重塑运动的延续。他从州和地方政府的重塑中找到了改革联邦政府的新思路。同年 3 月 3 日，克林顿正式宣布，他这一届政府“将在改革政府方面推出历史性举措——国家绩效评估（National Performance Review）”。“国家绩效评估”简称 NPR，既是克林顿对重塑联邦政府的命名，同时也指重塑联邦政府的组织和领导。克林顿之所以把联邦政府改革或重塑命名为国家绩效评估，是因为德克萨斯州政府于 1991 年面临巨大财政亏空时，发起了一场“绩效评估”运动，其结果是在随后的一年中，不仅州政府的工作成效得到提高，而且还为纳税人节省了数十亿美元。克林顿对此大加赞赏，所以借用绩效评估术语，把联邦政府的改革称为国家绩效评估。1998 年后国家绩效评估改名为国家重塑政府伙伴关系（National Partnership for Reinventing Government）。

同时指定戈尔副总统负责组织和实施这一改革计划①。戈尔受命组建了一个约250 人的国家绩效评估工作团队来执行这项重大计划，并于1993 年9 月向克林顿总统提交了经过6 个月时间完成了题为“从过程到结果：产生一个工作更好、花费更少的政府”（From Red Tape to Results：Creating a Government That Works Better and Costs Less）的系列报告。该系列报告由1 个总报告和38 个副报告组成，38 个副报告合计近2 000 页，共提出384 项改革建议，并把这些改革建议细化为1 250 项具体的改革行动。总报告在38 个副报告的基础上形成，着重阐述了副报告384 项改革建议中的119 项建议。1995 年1 月，联邦政府发布了新的题为“绩效评估第二阶段：产生一个常识政府”的改革报告，提出了200 多项改革新建议。该报告使用“常识”政府这一概念作为核心，是因为联邦政府已经演变成一个以自我为中心、用规章制度作茧自缚、行动缓慢、似乎迷失方向和目标的难以理解的复杂政府，公众甚至是政府雇员本身不理解政府在做些什么，改革的目标就是要把难以理解的政府还原为可以理解的常识政府。常识政府概念包含三层次含义：把公众看作客户放在第一位并了解公众的需求；为实现国家的共同目标而追求工作成效；通过高效率、低成本的工作使纳税人的钱产生更大的价值。

重塑联邦政府提出了改革的使命、原则、目标、方法等一系列指导方针。重塑联邦政府的使命是：在走向21 世纪的进程中，通过重塑政府的改革，形成一个工作更好、花费更少并追求符合美国民众利益之成果的政府。为实现这一使命，联邦政府改革设计者确定了重塑政府的4 条基本原则，即把客户放在第一位、铲除官样文章授权雇员追求成果、确定基本绩效准则。体现这些原则的行动法则，包括形成明确的使命感、多掌舵少划桨、下放权力和职责、帮助社区解决它们自己的问题、实行以绩效为基础的预算、在公共事务中引入竞争、寻求市场而不是行政解决、以客户满意度来评估成果等。对于改革政府的方法和路径，克林顿主张大胆采用州及地方政府重塑政府的一些做法，也就是借鉴私营部门的运作模式。他强调说，“没有谁规定政府不能节约、不能灵活，事实上，越来越多的政府已经这么做了。对联邦政府来说是到了向州及地

① 陈天祥．美国政府绩效评估的缘起和发展［J］．武汉大学学报（哲学社会科学版），2007(02)：165－170.

方政府、私营部门学习的时候了。在过去的10多年中，州及地方政府领导者在改革中的有效创举，许多大型私营公司在再造企业中所实行的组织瘦身、流程简化、客户导向等成功范例，都可以为联邦政府所借鉴。

应克林顿政府的要求，美国国会通过了《政府绩效与结果法案》(GPRA，1993)。在此基础上，联邦政府成立以时任副总统戈尔为首的国家绩效评价委员会（简称“国家绩评委”，NPR），国家绩评委通过文件、评价报告等方式领导绩效改革。”

## 二、克林顿时期的预算绩效管理改革的主要措施

从20世纪80年代起，绩效预算卷土重来，并被冠之为“新绩效预算”。“与旧的绩效预算所不同之处在于，新绩效预算不仅注重产出（Output），而且更加注重效果（Outcome）。新绩效预算有三个特点：一是绩效评估的精确化；二是放权项目管理者成为绩效责任人；三是把预算当作改善业绩的手段。新绩效预算模式作为美国克林顿时期‘再造政府’运动的一个重要配套措施而不断得到新的支持和推广，并进而成为遍及欧美各主要发达国家的主流公共预算管理模式”①。

### （一）主要改革举措

在新绩效预算理论和实践背景下，克林顿提出了“缩小政府规模，建立一个工作更好、成本更小的政府”的竞选诺言。为了实现这一诺言，1993年上台伊始，克林顿政府就掀起了声势浩大的政府再造运动，吹响了绩效改革运动的号角。克林顿政府绩效改革运动主要由三大部件组成：

1. 颁布《政府绩效与结果法案》(Government Performance and Results Act，GPRA，1993)。

《政府绩效与结果法案》是美国历史上首部关于政府绩效改革的立法，是克林顿政府绩效改革的基石，是美国政府绩效管理发展史上的里程碑。《政府绩效和结果法案》主要陈述了以下几个方面的内容：第一，阐述绩效改革立

① 金维瑜．政府部门财政预算改革与路径分析［J］．财经界，2009（10）：12.

法的目的和意图；第二，制定战略规划（五年）；第三，制定年度绩效计划和绩效报告；第四，强调管理的责任和灵活性；第五，实行新的绩效预算（不同于 20 世纪 70 年代之前的、强调经济效率的绩效预算）；第六，重视国会的审查和立法等几个方面的内容。可以看出，GPRA 清楚地勾画出了现代绩效管理的基本轮廓。绩效评估已经逐渐发展成为比较全面的绩效管理制度，其中，绩效评估只是绩效管理的一个环节。

2. 建立绩效改革运动的直接领导机构——国家绩效审查委员会（NPR）。

为了贯彻和执行《政府绩效和结果法案》的目的和意图，加强总统对绩效改革运动的领导和控制，1993 年 3 月，克林顿宣布成立国家绩效审查委员会（NPR），并任命副总统戈尔主持该委员会的工作，负责统筹联邦政府绩效改革计划的实施。1993 年 9 月，戈尔领导的国家绩效评审委员会发布了第一份报告，《从过程到结果：创造一个工作更好、花钱更少的政府》（From Red Tape to Results：Creating a Government That Works Better and Costs Less，又称《戈尔报告》），成为克林顿政府绩效改革运动的具体行动指南。在这份报告中，国家绩效评审委员会联合其他相关部门共同提出了 384 条建议，其中 294 条建议得到执行。这些建议可以归结为五大基本原则：（1）简化规制原则；（2）客户优先原则；（3）授权原则；（4）节约原则；（5）结果导向原则。正是在这些原则的指导下，联邦政府、州政府和地方政府分别建立了比较完善的绩效评估体系和绩效管理制度。

3. 争取国会和相关部门的支持。

在美国三权分立的政治体制中，国会具有举足轻重的地位，任何政府的改革行动如果不能获得国会的支持都注定要失败。1940—1980 年的绩效预算改革之所以失败，其中一个很重要的原因就是政府的改革行动和改革成果没有得到国会制定的相关法律的支撑和巩固。认识到这一点，克林顿政府的绩效改革运动首先争取国会的支持并最终获得成功，《政府绩效和结果法案》的顺利通过就是最好的佐证。同时，克林顿政府还积极谋取联邦政府相关部门的协助和支持，如管理和预算办公室（Office of Management and Budget，OMB）、美国政府责任署（General Accounting Office，GAO）和人事管理局（Office of Personnel Management，OPM），这些部门在绩效改革运动中发挥着至关重要的作用。例如，管理和预算办公室掌控联邦各部门的绩效预算报告的审查和批准大权。

同时值得注意的是，戈尔领导的国家绩效评审委员会只是管理和预算办公室的一个部门，可见管理和预算办公室的重要地位。联邦会计总署负责监督联邦政府各部门绩效预算和绩效改革计划的执行情况；人事管理局则负责联邦政府机构和人员裁减计划的制定和执行。

与过去的绩效改革措施相比较，克林顿政府的绩效改革有四个显著的特点：其一，20 世纪 80 年代之前的绩效预算周期是一个财政年度；而 GPRA 则界定了一个多年的、连续的绩效预算方案并得以贯彻执行。从这个意义上讲，GPRA 能够把战略规划、执行、预算和绩效评估紧密地融合在一起，避免因政治官员不合理的政治预期（短期的绩效和结果）而使绩效改革计划流产。其二，GPRA 通过持续的预算制度来限制联邦政府的成本和开支。这种限制性的预算环境必然要求把绩效信息融入到预算制定的过程去，“GPRA 能够清楚地把绩效信息融入到预算方案之中，因此能够实现预期的结果和目标，避免只注重投入和过程的不良行为”。其三，克林顿政府的绩效改革大大提高了公民对政府的信任度。GPRA 规定了年度的绩效报告制度，要求所有联邦政府部门必须在年末向国会、媒体和公众报告年度绩效。这就使得政府的开支受到全方位的监督和控制，大大增强了公民对政府的信心，从而提高政府的威望。其四，GPRA 授予联邦政府各部门在制定年度绩效计划过程中更大的权力和灵活性，并要求部门管理者授予一线雇员更大的行政裁量权。这极大地提高了部门管理者和一线公务员的工作积极性和效率，从而有利于部门绩效目标的实现并推动着联邦政府整体绩效目标的实现。

### （二）改革成效

克林顿政府的绩效改革运动取得了很大的成功，这体现在铁证如山的统计数字面前。在联邦政府层次，到 1999 年为止，所有的部门都建立了自己的绩效评估体系和绩效管理制度；1993 年，克林顿总统制定的裁员 25.2 万联邦雇员、削减财政经费 1 080 亿美元的目标，到 2000 年 5 月，实际裁减雇员 28.6 万人、削减财政经费 1 370 亿美元[①]（也有的统计资料与此有差异，联邦会计总署认为裁减雇员数是 21.7 万、削减财政经费 340 亿美元）。

---

① 田兆阳．美国行政改革走势［J］．中国公务员，1999（2）：2.

绩效评估和绩效管理在美国各级政府得到广泛的认可和执行。在联邦政府层次，1993 年 GPRA 颁布，并于 1997 年开始正式实施。GPRA 要求联邦各机构制定战略计划，开展机构绩效评价并上报结果。法律规定，联邦各机构需要根据机构使命定位，与国会在内的多方利益相关者进行磋商，以制定年度和长期战略目标。此外，各机构还需制定详细的年度绩效计划，并在年底提交绩效报告。这是美国绩效预算改革的一项里程碑式进展，为联邦政府的绩效预算管理奠定了坚实的法律基础，同时也是首次在法律层面上对于联邦政府机构设立绩效目标提出要求。所有的联邦政府部门都制定了绩效目标并评估其实现绩效目标的结果；同时，所有的联邦政府部门都制定了长期战略规划、年度绩效计划和年度绩效报告。在州政府层次，绩效评估和绩效管理也获得了非常大的成功。美国会计标准协会（GASB）和国家行政科学院（NAPA）在 1996 年联合进行了一次广泛的政府绩效状况调查，“调查结果显示，通过立法或行政政策，50 个州中的 47 个已经建立了绩效评估和绩效管理制度；83% 的州政府部门和 44% 城市政府已经建立了各种形式的绩效评估制度；65% 的州政府部门和 31% 的城市政府已经建立了评估产出或结果的绩效指标”。波斯特（Poister）等学者在 1999 年对人口在 25 000 人以上的城市政府的绩效评估状况进行了一次调查，得出了类似的结论，“23% 的城市已经广泛地执行绩效评估计划”①。

1. 实施预算绩效管理，有助于获取绩效信息。

（1）借助项目评价评级工具（PART）开展全面的预算绩效管理。为了推动各部门的预算绩效管理工作，美国总统预算与管理办公室开发了项目评级工具（Program Assessment Rating Tool，PART），项目评级评价工具一般由 25 个问题组成，主要涵盖如下四方面内容：项目设计方面，主要考察项目目标是否清晰合理；战略规划方面，主要考察各部门是否为项目确立了有效的目标（年度目标和长期目标）；项目管理方面，主要考察项目的财务管理、改进项目管理的举措等；绩效报告方面，主要考察是否准确、一致地报告了项目实施结果。对上述 25 个问题的回答，被转化为标准评分（分值从 0 分—100 分），

① Poister, T. H. & Streih, G. Performance measurement in munict pal government: A sessing the state of the practice. Public Administra tion Review, 1999, 59 (4), P325.

然后按照一定权重被合成为总得分。根据总得分的高低，项目被归为有效、基本有效、充足、无效等绩效类别。

（2）借助计分卡评级，强化部门支出管理责任。为了系统评估各部门实施绩效管理的状况，总统预算与管理办公室还开发出了一套计分卡评级工具。根据总统管理议程的要求，各部门每季度要接受两次评级：一是对其各个项目实现整体目标的状况进行评级，二是对各支出部门达到预算与绩效一体化倡议要求的进展情况进行评估。评估结果均采用绿色、黄色、红色来展示（俗称“红绿灯”评估体系）。“绿色”表示达到了规定的目标，取得了满意进展；“红色”表示没有达到上述目标，结果不令人满意；“黄色”则表示仅实现了部分目标，今后需要改进、努力。“红绿灯”评估体系直观地展示了各部门加强项目绩效管理的进展情况，是美国政府推动预算绩效改革的重要工具。

2. 公开绩效信息，提高了财政透明度。

政府开通了 Expectmore. gov 网站，向美国公众提供项目绩效信息。网站涵盖了所有受到 PART 评估的项目的评估摘要。评估摘要所包含的内容主要有：项目目的、总体评级、绩效重点和未来改进措施等。借助网站提供网络链接，有兴趣的美国公民还可以获得项目评估的详细内容，具体如 PART 各项问题的答案、绩效改善行动的后续信息更新等。

Expectmore. gov 网站的开通，在以下几方面发挥了显著作用：提升了公众对绩效及结果的关注度；使公众得以更加深入细致地监督各政府部门；增加了各部门改进项目管理措施的透明度；引导各政府部门更加清晰地表述项目目标和成果。

3. 与公共管理改革紧密相连，提高了政府效能。

20 世纪 90 年代初，由于电子计算机、互联网技术飞速发展，也由于私营部门管理创新带来启发，一场公共管理革命在美国已蓄势待发。克林顿政府上台之后，即成立了由副总统戈尔挂帅的“国家绩效评审委员会”，委员会最终报告（即《戈尔报告》）明确提出：要按照由注重过程向注重结果、把客户放在首位、向雇员授权以及少花钱多办事的原则来改革政府。报告提出的多项改进建议，都与改善政府财政管理有关。不仅如此，启动新绩效预算改革的《政府绩效与结果法案》也是由克林顿政府推动的。可以说，新绩效预算从公共资金运行的角度贯彻了“以成果为导向，以业绩为基础，以客户为中心”的新型行政文化。

4. 开发特色标准化操作工具，降低了绩效预算实施成本。

绩效预算改革的关键，是绩效评估和有效运用绩效信息。但绩效评估工作量大，任务重，各政府部门能力和资源又明显不足。为了克服上述矛盾，总统预算与管理办公室先后开发出项目评价评级工具（PART）和计分卡系统。项目评价评级工具适用于部门内部的项目绩效评估，计分卡系统则评价不同部门实施绩效管理的努力程度，具有很强的针对性。PART 和积分卡系统的推广，极大地简化了绩效评价工作，推动了绩效预算的普及和运用。

5. 注重财政信息公开，强化了部门支出责任。

新绩效预算改革属于分权式改革，在新绩效预算框架下，政府领导层面只负责协调各部门的工作目标并确定各部门的资金分配数额，而如何在各项目间分配资金，高效率地实施各个项目，则由各部门自主决定。在此背景下，提高财政透明度、推动财政信息公开，有助于引入外部力量加强对各部门的社会监督，强化部门支出责任，弥补财政分权所带来的管理真空。不仅如此，提高财政透明度还有助于引导利益相关方提前参与项目决策，从而提高政府决策的民主化和科学化水平。

## 第二节　国家绩效评审委员会

1993 年 3 月 3 日，克林顿总统宣布成立“国家绩效评审委员会”（NPR），其设立初衷是重塑联邦政府运作方式，将自上而下的官僚政府转为自下而上的企业型政府，赋予市民和社会团体更多的权利，创造一个高效而节约的政府。副总统戈尔被任命主持该委员会工作，统筹联邦政府绩效改革计划的实施。

1993 年 9 月，NPR 发表了《戈尔报告》，提出“简化规则、客户至上、授权与结果导向、节俭效益”等原则，成为克林顿政府改革的行动指南。

### 一、成立背景

克林顿竞选成功之时，美国联邦政府正面临着重重危机，财政赤字、官僚体制僵化、民众对政府的不信任等都在向新一届总统提出挑战。从里根到布什，高额财政赤字和国债已经延续了12年。克林顿在宣布NPR成立时的演讲中指出“近十年来，政府赤字已经失控，债务超过了4万亿美元，也就是说，每个人（包括大人和小孩）平均要负担16 600美元”。里根政府时期推出的减税政策总价值约2万亿美元，最富有的美国人从中得益7 000亿美元，与此相伴的是社会贫富差距拉大，美国公民每纳税1美元，就要有12—14美分流入债券持有人的手中，中产阶级日渐萎缩①。

政府的资源浪费和管理低效等问题尤为突出。美国民众认为，每1美元的联邦税收收入中就有48美分被浪费②。行政学家詹姆斯·威尔逊（James Wilson）曾指出，政府官员采购一个咖啡壶花了3 000美元，买了一把锤子花了435美元。美国国防部副助理部长鲍勃·斯通（Bob Stone）的统计表明，“国防预算的1/3浪费在执行无益的规章制度上面，做那些不必要做的事”。比如，雇佣一名新员工，走快捷途径只需要17天，按照规则办事则需要610天③。政府的低效无效管理对公众生活改善成效甚微。虽然政府对150多种就业培训项目进行补助，但一般民众并不清楚哪里可以获得就业培训，职工的技能也远远落后于其竞争者④。

公民对政府信任度的持续下降。在华盛顿，每六个人中，就有五个要求政府改革。只有20%的民众相信政府大多时候是对的，而30年前这个数字是76%⑤。

## 二、构成情况

NPR成立时，克林顿宣布要对联邦政府进行为期6个月的集中评估。为了完成这项工作，NPR组织了一批来自政府各个部门具有丰富经验的雇员开展相关工作。此外，一些实习生、州和地方政府借调雇员以及私人顾问也参与其中。参与者被分成不同的小组，对所有部门和横向交叉制度（例如预算制度、采购制度和人事制度）进行评估。

---

①③ 当代中国公共行政，克林顿政府的NPR计划，http://jpkc.fudan.edu.cn/d201407/2014/0325/c15988a31019/page.htm.

②④⑤ 财政部财政科学研究院《绩效预算》课题组. 美国政府绩效评价体系［M］. 经济管理出版社，2004.

核心领导团队包括副总统的高级政治顾问伊莱恩·卡马克（Elaine Kamarck）、项目总监鲍勃·斯通（Bob Stone）和四名副手：比利·汉密尔顿（Billy Hamilton）带领团队负责评估 24 个最大的机构（农业，商业，国防等）；约翰·卡门斯基（John Kamensky）带领团队负责评估政府范围内的系统（采购、预算、人事等）；鲍勃·克尼斯利（Bob Knisely）专注于特殊财务分析，卡罗琳·卢肯斯迈尔（Carolyn Lukensmeyer）专注于内部员工动态和沟通。

## 三、主要职能

1993 年 NPR 成立时，克林顿曾提出，NPR 的目标是降低整个联邦政府的成本，提高效率，将国家官僚主义文化从自满和特权转向主动和赋权①。NPR 通过对政府部门的绩效审查、与重要部门和身居要职的联邦雇员进行交流、召开专家研讨会、走访管理创新的企业、倾听民众和机构意见等多种方式，发现政府运作过程中存在的有关效率低下、繁文缛节等种种问题，从根源上提出有针对性的改进措施，并向总统报告相关情况。同时，NPR 通过重塑政府“再造小组”推进一系列具体改革举措的实施，利用“再造实验室”探索研究新的工作方法，以实现“创造一个工作更好而花钱更少的政府”的目标。

## 四、NPR 的演变

克林顿任期内，戈尔领导下的 NPR 所做的远远不止准备一份报告（详见表 6－1）②，而是努力使其所做的成为迄今为止美国历史上持续时间最长、最成功的一次变革。为了创造一个工作更好而花钱更少的政府，NPR 首先提出了 1 200 多项具体改革建议，并逐步推动这些建议的有效实施。在克林顿－戈尔第一任期后，几乎三分之二的改革已经完成。在克林顿－戈尔第二任期内，NPR 开始把改革重点放在领导政府进行根本性的文化变革上。可以说，NPR 在不同阶段提出的若干建议和措施，有效推动了政府重塑计划。

① Presidential Documents, March 3, 1993. Remarks by President Clinton Announcing the Initiative to Streamline Government (unt. edu).

② https://govinfo. library. unt. edu/npr/whoweare/historyofnpr. html#contents.

表 6-1　　NPR 1993—2001 年度相关改革报告汇总表

| 报告年度 | 报告名称 |
|---|---|
| 1993 | 《从过程到结果：创造一个少花钱多办事的政府》<br>(From Red Tape to Results: Creating a Government That Works Better and Costs Less) |
| 1994 | 《创造一个少花钱多办事的政府：现状报告》<br>(Creating a Government That Works Better and Costs Less: Status Report) |
| 1995 | 《第二阶段绩效审查：建立一个常识政府》<br>(Phase II of the Performance Review: Creating a Common Sense Government) |
| 1996 | 《预算平衡世界中的治理：一个新的挑战》<br>(Governing in a Balanced Budget World: A New Challenge) |
| 1997—2001 | 《第二届克林顿－戈尔政府的再造：改变政府机构的文化——1997—2001》<br>(Reinvention in the Second Clinton - Gore Administration: Changing The Culture of Government Agencies——1997 - 2001) |

## （一）1993 年：戈尔报告[①]

1. 准备情况。

1993 年 4 月，为了完成此次评估工作，NPR 对参与评估人员进行了首次培训。《重塑政府》的合著者戴维·奥斯本（David Osborne）担任重要顾问，并在开幕式上与副总统戈尔及管理和预算办公室（Office of Management and Budget，以下简称 OMB）副主任菲尔·拉德（Phil Lader）一同发表讲话。

此外，NPR 通过接收民众来信及电话，听取多数美国民众心声和数百家机构的意见建议，并向已经实施机构改组的州和地方政府领导以及创新管理的企业家们学习。

克林顿指示各机构成立自己的内部改革团队，与 NPR 密切配合，共同制定建议。戈尔则通过机构访问、座谈交流、实地考察等方式，深入了解和

① A Brief History of the National Performance Review. https://govinfo.library.unt.edu/npr/library/papers/bkgrd/brief.html.

讨论有关重塑政府、改进服务等相关问题。1993 年 6 月，戈尔还在费城举办了“重塑政府峰会”，邀请企业高管、政府要员以及组织变革领域的顾问参加。在发布最终报告之前，戈尔与每个机构负责人会面，以确保他们对拟提建议的支持。

2. 报告情况。

1993 年 9 月 7 日，NPR 向克林顿提交了戈尔报告。这份报告是基于 20 名委员会成员编写的一系列“附加”报告所形成，重点突出了 384 项建议中的 119 项。38 份附加报告总共近 2 000 页，提出了 1 250 项具体建议，主要是为了减少“管理”职位，改善政府运行方式。报告提出，计划五年内裁减联邦雇员 25. 2 万名、节约 1 080 亿美元开支、制定客户服务标准等。克林顿和戈尔就此报告进行了一次全国巡回宣传，并发布总统指令，开始实施相关建议。截至 1993 年 12 月，克林顿已签署 16 项指令，实施了报告的具体建议。

戈尔报告是 NPR 的标志性文件，成为克林顿政府改革的行动指南。在这个长达 168 页的报告里，戈尔提出应当摆脱繁文缛节，摆脱只对规制负责的旧体制，建立一种以结果为导向的新体制，从而提高政府的绩效和回应力；公众就是政府的客户，要把公众放在第一位；建立企业家政府文化，下放决策权，允许那些直接面对决策的人做出决策，让他们学会对结果负责；精简政府机构，技术培训，设立创新基金，发展电子政府等。本章第三节将详细介绍戈尔报告的相关内容。

3. 实施情况。

1993 年，NPR 发布报告不久后，大多数参与者回到了原来的工作岗位，只有 50 人留下来继续跟踪报告的执行情况、指导改革试验、撰写后续报告等，包括对联邦雇员开展客户服务培训，建立重塑政府实验室，促进精简政府职能，以及为跨机构委员会配备相关人员。

NPR 建立了一个跟踪系统，用来跟进 1 250 项具体建议的进展情况。个别机构只负责落实专门针对它们所提出的约三分之二的建议，剩下三分之一的建议则涉及所有机构，如预算改革或公务员制度改革等，主要由跨机构团体(如首席财务官委员会和电子福利转移工作组)、OMB 或 NPR 负责实施。例如，OMB 率先实施了《政府绩效与结果法案》，NPR 率先制定了客户服务标准。

NPR 与 OMB、白宫工作人员密切合作，在主要机构负责人、内阁秘书及总统之间制定绩效协议。截至 1995 年底，24 个大机构中的 8 个机构的负责人已经与总统签署履约协议，这一结果是前所未有的。

1994 年，NPR 推行的最大举措是帮助各机构建立第一套客户服务标准。他们每周举办一次培训课程，帮助各机构完善标准。截止 1994 年 10 月，约 150 个机构编制了约 1 500 个标准。而在前一年，仅 3 个机构制定了相关标准。

1994 年 9 月，即戈尔报告发表一周年之际，NPR 提出"建议执行取得了重大进展"的结论。此外，NPR 还发现，许多机构正在做的改变其实远超出他们的建议范围，他们在向总统的报告中特地强调了一些成果。

一年间，国会通过了约四分之一的立法建议，其中最重要的建议是实施《买断法案》（"buyout" bill），该法案允许机构为离开政府的部分雇员提供经济补偿。该法案于 1994 年 3 月签署，将 5 年内削减的职位数量从 NPR 建议的 25. 2 万个提高到 27. 29 万个。此外，1994 年国会通过的《联邦采购精简化法案》，最终于 1994 年 10 月正式签署成为法律。截止 1994 年 12 月第 103 届国会结束时，已有 34 项法律被签署实施，约占 NPR 提出立法建议的四分之一。

### （二）1995 年：重塑联邦政府

1994 年 12 月 19 日，戈尔正式提出第二阶段的绩效改革方案——"重塑联邦政府：第二阶段的改革"。在第二阶段，NPR 增加了约 200 个建议，预计在五年内节省约 700 亿美元的政府开支。截止 1995 年 9 月，各机构表示他们已经完成了 1 250 项建议，是最初建议数的三分之一，同时节省了最初预计节约总额 1 080 亿美元中的 580 亿美元。改革的重点也"从政府应该如何做转变为应该做什么这一更基本的问题"①。

第二阶段的具体措施包括：②

——大力推进监管体制改革。1995 年 2 月，克林顿对 65 个监管机构的负

① A Brief History of the National Performance Review. https：//govinfo. library. unt. edu/npr/library/papers/bkgrd/brief. html.

② Phase II of the Performance Review：Creating a Common Sense Government—1995 https：//govinfo. library. unt. edu/npr/whoweare/historypart3. html.

责人发出指示，让他们注重结果导向，削减过时的法规，在监管机构和被监管机构之间建立基层伙伴关系，用谈判代替发号施令。各机构称通过减少监管负担和取消 1.6 万页不必要的法规，每年可以节省 280 亿美元。他们还提议改变执行法规的方式，与受监管者建立伙伴关系（Partnership Arrangements），并改变以往只重视程序上违规行为的做法。

——撤销一批行政机构和项目。让各机构审查其当前的项目，确定可以取消的领域，最终 250 个项目和机构被取消。

——拓展客户服务标准。1995 年 10 月，NPR 发布的“客户服务标准”报告显示，214 家机构为公众提供了 3 000 多项服务标准，比前一年增加了一倍以上。

——利用基准研究鼓励各机构在具体问题上采取广泛行动，例如呼叫中心的免费电话号码以及精简人员和处理客户投诉的最佳做法。

——通过使用绩效协议代替限制性拨款计划，扩大州和地方政府之间基于绩效结果的资助。

### （三）1996 年：预算平衡背景下的改革措施①

到 1996 年初，大多数机构都清醒地认识到，在可以预见的未来，它们将面临财政资源的减少。戈尔也认为，在任何情况下，各机构都需要一张实施削减计划的蓝图。因此，他提出了政府如何在预算平衡的世界中负责任地治理国家的新战略。这些战略包括②：

——转变为以绩效为导向的组织机构；

——显著改善客户服务；

——强化监管的伙伴关系；

——创建基于绩效的合作伙伴补助金；

——为社区建立单一联系点；

——改造联邦劳动力。

① Governing in a Balanced Budget World：A New Challenge - 1996 https：//govinfo. library. unt. edu/npr/whoweare/historypart3. html#governing.

② A Brief History of the National Performance Reviewhttps：//govinfo. library. unt. edu/npr/library/papers/bkgrd/brief. html.

同时，他提出各机构需要关注政府的工作目的，而非工作方式，必须将更多的权力下放给一线管理人员。信息技术能够使各机构从传统的“一刀切”工作模式转变为更具特性的“定制化”方法。

1996 年底，在克林顿 - 戈尔第一任期即将结束之际，NPR 重新评估了“重塑政府”这一改革的总体状况。尽管有许多改进之处，但很明显，一些联邦雇员仍然没有真正了解或理解改革背后的核心原则。同时，NPR 也发现，改革在中高层管理人员与一线员工之间存在脱节。这一评估促使 NPR 的工作重心转移，并改变了其工作范围。

### （四）1997 年：强调整体融合①

1997 年 1 月，克林顿总统 - 戈尔第二任期开始时，NPR 改变了工作方式，决定将重塑政府改革的重点从选择部分机构转移到整个机构上，特别是那些对公众有直接影响的机构。这一新的重点旨在将改革永久地嵌入到政府的日常运作中。

1. 布莱尔之家文件。

为了表明这种新方法，总统和副总统在 1997 年 1 月的新内阁第一次会议上谈到了重塑政府改革需要遵循的“规则”。这些都被总结在《布莱尔之家文件》（The Blair House Papers）中，这是一本关于重塑成功的实用“规则”合集。《布莱尔之家文件》包括了在克林顿 - 戈尔第一任期内开发的最成功的变革技术，供各机构用于进一步推进改革。这些工具围绕着提供优质服务、促进伙伴关系和以社区为基础的解决方案，以及利用创新降低成本等内容。每个政务官和高级行政人员手中都有一份副本。

2. 接近美国：用信息技术重塑政府。

1997 年初，NPR 在其早期建议的基础上，通过发布一系列新的建议，利用信息技术改造政府。这份题为《接近美国：用信息技术重塑政府》（ACCESS AMERICA）的报告提出了一系列“以自己的方式为公众服务”的行动，并为各机构提供了运行电子政府的工具。NPR 与政府信息技术服务委员会和首席

---

① Reinvention in the Second Clinton – Gore Administration：Changing The Culture of Government Agencies 1997 – 2001，https：//govinfo. library. unt. edu/npr/whoweare/historypart4. html.

信息官委员会合作，共同发起了几十个任务小组，按照报告中提出的建议采取行动。该报告推动了电子福利转移和电子签名等法定变更，以及总统关于培训和联机交易指示等行政变更。

3. 高影响力机构。

NPR 将其关注的 32 家即使在预算压减情况下，也要集中精力改变业绩的机构指定为“高影响力机构”。这些机构的选择是基于它们与公众、企业的高度互动，或其运行对其他联邦机构产生的影响。这些高影响力机构包括美国国税局、社会保障局、气象局、海关、公园管理局等，它们雇用了联邦系统 180 万公务员中的 140 万。这些机构的领导人承诺，在 2000 财政年度结束前，完成 250 多项有关提供公共服务的具体改进措施。截止 2000 年 12 月，据各机构报告，96% 的目标已经实现或将在 2001 年初实现。

4. 使用通俗易懂的语言。

根据 1998 年 6 月的总统指令，各机构需要使用清晰易懂的语言与客户沟通。作为一种激励，每月向在修改具体沟通或法规文件方面表现出色的一名或一组员工颁发奖金。员工们发现，经理们对使用通俗易懂语言的重视程度显著提高，从 1999 年的 26% 上升到 2000 年的 34% 。

5. 更改 NPR 的名称以反映其战略变化。

1998 年初，NPR 改名为“国家重塑政府伙伴关系”（the National Partnership for Reinventing Government），简称仍为 NPR。显然，这个新名称明确体现了政府与民间的合作伙伴关系导向。改革过程主要采取了三项战略：其一，倡导联邦、州、地方政府与社区之间的合作，把关系到社区居民直接利益的事项交给社区处理。比如，建立了由联邦、州和社区组成的致力于改善儿童健康的网络；联邦政府与社区合作推出“安全城市”（Safe City）项目；联邦、社区和个人共同创建终身学习网络等。其二，制定均衡的衡量法则，协调提供公共服务的私营公司、政府和雇员三者的利益冲突，把客户满意度，雇员满意度和组织的业绩运用统一的方式衡量（如客户满意度指数）。其三，发展电子政府。早在 1993 年，克林顿政府就提出了“美国国家信息基础机构”（NII）计划。1997 年 2 月发表的《接近美国：用信息技术重塑政府》报告又提出了 1 200 条建议和措施。1999 年，建设电子政府的规划更加具体，根据克林顿发布的电子政府备忘录，主要内容包括提供“一站式”政府信息服务、联邦政府服务申请电子化、设立政府官员电子信箱、提供成功经验数据库、通过柜员机自助服务、寻求公私合作等。

## 五、NPR 终结及成效

克林顿政府的 NPR 计划历时 8 年，2000 年美国总统大选，共和党人、原德克萨斯州州长乔治·沃克·布什当选美国总统，历时 8 年的克林顿政府 NPR 计划暂告一个段落。总体而言 NPR 计划在精简机构、放松管制、提高效率、减少开支等方面取得了较好的成绩。从 NPR 计划推出到 2000 年的 8 年时间里，联邦政府共裁减了 42.62 万个职位，精简了 13 个政府部门的规模。NPR 计划还关闭了近 2 000 个过时的地方政府办公室，裁减 250 个机构和项目，废除 6.4 万页的政府内部规章，用通俗易懂的语言修订了 3.1 万页政府规定①。此外，通过放松管制，NPR 为企业和社会减少支出 310 亿美元，累计为政府节约了 1 370 亿美元的财政开支，联邦政府也彻底扭转了财政赤字的局面。1998 年，联邦预算盈余 692 亿美元，1999 年上升到 1 244 亿美元，2000 年达到 2 240 亿美元，到克林顿任期届满时，累计预算盈余 4 306 亿美元。联邦预算支出在 GDP 中的份额也下降到 1974 年以来（1955—1974 年的战后黄金时代）的最低水平，总支出从 1992 年财政年度占 GDP 的 22.2% 下降到 18.2%。在 NPR 计划实施过程中，有超过 1 200 个工作团队受到表彰，完成 350 个政府再造创新实验，570 多个联邦政府机构发布了客户服务标准。在电子政府建设方面，截止 2000 年 9 月，美国有 93% 的政府部门建立了自己的网站，83% 的政府部门在网络上公布文件，72% 的政府部门在网络上公布日程安排，66% 的政府部门通过网络提供直接面向个人的服务。8 年间，NPR 计划提出的 384 条建议，有 294 条得到了执行。所有这一切都大大提高了美国民众对政府的信心②。

① Government ACCOMPLISHMENTS, 1993 - 2000 A Summaryhttps: //govinfo. library. unt. edu/npr/whoweare/appendixf. html.

② 当代中国公共行政，克林顿政府的 NPR 计划，http: //jpkc. fudan. edu. cn/d201407/2014/0325/c15988a31019/page. htm.

# 第三节　戈尔报告[①]

## 一、报告简介

国家预算绩效评估是关于政府工作方式的变革——这是一项历史性变革。正如报告标题所显示的那样，国家预算绩效评估致力于从过程转向结果，以创建一个少花钱多办事的政府。1993 年 9 月 7 日，副总统阿尔·戈尔联合 NPR（国家绩效评审委员会）发布了他们的报告——《戈尔报告》。报告描述了大约 100 项最为重要的举措和建议，附录中还列出了更多的具体行动和建议。NPR 主要关注政府应该如何运作，而不是政府应该做什么，他们对联邦政府进行了为期 6 个月的集中调查研究，并希望以此作为长期政府改革的起点。《戈尔报告》既是美国联邦各级政府在 90 年代初期行政改革的经验总结，也是指导美国 90 年代政府改革的实践原则[②]。

### （一）写给总统的信

经过 6 个月的集中调查研究，您要求的国家预算绩效管理报告已经基本完成。这份报告阐述了我们首先应该做的，以及在您的领导下，今后即将面临的长期挑战。这份报告的主题反映了我们的目标：从过程到结果的转变，创造一个多办事少花钱的政府。许多有才能的联邦雇员为这份报告做出了贡献，为完成这一艰巨任务提供了他们的经验和见解。我们还从全国各地征求意见和建议，包括联邦雇员，州政府及地方政府官员，管理专家，企业家和热心的市民。这份报告很大程度上得益于他们的参与，我们也希望他们可以从这项改革中获益。您认为政府应该为人民服务，改变那些无用的官僚作风，减少浪费，并从繁文缛节中解脱出来，您的高瞻远瞩始终激励着我们。

---

① From Red Tape to Result：Creating A Government That Work Better and Cost Less［J］. National Performance Review，1993.

② 王玉华 . 20 世纪 90 年代美国政府创新实践及启示 . 中国经济日报，https：//finance. sina. com. cn/economist/jingjixueren/20051028/14082075305. shtml.

我们向您提供这份报告，相信它是一个颇有成效、富有创意的计划，能够将您的想法变为现实。

副总统　戈尔

1993 年 9 月 7 日

于华盛顿

## （二）导言

1993 年 3 月 3 日美国总统克林顿在宣布成立 NPR 时发表重要演讲：“我们的目标是使整个联邦政府节约、高效，改变安逸享乐的官僚文化，提高工作的主动性和积极性。我们将重新设计、重新塑造整个政府部门，使政府部门恢复生气和活力。”副总统戈尔领导改革小组花费 6 个月的时间研究发布了《戈尔报告》，这是克林顿政府精简机构计划的第一个措施。《戈尔报告》通过对比英国、新西兰、澳大利亚的改革举措，证实美国在新公共管理方面已经远远落后于这些国家。瞬息万变的世界、高速发展的信息技术，让臃肿的等级制度和官僚制度，都已不能适应全球性、竞争性世界，若想重振联邦政府，必须向企业化运营改革。

公众对联邦政府的期望从未减弱，一般民众认为政府在每 1 美元的支出中，至少浪费 48 美分。在华盛顿，每 6 人中就有 5 人要求政府进行改革。只有 20% 的民众相信联邦政府大多时候是对的，而 30 年前这个数字是 76%。

联邦政府的问题不仅是预算赤字，而且是绩效赤字。很多专家认为美国面临着最严重的政府信任危机。在水门事件、越南战争中，民众怀疑领导者的道德问题，认为自己遭受了欺骗，政府没有真正反映人民的价值观念。而今天的危机则使民众只是认为政府没有真正发挥作用。

在华盛顿，人们的讨论很少是针对绩效赤字的，更多的是针对政策问题，但如果用来执行政策的工具都无效，那么政策目的也不可能得到实现。就好像一辆汽车坏了，那么目的地也就无关紧要了，因为根本无法达到目的地，所以美国面临的问题不是政府该做什么，而是应该怎么做。

联邦政府已经在那些无效的项目上浪费了太多资金，现在到改革的时候了，政府应认真对待纳税人，克林顿总统建立 NPR，正是为了解决政府节约成本、取得更多收益的问题。

NPR重点关注的是政府应该怎么做而不是政府该做什么。改革小组的任务是提高政府所涉及的领域的工作绩效。为此，改革小组对每个内阁部门和10个机构进行了检查。NPR的建议一经采纳，就能在今后5年节约7 732.05亿元人民币（约1 080亿美元）。如表6－2所示，改革小组也希望重塑政府，在下一个5年减少联邦雇员的规模，雇员总数（除了邮政部门）减少12%。这将使联邦雇员总数减少到200万以下，这是自1967年以来首次减少如此多的数量，减少的职工数合计25.2万人，比原先克林顿总统承诺的10万人还多15.2万人。

**表6－2　克林顿/戈尔NPR的节约数（1995—1999年）**　单位：亿元人民币

| | |
|---|---|
| 机构 | 2 606.00 |
| 重塑政府、精简官僚体制 | 2 892.35 |
| 采购（每年节约5%的采购支出） | 1 610.84 |
| 信息技术（信息基础设施的一体化和现代化） | 386.60 |
| 政府间支付服务费代替现行的管理费 | 236.26 |
| 合计 | 7 732.05 |

1. 比疾病更糟的治疗措施。

陷入困境的不止是政府部门。随着工业化时期的结束，信息化时代的到来，包括公共部门和私有部门在内的所有机构都面临着落后于时代的问题。过去十年见证了意义深远的改革，20世纪80年代，美国的大公司进行了改组，90年代，政府也在努力做着同一件事情。近几年，国家领导一直在用传统的方法处理日益严峻的危机，包括责备官僚主义者，训斥“欺骗、浪费、滥用”等行为，并加强管理。但是问题并没有得到解决，因为问题的关键不是联邦雇员的懒惰和无能，而是令人窒息的繁文缛节和规章制度，这些制度规定扼杀了积极性与创造力。

联邦政府中，太多优秀的人才被困在不好的制度中，如预算制度、人事制度、采购制度、财务管理制度和信息制度等。当我们责备雇员、加强管理时，实际上已经把制度变得更为糟糕。例如，过去15年，国会在每个部门设立了独立的审查长办公室，致力于根除“欺骗、浪费和滥用”问题。审查长确实发现了一些严重的问题，但经过交谈之后，发现他们对联邦雇员的要求过于严格，使得许多人不敢与标准程序有少许偏离。但是创新就会出现偏离，由于存在诸多限制，所以雇员们只好放弃创新了。他们只会照本宣科，不管问题是否合理。为了解决浪费，政府建立了无效的机制，因此必须重新设计制度、解决浪费、提高效率。

2. 根源：工业化时期的官僚作风与信息时代格格不入。

政府并不是真的无能，联邦雇员也不是不作为，更深层次的原因是环境发生了改变，庞大的官僚机构不能适应新环境下民众的需要。20 世纪 30 年代至 60 年代，为处理公共事务，政府根据当时的公司结构，建立了庞大的、自上而下的、集中的官僚机构，在等级制中，所有的工作被分割成简单的组成部分，每一部分由不同层次的雇员负责，每一部分都有严格的规章制度。这种严格的标准工作程序、垂直领导和标准化服务的官僚机构是较为稳固的，但是难以调整。今天世界变化如此之快，飞速发展的信息技术、激烈的全球竞争和越来越挑剔的客户，使庞大的、自上而下的官僚机构运转不畅。saturn（土星汽车）的运作模式不同于通用汽车，英特尔的运作模式不同于 IBM。

很多联邦机构是垄断的，并没有创新的意识。联邦雇员基本上都是终身制的，他们不考虑工作绩效，因为成功没有奖赏，失败也没有惩罚。客户不能脱离航空运输管理制度和国内税务局，因为这些机构没有竞争对象。更糟的是，大部分联邦官僚没有将纳税人的钱用于直接的投资，只是尽力去取悦国会的预算拨款委员会，纳税人支付了远超他们所应承担的金额，却得到了很差的服务。

### （三）四个原则

1. 简化规则原则。

有效的企业型政府应该没有繁文缛节，不存在官僚作风。在新的制度下，人们要为自己的工作结果负责，而不是一味地按照规章制度办事。简化预算制度、人事制度和采购制度，提高效率；建立管理制度的目的在于防患于未然，而不是单纯惩罚犯错的人，裁减抑制创新的管理层，解除对上下级资金关系机构的管制。

改革的任务就是改变制度，使人们为工作结果负责。简化规则的六个步骤，一是简化预算程序，解除浪费时间和金钱的多种限制。二是分散人事权，赋予管理者雇用、提升、奖励和解雇的权力，使他们能够进行有效管理。三是简化采购程序，减少不必要的浪费。四是改革审查长制度，审查长的任务不再是惩罚违规的人，而是帮助各部门更好地完成工作。五是废除那些束缚联邦雇员的规章制度。六是解除对州政府和地方政府管制，让他们把更多时间花在客户的需求上，而不是官场上。减少这些制度的同时，机构也必须相应改革：规模过大的总部、多重的监管和审查以及专职于预算、人事、采购、财经等各项工作的办公室。

2. 客户至上原则。

有效的企业型政府应该以客户利益为重，虚心听取客户的意见，根据客户需要调整工作，运用市场机制诸如竞争等来激励联邦雇员将客户放在首位。之所以使用“客户”而不用“公民”，是因为公民可以参加民主决策，客户则是从特定服务中获益。所有美国人都是公民，大部分也是美国邮政局、社会保障管理局、退役军人事务部、国家公园局等许多联邦机构的客户。在民主国家，公民和客户都很重要，但当他们选举时，公民几乎不可能影响直接关系生活的公共部门（如学校、医院、农业服务机构、社会保障机构）的行为。这是一个悲伤的讽刺：市民拥有政府，但私营企业做出更大的努力来满足市民的需要。

NPR 建议通过四个步骤，给予客户更多的权利，打破联邦垄断，提供激励联邦雇员提高服务质量的机制。第一，要求所有政府部门将客户放在第一位，定期调查客户对政府服务的看法和要求，保证每个客户都有发言权，政府部门可以听到他们的心声。第二，引入竞争机制，打破政府垄断，包括购买产品和服务的领域、获得和维修办公场所、出版政府文件。内部垄断为政府工作人员提供了极差的服务，政府工作人员向客户提供的服务也不好。第三，在竞争不可行的领域，应该将政府垄断改造成更加企业化的组织，以便受到市场的激励。第四，将某些联邦功能从旧的官僚体制转变为市场机制。运用联邦权力建设私人市场，解决就业培训和安全工作场所等问题。这些方法可以促进建立一个负责的、有活力的企业型政府。如果引入市场竞争机制，就可以在整个联邦政府中创造新的动力。

3. 授权与结果导向原则。

有效的企业型政府从集权转向分权，让基层工作者有更多的决定权，更好地解决问题，同时建立劳工管理合作制度，为员工提供培训和其他有利于提高效率的项目，建立人文化的工作环境。裁减管理层和授权基层雇员，使得联邦机构更好地取得绩效。

改变文化氛围就是改变束缚的体制，第一是把政府部门从繁文缛节和中央集权中解放出来；第二是通过竞争和客户选择激励各部门完成更多的工作；第三就是转变管理重点，让员工有更多权力做决断，支持他们，进行必要的培训，使他们为工作业绩负责。以下六个步骤将带领政府沿着这条路前进：

第一，把决策权交给那些做实际工作的人，清理错综复杂的管理层。

第二，使每个部门和每个人都对明确的、可行的成果负责，“责任”将取代“命令和控制”成为我们管理政府的方式。

第三，为联邦雇员创造更好的工作条件，例如加强工作培训、合作培训和技术培训，使他们更好地掌握和应用现代信息科技。

第四，创造更好的工作环境，工作任务、工作规则和工作条件都应该有一定的弹性。

第五，雇员和管理层必须形成一种新的合作关系，政府应该向企业学习，如果领导层和雇员不能齐心协力，那么就不会发生新的变化。

第六，为自下而上的决策提供自上而下的支持。响应质量变革的大型私营企业仅凭高层管理层的全力支持就获得了成功，从白宫到各部门的行政管理人员应该确保每个人都相信权力分配不会重蹈覆辙，通用电气公司就是这么做的，我们也应该如此。

4. 节俭效益原则。

有效的企业型政府应该不断改进，改变工作方式，使政府少花钱多办事，不再繁文缛节，并结束特权。通过贷款和长期资本投资取得更大的产出，使用高科技以减少成本。

必须改革政府的基本文化制度。正如上文所述的，引入市场机制、与各部门分享节约带来的收益、将不必要的项目曝光在年度绩效衡量指标下、给客户拒绝的权利等。政府在这些新规则下运行，相信各部门会要求合并项目或减少项目，数十亿美元将会回到纳税人手中。

为此，需要实施以下四个步骤：一是清除不需要的项目，即过时、重复、为特殊利益集团服务的项目。二是通过征税或在价格起作用的领域提高使用费，收回拖欠的债款及骗款，提高收入。三是重新安排政府活动，利用计算机系统和通讯系统，改革提供服务的方式。

以上是联邦政府改革必须遵循的基本原则，这四个原则缺一不可。但实际要做的远不止如此，并非针对特定机构解决特定问题的。这几年的努力并没有达到美国民众的要求。政府官僚机制的问题导致了华盛顿的失败，近年来，国会已经带头重新设计制度。1990年通过了财务总监法，用于检查财务管理制度，1993年7月又通过政府绩效和结果法案，介绍了对联邦政府的绩效衡量指标。在国会的领导下，克林顿政府还将重整政府的其他基本制度，如预算制度、人事制度、信息制度、采购制度。

### （四）报告小结

*我不相信*
*没有种子，植物也能发芽，*
*我心中有对种子的信仰。*
*让我相信你有一颗种子，我等待着奇迹。*

——*梭罗*

NPR和过去提议的政府改革有许多不同，它不会因为报告的出版而终止。我们已经明确了提高政府工作效率和减少成本所必须做的事情，服务于客户，放权于雇员，精兵简政，现在我们将一并付诸实施。这项任务是艰巨的，联邦政府有2 100万雇员，80万邮递员，180万军人和1.5万亿的预算，超过了德国国内生产总值。我们已经确定了问题所在和解决办法。总统将发布指令，内阁部长将改革行政管理惯例，管理和预算办公室将出版指南，必要的时候我们将和国会一起讨论立法问题。那些不合理的规章制度将被取消，有利于提高客户服务质量的机制将被设立，改革即将开始。但我们不会假装所有问题已得到解决。只有当各部门的改革小组到位了，成功播下改革种子时，我们才会彻底改造联邦政府；只有当我们建立起与之前不同的工作方式时，种子才会发芽。改革进程和改革结果同等重要。我们必须避免那些熟悉的、温和的、与现状不符的模式，避免新官僚作风取代旧官僚作风，必须引导各层领导人积极加入改革行列，必须向那些成功改革的大型公共机构或私营机构学习。毫无疑问，我们的策略会带来陌生的麻烦，即将挑战现在的政府文化。我们尝试做的就是在整个联邦政府进行大变革。如果只改变其中一个内容，不改变其他的内容，我们将无法达成目标。例如，我们可以尽可能地在整个联邦内部进行质量革命，但是如果我们没有解决其他一些问题，那么取得的成效也是有限的。如果我们不能改革预算制度和采购制度，我们也无法改革人事制度，这样我们就会继续陷入今天所面临的种种困境中。我们试图同时推进许多事情。

副总统戈尔

在退役军人事务部一个会议上的演讲

为了取得别人没有取得过的成功，总统和副总统致力于一些特殊行动，期待营造一个能够应对不断变革的文化氛围。这种文化氛围的改变不是一下子就能完成的，我们必须坚持：在高层行政部门进行继续教育、树立主人翁意识，和联邦雇员及联邦机构形成双向交流机制，两党合作制，听取和使用客户和市民的反馈信息，建立起管理、协调和推动重塑政府计划的机制。管理部门已经采取行动，推行我们所建议的改革。

第一，我们已经在各部门建立重塑政府小组和实验室，不断寻找改进政府的方法，并将这些想法付诸实施。

第二，我们已经开始并将继续发展和政府各部门领导以及联邦雇员代表的关系，我们的方案将使政府雇员的工作变得更好，他们的参与也会使我们的方案更完善。

第三，总统和副总统已经开始和各部门一起制定绩效协议，这将使义务制度化，建立起责任制。

第四，我们已经建立了一个机制，在整个政府中应用所有的基本原则，总统将与内阁部门一起制定相关的战略，签订协议，各部门都将为改变工作方式负责，内阁成员将和他们的高层管理者履行同样的程序，这些高层管理者继续和下级管理者履行同样的程序，以此类推。

第五，总统正在组建一个管理委员会，对改革过程进行指导、管理，并为改变联邦政府的文化氛围和管理制度负责。

第六，联邦质量局将帮助各部门获取有关质量管理方面的信息、教育、研究和咨询服务，这可以鼓励管理者指定自己的任务和目标，同时获得所需要的帮助。

第七，我们将针对一些特定问题，对联邦政府进行未来评价，NPR 是一个不断学习的过程，我们了解了在未来 6 个月中所能做的事情以及还需要做的事情，把精力集中于一些基本制度，如预算、人事、采购、财务管理、会计和管理制度等。在以后的评估中，我们将进一步缩小范围。

第八，NPR 将继续依靠其最重要的资本：联邦雇员，他们都为改革而努力，其中许多人还将继续在本部门开展重塑政府的工作，他们形成了一个延伸到其他方面的工作网，用自己的热情、能力和思想感染他人。在这一过程中，一系列的变化将会出现，领导才能和管理价值将发生改变。如果我们把事情做好，下一阶段的改革将在我们的基础上进行。我们只是先锋，总统、副总统、内阁部门、联邦管理者和联邦雇员才是真正的建设者。尽管对联邦雇员存在轻视和负面的评价，但是政府工作人员还是负责任的，能够胜任其工作的，并期待尝试新机会。政府环境和文化氛围打击了其中许多人，我们能够且即将改变这个环境和氛围。人不是根本的问题，积极向上的文化氛围取代旧方式以后，将会出现一个新的政府面貌，工作人员将会充满新的活力和朝气，客户也会得到满意。

至此，我们已经谈论了许多我们将要做的事和如何做的问题。更重要的问题是美国人民的生活会发生怎样改变。

如果管理当局能够采纳我们所建议的方案，国会能够通过立法，你将看到一个全新的政府。你的邮件将以更快捷的方式发送；你给社会保障局打电话的时候，很快就会接通；你给税务局打电话的时候，可以获得正确的信息，即使没有获得正确信息，你也将不再受到处罚；如果你失业了，当地的就业中心将帮助你找到一份新工作；如果你希望再培训或回到学校再学习，你可以找到能够帮你做决策的顾问；如果你经营一家小企业，你需要填写的表格减少了；如果住在公共住房中，你的公寓会更干净、更安全；我们的工作场所也会更安全，因为这些地方要经常受到检查；我们的水会更干净；地方政府的工作会更好，因为不会受那些无用的联邦制度所束缚。

而且也许联邦债务（强加在我们子孙后代的 4 万亿美元沉重负担）不会再激增，政府部门将开始一点点地计算如何减少开支、清除垃圾、用更少的钱提供更好的服务。你将会发现，当你走进邮政局、社会保障局、就业服务中或退役军人医院时，自己是个受尊重的客户。我们将把更多的钱用在实处，例如，健康医疗、培训、教育和环境保护等，总有一天，你会觉得你所缴纳的每一美元税都物有所值。这就是一个工作得更好、花费得更少的政府，我们知道这不可能一夜之间就能实现，但我们相信最终会成为现实，因为我们已经看到了，地方政府、州部门，甚至是一些联邦政府部门开始行动了。但是这项任务不仅仅是总统、副总统的热衷可以实现的，还需要所有工作人员的热情、需要所有市民的热心参与，一起努力改进政府。社会保障局、事业部门等应该积极推动客户化服务，当市民不满意时，他们的声音应当得到回应，市民有权要求获得有关政府部门预算绩效管理方面的信息，并根据这些信息采取行动。正如总统经常说的那样，如果我们鼓起勇气去创造，未来将是属于我们的。

# 第七章　布什总统管理议程与项目评级工具（2001—2009 年）

【内容提要】本章重点介绍 2001 年乔治·沃克·布什（小布什）总统上台后至奥巴马上台前，美国联邦政府预算与绩效管理的发展进程。白宫管理和预算办公室（Office of Management and Budget，OMB）于 2001 年发布了《总统管理议程》（President's Management Agenda，PMA），美国联邦政府项目评级工具（Program Assessment Rating Tool，PART）是其中一个重要部分。本章在介绍 PMA 以及 PART 主要内容的基础上，归类整理了 2002 年至 2008 年通过 PART 开展的 1 017 个联邦项目绩效评价报告，并选取典型案例进行分析。

## 第一节　总统管理议程

2001 年 8 月，小布什提出了新的联邦政府改革方案——《总统管理议程》（President's Management Agenda，PMA），这是一项积极的策略，旨在改善联邦政府的管理。它侧重于 14 个有待改进的领域，其中，5 个涉及整个联邦政府管理，包括预算和绩效整合、人力资本战略管理、竞争性采购、改进财务管理、扩展电子政务；9 个与特定计划相关的议题，即基于信仰和社区、军队住房私营化、更好的研发投资标准、消除学生援助项目中的欺诈和错误以及财务管理不足、住房和城市发展的管理与绩效、通过州倡议扩大健康保险覆盖面、“适当规模”的海外业务、粮食援助项目改革、协调退伍军人事务部和国防部的项目及系统。

### 一、总统管理议程的背景

美国审计总署（General Accounting Office，GAO）“高风险”清单列出了

整个联邦政府中最容易发生欺诈、浪费和滥用行为的领域，1991 年左右发现了 8 个这样的领域，2001 年左右列出了 22 个。同样重要的是，政府项目往往以过高的成本提供不足的服务，为了解决同一个问题，在很少对现有项目进行审查或评估的情况下，新项目往往就产生了。随着时间的推移，出现了许多具有重叠任务和相互冲突的项目，既浪费了资金，又让民众感到困惑。因此，改革的需求是迫切的。但同时，也存在一些障碍，例如改革工作会被层出不穷的新政府计划所压倒；国会、行政部门和媒体都对新倡议的发起表现出极大的兴趣，而对后续行动是否产生了有用的成果则兴趣不大。

所以，当政府需要改革其开展业务和服务人民的方式时，也需要重新思考它的目的，即如何定义业务、应该提供什么服务。布什总统对此次政府改革的设想以三项原则为指导，即政府应该以人民为中心、以结果为导向、以市场为基础。布什总统呼吁建立一个积极但有限制的政府，专注于做好优先事项。改革工作也应当有同样的精神，所以此次改革选择政府最突出的问题加以解决，而不是追求一系列管理举措。PMA 是管理改革的起点，旨在改善联邦政府管理，并提供对美国人民至关重要的结果，它反映了政府对在近期内取得及时、具体、可衡量结果的承诺，它侧重于对普遍认为严重的问题采取补救措施并全面实施。

## 二、政府整体领域改革的主要举措

### （一）预算和绩效整合

政府管理改革措施如果没有与取得更好的结果联系起来就没有意义了。每个人都同意稀缺的联邦资源应该分配给能够有成果的项目和管理者，但这在实践中很难做到，因为机构很少能提供令人信服的拨款结果的说明。而且一旦把钱分配给一个项目，就不需要重新考虑其成果是否回应了美国人民关心的问题。1993 年，国会颁布了《政府绩效与结果法案》，让联邦政府把联邦项目的重点放在绩效上。经过 8 年的实践经验，在项目管理中使用绩效信息方面的进展一直令人失望。机构绩效衡量标准往往定义不清，也没有恰当地整合到机构预算申请和机构管理及运作中。绩效衡量没有充分应用于监管和奖励工作人员。管理人员没有及时和完整的信息来监督和改进结果。美国人民应该能够看到政府项目的执行情况，并比较各个项目的绩效和成本，但在绩效、预算和会计方面缺乏一致的信息和报告框架，掩盖了这种必要的透明度。

为了改善上述情况，“预算和绩效整合”提出以下倡议：为了更加注重绩效，行政当局计划将绩效审查与预算决定正式结合起来，从 2003 年预算开始编制基于绩效的预算。最初，管理和预算办公室（OMB）将与各机构合作，为一些重要项目选择目标，评估项目为实现这些目标所做的工作、成本以及如何提高效率。随着时间的推移，各机构将确定高质量的结果衡量标准，准确地监控项目的绩效，并开始将此与相关成本结合。将利用这些信息改善绩效方案，改变或终止不良活动。行政当局还在进行立法改革，使行政部门的预算编制和管理更加注重绩效，并改善问责制。最终，行政当局将尝试在一个单一的监督过程中更全面地整合有关成本和项目绩效的信息，包括对使用资源的全部成本编制预算，使预算方案和活动项目与产出更加平衡。

“预算和绩效整合”的短期预期结果包括：从 2003 年开始，总统预算将在具有类似目标的项目之间调剂预算资金，以强调更有效的项目；在 2003 年的预算中，行政当局将为选定的项目设定绩效目标和资金水平；在 2003 年预算中，各机构和项目将对退休和医疗保障项目的全部成本编制预算；2003 年预算将向美国人民提出本届政府在未来一年寻求实现的目标，并提供有关目标与相关成本之间联系的更好信息。

“预算和绩效整合”的长期预期结果包括：基于对预期成果与实际取得成果的比较评估，来获得更好的绩效；更好地控制所使用的资源，以及项目负责人对结果更加负责；基于对运营资金和其他支持服务提供者使用的资源进行全成本核算，带来的更多的竞争，以获得更好的服务；项目层面的标准、整合预算、绩效和会计信息系统，将为管理层提供及时反馈，并可在机构和政府层面上传和整合，这将有助于实现总统提出的改善财务业绩的倡议的目标；最终将现有的割裂且繁重的文书工作与预算报告相结合，以衡量政府的绩效和竞争性实践。

### （二）人力资本战略管理

自 1993 年以来，联邦政府进行了大量裁员，但不是根据机构任务有针对性地裁员，导致联邦政府劳动力平均年龄上升，且层级数量不断增加，最终导致员工感到越来越疲惫，员工工作能力与所服务的公众的需求越来越失衡。同时，联邦政府的员工政策和补偿，倾向于采取与 1945 年相同的“一刀切”做法，优秀的得不到奖励，表现平庸的受不良后果影响很少。而且，大多数机构人力资源规划薄弱，联邦政府目前大约有 71% 的员工到 2010 年有资格正常退休或提前退休，联邦政府劳动力的技能将无法适应未来不断变化的任务。

基于这些现实，联邦政府提出“人力资本战略管理”倡议，该倡议首要任务是使政府以人民为中心，压缩政府层级数量，以减少公民与决策者之间的距离。为了实现这一目标，每个机构都被要求根据劳动力分析准备一份五年重组计划，作为其 2003 年预算申请的一部分。各机构必须更好地灵活利用现状来获取和发展人才和领导力，行政部门将会评估各机构对现有权力的使用情况以及在示范项目下取得的成果，以提高管理灵活性、允许更多以绩效为导向的薪酬、纠正技能失衡，并提供其他措施来招聘、保留和奖励高素质劳动力。

### （三）竞争性采购

近一半联邦雇员所从事的工作，如数据收集、工资发放服务等，都可以很容易地在商业市场上被找到，如果政府和私营部门服务提供商竞争执行这些职能时，政府可以实现 20%—50% 的成本节约，但公共和私人资源之间的竞争仍是一个未实现的管理承诺。

据此，提出“竞争性采购”议程，具体措施包括：一是各机构根据《联邦活动清单改革法》评估其工作人员正在开展的工作对竞争的敏感性。经管理和预算办公室（OMB）审查后，各机构将向国会提供其清单并向公众开放，利益相关方可以对任何一项特定活动的遗漏或列入提出质疑。二是各机构制定具体的绩效计划，以实现 2002 年的目标，即对《联邦活动清单改革法》清单中列出的不少于 5% 的全职雇员完成公私竞争或直接转换。绩效目标到 2003 年将提高 10%。三是行政当局将采取程序来提高和扩大竞争。由管理和预算办公室（OMB）提议，涉及联邦机构绩效的可补偿工作，每三到五年重新竞争一次，类似于标准合同审查、续订或招标程序。四是行政当局将寻求商业活动小组的调查结果，商业活动小组是国会设立的一个委员会，负责审查管理公私竞争的政策和程序。五是行政当局采取行政和立法行动，将机构工作的全部成本纳入日常预算和采购过程。这将消除公共部门复杂的、事后成本计算。

## （四）改进财务管理

联邦机构最近发现仅13个项目就有207亿美元的错误福利和援助支付，如2000年医疗服务收费计划错误支付119亿美元，包括非必要的医疗服务、不支持的索赔或服务等。联邦政府自1997年以来的四次审计都没有通过。此外，大多数获得公正审计的联邦机构都是在对财务记录进行了非同寻常的、耗费大量人力的审查之后才获得的。如果没有准确和及时的财务信息，就不可能完成总统的议程。

在此情况下，“改进财务管理”提出以下倡议：行政当局将首先建立一个错误支付程度的基线。各机构将在2003年提交的预算中列入关于超过20亿美元的福利和援助项目的错误支付率信息。利用这些信息，管理和预算办公室（OMB）将会和机构共同制定减少每个项目错误支付的目标。为确保联邦金融系统提供准确及时的信息，管理和预算办公室（OMB）将与机构采取以下方面合作：一是提高及时性，具体包括重新审计报告流程和扩大网络技术的使用、制定季度财务报表、加快年终报告、衡量系统是否符合各机构准确及时地满足管理和预算办公室（OMB）以及财政部要求的能力。二是提高有效性，具体包括需要比较性财务报告、报告具体的财务业绩衡量指标、整合财务和业绩信息。三是通过获取和保持清白的审计意见来确保可靠性。此外，将改变预算程序，以更好地衡量项目的实际成本和绩效。

## （五）扩展电子政务

联邦政府是世界上最大的信息技术单一消费者，但美国政府2002年将要在信息技术上花费的450亿美元并没有在公共部门生产率方面产生可观的收益。造成这种失败的原因至少有三方面：一是政府机构通常根据信息技术系统服务于机构需求的程度来评估系统，而不是公民的需求。二是20世纪90年代的政府机构倾向于将信息技术用于原有流程的自动化，而不是创造新的更有效的解决方案。三是信息技术为打破过时的官僚层级提供了机会，但各机构往往将这一机会视为威胁，进行冗余的投资，许多机构的信息系统不能互通。

为了改善这种情况，“扩展电子政务”提出以下倡议：行政当局将推进电子政务战略，通过使用预算程序来坚持更有效的政府机构信息技术投资计划。一个由管理和预算办公室（OMB）、总统管理委员会（（PMA）人员组成的工作组，将会确定能在政府范围内显著提高生产力和绩效的电子政务项目，并确定阻碍电子政务发展的系统障碍。工作组将致力于为个人创建易于查找的单一访问政府服务点、减少企业报告负担、在各级政府间更快更方便地共享信息、实现内部流程自动化以降低政府内部成本。为支持工作组工作，管理和预算办公室（OMB）将审查联邦政府信息技术投资，以确保它们最大限度提高互用性和减少冗余。总统预算建议在2002年设立2 000万美元的电子政务基金，用于跨部门电子政务活动协作。

## 三、机构特定领域改革的主要措施

除了五项涉及整个联邦政府领域的举措，《总统管理议程》还提出了9项与特定计划相关的、针对具体机构的改革。虽然联邦政府各机构面临的管理和绩效关键问题有很多，但《总统管理议程》根据一定标准选择了从一些问题开始：问题的严重程度以及对服务对象的重要性；对公民有直接和明显的好处；在项目绩效中产生明显的实质性的差异；在短期内有实现改进的可能性。

### （一）基于信仰和社区

尽管联邦政府和州政府为解决社会困境推出了大量的项目和新承诺，但仍有许多人遭受贫困和绝望。联邦政府常常忽视或阻碍信仰团体和社会团体为解决社会问题而作出努力，对它们的适当作用给予不必要和不恰当的限制性看法，官员们似乎普遍怀疑将以信仰为基础的团队作为合作伙伴的合法性，某些官员认为“过于宗教”的组织甚至不允许申请资助。基于上述情况，“基于信仰和社区”倡议提出三个目标：一是通过立法、监管和项目改革，确定并努力消除有效开展“基于信仰和社区”服务项目的不适当的联邦障碍。二是通过扩大税收减免和其他举措，鼓励私人向非营利组织、以信仰为基础的项目和社会团体捐款。三是通过联邦倡议开创一种新的合作模式，扩大宗教团体和社会团体参与课后和文学服务，帮助囚犯子女，并支持其他有需要的儿童。

## （二）军队住房私营化

2000 年，各军种发现，在美国国防部的 29 万套军人家庭住房中，约有 17.7 万套的住房面积不足，国防部估计，用传统的军事建设资金来解决这个问题将耗资 160 亿美元，需要 20 多年的时间。同时，各军种发现，在 29 万套住房中，有 9 000 套是他们不需要的。而且有迹象表明，国防部的库存中还有更多多余的住房，不需要建设和维护的住房单位从更高优先级的国防需求中转移资金。为了解决这些问题，“军队住房私营化”提出，政府的军事住房计划有四个组成部分：一是公私合作机会。国防部正在使用临时授权与私人开发商达成协议，为军人家庭翻新和建造更多的现代化住房。这些安排可以是与政府直接建立正式的公司伙伴关系，也可以通过政府贷款或担保建立非正式合作。为了评估客户对这些项目的满意度，国防部计划每年进行一次住户调查。二是增加住房建设和伙伴关系的资金。总统在 2002 年的预算中增加了 4 亿美元，用于改善军人及其家属的住房质量。三是住房津贴机会。政府承诺到 2005 年将居住在当地社区私营住房中的军人家庭的平均自付费用降至零。这将使更多的军人家庭离开不足的政府住房，在国防部设施周围的当地社区租用优质的私营住房。四是对私营住房的依赖。随着军人家庭越来越负担得起私营住房，国防部若要长期全面实施政策，首先依靠当地社区的私营住房为军人家庭提供住房。

## （三）更好的研发投资标准

科学技术对于保持国家经济竞争力以及应对在医疗、国防、能源生产和使用以及环境方面的挑战至关重要。因此，每一笔联邦研发资金都必须尽可能有效地投入。联邦政府将在 2001 年投入约 900 亿美元用于研发，占所有可自由支配支出的 14%。但明确的目标导致项目永远取得糟糕的结果，联邦政府需要衡量其研发投资是否有效，但过去很少展示研发投资产生了什么，也不会将业绩信息与投资决策联系起来，很多研发项目都止步于超出了政府与商业企业竞争的合法目标。基于上述情况，“更好的研发投资标准”提出以下倡议：政府正在为联邦研发项目制定客观的投资标准，这些标准也将用于评估研究项目的绩效，一个指导良好的研发项目组合应该展示项目组合战略目标的进展，而不必期望每个项目都取得成功。能源部与管理和预算办公室（OMB）正在制定应用研究和开发项目的性能标准，并将利用这些标准指导2003年预算中太阳能和可再生能源、核能、清洁煤、化石能源和能源保护项目的拨款。在将统一的投资标准初步应用于应用能源技术项目后，管理和预算办公室（OMB）将协助把投资标准转移至能源部的其他部门以及其他有应用研发项目的适用机构，以协助制定总统的2004年预算。

### （四）消除学生援助项目中的欺诈和错误以及财务管理不足

联邦学生援助计划每年帮助近900万学生负担得起大学费用，有必要对这些项目进行更好的管理，以最大限度发挥这些受助人的优势，并保护纳税人的钱不被浪费。过去五年的财务报表审计暴露了教育部的许多管理问题，由于这些不足，美国审计总署自1990年以来将教育部学生经济援助项目列为欺诈、浪费、错误和管理不善风险较高的联邦项目。审计总署指出，该部门缺乏有效管理这些项目所需的财务和管理信息，以及无法有效核实学生的收入等问题。为此，“消除学生援助项目中的欺诈和错误以及财务管理不足”提出以下倡议：行政当局在内部建立一个管理改进小组，由12名高级管理人员组成，负责识别、跟踪、记录、解决所有审计问题和管理项目。同时，教育部正在推行一套新的财务管理系统。政府正在分析各种方案，以改善学生经济援助项目的收入核查，同时提高安全和保护纳税人隐私。

### （五）住房和城市发展的管理与绩效

住房和城市发展部长期的管理缺陷损害了其服务的人民和社区，获得补贴的家庭有时被困在不合格的、维护不善的住房中。许多重复、复杂以及设计不良的项目给住房和城市发展部带来负担。机构必须通过数千家中介机构进行工作，当中介机构表现不佳时，资源就很有限，而且它还有遗留的房地产问题，使得行政资源更加紧张。薄弱的信息系统、人员分配不当以及许多有经验的员工退休使住房和城市发展部问题更加复杂。“住房和城市发展的管理与绩效”提出以下计划：一是提高住房中介机构的绩效。住房和城市发展部将利用新的数据库和管理评级系统加强对住房中介机构的监督，让他们对结果负责，在这些中介机构严重违反其合同义务时，对资助项目的私人业主进行制裁，并迅速更换公共房屋当局的管理人员。二是削减支付过高的租金补贴。住房和城市发展部将通过每年减少超过 10 亿美元的过度支付的房租补贴，来确保所有享受租金补贴住户的公平性。监管改革和新的行政控制措施将纠正计算租金的错误和收入报告不准确等长期存在的问题。三是改进联邦住房管理局风险管理。住房和城市发展部的联邦住房管理局将改进其程序和系统，以更好地控制抵押贷款保险过程的各个阶段的风险，从监督承销到监控贷款服务，再到改革管理违约贷款的方式。四是加强项目控制。住房和城市发展部必须改善人力资本及信息技术资源管理，在新的劳动力评估工具的帮助下，重新考虑工作流程和任务，重新调整员工和工作量，以加强关键的监督和分析职能。信息系统将通过加大对综合财务系统和新的业绩报告系统的投资而得到加强。五是减少没有意义的合规负担。到 2003 年，住房和城市发展部将与当地利益相关方合作，精简综合计划，使其更加注重结果，并有助于社区评估自身在解决低收入地区问题方面取得的进展。

### （六）通过州倡议扩大健康保险覆盖面

1999 年至 2002 年期间，医疗补助支出预计每年增长近 10%，而 1994 年至 1999 年期间的平均年增长率不到 6%。预计全国的总体卫生支出也将遵循类似的模式。但近年来在医疗补助计划下获得医疗保险的人数保持不变，低收入美国人的保险覆盖率没有提高。政府认为，联邦政府医疗补助要求的复杂框架限制了各州调整其医疗补助计划以及有效地为低收入个人提供负担得起的健康保险选择。行政当局认为，医疗补助和国家儿童健康保险计划应该支持而不是破坏私人健康保险市场。医疗补助计划目前没有为各州提供灵活性或激励措施来发展支持私人医疗保险市场的计划。基于上述情况，“通过州倡议扩大健康保险覆盖面”提出以下倡议：鼓励各州制定全面的医疗保险办法，利用现有的综合医疗补助和国家儿童健康保险计划资金，增加低收入人群的保险覆盖面；通过提供各州应在其示范提案中包含的信息的明确指导，简化申请过程；使各州在设计福利包和费用分摊方面具有更大的灵活性，以增加医疗保险覆盖面，特别是支持私人医疗保险；建立坚定的预算中立要求，并为希望最大限度地减少联谈判的邦/州，提供简化的选择；通过增加州和联邦伙伴关系的问责制，确保医疗补助和国家儿童健康保险计划资金有效地用于增加健康保险覆盖范围；优先审查符合健康保险灵活性和问责制示范项目一般指导方针的州提案。此外，政府还研究如何提高可靠和及时的全国保险覆盖数据的可用性。

### （七）适当规模的海外业务

美国的海外驻军成本高昂、日趋复杂以及安全问题越来越令人担忧。当时，没有任何一个美国政府机构能够确定每位大使和其他使团团长领导下的美国政府行政部门人员总数，也没有机制来评估美国雇员在哪里以及如何部署的总体理由和有效性。此外，由于没有一个共同的会计制度来记录所有的费用，各机构不知道派遣工作人员到海外工作的真实费用。1998 年内罗毕和达累斯萨拉姆大使馆爆炸事件发生后，成立了海外存在咨询小组，海外存在咨询小组报告的结论是美国海外政府人员的分布更多地受到历史的影响或官僚惰性的影响，而不是实际的长期外交政策目标，报告建议开展机构间审查程序，以确定美国海外存在的规模、形态和目标。基于上述情况，“‘适当规模的海外业务”提出，政府将整体地分析和审查美国政府的存在，并制定一个可信和全面的海外人员分配程序。这一过程将为政府提供一种将海外任务与整体的政府政策、资金和机构建设规划联系起来的手段。

### （八）粮食援助项目改革

总统强烈支持为海外饥饿人口提供食物援助，并帮助提高美国农场的收入。为了更好地实现总统的目标，并强化美国的粮食援助，政府致力于改革粮食援助项目，以确保海外食品捐赠项目的目标是向真正饥饿的人提供食品援助，避免浪费和不利影响。但目前存在一些问题，如，两个政府机构运营的六个不同项目，提供国际粮食援助有时会互相重复，粮食援助项目受到浪费和可疑支出的困扰；一些援助效率低下，援助未必总能帮助美国农民，在海外市场出售美国捐赠物以获取现金；一些粮食援助项目被世界贸易组织成员指责与美国的贸易政策相冲突等。基于上述问题，“粮食援助项目改革”提出行政当局制定符合以下原则的建议：直接为真正饥饿的人口提供食物是首要目标；外交政策和经济发展计划将根据效益、成本和绩效进行分析，以确定其优先事项；在华盛顿和海外的官僚主义的重复和无效将被最小化；项目本身和指导方针均将比过去得到更大程度的遵守。此外，本届政府将完成特设人道主义粮食援助倡议，并审查其他援助项目的资金，如现金赠款和直接援助项目，以减少在实现国内外援助目标方面的浪费和效率低下。

### （九）协调退伍军人事务部和国防部的项目及系统

退伍军人事务部和国防部运营着综合医疗保健系统，每年的总成本 400 亿美元，虽然任务不同，但也有重叠之处。据估计，有资格享受国防部美军卫生保健计划（TRICARE）的 60 万退役军人也参加了退伍军人事务部的医疗保健。国防部的患者统计数据与退伍军人事务部越来越相似，这为两个卫生系统之间的合作提供了机会。“协调退伍军人事务部和国防部的项目及系统”提出以下倡议：一是通过实施改善退伍军人医疗保健服务工作队的建议，加强退伍军人福利和服务的协调和提供。二是制定权力，目标是让同样有资格获得退伍军人医疗服务的军队退休人员通过每年的开放注册季选择医疗保健计划。三是改善退役军人事务部的医疗保健登记数据系统。四是通过在退伍军人事务部和国防部之间共享数据，改善医疗保健的协调并消除潜在的重复预算。①

## 第二节　项目评级工具体系

美国联邦政府项目评级工具（Program Assessment Rating Tool，PART）是布什政府为了将绩效信息纳入预算决策过程的重要工具，是布什总统 2001 年《总统管理议程》（PMA）的重要组成部分。它主要是通过系统地评估项目管理和产出结果来判断项目实施绩效，并将预算分配与项目绩效挂钩。

PART 评价工具立足于将绩效目标和结果的改革推向深入，主要作用：一方面，激励项目管理者不断改善项目绩效管理；另一方面，为决策者提供决策依据，并识别潜在项目风险，提高资源配置效率。PART 的出现是联邦政府绩效预算改革的一个重要标志，它将项目评价环节纳入预算过程，进行

① GEORGE W. BUSH. The President's Management Agenda. EXECUTIVE OFFICE OF THE PRESIDENT OFFICE OF MANAGEMENT AND BUDGET, 2001.

充分的预算分析，将预算决策与对项目结果的评估及其绩效联系起来，将过度重视现存项目增量变化过渡到对项目本身审核，推动政府层面更加重视绩效观念，提高预算资源配置的合理性和有效性。不过，评级结果并非预算金额的决定因素。

## 一、PART 产生背景及发展

### （一）产生背景

PART 工具的产生具有一定的现实意义。据有关资料统计，联邦政府大约 1 000 个项目每年花费超过两万亿美元，但绝大多数情况下纳税人并不知道资金具体流向，而联邦项目只有在被证明实现了其结果的条件下才应该得到纳税人贡献的税收资金，PART 正是基于解决以上困境所产生的项目评级工具。

同时，PART 工具的产生也具有一定的法律基础。1993 年，美国国会通过了得到两党广泛支持的《政府绩效与结果法案》（GPRA）。该法案是美国自 20 世纪 50 年代来将绩效与预算相联系的一系列改革的延续，但它将这一改革以法律形式确立下来。GPRA 在美国绩效管理运动中具有里程碑式的意义，它要求各联邦机构设计其战略目标、年度绩效计划和绩效报告，并具有以项目为单位、以结果绩效作为主要目标等相关特征。但是，该法案未能给联邦机构提供将战略规划、绩效目标和运行任务与其预算要求结合的系统性方法。在此基础上，PART 立足于将结果型预算的观念推向深入，代表着美国联邦政府绩效管理工具设计的阶段性成果，反映了美国联邦政府预算绩效管理改革逐步规范化、客观化和系统化。

### （二）发展沿革

PART 初稿于 2002 年 5 月发布，该工具的具体设计由 OMB 牵头，与外部专题咨询小组和总统管理委员会（President's Management Council，PMC）协商完成。初稿接受了若干独立机构如绩效测量咨询委员会（Performance Measurement Advisory Council）和来自总统整合与效率委员会（President's Council on

Integrity and Efficiency）的小组的评议；之后又由全国公共管理学会举行特别培训班和国会听证会。同年 7 月经 PMC 批准后，由 OMB 正式发布。其设计理念和假设在于：所有联邦预算项目绩效都是可测度和可改善的。OMB 负责实施对全部联邦项目的评估。①

奥巴马上任以后，将 PART 工具保留下来，但对其组织架构进行了革新。其中最为重要的是开创性地任命了首席绩效官（CPO）这一“首席”系列的新职位。首位 CPO 由杰弗瑞·森特（Jeffrey Zients）担任并兼任 OMB 副主任，全面负责联邦政府的绩效评价和预算工作，他针对绩效信息的利用远远不够充分的现实，在国会听证会上宣称要借鉴国际国内经验，在对 PART 升级的基础上，建立一个全面的联邦绩效管理框架。②

## 二、预算项目的分类

OMB 将全部联邦预算项目划分为 8 大类，一般情况下，大部分的项目都可以归入相应类型，并运用 PART 进行评价；但也有些项目，如研发项目，需要通过两种或者以上的机制才能实现评估的目标。对此，可以选择混合式评价方式，先选择能够反映核心功能的作为主要类型，然后再有针对地选择其他附加问题加以辅助。这种方式尤其适合于跨部门的公共项目评估。项目分类及内容见表 7－1。

**表 7－1　　项目分类及内容**

| 项目名称 | 项目内容 | 示例 |
|---|---|---|
| 直接联邦项目<br>（Direct Federal） | 主要有联邦雇员提供服务的项目。 | 天气预报、签证服务等。 |
| 竞争性补贴项目<br>（Competitive Grant） | 通过竞争性程序向州和地方政府以及其他主体提供资金的项目。 | 卫生和福利部的健康中心等。 |

① 晁毓欣．美国联邦政府项目评级工具（PART）的实施与挑战——以美国财政部烟酒税收与贸易局收入征集项目为例［R］．经济增长、社会公平与公共政策学术研讨会，2009.

② 引用：晁毓欣．美国联邦政府项目评级工具（PART）：结构、运行与特征［J］．中国行政管理，2010（5）：33－37.

续表

| 项目名称 | 项目内容 | 示例 |
|---|---|---|
| 大额或公式化补贴项目（Block/Formula Grant） | 强制性或按规定向州和地方政府提供资金的项目。 | 艾滋病项目等。 |
| 管制性项目（Regulatory） | 通过解释、执行法律和政策来实现其使命的项目。 | 酒烟税收征收项目等。 |
| 资本资产和服务获得性项目（Capital Assets and Service Acquisition） | 通过研发和获取资本资产（土地、建筑物、设备、知识产权等）或购买相关服务（维修、信息技术等）来实现目标的项目。 | 国防、造船等。 |
| 信贷项目（Credit） | 有关贷款、抵押和直接借款等方面的项目。 | 进出口银行的长期抵押贷款等。 |
| 研发项目（Research & Development） | 创造知识以及利用知识进行系统、方法、物质和技术等方面研究的项目。 | NASA 的火星探索项目等。 |
| 混合型项目 | 不能归入上述七类 | |

资料来源：根据 OMB 全部联邦预算项目划分相关资料整理所得。

## 三、PART 的构成

PART 工具主要是通过考察各个联邦项目绩效情况，查找联邦项目在决策和实施过程中的利弊，为联邦政府改善项目决策、增强项目实施效果提供依据①。

### （一）诊断性问卷

从形式上看，PART 是一套标准化问卷，由两个层次四种类型问题组成：

第一，“部分”（section）：即问题的类型，即四个评价维度，主要包括项目的目标与设计、战略规划、项目管理、项目结果。

① 晁毓欣．美国联邦政府项目评级工具（PART）的实施与挑战——以美国财政部烟酒税收与贸易局收入征集项目为例［R］．经济增长、社会公平与公共政策学术研讨会，2009.

第二，“问题”：每一部分包含若干具体问题，整个报告共有 25 - 30 个问题。其中，大部分是具有共性的，如项目的目标与设计等等。但也包括某一项目中具有特殊性的方面，相应设置具有针对性的问题。

### （二）评价过程

PART 评估结果由 OMB 和项目负责人合作完成。项目负责官员负责准备 PART 草稿，提出所有问题的建议性答案，以及对答案的解释和证据；预算检查官根据其提交的材料给出最终的得分。如果机构对 OMB 的打分存在异议，可向 OMB 要求再评价，一般有 30%—40% 的再评价要求可以得到满足。有关 PART 的文件提交与交换等方面的工作全部在线完成。

### （三）计分方式①

项目各部分得分和总分都实行百分制。每一个问题的答案都是基于证据而得出的，分为两种类型：一是是否型，只能选“Yes”或“No”，适用于项目目标和设计、战略规划、项目管理三个类型。二是程度型，提供四种选项，“Yes”“大程度（Large Extent）”“小程度（Small Extent）”和“No”，适用于项目结果和责任部分。另外，“不适用（Not Applicable，NA）”对于某些问题来说也是一种选择，因为可能存在问题设计与项目本身无关的情况。当然，各部门和机构出于自身利益的考虑，在评价过程中无疑会给出更多的“Yes”。但是不管选择哪个答案，都必须对做出的选择给出明确依据，即选择“Yes”要给出能够满足标准最重要的信息；选择“No”则要说明项目没有达到哪些标准。

总分由四“部分”原始得分乘以各自被赋予的权重后加总得出。各部分内容与权重如下：

（1）项目目标与设计（20%）：评价项目设计与目标是否清晰、合理。如，该项目是否涉及交叉重复内容等。

（2）战略规划（10%）：评价项目是否设定了有效的年度和长期目标。

---

① 晁毓欣．美国联邦政府项目评级工具（PART）的实施与挑战——以美国财政部烟酒税收与贸易局收入征集项目为例［R］．经济增长、社会公平与公共政策学术研讨会，2009.

(3) 项目管理（20%）：对联邦各机构的项目管理进行评级，包括财务监督管理和为改善项目所做的努力。如，项目是否具有管理措施和管理制度，是否具有相应的协调机制等。

(4) 项目结果（50%）：就项目在战略规划部分和其他评价所设定目标的结果绩效确定等级。

### （四）分级

OMB 根据各政府部门对以上问题的回答，并据此对项目进行评级和排序。分值从 0 到 100，等级从无效、合格、中等有效到有效共四档，以及结果无法显示。具体标准为：

有效（85—100）。最高评级，表明其目标明确、管理良好，成绩突出。

中等有效（70—84）。一般而言，项目被评为比较有效，表明其目标明确，管理良好、但在项目设计和管理方面还存在一些需要解决的问题，才能达到提高效率的目的。

合格（50—69）。表明需要树立更加明确的目标以取得更好的效果，加强责任或强化管理。

无效。表明项目没有清楚地说明目标、管理不善、存在明显缺陷。

结果无法显示。尚未开发出适当评价指标的项目。

根据以上方法进行项目评价，能够较好甄别花了钱但没有效果的项目，也提供更详细准确的项目信息，用于项目预算管理。对于连续开展项目评级的，还可以观察到项目管理和绩效的变化情况。

## 四、PART 的特征

PART 作为预算项目绩效绩效评价和分级的工具，具有下列特征：

第一，坚实的基础条件。GPRA 为联邦政府绩效管理改革提供了坚实的法律保障，是 PART 得以推行的前提条件；同时，联邦政府近几十年来预算改革实践，让政府绩效观念深入人心。

第二，评价类型。结果类问题分值权重占总分的一半，体现了以结果为导向的绩效观。从评价工作的组织方式来看，通过双方的密切合作来完成，评级工作自上而下，属于上下合作型评级。

第三，评级程序规范。OMB通过多种形式帮助和督促各机构建立和完善绩效指标体系，使原来不具备评价条件的许多项目逐步适应了评价要求，无效项目的比重不断下降。

第四，评级工作有计划性。2002年下半年开始，拟定评价周期持续五年，预计五年内将全部项目基本覆盖，即2008年完成全部评级，每年完成20%。

第五，高度透明。PART具体设计由OMB牵头，与外部专题咨询小组和总统管理委员会协商完成。经过多轮征求意见和讨论，PART工具设计过程公开透明，具有一定公信度。此外，自2006年2月起全部PART结果都在Expect More. gov网站公布，绩效信息公开透明。

## 第三节　项目评级工具实施、成效和终止

通过PART工具，探索了评价与预算管理之间的衔接，在美国的预算管理实践中彰显了其充沛的活力与广阔的应用前景。

### 一、PART的实施

作为预算和绩效整合计划的核心，PART以GPRA基础，旨在通过使评价过程更加稳健、透明和系统化来加强项目有效性的评价过程。PART是一系列诊断性问题，旨在为联邦项目评级提供一个统一的方法。①

#### （一）组织实施

PART以具体项目作为评价单位，始于每年待评项目表的发布。“项目”的定义由机构和OMB联合确定。项目负责官员的任务是准备对问题的建议性答案以及对答案的解释和出具依据，有关PART的文件工作全部在线完成。OMB的预算检察官（Budget Prosecutor）根据其提交的依据和解释、说明等相

① GAO. Observations on the Use of OMB's Program Assessment Rating Tool for the Fiscal Year 2004 Budget.

关材料决定对于每一个问题的最终答案。在 OMB 和机构政治任命人员（political appointees）的全面监督下，OMB 的项目审查员和机构工作人员协商并完成每个项目的调查问卷，从而确定项目的部分和总体 PART 分数。如果 OMB 与各机构在 PART 评价方面存在分歧，OMB 对 FY2005 的 PART 指示中提到，“应以与解决预算问题上诉一致的方式达成 PART 评分协议。”在这个过程中，分数最终由 OMB 的政治任命人员（political appointees）和白宫决定或批准。当 PART 问卷回答完成后，机构和 OMB 的工作人员准备材料，纳入总统提交给国会的年度预算提案。[①] 虽然 OMB 不报告项目的总分，但人们可以很容易地使用每个部分的官方权重和电子表格程序计算总成绩。根据总体得分，OMB 将评价结果分为：无效、合格、中等有效或有效。如果项目管理者对于 OMB 的打分存在异议，可以向 OMB 要求复评，一般有 30%—40% 的复评要求可以得到满足。[②]

### （二）PART 结果的发布

一些观察人士认为，PART 法案将通过在政府中引入新的透明度来促进变革。例如，OMB 负责管理的副局长克莱·约翰逊（Clay Johnson）曾表示，“透明度带来问责制，问责制带来结果”。没有透明度，就没有问责制。”2006 年 2 月，OMB 推出了一个新网站 Expect More. gov，该网站提供了对大约 800 个接受 PART 评价项目的结果公布，每一份绩效报告都有摘要版和详情版，两版之间建有超级链接，任何人都可以随时随地上网免费查询。有了这个易于浏览的网站，联邦政府迈出了前所未有的巨大一步，使其公民能够获得对个别政府活动的评价结果。Expect More. gov 将项目分为两类，即“表现好（performing）”和“表现差（not performing）”。OMB 肯定希望，通过揭露那些表现不佳的项目，迫使它们改进，并给它们的选民和利益相关者提供要求改进的理由。这些努力得到了更广泛的政府改进团体的认可。2005 年，PART 被授予福特基金会美国政府创新奖。[③]

---

① Congressional Research Service, The Bush Administration's Program Assessment Rating Tool（PART）.

② 晁毓欣. 美国联邦政府项目评级工具（PART）的实施与挑战——以美国财政部烟酒税收与贸易局收入征集项目为例［R］. 经济增长、社会公平与公共政策学术研讨会，2009.

③ John B. Gilmour, Implementing OMB's Program Assessment Rating Tool（PART）: Meeting the Challenges of Integrating Budget and Performance.

### （三）完成情况

自 2002 年下半年开始，OMB 首先选择了 234 个大约 20% 联邦项目作为代表性样本进行评价，并将评价结果发布在 2004 财年的预算报告中。在接下来的四年里，每年递增 20%；到 2008 财年结束时，2008 年共有 1 017 个大约 98% 的联邦项目进入 PART 评价。其中，"有效"项目 193 个，"中等有效"项目 326 个，"合格"项目 298 个，有 27 个项目被评为"无效"，还有 173 个各项目属于"结果未显示"。[①]

从评价结果趋势上来看，全部联邦项目中，列入"有效"、"中等有效"和"合格"的项目呈现逐年增加的趋势，同时，"无效"和"结果无法显示"的项目则逐年递减。这两种趋势说明了一件事，就是项目的绩效在不断改善中；另外，"结果无法显示（RND）"项目显著减少。许多初期尚未开发合适的评价指标的项目，通过各种努力，开发出了绩效评价指标。这也表明 PART 的适用范围在不断扩大，适用性在不断增强。

## 二、PART 的成效

PART 的落实为政府绩效评价提供了工具支撑。这一阶段的探索标志着美国联邦政府预算绩效评价逐步从对"钱"的评价转向了"钱"与"事"的评价。

### （一）PART 有利于提高项目绩效管理的规范性和参与度

PART 有助于在预算过程中规范收集和使用资料，并使整个行政部门对这些资料的使用更加透明。据 OMB 的高级官员、审查员和部门负责人说，PART 为以前非正式的程序提供了指引和遵循，并为 OMB 的工作人员提供了一种系统的方式来询问与绩效有关的问题。这也有助于确保具有不同经验水平的 OMB 工作人员集中关注相同的问题，促进在 OMB 内部和与各机构讨论绩效的规范化，有助于阐明 OMB 如何做出预算决策以及 OMB 员工如何思考项目管理。此外，PART 还提供了在 OMB 局长审查期间提出绩效问题的框架，即更

① 孙一平．美国联邦政府项目等级评估工具应用及借鉴意义分析［J］．理论界，2009（6）：194－196.

加丰富的讨论框架，如，一个计划应该实现什么，计划是否有效地执行，以及如何改进计划的执行。各机构也指出，PART 流程扩大了项目、计划和预算人员之间的对话，并激发了对预算和绩效整合的兴趣。机构官员表示，PART 问卷是将工作人员聚集在一起的催化剂，因为没有人能够单独完整地回答问卷。OMB 和机构官员一致认为，PART 使 OMB 与机构项目和规划人员之间有了更多的互动，从而提高了项目管理者对预算过程的认识和参与。此外，机构和 OMB 的官员都表示，PART 也提高了对没有例行审查的项目的关注程度。①

### （二）PART 评价结果体现在 OMB 的建议中

OMB 高级官员提出过，PART 最显著的影响之一是它能够突出 OMB 在项目管理和设计方面的建议。例如 2004 年评价的 234 个项目共包含 612 项建议（见图 7－1），其中 82% 的 PART 建议解决了项目评价、设计和管理方面的问题，只有 18% 的建议与资金问题有直接联系。大多数建议涉及的内容远远超出了对一个预算周期的资金考虑。例如，OMB 和卫生与公众服务部的官员一致认为，目前设计的寄养计划没有为儿童的永久安置提供适当的激励；该计划在经济上鼓励各州将儿童寄养，而不是为受虐待或被忽视的儿童提供临时、安全和适当的住所，直到儿童可以返回家庭或可以做出其他永久性安排。PART 评价为 OMB 的建议提供了支持，建议引入立法，为各州参与另一项财政管理计划提供了一种选择，该计划将“更好地满足各州寄养人口的需求”。

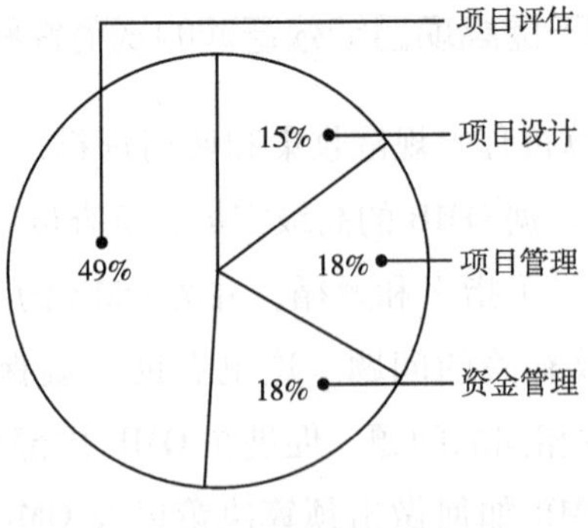


**图 7－1　2004 财年绩效评估报告（PART）建议图**

① GAO. Observations on the Use of OMB's Program Assessment Rating Tool for the Fiscal Year 2004 Budget.

### （三）PART 促进了项目管理的提升

绩效评价的核心目标是将评价所得到的最终评价结果作为编制政府部门预算的重要依据。通过 PART 评价，能够凸显该项目部门预算与绩效的关联性，增强了预算政策制定者的绩效责任，改变了联邦管理者思考问题的方式，让联邦管理者将工作重心转移到证明项目效果上来，从而促进政府绩效管理能力的提升。

## 三、PART 的终止

PART 以其绩效评价体系的标准化、透明度等特点得到了公众和管理层的认可。然而，随着实践的深入，PART 自身和应用过程中受到一些考验。进入奥巴马政府时代后，PART 被终止。

### （一）PART 本身具有一定局限性

一是 PART 工具本身的固化，例如术语和限制性的“是/否”格式。二是对评价者的判断也是考验，由于 PART 工具的程序固定性，导致需要依赖 OMB 工作人员的判断来将一般原则应用于评价的具体情况，但 OMB 工作人员在解释复杂 PART 问题和定义可接受的措施方面并不完全一致。①

### （二）评价结果的客观性不足

一是评价机构的垄断，一定程度上影响了评价结果的公平客观。OMB 垄断了联邦机构与部门的项目评级工作，每一个项目的 PART 得分都由 OMB 给出。而 OMB 本身属于总统的预算编制机构，不可避免地还存在一定的非理性的政治考虑；同时评价过程缺乏服务对象、其他党派、利益相关者、媒体与学术界等相关各方的广泛参与。② 二是 PART 对项目间的差异性考虑不够，它假

---

① GAO. Observations on the Use of OMB's Program Assessment Rating Tool for the Fiscal Year 2004 Budget.

② 晁毓欣．美国联邦政府项目评级工具（PART）的实施与挑战——以美国财政部烟酒税收与贸易局收入征集项目为例［R］．经济增长、社会公平与公共政策学术研讨会，2009.

设所有项目都有可供衡量的产出和结果，因此那些结果更易量化的项目具有天然优势，这一点有损 PART 的公允性。

### （三）PART 结果应用不到位

PART 在绩效信息生产方面所取得的成绩值得肯定，问题的关键在于决策者如何认识并利用评价结果。2009 年政府责任署（GAO）的调查结果表明：与 1997 年相比，在利用绩效信息帮助政府改进资源配置决策方面尚未取得显著进展，PART 所生产的预算信息在预算决策中能起到的作用有限。“奥巴马政府认为，以结果为中心的绩效管理能够转变政府的工作方式，但并不能保证其一定成功。检验绩效管理体系是否有效的关键要看其使用的程度，而不仅仅是所产生的绩效目标和指标的数量。奥巴马政府认为联邦政府的绩效管理系统还没有通过此项检验，GPRA 和 PART 过度重视为遵循报告要求而生产的绩效信息，而对于该信息的分析以及在管理和决策的利用方面还远远不够。国会很少利用机构的绩效目标和指标用于监督和政策制定，各机构也未利用这些信息来评价其工作的有效性或推动其改善，亦未向公众提供合理的绩效信息。于是，绩效信息的利用问题成为奥巴马政府、国会、学术界等关注和进一步改革的焦点。”①

针对该情况，奥巴马在其当选美国总统后，并没有继续采用 PART 作为绩效评价工具，而是转而采用优先绩效目标工具（Priority Goals Tool）来推进机构绩效评价。“奥巴马政府表示，要在既有的、改善联邦政府绩效和有效性的各种努力的基础上，将高度优先性目标与 GPRA 绩效报告、PART 开发的项目层次的绩效指标统一起来，并借鉴州和地方以及其他国家绩效管理改革的成功经验，构建新的联邦绩效管理系统。”②

## 第四节　PART 报告的总体分析

乔治·沃克·布什（小布什）总统强调采用企业化方式管理政府，因此

①② 晁毓欣．美国联邦政府绩效管理改革三部曲［J］．山东财政学院学报，2011（2）．

在 2001 年上任伊始就推出了《总统管理议程》（PMA），通过 PART 工具，对联邦项目进行绩效评价。自 2002 年起，布什政府先后对主要联邦项目进行了评级。到 2008 财年结束时，已经完成一个评价周期，实现了对 1 017① 个联邦项目的评级。2006 年，白宫管理和预算办公室（OMB）开发了 Expect More. gov，将所有的项目评价报告予以公示，向公众提供项目绩效评价的结果以及项目每年的进展情况。每项评价都简要说明方案的目的、总体评级、一些绩效要点以及今后将采取的改进措施。

## 一、报告基本情况

对 1 017 个联邦项目绩效评价报告进行了归类分析，从项目类型、项目领域、评价结果和部门统计维度对报告情况进行分析如下：

### （一）按照项目类型统计情况

1. 整体情况。

为了便于评级工作的开展，白宫管理和预算办公室（OMB）将联邦政府所有的项目分为八类，详见表 7 – 2。

表 7 – 2 联邦项目类型及内容

| 序号 | 项目名称 | 项目内容 |
| --- | --- | --- |
| 1 | 直接联邦项目 | 主要由联邦雇员提供的服务 |
| 2 | 竞争性补贴项目 | 通过竞争性程序向州和地方政府以及其他主体提供资金 |
| 3 | 大额或公式化补贴项目 | 通过大额或公式化补贴向州和地方政府提供资金 |
| 4 | 管制性项目 | 通过规则制定以执行、解释或描述法律和政策或描述所需程序或实际行动来实现其使命 |
| 5 | 资本资产和服务获得性项目 | 通过研发和获取资本资产（土地、建筑物、知识产权等）或购买相关服务（维修等）来实现目标 |

① 本节涉及 1017 个项目的统计数据均来源 Expect More. gov。

续表

| 序号 | 项目名称 | 项目内容 |
| --- | --- | --- |
| 6 | 信贷项目 | 通过贷款、抵押和直接信贷方式提供支持 |
| 7 | 研发项目 | 集中用于知识创造及其在系、方法、材料和技术等方面的应用 |
| 8 | 混合型项目 | 不能归入上述七类的 |

资料来源：https：//obamawhitehouse. archives. gov/sites/default/files/omb/assets/omb/expectmore/index. html.

在 8 类项目中，Expect More. gov 公布了 1 017 份报告，其中 798 份报告同时标注了直接联邦项目和其他项目类型，因此整体统计数量为 1 815 份报告。1 017 个项目共涉及资金 26 765. 63 亿美元，其中数量最多的项目类型是竞争性补贴项目，共有 251 个项目；涉及资金最多的项目类型为大额或公式化补贴项目，涉及资金 4 612. 92 亿美元。项目数量和金额最小的是混合型项目，仅有 1 个项目（美国国税局的国税局税收项目）。各类型项目情况见图 7－2。

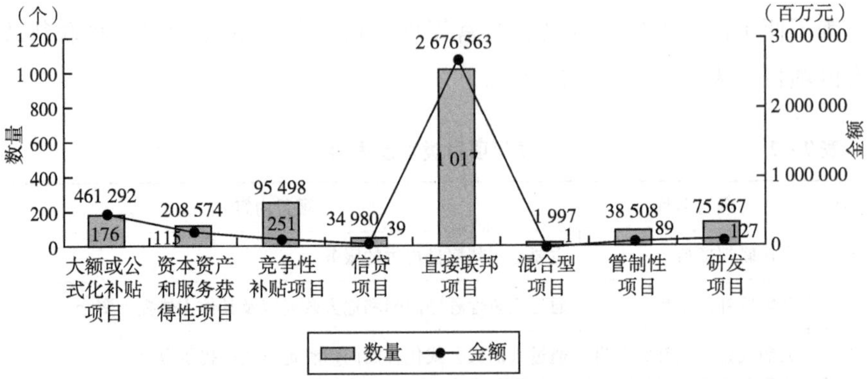


**图 7－2　联邦各类项目数量及金额统计图**

2. 竞争性补贴项目情况。

竞争性补贴项目是指通过竞争性程序向州和地方政府以及其他主体提供资金。251 个竞争性补贴项目中，考核结果为合格的项目最多，共有 79 个项目，占比 31. 47%。但是结果无法显示的项目数量达到 56 个，经分析，主要是因为竞争性补贴项目根据支持情况和经济社会发展情况，对项目要求进行调整较为频繁，PART 工具与此不适应。竞争性补贴项目五类结果见图 7－3。

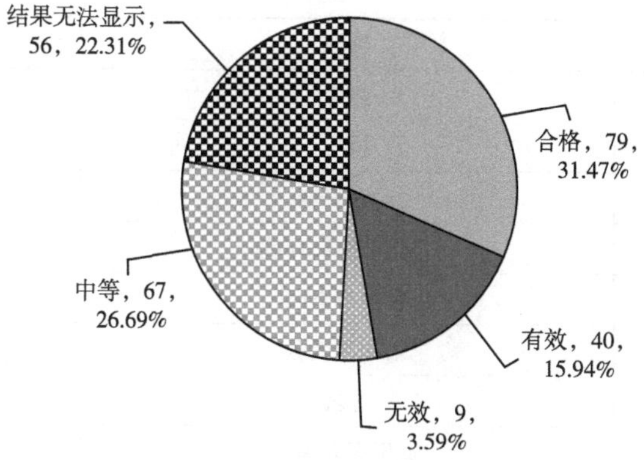


**图 7－3　竞争性补贴项目结果统计图**

## （二）按照项目领域统计情况

1. 整体情况。

在 17 个领域中，健康与福利项目数量最多、涉及金额最大，共有 187 个项目，金额共计 16 900.46 亿美元。美国联邦政府的主要职责之一就是保证公民从社会福利计划中受益，健康与福利项目由联邦政府资助，并由各州管理，主要有：补充营养援助计划（SNAP），贫困家庭临时援助（TANF），医疗补助，补充安全收入（SSI），收入税收抵免（EITC），以及住房援助等 6 类。不同领域绩效评价项目分布情况见表 7－3。

**表 7－3　　不同领域绩效评价项目分布情况**

| 序号 | 领域 | 项目数量 |
|---|---|---|
| 1 | 农业 | 87 |
| 2 | 商业和社区 | 106 |
| 3 | 社区与区域发展 | 58 |
| 4 | 救灾 | 26 |
| 5 | 教育 | 130 |
| 6 | 能源 | 82 |
| 7 | 外交 | 99 |
| 8 | 政府行政管理 | 84 |
| 9 | 健康与福利 | 187 |

续表

| 序号 | 领域 | 项目数量 |
| --- | --- | --- |
| 10 | 住房 | 47 |
| 11 | 执法 | 85 |
| 12 | 国家安全 | 142 |
| 13 | 自然资源和环境 | 167 |
| 14 | 科学与空间 | 56 |
| 15 | 培训与就业 | 54 |
| 16 | 运输 | 62 |
| 17 | 退伍军人福利 | 12 |
| 总计 | | 1 484 |

注：同一项目可以分属不同领域，仅有一个领域的项目630个，分属两个领域的项目277个，分属三个领域的项目100个，未划分领域的项目10个，共计1 017个项目。

2. 教育领域情况。

教育领域项目共计130个，涉及金额882.71亿美元。美国联邦教育项目，涵盖教育部、卫生部、能源部、国防部、宇航局、国家科学基金会等，主要涉及：研究、师资培训、课程设置、奖学金、少数族裔和贫困子弟教育优惠、社会实习实践以及专业技能培训等诸多方面。美国宪法将管理教育的权利只授予州政府，而并没有规定联邦政府对教育的义务，这在相当程度上影响联邦教育部作用的发挥。美国教育经费的结构中，联邦政府拨款所占份额尚不足10%，其余为地方政府和州政府拨款，这也是教育领域项目金额相较其他领域低的主要原因。教育领域项目评价结果分布情况见图7－4。

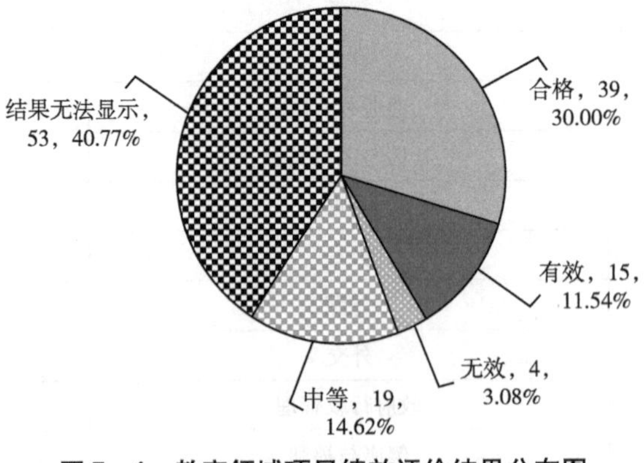


**图7－4　教育领域项目绩效评价结果分布图**

## （三）按照评价结果统计情况

PART 通过一套标准化问卷，通过 25 个问题评价项目的目标和设计、项目的战略规划、项目的管理、项目的结果和责任等 4 部分内容，项目各部分得分和总分都实行百分制。各部分全部问题的得分之和构成该部分原始得分。总分采用加权求和的方式得出：四个部分的原始得分乘以各自的权重，然后加总求和，得到该项目的总分，并转换成定性的评级，一共有 5 个级别，表现好的级别有 3 个，表现差的级别有 2 个。评价结果类别见表 7－4。

表 7－4　　联邦项目绩效评价报告结果类别

| 类别 | | 定义 |
|---|---|---|
| 表现好 | 有效<br>85—100 分 | 这是一个程序可以达到的最高评级。被评为有效的计划设定雄心勃勃的目标，实现结果，管理良好并提高效率 |
| | 中等有效<br>70—84 分 | 一般来说，被评为中等有效的计划设定了雄心勃勃的目标并且管理良好。中等有效的项目可能需要提高效率或解决项目设计或管理中的其他问题，以取得更好的结果 |
| | 合格<br>50—69 分 | 该评级描述了需要设定更雄心勃勃的目标、取得更好的结果、提高问责制或加强其管理实践的计划 |
| 表现差 | 无效<br>0—49 分 | 获得此评级的计划没有有效地使用税款。由于对计划的目的或目标缺乏明确性、管理不善或其他一些重大弱点，无效的计划无法取得成果 |
| | 结果无法显示 | 结果无法显示（RND）的评级表示程序无法制定可接受的性能目标或收集数据以确定其是否正在执行 |

资料来源：https：//obamawhitehouse. archives. gov/sites/default/files/omb/assets/omb/expectmore/about. html。

1. 整体情况。

绩效评价报告评级分为五类，用以表明各项目的执行情况，进而提升财政资金支出的效率。1 017 个项目中，评价结果为中等有效的项目数量最多，达到 326 个；评价结果为无效的项目最少，仅有 27 个项目。从统计结果中可以发现，PART 工具对于评价联邦项目来说是相对合理的，超过 80% 的项目能够进行评价并出具评价结果。不同评价结果的项目分布情况见图 7－5。

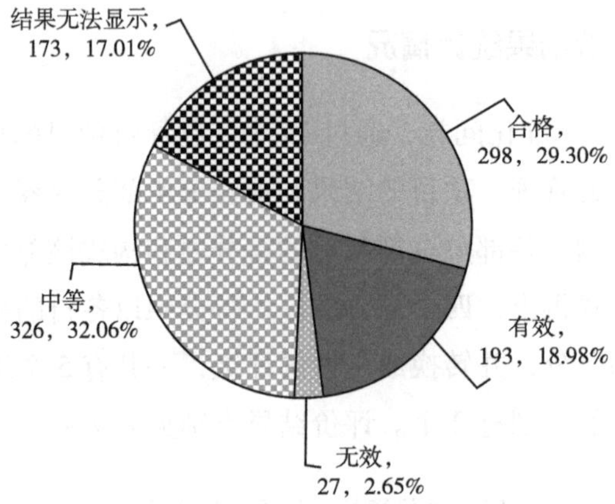


**图7－5　联邦项目绩效评价报告按等级分布情况**

从5类评价结果项目数量占年度项目数量比例来看（见图7－6），随着PART工具的逐步完善，结果无法显示的项目占年度项目的比例呈逐年下降的趋势，2002年该比例为20.97%，2008年为10.45%。

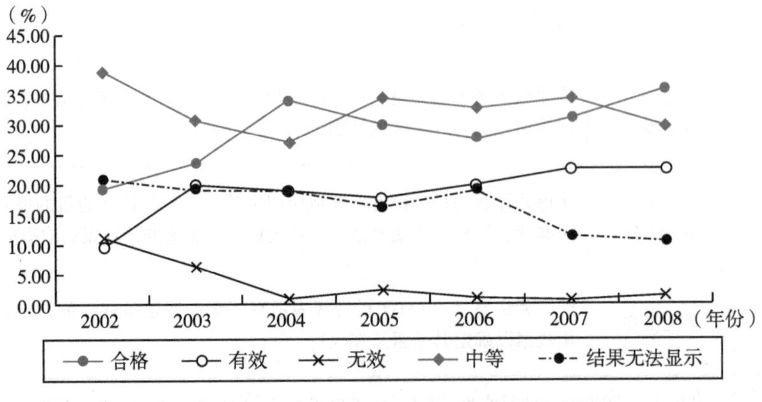


**图7－6　各年度5类评价结果占年度项目比例情况**

2. 有效类项目情况。

1 017个项目中，评价结果为有效的项目共计193个，2002－2008年有效结果项目数量呈现正态分布。结果有效是PART一个程序可以达到的最高评级，被评为有效的项目设定了合理的目标，并按计划实现。随着PART工具的逐步完善，有效项目呈现相对稳定的趋势，表明PART工具是有价值且适用的。评价结果为有效的项目年度数量见图7－7。

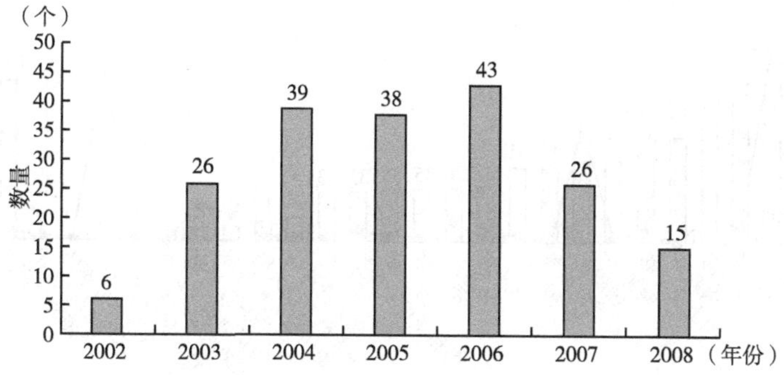


图 7－7　有效类项目年度分布情况

## （四）按照部门统计情况

1. 整体情况。

1 017 份报告共涉及美国 56 个部门，其中数量最多的是卫生与公众服务部，项目数量低于 3 个的部门，共计 34 个部门。其中卫生与公众服务部、社会保障管理局和国防部是经费最多的三个部门，这与美国联政府财政支出的特点有关。美国联邦政府的财政支出分为法定支出、自主性支出和债务利息支出这三个部分。在美国联邦政府法定支出之中，社会保障、医疗保障和医疗补助是三大传统支出项目。美国联邦政府自主性支出可分为国防支出和非国防支出，国防支出的占比和美国的军事活动息息相关，非国防支出则涵盖了医疗、交通以及维持联邦政府正常运行等方面。各部门绩效评价项目数量见图 7－8。

2. 卫生与公众服务部绩效评价报告情况。

美国卫生与公众服务部是维护美国公民健康、提供公共服务的联邦政府行政部门，其中一项主要工作就是为没有能力治疗的人群提供医保服务。美国卫生及公众服务部是美国联邦政府最大的卫生保障机构，是美国医疗系统的官方最高管理机构。卫生与公众服务部管理的 115 个联邦项目，包括社会服务计划，公民权利以及医疗保健计划，灾难准备计划和与健康有关的研究。卫生与公众服务部共有 115 个项目进行了绩效评价，评价范围全覆盖，涉及金额 7 747.51 亿美元。卫生与公众服务部项目绩效评价结果分布见图 7－9。

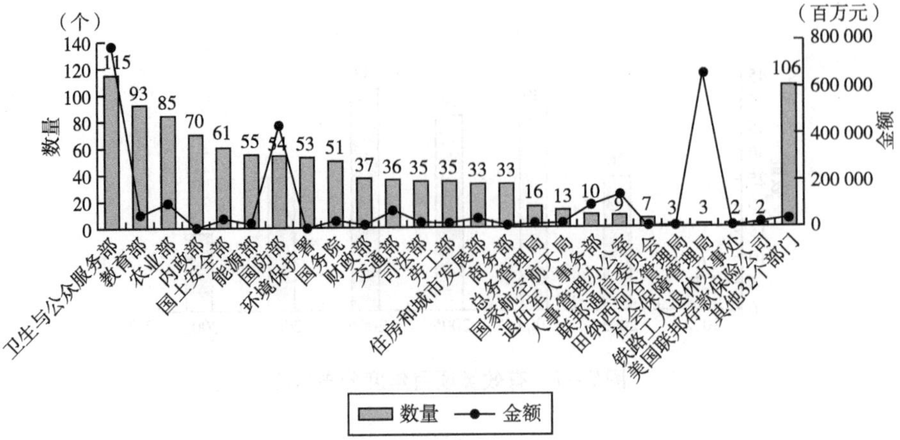


**图 7-8　联邦主要部门项目数量分布情况**

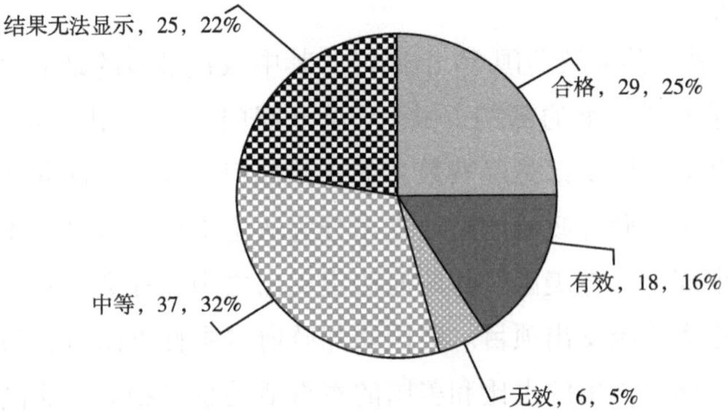


**图 7-9　卫生与公众服务部项目结果情况**

## （五）报告的主体结构

通过 PART 工具进行绩效评价出具的绩效评价报告共有 4 部分，包括摘要、改进计划、项目绩效和问题分析。

1. 摘要部分。

摘要部分主要披露项目代码、项目名称、部门名称、项目类型、评价年度、评价等级、一级指标得分和项目 3 年资助金额。通过摘要部分能够快速获取被评价项目的基本信息。

报告模板如下：

项目代码
项目名称
部门名称
机构名称
项目类型
评价年度
评价等级
评价分数

| 部分 | 得分 |
|---|---|
| 目标与设计 | % |
| 战略规划 | % |
| 项目管理 | % |
| 结果和责任 | % |

项目资助水平
（单位：百万美元）

| |
|---|
| 2007年度 |
| 2008年度 |
| 2009年度 |

2. 改进计划部分。

改进计划部分主要分为正在进行的改进计划和已完成的改进计划两类。正在进行的改进计划主要披露改进措施的年度、改进措施的主要内容、改进措施的状态。已完成的改进计划主要披露改进措施实施的年度、改进措施的主要内容以及对改进措施的评价意见。通过改进计划部分能够了解项目评价结束后的整改措施。

报告模板如下：

正在进行的改进计划

| 年度 | 改进计划主要内容 | 改进措施的状态 | 评价意见 |
|---|---|---|---|
| | | | |
| | | | |
| | | | |

已完成的改进计划

| 年度 | 改进计划主要内容 | 改进措施的状态 | 评价意见 |
|---|---|---|---|
| | | | |
| | | | |
| | | | |

3. 项目绩效部分。

项目绩效部分分为结果和产出两类，结果主要是根据项目的情况，对项目的长期/年度结果进行披露，提供预期目标与实际完成情况，进行对比。产出主要是对平均成本进行披露，针对不同类型项目的核心成本提供预期目标与实际完成情况，进行对比。

报告模板如下：

指标类别　指标类型

长期/年度　结果/产出　指标名称

数据收集方式

| 年度 | 目标值 | 实际完成值 |
| --- | --- | --- |
| 2006 | | |
| 2007 | | |
| 2008 | | |

长期/年度　结果/产出　指标名称

数据收集方式

| 年度 | 目标值 | 实际完成值 |
| --- | --- | --- |
| 2006 | | |
| 2007 | | |
| 2008 | | |

4. 问题分析部分。

问题分析部分主要是针对 PART 工具的四个一级指标和 25 个问题进行逐项披露，对于每个问题，都有一个简短的答案和一个详细的解释，并附有支持证据，对给出的判断结果，同时用分值的方式展示每个问题的评价结果。

报告模板如下：

第一部分——目标与设计

| 序号 | 问题 | 答案 | 得分 |
| --- | --- | --- | --- |
| 1.1 | 项目目标是否清晰？<br>指标解释：<br>证据来源： | 是/否 | % |
| 1.2 | 本项目是否针对现存的具体问题、利益或者需要？<br>指标解释：<br>证据来源： | 是/否 | % |
| 1.3 | 本项目是否多余或与任何其他联邦、州和地方或私人部门重复？<br>指标解释：<br>证据来源： | 是/否 | % |
| 1.4 | 本项目设计是否避免了限制其有效性和效率的主要缺陷？<br>指标解释：<br>证据来源： | 是/否 | % |
| 1.5 | 本项目设计是否有效锚定目标以使资源直接满足项目目的并施惠于受益人？<br>指标解释：<br>证据来源： | 是/否 | % |
| 第一部分——目标与设计 | | 得分 | % |

第二部分——战略规划

| 序号 | 问题 | 答案 | 得分 |
| --- | --- | --- | --- |
| 2.1 | 本项目是否具备具体的长期绩效指标以聚焦其结果并合理反映项目的目的？<br>指标解释：<br>证据来源： | 是/否 | % |
| 2.2 | 本项目的长期指标是否具备远大目标和时间表？<br>指标解释：<br>证据来源： | 是/否 | % |
| 2.3 | 本项目是否具备具体年度绩效指标以证明其为实现项目长期目标而不断取得进展？<br>指标解释：<br>证据来源： | 是/否 | % |
| 2.4 | 本项目是否为其年度指标设置基期和长期目标？<br>指标解释：<br>证据来源： | 是/否 | % |
| 2.5 | 是否本项目的所有合作伙伴都承诺并为实现年度和/或长期目标而工作？<br>指标解释：<br>证据来源： | 是/否 | % |
| 2.6 | 是否定期地或根据实际需要对项目范围和质量的充分性展开独立评估，以支持项目的改善，并评估其有效性及与问题、利益或需要的相关性？<br>指标解释：<br>证据来源： | 是/否 | % |
| 2.7 | 预算请求是否清晰地与年度和长期绩效目标挂钩？资源请求是否在项目预算中以完整且透明的方式呈现出来？<br>指标解释：<br>证据来源： | 是/否 | % |
| 2.8 | 本项目是否已采取合理的步骤以纠正其战略规划的无效性？<br>指标解释：<br>证据来源： | 是/否 | % |
| 第二部分——战略规划 | | 得分 | % |

第三部分——项目管理

| 序号 | 问题 | 答案 | 得分 |
|---|---|---|---|
| 3.1 | 本项目是否定期搜集及时而可信的绩效信息，包括来自主要项目合伙人的信息，并用以管理项目和改善绩效？<br>指标解释：<br>证据来源： | 是/否 | % |
| 3.2 | 联邦管理者和项目合伙人（包括受补贴人、次级受补贴人、供应商、成本分摊伙伴以及其他政府合伙人）是否对成本、进度和绩效结果负责？<br>指标解释：<br>证据来源： | 是/否 | % |
| 3.3 | （联邦和合伙人）的资金是否必须及时且用于指定用途？<br>指标解释：<br>证据来源： | 是/否 | % |
| 3.4 | 在项目执行中，本项目是否具备相关程序（如竞争性外包、成本比较、IT 技术的改善）以测度和达到效率和成本有效性？<br>指标解释：<br>证据来源： | 是/否 | % |
| 3.5 | 本项目是否与相关项目进行了有效的合作与协作？<br>指标解释：<br>证据来源： | 是/否 | % |
| 3.6 | 本项目是否采用了强有力的财政管理实践措施？<br>指标解释：<br>证据来源： | 是/否 | % |
| 3.7 | 本项目是否采取了合理的步骤以解决其管理中的不足？<br>指标解释：<br>证据来源： | 是/否 | % |
| 第三部分——项目管理 | | 得分 | % |

第四部分——结果和责任

| 序号 | 问题 | 答案 | 得分 |
| --- | --- | --- | --- |
| 4.1 | 在实现长期绩效目标方面，本项目是否已经显示出足够的进展？<br>指标解释：<br>证据来源： | 是/否 | % |
| 4.2 | 本项目（包括项目合伙人）是否已经实现了年度绩效目标？<br>指标解释：<br>证据来源： | 是/否 | % |
| 4.3 | 在实现每年的年度目标时，本项目是否显示出效率的改善或成本的有效性？<br>指标解释：<br>证据来源： | 是/否 | % |
| 4.4 | 与具有类似目的和目标的项目相比，本项目绩效是否更有益于其他项目，包括政府、私人项目等？<br>指标解释：<br>证据来源： | 是/否 | % |
| 4.5 | 对于项目的规模和质量所进行的独立评估是否证明本项目是有效的、且正在实现其结果？<br>指标解释：<br>证据来源： | 是/否 | % |
| 第四部分——结果和责任 | | 得分 | % |

## （六）与我国绩效评价报告的对比分析

我国财政部印发的《项目支出绩效评价管理办法》（财预〔2020〕10 号）提供了绩效评价报告参考框架。具体可包括如下部分：基本情况、绩效评价工作开展情况、综合评价情况及评价结论、绩效评价指标分析、主要经验及做法、存在的问题及原因分析、有关建议、其他需要说明的事项。我国绩效评价报告模板强调文字能力，例如在基本情况中应梳理出项目资金线、业务线动态变化情况，力求清晰简洁；在绩效评价工作开展情况中，以评价目的为牵引，提炼评价思路和评价重点；在综合评价结论中强调力求站位高，准确总结项目的主要成效及存在的主要问题，并提示未来努力方向。概括句要与绩效分析段、问题段相互衔接，精准覆盖正文内容，防止张冠李戴、因小失大、避重就轻。

我国绩效评价报告模板强调对文字的要求，使得不同的评价机构出具的报告差异明显，与美国绩效评价报告模板简单、明确的要求相比，撰写难度较大，且无法有效开展同类项目之间的对比。我国绩效评价报告模板中要求对项目基本情况及绩效评价工作开展情况进行介绍，美国绩效评价报告模板中无相关内容。从公众角度来说，公众最关心的并不是评价重点和评价思路，这些是评价机构的工作职责，是委托方考核评价机构的内容。

总体来说，我国绩效评价报告是对绩效评价项目、绩效评价工作全面的展示。美国绩效评价报告聚焦效果、问题，通过规范化的表单进行展示，功能单一。

## 二、案例分析

本部分选取教育部的国家教育统计中心项目的 PART 报告作为案例分析对象。国家教育统计中心（National Center for Education Statistics，NCES）隶属于教育部下属的教育科学研究所，是收集和分析美国和其他国家教育相关数据的主要联邦实体。国家教育统计中心履行国会授权，收集、整理、分析和报告美国教育状况的教育统计，解决具有高度优先级别的教育数据需求；向美国联邦教育部、国会、州、其他教育政策制定者、实践者、数据用户和一般公众报告及时、有用和高质量的数据，提供一致、可靠、完整和准确的教育状况和趋势指标；协助国家和地方完善教育机构统计制度，审查和报告国外教育活动。国家教育统计中心通过建立统计标准程序，向大众提供统计标准、统计方法、统计技术、客户服务。

### （一）国家教育统计中心项目的基本情况

该项目在 2003 年开展评价，资金总额为 9 000 万美元，评价结果为有效，其中项目目标与设计、项目结果和责任两部分的得分率为 100%，项目战略规划的得分为 89%，项目管理的得分为 60%。

该项目主要工作内容包括：一是通过统计各个国家的教育信息，比较其他国家与美国之间的教育经验和趋势差别，旨在深入了解美国的教育实践和成果。二是在学龄前儿童调查方面，与其他联邦机构合作开展儿童早期纵向研究计划。三是在中小学教育方面，提供公立和私立中小学教育水平和状况的信息，其主要来源是公共数据中心的调查。四是在高等教育方面，为各类规划者、政策制定者和教育者提供高等教育相关的统计信息，其主要来源是年度综合型高等教育数据系统。五是在图书资料方面，针对大学图书馆、公共图书馆、学校图书馆媒体中心和州立图书馆机构的调查统计。六是在教育评估方面，收集全美学生的学业成绩以及成年人口的识字水平等信息。七是在数据系统、数据使用和隐私方面，对全美 41 个州和哥伦比亚特区进行资金资助，建立全州的纵向数据系统。

### （二）国家教育统计中心项目改进计划

正在进行的改进计划主要有三项，分别是：2005 年 NCES 制定了针对数据及时发布情况的改进措施，该措施将调查跟踪发布信息的时间，并将其在年度报告中披露，同时 NCES 还收集和报告用户对数据文件和出版物及时性的满意度数据。2008 年 NCES 制定了针对第三方数据审核的改进措施，对大学新生纵向研究（BPS）与 2009 年高中纵向研究保持一致的提案进行独立审查。2007 年 NCES 制定了针对数据的审查计划，对学校和人员配备调查（SASS）和全国家庭教育调查（NHES），对国家社会保障局的合同举行了技术审查会议，确保数据审查工作及时开展。

已完成的改进计划主要是：教育科学研究所所长将提高调查信息发布及时性作为优先事项，并制定了跟踪调查结果发布时间的绩效计量。NCES 加强了其他统计机构使用数据的审查。

### （三）国家教育统计中心项目绩效分析

该项目的绩效全部采用数量化指标进行衡量，确保绩效的客观性和准确性。

该项目的绩效结果由以下指标进行评价：受访者对理解 NCES 数据文件的便利性感到满意或非常满意的百分比、受访者对 NCES 数据文件的及时性感到满意或非常满意的百分比、受访者对 NCES 出版物的及时性感到满意或非常满意的百分比、受访者对理解 NCES 出版物的便利性感到满意或非常满意的百分比、受访者对 NCES 服务的及时性感到满意或非常满意的百分比、受访者对

NCES数据文件的相关性感到满意或非常满意的百分比、对提供服务的NCES工作人员的礼貌感到满意或非常满意的客户受访者百分比、以美国客户满意度指数（ACSI）衡量的向他人推荐NCES以及将来依赖NCES的受访者百分比、响应率为85%或更高的调查数据收集的百分比、NCES网站的网络访问次数（月平均值）、NCES数据分析系统的用户数量（月平均值）、报告电子版的下载次数（月平均值）、NCES统计计划数据在90个教育协会和组织的网站上被引用的次数、客户受访者对查找nces.ed.gov信息的便利性感到满意或非常满意的百分比、客户受访者对他们去年使用的NCES出版物的相关性感到满意或非常满意的百分比。可以看出评价项目的效果主要以项目成果的应用为导向，进行结果考核，每个指标均披露目标和实际完成值，并解释每个数据的采集方式，例如通过网站数据、随机抽样数据、统计数据等。

该项目的效率由以下指标进行评价：计划初始版本达到目标月数或显示比先前版本至少改进2个月的百分比、快速反应调查系统每个完成案件的平均费用、数学和科学研究趋势中每个完成案例的平均成本、全国中学学生援助研究每个完成案例的平均成本。可以看出评价项目的效率主要由成本指标构成，主要针对项目中可衡量的平均成本进行评价。

该项目对教育统计起到了至关重要的作用，不仅全面收集教育统计数据，还在数据利用和深度挖掘方面开展了卓有成效的工作。该项目每年发布近100种出版物，向公众揭示教育数据潜藏的教育价值，如《教育现状》《教育统计摘要》和《教育统计预测》等。该项目将美国自身教育放到全世界范围内进行统计分析，研究差异，为美国教育的国际化发挥了重要作用。

### （四）国家教育统计中心项目问题分析

该项目的主要不足包括：一是该项目没能定期或根据需要进行足够范围的独立和质量评估，以支持计划改进。该项目最后一次独立评估是美国国家科学院1986年完成，截至评价时无独立评价计划。二是该项目没有执行有效的成本控制，国家教育统计中心一直在改进统计技术，但缺少成本控制的激励措施和程序，数据采集架构不够统一，信息采集系统的兼容性不强。三是该项目未能执行有效的财务管理，根据审计报告披露，国家教育统计中心并不总是确保遵守合同条款或遵循既定的法规、政策和程序。四是该项目没有设置合同终止的内容，国家教育统计中心没有设计一个程序，使合同利益相关方了解重要的合同活动。

## 三、经验及启示

### （一）经验

1. 规范统一的评价报告模板。

坚持模板标准化，让评价报告实现了标准化作业和可视化对比。标准决定质量，有什么样的标准就有什么样的质量，只有高标准才有高质量。评价报告经过探索，制定并形成了广泛应用的标准化报告模板，统一规范、对标执行，以模板化的方式体现高标准、高质量的要求。实践证明，模板标准化有利于工作高起点起步、流程化操作、规范化开展，大幅减轻了探索成本和精力占用。

2. 反馈改正机制。

每一个项目的评估和分级完成以后，都会被要求制定改进计划，以便于跟踪绩效和管理的改善情况。因为 OMB 认为每一个项目都存在绩效改善的空间。反馈必须具体描述项目的表现，用定量的数字表明项目绩效的客观现状，不使用模糊词汇谈论项目。同时将更正体现在项目报告中，通过正在进行的改正计划和已完成的改进计划，全面反映项目的后续工作。

3. 结果对外公开。

OMB 自 2006 年 2 月开始启用网站（Expect More. gov）对外公布所有已评项目的绩效报告和改进计划，公众都可以随时随地免费查询。每一份绩效报告都有摘要版和详情版，两版之间建有超级链接。保障公众依法有序行使绩效评价知情权、参与权和监督权，加强绩效评价工作的公开、透明，强化对项目单位的监督约束，实现项目绩效评价信息的全过程、全覆盖公开，推进形成多方参与、全社会齐心共治的绩效管理体系。

4. 以第三方角度开展评级。

第三方评估作为一种必要而有效的外部制衡机制，OMB 开展的绩效评价弥补了传统的自我评估的缺陷，在促进绩效管理方面发挥了不可替代的促进作用。

5. 建立绩效评价指标体系，使评价活动规范化、科学化。

绩效评价是否有效，关键在于绩效评价指标体系的科学性，科学地确定政府绩效考评的内容和范围，从而形成正确的导向和有效的激励。就 PART 来说，通过 4 大部分、25 个问题，计算得出项目绩效得分并转化为相应等级，易于操作，且定量指标明显多于定性指标、结果指标明显多于过程和产出指标，着重加强对利益相关方满意度的关注。

## （二）启示

1. 绩效评价报告要以评价目的为导向，契合需求与客观实际。

不同类型、不同领域的绩效评价，要实现评价报告的可比，虽然不同的项目有不同的侧重点，但是报告应当在相对统一的规范下，简洁明了地体现项目的成果和问题，要从评价指标中体现相关内容，不能把绩效评价报告当作研究报告。评价人员的主观情感与经验判断会影响报告评分的准确性，在利益相关方干预下产生的道德风险亦会影响报告的真实性、客观性。因此，绩效评价报告要体现数据采集的方式、具体证据等客观的事实，报告撰写要以数据和结果为立足点，保持理性思维，体现报告的客观性。

2. 绩效评价报告要层次分明，语言精炼。

绩效评价报告是有“套路”和“技巧”的，在报告中要将模板要求的部分逐一呈现，做到客观准确、观点明确、层次分明。不做长篇大论的原因分析，绩效评价报告要简洁，便于公众查阅。绩效评价报告要从大量数据中发掘有价值的内容，用数据说话，避免文字游戏。绩效评价报告是绩效评价工作成果的系统总结，绩效评价报告要有严谨的思路，统一的逻辑，而不是文字的堆砌。

3. 绩效评价报告强调定量分析。

美国预算绩效评价报告中定量分析占比高达 80% 以上，以定量计算为主要依据出具评价结论。而我国公共预算绩效评价报告只是将定量计算作为评价工作的辅助支撑，评价报告中对问题原因的分析多停留在定性层面，缺乏科学充分的定量计算分析作为支撑。好的绩效评价报告必须引入统计学专业中的定量计算方法并综合应用，强化定量分析和对评价结论的有效支撑。

4. 绩效评价报告应重视问题诊断和对策建议。

PART 以综合打分制为核心，建立了通用的财政绩效评价框架与指标体系。PART 以其评价体系的标准化、透明化、易于推行等特点得到了广泛的认可。但 PART 自身指标化、打分制的理念受到众多质疑，特别是“一刀切”的评价标准忽略了评价对象的个体差异性，评价结果主观性过强、评价成本过高等问题日益凸显。奥巴马政府全面改革政府绩效评价的理念与方法体系，出台了《政府绩效与结果现代化法案》（GPRAMA），重点使用优先绩效目标工具（Priority Goals Tool），构建了新的基于证据的绩效评价理念与方法体系，将绩效评价方法回归服务绩效评价目标的定位，一定程度上将绩效管理的重点回归到聚焦战略性目标的评价，出具的绩效评价报告不再强调打分评级，强调问题诊断和对策建议，强调循证决策。

# 第八章　奥巴马、特朗普和拜登政府预算绩效管理（2009—2024年）

**【内容提要】** 奥巴马、特朗普和拜登政府的努力表明了总统管理议程（PMA）正在推动联邦政府绩效管理向更具包容性的“绩效治理”框架稳步转型。本章将沿着时间演进，探讨奥巴马、特朗普与拜登政府利用绩效管理议程、跨部门优先事项（CAP）以及指标创新等绩效管理工具，进行更加现代化的联邦政府绩效管理的过程。首先，基于“事前－事中－事后”的视角阐明奥巴马政府绩效管理议程之中对于制度化绩效管理的继承以及对现代化绩效管理框架的开创；其次，通过特朗普政府“跨孤岛式”管理的思路，突出跨部门优先事项（CAP）在联邦绩效管理之中的重要性；最后，通过近年来美国联邦政府绩效管理的动态前沿探索拜登政府对前任政府管理思路的继承以及在指标上的创新。

进入21世纪，总统管理议程（PMA）逐渐成为联邦政府绩效管理的代表与重要机制。奥巴马政府之后的绩效管理议程被称为现代化时期，其原因主要为以下三个方面：宏观上，新议程较好地协调了国会与政府在联邦政府绩效管理中的关系；中观上，《政府绩效与结果现代化法案》（GPRAMA）的颁布为总统管理议程（PMA）的推进提供了保障；微观上，政策分析的各类工具、电子政务以及跨部门优先事项（CAP）在绩效管理中的应用都越来越广泛，为总统管理议程（PMA）优先事项的实施提供了技术支撑。

## 第一节　奥巴马政府的现代化绩效议程

2008年年底，在奥巴马为其第一任期进行竞选前期，政府绩效面临的主要问题包括：联邦劳动力或合同制联邦雇员规模过大；政府领导者并未在公共服务学院（public service academy）接受足够的教育；退休公务员的岗位占用问题以及政府部门首席管理官（chief management officers）的不足。为了解决上述问题，进一步优化总统管理议程（PMA）的运行机制，奥巴马提出了一系列设想，包括通过增设职位来实现联邦政府绩效管理中国会与政府的平衡等。

2011 年 1 月 19 日，奥巴马政府发布了《奥巴马政府的政府绩效议程：演变及国会相关问题》（*Obama Administration Agenda for Government Performance: Evolution and Related Issues for Congress*），介绍了总统管理议程制定过程中绩效标准的细化问题——即如何为绩效标准设立“里程碑”（milestone）。同时为了在绩效管理过程中处理好总统与国会的关系，促进跨机构绩效评价，这份议程还阐述了政府与国会及机构合作的计划声明和承诺。[①] 总的来说，奥巴马政府的绩效议程是围绕联邦政府绩效管理“事前－事中－事后”各环节中所涉及的要点展开的。

## 一、事前——国会参与机制的改革与跨部门评估

美国政府一直深受“在联邦政府绩效管理过程中如何处理立法机构与行政的关系”这一问题的困扰，原因在于如果对联邦政府采取自评估以外的评估方式，就只能通过另设机构这一渠道，但前提是该机构需要得到国会赋予的合法性地位并接受国会监督；而评估主体完全来自联邦政府外部又会造成政府项目或计划实施的困难，特别是需要从 OMB 申请预算时。在此背景下，奥巴马在其竞选期间提出了其关于如何平衡国会与联邦政府之间关系的设想，同时也提出对绩效管理参与机制进行改革。

### （一）阐述联邦政府绩效管理对于国会的重要性，赋予绩效管理合法性地位

奥巴马的政府绩效议程是其一系列总统举措中的重要一环，但在其上任

① Brass C T. Obama Administration Agenda for Government Performance: Evolution and Related Issues for Congress [J]. Congressional Research Service (CRS), 2011.

前，很少有学者或官员从“国会在绩效管理中扮演的角色”这一角度进行研究或论述，这就导致国会对于总统管理议程（PMA）以及绩效管理合法性的怀疑。因此，为了确保绩效管理工作顺利开展，奥巴马政府就职初期所需处理的第一个问题就是：争取国会承认绩效管理的合法性地位，确保评估机构在绩效管理过程中能够行使一定的自由裁量权。

为解决这一问题，奥巴马政府对国会在联邦绩效管理中扮演的两个主要角色展开阐述，进而说明国会参与的必要性与重要性：一是国会可以通过具体的评估与测量所提供的绩效信息来帮助其开展政策制定与监督等活动。在国会立法工作的过程中，政府机构作为提案提供者，会引用评估结果或绩效信息来证明其政策提案或建议的合理性，但是国会在甄别这些绩效信息的过程中可能会遇到诸多问题，如绩效信息的质量不高、不够科学；绩效信息与政策问题之间相关性不足等。因此，如果国会想要在其立法工作中审查政府提供的绩效信息，就应该深入了解如何评估政府绩效信息的质量、广泛性以及相关性。二是国会应当履行制定“有关机构如何进行评估以及使用评估工具”等政策的责任。国会可以建立评估信息或绩效信息的生成和筛选流程，也可以确定项目和政策的评估主体并拨付给其资金，并规定要研究的问题并指定评估方法。而国会对以上事项做出规定时将从两个方面影响政府绩效管理议程：首先是政府机构产生和使用绩效信息的制度安排，例如谁来评估、如何评估以及为谁评估等；其次是项目评估与绩效衡量方的实际能力和局限性。[①] 总之，国会应赋予联邦政府绩效管理法律支持以及合法地位。

### （二）在绩效管理中实现联邦政府与国会之间的平衡

2008 年总统竞选期间，作为参议员的奥巴马概述了他关于在绩效管理中如何平衡联邦政府与国会之间关系的设想——即设立首席绩效官（Chief Performance Officer，CPO）职位与预算管理办公室（OMB）管理副主任（Deputy Director for Management，DDM）职位，并将两个职位的职责归于同一人身上，履行前者的职责是对联邦政府负责，而履行后者的职责则是向国会负责。奥巴马当选总

① Brass C T，Williams E D，Nuñez－Neto B. Congress and Program Evaluation：An Overview of Randomized Controlled Trials（RCTs）and Related Issues［J］. Congressional Research Service（CRS），2006.

统后的过渡时期，其过渡网站（transition website）提出了一系列联邦政府绩效管理计划，包括设立首席绩效官职位以节约预算、设定政府项目及其管理者所负责的“绩效目标”、对预算进行逐项审查等，进而形成政府绩效议程。相关议程的推进需要一个稳定的“政治环境”，① 而履行稳定职能就需要增设一个介于国会与政府之间的职位。增设该职位需要明确以下两者的职责：

首先是首席绩效官（CPO）的职责。首席绩效官是白宫方面确定的一个全新职位，首席绩效官（CPO）的职责主要是面向联邦政府的，负责就联邦政府绩效管理相关事宜“向总统直接汇报”，并对联邦预算等进行“逐行”审查，定期与内阁成员会面并讨论如何以更高的效率、透明度和责任性来管理机构。此外，首席绩效官需在 2010 财年预算大纲发布时，公布一系列“消除政府浪费”的举措。

其次是预算和管理办公室管理副主任（DDM）的职责。根据相关法规，预算和管理办公室管理副主任（DDM）具有管理责任，需要为行政机构的“管理职能”（也称为“任务支持职能”：mission - support functions）制定一般管理政策——包括财务管理、“管理体系”（包括绩效衡量）、采购政策、绩效信息和统计政策、财产管理、人力资源管理、组织研究、长期规划、项目评估（program evaluation）以及试验开展等。同时，预算和管理办公室管理副主任（DDM）应在绩效管理各机构间委员会（interagency councils）中起到协调与领导的作用，进而实现政府绩效管理各方关系的平衡。更重要的是，预算和管理办公室管理副主任（DDM）负有法定责任，其应向 OMB 总监报告绩效与预算状况，同时还应根据 OMB 主任的指示和批准，对 OMB 的一般管理职能进行协调和监督。即对 OMB 中依法设立的、专注于任务支持职能的系列办公室进行监督，包括信息和监督事务办公室（Office of Information and Regulatory Affairs，OIRA）、联邦采购政策办公室（the Office of Federal Procurement Policy，OFPP）、联邦财务管理办公室（the Office of Federal Financial Management，OFFM）和电子政府办公室（E - Gov Office）等。由于财政预算的特殊性，这些机构的项目评估、绩效衡量等都不能采用自评估的方式，需要由预算和管理办公室管理副

① Brass C T. Obama Administration Agenda for Government Performance: Evolution and Related Issues for Congress [J]. Congressional Research Service (CRS), 2011.

主任（DDM）对其进行监督。

将首席绩效官（CPO）和预算和管理办公室管理副主任（DDM）的职责都合并到同一个人身上，既能为联邦政府提供绩效信息与法律法规，又能回应国会的问责以及监督需求，从而在绩效管理中达到联邦政府与国会的平衡。

2009 年 4 月 18 日，奥巴马宣布杰弗里·齐恩茨（Jeffrey D. Zients）担任首任首席绩效官并强调首席绩效官（CPO）应“努力简化流程，削减成本，并在整个政府中寻找最佳实践”。同一天，OMB 主任皮特·奥萨格（Peter Orszag）从预算和管理办公室副主任（DDM）的角度对首席绩效官（CPO）的职责进行了补充：“齐恩茨先生将为总统在合同与采购方面的改革提供指引，通过消除错误投资及浪费来提高政府生产力，制定整个政府的绩效议程并提高政府财务的透明度。”①

## 二、事中——评估指标改革和议程落地②

为政府绩效议程扫清障碍后，奥巴马政府正式开启改革政府的行动。当时面临的最大问题在于如何促成政府转型，其所选择的“转型之路的五个步骤”（即优先事项）包括：①利用联邦政府新员工的需求创造不同的绩效文化；②为所有政府雇员提供新的协作技术；③培训合格的合同外包官员与项目经理，在政府与其项目合同之间建立新的关系；④加强联邦政府与州政府、非营利组织和私营部门之间的合作；⑤更加以公众为中心。为了完成上述政府转型优先事项，进一步完善总统管理议程与绩效管理框架刻不容缓。奥巴马政府选择通过改革绩效指标和应用“里程碑”来促进联邦政府绩效管理的转型与改革。

2009 年 1 月 13 日至 14 日，OMB 主任皮特·奥萨格（Peter Orszag）参加了参议院的确认听证会（Confirmation Hearings），谨慎评价了 PART 并强调了改革绩效指标、优先事项以及绩效议程的必要性。奥萨格在回答听证会问题时表示“PART 并不是特别有效，因为大多数联邦官员并不了解它。此外，在了解 PART 的人中，大多数也不使用它”，这是因为 PART 的开发“没有与国会

① 详见《美国法典》第 503（b）（1）条。

② What counts as credible evidence in applied research and evaluation practice?［M］. S. I. Donaldson, C. A. Christie, M. M. Mark. Los Angeles：SAGE, 2009.

和各机构协商，同时它过于关注过程而不是结果”。当时的副主任纳伯斯（Rob Nabors）也表示赞同他的观点：“PART对拨款或授权委员会没有帮助，这是因为国会和其他利益相关者没有参与制定‘项目成功或失败的适当措施’”。因此，他们一致表示，政府应在首席绩效官（CPO）的领导下，“创建一套以结果为导向、符合公众期望的绩效指标，以及一个可供各部门和机构、国会和公众适用的绩效数据中央存储库”，在此基础上还需“与各个机构启动试点计划以形成示范项目，通过这些项目可以测试我们提高项目有效性和效率的方法，并分享最佳实践经验。”同时，这也对奥巴马政府关于联邦政府绩效管理事前工作安排的合理性进行了验证。

2009年5月7日至11日，奥巴马政府颁布了2010财年详细预算提案以及相关政策。该文件结合首席绩效官（CPO）的职责，说明了联邦政府绩效指标改革对于预算节约的重要性。2009年5月7月，联邦政府发布文件《终止、削减和节省——美国政府2010财年预算》（*Terminations, Reductions, and Savings—Budget of the U. S. Government, Fiscal Year* 2010，简称2010财年TRS文件），提出了“对未完成预期目标、效率低下或与其他正在进行的计划重复的政府计划进行终止或削减”，该份文件提出了121项可削减的政府项目，共计约170亿美元，并对每个可削减项目都进行了削减理由说明。在媒体询问关于2010财年TRS文件中是否使用了PART等工具来识别低效的政府项目时，OMB主任奥萨格回答说“OMB正在彻底改革绩效指标体系，此外，改革OMB对政府项目绩效评估的方式将是首席绩效官（CPO）齐恩茨的首要任务。”这份文件为绩效议程的最终落地，以及高优先级绩效目标（High - Priority Performance Goals, HPPGs）的提出奠定了基础。

2009年9月24日，齐恩兹的副手梅岑鲍姆（Shelley H. Metzenbaum）发表了关于奥巴马政府在“绩效管理”方面应该采取措施的报告，该报告提出应对政府绩效管理标准体系进行分级的设想。[①] 其建议保留由OMB实施的“修订版”的PART（即第五章介绍的“绩效改进和分析框架”），因为它引入了有用的项目管理规则。为了将该“强调分析，而不只是好看的项目评级分数”的

① Metzenbaum S H. Performance Management Recommendations for the New Administration [J]. Center for Public Management Publications, 2009, 11.

框架落实到联邦项目绩效管理实践中，梅岑鲍姆还提出应将绩效衡量标准或“目标”分为四个级别。至此，PMA 下的绩效指标不再只有一级，而是根据事项的优先级别分别设以更加细化的“里程碑”（milestone），这四个级别分别是：

### （一）总统（presidential）级别目标下的指标

这一级别的绩效管理标准主要针对的是总统优先目标（presidential priority targets）：总统应确定数量有限的优先目标，即总统管理议程（PMA）中的优先事项（priorities），分配实现这些目标的责任，并至少每季度都与负责总统优先目标的内阁秘书（Cabinet Secretary）举行会议，以督促每个联邦机构专注于这些目标，若出现意外情况，则需及时调整目标。此外，总统应指示内阁成员在其职责范围内确定更广泛的机构优先目标（agency priority targets）。同时，总统在制定优先目标时还应关注国内和国际危机清单（list of domestic and international crises）：为了推进总统优先事项并防止在危机时期出现新问题，总统应通过绩效目标以及绩效评估标准将优先事项融入整个政府，并持续关注这些优先事项，准确了解实现优先事项的进展和问题，同时还应公开、负责地向公众传达联邦机构正在努力实现哪些目标以及进展情况等信息。

### （二）跨机构（cross－agency）级别目标下的指标

这一级别的绩效管理标准主要针对两个方面。一是总统执行办公室（Executive Office of the President，EOP）内的白宫绩效部门（the White House performance unit）的执行工作。总统确定一小组优先目标之后，应定期与负责实现优先目标的内阁成员举行会议以讨论进展和问题。会议的筹办、举行与指导应交由总统执行办公室下设立的白宫绩效部门负责——白宫绩效部门应推动总统优先目标的进展，并为政府范围内的绩效管理制定框架、政策和阶段性目标。它应与 OMB 绩效团队进行密切合作，并得到其支持，进而促进联邦机构采用更加有效的管理和报告方式。奥巴马政府上台后，任命总统管理委员会（PMC）和首席绩效官（CPO）履行上述白宫绩效部门的职责，认为其应充当伞式组织（Umbrella organization）以整合、协调政府内部的绩效和其他管理工作，并确保绩效管理工作的一致性（consistency）。二是白宫政策委员会（the White House Policy Councils）需承担提供绩效管理指导的职责，同时其还需确定跨机构合作但总统优先目标尚未涵盖的其他领域的目标。跨部门目标的绩效管理，需要白宫政策委员会与负责机构在特定领域进行合作并制定目标与评估标准，共同组织绩效衡量工作并定期举行会议，以推动这些领域的进展。

### （三）机构（agency）级别目标的绩效指标

这一级别的绩效管理标准主要针对每位内阁成员在其职责范围内确定的更广泛的机构优先目标（agency priority targets），这些目标应在 GPRA 要求的机构战略和年度计划中阐明，并通过 GPRA 要求的年度报告来进行报告，以便实施方案的联邦雇员和公众可以轻松找到优先事项及其进展、结果和问题的信息。此外，绩效改进框架中的计划目标应与 GPRA 目标完全一致，即应持续推进联邦政府各项目的目标设定、绩效评估和报告工作的改善。

### （四）项目（program）的绩效指标

这一级别的绩效管理标准指联邦政府项目的绩效指标。

上述四个级别的管理目标和标准应层层相扣，并具有一致性和连续性。同时还需要指出，这种以优先事项级别作为联邦绩效管理指标分级依据的思路，为《政府绩效与结果现代化法案》（the Government Performance and Results Act（GPRA）Modernization Act）的颁布奠定了基础，同时也对之后拜登政府的联邦绩效管理框架产生了巨大影响。

## 三、事后——改进联邦政府绩效的三种努力

奥巴马政府对自克林顿政府以来的总统管理议程以及联邦政府绩效管理的法案与工具进行了梳理，并提出关于 PART 的批评："OMB 指南明确告诉各联邦机构，项目的 PART 调查问卷结果应包括'有助于各机构做出预算决策的信息'，但不需要包括'改善项目管理的绩效目标'"，[①] 因此布什政府的总统管理议程虽然明确了"议程－优先事项－指标"的进路，但是却没有提出如何就改善政府绩效付出努力。除此之外，梅岑鲍姆与齐恩兹在构建绩效改进框架

① OMB. Analytical Perspectives, Budget of the U. S. Government, FY2010, p. 9.

时，阐述了该框架的背景——GPRA 与 PART 并没有在绩效管理中广泛使用项目目标，也没有充分利用绩效测量结果……这是不幸的，因为如果不将评估结果运用于日常以及战略决策之中，项目目标与绩效标准则会成为无用之物。但实际上各机构只是将其视为增加了运作成本负担，而不是作为改进政府计划和更好地向公众传达政府选择及其影响的有力工具。奥巴马政府面临的挑战是如何更好地利用注重成果的绩效目标和衡量标准，来改善社会成果、提高计划生产力并加强民主决策。总之，奥巴马政府构建了上述项目绩效衡量框架后，也需要通过“持续的努力与行动”，以追求绩效改进和分析框架中的愿景。出于上述考虑，奥巴马政府决定通过三项持续性的努力来对该框架进行实践上的检验。

### （一）2011 财年预算提案与“绩效管理战略”的嵌入

OMB 所提交的《2011 财年美国政府预算》（Analytical Perspectives，Budget of the U. S. Government，FY2011）不仅为 24 个联邦机构明确了相关的优先事项，还阐明了实现优先事项的思路——即通过明确“绩效管理战略”（performance management strategies）以推进优先事项的目标设定与绩效衡量科学化，进而促进“最终成果”的形成，从而实现“绩效改进框架”的完善化。“绩效改进框架”通过“战略”这一因素推动了“最终结果”的形成，补充了 PMA 下“优先事项”（priorities）与“具体指标”（metrics）之间空缺的一环，因为在绩效管理过程中，在确定优先事项之后直接就制定具体指标，会导致优先事项的短视——只关注内部机构管理的行政优先事项，而不是对公众具有高度直接价值的事项——即“战略”（strategies）。

### （二）强调项目评估，开展评估政府支出有效性（effectiveness）的高质量研究

为了说明开展联邦项目绩效评估的科学性与合理性，OMB 将政府支出有效性与医疗保健领域的“比较有效性研究”（comparative effectiveness research）进行了类比。[①] 虽然这份研究报告没有对具体实践进行说明，但是之后 OMB

① Analyst in Health Care Financing. Comparative Clinical Effectiveness and Cost - Effectiveness Research：Background，History，and Overview［J］. CRS Report for Congress，2007.

在该研究的基础上发表了对“基于证据的政策”（evidence - based policy）和“严格证据”（rigorous evidence）的审查，其中强调了随机对照实验（Randomized Controlled Trials，RCT）在确定政府政策干预对政策结果的影响方面发挥的重要作用。① 不过随机对照实验一直是一个存在争议的主题，于是 OMB 主任奥萨格则将随机对照实验（RCT）描述为“基于证据的政策”，并将其与总统关于终止和削减计划的预算提案联系起来，即如果没有证据表明某个联邦项目有继续投资的必要，该项目就会被认定为“无效、重复或过时的”。

### （三）与各机构以及绩效改进委员会（PIC）合作，进一步细化框架下的绩效评估主题

联邦政府表示在绩效改进框架制定后的几个月内，将会与各机构以及绩效改进委员会合作，为五个与绩效评估相关的主题制定细化方案。主题主要包括：

第一，建立“全面的项目和绩效衡量系统，系统必须显示联邦项目与机构和政府范围内的目标的联系路径”；

第二，改变“项目评估和绩效衡量流程，以突出项目绩效改变趋势、项目实施风险以及对该项目绩效的改进计划”；

第三，简化 GPRA 和 PART 相关报告，以减少各机构和 OMB 的工作量；

第四，改变机构或 OMB 在相关网站上向国会、公众和利益相关者呈现绩效信息的方式；

第五，启动“全面的研究计划，对不同计划策略的有效性进行比较并择优，以确保项目实现最终的预期成果”。

奥巴马政府的绩效议程是总统管理议程乃至联邦绩效管理迈向现代化的重要标志，而总统管理议程（PMA）现代化的标志不止表现在奥巴马政府的技术议程（technology agenda）之中所提到的“对 IT 更大的投资以推动绩效管理技术升级”、“以 web 2.0 推动协作治理”等技术方面的突破与创新，还表现为该绩效管理体系的环环相扣和思路清晰——通过对上述联邦政府绩效管理举措

① Brass C T, Williams E D, Nuñez - Neto B. Congress and Program Evaluation: An Overview of Randomized Controlled Trials (RCTs) and Related Issues [J]. CRS Report for Congress, 2006.

的梳理，不难看出奥巴马政府绩效议程所遵循的进路为“以人事改革缓和国会与联邦政府间的关系→推动联邦绩效管理合法化进程→合法化下的绩效指标细化→根据指标层级确定绩效管理主题→结合指标与主题形成绩效管理框架→以具体的持续行动落实框架→明确实践过程中的原则以维持绩效管理的合法性”。简单来说，奥巴马政府之后的总统管理议程（PMA）基本是遵循着“议程→总统优先事项→战略（部门战略计划等）→目标（跨部门优先事项目标+机构优先目标）→指标（联邦政府绩效计划）→里程碑（联邦政府绩效目标）→持续行动→绩效成果”的路线推进的。

## 第二节　特朗普政府的“跨孤岛”式管理

### 一、特朗普政府的总统管理议程

特朗普政府的PMA出现了两个与以往不同的特点，首先是对PMA下的跨部门优先事项（CAP）目标进行分类并开展“跨孤岛式”（Across Silos）管理；其次是通过PMA及时跟进与汇报CAP的实施情况。①

2018年6月，特朗普政府发布了联邦政府的PMA，并将该总统管理议程（PMA）下的管理优先领域分为三个部分：一是“转型的关键驱动因素”（Key Drives of Transformation）；二是“交叉（政策）优先领域”（Cross－cutting Priority Areas）；三是“职能优先领域”（Functional Priority Areas）。②

转型的关键驱动因素下的跨部门优先事项（CAP）目标主要有三个，分别是信息技术现代化；数据、责任和透明度；21世纪的人与劳动力。交叉政策优先领域下的跨部门优先事项（CAP）目标主要有三个，分别是改善客户体

① Trump Administration. President's Management Agenda［EB/OL］. THE PRESIDENT's MANAGEMENT AGENDA：Modernizing Government for the 21st Century. 2018－06. https：//trumpadministration. archives. performance. gov/PMA/Presidents_Management_Agenda. pdf.

② 2019年，特朗普政府又将“任务型的优先领域”（Mission Priority Areas）引入到总统管理议程涉及的优先领域中，但是随着2020大选的开始以及特朗普的败选，特朗普政府的PMA更新至2019秋季就已停止。因此该优先领域下的跨部门优先事项（CAP）目标也并未得到详细说明与规定，故此处不做详细介绍。

验；共享优质服务；将低价值工作转换为高价值工作，该领域下的跨部门优先事项（CAP）目标主要由之前介绍过的总统管理委员会（PMC）负责领导推进。职能优先领域下的跨部门优先事项（CAP）主要有五个，分别是按类管理；结果导向的补助金问责制；合理的政府支付；联邦信息技术支出透明度；改善重大采购管理，该领域下的跨部门优先事项（CAP）目标主要由其他联邦政府机构间委员会负责领导推进，如首席采购官委员会、首席财务官委员会或首席信息官委员会等。

将总统管理议程（PMA）各优先领域下的跨部门优先事项目标按照领域分门别类之后，联邦政府决定打破因为优先领域划分而造成的"信息孤岛"，推进跨部门优先事项的"跨孤岛式"管理。这种管理模式能够在推动交叉政策以及职能领域跨部门优先事项（CAP）目标的过程中，为了通过关键驱动因素推动联邦政府的改革与转型，使部门阶段性成果反作用于推动"转型的关键驱动因素"中。特朗普政府在其总统管理议程（PMA）中公布了当时的跨部门优先事项（CAP）目标体系构成，如图 8－1 所示：

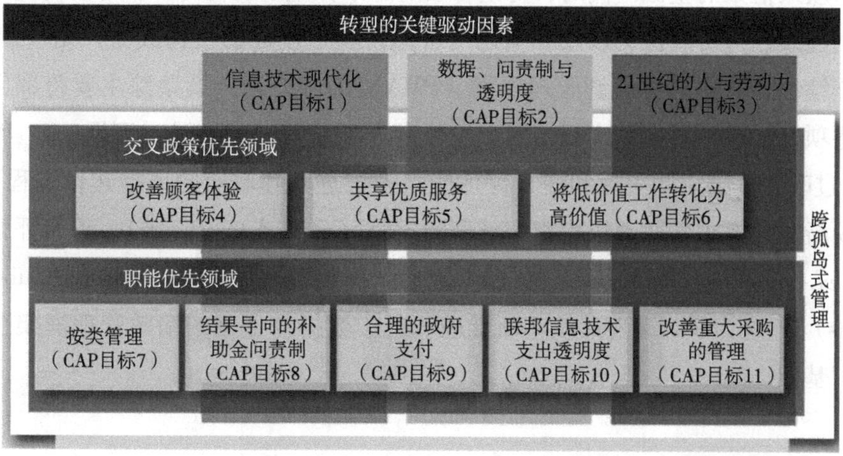


**图 8－1　特朗普政府跨部门优先事项（CAP）目标体系构成与相互作用**

资料来源：Trump Administration. President's Management Agenda. THE PRESIDENT's MANAGEMENT AGENDA：Modernizing Government for the 21st Century. 2018－06. https：//trumpadministration. archives. performance. gov/PMA/Presidents_Management_Agenda. pdf.

由上图可知，交叉政策优先领域的第 4、5 个跨部门优先事项（CAP）目标以及职能优先领域的第 8、9 个跨部门优先事项（CAP）目标的阶段性成果可以用来辅助推进“信息技术现代化”（CAP 目标 1）的实现。以此类推，进而实现三个总统管理议程（PMA）优先领域跨部门优先事项（CAP）目标体系的协调与并进。

特朗普政府还于 2019 年春季与夏季分别发布了两份对前一年总统管理议程（PMA）中跨部门优先事项（CAP）执行与推进情况进行说明的“补充性”总统管理议程（PMA）报告。前一份报告聚焦于总统管理议程（PMA）实施一年来，在“转型的关键驱动因素”三个跨部门优先事项目标推进过程中取得的成就；后一份报告则聚焦于另外两个优先领域的跨部门优先事项（CAP）目标实现情况。值得一提的是，后一份报告提出“基于数据与证据驱动转型与改善政府绩效”，这与特朗普同年签署的《循证决策基础法案》（Foundations for Evidence - Based Policymaking Act of 2018，又称《证据法》）的倡议相同，也为推动联邦政府循证决策工作的持续深入奠定了基础。

总的来说，特朗普政府执政的四年中，充分利用了当时存在的绩效管理框架。与奥巴马政府相似的是，特朗普政府同样决定使用总统管理议程（PMA）作为绩效框架的基础。同时，特朗普政府还十分重视机构内部和跨机构优先目标的连续性与协同性，以及在奥巴马管理议程下创建的机构战略计划（ASP）的连续性，并通过对总统管理议程（PMA）的补充来持续跟踪主要跨部门优先事项（CAP）目标的实现情况。2019 年年初，特朗普签署《证据法》，旨在“通过改善数据访问渠道和提升评估能力来推进联邦政府的证据建设进程”。[①] 这项新法案要求各联邦机构指定首席数据官（chief data officers）、首席评估官（chief evaluation officers）并共同拟定“证据构建计划”（evidence - building plans）。[②] 这为联邦政府后续不断推进“基于数据与证据的绩效管理框架”奠定了基础。

---

① U. S. Department of Health and Human Services, Office of the Assistant Secretary for Planning and Evaluation. (n. d.). Implementing the foundations for evidence - based policymaking act at the U. S. Department of Health and Human Services. https://aspe. hhs. gov/topics/data/evidence - act - 0#: ~: text = The%20Foundations%20for%20Evidence%2Dbased%20Policymaking%20Act%20of%202018%20 (also, data%20and%20expanding%20evaluation%20capacity.

② U. S. Congress. (2019 January 14). H. R. 4174. “Foundations for evidence - based policymaking act of 2018” Public Law 115 - 435. https://www.congress.gov/bill/115th - congress/house - bill/4174.

## 二、客户体验改革跨部门优先事项（CAP）体系构成

根据上一节的介绍，特朗普政府时期明确的 PMA 优先领域包括交叉政策领域的优先事项，而交叉政策领域需要关注的优先目标之一为“通过联邦服务改善客户体验”（Improving customer experience with federal service），为推进这一跨部门优先事项（CAP）目标，当时的联邦政府所拟定的试行计划（pilot）或绩效目标之一为“服役人员向公民就业的转变”（Service Members Transition to Civilian Employment）。本部分将通过退伍军人就业过渡这一切入点，详细介绍该跨部门优先事项（CAP）目标的体系构成、运作周期以及运作方式。

特朗普政府于 2018 年 6 月公布了未来四年的总统管理议程，其中将总统关注的优先领域划分为三个部分——驱动转型的、交叉政策的以及职能构建的。每个优先领域又可以分解为几个不同的跨部门优先事项（CAP）及其目标，其中交叉政策优先领域的跨部门优先事项（CAP）目标之一为“通过联邦服务改善客户体验”，为了实现这一目标，时任联邦政府与 OMB 决定通过试行计划地图（pilot map）的形式展现该跨部门优先事项（CAP）下的联邦政府绩效目标（FGPG）之一——“服役人员向公民就业的转变”是如何测度与推进的。

### （一）时间线与行动里程碑的设置

1. 时间线与里程碑设置。

明确了跨部门优先事项（CAP）绩效目标之一为“推动服役人员（退役军人）向就业公民转变”之后，OMB 首先需要做的是从时间角度将该跨部门优先事项（CAP）绩效目标划分为若干个阶段，其次是为各联邦机构以及目标对象在完成跨部门优先事项（CAP）绩效目标的各阶段设定目标，这些目标既有长期性质的，也有为了便于各联邦机构操作实践而划分的更加细致化的“里程碑”（milestones），或也可被理解为跨部门优先事项（CAP）绩效目标阶段性绩效标准，用以帮助跨部门优先事项（CAP）目标实施机构与实施对象（如服役人员）明确自己行动的方向是否准确，并判断目前的行动是否符合绩

效目标要求。

对于“推动服役人员向就业公民转变”跨部门优先事项（CAP）绩效目标，OMB 认为该目标可以分为三个长期阶段：军队服役时期、转变援助计划（Transition Assistance Program，TAP）以及公民就业时期。明确该跨部门优先事项（CAP）目标应当分三阶段实施后，OMB 又为各阶段设置了更细致的行动“里程碑”：“军队服役时期”主要旨在收集有意愿或按规定应退役的服役人员的数量与名单，并帮助该群体为退役工作、退役转型信息搜集工作以及转型福利申请等程序做好充分的准备。通常来说，每个总统管理议程（PMA）周期中的前半程（24 个月）将会用来完成第一阶段的目标。该阶段跨部门优先事项（CAP）目标的推进有六个主要的行动“里程碑”——转变前期准备、寻找职业代码（job code）、做出退役决定、拟定退役计划、明确退伍事宜以及向退役军人事务部（Department of Veterans Affairs，VA）递交退伍福利资格申请。“转变援助计划”（TAP）主要旨在帮助已退役并已完成相关福利申请事宜的退伍军人确定就业方向，为其后续寻找工作奠定基础。该阶段跨部门优先事项（CAP）目标的推进包括七个主要行动“里程碑”——启动转变计划、确认退伍军人工作代码、核查退伍军人提交的资料清单、寄出就业简历、服役正式终止（End of Active Service，EAS）、发掘就业资源以及鼓励退伍军人建立社会关系。“公民就业时期”旨在帮助退伍军人寻找工作并投入就业，此外在考虑到可能存在长期职业规划与其短期内工作不匹配的情况下，该阶段还包含了对退伍军人向就业公民转变过程进行持续性观测的目标。该跨部门优先事项（CAP）目标的推进有五个主要行动“里程碑”：积极求职、递交申请、参与面试、选择就业单位以及投入工作，若对就业情况不满意，退役军人在参与工作并辞职后也可重新开始积极求职。

2. 联邦政府绩效计划（FGPP）的设置与评估。

前文提到，推进与评估该跨部门优先事项（CAP）目标实施过程采用的是计划地图形式，原因在于无论是总统管理议程（PMA）、跨部门优先事项（CAP）目标还是改革和重组计划（Reform and Reorganization Plan）中的联邦机构服务客户体验提案都明确了应该从“客户”（即 CAP 目标对象）的角度出发，来划分实施跨部门优先事项（CAP）目标的各阶段规划以及设置跨部门优先事项（CAP）目标的绩效计划，进而对“里程碑”的实现情况进行更准确地评估。因此，跨部门优先事项（CAP）目标的里程碑与绩效计划（FGPP）都是根据联邦机构服务对象及其行动的角度进行设置的。同时，“客户体验”这一跨部门优先事项（CAP）目标产出更多是一种抽象的个体感知，而为了通过具体的方式将这种抽象化的产出显化并形成绩效信息，OMB 以及各跨部门组织认为计划地图以及问卷调查是从客户的实际体验中收集见解的最佳定性研究方法，并可以帮助各机构跨越服务交付渠道和组织与信息的孤岛，发现与确定可以提高联邦部门服务供给影响力的领域。

对于“服役人员向就业公民转变”这一目标来说，划分了实施阶段与行动里程碑之后，下一步即为按照里程碑设置与其相关的目标对象（服役人员或退伍军人）实现目标的行为设置相应的问卷，只有满足了前一个里程碑对应的问卷问题所提及的标准，才能与各联邦机构一同往下一个里程碑推进。通过计划地图与问卷调查的形式能够形成绩效信息进而整合成为联邦政府绩效计划（FGPP）；而为了充分考虑到每个时间点或里程碑中目标对象（服役人员或退伍军人）未能实现里程碑规定的目标的原因，各机构还应列出各里程碑下 CAP 对象在实现里程碑的目标过程中可能会遇到的困难，进而便于对未能达到阶段性目标的行为进行全面的检测与改进。

以“军队服役时期”为例，OMB 划分出这一阶段并形成六个行动上的里程碑后，国会、OMB 以及有关机构就会针对其中“寻找与职业规划类似的职业代码”这一里程碑设定跨部门优先事项（CAP）目标对象（服役人员）是否已寻找到适合自己的职业代码（因为职业代码与服役人员退伍后的就业资助方案与方向规划息息相关）的标准，而这一标准相关信息正是通过问卷的方式来获得的。通过协商，有关机构认为可以询问服役人员“是否在争取职业代码规定之内或之外的技术技能与资格认证”来获得相关信息，如果服役人员确实满足该条件（即已经获得相关的技能资格认证），那么该人员可以继续完成下一个行动里程碑目标——做出退役决定；而对于那些并不满足该指标的服役人员，相关机构决定通过考察该服役人员是否“在服役期间用药以克服创伤与压力，导致了获取技能上的困难”作为出发点寻找改进原因。以此类推，三个阶段里的每一行动里程碑所对应的问卷问题（或评估标准）综合起来就形成了该跨部门优先事项（CAP）目标的绩效计划（FGPP）。

## （二）跨部门优先事项（CAP）运作方式

明确了如何划分跨部门优先事项（CAP）实施阶段、行动里程碑、绩效计划以及如何获取目标对象绩效信息的手段等事项之后，跨部门优先事项（CAP）目标的推动与实现还需要各联邦机构或部门内部分工以及相互合作。因此一切准备工作就绪之后，还需要从联邦部门的视角考察跨部门优先事项的运作方式。

1. 参与跨部门优先事项行动的机构组成。

对于“服役人员向就业公民转变”这一跨部门优先事项目标，OMB与国会呼吁应推动多个且多元的联邦机构参与推进与实施该目标并不断改善绩效结果。主要有以下部门参与了该跨部门优先事项（CAP）目标的实现：

（1）国防部（Department of Defense，DOD）。国防部在该跨部门优先事项（CAP）目标实施的前两个阶段发挥了主要作用，旨在统筹与统计预备退役的服役人员的就业意愿、身心状况以及财务状况，并为愿意且能够退役的服役人员开展退伍信息咨询会议、就业技能培训与申请福利资助等。

（2）劳动部（Department of Labor，DOL）。劳动部在该跨部门优先事项（CAP）目标实施的前两个阶段发挥了重要作用，旨在帮助愿意且能够退役的服役人员获得与职业生涯规划相关的技能或技术，以便在退伍军人求职就业时迅速为其建立起社会关系以及适应工作环境。

（3）退役军人事务部（Department of Veteran Affairs，VA）。退役军人事务部在该跨部门优先事项（CAP）目标实施的前两个阶段发挥了重要的作用。在实现该跨部门优先事项（CAP）目标的过程中，退役军人事务部主要职能在于通过一对一且面对面的咨询座谈方式为每一位在役军人提供与其入伍、服役、退役准备、退伍后生活以及家属安顿等相关事宜的全面信息，进而帮助服役人员做出与服役、退伍以及就业规划等方面的重要决策。而该咨询座谈会包含的所有内容被统称为“军事生命周期”模块（Military Life Cycle Modules，MLC Modules），每次座谈会应充分尊重与保证服役人员的隐私并至少持续45—60分钟，每位在役军人皆可预约对其军事生命周期的座谈会并能够通过线下与线上两种方式开展咨询。除此之外，退役军人事务部还应承担起为退伍军人提供其应聘时所需资源的责任。

（4）人事管理局（Office of Personnel Management，OPM）。人事管理办公室对该跨部门优先事项（CAP）目标的实现推进作用主要体现在后两个阶段：为愿意且能够退役的服役人员举办就业研讨会并在其求职过程中帮助其充分应用互联网等工具进行工作岗位的查找与筛选。

（5）小企业管理局（Small Business Administration，SBA）。开展“B2B”计划——军靴走进企业（Boots to Business），该计划于跨部门优先事项（CAP）目标第二阶段中期展开，旨在配合推进与实现国防部与 OMB 共同制定的“转变援助计划”（TAP）。B2B 计划通过为有意从商且即将退伍的军人及其家属提供商业经营技能、商业借贷流程以及技术培训等系列课程，帮助退伍军人及其家属快速克服退伍之后的财政紧张的困难并尽快适应快节奏的求职阶段。

2. 机构同时期的行动与机构间的互动。

跨部门优先事项（CAP）目标的推进与实现不仅需要各联邦部门提供服务以及明确分工，还需要以互动的方式在每个行动里程碑时间点上为目标对象提供其所需的服务并共享所搜集到的绩效信息，进而在那些孤立的联邦部门无法履行好职责的政策领域充分发挥各联邦部门的协同作用并解决对应问题，这就是跨部门优先事项（CAP）如此强调“跨部门”的原因所在。

以“服役人员向就业公民转变”跨部门优先事项（CAP）为例，在第一阶段中“寻找与职业规划类似的职业代码”里程碑里，为了解目标对象（有退伍意愿的服役人员）是否“正在争取职业代码规定内外相关的技术技能资格认证”并且在该过程中是否存在“因为要克服服役期间所受的创伤与压力而选择了服药，导致获得资格认证遇到困难”的现象，国防部（DOD）与劳动部（DOL）应该实现跨部门合作，共同开展军队外的技能培训。与此同时，退役军人事务部（VA）应该为每一位有意愿退伍并参与社会就业的在役军人构建与其服役状况以及就业规划相关的“军事生命周期”模块并及时向在役军人提供咨询服务。以此类推，每一阶段中的关键行动里程碑下，都有其联邦政府绩效计划（FGPP），而为了达到该联邦政府绩效计划（FGPP）的要求，各联邦部门既有分工，也有跨部门合作，共同推进该跨部门优先事项（CAP）目标全流程的完成与改进。

“服役人员向就业公民转变”跨部门优先事项（CAP）目标的实施与推进全过程如图 8－2 所示。

| 时间线&行动——milestones（从服役军人向就业公民转变过程中的时间点与里程碑，加粗单元格表示关键事项。由于篇幅限制，省略部分时间点） | 军队服役时期 | | | | | | 转变援助计划/项目（TAP） | | | | | | | 公民就业 | | | | |
|---|---|---|---|---|---|---|---|---|---|---|---|---|---|---|---|---|---|---|
| | 24个月的转变前期准备 | 寻找与职业规划类似的职业代码（job code） | 开始考虑不再服役 | 有准备或有计划地脱离军队 | 明确退伍所需要完成的事宜 | 向VA递交退伍福利资格申请 | 转变援助计划/项目（TAP）开始 | 考虑是否需要更换或新建工作代码 | 核查清单以明确TAP的起点以及最终目标 | 明确公民就业的选择并寄出简历 | 服役正式终止（End of Active Service，EAS） | 前往就业所在地并发掘利用就业资源 | 在军队之外建立自己的社会关系 | 积极求职阶段开始 | 申请 | 面试 | 权衡与选择 | 参与工作 |
| CAP对象（服役人员）行动的评估标准——FGPP | 我已充分认识到我的职业兴趣与通道所在 | 我在争取职业代码规定之内/之外的技术技能与资格认证 | 我能够接受退伍之后所发生的转变并采取积极的态度应对 | | 我的长官或上司在我退伍转换的过程中提供了可依赖与有用的资助 | 我准备好了退伍军人法案（GI Bill）以及其他退伍军人福利相关文件以获得福利资格认证以及服役正式终止（EAS）之后的培训资格 | | 我已认识到我最适合公民就业市场中哪个领域 | 我已练习过如何与潜在雇主沟通；知悉公民就业中的规则 | 我已在军队内外建立起支持我计划的、与职业相关的网络；我已拟定好基于现实的退伍后求职的预算 | | 我的家属等在帮我们度过财务紧张的日子时可以提供较好的支持；我能够在这段时间里进行减压 | 我在一个值得依赖的、对健康有益的社区中定居，该社区中也有退伍军人；我与“退伍军人服务组织”保持联络 | 我找到了与我职业生涯兴趣相关的网站等工具 | 我使用了USAJOBS.GOV、领英等工具搜寻工作岗位 | 参与面试 | 我能够拒绝那些令我不满意的工作；并接受那些能够充分发挥我的培训经验以及将我引向更合意的职业通道的工作 | 我是否考虑过其他的更好的工作 |
| CAP对象（服役人员）行动中可能遇到的困难 | 我在服役期间遭受到了创伤，以至于阻碍了我参与日常生活 | 为了克服我在服役期间所受到的创伤与压力，我选择了自我用药的方式 | 我被告知无法按照自己的计划或意愿退伍（出于药物或管理的原因） | 我拒绝开始转变并将退伍计划搁置一边 | 我的长官或上司在我退伍转换的过程中有意或无意地阻碍了该进程 | 虽然我获得了高等教育福利，但没有教育目标，即如何在劳动力市场上更好地定位我 | | | 退伍前的服役地点并未给我拟定就业计划的时间 | 我有计划之外的债务在身；我的家属等时长/周期性地卷入纷争，以至于浪费我的时间、金钱以及注意力 | 我并没有为EAS之后的生活作任何财务上的准备，而EAS则代表军队会立刻停止提供住房补贴、医疗保险与餐食 | 我经历了财务上的困难；为了度过这种困难，我决定接受一份马上有酬劳的短期工作，而不是长期的、可靠的、职业导向的工作 | 由于不安全感，我被迫选择了一份待遇微薄的工作 | 我没有储备金 | 我认定投递简历即代表拥有工作、导致错过招聘黄金时间 | 前往面试所在地后有可能会无家可归 | | |
| CAP中联邦机构的行动：国防部（DOD） | | 开展军队外的技能培训 | 开展与职业规划中心的见面会 | 通知“在线认证机构”所有部门参与 | 与军队指挥官进行有关公民就业转换的对话 | 对照军事职业代码进行审核 | 开展退伍前工作咨询会议 | 综合考虑财务计划与财政韧性 | 建立“职业生涯规划”标准；辅助参与高等教育 | 制定“终止（服役）顶点”标准 | | 人性化地将退伍军人移交至DOL和VA的安排下 → | | | | | | |
| CAP中联邦机构的行动：劳动部（DOL） | | 开展军队外的技能培训 | 开展与职业规划中心的见面会 | | | | | 创办就业研讨班 | “职业生涯开拓与计划”工作 | 持续行动 → | | 将信息传递至“美国就业岗位中心” → | | | | | | |
| CAP中联邦机构的行动：退役军人事务部（VA） | | VA应构建“军事生命周期”模块，以供服役人员在其整个职业生涯中使用 | | | | | | 根据法案提供退伍军人福利与服务；提供就业帮助 | | | | 提供退伍军人应聘时期所需资源 → | | | | | | |
| CAP中联邦机构的行动：人事管理办公室（OPM） | | | | | | | | 举办“联邦就业研讨会” | 持续行动 → | | | | | | 完善USAJOBS.GOV网站建设，提供全面的就业信息 → | | | |
| CAP中联邦机构的行动：小企业管理局（SBA） | | | | | | | | 开展“B2B”项目 | | | | | | | | | | |

**图8－2 “服役人员向就业公民转变”跨部门优先事项（CAP）目标的实施全流程**

3. 对跨部门优先事项（CAP）目标的实施情况进行评估与报告。

在该跨部门优先事项（CAP）目标实施一段时间后，评估机构［在这一跨部门优先事项（CAP）目标中主要由国防部（DOD）和参与绩效管理工作组的机构间合作伙伴（interagency partner）等组成］应定期（每个季度以及每个财年）对该目标的实施进度以及绩效信息进行评估与更新。由于该跨部门优先事项（CAP）目标体系中涉及了转变援助计划（TAP）政策项目，因此该项目对于部门间协作能力以及协调性提出了更高的要求①。同时如前所述，拜登政府的总统管理议程（PMA）展现了联邦绩效管理对于连续性的注重，即 2021—2025 财年将继续以该跨部门优先事项（CAP）目标作为跨部门优先事项中的一部分。因此，即使本节探讨的是特朗普政府时期跨部门优先事项（CAP）目标的绩效管理程序，但由于本届政府仍未对该程序做出过大改动，已有报告仍然能为我们勾勒出当前联邦绩效管理实践中的跨部门优先事项（CAP）目标实施进度评价流程。"服役人员向就业公民转变"跨部门优先事项（CAP）目标的评估与报告流程主要有以下要点：

（1）确定绩效评估标准。以转变援助计划（TAP）为切入点，转变援助计划（TAP）政策办公室制定了 TAP 合规性的绩效目标和衡量标准，涵盖转变援助计划（TAP）咨询途径的所有关键组成部分，并用于评估实施该跨部门优先事项（CAP）目标的分支机构对转变援助计划（TAP）要求的遵守情况。据国防部转变援助计划（TAP）政策官员称，若要被视为符合转变援助计划（TAP）绩效衡量标准，各军种部门必须确保军人符合八项标准：①完成自我评估并被分配到某一职业代码所属级别；②完成初步咨询；③完成退伍前咨询；④参加退役军人事务部（VA）举办的福利和服务简报会；⑤参加劳工部就业基础课程；⑥参加国防部退伍过渡/分离前的培训课程；⑦参加根据职业代码而量身定制的为期 2 天的课程；⑧获得指挥官签名以验证对转变援助计划（TAP）电子表格数据的审查②。随后，评估方将根据以上标准对该跨部门优先事项（CAP）目标下的里程碑完成情况以及绩效目标实施进度进行评估。

① Government Accountability Office（GAO）. Military Personnel：DOD's Transition Assistance Program at Small or Remote Installations［R］. GAO－21－104608，2021.

② Government Accountability Office（GAO）. Military and Veteran Support：Performance Goals Could Strengthen Programs that Help Servicemembers Obtain Civilian Employment［R］. GAO－20－416，2020.

2022年8月，国防部转变援助计划（TAP）政策官员向美国政府责任署（GAO）提交的绩效报告中指出，“就其对2022年1月1日至3月31日期间退伍的现役军人的过渡进度来看，尚未达到其绩效目标”。对此，转变援助计划（TAP）政策官员表示，对合规性产生负面影响的主要原因是第3级军人（即职业代码分级为第三级）未按要求参加为期2天的课程，因而激励更多准备退伍的在役军人参与到跨部门组织的培训课程中成为改进与提升绩效的有力措施。综上，报告跨部门优先事项（CAP）目标实施的情况在很大程度上有利于改进联邦政府绩效，也印证了上一部分中关于“促进跨部门优先事项（CAP）目标实施的关键行动包括‘利用绩效信息’”这一论述。

（2）评估机构的构成。根据GAO的规定，该跨部门优先事项（CAP）目标的评估与报告机构主要由绩效管理工作组官员负责，该工作组又由国防部、劳工部、退伍军人事务部、国土安全部、教育部、小企业管理局和人事管理办公室所选出的代表组成。

## 第三节　拜登政府的延续与创新

2021年1月20日，乔·拜登（Joseph Biden）当选美国第46任总统。就任之后，其提出“更好的重建”这一愿景，该愿景也成为了拜登政府总统管理议程（PMA）的中心。为了实现围绕着“更好重建”这一愿景下的众多目标，拜登政府不仅需要明确评估目标实现进度的指标，还需要阐明获得政策目标完成情况相关数据的方法，并指出改善联邦政府绩效的主要努力方向以及衡量方式。总的来说，拜登政府的联邦绩效管理思路既有对前任政府思路的延续，同时也通过在自身绩效管理体系中融入“社会公正”相关指标等手段实现了绩效管理创新。

### 一、指标创新

拜登政府在其执政的第一年就利用总统管理议程（PMA）这一有力的管理工具支持其政策重点。2021年11月，拜登宣布了其总统管理议程，并将该议程称为总统“愿景”。同样地，拜登政府的总统管理议程（PMA）是按照“议程/愿景－总统优先事项－跨部门优先事项 & 部门战略－绩效指标－持续行动－绩效结果”（agenda/vision – priorities – strategy – goal – milestones）展开的。该愿景围绕“更好的重建”（build back better）这一重点，描述了一套良好政府的原则，其中包含了三个跨部门优先事项——提升与授权联邦劳动力、改善联邦服务的客户体验以及改革政府业务，所有主要联邦机构的首席运营官均签署了支持这些原则和目标的承诺。2022 年第一季度，拜登政府的总统年度预算公布，其中详细介绍了三个跨部门优先事项下的具体战略、举措及其负责人，以便 OMB 继续进行年度机构战略审查。拜登政府的总统管理议程（PMA）主要在多样化、平等化、包容以及可及性指标（Diversity, Equity, Inclusion, and Accessibility, DEIA）与持续性的优先目标实现了突破与创新。

为了对第一个优先事项的执行状况进行科学精确的评估，拜登政府的 PMA 推出了一系列可以衡量联邦政府雇员以及工作人员工作状况和满意度的新指标，这些指标更加注重多元化、多样化以及雇员的心理状况，更加具有定性研究的色彩，这一系列指标被称为“DEIA 指标”（Diversity, Equity, Inclusion, and Accessibility）——多样化、平等化、包容以及可及性（主要是指联邦雇员授权问题）。

## 二、绩效管理延续性

与奥巴马和特朗普政府时期非常相似，拜登政府总统管理议程（PMA）跨部门优先目标具有较强连续性，约 40% 的优先目标与往届政府相联系，特别是对“改善客户体验”这一承诺的延续——这是一系列始于奥巴马时代、由特朗普政府全面推广的举措。同时，拜登政府的方法更有针对性，并得到了行政命令（Executive Order, EO）的支持，该命令要求各机构从需要跨联邦部门界限进行合作才能改善客户体验的“生活事件”（life events）入手，如退休人员安置、帮助灾民从自然灾害中恢复或在低收入家庭抚养孩子。

除此以外，拜登政府的某些绩效管理举措超越了既定绩效管理框架的界限并在寻求新的突破。例如实施跨部门优先事项（CAP）目标的机构都需拟定绩效计划：为了支持改善社会公平的优先事项，90 个联邦机构发布了绩效计划，其中包括300多项具体举措，以说明这些机构将如何单独和联合行动，以及如何衡量绩效信息与进展情况。

## 三、案例：拜登政府的“客户体验”（Customer Experience，CX）优先目标评估

2021年，拜登政府公布了其总统管理议程，该总统管理议程（PMA）总共分为三个“总统级优先事项目标”（Presidential Priority Goals），分别为：强化与授权联邦劳动力、改善联邦政府服务与顾客体验以及管理政府事务（managing government business）。每个优先事项均被分为若干战略，各个战略下既有跨部门优先目标，也有部门优先目标。除此之外，每个目标都有若干里程碑以及绩效目标，以帮助联邦政府进行绩效管理。上述战略与日标共同构成拜登政府PMA体系，如表8－1所示。

由表8－1可知，拜登政府的PMA中，共有三个总统级优先事项，所涉及对象分别为联邦政府雇员、政府机构的顾客（服务对象）体验以及联邦政府事务。而“客户体验”（CX）这一优先目标是自奥巴马政府时期就提出、并为特朗普政府突出且目前仍然被拜登政府重视的一个特殊目标，这也体现了拜登政府对联邦政府绩效管理可持续性的强调。除此之外，为给战略制定奠定基础，拜登政府对“顾客体验”做出了界定——客户体验（CX）是公众对与任何政府机构、产品或服务互动的感知和总体满意度。客户是指直接或通过联邦资助的项目与机构或项目互动的任何个人、企业或组织。对个人而言，良好的CX可能意味着在政府办公室工作的时间更少，与服务台通话的时间更少，或者支持决策的信息更容易理解。

由表8－1可知，该总统管理议程（PMA）优先事项的实现主要从三个战略展开，为了推进战略的完成，这三个战略被分为八个目标，其中有四个跨部门优先事项（CAP）目标、四个机构优先目标（APG）。为衡量目标实现进度，这八个目标又被划定了共计179个里程碑，旨在通过监督联邦部门根据里程碑进行绩效评估，进而督促机构间或机构内高效、科学以及专注地完成优先事项目标。而对“客户体验”（CX）优先目标进行绩效管理主要是通过以下步骤实现的。

表 8－1　拜登政府总统管理议程（PMA）目标体系

| | 总统级优先事项目标名称 | 战略名称 | 战略目标细分 | 是否为跨部门优先事项（CAP）目标 | 完成情况（已完成里程碑数/总里程碑数），单位：个 |
|---|---|---|---|---|---|
| 总统级优先事项目标 1 | 强化与授权联邦劳动力 | 战略 1：吸引和雇用最合格的员工。该员工能反映国家的多样性，并在整个联邦政府中担任合适的角色。 | 目标 1.1：联邦部门将改善所有求职者、招聘经理和人力资源（HR）专家的招聘流程，高效、包容地吸引和雇用优质候选人，并减少制度性障碍。 | 是 | 21/37 |
| | | | 目标 1.2：各机构将为早期职业及职位建立进入联邦政府的公平途径，特别是来自代表性不足和服务不足的社区。 | 是 | |
| | | 战略 2：让每一份联邦工作都成为一份好工作。让所有员工都参与进来，并让他们得到支持、倾听和授权，有机会学习、成长并加入工会，且通过工会在工作场所中发声，并在整个职业生涯中茁壮成长。 | 目标 2.1：部门将让所有员工参与进来并赋予他们权力，以创造一个更加包容和公平的工作环境 | 是 | 24/38 |
| | | | 目标 2.2：部门将制定公平、透明的职业发展途径，以促进职业发展和机构使命的实现。 | 是 | |
| | | | 目标 2.3：各机构将提高对员工福祉的认识，并支持工作场所以外的激励。 | 是 | |
| | | | 目标 2.4：各机构将充分利用激励工具，包括薪酬和福利，以鼓励公共服务并留住敬业的员工。 | 否 | |

续表

| | 总统级优先事项目标名称 | 战略名称 | 战略目标细分 | 是否为跨部门优先事项（CAP）目标 | 完成情况（已完成里程碑数/总里程碑数），单位：个 |
|---|---|---|---|---|---|
| 总统级优先事项目标1 | 强化与授权联邦劳动力 | 战略3：根据从新冠中吸取的经验教训以及全国范围内的劳动力变化趋势，重新构想并制定联邦工作未来的路线图。 | 目标3.1：联邦政府培养与加强对人员、技术和工作场所的投资能力，进而履行机构使命，并为美国人民服务。 | 是 | 15/19 |
| | | 战略4：建立所需的人事制度和支持，以维持联邦政府作为模范雇主的地位，能够有效地履行广泛的机构任务。 | 目标4.1：转变人事管理办公室的组织能力和能力，以更好地成为联邦人力资本管理的领导者 | 否 | 18/22 |
| | | | 目标4.2：构建工具，以支持与员工敬业度、包容性和组织绩效相关的政府范围和机构数据驱动的劳动力决策。 | 否 | |
| | | | 目标4.3：建立一支现代化的联邦人力资源队伍，能够为各机构提供可靠、有效的支持。 | 否 | |
| 总统级优先事项目标2 | 提供卓越的、平等的以及有保障的联邦政府服务与顾客体验 | 战略1：通过减轻客户负担、解决不平等问题和简化流程，改善联邦高影响力服务供应商（HISP）的服务设计、数字产品和客户体验管理。 | 目标1.1：到2024财年末，所有HISP将公开报告其所有指定的高影响力服务的信任度、满意度和其他服务绩效数据。 | 否 | 8/21 |
| | | | 目标1.2：到2024财年末，所有HISP都将拥有持续收集客户反馈定性信息所需的人才，这些人才能对所有通信、数字产品和其他服务组件进行用户测试，并应用以人为本的设计研究方法。 | 是 | |

续表

| | 总统级优先事项目标名称 | 战略名称 | 战略目标细分 | 是否为跨部门优先事项（CAP）目标 | 完成情况（已完成里程碑数/总里程碑数），单位：个 |
|---|---|---|---|---|---|
| 总统级优先事项目标 2 | 提供卓越的、平等的以及有保障的联邦政府服务与顾客体验 | 战略 2：设计、构建和管理政府服务交付，以实现跨越联邦部门的关键生活体验（life experience）。 | 目标 2.1：为跨部门生活体验建立总体管理框架。 | 是 | 43/138 |
| | | | 目标 2.2：在共同设计的解决方案方面取得有意义的进展，并为指定的生活体验提供可衡量的改进。 | 是 | |
| | | 战略 3：确定并优先开发联邦共享产品、服务和标准，从而在整个联邦政府中实现简单、无缝和安全的客户体验。 | 目标 3.1：提供工具和资源，帮助各机构实施和评估其对《21 世纪综合数字体验法案》（21st Century IDEA）的遵守情况，以改善联邦网站和数字服务。 | 否 | 12/20 |
| | | | 目标 3.2：通过为现有和潜在的大批量客户开发功能，提高用户对 Login. gov 的采用率。 | 否 | |
| | | | 目标 3.3：提高机构对 Fed RAMP 授权的云产品和服务的采用率。 | 否 | |
| | | | 目标 3.4：建立额外的支持，以解决政府共享的客户体验相关技术挑战。 | 否 | |

续表

| | 总统级优先事项目标名称 | 战略名称 | 战略目标细分 | 是否为跨部门优先事项（CAP）目标 | 完成情况（已完成里程碑数/总里程碑数），单位：个 |
|---|---|---|---|---|---|
| 总统级优先事项目标3 | 管理政府事务 | 战略1：促进联邦采购系统的持久改进，以加强美国国内制造业基础，支持美国工人，以身作则，实现可持续的气候解决方案，并为拥有服务不足的社区创造机会。 | 目标1.1：创建一个多元化和有弹性的联邦市场。 | 是 | 7/10 |
| | | | 目标1.2：确保采集数据和工具的跨部门可操作性和共享。 | 是 | |
| | | | 目标1.3：通过培养一支充满灵感、敬业的收购团队，打造我们最好的员工队伍。 | 是 | |
| | | 战略2：提高联邦财政管理能力，包括通过联邦财政援助，以促进美国的工业战略，应对与气候相关的风险，并取得公平的成果。 | 目标2.1：加强和规范联邦机构之间共同的联邦财政援助领域的治理，以提高联邦政府通过联邦计划有效和高效地实施PMA愿景和法定要求的能力。这包括建立一个新的联邦财政援助治理机构，称为联邦财政援助委员会（COFFA）。 | 是 | 7/11 |
| | | | 目标2.2：建立一个强大的经济援助社区，确定并加强赠款经理的核心能力。 | 否 | |

资料来源：performance. gov。

## （一）授权与框架构建

借鉴了奥巴马政府在优先事项绩效管理中首先明确授权来源与框架构建的做法，拜登政府主要通过一个行政命令、一个议程以及一项法案来完成上述步骤。分别为：

1. 行政命令（Executive Order）14058（EO 14058）。

该行政命令的颁布旨在督促各联邦机构作出符合实际且能被衡量的改善服务承诺，并及时更新履行承诺的进展。

2021 年 12 月，拜登总统签署了第 14058 号行政命令，内容涉及转变联邦客户体验和服务交付以重建对政府的信任。该行政命令指导了一种“政府一体”（whole－of－government）的方法来管理客户体验——包括督促具体部门对改善（联邦政府）服务做出承诺，并建立一个新的“生活体验”（Life Experience）框架，以解决人们在生活中需要政府工作的关键时刻所遇到的痛点。

自行政命令签署以来的两年多里，各联邦部门致力于确保公众能够以简单、无缝和安全的方式与政府一起完成基本任务，并在提高政府效率方面取得有意义的进展。而该份行政命令还要求各联邦部门在命令发布之后的 3 个月、6 个月、9 个月、1 年和 2 年等时间点及时公布 36 项改善政府服务承诺的进展。

2. 总统管理议程（PMA）优先事项 2。

PMA 优先事项 2 及其内容说明了完成该优先事项的战略、目标以及里程碑等信息，除此之外，拜登政府的 PMA 中还着重提及一个概念——高影响力服务供应商（High Impact Service Provider，HISP）。这是对之前联邦政府顾客体验优先事项的创新，同时也是之后进行绩效管理的一个重要数据来源。高影响力服务供应商（HISP）的选择基于其为公众所提供的服务的规模和关键性，每年 HISP 团队都会对其高影响力服务进行全面评估，衡量其客户体验（CX）满意度，以确定改善服务的方向，促进绩效改善。目前有 18 个机构被列为 HISP，分别是卫生与公众服务部、美国国务院（Department of State）、交通部、内政部、财政部、国土安全局、国防部、人事管理局（OPM）、劳动部、农业部、教育部、总务署（GSA）、商业部、小企业联合会（SBA）、住房与城市发展部、社会保障管理局、退役军人事务部（VA）、美国国际开发署。这些

HISP 应遵守 EO14058 提出的“制定承诺”以及及时“更新完成进度”，此外还应该公布其作为 HISP，每个财年为了完成 CX 目标的行动计划（即绩效计划——APP 或 FGPP），这些行动计划对于考察“履行承诺的进度”具有指导意义。

根据 PMA 的规定，对 CX 进行绩效管理需要结合绩效计划，搜集与综合考虑以下两方面的数据与信息：一是对于 HISP 的“顾客体验信任度面板数据”（CX Trust Dashboard），被称为“HISP 信任度得分”（HISP Trust Scores）；二是顾客体验驱动的“顾客反馈面板数据”（Customer Feedback Data Dashboard），即联邦政府是否足够重视顾客向其提供的反馈意见，是否履行其承诺。HISP 的成功与直接和定期听取客户关于其服务体验的能力密切相关，因而顾客反馈面板数据与之前提到的“绩效计划”之间具有很大关联。

3. 21 世纪综合数字体验法案（The 21st Century Integrated Digital Experience Act，the $21^{st}$ century IDEA）。

该法案颁布于 2018 年 12 月，旨在将数字化政府所带来的生活体验融入联邦政府 CX 之中，并为绩效管理提供技术媒介。

## （二）战略制定

明确顾客体验的合法性框架以及授权来源后，总统管理委员会（PMC）等相关机构将会结合两个关键文件制定实现上述客户体验框架的战略，该战略能够为联邦部门之间合作以及部门内部努力方向的指引，联结起了 PMA 与优先目标成功指标（success metrics）。

1. 指引文件。

（1）OMB 通告 A－11 第 280 节。在这部分的《OMB 通告 A－11》之中，其要求 HISP 收集客户的交易后反馈，以更好地了解推动联邦机构为美国公众服务的信任因素。

为了支持关键的联邦机构决策，OMB CX 团队与每个 HISP 合作，合作过程中需整合客户的声音，并更全面地使用 Web 分析。这份文件进一步地为实施 21 世纪 IDEA 提供了实践指引。

（2）OMB 备忘录 M－23－22。2023 年 9 月，管理和预算办公室（OMB）发布了 M－23－22，提供数字优先的公共体验。在某种程度上，这份备忘录提供了进一步的政策指导，以帮助各机构全面实施 21 世纪 IDEA。法律和政策指南共同建立了数字优先公共体验的框架和要求。

2. 战略规划。

（1）通过减轻客户负担、解决不平等问题和简化流程，改善联邦高影响力服务供应商（HISP）的服务设计、数字产品和客户体验管理。

（2）设计、构建和管理政府服务交付，以实现跨越联邦部门的关键生活体验（life experience）。

（3）确定并优先开发联邦共享产品、服务和标准，从而在整个联邦政府中实现简单、无缝和安全的客户体验。

### （三）（跨）部门优先事项目标界定与里程碑界定

如第五章中所述，明确战略之后，战略之中包含了若干目标，某些目标需要跨越联邦部门才能推进（即跨部门优先事项，CAP），其他目标需要部门内部跟进（如机构优先目标，APG），而衡量这些目标的实现进度需要根据前面提到的框架与战略制定“里程碑”（milestone）。

### （四）评估

根据上述里程碑，对各个目标的完成进度进行评估与衡量，通过自评估、问卷调查等方式获得有关目标实现情况的定性或定量数据，并与既定目标进行对比。

### （五）数据公开以及绩效信息利用

公开数据，并指出改善绩效的方向以及运用绩效信息的方式。

与本章第二节中所提到的特朗普政府“顾客体验”改革案例相比，拜登政府与其既有相同之处，也实现了一定程度的创新。两者相同之处主要表现在四个方面：一是对里程碑完成情况数据与信息的获得方式基本相同——即问卷调查或“员工调查”；二是都要求将里程碑的完成情况及时公布于联邦政府门户网站上；三是均运用“试行计划”（pilot）的方式来全面公布绩效计划体系；四是拜登政府在论述顾客体验优先事项重要性时，以特朗普政府时期颁布的《21 世纪综合数字体验法案》作为其支撑。除此之外，拜登政府更加注重在构建优先事项框架前论述其合法性以及合理性，并强调在战略制定以及目标设定中嵌入多样性、公平性、包容性和可及性（DEIA）指标。此外，特朗普政府一般选择在门户网站公布整份绩效评估报告，而拜登政府选择除公布绩效报告外，还需将里程碑完成情况相关的重要数据以更加简洁地、可视化的图表方式直接公布于网站之上，以便更加快速便捷地把握该优先事项中最重要的绩效信息。

总的来说，奥巴马、特朗普和拜登政府的努力表明了总统管理议程（PMA）正在推动联邦政府绩效管理向更具包容性的“绩效治理”框架的稳步转型。从克林顿政府为总统管理议程（PMA）奠定基础、小布什政府正式确定总统管理议程（PMA）在绩效管理中的地位，再到奥巴马、特朗普与拜登政府利用总统管理议程（PMA）进行更加现代化的联邦政府绩效管理的转变进程来看，我们可以总结出美国联邦政府层面绩效管理战略的几个要点：

（1）努力创建绩效管理，尤其是总统管理议程（PMA）的法定基础。即在法定与合法的基础上建立绩效框架，为美国联邦绩效体系的稳定和连续发展奠定基础。包括建立一个由政治和专业知识领导的清晰的治理结构，并通过管理程序指导机构设定清晰的目标、策略和指标。这些要素将帮助联邦部门在执政政府交替的情况下尤其是在最高政治领导人之间发生交接时创造与维持绩效管理连续性。

（2）充分利用现代科学技术手段。成熟的技术有助于联邦政府获得更实时、更精确的绩效数据。GPRA 刚颁布时，信息技术还未能广泛应用于绩效管理之中，这也成为了戈尔改革政府的努力方向。而三十年后的今天，信息技术等一系列成熟的现代技术使得在满足及时性的基础上收集、总结和报告绩效数据成为可能。因此，将成熟的技术用于联邦政府绩效管理有助于将分析工作从回顾转向实时，甚至能预测未来事件。

（3）拥抱跨学科的方法。总统管理议程（PMA）的落地与实施不仅需要跨机构合作，还需要重视跨学科方法，而联邦政府也越来越认识到与其他专业学科合作的价值，将其作为更广泛的绩效管理框架的一部分。近年来，OMB 开始将不同专业学科实践的重要性纳入其对机构的年度指导中，如证据构建、项目评估、数据分析、项目管理、企业风险管理、行为科学和战略预见等。

# 第三编

# 部门层面预算绩效评价与管理

# 第九章　战略规划与绩效计划

【内容提要】部门预算绩效管理是利用目标、评价、分析和数据审查来改善部门运转效率和效益的重要举措。根据 GPRA 和 GPRAMA 法案规定，每个联邦机构都必须在绩效预算管理框架下，分别、连续制定和编制各自的战略规划、绩效计划和绩效报告，实现法案规定的各项基本目标。本章以联邦机构全过程预算绩效管理为核心，对战略规划、绩效计划、能力评估等环节展开梳理，并围绕各机构的预算绩效管理实践进行具体剖析，说明其各实施环节的一般意义和效果，在此基础上总结出有价值的经验和做法。

## 第一节　战略规划及案例报告

"战略"概念过去专指军事战略，是用于筹划和指导战争全局的方略，现在泛指对全局性、高层次的重大问题的筹划和指导。战略规划是一项系统性、完整性的工程，其不仅关注战略规划的构思和制定，也关注战略规划的执行和战略结果的实现。经过多年的理论研究和具体实践，美国联邦各机构已形成一整套成熟完善且行之有效的战略规划机制和做法，实现了战略规划和绩效管理、过程和结果的统一，并取得了良好成效。

### 一、战略规划

#### （一）战略规划的法律依据

美国战略规划的一大特点就是有一套规范、健全的制度框架，必须依据相关法律来进行。其中最重要的法律是 1993 年《政府绩效与结果法案》（Government Performance and Results Act of 1993，简称 GPRA）和 2010 年《政府绩效与结果现代化法案》（GPRA Modernization Act of 2010，简称 GPRAMA）。GPRAMA 以新增内容为主，未改变美国“战略规划—年度绩效计划—绩效报告”的管理框架。两份法案形成了统一的制度框架，以法律的形式确保了美国战略规划的有效实施。

1993 年，美国国会通过 GPRA，并于 1997 年开始正式实施。GPRA 以立法的形式要求所有联邦机构制定战略规划，并向管理与预算办公室（OMB）提交战略规划。在制定战略规划之前，各机构要对其及其项目的发展方向以及安排进行广泛的讨论，听取各方面的意见，避免执行过程中发生争执。法律规定，联邦各机构需要根据其使命定位，与国会进行协商，并慎重考虑那些可能受到该规划影响或者对该规划感兴趣的实体的意见和建议，以制定战略目标。

2011 年，奥巴马总统签署通过了《政府绩效与结果现代化法案》（GPRAMA）。GPRAMA 要求美国联邦机构要有综合性的任务陈述，明确结果导向的战略总目标和分目标，以及实现战略目标的实施策略。为了使机构战略规划与总统任期相匹配，避免政府更迭给战略规划带来消极影响，法案将战略规划应涵盖不少于提交规划的财年之后的 5 年更改为 4 年，并要求发布在机构公共网站的时限不迟于总统任期的第二个财年二月份的第一个星期一。例如 2018 年 2 月发布的战略规划应当涵盖 2018—2022 财年，2022 年 2 月发布的战略规划应当涵盖 2022—2026 财年。由表 9 - 1 可以看出，GPRAMA 在战略规划方面做出了如下调整：

**表 9 - 1　　GPRA 和 GPRAMA 战略规划比较**

| | GPRA | GPRAMA |
|---|---|---|
| 程序 | 战略规划应涵盖自其提交的财政年度起至少五年的时间，而且应该至少每三年更新或修改一次；与国会进行磋商；涉及其他利益相关者；提交 OMB 和国会 | 战略规划应覆盖递交财政年度起向后四年，发布在机构公共网站的时限不迟于总统任期的第二个财政年度二月份的第一个星期一；至少每两年与有关的国会委员会磋商；将资料在网站公布，并告知总统和国会 |
| 内容 | 说明本机构的工作任务；描述总体的工作目标及如何实现目标；描述战略规划中总目标与年度绩效目标的关系；确认影响绩效总目标实现的主要外部因素；概述拟评价的项目，并制定评价时间表 | （左栏的基础上增加）对任务、大致目标和长期目标的完整描述；详细地描述设立的总目标和分目标是怎样服务于政府的优先目标，并且这些目标是怎样与国会和受影响的单位的观点、建议相结合的 |

资料来源：作者根据相关资料归纳而得。

2019 年 1 月特朗普总统签署了《循证决策基础法案》（Foundations for Evidence – Based Policymaking Act of 2018）。该法案指出，机构战略规划应包括对机构统计、评估、研究和分析工作的覆盖范围、质量、方法、有效性和独立性的评估，并且该法案要求每个机构的战略规划中应当明列出评估内容。

不难理解，特定的法律环境和制度建设无疑是各机构开展预算绩效评价与管理活动并使之日臻完善的基础。在既定的法律、制度框架下，政府组织更为主动地约束自己的行为，更有效地承担相应的社会责任。按照上述规定，各机构在预算绩效管理框架下，按照制度相关要求，分别、连续制定和编制各自的战略规划，为绩效计划、绩效报告的编制提供基础。

### （二）战略规划的组织架构

美国管理和预算办公室（Office of Management and Budget，简称 OMB）是美国绩效管理的主要负责机关，在各机构的绩效管理中发挥重要作用。OMB 分为预算部门和管理部门两部分，它所承担与战略规划相关的工作主要是：执行 GPRAMA 法案的要求，督促各部门制定战略规划，并通过对各政府部门的战略规划、计划、项目及工作的有效性进行评价，将 OMB、国会、公众、部门人员以及利益相关者的意见纳入其中，确保社会各阶层可以了解到战略规划。

机构首席运营官（Chief Operating Officer，简称 COO）由每个机构的副主管担任，比如美国国务院副国务卿等。GPRAMA 法案规定，COO 应实施全面的组织管理，通过战略规划、绩效计划、测量、分析、定期进度评估以及使用绩效信息来改善所要获得的结果，从而提高绩效、实现机构的目标和使命。COO 负责建议和协助机构负责人沟通和选择机构的长期和短期目标，以加快使命实现、节约资金、提高机构的公众回应性。

绩效改进官（Performance Improvement Officer，简称 PIO）。GPRAMA 法案要求机构负责人和 COO 协商，直接任命一名向 COO 报告的高级执行人员。PIO 通过向机构领导者提供建议和帮助，以确保通过战略规划、绩效计划、测量和其他研究，推动整个组织的绩效改进。在战略规划方面，其为所有的组织提供帮助，从而推进组织使命的实现。

机构负责人（Agency Heads）每四年制定战略总目标和分目标，每两年制定机构优先目标。

目标领导者（Goal Leader）是由机构负责人或首席运营官（COO）任命的官员，负责领导目标的实现工作。各个战略目标的领导者不尽相同，例如美国教育部战略总目标1由规划、评估和政策制定办公室和助理秘书负责，战略总目标2由高级顾问，副秘书和助理秘书办公室，规划、评估和政策制定办公室负责。目标管理者需要制定实现目标的战略安排，管理执行情况、定期审查绩效、与他人合作，并适时做出调整。除有特殊说明，每个战略目标的领导者还负责支持战略目标、推动绩效目标的实现并管理相关风险。

## （三）战略规划的编制流程

根据GPRAMA法案，美国战略规划基本流程（以2018—2022财年为例）如表9－2所示。各机构需要在2017年6月2日之前准备战略规划初稿，并在MAX网站（https：//max. omb. gov/community/x/C5VxIQ）上传战略规划草案，其内容应当包括机构的使命说明、总目标和分目标以及机构优先目标，以便为2019财年预算报告和2019财年绩效计划的制定提供信息。战略规划草案需要在2018年2月战略规划发布之前持续进行完善。OMB审查战略规划草案，酌情与总统办公室的其他办公室进行协商，在6月2日各机构提交的战略规划草案的四周内给予反馈。2017年9月，战略规划的完整草案和年度绩效计划草案应当与2019财年机构预算一同提交，并根据年度战略审查的主要结果，以及机构的完整风险概况，组成2017年春季战略审查的一部分。

表9－2　机构战略规划基本流程

| 时间 | 行动 |
|---|---|
| 2017年6月2日 | 各机构提交2018—2022财年战略规划草案供OMB审查，战略规划草案的具体内容包括：<br>①机构使命说明<br>②战略总目标草案<br>③战略分目标草案，包括每个目标的简短描述<br>④2018—2022财年机构优先目标 |
| 2017年6月30日 | 各机构在6月30日之前收到OMB的初步反馈 |
| 2017年9月 | 各机构给OMB提交审查：<br>①2018—2022财年战略规划草案详细全文<br>②2018—2019财年机构优先目标全面行动计划草案<br>③2019财年年度绩效计划草案 |

续表

| 时间 | 行动 |
|---|---|
| 2017年11月 | 各机构收到OMB关于2018—2022财年战略规划草案、2018—2019财年APGs和2019财年机构年度绩效计划草案的反馈 |
| 2017年12月22日 | 战略规划最终草案提交OMB审批 |
| 2018年1月 | 为获得OMB最终批准，各机构提交：<br>①2018—2019财年APGs全面行动计划和第一年度绩效更新<br>②2019财年年度绩效计划<br>③2017财年年度绩效报告 |
| 2018年2月 | 与2019财年总统预算同时发布：<br>①2018—2022财年战略规划<br>②2019财年年度绩效计划<br>③2017财年年度绩效报告<br>④2018—2019财年APG行动计划和第一季度绩效更新 |

资料来源：OMB Circular No. A-11：section 230—Agency Strategic Planning.

### （四）战略规划的主要内容

战略规划是长期范围内所要实现的目标，它描述了机构在一般和较长时间内的目标，采取何种行动实现目标以及如何处理实现预期目标过程中的挑战。战略规划为绩效计划、优先事项、战略性人力资源规划、预算规划提供了背景，并为机构的年度绩效计划和绩效报告中公布的细节提供具体的框架。战略规划是一项系统性、完整性的工程，其不仅是执行绩效法案各项规定和编制绩效计划的基础，也是对未来发展规划的全面综合型概述。按照层次划分，战略规划可以分为总体战略、机构战略和具体任务战略三个层次，三者形成一个紧密共同体。机构战略不仅能通过战略规划清晰阐明机构战略目标，为总体战略提供支撑，也能为具体任务战略提供指导。

机构战略规划主要是指：①为实现该机构在未来四年使命的愿景、优先事项和战略。②年度规划和预算编制以及制定拨款工作计划的框架。③检测进展和战略调整的依据。

其内容应当包括：一是机构主要职能和运作的综合任务说明；二是机构主要职能和运作的总目标和分目标，包括以结果导向的目标；三是说明这些目标如何为联邦政府的优先目标做贡献；四是说明如何实现总目标和分目标；五是说明总目标和分目标如何纳入通过国会磋商获得的意见和建议；六是说明绩效目标如何促成战略规划中的总目标和分目标；七是识别在机构外部且超出其控制范围并可能会显著影响总目标和分目标实现的关键因素；八是说明用于建立或修改总目标和分目标的项目评估，以及未来项目评估的时间表。

这些规划有助于各机构长期保持正确的方向，对组织活动具有战略导向作用，把组织日常活动与长期战略目标联系起来，促使组织更加重视追求长期结果，突破目标管理只顾短期利益的局限性。

### （五）战略规划的实施框架

美国行政学会（American Society for Public Administration，ASPA）的“责任和绩效中心”（Center for Accountability Performance）经过五年的研究和探索，开发出一套实施政府部门绩效管理的战略框架，即“内外部环境分析→建立使命和愿景→设置目标体系→制定整合资源的行动方案→评价和测量绩效→实施跟踪和监控”。这一战略框架在对组织内优势和劣势以及外部机遇与威胁分析判断的基础上，制定了组织的战略目标，为通过绩效评价促进组织发展提供了基础和保证。① 图 9－1 说明了部门如何促成战略规划、目标设定、报告和监测，以改进业务从而实现机构的使命。

1. 前期准备。

战略规划关注的是长期目标，所以在制定规划时，机构应当考虑风险以及风险随着时间的推移如何变化。在战略规划过程的早期阶段实现风险管理，能够确保组织的风险管理与其使命、目标和优先事项一致。各机构可以通过设立首席风险官（Chief Risk Officer，简称 CRO）或者履行相应职能，支持各机构的风险管理。可以通过比较常用的宏观 PEST 分析和微观 SWOT 分析，帮助在战略规划制定前期，充分调动优势，以最大限度地利用机会，规避风险，制定战略目标，从而最终形成战略方案。

2. 提出战略展望。

（1）机构使命。使命是组织存在的理由，它清晰地界定了政府机构的价值定位。一般而言，使命要简洁凝练，具有高度概括性。例如美国环保署

① CAP. Performance Measurement：Concepts and Techniques，Washington D. C.：ASPA，2000。

（EPA）在其官网上发布的 2022—2026 财年的战略规划（FY 2022—2026 EPA Strategic Plan），明确以“保护人类健康和环境”作为机构使命，深化了 EPA 对保护人类健康和全民环境的承诺。美国交通部（DOT）在其官网首页（https：//www. transportation. gov/）突出、清晰地阐明其使命是“提供世界领先的交通系统，通过安全、高效、可持续和公平的人员和货物流动为美国人民和经济服务”。

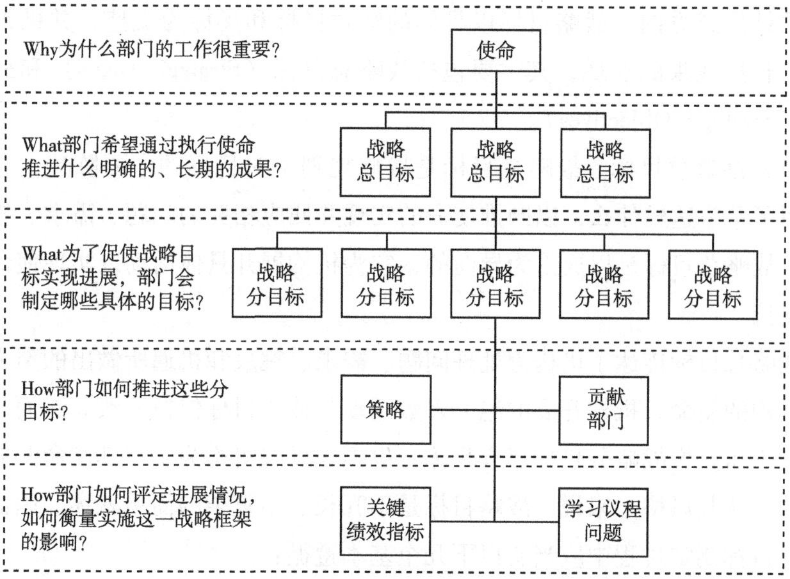


**图 9－1 战略规划框架**

（2）机构愿景。愿景又称为远景，是组织遵从并完成使命后所能达到的一种状态的图景或蓝图，它将组织使命转化为期望达到的结果，并指导时间、精力和资源的分配。例如，美国教育部（ED）2022—2026 财年战略规划反映了其对服务、公平、社区建设及其所有内部和外部活动的高质量服务标准的承诺，以及拜登总统“为所有人提供一个优秀的教育系统”的愿景。

（3）核心价值。一个组织的价值公开宣告了它希望每个人如何行为处事。例如美国国际开发署（USAID）在“使命感、卓越、诚信、尊重、激励、包容、崇尚学习”的核心价值指引下：在全球范围内促进可持续发展，增进人类尊严；工作力求高效、有效，并取得有意义的成果；诚实和透明，对自己的努力负责，并始终保持较高的道德标准；相互尊重，尊重合作伙伴和在世界各地社区为之服务的人们；宣扬为全球经济、环境和社会进步而奋斗的所有声音；重视差异，并从多样性中汲取力量；力求通过反思和评估不断改进自身和工作。

3. 确定战略目标。

战略规划的核心要素就是确定战略目标。战略目标是机构希望在整个政府任期内试图实现的长期目标、成果和影响，它代表着机构为实现其使命而努力的结果或方向。战略目标以具体的绩效目标和指标为支持，并助推战略规划中长期成果的实现，其主要包括战略总目标（Strategic Goals）和战略分目标（Strategic Objectives）。

（1）战略总目标。战略总目标是战略规划中对目标的主要陈述，它清晰地说明了希望达成什么，以助推使命的实现并回应相关的问题、需求、机遇和挑战。战略总目标是以成果为导向的，它为机构展开具体活动以实现使命提供必要支持。

战略总目标传达了机构为处理问题、需求、挑战和机遇所做出的努力，反映了机构的使命，机构开展的绝大多数活动与战略目标保持一致。然而，战略总目标不需要像战略分目标那样具体，也不必反映机构为实现其使命开展的全部活动，从其风格上来说，战略目标是不冗长、不复杂的简单陈述。因而，在战略总目标制定过程中应当有以下几个基本遵循：

一是使用公众能够理解的语言，避免一些专业技术领域的高深术语。

二是使用表达未来方向或愿景的语言，例如使用加强、支持、维持、提高、减少等动词。

三是要足够具体，让公众能够清楚地理解这些目标如何促成使命的实现，并传达机构的特殊责任。

例如，“提高安全”这一战略目标不能清晰传达机构在特定领域的努力，对于交通部来说，应当表达为“维持和提高美国交通部的安全”。对于美国国防部而言，“弹性和适应性”这一战略目标也并不足够具体，应当加上动词的使用，表述为“加强国防生态系统的弹性和适应性”。必要时，战略总目标的陈述还可以使用一些短标题，例如“安全：维护安全和健康的工作场所”。以下是2022—2026财年美国部分机构的战略总目标示例。

**表 9－3　美国劳工部、商务部、国防部 2022—2026 财年战略总目标**

| 劳工部 | 商务部 | 国防部 |
| --- | --- | --- |
| 目标 1 为所有人创造机会和公平 | 目标 1 提高美国的创新能力和国际竞争力 | 目标 1 改造未来力量的基础 |
| 目标 2 确保安全的工作、必要时的保护和公平的工作场所 | 目标 2 促进包容性资本主义和公平经济增长 | 目标 2 进行恰当的技术投资 |
| 目标 3 改善职工安全网络项目的管理 | 目标 3 通过缓解、适应和恢复来应对气候危机 | 目标 3 加强我们国防生态系统的弹性和适应性 |
| 目标 4 统计目标：生成黄金标准的统计数据和分析报告 | 目标 4 通过数据扩大机会和发现 | 目标 4 关爱员工，培养员工队伍 |
| 目标 5 经营目标：一个以创新、证据和员工敬业度为基础的机构 | 目标 5 提供具有 21 世纪能力的 21 世纪服务 | 目标 5 处理机构管理优先事项 |

资料来源：Home | Performance. gov.

（2）战略分目标。战略分目标更加具体地表达了机构在某一总目标上取得进展而计划遵循的路径，它反映了机构试图实现的结果或影响，通常包括机构的各项职能。每个目标都包含了一系列的绩效目标和其他指标进行追踪。机构应当使用战略目标来帮助决定哪些指标最有价值，从而提供领先或滞后的信息，监测机构运行情况，显示员工对组织使命的贡献，明确需要评价的项目，交流机构的进展并考虑外部因素对机构进展的影响。机构的所有战略分目标应当是活动的集合体。在制定机构战略分目标时，机构应当考虑如何测量实现这些目标的进展，例如哪些绩效指标和证据对于理解现行战略目标的进展最为有效。因而，在战略分目标制定过程中应当考虑以下几个基本要素：

一是目的——战略分目标能否使机构协同达成预期结果，促进决策的改善。战略目标通过协调机构的努力，以实现预期的结果。战略目标应当是有意义的，对于管理层、项目经理和一线职工具有一定的启发性。

二是评价——战略分目标的进展情况能否得到合理评价。这要求战略目标应当表达清晰、范围明确，并且能有一系列的方法来评价执行过程的有效性和最终的进展结果。

三是范围——战略分目标的范围是否合适。一般来说，每个机构会为其战略总目标制定 2—10 个战略分目标，具体数字因机构和地域情况而异。战略分目标并非量化的，但是它为战略总目标增添更多细节，并且成为了衔接战略总目标和更为具体、量化的绩效目标之间的桥梁。

四是明确性——战略分目标是否易于理解。战略分目标也应当是相对简单的、便于公众理解的陈述，不能冗长和复杂，避免使用行话。它需要清晰地传达机构的预期结果或影响。

五是独特性——战略分目标是否阐明了机构的特殊角色和使命。在多数情况下，若不与机构的角色相联系，战略分目标会变得难以理解。各个机构的战略分目标应当在特定领域的努力上有所区分。例如，很多机构试图促进经济的发展，但是各个机构的领域、项目和任务划分是有所差异的，这要求机构在战略分目标制定过程中体现出来。

例如美国劳工部针对“为所有人创造机会和公平”这一总目标，明列了“提供培训、就业和重返工作岗位的机会，尤其是以解决系统性不公平的方式，将工人与高薪工作联系起来”这一分目标，美国商务部对“提高美国的创新能力和国际竞争力”这一目标进行细化，提出了“改善国家网络安全，保护联邦政府网络”，“重振美国制造业，巩固国内供应链”等多个分目标，清晰、明确地表达了未来四年的努力方向。

在制定年度绩效计划期间，各机构可以每年修改战略目标，但是除非出现新趋势、预算或外部因素要求改变（诸如重大预算或其他资源的削减，重大计划、立法或政策的改变，突发外部事件等），不应对机构的战略目标做出重大修改。如果战略目标在战略规划四年更新期间被删除、增加或者大幅修改，机构必须通知 OMB 并获得其同意，并向 OMB 发送邮件（performance@ omb. eop. gov.）提交修改理由。

### （六）战略规划的基本职能

与其他形式的规划相比，战略规划考虑了更为长远的时间视角和更为广泛的问题范围，能够帮助机构更好地应对未来风险，更好地把握未来机会，是向机构管理者、员工、合作伙伴、供应商、国会和公众传达组织愿景的宝贵工具。战略规划应当为机构决策提供关于最新的采购、信息技术、战略性人力资本规划、评估以及其他基于证据和能力的投资等信息。机构在战略规划制定过程中应当广泛听取国会、OMB、公众和机构人员、利益相关者的意见并使得战略规划易于所有人理解。机构在制定和管理战略总目标和分目标的过程中应当履行以下基本职能：

领导。战略总目标和分目标通过一致的愿景、长期目标和支持战略来阐明组织的优先事项和方向。战略规划以战略总目标和分目标为特色，阐述了机构希望在产出和成果方面实现的目标。

规划。战略规划是机构规划系统的基础，它为用于执行实现目标所需战略的所有计划和管理职能提供了方向。管理者应当利用战略规划为机构的各项活动提供指导，以规划方案项目的实施。然而这并不意味着战略规划应当限制、约束机构从经验中吸取教训并根据实际情况做出调整。相反，战略规划的目标需随着时间的推移而更新，并考虑影响战略实施的外部因素。

管理。在战略规划过程结束后，机构管理者应当利用战略总目标和分目标来实施管理。每个战略总目标应当有一系列的战略分目标和绩效目标为支撑。相反，这些战略分目标和绩效目标需要用于检测其进展的其他指标的支持。机构的战略规划为其他的计划和报告提供了基本框架，在这些计划和报告中，绩效目标和其他分析应当在必要时得到交流、监控和修正。

参与。战略规划中的战略总目标和分目标是让外部实体（包括国会、公众和利益相关者）参与进来，获取他们的想法、专业知识及援助的重要工具。例如，联邦政府外部的交付合作伙伴对实现战略目标至关重要，那么各机构会希望其参与战略目标的识别过程，以加快推动进展。

## 二、战略规划典型案例分析

下面将围绕美国教育部（Department of Education，简称 ED）战略规划具体内容展开分析。机构战略规划反映了机构未来的发展方向和优先事项，它集中体现了机构对于优先事项的承诺和支持。在 GPRAMA 框架下，基于优先事项，借助内外部利益相关者提供的信息，美国教育部在其官网（https://www.ed.gov）发布了为期四年的战略规划，并在其网站上提供超链接，引导读者在线查阅其战略规划。最新财年战略规划已于 2022 年 8 月发布。

《美国教育部2022—2026财年战略规划》(Department of Education Strategic Plan for Fiscal Years 2022—2026) 说明了该机构的政策和优先事项及行动策略，并详细说明了部门今后四年的战略总目标和分目标，以及2022—2023财年的优先目标，这些目标是制定绩效计划和申请预算的前提。图9－2展示了美国教育部的绩效管理周期。

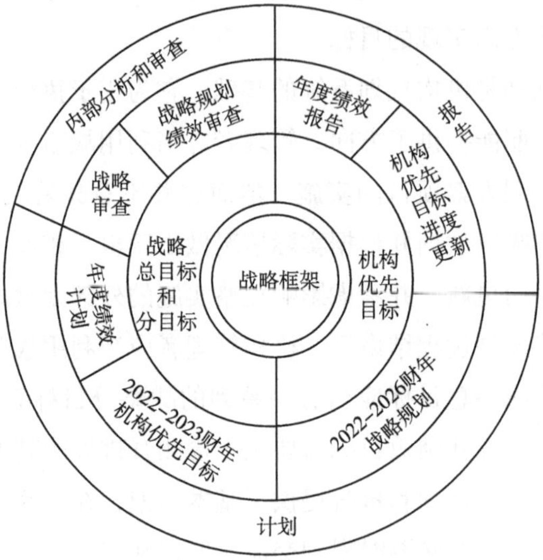


**图9－2　美国教育部绩效管理周期**

## (一) 美国教育部的基本情况

为更好研究分析美国教育部战略规划，首先要对教育部有个大致初步的了解。在1797年国会设立该部门时，明确了部门的宗旨：

一是加强联邦政府的承诺，确保每个人都能获得平等的教育机会；

二是补充各州、地方学校系统和各州其他机构、私营部门、公立和私立教育机构、公立和私立非营利教育研究机构、社区组织、家长和学生为提高教育质量所做的努力；

三是鼓励公众、家长和学生更多地参与联邦教育项目；

四是通过联邦项目支持、评价和信息共享，提高教育的质量和有用性；

五是提高联邦教育项目之间的协调性；

六是改善联邦教育活动的管理和效率，特别是在联邦资金分配的过程、程序和行政结构方面，以及减轻对联邦基金接受者的不必要和重复的压力和限制，包括不必要的文书工作；

七是加强联邦教育项目对总统、国会和公众的问责制。

为更好实现其使命，美国教育部发布了《最终优先事项和定义——部长对酌情拨款项目的补充优先事项和定义》（The Final Priorities and Definitions - Secretary's Supplemental Priorities and Definitions for Discretionary Grants Programs）、《气候适应计划》（Climate Adaptation Plan）和《公平行动计划》（Equity Action Plan）等系列文件，作为战略规划的重要补充，从而更好推动战略规划的实施，巩固部门工作。

### （二）美国教育部战略规划的执行部门

根据美国教育部职能设置，其管理层包括秘书长办公室，常务副秘书长办公室和副秘书长办公室。其中常务副秘书长办公室下设绩效改进办公室（Performance Improvement Office，简称 PIO），负责监督部门战略规划的制定和实施，通过促进战略规划、目标设置、报告和监督改善管理，以实现部门的目标和使命，同时 PIO 也就目标的选择向常务副秘书长办公室进行咨询。其员工层下设办公室，主要由规划、评估和政策制定办公室（Office of Planning, Evaluation and Policy Development，简称 OPEPD）承担其战略规划工作，其职责涉及政策制定、实施、评估和审查、预算提案和流程、数据战略和治理以及学生隐私等方面。OPEPD 下设六个办公室，分别是行政办公室、预算事务办公室、政策拨款办公室、首席数据办公室、学生隐私政策办公室和教育科技办公室。其中首席数据办公室（The Office of the Chief Data Officer，简称 OCDO）主要负责管理和提高美国教育部使用数据作为战略资产的能力，共同发展、支持和执行数据战略、数据治理和数据资产的战略使用。

### （三）美国教育部战略规划的主要内容

《美国教育部 2022—2026 财年战略规划》反映了该部门对内部和外部所有活动的服务、公平性、社区建设、高质量标准的承诺，以及拜登总统对全民优质教育系统的愿景，其主要包括以下内容。

1. 机构使命。

美国教育部的使命是通过培养卓越的教育水平和确保平等的教育机会，促进发展学生成就，为增强全球竞争力做好准备。

2. 战略目标。

战略规划是一个较为抽象的概念，战略总目标和分目标为战略规划转化为战略实施提供了有效指导。战略总目标（Strategic Goals）代表着美国教育部的长期远大目标，它与更高级别的战略优先事项联系起来。战略分目标（Strategic Objectives）是美国教育部在战略财年内试图实现或者取得的重大进展和成果。战略总目标和分目标的制定为教育部战略规划提供了关键的指导原则。虽然这些总目标和分目标的侧重点各有所不同，但其相互关联、相辅相成。在《美国教育部2022—2026财年战略规划》中，明确了美国教育部2022—2026财年的战略总目标，涉及五个方面：一是促进公平；二是多样化的教育工作者队伍；三是学生需求；四是高等教育的机会和成功；五是组织管理。美国教育部战略规划中的战略总目标和战略分目标具体内容详见表9－4。

**表9－4　　美国教育部战略总目标和战略分目标**

| 战略总目标 | 战略分目标 |
|---|---|
| 目标1 促进学生平等获得教育资源、机会和包容性环境 | 目标1.1 优先将教育资源公平和充分地分配给集中贫困的地区，努力为服务不足的学生提供高质量的教育机会 |
| | 目标1.2 确保所有学生都能获得全面的、严格的、有吸引力的和多样化的学习机会和环境，以支持他们在学业上取得成功 |
| | 目标1.3 根据联邦民权法的规定，支持各州、学区和高等教育机构促进和保护学生的非歧视性和平等的受教育的机会 |
| | 目标1.4 为青年和成年人提供更多的机会和支持，使他们能够参与学习，借助教育取得成功，并提高他们在高需求职业中的就业能力 |
| 目标2 支持多样化和有才华的教育工作者队伍和专业成长，以巩固学生的学习能力 | 目标2.1 巩固和丰富教育工作者队伍和劳动力 |
| | 目标2.2 确定并推广基于证据的实践或战略，以支持贫困率高的不同地区（包括农村地区）在招聘、选拔和准备以及留用合格的（包括在职完全认证的）和高效的教师、校长、准专业人员和专业教学督管人员方面的工作 |
| | 目标2.3 支持有才华、有经验的教育工作者和其他学校工作人员的专业成长、留任和晋升，并巩固他们满足服务不足的学生的社会、情感、心理健康和学术需求的能力 |

续表

| 战略总目标 | 战略分目标 |
| --- | --- |
| 目标3 满足学生的社会、情感和学术需求 | 目标3.1 支持开发和实施多层级的支撑系统，以提高学生的参与度以及社交、情感、心理健康、幸福感和学业成功率 |
| | 目标3.2 营造支持性、包容性和身份安全的学习环境，并确保通过适当设计的教学、循证实践以及相关的支持和服务来确保服务不足的学生的个人需求得到满足 |
| | 目标3.3 为新兴的双语学生和多语言学习者改善学习环境，支持专业发展，并改善教育工作者资质 |
| 目标4 通过重点关注具有公平意识的战略来提升高等教育的价值，以解决进入优质院校的机会、可负担性、完成学业、入学后的成功以及对包容性院校的支持等问题 | 目标4.1 支持教育体制和国家制度努力提升全体学生的学业质量和大学毕业率，尤其是为服务不足的学生，如第一代学生、低收入学生、有色人种学生和残疾学生提供服务 |
| | 目标4.2 改善学生援助计划的管理，帮助符合条件的学生获得援助；支持借款人成功偿还贷款、申请贷款免除福利，并减轻学生贷款违约；并追究承包商的责任 |
| | 目标4.3 增加公平获得中等和高等课程的机会，这些课程与高质量工作和额外的高质量高等教育机会有明确的关系 |
| | 目标4.4 通过透明和有效的过渡程序、包容性的途径和明确的证书要求，协调中等教育、高等教育以及职业和技术教育之间的关系 |
| 目标5 加强部门内部能力，以优化其使命的履行 | 目标5.1 将信息技术作为一种战略资源和驱动力来管理，以促进部门的21世纪员工执行使命 |
| | 目标5.2 加强整个机构的数据治理和能力建设，以改善数据访问、数据管理和企业数据分析，从而支持机构的目标实现 |
| | 目标5.3 招募、留任和开发满足部门现在和未来使命所需的劳动力 |
| | 目标5.4 通过高效的采购管理和积极的行业合作伙伴关系，为纳税人提供使命成果和价值，同时促进小型企业发展 |

资料来源：U. S. Department of Education Strategic Plan for Fiscal Years 2022—2026.

3. 机构优先目标。

根据GPRAMA法案相关要求，机构在战略规划阶段需要确定机构优先目标（Agency Priority Goal）。美国教育部要持续不断地提供机构优先目标更新的数据，同时积极推动其优先目标的落实和不断取得进展。

机构优先目标主要展示了该机构在24个月内努力取得的近期成果或有关成就，APGs的实现取决于机构的执行情况。APGs的季度更新信息可以在绩效网站（https：//www. performance. gov/）上获取。

美国教育部确定了2022和2023财年的3个APGs，这些APGs反映了机构管理者和行政人员以实施为重点的绩效改进优先事项，并且与战略规划保持一致，着重处理新冠疫情对学生、教育工作者和教师的影响，有效管理联邦学生贷款，以及缩小在获得高质量学位和证书方面的差距三个方面。表9－5为APGs和与其相关的战略规划：

表9－5 **APGs和战略目标的关系**

| | |
|---|---|
| APG1 着重处理新冠疫情对学生、教育工作者和教师的影响 | 目标1.1 优先将教育资源公平和充分地分配给集中贫困的地区，努力为服务不足的学生提供高质量的教育机会 |
| | 目标1.2 确保所有学生都能获得全面的、严格的、有吸引力的和多样化的学习机会和环境，以支持他们在学业上取得成功 |
| | 目标3.1 支持开发和实施多层级的支撑系统，以提高学生的参与度以及社交、情感、心理健康、幸福感和学业成功率 |
| | 目标3.2 营造支持性、包容性和身份安全的学习环境，并确保通过适当设计的教学、循证实践以及相关的支持和服务来确保服务不足的学生的个人需求得到满足 |
| APG2 有效管理联邦学生贷款 | 目标4.2 改善学生援助计划的管理，帮助符合条件的学生获得援助；支持借款人成功偿还贷款、申请贷款免除福利，并减轻学生贷款违约；并追究承包商的责任 |
| APG3 缩小在获得高质量学位和证书方面的差距 | 目标4.1 支持教育体制和国家制度努力提升全体学生的学业质量和大学毕业率，尤其是为服务不足的学生，如第一代学生、低收入学生、有色人种学生和残疾学生提供服务 |
| | 目标4.2 改善学生援助计划的管理，帮助符合条件的学生获得援助；支持借款人成功偿还贷款、申请贷款免除福利，并减轻学生贷款违约；并追究承包商的责任 |

资料来源：U. S. Department of Education Strategic Plan for Fiscal Years 2022—2026.

4. 伙伴关系。

GPRA和GPRAMA法案均指出，各机构在制订战略规划时，应当征求国会的建议，并与利益相关者进行磋商。GPRAMA也反映了咨询的重要性，该法案要求各机构与国会协商，并要求它们征求和考虑可能受战略规划影响或对战略规划感兴趣实体的意见和建议。教育部致力于通过内外部利益相关者的合作，推动战略规划的实施。《美国教育部 2022—2026 财年战略规划》和 2023 财年 APGs 是根据行政部门和部长优先事项制定的，并通过内外部利益相关者的参与，包括教育工作者、教育政策制定者、州和地方领导人、教育研究组织和相关组织、倡导组织、学生和家庭，为战略规划提供信息。同时，教育部通过与部门内部各级人员进行接触，征求意见和建议，为部门面临的机遇和挑战提供了宝贵的意见。此外，教育部也根据 GPRAMA 法案的要求，同国会分享了战略规划和机构优先目标。

5. 实施策略。

战略规划是组织行动的路线，它指导组织围绕资源（包括人力资本、采购、信息技术优先事项和其他任务支持需求）做出决策。GPRAMA 法案明列要求，在战略规划中应当体现机构为实现总目标和分目标的实施策略，涉及人员、资金、技术、信息需求等，以及如何与利益相关者开展合作以推进机构目标。在 2022—2026 财年战略规划中，教育部基于各项分目标，明列了具体的实施策略，例如为实现目标 1. 2 “确保所有学生都能获得全面的、严格的、有吸引力的和多样化的学习机会和环境，以支持他们在学业上取得成功”，教育部与教育界外部利益相关者展开合作，以推进和实施以下策略：

一是支持那些能够保障在校师生安全并且能够提供包容和健康教学场所的项目，为师生和其他教育专业人员提供支持。

二是采取创新、循证、可靠且有效的策略，充分利用 ARP、ESSER 以及其他联邦基金缓解 COVID－19 疫情加剧的教师人员短缺问题，以更好招募、留住教师。

三是增加能够提升教师知识和技能的途径和机会，促使其能够设计出全面、严谨且富有吸引力的教学方式，为学生提供优质的学习体验。

四是支持学生从幼儿园到 12 年级（即 P－12）的课程工作中做好准备，获得机会，并取得成功，使用循证方法为他们的高等教育和职业需求做好准备。

五是扩大多方协作，提升其他技术援助措施的参与度，以解决因 COVID－19 疫情加剧的机会差距问题。

六是通过区域会议、网络研讨会和国家会议提供有效的技术援助，以进一步增强 P－12 和高等教育的公平性。

## 第二节 能力评估及案例报告

能力评估确定了支持机构评估、统计、研究和分析的质量、方法、有效性和独立性的现有政策、标准和做法。它提供了一份正在评估或分析的现有活动和行动清单，并对该机构开展基础事实调查、绩效测量、政策分析和项目评估等证据构建活动的能力和基础设施进行了评估。能力评估能够提供决策信息，改进政策和服务，进而实现《循证决策基础法案》的目标，即提高机构支持发展和使用评估的能力，统筹和巩固可用于评估和机构内相关研究活动的专业技术知识，提高评估的质量以及对评估方法和标准的了解。这种评估应全面反映机构的能力，同时确保审查考虑到机构通过制定学习议程确定的具体需求。

### 一、能力评估

#### （一）能力评估的法律依据

《循证决策基础法案》（The Foundations for Evidence - Based Policy Making Act of 2018，简称《循证法案》）要求首席财务官（CFO）法案机构对机构的统计（Statistics）、评估（Evaluation）、研究（Research）和分析（Analysis）工作的覆盖范围、质量、方法、有效性和独立性进行评估。能力评估的要求适用于24个CFO法案机构，同时OMB积极鼓励CFO法案机构的下属机构、业务司或局，以及非CFO法案机构酌情开展能力评估。在评估官（Evaluation Officer，简称EO）的领导下，能力评估必须包含以下内容：

一是目前正在评估和分析的活动和行动的清单；

二是机构的证据活动（evidence activities）在多大程度上支持了机构内各司的需要；

三是机构的证据活动在多大程度上平衡了机构各种行动和功能之间的需求；

四是机构用于解决研究问题的方法和方法组合（combinations of methods）的合适性；

五是机构评估和研究能力，包括人员和机构基础设施，以计划和实施评估活动，传播最佳做法和研究成果，采纳员工的意见和反馈；

六是机构协助机构人员和项目办公室提高在日常行动中使用评估研究和分析方法及数据的能力。

### （二）能力评估的概念与原则

1. 证据实践（Evidence Practices）。

统计、评估、研究和分析这四种证据实践类型是有所区别但并非相互排斥的。除了 OMB 指导和专业协会，如美国评估协会（American Evaluation Association）、美国统计协会（American Statistical Association）的标准和做法外，证据实践必须考虑机构实际。具体如下所述：

（1）评估（Evaluation）。评估是指独立、系统地收集数据，以评估项目集（program）、政策（policy）、项目（project）或业务的效率、效益或实施的精确度。评估类型可包括但不限于形成性评估，它可以由设计或描述性研究、过程或执行评估、成果评估或影响评估组成。评估的目的是提出建议，以改进、推进或修改现有的项目、政策、计划或业务，并为当前和未来的项目、政策、计划或业务的决策提供信息。评估证据实践在开展项目评估和过程评估证据构建活动时使用。

（2）分析（Analysis）。分析是指将一个概念、命题、事实、复杂的主题或内容分解成简单的组成部分，从而显示其逻辑结构的过程。分析的范围很广，类别众多，包括但不限于政策分析（policy analysis）、成本效益分析（cost - benefit analysis）、收支平衡分析（break - even analysis）、监管影响分析（regulatory impact analysis）、监管灵活性分析（regulatory flexibility analysis）以及其他与分析相关的活动。分析也用于评估和研究，根据研究或评估的方法和目的，分析与统计有所重叠。分析的目的是揭示相互关系，更好地理解信息或数据。在开展政策分析、成本效益分析、收支平衡分析、监管影响分析和监管灵活性分析等证据构建活动时，会使用分析证据实践。

（3）研究（Research）。研究是指系统地使用科学方法创造新知识，以描述、解释、预测和掌握观察到的现象。研究也可以采取新的或创新的方式使用现有知识，以产生新的概念、方法和理解。研究可以是探索性的、描述性的或解释性的，可以使用归纳（定性）和演绎（定量）方法。研究的目的是产生新知识或发展知识或理论，其旨在证明理论或假设。研究证据实践可用于形成经济报告、开展基础事实调查和准备文献综述证据构建活动。

（4）统计（Statistics）。统计和统计活动（statistical activities）是指为描述或估算一个群体（而非个人）的情况而收集、汇编、处理或分析数据。统计证据（Statistical evidence）是从统计活动中产生的，目的是描述、估计或分析一个群体的特征。统计的目的是根据样本计算出的数值，来描述或得出关于群体的有意义且准确的结论。统计证据实践与项目和绩效指标一起使用，并经常与所有其他证据实践和证据构建活动一起使用。

2. 维度属性（Dimensional Attributes）。

《循证法案》要求各机构每四年提交一次统计、评估、研究和分析能力评估（Capacity Assessment），简称“能力评估”，并作为其战略规划的一部分。各机构在评估官（EO）的领导下，与统计官（Statistical Official）、首席数据官（Chief Data Officer）和其他机构人员一起，对其统计、评估、研究和分析工作的覆盖范围、质量、方法、有效性和独立性进行评估。针对每个评估领域，OMB 鼓励各机构考虑这些标准，并思考这些标准如何用于机构内的各项活动。因此，各机构应根据下列标准评估其证据实践，具体包括：

（1）覆盖范围（Coverage）。覆盖范围是指哪些证据实践正在开展，以及它们在机构内的哪些地方开展。能力评估还需考虑证据实践在多大程度上支持机构的战略总目标和分目标以及是否用于机构的业务、管理和政策决策。

（2）质量（Quality）。质量是指生成的数据和证据合乎伦理道德标准、具有科学完整性和质量。质量要求针对被评估的证据实践各有不同，反映了相关性、准确性、及时性、可信度、客观性、实用性、完整性和透明度等标准。

（3）方法（Methods）。方法是指证据产生过程中使用的技术、系统和流程。方法因证据实践而异。

然而，恰当和严格的方法应该是系统的，以经验为基础的，并且最佳地支持了对正在调查的问题的明确回答。

（4）有效性（Effectiveness）。有效性是指证据实践和证据构建活动有助于实现机构的预期成果。此外，有效性还应考虑组织学习、项目管理、绩效管理、战略决策、机构间和私营部门协调之间的平衡。

（5）独立性（Independence）。独立性是指证据实践和证据构建活动不受偏见和不正当影响。独立性还应考虑到内部和外部监督，明确责任和控制。

### （三）能力评估的管理与编制

1. 能力评估的要求。

根据《循证法案》要求，OMB 进一步指出：各机构在考虑上述标准时，还必须处理以下问题，作为统计、评估、研究和分析能力评估的一部分，这些具体要求与法定标准直接挂钩，涉及的要素包括覆盖范围（如机构目前正在评估或分析的现有活动清单）和有效性（如这些活动在多大程度上满足了机构的需求，并在这些需求之间取得了恰当的平衡）。此外，这些要求还涉及一些重要领域，如统计、评估、研究和分析活动结果的传播（即机构是否具有确保结果传播的流程和程序），以及机构使用这些结果的能力（即机构是否具备使用结果以支持机构学习、改进和决策的流程、程序和专业人员），具体包括：

（1）机构目前正在评估或分析的现有活动，如项目集（programs）、举措（initiatives）等和行动，如管理与支持任务（administrative and support task）等的清单；

（2）机构的评估、研究和分析工作及相关活动在多大程度上支持了机构内各司的需要；

（3）机构的评估、研究和分析工作及相关活动在多大程度上平衡了组织学习、正在进行的项目管理、绩效管理、战略管理、机构间和私营部门协调、内部和外部监督以及问责制等方面的需求；

（4）机构在多大程度上使用了适合机构各司和相应研究问题的方法和方法组合，包括形成性和总结性评估研究和分析方法的恰当组合；

（5）机构评估和研究能力的程度，包括计划和实施评估活动的人员和程序，传播最佳做法和研究成果，以及采纳员工的意见和反馈；

（6）机构在多大程度上有能力协助机构人员和项目办公室发展在日常运作中使用评估研究和分析方法及数据的能力。

当机构评估其在覆盖范围、质量、方法、有效性和独立性等方面的能力时，不仅要考虑机构是否正在开展这些活动以及如何开展这些活动，还要考虑机构是否拥有开展这些活动所需的人员、基础设施和程序。从这个意义上说，能力评估应该是全面的，不仅要考虑机构当前的能力，还要考虑未来可能需要的能力。

2. 能力评估的办法。

机构可灵活设计一种方法来实施符合其独特需求、使命和结构的能力评估。评估科学办公室（Office of Evaluation Sciences，简称 OES）开发的循证法案工具包（Evidence Act Toolkits）中“能力评估指南”模块为各机构开展能力评估提供了一些示例，帮助各机构创新能力评估方法，具体包括：提高能力评估和其他活动的一致性、设计和开展有效的信息收集工作、管理开展能力评估的资源。

（1）提高能力评估和其他活动的一致性。各机构已经开展了一些经常性的管理和绩效流程，并从整个组织的利益相关者那里获取信息，因此它们可以在这些流程的基础上为能力评估收集信息。一方面，各机构可以将能力评估与其他并行或互补的流程相协调，如制定联邦数据战略、战略审查或季度绩效管理审查会议等，这些流程已经较好地融入了机构的日常运作，增强其一致性有助于节约机构领导和人员的时间。另一方面，各机构可以利用现有的信息收集或数据请求达到双重目的。在现有数据请求中增加问题，明确优先问题和评估能力，可以减轻机构工作人员和领导层回应这些请求的负担。

（2）设计和开展有效的信息收集工作。一些机构已经开展或计划开展调查或问卷调查，以收集能力评估信息。各机构可以考虑针对不同受众（如机构领导层、核心数据和证据使用者以及所有其他员工）确定信息收集工具。其中，让从事评估、统计、分析和研究的工作人员直接提供意见，有助于收集有关当前评估能力的详细数据，而领导层可能会对机构各职能领域的相关活动有更为广泛的了解。此外，在向整个机构推广新的或重新设计的信息收集工具之前，各机构可以先在少数关键利益相关者中开展试点，这有助于完善信息收集工具，确保其符合能力评估的要求。

（3）管理开展能力评估的资源。各机构正在使用各种方法开展能力评估，这可能需要投入不同程度的资源和工作时间。对这些资源进行全面和创造性的分配，可以使能力评估工作取得最大成效。一是建立专门的核心小组，负责开发所需的一系列信息。二是在采购外部资源以开展能力评估的某些工作时，要为长期评估设计阶段做好规划，并鼓励机构工作人员参与设计。三是让不同局或下属机构具有统计、研究或评估专长的人员参与能力评估讨论，不同的背景有助于机构以全新的眼光看待资源和能力需求。

3. 能力评估的编制。

下文以2022—2026财年能力评估为例展开说明：2022—2026财年能力评估草案应作为2022—2026财年战略规划初稿的单独组成部分于2021年6月4日之前提交，最终草案应于2021年12月23日提交，并于2022年2月公布。各机构必须通过提交门户网站（MAX. gov）的“绩效提交门户”向OMB提交这些能力评估，并在各自机构的网站和评估网站上公布最终能力评估报告。此外，虽然OMB没有正式要求各机构在战略规划周期之外更新其能力评估，各机构可以根据自身情况和需要酌情采取这种做法。如果机构选择发布更新的能力评估，则必须在发布前至少45天提交更新草稿以供OMB审查和批准。机构需要通过提交门户并向OMB发送电子邮件（Evidence@ omb. eop. gov）以表明更新草稿已提交。各机构还应在其官网上发布能力评估的最终更新版，并通过发送电子邮件至Evidence@ omb. eop. gov和在线表格（链接将由OMB提供给机构评估官）给OMB提供链接以便汇总在评估网站（evaluation. gov）上（详见表9－6）。

**表9－6　　能力评估的编制时间轴**

| 提交日期 | 可交付成果 | 提交位置 |
|---|---|---|
| 2021年6月4日 | 作为2022—2026财年战略规划初稿的单独组成部分：<br>• 机构学习议程注释大纲<br>• 初步能力评估草案 | MAX页面“绩效提交门户”（Performance Submission Portal） |
| 2021年9月<br>（与2023财年预算同时提交） | • 学习议程完整草案<br>• 能力评估完整草案<br>• 2023财年年度评估计划草案<br>• 战略规划完整草案的单独部分 | MAX页面“绩效提交门户”（Performance Submission Portal） |
| 2021年12月23日 | 作为2022—2026财年战略规划最终草案的单独组成部分：<br>• 学习议程最终草案<br>• 能力评估最终草案 | MAX页面“绩效提交门户”（Performance Submission Portal） |

续表

| 提交日期 | 可交付成果 | 提交位置 |
|---|---|---|
| 2022 年 1 月 14 日 | 2023 财年年度评估计划最终草案 | MAX 页面“绩效提交门户”（Performance Submission Portal） |
| 2022 年 2 月<br>（与 2023 财年预算同步发布） | • 最终学习议程<br>• 最终能力评估<br>• 最终 2023 财年年度评估计划 | 机构官网、评估网站（evaluation. gov） |

资料来源：Office of Mgmt. and Budget，Exec. Evidence – Based Policymaking：Learning Agendas and Annual Evaluation Plans，Washington，D. C.，2021，M – 21 – 27.

## （四）能力评估的逻辑关系

1. 能力评估与战略规划。

能力评估是机构战略规划的单独组成部分。各机构可将其作为战略规划的一个单独部分、章节、附录或参考文件，并与战略规划一起发布。如果机构选择将能力评估作为附录或单独的参考文件，则必须在战略规划正文的某处对能力评估进行总结。通过协调能力评估和战略规划进程，各机构可以使评估为战略规划提供信息，说明提高证据构建能力所需的人员和预算投入重点。

2. 能力评估与学习议程。

学习议程和能力评估都是机构战略规划的组成部分，它们是不同的文件，具有不同的目的和内容。然而两者的性质决定了它们必须相辅相成。例如，学习议程强调机构为回答其优先问题而计划开展的活动。能力评估通过分析统计、评估、研究和分析活动的覆盖范围、质量、方法、有效性和独立性，必然会提供有关机构在多大程度上有能力开展学习议程中概述的活动以及其他证据构建活动的信息。因此，OMB 希望学习议程中讨论的活动同样可以出现在能力评估中，并作为当前或未来所需能力讨论的一部分。

## （五）能力评估的挑战与机遇

能力评估是一项复杂的工作，但从长远来看，它对各机构履行其使命至关重要。机构领导者在开始评估其能力时，在获取能力评估资源、开展能力评估工作、能力评估报告编制等方面会遇到一些挑战。表 9 – 7 梳理了各机构面临的一些挑战及相应的解决办法和机遇。

**表 9-7　　能力评估的挑战与机遇**

| 挑战 | 解决办法 | 机遇 |
|---|---|---|
| 机构如何编制一份符合 OMB 要求且具有可读性和可用性的报告 | OMB 没有针对能力评估提供具体的模板，它鼓励各机构根据自身情况开展评估，与代理商沟通、与数据可视化团队交流，制作一份引人注目的报告，讲述其成功的实践，并确定需要改进的领域 | 把重点放在那些经常不被认可的工作上，让机构有机会在内部和外部讲述他们的成功实践 |
| 机构如何获取开展评估的资源 | 国会没有提供新的资金。各机构可能需要借助当前的预算来开展能力评估，但最终结果有助于概述整个机构证据构建工作所需的资源 | 确定评估能力方面的具体差距，从而有理由改善或增加证据构建工作的预算。它还可以识别对机构使命没有贡献的活动，进而将其合并或取消以节约资源 |
| 机构如何准确评估一个拥有多个组成部分的大型组织的能力 | 将能力评估过程与战略规划、学习议程和评估计划的周期联系起来，以增加接触点并使参与常态化 | 开发一个可用于满足多种需求的过程。增加内部关于证据的对话，以及证据如何帮助他们完成工作 |

资料来源：Evidence Capacity Assessments：Opportunities to Strengthen Agency Evidence Strategies.

## 二、能力评估典型案例分析

### （一）能力评估报告概况

美国国土安全部（Department of Homeland Security，简称 DHS）肩负着多样化和复杂的使命，即抵御针对美国和盟国的袭击并减轻威胁，应对自然和人为灾害，促进美国繁荣和经济安全。自 2003 年国土安全部从其前身机构成立以来，该机构不断提升和巩固使用数据和分析制定战略和行动的能力。

根据《循证法案》，美国国土安全部对评估、研究、统计和分析职能的覆盖范围、质量、方法、有效性和独立性进行能力评估。《国土安全部 2021 财年能力评估》（U. S. Department of Homeland Security FY 2021 Capacity Assessment）描述了该机构根据 OMB 指南，评估其在评估、统计、研究和分析中建立和使用证据能力的初步努力。能力评估揭示、描述和评估了国土安全部证据构建工作，确定现有证据能力在哪些方面足以满足当前和未来的需求，并为改善国土安全部内部评估、证据构建和组织学习的基础设施和文化奠定了基础。

按照要求，其2021财年能力评估报告与该部的其他循证法案计划和报告一同在机构官网和评估网站（Evaluation. gov）上公布。

国土安全部项目分析与评估司（Division of Program Analysis & Evaluation，简称PA&E）的评估官负责监督对国土安全部建立和使用证据能力的定期评估，协助DHS确定持续改进的定期步骤。在2021财年能力评估中，PA&E授权国土安全行动分析中心（Homeland Security Operations Analysis Center），即评估团队（assessment team）设计和开展可操作的评估，并为其提供技术要求。PA&E与评估团队共同编制了这份能力评估报告。这项评估反映了通过讨论小组、对选定的DHS工作人员进行调查以及审查证据文件收集的数据，它旨在推动DHS在执行《循证法案》方面的一致努力，并持续推进该机构生成和使用证据的能力。

## （二）能力评估概述

国土安全部2021财年能力评估提供了该机构在多大程度上有能力开展学习议程和其他证据构建活动的信息。表9－8列出了国土安全部如何根据《循证法案》和OMB要求实施能力评估。

表9－8　　国土安全部能力评估对照表

| 循证法案维度 | OMB通告A－11 | 国土安全部能力评估 |
| --- | --- | --- |
| 覆盖范围 | 发生了什么，发生在哪里？ | 组织和个人计划和实施证据构建的能力：<br>• 具备计划和开展证据构建工作的专业知识和培训技能的工作人员；<br>• 具备获取和管理外部证据构建组织的专业知识和培训技能的工作人员；<br>• 具备为开展证据构建工作提供必要支持的工作人员；<br>• 对证据构建工作的资助和投资；<br>• 简述计划和开展证据构建工作流程的政策<br>已收集但未按成熟度评级的数据：<br>• 2021财年证据构建活动清单<br>2021财年研究涉及的范围：<br>• DHS战略分目标；<br>• 机构组成部分的使命分目标；<br>• 重点范围（例如运营、项目、活动、战略、政策、法规、现象）；<br>• 公平性 |

续表

| 循证法案维度 | OMB 通告 A－11 | 国土安全部能力评估 |
|---|---|---|
| 质量 | 数据是否在实用性、客观性和完整性方面得到高质量的使用？ | 计划和开展证据构建活动，以确保在信息质量方面遵循特定活动的质量标准和最佳实践的能力：<br>• 政策的质量标准和合规性监控<br>有证据计划并遵守法案和 OMB 的要求和指导：<br>• OMB 备忘录 M－19－23 的学习议程；<br>• OMB 备忘录 M－19－23 的年度评估计划；<br>• OMB 通告 A－11 的年度绩效计划<br>2021 财年的研究在多大程度上遵守了特定活动的质量标准和最佳实践：<br>• OMB 备忘录 M－20－12 的评估与研究；<br>• OMB 通告 A－4 中的分析；<br>• OMB 统计政策指和 OMB 备忘录 M－14－06 中的统计 |
| 方法 | 这些活动使用的方法是什么？这些方法是否具有必要的严谨水平？这些方法适用于它们所应用的活动吗？ | 2021 财年的研究范围<br>• 提出形成性和（或）总结性目标；<br>• 从直接数据源（个人）收集数据；<br>• 使用现有数据源；<br>• 使用数据收集方法；<br>• 使用定性数据分析方法；<br>• 使用定量数据分析或统计方法；<br>• 做出某些主张和判断 |
| 独立性 | 开展的活动在多大程度上不受偏见和不正当影响？ | 2021 财年的研究在多大程度上遵守特定活动的独立性标准和最佳实践：<br>• OMB 备忘录 M－20－12 的评估与研究；<br>• OMB 统计政策指令的统计<br>已收集但未按成熟度评级的数据：<br>• 2021 财年的研究在多大程度上由外部研究人员开展 |
| 有效性 | 这些活动是否达到了预期的成果，满足利益相关者的需求并得到传播？ | 处理利益相关者需求、传播和使用证据构建的能力：<br>• 利益相关者参与计划的政策和指导；<br>• 评估用户和利益相关者需求、投入和反馈的机制，为证据构建提供信息；<br>• 在决策中整合证据的流程；<br>• 使用证据的持续改进或学习循环过程；<br>• 传播计划的政策和指导；<br>• 向内部和外部利益相关者（包括公众）传播证据的机制<br>已收集但未按成熟度评级的数据：<br>• 2021 财年研究信息向公众传播的程度；<br>• 影响有效使用证据能力的组织环境（例如愿景、协作、系统、沟通、决策和改进） |

资料来源：U. S. Department of Homeland Security FY 2021 Capacity Assessment.

## （三）调查结果摘要

总体而言，国土安全部缺乏对《循证法案》和OMB定义的证据构建相关的共同理解（包括共同术语和概念）。国土安全部的多数办公室对2021财年正在开展的证据构建或证据构建活动（研究）的人员、资金和其他基础设施没有达成协调一致的观点，各个办公室的能力参差不齐，有些地方刚刚起步，但正在发展中。所有四项证据构建活动（即评价、研究、分析和统计）都在整个机构进行，在评估维度（覆盖范围、质量、方法、独立性和有效性）上具有不同的成熟度（见表9－9、表9－10）。

1. 覆盖范围。

国土安全部在2021财年投入了人员、资金和政策，证据构建（研究）也在进行中，但它们在整个机构的分布不均匀，许多办公室代表认为这些不足以完全实现《循证法案》中定义的所有目标。

2. 质量。

国土安全部出台的政策和指南概述了一些活动的质量标准，但这些标准的遵守情况因具体证据构建活动而异。机构整体层面的证据方案相对成熟，各办公室对其证据构建活动没有相应的政策和计划。2021财年的研究达到了一些质量标准，但达到标准的研究比例因活动和标准而异。

3. 方法。

国土安全部的证据构建活动处理了形成性和总结性方面的平衡，研究使用了广泛的定性和定量数据、数据收集和分析方法。某些数据和方法的使用水平可能会限制该机构做出可信推论和实现总结性目标的能力，特别是在定量的、以客户为中心的有效性（成果和影响）、成本效益或由国土安全部执行任务所产生的公平性的方面做出可信的推断。

4. 独立性。

大多数2021财年的研究都是由内部员工开展的。研究提供的资料表明，大多数证据构建活动都是在未受不当影响的情况下开展的。

5. 有效性。

虽然国土安全部没有制定利益相关者参与和传播要求的政策，但存在一些机构整体和办公室的参与和传播机制，为证据构建收集利益相关者的需求、输入和反馈，传播证据构建活动的结果，并使用证据进行决策和改进。国土安全部具备一些组织背景，包括办公室文化、实践和技术资源，它们支持证据构建活动及其结果在日常运作中的使用。

**表 9－9　　国土安全部证据构建活动成熟度**

| 维度 | 活动 | | | |
|---|---|---|---|---|
| | 评价 | 研究 | 分析 | 统计 |
| 覆盖范围 | 实施 | 取得进展 | 实施 | 实施 |
| 质量 | 实施 | 取得进展 | 实施 | 取得进展 |
| 独立性 | 完成 | 完成 | 没有判断依据 | 实施 |
| 有效性 | 取得进展 | 取得进展 | 实施 | 取得进展 |

资料来源：U. S. Department of Homeland Security FY 2021 Capacity Assessment.

**表 9－10　　能力成熟度模型**

| 分值 | 成熟度 | 描述 |
|---|---|---|
| 5 | 优化 | 在 2021 财年能力评估时，这项能力已完全融入机构的运行结构和文化，机构将重点放在该领域的持续改进上 |
| 4 | 完成 | 在开展能力评估时，这项能力已得到充分实施，并已确定了其长期资源 |
| 3 | 实施 | 截至 2021 财年能力评估，这项能力的计划已最终确定并获得批准，初步资源已确定，相关活动正在进行中 |
| 2 | 取得进展 | 在能力评估的时候，在创造这种能力方面正在取得一些进展 |
| 1 | 未启动 | 在 2021 财年能力评估时，没有启动这项能力的初步计划，也没有开展特别活动 |
| 0 | 没有判断依据 | 当办公室代表没有提供他们认定为最重要活动的证据构建活动的能力信息时，当办公室未提交有关计划或文件以供评估时，或者当调查仅收到十份甚至更少答复时 |

资料来源：U. S. Department of Homeland Security FY 2021 Capacity Assessment.

## 第三节　预算请求和预算说明

联邦预算在维护政府职能、制定政策决定方面发挥重要作用。GPRA 法案通过建立绩效管理和预算编制框架，提高联邦支出的效率、效益和问责性。随着 GPRAMA 法案的通过，各机构已将年度绩效计划和报告与机构的国会预算说明相统一，以提高机构绩效报告对利益相关者的可及性和实用性，并减少重复规划和报告时间的负担。在实践中，各机构采用综合流程来规划、编制预算和评价其绩效，主要包括战略规划、预算说明、绩效与问责报告等。

## 一、预算请求和预算说明

### （一）基本概念梳理

1. 预算。

预算（Budget）是指总统预算（President's Budget），即美国政府的预算，它规定了总统分配资源的全面财政计划，并传达了总统对联邦政府的优先事项（President's priorities for the Federal Government）。预算主卷包含总统的预算致辞和其他广泛的政策声明。附录包含按机构、局或项目组、预算账户、项目和活动分列的详细信息。其他各卷，如分析视角（Analytical Perspectives）和历史表格（Historical Tables），则提供了预算的补充信息。“预算”一词在其他情况下也有不同的含义，它通常指完整的收支建议，而不是公布这些数额的卷宗。人们会将国会通过的预算决议、收入和支出法案统称为“国会预算”（Congressional Budget）。国会和总统颁布了许多控制政府收支的法律，有时也会将这些法律统称为“制定预算”（enacting the budget）时的“预算”。①

2. 预算请求。

联邦机构年度预算请求（Federal Agency Annual Budget Requests）包括按规定格式向 OMB MAX 信息系统提交的预算数据；解释项目变化和支出类型的详细预算说明；突出显示提交材料的概要（Executive Summary）；必要的预算附件，提供有关选定支出类别和项目的补充信息；上一年度执行财务结果和绩效报告；回应额外的资源请求的文件等。联邦机构在初秋向 OMB 提交正式预算请求，通常比总统向国会提交预算早五个月左右。总统的预算请求（President's Budget Request）通常在二月份的第一个星期一之前提交，从而启动预算程序。总统的预算请求有三个重要作用：一是告诉国会总统对总体财政

① U. S. Office of Management and Budget. Part 1, section 10, Overview of the budget process. Circular NO. A－11. Preparation, submission, and execution of the budget, 2023.

政策的建议；二是预测总统对联邦项目的相对优先次序；三是向国会传达总统对支出和税收政策变化的建议。

3. 预算说明。

国会预算说明（The Congressional Budget Justification，简称 CBJ）是机构的详细书面材料、数据和证明文件，它是对总统每年向国会提交的预算的补充和支持，并反映了机构持续改进战略重点、数据质量和国会更关注的信息的过程。根据《国会预算说明透明度法案》（Congressional Budget Justification Transparency Act），预算说明材料（budget justification material）是指联邦机构或联邦机构组成部分的年度预算的说明材料，这些材料与美国政府预算一并提交。

机构的预算说明一般包括对每个项目活动及其目的的详细描述。预算说明中对预算账户的描述要比总统提交的预算详细得多，并向拨款小组委员会（appropriations subcommittees）提供了各机构如何使用每个账户资金的信息。各机构还对下一财年的拟议变化做出解释，变化通常集中在支出的增减上。这些补充信息有助于拨款委员会更好地评估为下一财年申请的预算资源。此外，预算说明还包括上一财年的年度绩效报告和下一财年的年度绩效计划。

4. 预算过程。

预算过程包括编制（Formulation）、国会（Congressional）和执行（Execution）三个阶段。在编制阶段，几乎在总统向国会提交上一份预算时，OMB 和联邦机构就开始编制下一份预算。具体来说，随着国会开始就即将到来的财年的拨款法案（appropriations bills）和其他预算立法（budgetary legislation）采取行动时，OMB 和各机构已经开始为下一个财年进行规划。在春季，OMB 向行政机构发送指南，正式启动这一过程。总统在 2 月的第一个星期一向国会提交预算，这一阶段结束。国会阶段始于 1 月底或 2 月，国会在此时收到总统的预算。国会不对总统预算本身进行表决，也不制定自己的预算。国会审议总统预算提案（President's Budget proposals），通过一项称为“预算决议”（budget resolution）的总体收入和支出计划，并颁布常规拨款法案和其他控制收支的法律。执行阶段至少持续五个财政年度，包括分配部分（The apportionment part）和报告与支出部分（The reporting and outlay part）[①]。

① Congressional Research Service. The Role of Executive Agencies in Budget Development: In Brief, 2024.

### （二）预算过程的法律依据

1921 年《预算和会计法案》（The Budget and Accounting Act of 1921）建立了现行联邦预算程序的核心。在该法颁布之前，行政分支没有年度集中预算。联邦政府各机构通常独立向国会委员会提交预算请求，在制定联邦政府预算时不协调各种请求。《预算和会计法案》要求总统协调所有机构的预算请求，并向国会提交一份全面的预算。规范预算过程的主要法律如下①：

《宪法》第 1 条第 8 款第 1 项授权国会制定和征收税收。

《宪法》第 1 条第 9 款第 7 项要求在使用国库资金之前，必须依法拨款，并定期公布所有公共资金的收支表。

《反赤字法案》（Antideficiency Act）规定了预算执行的规则和程序。

经修订的 1985 年《平衡预算和赤字控制法案》（Balanced Budget and Emergency Deficit Control Act of 1985）规定了自主性支出的限额，并提供了执行强制性支出（mandatory spending）和自主性支出（discretionary spending）限额的机制。

《美国法典》第 31 编第 11 章规定了提交总统预算的程序以及预算中应包含的信息。

1974 年《国会预算和截留控制法》（Congressional Budget and Impoundment Control Act of 1974）包括：经修订的 1974 年《国会预算法》（Congressional Budget Act of 1974）规定国会预算过程；经修订的 1974 年《截留控制法》（Impoundment Control Act of 1974）控制预算执行的某些方面；经修订的 1990 年《联邦信贷改革法》（Federal Credit Reform Act of 1990），1990 年《预算执行法案》（Budget Enforcement Act of 1990）将其作为《国会预算法》（Congressional Budget Act）的一项修正案，规定了联邦信贷项目（Federal credit programs）的预算处理方法。

《美国法典》第 31 篇第 31 章授权财政部长发行债务以弥补赤字，并规定了债务水平的法定限额。

《美国法典》第 31 篇第 33 章规定，财政部是支付公共资金的主管部门，

① U. S. Office of Management and Budget. Analytical Perspectives. Fiscal Year 2024 Budget of the U. S. Government, Washington, D. C., 2023.

为了经济和效率，财政部有权将这一权力下放给行政机构。

经修订的 1993 年《政府绩效与结果法案》（Government Performance and Results Act of 1993）强调为结果而管理，它要求各机构准备战略规划、年度绩效计划和年度绩效报告。

2010 年的《量入为出法案》（Statutory Pay - As - You - Go Act of 2010）建立了预算执行机制，一般要求颁布为法律的直接开支和收入立法不得增加赤字。

### （三）联邦预算编制过程

1. 机构初步编制预算请求。

春季，OMB 向行政分支机构（Executive Branch agencies）发布规划指南，正式启动这一过程。OMB 通过向机构负责人发布通告（circulars）、备忘录（memoranda）和指南（guidance）文件来协调总统预算提案（President's budget proposal）的制定。行政机构可根据 OMB 提供的指令和指导来编制预算请求。其中，OMB 通告 A - 11（Circular No. A - 11）是一份内容广泛的文件，包含各机构向 OMB 提交预算请求和说明材料的指令和时间安排。

机构依靠内部流程和分析来编制预算请求，各机构的流程和分析各不相同，大多数机构通常遵循自下而上的流程。通常情况下，机构的领导层制定预算指导方针，并将其传达给下级组织。最初的预算请求由一个机构的较低组织级别拟订，随后由较高的级别进行审查。在编制预算时，各机构通常会估算下一财年维持现有的项目水平所需的资源。然后，各机构可能会对由可用的增量资源（available incremental resources）资助的新的或经修改的方案进行估算。

在典型的自下而上的流程中，机构内的上级组织随后审查初步预算请求，然后做出决定并反馈给最初一级。如果对这些决定有异议，可以提出上诉。一旦对上诉做出决定，预算请求就会与类似单位的预算请求合并，由下一个决策级别审查。这一审查和上诉过程会逐级进行，直至机构的最高级别。然后，所有较低级别的预算请求（lower - level budget requests）被合并成一个机构层面的预算（agency - wide budget），提交给 OMB。

2. OMB 审查和修改机构预算请求。

初秋，机构向 OMB 提交预算请求。在实践中，总统委托 OMB 负责审查行政机构的请求和说明材料，以确保它们与总统的政策目标保持一致。机构请求首先由负责相关政策领域的 OMB 项目审查员（program examiners）进行审查。项目审查员对政策方案进行评估，确保机构请求符合总统的政策目标。更高级别的 OMB 官员也可能审查机构的请求。在提出建议之前，OMB 项目审查员可以通过非正式或举行正式听证会的方式要求各机构提供额外信息。OMB 更高级别的职业和政治官员（career and political officials）审查审查员的建议，最后由 OMB 主任审查和批准。

OMB 的决定通过一个被称为“回传”（pass back）的过程通知各机构。在回传期间，OMB 官员通知各机构其批准的预算水平，这可能与各机构的预算请求不同。各机构可根据各行政部门制定的程序，向相关的 OMB 审查员、OMB 主任、某些官员，或在某些情况下直接向总统提出上诉。

一旦 OMB 和总统做出最终决定，各机构必须修改其预算请求和绩效计划，以符合这些决定。机构负责人准备预算材料，包括项目说明、要求的支出水平以及每个账户的拟议拨款，这些信息载于总统提交的预算的附录卷中。

3. OMB 和机构解释和说明预算请求。

总统按照法律规定，在二月份的第一个星期一向国会提交预算，从而完成这一阶段的工作。一旦总统提交了预算，OMB 和机构官员就会向国会解释和说明预算请求。在国会预算程序的早期，通常是在总统提交预算后的一周内，OMB 主任和其他政府官员可能会就总统的预算目标向国会委员会（congressional committees）提供证词。各机构以书面形式向拨款委员会和参众两院的小组委员会提交预算请求的说明。在国会制定预算立法的过程中，机构官员经常被传唤到拨款小组委员会，向国会说明和解释他们的预算请求。为确保证词和书面说明材料符合总统的政策目标，OMB 可以在各机构向国会提供材料之前对其进行审查①。根据 OMB 通告 A－11 的规定，机构必须在向国会提交预算说明材料后两周内在互联网上公布。同时，根据《国会预算说明透明度法案》，各机构应向公众提供其国会预算说明的全部材料，包括其提交的绩效计划。表 9－11 说明了预算编制阶段的主要事件。表 9－12 说明了联邦预算过程总统、OMB 和机构的管理角色。

---

① Congressional Research Service. The Role of the Office of Management and Budget（OMB）in Budget Development：In Brief，2024.

表 9－11　　预算编制阶段的主要步骤

| 时间 | 做法 |
|---|---|
| 春季 | OMB 就即将到来的预算向行政分支机构发布春季规划指南。① OMB 主任致函各机构负责人，为该机构的预算请求提供政策指导。在没有更具体指导的情况下，上一年度预算中所列的未来年度估计可作为下一年度预算的起点。这时开始制定总统将于明年 2 月提交的预算 |
| 春季和夏季 | OMB 与行政分支机构讨论预算问题和备选方案。OMB 与各机构合作：<br>● 为即将到来的预算确定主要问题；<br>● 为即将到来的秋季审查制定和分析备选方案；<br>● 对未来需要决策的问题进行分析 |
| 6 月 | OMB 面向所有联邦机构发布第 A－11 号通告。该通告为提交预算数据和材料提供了详细的说明 |
| 9 月 | 行政分支机构（不受行政分支审查的机构除外）提交预算 |
| 10 月至 11 月 | OMB 开展秋季审查。OMB 工作人员根据总统的优先事项、项目绩效和预算限制对各机构的预算提案进行分析。他们提出问题，并向负责人和其他 OMB 政策官员提出备选方案，供其做出决定 |
| 10 月下旬 | OMB 向所有机构开放 MAXA－11DE 申请，以提交其过去一年的预算数据 |
| 11 月下旬 | OMB 向总统和高级顾问（senior advisors）汇报拟议的预算政策。在 OMB 审查了所有机构的请求并考虑了总体预算政策后，OMB 主任向总统推荐一整套预算提案 |
| 11 月下旬 | OMB 通常同时通知所有行政分支机构有关其预算请求的决定 |
| 11 月底至 1 月初 | 所有机构，包括立法和司法部门的机构，都在 MAXA－11DE 中输入日程数据和文本材料。这一过程一直持续到 OMB 将各机构“锁定”在 MAXA－11DE 之外，以满足印刷截止日期的要求 |
| 12 月 | 行政分支机构可向 OMB 提出上诉。机构负责人可以要求 OMB 撤销或修改某些决定。在大多数情况下，OMB 和机构负责人会解决这些问题，如果没有，则会共同将问题提交总统决定 |
| 1 月 | 各机构编制并由 OMB 审查国会预算说明材料。各机构准备预算说明材料，以便向负责的国会小组委员会（congressional subcommittees）解释其预算请求 |
| 2 月的第 1 个星期一 | 总统将预算提交国会 |

资料来源：U. S. Office of Management and Budget. Part 1, section 10, Overview of the budget process. Circular NO. A－11. Preparation, submission, and execution of the budget, 2023.

---

① 春季规划指南又称作“春季指南”（spring guidance），这份指南为行政机构提供了详细的指导和向 OMB 提交预算请求和支持材料的最后期限。

表 9－12　　联邦预算过程管理角色

| 总统 | 管理和预算办公室（OMB） | 联邦机构 |
|---|---|---|
| 制定行政预算政策并向国会提交预算 | 运行预算数据的收集和提交系统 | 向 OMB 提交预算请求；向总统呼吁更多资金 |
| 向国会提交补充申请、预算修正案和最新情况 | 向总统准备预算方案和建议 | 在国会委员会说明总统的预算建议 |
| 签署（或否决）收入、拨款以及国会通过的其他与预算有关的措施。 | 向机构发布预算目标和“回传” | 向 OMB 申请拨款，并在下属单位之间分配资金 |
| 通知国会拟议的撤销（rescissions）和延期（deferrals） | 审查拟议的立法和证词以确定其是否符合总统的政策 | 维护会计系统和内部控制系统 |
| 发布削减令（sequestration orders），取消预算资源 | 发布削减报告（sequestration reports） | 预留资金和预审支出 |
| | 分配资金并监督预算执行 | 执行已提供资金的活动 |
| | 开展管理活动，以提高联邦支出的效率 | 制定战略规划、绩效测量和其他关于项目目标和结果的材料 |
| | 对已颁布立法的预算影响进行评分 | |

## （四）预算过程的逻辑关系

1. 预算编制与政府绩效。

机构通常在夏末或秋初向 OMB 提交预算请求，并由 OMB 代表总统进行审查。根据 GPRA 和 GPRAMA 法案，各机构必须通过战略规划、年度绩效计划和年度绩效报告，把预算编制与政府绩效联系起来。OMB 通过“回传”将有关其预算和绩效计划的决定通知各机构，各机构有机会向 OMB 主任提出申诉，在某些情况下还可向总统提出申诉。一旦 OMB 和总统做出最终决定，联邦机构必须修改他们的预算请求和绩效计划，以符合这些决定。

2. 预算请求与预算说明。

在提交总统预算请求后，各机构有责任说明其预算请求，以获得国会的批准。机构通常通过三种主要方式阐述其预算请求的说明：一是预算附录（Budget Appendix）。每个机构在预算附录卷中提供账户和项目细节的支持材料。二是国会预算说明文件（Congressional budget justification documents）。一个机构的预算说明建立在附录中包含的信息的基础上，通常包括对机构预算账户的详细描述。三是机构在国会上作证（Agency testimony before Congress）。拨款小组委员会（appropriations subcommittees）的听证会为机构官员向国会证明和解释其预算请求提供了一个场所。这些听证会通常侧重机构预算说明文件中包含的信息。专栏 9-1 为 2023 年 3 月 29 日司法部长梅里克·加兰德在商业、司法、科学及相关事务机构小组委员会（Subcommittee on Commerce, Justice, Science, and related agencies）和美国众议院拨款委员会（Committee on Appropriations U. S. House of Representatives）举行一场名为“司法部 2024 财年请求”的听证会声明。

**【专栏 9-1】**

早上好，罗杰斯主席、卡特赖特首席委员和尊敬的小组委员会成员。我很高兴今天有机会出席会议，讨论总统提出的美国司法部 2024 财年拨款申请。

司法部的职责范围广泛。每天，我们都在努力保护国家安全，使其免受国内外各种威胁。我们致力于保护我国每个人的公民权利。每一天，在我们所做的每一件事中，司法部都坚持并维护法治，法治是我们政府体系的基础。

自从我上次出现在你们面前以来，司法部 11 万 5 000 名员工在各方面所做的工作令我感到自豪。

首先，我们通过坚持和加强确保司法部独立性和完整性的规范，继续维护法治。这些准则包括一视同仁，以严格符合宪法的方式适用法律，并尽可能通过我们的工作和在法庭上提交的文件发言，以免危及我们调查的可行性和我们公民的自由。我们努力捍卫法治免受国内的威胁。例如，在 2022 年，司法部在涉及威胁公共服务人员的案件中起诉的被告比至少过去五年的任何一年都多。

其次，我们利用一切可以利用的资源来帮助保护我们社区的安全。我们继续努力打击来自民族国家、恐怖组织、激进分子和网络犯罪分子的国外威胁，这些威胁试图破坏我们的民主和经济体制。我们继续努力打击持续存在的来自国内的威胁——旨在制造恐惧的国内暴力极端主义行为；破坏社区对法治信任的暴力犯罪和枪支暴力；破坏社区的贩毒和毒品中毒事件；以及威胁我们经济制度的公司犯罪和欺诈行为。我们与全国各地的社区合作开展这项工作。

第三，我们继续推进司法部保护公民权利的成立宗旨。司法部民权司一直站在我们工作的最前沿，努力保护投票权；预防和起诉仇恨犯罪；确保按照宪法维持治安；在执法部门和他们所服务的社区之间建立信任；执行禁止一切形式歧视的联邦法规；以及扩大诉诸司法的机会，包括退伍军人、现役军人和军人家属。与以往任何时候相比，保护公民权利不仅是民权司的义务，也是司法部每一位员工每一天的责任。如今，整个司法部都参与到我们大力保护和促进公民权利的工作中。

为了在2024财年继续开展这些和其他关键重点领域的工作，司法部请求提供总额为397亿美元的自主性资源。我们的资助优先次序如下：

……

我为该部员工在维护法治、保障国家安全和保护公民权利方面所做的工作感到无比自豪。我恳请您支持总统提出的2024财年拨款请求，以便我们能够继续并在此基础上开展工作。

资料来源：Statement of Merrick B. Garland Attorney General at a Hearing entitled, "Fiscal Year 2024 Request for The Department of Justice", 2023.

3. 预算说明与绩效计划和报告。

在提交国会预算说明之前，各机构需要与国会代表（congressional representatives）协商，就绩效计划的格式达成一致。绩效计划可用来安排预算提案（budget submission），或至少应作为机构向OMB和国会提交的预算提案的一部分。绩效计划的变化反映了预算请求中的项目活动变化，并与之保持一致。为了减少重复，在历史趋势背景下传达未来的计划，OMB强烈鼓励各机构将年度绩效计划与年度绩效报告合并，与国会预算说明同时发布，并在绩效网站上公布。各机构应与相关的国会拨款委员会协商，以确认他们是否支持修改国会预算说明的格式。

4. 预算过程的绩效计划与报告。

2010年《政府绩效与结果现代化法案》更新了1993年《政府绩效与结果法案》，建立了预算编制与机构年度绩效计划、测量和报告同步的法定框架。GPRAMA要求各机构定期公布三份文件，其中两份的法定截止日期与总统的预算提交一致：

（1）机构战略规划。机构的战略规划每四年发布一次，与新总统任期的开始时间相吻合，描述了机构的总目标和分目标。GPRAMA 要求各机构在总统任期第二年二月的第一个星期一之前提交战略规划，这也是总统提交预算的法定截止日期。

（2）机构绩效计划。机构绩效计划，又称年度绩效计划，顾名思义机构每年必须提交一份计划，其中包含与总统向国会提交的预算中提出的每项“项目活动”（program activity）相对应的可测量的绩效目标。年度绩效计划的提交截止日期也与总统提交预算的截止日期一致。

（3）机构绩效报告。机构绩效报告，又称为机构绩效更新或年度绩效报告。GPRAMA 要求机构绩效报告提供相关机构绩效计划中的绩效指标，并将绩效目标与实际结果进行比较。GPRAMA 规定提交期限为每个财年结束后不到 150 天。但实际上，OMB 已指导大多数机构将其年度绩效报告与年度绩效计划和国会预算说明一并公布。

## 二、预算请求典型案例分析

### （一）财政部主要预算与绩效文件

财政部（The Treasury）公布年度绩效计划和报告，作为其国会预算说明的一部分，其中包括内部战略审查的高水平结果。财政部的主要预算和绩效报告为国会、总统和美国人民提供了有关财政部管理财政资源和实现其目标进展情况的详细信息，其主要预算与绩效文件包括：

国会拨款说明（The Congressional Justification of Appropriations，简称 CJ）是财政部根据 OMB 通告 A－11 编制的，它反映了财政部的总统预算请求（President's Budget request）。根据 GPRA 和 GPRAMA 法案，CJ 包括机构优先事项、要求的预算水平、绩效计划和报告；

预算简报（Budget－in－Brief，简称 BIB）是国会拨款说明的摘要；

绩效验证和核实附录（Performance Validation and Verification Appendix）详细列出了财政部年度绩效报告（APR）中的所有绩效测量和指标，以及它们各自的定义、数据来源、数据收集方法、可信度评估和报告频率；

联邦项目清单（Federal Program Inventory）描述了财政部在所有局的 94 个

项目，以及每个项目如何支持财政部更广泛的战略目标；

资本投资概要（Summary of Capital Investments）提供了财政部信息技术（IT）和非信息技术（non－IT）资本投资的详细信息；

财政部国际项目（Treasury International Programs）通过促进国际金融稳定和支持关键的全球倡议，在国际发展方面发挥领导作用，促进国家安全，并为美国企业扩大出口市场；

2022—2026 财年学习议程（FY2022－2026 Learning Agenda）是财政部的多年度战略证据构建计划，它将财政部的关注点集中在实施 2022—2026 财年战略规划所需的证据上；

2022—2026 财年能力评估（FY2022－2026 Capacity Assessment）是财政部对研究、分析、评估和统计活动中建立和使用证据的能力的评估；

年度评估计划（Annual Evaluation Plan）概述了财政部计划在下一个财年开展的重大评估活动。

### （二）财政部绩效预算组织架构

管理和预算助理部长办公室（The Office of the Deputy Assistant Secretary for Management and Budget，简称 DASMB）负责战略规划、预算编制、组织议题和项目评估。DASMB 分析资源请求和分配以及预算执行的情况。这项职责包括就预算优先事项和战略向部门办公室和各局提出建议。DASMB 负责编制和协调该部向 OMB 提交的年度预算，并与 OMB 合作编制总统预算中该部的部分。该办公室还负责制定、管理和指导财政部各办公室的预算过程。

战略、计划和绩效改进办公室（The Office of Strategy，Planning，and Performance Improvement，简称 OSPPI）负责监督财政部战略规划的制定和该部绩效管理框架的实施。绩效预算办公室（The Office of Performance Budgeting，简称 OPB）负责促进预算的制定和执行，并就政策议题向各局提供指导。他们共同合作，以机构的战略总目标和分目标为驱动，以项目绩效信息为支持，编制年度预算请求，并协调部门内部数据驱动的审查，领导层利用这些审查来管理项目和提高组织绩效。绩效预算办公室与战略规划和绩效管理办公室协调，其任务是确保财政部的年度绩效支持该部的战略规划，并提倡有效和高效地执行预算，以实现财政部各局的最佳绩效水平。

### （三）财政部预算请求概述

财政部的2025财年预算支持建立公平和健全的税收制度，确保大型公司和高收入群体合理纳税；继续改善纳税人的体验和服务；打击恐怖主义和金融犯罪；促进社区发展和贫困社区的资金获取；加强企业透明度；帮助应对网络安全风险；以及建立机构能力，以解决新出现的问题；促进财政部所有项目的公平。2025财年财政部的预算请求为144亿美元，与2023财年制定的水平相比，增加了2亿美元（1%）。正如财政部2022—2026财年战略规划所述，该预算请求与财政部的长期总目标和分目标保持一致（见表9-13），其主要包括以下几个方面：

1. 确保纳税人体验的改善，支持确保高收入群体和大型公司缴纳他们应缴的税款。

《通胀削减法案》（The Inflation Reduction Act）解决了美国国税局（Internal Revenue Service，简称IRS）长期以来的资金短缺问题，通过提供稳定的、多年期的资金，最终打击那些经常逃避依法纳税的高收入个人和公司，改善纳税遵从情况，并改善为数百万纳税的美国人提供的服务。IRS正在利用《通胀削减法案》的资金来更新其信息技术基础设施，管理新的清洁能源税收抵免，重建该机构的行政能力，以更好地帮助纳税人，并打击高收入者和大公司的逃税行为。要实现这些目标，就必须提供年度自主性拨款（discretionary appropriations），以维持和保护现有服务。为确保纳税人继续获得高质量的顾客服务，并确保所有美国人都能受到美国税务系统的公平对待，预算将IRS所有活动的年度资金维持在2023年的水平，并为该机构提供总额123亿美元的资金。除年度自主性资金外，预算案还建议恢复《通胀削减法案》的全部投资，并长期提供新的资金，以维持税收合规性举措在改善服务和减少赤字方面的进展。

2. 促进未得到充分服务的社区获得资金。

预算为社区发展金融机构（Community Development Financial Institutions，简称CDFI）基金提供了3.25亿美元，比2023年的水平增加100万美元，比2021年的水平增加5 500万美元，即增加20%，用于向过往服务不足的社区和通常是低收入社区提供信贷和技术援助。为了解决贫困社区开发项目长期可负担信贷的短缺问题，预算还包括为CDFI基金的债券担保计划提供1 000万美元补贴，并提出改革建议，以扩大参与，同时将联邦政府的损失风险降至最低。预算还将扩大小额贷款计划的覆盖面，允许更多的组织参与该计划，以支持个人寻求负担得起的信用建设贷款和昂贵的发薪日贷款（costly payday loans）的替代方案。

3. 打击恐怖主义和腐败，提高企业透明度。

财政部在监督和打击腐败、洗钱、恐怖主义融资、国内外不法分子利用金融系统以及打击美国社区芬太尼等非法药物的贩运方面发挥着主导作用。预算为恐怖主义和金融情报办公室（Office of Terrorism and Financial Intelligence）提供2.31亿美元，比2023年的水平高出1 500万美元，以扩大财政部提供金融情报和开展与制裁有关的经济分析的能力，同时继续推动制裁程序现代化。预算还为金融犯罪执法网络提供2.16亿美元，比2023年的水平高出2 600万美元，用于支持从2025年开始要求现有受控公司报告受益人所有权信息。该报告将提供调查工具，使不法分子更难通过空壳公司或其他不透明的所有权结构洗钱或获益。

4. 建设关键的机构能力，以应对新出现的威胁。

预算为财政部各部门办公室提供3.12亿美元，比2023年的水平增加3 800万美元，即增加14%，继续重建财政部核心政策办公室的人员配备水平，并支持财政部在促进对美国国家安全至关重要的敏感技术和产品的投资安全方面发挥作用。增加的资金还将使财政部能够支持首席人工智能官的工作，以确保负责任地使用和开发人工智能能力。预算建立了机构能力，以支持整个财政部对项目评估的协调，并扩大与过往代表性不足和服务不足群体的接触，以促进财政部所有项目的公平性。

5. 加强企业网络安全。

预算为网络安全增强账户（Cybersecurity Enhancement Account）提供了1.5亿美元，比2023年的水平增加了5 000万美元，用于保护和防御机密的机构系统和信息，包括那些被指定为高价值资产的系统和信息。预算增加了集中资金，以加强财政部的整体网络安全工作，并继续实施零信任架构（Zero Trust Architecture）。这些投资将保护财政部的系统，以及这些系统中保护美国公众的敏感数据免受未来的攻击。预算还为财政服务局（Bureau of the Fiscal Service）提供了3.96亿美元，比2023年的水平高出2 400万美元。这包括通过对所有大型应用程序进行现代化改造并将其过渡到云安全（secure cloud），为加强核心政府财务系统的安全态势（security posture）提供资金。

**表9－13　　根据战略目标分列的财政部2025财年总统预算**　　单位：千美元

| 财政部总目标/分目标 | 促进公平的经济增长和复苏 | 巩固国家安全 | 保护财政稳定性和弹性 | 应对气候变化 | 实现财政运行现代化 | 合计 |
|---|---|---|---|---|---|---|
| 网络安全增强账户 | | 150 000 | | | | 150 000 |
| 部门整体系统和资金投入计划 | | | | 2 069 | 12 401 | 14 470 |
| 监察长办公室 | 46 411 | 1 957 | | 502 | 1 305 | 50 174 |
| 财政部税收管理监察长 | 114 577 | 7 161 | | 3 581 | 53 708 | 179 026 |
| 大流行病恢复问题特别监察长 | 5 327 | | | | | 5 327 |
| 社区发展金融机构基金 | 289 000 | | | | 35 908 | 324 908 |
| 金融犯罪执法网络 | | 161 767 | 28 040 | 4 314 | 21 569 | 215 689 |
| 美国酒类及烟草税务贸易局 | 144 030 | 639 | | | 15 010 | 159 679 |
| 财政服务局 | | 80 091 | 85 194 | 32 382 | 198 492 | 396 159 |
| 税收管理 | 12 319 054 | | | | | 12 319 054 |
| IRS 纳税人服务 | 2 780 606 | | | | | 2 780 606 |
| IRS 执法 | 5 437 622 | | | | | 5 437 622 |
| IRS 技术和运营支持 | 4 100 826 | | | | | 4 100 826 |
| 业务系统现代化 | | | | | | |
| 合计，财政部 | 13 032 178 | 695 659 | 157 219 | 67 845 | 404 412 | 14 357 313 |

资料来源：Department of the Treasury. FY 2025 Budget in Brief，2024.

## 第四节　绩效计划及案例报告

绩效计划是实现预算与战略衔接的重要机制。通过绩效计划，将战略规划分解为未来一定时期内预计达到的绩效目标和指标，可以确保机构资金需求和资金统筹安排保持一致、机构活动计划与整体发展战略保持一致。根据 GPRA 和 GPRAMA 法案要求，美国联邦政府各机构要制定年度绩效计划，把绩效目标与有关资源联系起来，以实现年度绩效的目标水平。绩效目标作为绩效计划的主要内容，反映了机构为实现其使命而试图影响问题和机会的特点、机构能力和优先事项等，为机构下一步开展绩效评价工作奠定了坚实的基础。

## 一、绩效计划

### （一）绩效计划的内涵

机构绩效计划（Agency Performance Plans）是对提交计划的年度和下一个财年要达到的绩效水平的描述。绩效计划应具体描述机构将遵循的战略，解释为何选择这些战略，并确定本财年和下一财年将完成的绩效目标和关键里程碑。它应该通过展示每个绩效计划战略目标来全面描述该机构的使命。各机构准备绩效计划时，要将机构的战略目标和绩效目标与机构要求的其他要素进行充分的沟通。绩效计划描述了如何实现机构目标、明确目标优先事项并解释了机构如何监控目标的进展情况，并对先前的绩效计划进行更新，以反映计划、拨款决策和环境的变化。

### （二）绩效计划的法律依据

1993 年，美国国会通过《政府绩效与结果法案》（Government Performance and Results Act of 1993，简称 GPRA），并于 1997 年开始正式实施。GPRA 的出台，首次以立法的形式把联邦政府推行的绩效管理制度固定下来，同时也是首次在法律层面对绩效目标的设定做出要求。根据 GPRA，绩效计划的内容主要涵盖以下五个方面：一是阐明绩效目标。确定项目活动所能达到的绩效水准，用客观的、可量化的、可测量的方式来表述这些目标；二是设置绩效指标。绩效指标用于测量或评估相应的产出、服务水平和每个项目活动的成果；三是描述测量绩效的方法。测量绩效的方法要科学合理；四是简要说明操作的过程、手段和技术以及为实现绩效目标所需要的人力、资金、信息及其他资源；五是确定赋予管理者的权限和责任。

2011 年签署的《政府绩效与结果现代化法案》（The Government Performance and Results Modernization Act of 2010，简称 GPRAMA）对 GPRA 法案中绩效计划条款做了补充和改进：一是阐明机构绩效目标如何实现机构战略规划中设定的总目标和分目标，以及如何在联邦政府层面的绩效计划中设定绩效目标；二是在绩效目标中确定哪些是机构优先目标；三是说明机构内部和外部有助于实现绩效目标的组织、活动、法规、政策、里程碑等，机构之间如何合作以实现机构绩效目标和联邦政府绩效目标；四是确定绩效目标责任主体，即目标领导者（Goal Leaders）；五是描述机构面临的主要管理挑战，确定应对此类挑战的行动，测量解决此类挑战的进展情况，以及负责应对挑战的机构官员；六是基于对机构使命和目标贡献程度的分析，确定次优先级项目活动，以及其设定为次优先级的循证解释。GPRAMA 以新增内容为主，对绩效计划的程序和内容等做出更新（见表 9 - 14），进一步深化了美国“战略规划—绩效计划—绩效报告—绩效责任与改善”的管理框架。

**表 9 - 14　　GPRA 和 GPRAMA 绩效计划比较**

| | GPRA | GPRAMA |
|---|---|---|
| 程序 | 递交至 OMB（没有固定时间，由 OMB 决定） | 机构负责人应该在每年 2 月第一个星期一之前，在机构官方网站上提供涵盖机构预算中规定的每项活动的绩效计划，并通知总统和国会该计划的可行性 |
| 时间范围 | 下一个财年要达到的绩效水平 | 计划提交年度和下一财政年度的绩效水平 |
| 内容 | 涵盖覆盖整个预算的联邦政府绩效计划，每一个绩效计划应当包含机构年度绩效目标和实现战略目标进展的相关措施 | 涵盖总统向国会提交的预算提案附录卷中列出的每项“项目活动”，确定绩效目标及其对总目标、联邦政府目标的促进作用；确定优先目标；实现绩效目标的具体描述；确定绩效指标；预期目标与实际目标的比较依据；确保绩效数据的准确与可靠；确定实施活动的优先次序（辅以证据） |
| 术语定义 | 机构、成果测量、产出测量、绩效目标、绩效指标、项目方案、项目评价 | （左栏的基础上增加）顾客服务评估、效率评估、跨机构界限、主要管理挑战、里程碑 |

资料来源：作者根据相关资料归纳而得。

特朗普政府维持了奥巴马政府时期创建的联邦政府绩效管理框架[①]，只是在预算管理和绩效管理各环节更重视绩效信息。绩效信息能帮助联邦雇员识别绩效问题、寻找解决方案并做出重要管理决策，是制定绩效计划、确定优先事项并分配决策资源的关键。2019 年 1 月，特朗普总统签署了《循证决策基础法案》（Foundations for Evidence – Based Policymaking Act of 2018），强调联邦各机构在决策中对绩效信息和证据的使用，并为使用各项证据建立了更为全面系统的方法。循证法案要求各机构指定首席评估官（Chief Evaluation Officers）和首席数据官（Chief Data Officers），确保高质量数据的收集、传播和使用以及项目活动计划、实施、完成整个流程的透明度和公平性。拜登政府时期则继续向更加包容的绩效治理模式稳步转变，在绩效框架内使用更多的管理工具。例如，2021 年 3 月管理和预算办公室（Office of Management and Budget，简称 OMB）更新了联邦绩效管理框架和工具箱，为绩效计划、项目管理等环节提供科学指导。

### （三）绩效计划的组织架构

GPRAMA 法案要求所有机构负责人（Agency Heads）任命一名首席运营官（Chief Operating Officer，简称 COO），COO 可以是机构副负责人（Deputy Head of the Agency）或者与之同等职级。机构负责人与 COO 协商后，任命一名直接向其做汇报的绩效改进官（Performance Improvement Officer，简称 PIO）。PIO 支持机构负责人和 COO 制定目标，并就战略规划和绩效计划方面为机构成员提供建议和协助，以促进机构使命的实现。

GPRAMA 法案还建立了绩效改进委员会（Performance Improvement Council，简称 PIC），并由 OMB 负责绩效管理的副主任担任其委员会主席，即首席绩效官（Chief Performance Officer，简称 CPO）。PIC 由各机构代表组成（主要是 PIO、副 PIO、相关职员等），处理来自各机构的建议和信息，并向机构提供绩效管理和绩效改进相关服务。

目标领导者（Goal Leader）是由机构负责人或 COO 任命的官员，他负责

① John M. Kamensky. Are We There Yet? The Evolution of the US Federal Performance Management Framework：1993 – 2022. International Journal of Public Administration，2023.

在被授权的机构和项目之间进行协调，以推动目标的实现。COO 与机构内的其他责任人员，如首席财务官（Chief Financial Officers，简称 CFOs），首席采购官（Chief Acquisition Officers，简称 CAO），首席信息官（Chief Information Officers，简称 CIOs），首席人力资本官（Chief Human Capital Officers，简称 CHCO）以及其他业务主管展开合作，以更有效的方式实现机构的目标。同时，COO 还负责确保机构回应政府责任署（Government Accountability Office，简称 GAO）《关于项目重复、重叠和分散的年度报告》中提出的项目改进和节约成本的建议，以及监察长（IG）认定的风险领域，并确保机构制定了针对这些建议的计划（见图 9－3）。

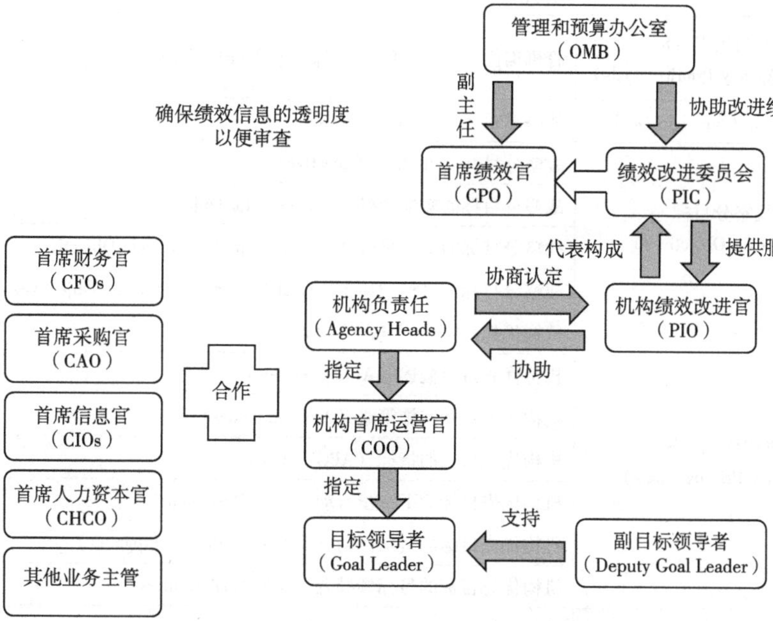


**图 9－3 GPRAMA 规范的联邦机构绩效管理组织架构**

资料来源：OMB Circular A－11：section 200—Overview of the Federal performance framework.

## （四）绩效计划的主要内容

OMB 通告第 210 节对绩效计划的内容做出了如下规定：绩效计划主要包括机构和使命信息、跨机构优先目标、战略总目标和分目标、机构优先目标、绩效目标、其他指标和信息（评估、超链接、数据质量等），各机构要将这些信息通过其数据输入工具（The Performance Reporting Entry Portal，简称 PREP）在绩效网站（Performance. gov）上发布。表 9－15 的内容为机构在绩效网站更新绩效计划信息提供了一般指导。同时，MAX 网站（https：//max. omb. gov/community/x/oCFfJw）也为各机构发布绩效计划提供了更为确切的数据标准信息①。

**表 9－15　　　　机构绩效计划的主要内容（参考）**

| 章节标题（Section Heading） | 内容（Content） |
|---|---|
| 机构和使命信息（Agency and Mission Information） | 概述（Overview） |
| | 使命陈述（Mission Statement） |
| | 愿景与价值观（Vision and Values） |
| | 组织架构（Organizational Structure） |
| 跨机构优先目标（Cross – Agency Priority Goals） | 跨机构优先目标（Cross – Agency Priority Goals） |
| 战略总目标（Strategic Goals） | 战略总目标（Strategic Goals） |
| 战略分目标（Strategic Objectives） | 战略分目标（Strategic Objective） |
| | 战略分目标的实施策略（Strategies for Objectives） |
| | 战略分目标的下一步行动（Next Steps for Strategic Objectives） |
| | 战略分目标的目标领导者（Goal Leaders for Strategic Objectives） |
| 机构优先目标（Agency Priority Goals） | 机构优先目标声明（APG Statement） |
| | 机构优先目标概述（APG Overview） |
| | 机构优先目标实施策略（APG Strategies） |
| | 机构优先目标的指标（APG Indicators） |
| | 机构优先目标的下一步行动（APG Next Steps） |
| | 机构优先目标的贡献活动（APG Contributing Programs） |
| | 机构优先目标的目标领导者（APG Goal Leaders） |
| 绩效目标（Performance Goals） | 绩效目标（Performance Goal） |
| | 实际成果（Actual Results） |
| | 绩效目标值（Performance Targets） |
| 其他指标（Other Indicators） | 其他指标（Other Indicators） |
| | 其他指标实际值（Other Indicator Actuals） |
| | 其他指标信息缺口（Other Indicator Information Gaps） |

① OMB Circular A－11：section 210—Performance. gov and public reporting.

续表

| 章节标题（Section Heading） | 内容（Content） |
|---|---|
| 其他信息（Other Information） | 主要管理重点和挑战（Major Management Priorities and Challenges） |
| | 跨机构合作（Cross – Agency Collaborations） |
| | 证据构建（Evidence Building） |
| | 超链接（Hyperlinks） |
| | 数据验证与核实（Data Validation and Verification） |
| | 低优先级项目活动（Lower – Priority Program Activities） |

资料来源：作者根据 OMB Circular A – 11：section 210—Performance. gov and public reporting 整理而得。

1. 绩效目标。

（1）绩效目标的定义。绩效目标（Performance Goal）是指以有形、可测量的形式表达的目标绩效水平，可以将实际绩效与之进行比较，包括以定量标准、数值或比率表示的目标。具体而言，绩效目标包含绩效指标（Performance Indicator）、目标值（Target）和时间段（Time Period）。例如，绩效目标为“到 2025 年，高等教育的毛入学率提升至 60%”，其绩效指标为“高等教育的毛入学率”，目标值为“60%”，时程是“2025 年”。绩效目标来自于战略规划的总目标，绩效目标的实现是战略规划总目标的一部分，并由绩效指标为其提供支撑。对于机构而言，战略目标、绩效目标、绩效指标及其他指标的组合形成了有机关联的目标管理系统（见图 9 – 4）。

（2）绩效目标的设定。绩效目标的设定要求：1）客观、可测量。绩效目标和指标的设定应当是客观的、可量化的、可测量的，在测算并就绩效目标的设定展开交流时，需要辅之以下几个要素：一是基准值（Baseline），是项目活动实施前的绩效指标值。二是目标值（Target），通常用数字表示，说明一个机构或其某个组成部分希望达到的绩效水平。三是实际值（Actuals），是建立基准后，机构在过去一年或者过去两年内就各项绩效指标收集到的实际数据，如有需要可以包含更多的历史趋势数据。2）具有挑战性又切合实际。OMB 通常希望机构设定的绩效目标足够具有挑战性，又能实现其绝大多数的目标。针对那些始终能实现其绩效目标的机构，OMB 会与其协商，确保该机构设定具有足够挑战性的绩效目标。3）为机构预算决策服务。绩效计划中的绩效信息，特别是绩效目标、过去的绩效指标和其他证据，应为机构预算决策提供信息。例如，机构在2018 财年最终预算请求中提出的资金数应当反映其认为实现2018 财年的目标所需的资金水平。必要时，还应更新当年的绩效目标，以反映国会拨款的最终行动和外部条件的其他变化。

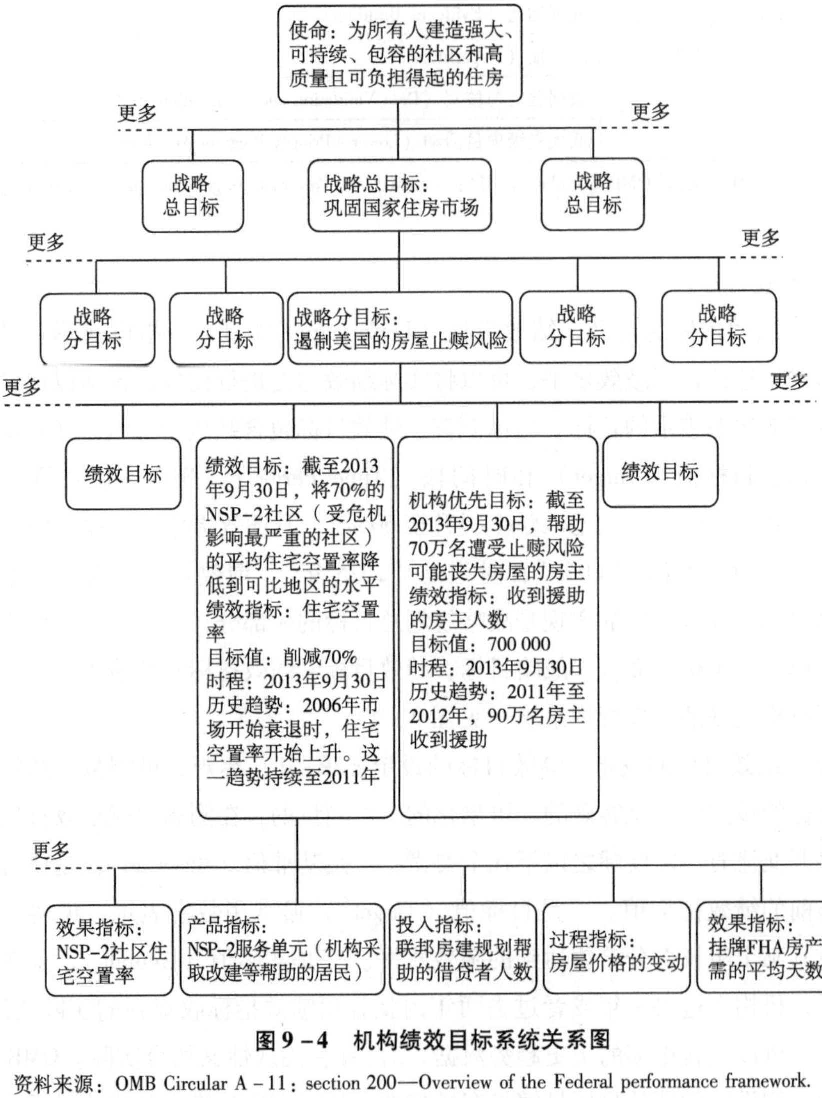


**图9－4　机构绩效目标系统关系图**

资料来源：OMB Circular A－11：section 200—Overview of the Federal performance framework.

2. 机构优先目标。

作为绩效计划的重要组成部分，机构优先目标（Agency Priority Goals，简称 APGs）是领导者希望在大约24 个月内实现的短期成果或取得的成就，机构一般会设定2—8个优先目标（见表9－16），这些优先目标主要依赖机构的执行而非依赖预算或者立法成效（Legislative Accomplishments）实现。各联邦机构还需要针对每个机构优先目标设立清晰的季度里程碑。APGs是长期、结果性目标的阶段性进展目标，主要围绕促进短期成果、提供顾客服务、展现效率等方面，它反映的是机构领导者在短期内推动绩效改进的首要任务，而不反映机构全部任务。APGs由该机构负责人确定，目标领导者负责其实现。

**表9－16　2013—2016财年机构绩效计划和报告中机构优先目标信息质量的讨论**

| 机构 | 是否描述机构如何确保整体绩效信息质量 | 2014和2015财年APGs数量 | 描述每个APG如何满足GPRAMA绩效信息质量要求 |
|---|---|---|---|
| 农业部 | 是 | 3 | 0 |
| 国防部 | 是 | 4 | 0 |
| 国土安全局 | 是 | 3 | 3 |
| 内政部 | 是 | 6 | 0 |
| 劳工部 | 是 | 3 | 0 |
| 国家航空航天局 | 是 | 4 | 0 |
| 合计 | 均是 | 23 | 3 |

资料来源：GAO－15－819.｜GAO－15－788.

3. 绩效指标。

绩效指标（Performance Indicator）是指用于跟踪在一定时间框架（Timeframe）内，绩效目标或机构优先目标进展情况的指标。机构设定的包含时间框架的目标值属于绩效指标，而不需要目标值和时间框架的是其他指标。其他指标（Other Indicator）不用于测量绩效目标或机构优先目标实现程度，但用于解释目标实现程度，或者识别可能影响目标实现程度的外部因素（External Factors）。各种类型的指标（如效果、产出、过程、顾客服务、效率等）均可以作为绩效指标。在实际绩效计划制定过程中，机构常常使用效果指标和产出指标来测量目标的进展情况。产出（Output）是机构计划交付的产品和服务质量，如“完成的检查数量”或“接受培训的人数”。效果（Outcome）是一项计划的预期成果。例如，一项旨在预防艾滋病感染传播的全国性计划的成果可能是“降低美国艾滋病新感染率”。各机构多被鼓励去制定以结果为重点的绩效目标，以确保他们运用所掌握的各种手段来改善成果，并找到成本更低的产品和服务提供方式。然而，在某些情况下，计划对最终成果的影响非常小，而且会受到其他因素的影响，因此，将绩效目标建立在指标或中期效果的基础上可能更为合适。理想情况下，这些指标和中期效果应与最终效果有着密切的理论和经验联系。

同时，各机构也被鼓励去考虑各项绩效指标是否已通过研究验证，与它们所要测量的内容是否密切相关，现有的测量标准是否恰当，以及现有的测量标准是否会导致意外的负面结果。绩效测量向组织各层面展现其实现目标的情况，反映机构努力程度的一个关键因素便是其是否设定了有意义的目标，并朝着既定目标不断努力。精确地解释机构绩效好坏和变化趋势，仅靠设定的绩效指标是不够的，还需要结合实际情况，加入一些其他指标进行综合分析。例如，当机构面临某个业务流程的积压工作并设定了减少积压的目标时，仅跟踪积压的规模或在设定的目标值处理时间内处理的申请百分比是不够的，还必须跟踪同一时期的输入指标（如机构收到的申请数量）和输出指标（如机构处理的申请数量），以准确解释机构处理积压的绩效。

4. 证据。

除了绩效目标和绩效指标外，绩效计划还把证据（Evidence）纳入其中。就 GPRAMA 法案所称的绩效管理而言，证据是表明某一信念或主张是否真实或有效的现有事实或信息，其来源多样，包括一系列的绩效测量、评估、统计，回顾性审查以及其他数据分析和研究。证据可以是定量的，也可以是定性的，它有不同程度的可信度，而最可信的证据主要来自高质量的证据组合，而不是单一的研究。机构在制定绩效计划时，应当说明如何使用研究和项目评估及其它证据，包括如何利用研究评估组合及其他统计结果来制定或修订机构的绩效目标；确定实现这些目标的有效或基于证据的战略或方法；了解机构在实现这些目标方面取得的进展；根据机构的成本效益信息为预算分配提供依据。机构应意识到所引用证据的质量及其与支持决策能力的相关指数，并注意所引用证据的质量。绩效计划还应描述该机构为建立证据基础所付出努力，包括对战略、路径或计划的高质量评估予以支持，更好地利用现有数据以及提高执行和使用评估结果的能力。

5. 里程碑。

里程碑（Milestones）是标志着一项主要成果、一组相关成果或一个工作阶段结束完成的计划项目（Scheduled Event）。若各机构与 OMB 协商一致后表明难以借助客观、可量化、可测量的形式阐述绩效目标，OMB 会授权其使用替代形式（Alternative Form），这种替代形式阐述的绩效目标必须能够帮助机构识别其是否在朝着目标前进。根据 GPRAMA 法案，替代形式应当包括单独的描述性陈述和以任何形式阐述项目活动的绩效目标不可行或不实际的理由。单独的描述性陈述还应该包括两点：一是最起码是个有效的项目和一个成功的项目。二是由 OMB 主任批准的替代内容。该陈述应该非常精确，能准确、独立地确定项目活动的绩效是否达到了此前设定的标准。例如，美国住房和城市发展部发布的《2023 财年年度绩效计划》针对“在住房和城市发展部资助的项目中促进公平和消除歧视”设定了以下具有明确时间要求和前进方向，但未量化的“里程碑”，比如“2023 年 3 月 31 日：绘制整个部门的组织生态系统图，以了解住房和城市发展部在公平住房领域的活动”和“2023 年 9 月 30 日：绘制整个部门违反公平住房规定的路线图，并出版旨在处理调查结果的材料”等。

6. 主要管理挑战。

主要管理挑战（Major Management Challenges）指的是机构内部或跨机构的更容易出现浪费、欺诈、滥用和管理不善等问题的项目，如美国政府署（GAO）认定为高风险的问题或监察长（Inspector General）认定的问题。这一领域的履职失败，可能会严重影响机构或联邦政府实现其使命或目标的能力。机构在绩效计划中对主要管理挑战的讨论应当包括：应对主要管理挑战的计划行动；用于测量所确定的主要管理挑战进展情况的绩效目标、绩效指标和里程碑（或者两者选其一）；负责解决这些挑战的机构官员（包括职称和办公室）。截至 2017 年 8 月，美国 8 个机构（国际发展署、小企业管理局、核管理委员会、人事管理局、美国国家航空航天局以及教育部、国务院和退役军人事务部）全面实施了 GPRAMA 法案的要求，在其绩效计划中描述主要管理挑战，并就每一项管理挑战报告了完整的绩效信息，包括绩效目标、里程碑、绩效指标和应对此类挑战采取的行动。表 9 - 17 以商业部为例，阐述了机构制定主要管理挑战所要说明的内容。

表9-17　　主要管理挑战的内容范例

| 主要管理挑战：改善合同和拨款的管理和监督，确保支出有效责任 | |
|---|---|
| 应对挑战的战略分目标 | 推进任务支援过程和基础设施的现代化 |
| 责任官员 | 高级采购主管/主任，采购管理办公室 |
| 关键行动 | ①确保拨付资金的审慎财务管理和监督；<br>②加强对高额、高风险合同组合、合约执行和绩效的管理和监督；<br>③确保在虚拟及其他灵活的工作环境中维护合同和拨款文件；<br>④发展并留用一支称职的采购队伍，以支持机构的使命 |
| 绩效指标/里程碑 | ①维护停职程序，处理与检察长办公室的关系，及时发现潜在的欺诈行为；<br>②文件采购管理和批准管理审查结果，以及确保纠偏计划的执行；<br>③完成采购审查委员会的审查；<br>④增加具有数字服务专业资助的合同官员人数；<br>…… |
| 关键公共更新和参考资料链接① | ①停职和禁令；<br>②2021年4月20日拨款与合作协议拨款手册；<br>③商务收购手册；<br>④FAC-C数字化服务—数字化IT获取计划；<br>⑤商业应用解决方案；<br>⑥采购管理评审程序；<br>…… |

资料来源：作者根据 U. S. Department of Commerce FY 2024 Annual Performance Plan and FY 2022 Annual Performance Report 整理而得。

## （五）绩效计划的编制时间表

绩效计划的编制时间较长，各联邦机构是绩效计划的编制主体。根据OMB通告（OMB Circular A-11）《美国联邦绩效框架总览》（Overview of the Federal performance framework）规定的绩效计划大致时间轴[②]（Timeline），以2019财年绩效计划为例，2019财年的绩效计划必须与下任联邦政府政策保持一致，并与2019财年国会最终预算请求一并发布。在时间流程上，2017年6

① 美国商业部就主要管理挑战的绩效指标或里程碑，以超链接的形式在绩效计划中展开进一步补充说明。

② 表中绩效信息仅为各机构提供一般指导。OMB在MAX联邦社区网站（https://max.omb.gov/maxportal/.）就时间标准为各机构提供了更为详尽的参考。

月，各机构要给 OMB 提交 2018—2022 财年战略规划和 2018—2019 财年机构优先目标草案，以便为 2019 财年预算报告和 2019 财年绩效计划的制定提供信息。2017 年 9 月，机构给 OMB 提交绩效计划初始草案，并于 2018 年 1 月再次提交经 OMB 审议、修订后的绩效计划。此外，机构还需在各季度第二个月（2017 年 2 月、5 月、8 月、11 月）中旬向 OMB 提交审查 2016—2017 财年机构优先目标（APGs）和跨机构优先目标（CAP）季度绩效更新（Performance Update），并于下月份（2017 年 3 月、6 月、9 月、12 月）中旬在绩效网站正式公布。2018 年 2 月，机构与预算公开一同在其官网和绩效网站发布 2019 财年年度绩效计划（见表 9 - 18）。

**表 9 - 18　　机构年度绩效计划的编制时间轴**

| 时间 | 行动 |
|---|---|
| 2017 年 3 月—5 月 | 机构制定、提交审查，并与 2018 财年国会最终预算请求一同发布：<br>①2018 财年绩效计划；<br>②2016 财年绩效报告 |
| 2017 年 6 月 2 日 | 机构给 OMB 提交审查：<br>①基于 2017 年战略审查结果的战略目标总结；<br>②2018—2022 财年战略规划初始草案；<br>③2018—2019 财年机构优先目标领域草案 |
| 2017 年 9 月 | 机构给 OMB 提交审查：<br>①2018—2022 财年战略规划草案全文；<br>②2019 财年年度绩效计划草案；<br>③战略目标进度更新总结草案（作为 2017 年绩效报告的一部分）；<br>④2018—2019 财年机构优先目标全面行动计划草案；<br>⑤2019 财年预算次优先级项目活动草案 |
| G22017 年 10 月 31 日 | 机构提交 2017 财年财务报告或绩效与问责报告草案，供 OMB 最终审核 |
| 2017 年 11 月 15 日 | 机构发布 2017 财年财务报告或绩效与问责报告 |
| 2017 年 12 月 22 日 | 机构向 OMB 提交 2018—2022 财年战略规划最终草案 |
| 2018 年 1 月 12 日 | 为获得 OMB 最终批准，机构提交修订后的：<br>①2019 财年年度绩效计划；<br>②2017 财年年度绩效报告；<br>③2018—2019 财年 APGs 行动计划和第一季度绩效更新 |

续表

| 时间 | 行动 |
| --- | --- |
| 2018 年 2 月 | 机构发布：<br>①2018—2022 财年战略规划；<br>②2019 财年年度绩效计划；<br>③2017 财年年度绩效报告；<br>④2018—2019 财年 APGs 全面行动计划和第一季度绩效更新；<br>⑤包含次优先级项目活动的预算总额 |

资料来源：作者根据 OMB Circular A－11：section 200—Overview of the Federal performance framework 整理而得。

### （六）绩效计划与其他体系的衔接

1. 绩效计划与战略规划。

GPRAMA 要求绩效计划应当与战略规划保持一致，与机构的战略总目标和分目标保持一致，并尽可能具体化地确立绩效目标、评估指标，及实现目标所需资源。对于每一个战略总目标，绩效计划中都要提供配套的战略分目标和绩效目标。绩效计划中还应该包含用于跟踪、解释或推进绩效目标进展的指标。绩效计划加强了机构战略规划中总体的长期目标与日常活动之间的联系，其格式与战略规划的格式是一致的。[①] 例如，美国交通部（Department of Transportation）在其 2023 年 3 月最后提交的《2024 财年绩效计划和 2022 财年绩效报告》（FY 2024 Performance Plan－FY 2022 Performance Report）中概述了《2022—2026 财年战略规划》（FY 2022－2026 Strategic Plan）提及的战略总目标和战略分目标，并确定了 2023—2024 财年要达到的绩效水平。

2. 绩效计划与绩效报告。

为减少报告重复并根据历史趋势传达未来计划，各机构可以将年度绩效计划与年度绩效报告合并，并根据战略目标在绩效网站（Performance. gov）上发布。例如，美国交通部 2015—2018 财年合并年度绩效计划与绩效报告，在其绩效网站（DOT Budget and Performance Documents|US Department of Transportation）发布了《合并的 2015 财年绩效报告和 2017 财年绩效计划》（Combined

① Clinton T. Brass. Changes to the Government Performance and Results Act（GPRA）：Overview of the New Framework of Products and Processes，2012.

FY 2015 Performance Report and FY 2017 Performance Plan)、《合并的 2018 财年绩效报告和 2020 财年绩效计划》(Combined FY 2018 Performance Report and FY 2020 Performance Plan)等系列文件。

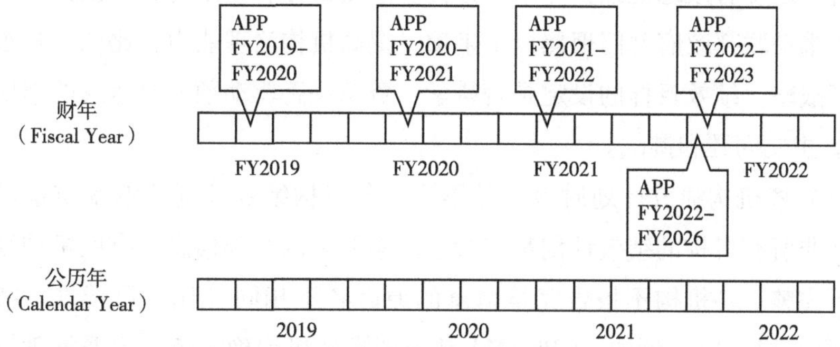


图 9－5 机构绩效计划编制时间轴

## (七)绩效计划的优势和面临的主要挑战

1. 主要特点和优势。

(1)前瞻性。绩效计划是承接战略规划的重要节点。战略规划是机构在一般和长期范围内所要实现的目标,它为绩效计划提供背景,也为绩效计划中公布的细节提供具体的框架。基于使命、愿景和核心价值以及战略规划的绩效计划,统筹了长期、中期和短期等不同的时间跨度。绩效计划帮助各机构切实关注自身战略,以全局的和长远的目光审视自己的现状和未来,真正明确自身的发展方向和工作重点,将有限的资源投入到对组织最具价值的关键领域之中,具有较强的前瞻性和战略导向意义。

(2)协同性。GPRAMA 法案以立法的形式,要求绩效计划与战略规划保持一致,并说明绩效目标和战略目标的关系,把组织战略和日常管理工作有效结合,实现了战略和绩效的协同,避免了组织活动的形式化和盲目性。通过绩效计划,将战略规划分解为未来一定时期内预计达到的绩效目标和指标,可以确保机构资金需求和资金统筹安排保持一致、机构活动计划与整体发展战略保持一致。"战略规划—绩效计划—绩效报告—绩效责任与改善"这一闭合的管理过程,使得联邦政府绩效管理更为系统、科学、完整。

(3)结果导向性。绩效计划同时也是实现预算与战略衔接的重要机制。

根据 GPRAMA 法案要求，各机构绩效计划展示了机构优先目标和机构总目标的关系，说明了机构分目标对应的项目内容和预算额度。机构在绩效计划中通过明确来年预期达到的绩效目标和关键里程碑来支持其预算请求。虽然不是预算本身，但却有效地把预算与结果挂钩。战略目标和绩效目标在预算各环节的延伸，推动联邦政府部门聚焦以下事项，提高机构治理能力，比如：是否恰当选择了战略，绩效目标的设定是否科学，资源是否驱动预期要达成的结果等。

2. 主要问题和挑战。

（1）各机构绩效计划质量参差不齐。各机构绩效计划的编制质量参差不齐，并非所有机构的绩效计划都包含了法案要求的全部信息，有些机构绩效信息并不完整。各机构不报告完整信息的原因各不相同（比如可读性、绩效计划主题的重复等）。例如，GPRAMA 法案要求各机构确定负责主要管理挑战的官员，以保障受托责任的实现。但实际绩效计划编制时，多数机构并没有确定主要管理挑战及责任官员，也未报告主要管理挑战的完整信息，以及相关绩效目标、指标、里程碑等。

（2）绩效目标编制的碎片化和交叉问题。碎片化主要是指一个以上的联邦机构参与到改善服务的同一领域，交叉主要是指机构具有相似的目标，并开展类似的活动和项目，针对相同的受益者来实现这些目标。绩效目标编制的碎片化和交叉造成了资源的浪费和联邦政府的额外不必要开支。2016 年 GAO 在其调查报告中发现，联邦机构就同一领域的工作，常呈现不同的描述语言，其绩效数据收集背景、数据来源、时间框架、测量单位等也存在差异，这造成了绩效目标编制的潜在混乱。

（3）绩效信息的可及性有待提升。美国虽已通过立法提高联邦绩效和财务数据的透明度和可访问性，但 OMB 和各机构尚未传达完整可靠的绩效信息，在绩效网站（Performance. gov）发布绩效计划报告的栏目设置也不尽相同，这给公众获取完整可靠的绩效信息造成障碍。例如，机构在其政府网站上默认跨机构优先目标的现有信息代表其最新更新信息，对其历史进展情况和报告结果未设置清晰的获取路径，这一定程度上制约了公众对绩效信息的理解和监督。

（4）尚未实现绩效与结果的一致性。绩效计划是促进目标一致性和实现受托责任的强大机制，绩效与结果挂钩是绩效管理的关键特征。GPRAMA 和 OMB 指南提供了个人绩效与结果挂钩的机制，帮助识别个人与机构绩效的联系，促使个人把日常活动和期望结果密切结合起来。联邦各机构制定的绩效计划虽然涵盖了一系列职责，也指定了目标领导者负责绩效改进，但却没有把绩效标准与目标结果联系起来，未能充分反映绩效目标的实现情况。因此也错失了目标领导者和副目标领导者努力加强协作，促使绩效目标达成的机会，个人和机构无法达成一致的“视野”实现机构的使命。

## 二、绩效计划典型案例分析

### （一）绩效计划概况

美国国务院（United States Department of State）和美国国际开发署（United States Agency for International Development，简称 USAID）以战略规划和年度绩效目标所确定的优先事项和措施为行动指导。为确保负责任和高效地管理资金，国务院和美国国际开发署在《2016 年对外援助透明度和问责法》（FATAA）、《2016 年项目管理改进问责法》（PMIAA）、《循证决策基础法案》（2018）以及《政府绩效与结果现代化法案》（GPRAMA）的框架下，实施一致的规划和绩效管理政策举措。根据 GPRAMA 法案要求，其预算申报的首要文件是 2022 年 3 月发布的《美国国际开发署和国务院 2022—2026 财年联合战略规划》（USAID and Department of State Joint Strategic Plan FY 2022 - 2026），该战略规划明确了机构今后四年的 5 个总目标（Strategic Goals）和 19 个分目标（Strategic Objectives），这些目标是制定绩效计划的前提，绩效计划、绩效指标、实施方案应当与其 2022—2026 财年战略规划保持一致。

2022 年 3 月，根据 GPRAMA 法案和 OMB 年度更新的一系列指南，美国国际开发署在其政府官方网站（United States Agency for International Development | Performance. gov）公布了《2023 财年年度绩效计划》（Fiscal Year（FY）2023 Annual Performance Plan）。2023 财年年度绩效计划为《美国国际开发署和国务院 2022—2026 财年联合战略规划》提供支持，并详细说明了两个机构为实现战略总目标和分目标而计划的战略和活动，将用于评估战略目标进展情况的绩效指标以及项目和举措的预期结果。年度战略和目标在每

个财年之前的绩效计划中公布，结果在财年结束后的年度绩效与问责报告中公示。

### （二）绩效计划的主要内容

1. 战略目标与绩效目标。

确定绩效目标是美国国务院和国际开发署制定绩效计划的重中之重。如表9－19所示，美国国务院和国际开发署在其发布的《2023财年绩效计划》中，把各项战略目标转化为了相应的绩效目标。例如，在战略总目标5“为世界各地的美国公民提供服务，确保安全的国际旅行”的引领下，美国国务院把“为在国外旅行或居住的美国公民提供支持和服务”和“通过为出入美国的合法旅行提供便利来增进美国的利益”设定为战略分目标。围绕这一战略分目标，国务院从“通过Pay. Gov改进领事费的收缴工作”“改进Travel. State. Gov的无障碍浏览和流程”“改善客户服务”“扩大与合作伙伴的信息共享”四个方面展开绩效目标阐述，制定了“到2026年9月30日，通过在90%的驻外使团推行成人护照更新计划的海外付款网站，改善美国公民获得服务和付款的途径”等4个绩效目标，进一步明确了战略目标的测量标准，并设定了具体的主体、对象、步骤和完成期限以及相应的定量标准。各项绩效目标内容涉及过多，本节不逐一说明。

2. 绩效目标与绩效指标。

国务院和美国国际开发署围绕2023财年每项绩效目标，设定了100余项绩效指标值，从各个方面来反映绩效目标所要取得的成果，形成了多组绩效指标体系。每一项绩效指标主要涉及指标阐述、目标值和结果三个部分。以目标1.1.1“在全球范围内协作和管理COVID－19的影响，以结束这场疫情的蔓延”为例，它由指标1.1.1.1“接种世界卫生组织（WHO）紧急使用授权（EUA）疫苗的全球总人口百分比（全球总人口累积份额）”、指标1.1.1.2“全球每年每10万人中死于COVID－19的人数”和指标1.1.1.3“赞成美国支持COVID－19疫苗全球分发工作的受访个人所占百分比”构成一组绩效指标体系。2022财年和2023财年的结果将分别在2022财年和2023财年的年度绩效报告中展示。因此，如表9－20所示，2022财年和2023财年的结果用破折号（——）表示。N/A指的是数值在该年份不适用。

表 9 – 19 美国国务院和国际开发署战略目标与绩效指标

| 战略总目标 | 战略分目标 | 绩效目标阐述 |
| --- | --- | --- |
| 目标 1 重振美国的领导力，动员联盟应对给美国人民安全和福祉造成最大影响的全球挑战 | 目标 1.1 通过多边参与和多边论坛，加强全球卫生安全，消除传染病威胁，应对优先的全球卫生挑战（联合） | 目标 1.1.1 在全球范围内协作和管理 COVID – 19 的影响，以结束这一流行病（联合） |
| | | 目标 1.1.2 全球卫生安全议程（联合） |
| | | 目标 1.1.3 加快所有 PEPFAR 国家在实现联合国艾滋病规划署 95 – 95 – 95 目标方面取得进展（联合机构优先目标） |
| | | 目标 1.1.4 防止儿童和产妇死亡（USAID 机构优先目标） |
| | 目标 1.2 取得宏伟的气候减缓和适应成果，包括支持《巴黎协定》的有效执行（联合） | 目标 1.2.1 气候变化（联合机构优先目标） |
| | 目标 1.3 重振美国在人道主义方面的领导力，为应对国际灾难和海外人道主义危机提供挽救生命的保护和援助（联合） | 目标 1.3.1 人道主义援助（国务院） |
| | | 目标 1.3.2 人道主义援助（USAID） |
| | 目标 1.4 领导盟友和合作伙伴面对共同的挑战和竞争对手；预防、阻止和解决冲突；促进国际安全（联合） | 目标 1.4.1 通过伙伴关系促进和平与安全（联合） |
| | | 目标 1.4.2 促进网络空间的稳定（国务院） |
| | 目标 1.5 增进外国公众对美国价值观和政策的理解和支持（联合） | 目标 1.5.1 美国的价值观和外交政策（国务院） |
| | | 目标 1.5.2 巩固关系（联合） |
| 目标 2 促进全球繁荣，营造一个有利于美国蓬勃发展的国际环境 | 目标 2.1 促进为所有美国人创造机会的全球经济（联合） | 目标 2.1.1 国际经济领导力（联合） |
| | | 目标 2.1.2 国际经济领导力（国务院） |

续表

| 战略总目标 | 战略分目标 | 绩效目标阐述 |
|---|---|---|
| 目标2促进全球繁荣，营造一个有利于美国蓬勃发展的国际环境 | 目标2.2支持包容性和可持续的经济增长，为全球各地的社区创造机会（联合） | 目标2.2.1农场和公司在农业和食品系统中的销售额（USAID机构优先目标） |
| | | 目标2.2.2自然资源管理和保护的经济效益（联合） |
| | | 目标2.2.3包容性和可持续经济增长（国务院） |
| | 目标2.3支持美国的技术领先地位，增强竞争力，加强和保护美国的创新基础，同时利用技术改善世界各地人民的生活（联合） | 目标2.3.1加强美国在技术领域的领导力和竞争力（联合） |
| | | 目标2.3.2利用技术改善世界各地人民的生活（联合） |
| | 目标2.4加强美国和全球抵御经济、技术、环境和其他系统性冲击的能力（联合） | 目标2.4.1自然资源管理下的具有生物学意义的区域（联合） |
| | | 目标2.4.2适应气候的耕地面积（USAID） |
| 目标3巩固民主体制，维护普世价值，促进人类尊严 | 目标3.1促进善治，捍卫强大、负责任、有韧性的为公民服务的民主国家（联合） | 目标3.1.1民主要求（联合） |
| | | 目标3.1.2提供服务的民主国家（联合） |
| | | 目标3.1.3民主和治理（USAID机构优先目标） |
| | 目标3.2增进所有人的平等、可及性和权利（联合） | 目标3.2.1人权（联合） |
| | | 目标3.2.2平等与包容（联合） |
| | | 目标3.2.3外交事务的公平性（国务院机构优先目标） |
| | | 目标3.2.4USAID计划的多样性、公平性、包容性和无障碍性（USAID机构优先目标） |
| | 目标3.3预防、揭露和减少腐败（联合） | 目标3.3.1反腐败执法和问责举措（国务院） |
| | | 目标3.3.2预防、发现和监督腐败（USAID） |

续表

| 战略总目标 | 战略分目标 | 绩效目标阐述 |
| --- | --- | --- |
| 目标3 巩固民主体制，维护普世价值，促进人类尊严 | 目标3.4 促进安全、人道和有序的移民和避难体系，与我们的伙伴合作解决非正常移民的根本原因，加强对难民和流离失所者的保护（联合） | 目标3.4.1 重新安置难民（国务院） |
| | | 目标3.4.2 移民的根源（联合） |
| | 目标3.5 促进包容性和公平的卫生、教育和生计服务，特别是针对妇女、青年和边缘化群体（USAID） | 目标3.5.1 加强健康、水、环境卫生、个人卫生、食品和营养服务（USAID） |
| | | 目标3.5.2 巩固教育成果（USAID） |
| 目标4 振兴外交与发展队伍和机构 | 目标4.1 建设和装备一支多样化、包容、有韧性和有活力的劳动者队伍（联合） | 目标4.1.1 顾客满意度得分（USAID） |
| | | 目标4.1.2 联邦雇员观点调查和职业满意度指数结果（联合） |
| | | 目标4.1.3 多样性、公平、包容和可及性（联合机构优先目标） |
| | 目标4.2 实现信息技术现代化，利用数据为决策提供信息，并支持任务交付（联合） | 目标4.2.1 数据化外交（国务院机构优先目标） |
| | | 目标4.2.2 基于数据的发展和人道主义援助（USAID） |
| | | 目标4.2.3 创新的信息技术（国务院） |
| | 目标4.3 保护我们的人员、信息和有形基础设施免受21世纪的威胁（联合） | 目标4.3.1 网络安全（国务院机构优先目标） |
| | | 目标4.3.2 增进安全监控解决方案（国务院机构优先目标） |
| | | 目标4.3.3 行动准备状态（USAID） |
| | | 目标4.3.4 人身安全和保护（联合） |

续表

| 战略总目标 | 战略分目标 | 绩效目标阐述 |
|---|---|---|
| 目标 5 为世界各地的美国公民提供服务，确保安全的国际旅行 | 目标 5. 1 为在国外旅行或居住的美国公民提供支持和服务（国务院） | 目标 5. 1. 1 通过 Pay. Gov 改进领事费的收缴工作（国务院） |
| | | 目标 5. 1. 2 改进 Travel. State. Gov 的无障碍浏览和流程（国务院） |
| | 目标 5. 2 通过为出入美国的合法旅行提供便利来促进美国的利益（国务院） | 目标 5. 2. 1 改善客户服务（国务院） |
| | | 目标 5. 2. 2 扩大与合作伙伴的信息共享（国务院） |

资料来源：United States Department of State and United States Agency for International Development Fiscal Year（FY）2023 Annual Performance Plan。

表 9－20 美国国务院和国际开发署主要绩效指标（部分）

战略总目标 1：重振美国的领导力，动员联盟应对给美国人民安全和福祉造成最大影响的全球挑战。

战略分目标 1. 1：通过多边参与和多边论坛，加强全球卫生安全，消除传染病威胁，应对优先的全球卫生挑战。

绩效目标 1. 1. 1：到 2024 年 9 月 30 日，在全球范围内控制 COVID－19 的影响，确保安全、公平地分发疫苗和其他挽救生命的干预措施，从而结束这场疫情的蔓延。

主要绩效指标 1. 1. 1. 1：接种世界卫生组织（WHO）紧急使用授权（EUA）疫苗的全球总人口百分比。

| 数值类型 | 2017 财年 | 2018 财年 | 2019 财年 | 2020 财年 | 2021 财年 | 2022 财年 | 2023 财年 |
|---|---|---|---|---|---|---|---|
| 目标 | N/A | N/A | N/A | N/A | N/A | 70% | 70% |
| 结果 | N/A | N/A | N/A | 0% | 23. 4% | —— | —— |

主要绩效指标 1. 1. 1. 2：全球每年每 10 万人中死于 COVID－19 的人数。

| 类型 | 2017 财年 | 2018 财年 | 2019 财年 | 2020 财年 | 2021 财年 | 2022 财年 | 2023 财年 |
|---|---|---|---|---|---|---|---|
| 目标 | N/A | N/A | N/A | N/A | N/A | 45 | 25 |
| 结果 | N/A | N/A | N/A | 13. 5 | 47. 1 | —— | —— |

主要绩效指标 1. 1. 1. 3：赞成美国支持 COVID－19 疫苗全球分发工作的受访个人所占百分比。

| 类型 | 2017 财年 | 2018 财年 | 2019 财年 | 2020 财年 | 2021 财年 | 2022 财年 | 2023 财年 |
|---|---|---|---|---|---|---|---|
| 目标 | N/A | N/A | N/A | N/A | N/A | 55% | 56% |
| 结果 | N/A | N/A | N/A | N/A | 54% | —— | —— |

资料来源：United States Department of State and United States Agency for International Development Fiscal Year（FY）2023 Annual Performance Plan.

在建立绩效指标的基础上，国务院和美国国际开发署为每一项绩效指标设置了指标参照表（Indicator Reference Sheet），对绩效指标做出进一步的解释说明。每项绩效指标包含了定义、主要标准化项目结构（SPS）链接、与长期结果的关系、指标类型、报告类型、指标的使用、报告频率、收集频率、数据来源、数据局限和分类10 余项信息。表9－21 为主要绩效指标 1. 1. 1. 1“接种世界卫生组织（WHO）紧急使用授权（EUA）疫苗的全球总人口百分比”的基本内容。

**表 9-21　国务院和美国国际开发署主要绩效指标 1.1.1.1 参照内容**

| | |
|---|---|
| 指标 | 接种世界卫生组织（WHO）紧急使用授权（EUA）疫苗的全球总人口百分比 |
| 定义 | 全球人口中完全接种世界卫生组织列出的紧急使用授权疫苗的累计比例。其中，完全接种是基于世界卫生组织建议的当前剂量。这包括但不限于以下疫苗：Pfizer Bio-BioNTech、Moderna、AstraZenca、Janssen、Sputnik、CoronaVac。紧急使用授权（EUA）是一种在公共卫生突发事件（如当前的 COVID-19 大流行）期间推进包括疫苗在内的医疗防护措施的供应和使用的机制。<br>分母：接种任何一种世界卫生组织紧急使用授权疫苗的人口。<br>分母：世界人口 |
| 主要标准化项目结构（SPS）链接 | HL |
| 与长期结果的关系 | 接种新冠疫苗的目的是获得免疫力；获得免疫力的人很可能不会感染 SARS-COV-2 病毒。人口中接种疫苗的人越多，就意味着感染率越低，病毒也就越少，从而有可能控制并最终在全球人口中消灭 COVID-19 |
| 指标类型 | 效果指标 |
| 报告类型 | 百分比 |
| 指标的使用 | 结束疫情，世界上很大一部分人必须对病毒产生免疫力。实现这一目标的最安全方法就是接种疫苗。该指标将用于跟踪全球疫苗接种的进展情况，这表明随着人口获得免疫力的提高，在控制感染传播方面取得了进展 |
| 报告频率 | 每年 |
| 收集频率 | 各国每周向世界卫生组织报告流行病信息。这项措施可以在不同时间段进行汇总 |
| 数据来源 | OWID 可在 https://ourworldindata.org/covid-vaccinations 上查阅。OWID 提供的疫苗数据是世界卫生组织在其成员国中收集的官方数据。OWID 仅依赖于公开官方来源的可验证数字。为了最大限度地提高各国之间的可比性，共享数据使用了完全接种的替代定义，例如，忽略了感染 SARS-CoV-2 和接种 2 剂中的 1 剂 |
| 数据局限 | 取决于 OWID 工具和当地信息的可靠性和及时性。世界卫生组织（https://covid19.who.int/table）每周更新各国、各地区的疫苗引进和管理情况。这些数据汇集了多个来源，包括成员国的直接报告、世界卫生组织对公开官方数据的审查，或由第三方网站（如 OWID）整理和发布的数据。第三方网站公布的数据未经世卫组织验证，世界卫生组织无法对其准确性或完整性发表评论。由于范围标准和数据截止时间不同，预计与其他来源的数据相比，计算会有差异。疫苗的紧急使用可能意味着更多疫苗将通过授权程序获得。此外，完全接种疫苗的定义可能会发生变化，因为在接种一段时间后，需要额外的加强针以增强免疫力。如果目前被认为已完全接种疫苗的人群随着时间的推移免疫力可能会下降，那么就很难证明已完全接种疫苗的人群具有免疫力，使他们不会受到感染并随之传播疾病 |
| 分类 | 按世界地理区域和收入类别分列 |

资料来源：United States Department of State and United States Agency for International Development Milestone Reference Sheets.

3. 数据质量与验证。

国务院和美国国际开发署主要从三个方面来获取和使用绩效数据：（1）由国务院或国际开发署，或由二者资助的实体收集的直接数据；（2）由国务院和国际开发署在实地的执行伙伴汇编的数据；（3）来自其他联邦政府部门和机构、非政府组织或其他发展组织等来源的第三方数据。为确保绩效监测证据的质量足以用于决策，国务院和美国国际开发署的工作人员使用保证程序和核对表，根据数据质量的五项标准评估监测数据，即有效性、完整性、准确性、可靠性和及时性。

绩效计划中列出的所有绩效指标都有相关的指标参照表来全面界定指标，包括其数据来源、收集方法、已知局限和指标数据的预期用途，以确保所有指标数据报告主体之间的一致性。指标数据报告主体在需要在报告指标前 12 个月内进行数据质量评估，并且此后必须至少每三年进行一次数据质量评估。此外，国务院和美国国际开发署每年都会审查实地提交的所有指标数据的准确性、完整性和使用情况，并根据审查结果不断调整其系统和流程。根据国务院和美国国际开发署的记录，年度审查过程使数据的质量和完整性有了很大提高。针对 2023 财年年度绩效计划中的每一项绩效目标和里程碑，国务院和美国国际开发署均设置了相应的参照表，并在其绩效网站专栏发布了《2023 财年年度绩效计划指标和里程碑参照表》（FY 2023 Annual Performance Plan（APP）Indicator and Milestone Reference Sheets），来说明所有的数据来源和局限。

4. 主要管理重点和挑战。

根据 OMB 指南要求，国务院和美国国际开发署在其绩效计划的摘要部分描述了本机构通过创新、提高效率和效益、更好服务顾客以及主要负责官员等努力产生的影响。每年，国务院和美国国际开发署监察长办公室（OIG）都会明确对其从事外交活动或提供对外援助造成影响的管理挑战。国务院和美国国际开发署会根据各自监察长办公室的建议立即采取补救措施，在各自的财务报告中全面描述其如何应对管理挑战，并在绩效计划和绩效报告中说明进展情况。

5. 里程碑。

除了绩效指标，国务院和美国国际开发署还在绩效计划中就每一个里程碑设置了参考样表，并在2023财年绩效计划附件中专设了数据来源和数据限制的“里程碑方法”章节。以美国国际开发署2023财年绩效目标1.1.2“全球卫生安全议程”为例，其下设置了相应的绩效指标1.1.2.1和绩效指标的替代形式里程碑1.1.2.2对其进行详细说明。里程碑编制主要包括了名称、完成期限、关键定义、应用、采集频率、数据来源、与长期结果的关系这几项内容（见表9-22）。

**表9-22　　国务院和美国国际开发署里程碑1.1.2.2参照内容**

| 标题 | 说明 |
|---|---|
| 里程碑编号 | 1.1.2.2 |
| 里程碑名称和完成时限 | 到2024年，美国将向50个国家提供直接支持（support），并将发挥其催化领导作用，与主要捐助方和伙伴合作，支持另外至少50个国家在至少五个对该国至关重要的技术领域达到“已证明的能力”或类似水平（视国家具体情况而定）。测量标准是相关的卫生安全评估（health security assessments），例如在世界卫生组织《国际卫生条例》监测和评价框架内进行的评估 |
| 定义 | 支持（support）是指美国国际开发署和美国政府捐助伙伴向另外50个伙伴国家提供的资金和技术（或二者选其一）支持。<br>全球卫生安全评估（health security assessments）包括世界卫生组织联合外部评估（JEE）、缔约国年度报告（SPAR）或与世界卫生组织《国际卫生条例》监测和评估框架一致的其他评估 |
| 与长期结果的关系 | 全球卫生安全议程（GHSA）2024年目标（美国国际开发署和捐助伙伴合计）支持100个国家提高其在世卫组织《国际卫生条例》监测和评价框架内至少五个技术领域的能力分数 |
| 里程碑的应用 | 国家一级的SPAR分数（每年公布一次）或JEE分数（可提供的最新分数）将提供五个技术领域的最新改进情况 |
| 采集频率 | 每年 |
| 数据来源 | JEE和SPAR评估 |
| 里程碑期限（财年和季度） | 2024财年第4季度 |

资料来源：作者根据USAID FY 2023 Annual Performance Plan（APP）Indicator and Milestone Reference Sheets和Fiscal Year（FY）2023 Annual Performance Plan整理而得。

# 第五节　评估计划及案例报告

年度评估计划描述了机构计划在评估计划所示财年开展的“重大”评估，它旨在展示机构将如何通过评估解决学习议程优先事项和其他关键问题。评估计划可以帮助联邦各机构在必要时建立证据，这些计划中的评估涵盖了广泛的项目和机构运行实践，它能够产生有关过程、成果和影响的证据，并反映一整套的评估方法。评估计划是内外部沟通的有效工具，对机构内部，评估计划鼓励公开，并就评估的目的和用途达成一致，对机构外部，年度评估计划是一个对重大评估活动保持透明和负责的机会。此外，制定年度评估计划的过程同样具有价值，因为它促使各机构积极规划“重大”评估。各机构的评估计划至少应说明下一年度的评估活动，包括机构计划进行每项“重大”评估研究的关键问题，以及机构计划开始收集或获取的关键信息。

## 一、评估计划

### （一）评估计划的法律依据

根据《循证决策基础法案》（The Foundations for Evidence - Based Policy Making Act of 2018，简称《循证法案》），24 个 CFO 法案机构[①]（CFO Act agencies）需指定评估官员、制定证据构建计划（evidence - building plan），即学习议程（learning agendas，简称 LA）、年度评估计划（annual evaluation plan，简称 AEP）和机构评估政策（agency evaluation policy），以及进行能力评估（capacity assessment），以推进证据构建活动。虽然法案提出的这些要求适用于 CFO 法案机构，但 OMB 积极鼓励 CFO 法案机构的下属机构（sub - agency）、业务司（operational division）或局（bureau），以及非 CFO 法案机

① 24 个 CFO 法案机构包括：国际开发署、农业部、商务部、国防部、教育部、能源部、卫生与公众服务部、国土安全部、住房和城市发展部、内政部、司法部、劳工部、国务院、交通部、财政部、退役军人事务部、环保署、总务署、美国国家航空航天局、美国国家科学基金会、核管理委员会、人事管理办公室、小企业管理局和社会保障局。

构，酌情制定和实施类似的证据构建计划及评估计划。

针对评估计划，《循证法案》要求各机构制定年度评估计划，并与机构的年度绩效计划一并提交。评估计划应包括：描述该机构计划在下一个财年开始的每项“重大”评估研究（significant evaluation study）的关键问题；描述机构计划在下一个财年开始的关键信息收集或获取工作；以及 OMB 主任发布的指南中包含的其他信息①。具体要求包括：一是具备所需部分。评估计划必须包括机构打算在特定财年进行的“重大”评估的具体信息。每个机构都可以确定自己认为评估“重大”的标准。有关制定“重大”标准的方法参见下文。二是解释机构的评估如何与学习议程联系起来。年度评估计划的目的并不是要形成一份证据构建活动的细目清单（laundry list）。年度评估计划应当说明机构将如何通过评估来解决学习议程和其他优先问题，并描述每项评估将使用的方法。三是必须每年更新。年度评估计划描述了机构在计划公布后的财年将开展的评估。该计划和绩效计划一同提交，并于每年二月与年度绩效计划一同发布。例如，各机构在 2020 年 9 月提交 2022 财年年度绩效计划的同时（与提交 2022 财年预算同时），必须提交一份涵盖 2022 财年计划评估活动的评估计划。

由于机构学习议程应包括一系列方法和证据类型（如基础事实发现、绩效测量、政策分析和项目评估），这些方法和类型均可用于回答已确定的优先问题。因此毫无疑问，评估只是这些方法之一，而且只和回答某些确定的问题相关。《循证法案》要求各机构提供有关计划开展的“重大”评估活动的信息。至少，OMB 也希望各机构将项目评估活动纳入其年度评估计划。然而，如果各机构希望通过描述它们计划开展的其他证据构建活动来为其评估计划提供背景信息，OMB 也鼓励它们这样做②。因此，机构也可以在计划中包括其他类型的证据构建活动，但只有在以这种方式实施评估活动是有用的情况下，才应该包括这些信息。

---

① U. S Congress. Foundations for Evidence – Based Policymaking Act of 2018, 2019. Public Law 115 – 435.

② Office of Mgmt. and Budget, Exec. Phase I Implementation of the Foundations/or Evidence – Based Policymaking Act of 2018: Learning Agendas, Personnel, and Planning Guidance, Washington, D. C., 2019, M – 19 – 23.

### （二）评估计划的关键定义

评估计划是描述指导评估的总体方法的书面文件，包括为什么要进行评估、如何使用评估结果，以及评估设计和数据收集来源和方法。该计划明确规定要做什么、如何做、谁来做以及何时做。其中，评估设计（Evaluation design）是用于得出结果结论的逻辑模型（见第 11 章第 2 节）或概念框架。数据收集方法（Data collection method）是收集有关项目及其成果的事实的方法。项目评估中经常使用的数据收集方法包括文献检索、文件评审、自然观察、调查、专家意见和案例研究①。

根据《循证法案》要求，评估计划应说明机构计划在提交绩效计划年度的下一个财年开展的评估活动，并应包括与学习议程有关的“重大”评估和任何其他“重大”评估，如法律要求的评估。例如，联邦各机构发布的 2023 财年的年度评估计划，介绍了他们将在 2024 财年开展的“重大”评估活动。这些评估计划也反映了联邦政府正在努力培育循证文化。

1. 制定“重大”标准。

每个机构必须制定自己的“重大”评估标准，明确说明其在评估计划中指定为“重大”的标准，并始终如一地应用这些标准来确定哪些评估应包括在计划中。评估研究的重要性（significance）由各机构自行界定。这个定义可能会考虑到各种因素，比如评估在多大程度上回答了学习议程的优先问题，解决了关键的知识差距，或者关注了一个引人注目的项目或政策。OMB 备忘录 M－19－23 为各机构提供了一些可供考虑的“重大”标准。

**【专栏 9－2】**

#### OMB 备忘录 M－19－23 重大项目评估要求

什么是“重大”评估？

评估研究的重要性应考虑以下因素：

- 项目或资金流对机构使命的重大意义；

---

① Centers for Disease Control and Prevention（U. S.）. Improving the use of program evaluation for maximum health impact; guidelines and recommendations，2012.

● 项目的资金规模或服务对象；

● 项目将在多大程度上填补与项目、服务人群或项目旨在解决的问题有关的重大知识空白。

各机构应在其评估计划中明确说明将评估指定为“重大”的标准。

资料来源：Office of Mgmt. and Budget，Exec. Phase I Implementation of the Foundations/or Evidence - Based Policymaking Act of 2018：Learning Agendas，Personnel，and Planning Guidance，Washington，D. C.，2019，M - 19 - 23.

各机构有不同的方法来发展对“重大”的定义，并制定认为评估“重大”的标准。一种潜在的方法是考虑以下问题：

（1）评估是否有助于回答学习议程中的优先问题？重大的评估不一定要针对学习议程中的优先事项，但机构可以突出那些能为回答这些重大问题提供证据的评估。

（2）评估是否关注机构的战略重点？例如，机构领导可能已经制定或确定了一项新的、高度优先的项目，以解决新出现的问题。

（3）评估是否涉及重大的行政优先事项（Administration priorities）或国会委托（congressional mandate）？由于重新授权或由于一项新项目引起了公众的兴趣，各机构可能被授权进行评估。国会或政府也可能只是表示有兴趣对特定主题进行评估。这些评估并没有要求应当列入年度评估计划，但各机构可以决定将这一因素纳入其选择标准。

（4）评估是否关注机构最大或最引人注目的项目或举措之一？机构已投入大量资源的项目、知名度高的项目、或具有创新性的项目可能更值得考虑。

（5）机构是否需要就某个项目、政策或监管问题做出特别重大的决定？机构可以考虑该评估是否能帮助其为决策提供证据。

（6）评估是否会给目前证据很少的项目或政策带来新的信息？机构可以考虑自上次对项目进行评估以来已经过去了多长时间。

（7）评估是否会开创一种重大的新评估方法？机构可以考虑该评估是否会对评估技术领域产生更广泛的影响。例如，它可能会引入一种合并或分析机构管理数据的新方法。

（8）评估是否有助于显著地促进该领域知识的发展？外部研究人员和合作伙伴的意见可能会对此有所启发。

在根据机构的标准为年度评估计划选择评估时，评分量表（rubric）可以成为促进对话的有用工具。例如，各机构可以使用重大评估标准表（见表 9－23），编写"重大"评估标准。该表预先填入了说明性标准，但各机构应该使用其商定的标准。根据这份标准清单，各机构在每项评估符合标准的地方打上对勾，或者也可以制定一个数字量表来表示评估符合标准的程度。

**表 9－23　　　　重大评估标准表**

| "重大"的标准 | 评估 1 | 评估 2 | 评估 3 |
|---|---|---|---|
| 建立在先前机构研究的基础上 | | | |
| 填补对项目或机构运作至关重要的知识空白 | | | |
| 国会授权的评估 | | | |
| | | | |
| | | | |
| | | | |
| | | | |
| | | | |
| | | | |

资料来源：Evidence Act Toolkit：Annual Evaluation Plan Workbook.

2. "重大"评估的划分。

对许多机构来说，特别是对那些有积极的评估计划的机构而言，年度评估计划可能并不包括所有正在进行和计划进行的评估。下面以某一虚构的农村事务部（Department of Rural Affairs）为例，说明"重大"评估（Significant Evaluations）和非"重大"评估（Non－Significant Evaluations）的划分标准和依据。农村事务部认为，如果一项评估符合以下标准中的任何一项，则该评估为"重大"评估：

标准 A：解决机构学习议程上的问题；

标准 B：对机构的使命至关重要；

标准 C：针对涉及重要机构资源的项目或举措；

标准 D：国会授权（Congressionally mandated）。

根据这些标准，该部确定有两项评估符合"重大"的定义。有一项评估虽然对该机构很重大，但不符合该机构对"重大"的定义。这是机构工作人员的判断，他们认为年度评估计划中没有必要强调这项评估，如表9－24所示。同时我们应认识到，指定某些评估为“重大”评估并不意味着其他评估不重要。

表9－24　　重大评估与非重大评估划分示例

| “重大”评估（Significant Evaluations） | | |
|---|---|---|
| 评估（Evaluation） | 描述（Description） | 根本原因（Rationale） |
| 评估1 | 针对有亲人阿片类药物成瘾的家庭，评估对这些家庭提供支持的新策略所产生的影响。这是一项旨在维系家庭的重大投入 | ①解决机构学习议程上的问题（标准A）；<br>②对机构的使命至关重要（标准B）；<br>③涉及重要的机构资源（标准C） |
| 评估2 | 国会授权对该机构的乡村市中心振兴项目进行实施评估 | ①对机构的使命至关重要（标准B）；<br>②国会授权（标准D） |
| 非“重大”评估（Non－Significant Evaluations） | | |
| 评估（Evaluation） | 描述（Description） | 根本原因（Rationale） |
| 评估3 | 一项旨在了解参与农村宽带接入倡议的小企业为何少于预期的研究 | 机构委托评估是因为它想改进项目，但评估：<br>①不涉及学习议程的优先事项；<br>②不是关键使命；<br>③不涉及重要的机构资源；<br>④不是国会授权的 |

资料来源：Evidence Act Toolkit：A Guide to Developing Your Agency’s Annual Evaluation Plan.

## （三）评估计划的功能

1. 支持政府有效和高效开展工作。

评估计划为各机构提供了规划和记录其评估方法的机会，特别是计划中的评估将如何支持机构的学习议程。这些计划将说明如何系统地收集和分析有关项目集（programs）、项目（projects）和流程（processes）的特点和成果的信息，并将其作为判断的依据，以提高效率或让决策者了解当前和未来的活动。年度评估计划要求各机构积极主动、有条有理地思考如何利用评估来帮助他们开展和实施必要的活动，以回答机构在学习议程中提出的关键问题，从而支持政府有效和高效地开展工作。公布这些计划也有助于提高政府的效率，因为公众可以了解机构计划评估的内容和评估的方式。

2. 促进理解、透明和问责。

拥有一份书面评估计划可以促进评估活动的公开，并提升对评估结果的用途、使用和使用者的认同和支持。在《循证法案》颁布之前，一些机构已经在内部使用评估计划或类似文件作为组织和监督其评估活动的方式，但很少有机构公布的文件满足法案第 101 节的要求。2019 年签署通过的《循证法案》首次对各机构统一制定并公布这些文件做出要求。更重要的是，法案公布年度评估计划的要求能够加强联邦评估活动的责任感和透明度，促使机构对开展这些活动负责，还可以促进这些评估活动取得结果。年度评估计划为各机构提供了一个机会，可以使其能够连贯一致、引人注目地讲述将评估什么，机构的评估如何相互关联，以及评估将如何帮助回答重要问题。因此，一份精心撰写的评估计划可以为机构员工提供信息，并建立外部利益相关者的信任。

3. 解决学习议程的优先问题。

年度评估计划可以记录机构学习到的内容，并计划回应尚未发生的学习议程优先问题的评估活动。每年更新年度评估计划可以帮助机构及其利益相关者反思他们从已完成的评估中学到了什么，并测量利用评估回答学习议程和其他优先问题的进展情况。作为这一年度进程的一部分，机构可以确定学习议程中需要评估的优先事项，并根据需要规划新的研究。

4. 巩固证据构建的多方责任和能力。

评估计划将机构工作人员和外部利益相关者聚集在一起，为下一个财年的评估活动确定优先次序并制定计划。在制定评估计划的过程中，应让机构内部和整个机构的利益相关者参与进来，并在可行且适当的情况下，纳入外部利益相关者的观点。这一过程还可以培养整个机构利用评估进行持续改进的能力。例如，在整个评估年度中，评估官（Evaluation Officer，简称 EO）和相关工作人员可以借助线上或线下的方式为评估者安排介绍会，以分享从“重大”评估中学到的内容，并讨论评估结果的影响。

### （四）评估计划的基本内容

年度评估计划旨在帮助各机构记录其评估活动，因此它应反映机构的需求和优先事项。年度评估计划中列出的每项重大评估都至少要包括如下内容，这些内容由 OMB 在其《第一阶段 2018 年循证决策基础法案的实施：学习议程、人员和计划指南》（Phase 1 Implementation of the Foundations for Evidence - Based Policymaking Act of 2018：Learning Agendas，Personnel，and Planning Guidance），即 M - 19 - 23 中规定，包括：所要回答的问题、评估所需的信息、使用的方法、预期的挑战和传播。同时，评估科学办公室（Office of Evaluation Sciences，简称 OES）开发的循证法案工具包（Evidence Act Toolkits）中的“评估计划指南”模块进一步提供了与 M - 19 - 23 所述的每个组成部分相关的提示和注意事项。

1. 所要回答的问题。

年度评估计划应描述机构计划在下一个财年（即年度评估计划所涵盖的时间段）开始的每项“重大”评估研究（significant evaluation study）或现有评估研究的各个阶段所要解决的关键问题。在讨论关键问题时，评估计划必然需要描述项目的宗旨、总目标和分目标，并讨论项目活动如何与预期成果联系起来。在适当的情况下，机构可以考虑在评估计划中加入项目逻辑模型，直观地描述被评估项目如何运作和实现其目标，并具体说明项目的投入、活动、产出和成果。此外，各机构还应讨论与《联邦管制和解除管制行动的统一议程》（Unified Agenda of Federal Regulatory and Deregulatory Actions）中提出的管制行动有关的任何评估活动，并认识到这些评估活动通常需要在实施经济方面重要的管制之前进行。同时，如果早期的评估活动影响到评估计划中提议的活动，也应提及这些活动。例如，各机构需要根据对初步调查结果的审查对评估问题进行修订。总的来说，各机构在设计所要回答的问题时应清楚地说明其试图弄明白什么，并选择一种最适合本机构的利益相关者参与方式。

（1）精心设计评估问题。在制定评估问题时，各机构应当清楚地说明想要弄明白什么。一个精心设计的评估问题有助于机构确定最合适和最严格的研究方法。因此评估问题应当遵循如下标准：①可评估的（Evaluative）。问题支持各机构基于收集到的信息，对项目或程序要素进行调查。它允许评估一个项目的价值或意义。②合适的（Appropriate）。问题与项目目标有关，适合项目的发展阶段。③相关的（Relevant）。问题符合关键利益相关者的信息需求。④具体的（Specific）。这个问题清楚地概述了机构将要调查的内容，包括要评估的内容，要测量的内容，以及感兴趣的人群。⑤客观的（Objective）。这个问题并不假定事先知道答案。⑥可测量的（Measurable）。这个问题使用可评估的术语，如数量、质量、频率。⑦可行的（Feasible）。这个问题反映了现实的限制，如预算、数据可用性限制。

（2）鼓励利益相关者参与。各机构应当积极鼓励利益相关者参与评估问题的拟订，但具体的做法可能有所不同。一些可能的方法包括：一是制定一个正式的程序，征求项目人员的评估意见。专栏 9－3 为小企业管理署（Small Business Administration，简称 SBA）对该方法的使用过程。二是采用非正式的方法来规划评估。例如，评估人员可能会定期与机构领导者和项目经理接触，了解他们的学习重点（learning priorities）和评估机会（opportunities for evaluation）。三是与核心团队（core team）一起制定潜在的评估方案。该团队可以向项目办公室的工作人员提出具体的想法。他们还可以收集有关后勤工作的反馈意见（如开展评估的最佳时机），制定可为项目改进提供信息的研究设计，并探讨为评估提供资金的各种方案。

**【专栏 9－3】**

## 鼓励利益相关者参与评估计划办法示例

### SBA 如何借助提议征集鼓励利益参与者参与评估计划

项目绩效、分析和评估办公室（The Office of Program Performance，Analysis，and Evaluation）全年与各项目办公室合作，讨论评估的可能性，并提供技术援助。每年征集的提议（call for proposals）都是在与项目管理人员的讨论中产生的，这些管理人员希望确定一些如果能够得到解答，就能提高他们的项目绩效的问题。

征集评估提议（Call for evaluation proposals）：每年冬季，项目办公室都会受邀提交项目评估提议。该模板要求项目管理人员提出三至六个与项目运作或其成果相关的问题，并说明评估将如何支持这些改进项目流程或巩固服务提供的提议。

提议审查（Proposal review）：首席项目评估者（lead program evaluator）将召集一个小组审议提案，并且团队将向上级领导提出建议，在评估周期中支持哪些提议。

提议选择（Proposal selection）：SBA 每年资助四到五项新的评估，这些评估由 SBA 的一名首席项目评估者和一个独立的承包商团队管理。SBA 的目标是在 12 至 15 个月内完成评估。

资料来源：Evidence Act Toolkit：A Guide to Developing Your Agency's Annual Evaluation Plan.

2. 评估所需的信息。

年度评估计划应说明计划中概述的评估将使用的关键信息。各机构应说明他们是否将收集新的信息，作为所讨论的评估研究的一部分，或者他们是否将为这些评估获取现有的信息。机构需要评估有哪些数据可用来解决评估问题。在审查现有数据时，要考虑评估结果是否以及如何为决策提供信息。如果需要新的信息，则应考虑有哪些机构资源可用于收集新的数据，需要从哪些来源收集数据，以及是否可以及时和有效地收集数据。

机构应当考虑如何在评估中使用管理数据，如机构已经追踪的项目数据或成果数据，这是收集新数据的低成本替代方法。表 9－25 是各机构利用管理数据进行评估一般会采取的几种方法。此外，如果管理数据不足以解决评估问题，各机构则可通过实施调查或评估，或开展访谈或小组讨论来收集新数据。各机构也可以考虑与其他联邦机构合作共享数据，进而更全面地了解项目的需求、实施情况或影响。

表 9－25　管理数据用于评估的方法

| 用途 | 示例 |
|---|---|
| 检查一段时间以来的趋势 | 住房和城市发展部（HUD）利用 1995 年至 2015 年的管理数据，研究了受援住房的项目和家庭变化，以及居住时间的变化趋势和影响项目参与时间的因素 |
| 提供描述性统计数据 | 农业部（USDA）利用对美国三个城市的低收入家庭进行纵向研究后获得的管理数据，来确定在 2002 年《农业法案》（Farm Bill Act of 2002）恢复合法移民参与食物券计划（Food Stamp Program）后，有美国出生子女的家庭和外国出生家长的家庭参加食物券计划的人数是否有所增加 |
| 了解项目特点与成果之间的关联 | 美国劳工部（DOL）利用管理数据了解残疾工人重返工作岗位的相关因素，并研究残疾管理服务的时间安排在多大程度上为受伤工人带来了积极影响 |
| 通过随机对照试验评估效益 | 教育部（ED）教育科学研究所开展了一项实验，以评估教师奖励基金的影响，该基金为教师提供绩效奖金和承担新职责机会。研究使用了参与地区的管理数据 |

续表

| 用途 | 示例 |
|---|---|
| 开发预测模型 | 劳工部矿山安全与健康管理局（MSHA）试图在早期阶段预测哪些违反健康与安全规定的矿山运营公司可能面临无法按时缴纳罚款的风险。该研究利用 MSHA 的内部管理数据开发预测模型，以确定哪些矿山经营者有可能无法及时向 MSHA 缴纳罚款 |

资料来源：Evidence Act Toolkit：Evaluation Planning Tips.

3. 使用的方法。

年度评估计划应说明各机构打算用于评估的方法。在可行的范围内，机构应阐明评估设计，如实验设计、随机对照试验、准实验设计、预—后实验设计（pre－post design）、实施研究（implementation study）等，各机构也可酌情讨论任何其他分析考虑。OMB 认识到，在实际开始评估活动之前提供这种程度的细节可能会对一些机构造成挑战，特别是如果他们使用独立的第三方组织进行项目评估，并依靠这些组织提供评估设计的专家意见。尽管如此，OMB 仍希望各机构在开展评估时，针对所提出的研究问题使用最合适的方法。为此，各机构可采用最适合回答评估计划中关键问题的方法，并在年度评估计划的未来迭代中更新使用的方法。

对于每个评估设计，机构应当选择最合适的方法来回答问题。一个好的评估设计所使用的方法应与评估问题相匹配，这意味着问题应驱动方法的选择，而不是方法驱动问题的设计。表 9－26 说明了问题类型如何匹配可行的评估设计。此外，各机构也应当评价项目的成熟度，如该项目是否能够进行影响研究？如果不行，绩效跟踪或简单的成果研究可能更为合适。总的来说，机构需要在预算和其他资源限制的情况下，尽可能使用最严格的方法。

**表 9－26　　评估问题与评估设计对照表**

| 问题类型 | 目的 | 问题描述避免 | 问题示例 | 评估设计 |
|---|---|---|---|---|
| 描述性的 | 描述或理解一个项目或过程 | 为什么、相关、影响（influence）、效果（effect）、原因、增加或减少等词，因为这些词表示的关系未经检验 | 谁获得了哪些服务？ | • 过程评估/执行评估；<br>• 描述性的表格；<br>• 趋势线 |

续表

| 问题类型 | 目的 | 问题描述避免 | 问题示例 | 评估设计 |
|---|---|---|---|---|
| 规范性的 | 根据先前建立的标准进行测量 | 影响（impact）、导致、原因或效果（effect）等词，因为这些词表示的方向未经检验 | 目标达到了什么程度？ | • 成果评估；<br>• 预—后实验设计 |
| 因果的 | 确定干预措施的影响 | 用语含糊，没有明确说明期望改变的结果或期望为谁改变 | 干预措施是否改善了参与者的结果？ | 影响研究（如实验、准实验） |

资料来源：Evidence Act Toolkit：Evaluation Planning Tips.

4. 预期的挑战。

所有的评估设计都有优点和缺点，并可能面临数据、方法、时间限制和资源限制的挑战。在可行和适当的范围内，各机构应讨论年度评估计划中的评估所带来的预期挑战。例如，机构可能会预测，跟踪参与者数年以测量某个项目或干预措施的长期影响将是一项挑战，特别是如果研究的人群是流动的。在这种情况下，机构可能会讨论应对样本减少的方法。此外，机构也可能会遇到意想不到的挑战，从而需要修改先前提交的评估计划。

根据不同的预期挑战，各机构可以选择不同的应对措施，并采取一些可能缓解的手段（Potential Mitigation Strategies）。针对可能影响评估的外部因素（如经济情况），机构应当尽可能测量背景因素，例如可以采取定性评估，估测外部因素如何影响项目过程和结果；针对缺乏获取数据的途径，机构需要确定已有的数据来源，探讨与其他机构建立数据联系的可能，并考虑新的数据收集是否必要和可行；针对缺乏合适的测量标准，各机构可以与利益相关者（例如专家学者）接触，以协助确定或制定测量标准；面临寻找对照组的挑战，机构可以考虑替代设计，或找机会使用组内比较；面临相互矛盾的结果，机构需要考虑方法的准确性、对改变理论（theory of change）的信心、研究结果的统计学显著性、统计检验的假设，以及方法与评估问题之间的匹配性；若评估希望快速产生结果，并需要为实时决策提供信息，各机构则应制定与主要利益相关者分享中期结果的计划。

5. 传播。

机构评估活动的计划的核心是如何传播和利用这些活动的成果。《循证法案》明确规定，各机构应加强其建立和使用证据的能力。因此，各机构不应在事后，而应在开始评估之前考虑并计划如何利用评估结果来制定有关机构的项目、政策和法规的决策。在可行的范围内，各机构的年度评估计划应包括其打算如何根据数据和信息收集、使用和披露相关的法律和政策，传播和使用项目、政策和监管决策的结果。OMB 认识到，包括上述信息在内的提前预测评估活动可能具有挑战性。在其年度评估计划中，各机构应考虑到其他因素，如资金的可用性、采购程序、数据需求和相关事项，并以可行和适当的详细程度来处理上述各类信息。各机构应注意与这些领域相关的其他法律，包括《反赤字法》（Antideficiency Act）、《联邦采购条例》（Federal Acquisition Regulation）、机构特定的采购条例以及任何其他适用法律。

各机构应根据利益相关者的需求和偏好定制不同的传播形式，并广泛考虑如何提供信息。例如，如果某机构在研究结束时只向项目领导层提交最终评估报告，那么可能会错过项目人员就关键的下一步举措提出的反馈意见。表 9－27 为针对不同利益相关者群体的沟通方法。

**表 9－27　　项目传播方法**

| 利益相关者群体 | 报告方法 | 格式示例 | 渠道示例 |
| --- | --- | --- | --- |
| 项目办公室 | 明确的，与项目改进相关的要点或行动事项 | 建议清单 | 面对面会议 |
| 评估办公室、学术研究人员 | 措辞精确，技术细节详细 | 最终报告 | 研讨会 |
| 机构领导 | 明确的，与政策相关的要点 | 简短的一页 | 面对面会议、电子邮件 |
| 国会 | 强调结果变化的严谨性和证据 | 执行纲要或备忘录 | 电子邮件 |
| 受让人 | 明确的，与项目改进相关的要点或行动事项 | 对要点或报告的总结 | 简讯、网络研讨会、电子论坛（Listserv） |
| 媒体、社会公众 | 通俗易懂，具有视觉吸引力 | 可视化信息数据图 | 社交媒体、博客、网站 |

资料来源：Evidence Act Toolkit：Evaluation Planning Tips.

## （五）评估计划的管理与编制

1. 组织架构。

根据《循证法案》，各机构指定的评估官（Evaluation Officer）应领导、协调、制定和实施年度评估计划。EO 应在制定和实施机构层面的年度评估计划中发挥技术领导作用，并支持下属机构、业务司或局层面的评估计划，特别是当这些计划中的活动与整个机构的评估计划和学习议程有关时。EO 负责监督年度评估计划的编制，但机构的其他人员可以提供重要的见解，在评估计划的编制过程考虑利益相关者能够：帮助制定年度评估计划；对计划做出最终决定；帮助确定“重大”评估并为计划内容提供信息；了解评估计划的最新进展情况。

OMB 备忘录 M - 19 - 23 规定，各机构在制定和实施其年度评估计划时，应与内部和外部利益相关者进行磋商，利益相关者的参与程度取决于其各机构的需求、利益相关者本身、评估活动等。各机构应与内部和外部利益相关者进行协商，机构内部的协商至少应包括那些在开展评估或使用评估结果方面发挥作用的部门和工作人员。OMB 还鼓励在可行和适当的范围内与其他利益相关者进行更广泛的磋商。总的来说，利益相关者，特别是机构内部的利益相关者，就评估计划进行协商有助于达成合作和共同目标，从而提高评估结果的效用，提升项目对所服务的人群和社区的效益。

（1）主要合作伙伴。由于创建和更新年度评估计划需要具备评估设计和方法方面的技术专长，因此负责编制的人员应熟悉数据和评估方面的知识。评估计划的主要合作伙伴可能包括机构的首席数据官（Chief Data Officer，简称 CDO）和统计官（Statistical Official，简称 SO），前者可以提供数据访问方面的建议，后者可以提供数据质量和正确的统计方法等问题的见解。其他合作伙伴包括绩效改进官（Performance Improvement Officer，简称 PIO）和相关人员，以及来自机构内部研究或分析办公室的人员。若评估活动分散，机构可以考虑让下属机构代表参与进来，以便加强对整个机构正在进行和计划进行的评估的全面了解。

（2）领导者。机构领导（Agency leaders）也是编制年度评估计划的重要合作伙伴，他们的支持和认同对计划的成功至关重要。领导者是评估计划的最终签署者，因此他们的支持对于在机构内开展评估和促进评估结果的运用是必要的。为了促使机构领导尽早参与进来，EO 可促进初步对话，以解释年度评估计划的制定过程，了解领导者对这一过程的优先事项或关注点，并谋划支持评估的资源。EO 和相关人员可与领导层保持经常性的沟通，以确保获得开展评估所需的资源。根据不同机构，其他高层领导也可能在制定年度评估计划中发挥重要作用。

（3）管理和预算办公室。管理和预算办公室（OMB）负责支持各机构完成《循证法案》中评估计划的系列要求。OMB 将审查机构的评估计划草案，并根据需要向机构提供该文件的反馈意见，如文件是否符合 OMB 的指导和法规。此外，OMB 也需要在各机构公布之前审查其评估计划，以确认此前 OMB 的反馈已纳入机构的考虑，最终文件和计划的活动与行政政策和优先事项一致。此外，OMB 还负责监测机构在生成和使用其年度评估计划活动证据方面的进展。

（4）其他利益相关者。除了核心团队和领导层，各机构还要考虑能够提供有用观点或见解的内部和外部其他利益相关者。如果项目人员（program staff）负责支持一项“重大”评估或负责使用评估结果，则应征求他们的意见。项目人员可以帮助各机构确定提出哪些问题、哪些评估是“重大的”以及如何使用评估结果。在制定年度评估计划时，各机构也可以选择咨询外部利益相关者，他们在内容方面具有专长，熟悉相关社区，或有能力帮助机构在更广泛的领域确定有意义的评估问题。此外，其他内部或外部利益相关者也可能需要随时了解机构年度评估计划所选择的评估。因此，各机构应考虑如何与机构员工和公众分享该计划，以提高透明度、促进共同目标。

2. 编制流程。

下文以 2025 财年年度评估计划为例展开说明：2025 财年年度评估计划需涵盖机构计划在 2025 财年开展的“重大”评估。该计划至少应描述 2025 财年的“重大”评估活动，包括每项计划开展的“重大”评估研究的关键问题，以及机构计划开始的关键信息收集或获取工作。2025 财年年度评估计划的草案应于 2023 年 9 月 11 日之前提交，最终草案应于 2024 年 1 月 12 日提交，并于 2024 年 2 月公布。各机构必须通过提交门户网站（MAX. gov）向 OMB 提交这些评估计划，并在各自机构的网站上公布最终的 2025 财年年度评估计划。此外，各机构还应通过发送电子邮件（Evidence@ omb. eop. gov）和填写在线表格（链接将由 OMB 提供给机构评估官）向 OMB 提供链接，以便将其评估计划纳入评估网站（evaluation. gov）。各机构还应参加 2024 年与 OMB 的春季证据情况介绍会（Spring Evidence Briefing），提供关于学习议程和年度评估计划中的证据构建活动的最新情况。会议讨论的重点将是取得的进展、面临的挑战、计划中活动的变化以及机构与 OMB 协商确定的其他主题。表 9－28 提供了制定和公布这些要求的最新时间表。各机构必须以 Microsoft Word 格式向 OMB 提交其年度评估计划所有的非最终版文件，最终文件应以机器可读的格式发布①。

表 9－28　评估计划的编制时间轴

| 提交日期 | 说明/可交付成果 | 提交位置 |
| --- | --- | --- |
| 2023 年 9 月 11 日 | 各机构提交给 OMB 审查：2025 财年年度评估计划草案 | MAX 页面“提交门户”（Submission Portal） |
| 2024 年 1 月 12 日 | 各机构提交最终草案供 OMB 审查和批准：2025 财年年度评估计划 | MAX 页面“提交门户”（Submission Portal） |
| 2024 年 2 月 | 各机构发布：2025 财年年度评估计划 | 机构网站/通过电子邮件将每份文件的链接发送至 evidence@omb.eop.gov，并更新在线表格 |
| 不迟于 2024 年 5 月 15 日 | 春季证据情况介绍会 | 不适用 |

资料来源：U. S. Office of Management and Budget. Part 6, section 290, Evaluation and Evidence－Building Activities. Circular NO. A－11. Preparation, submission, and execution of the budget, 2016.

在首次提交年度评估计划之后，各机构也可以根据已开展的工作和新的进展，利用今后提交的计划来更新和修订先前计划的评估活动②。各机构应在下一个财年的年度评估计划中酌情考虑和描述前几年年度评估计划中评估活动的进展和结果。例如，如果一项评估被纳入多个年度评估计划，对评估的描述和讨论应反映迄今为止的进展和学习情况，包括中期发现的总结（summaries of interim findings）、中期可交付成果（interim deliverables）的公布（如存在）、关键里程碑的成就（achievement of key milestones,），或最新进展与原始计划的偏差。在更新以前的年度评估计划时，各机构可灵活考虑评估的详细程度，并链接到机构公共网站上的公开信息或更详细的信息。

① U. S. Office of Management and Budget. Part 6, section 290, Evaluation and Evidence－Building Activities. Circular NO. A－11. Preparation, submission, and execution of the budget, 2016.

② Office of Mgmt. and Budget, Exec. Phase I Implementation of the Foundations/or Evidence－Based Policymaking Act of 2018: Learning Agendas, Personnel, and Planning Guidance, Washington, D. C., 2019, M－19－23.

## （六）评估计划的逻辑关系

《循证法案》的许多条款支持联邦绩效框架（Federal Performance Framework）。该法案的两项条款（学习议程和统计、评估、研究和分析能力评估）更新了GPRA和GPRAMA法案中机构战略规划中的要求，一项条款（年度评估计划）增加了与绩效计划周期同步更新的新要求。尽管机构的学习议程、绩效计划、评估计划、能力评估和绩效报告均是独立的文件，但其内容的性质要求它们彼此之间具有互补关系①。OMB在其通告A－11，备忘录M－21－27中清晰描述了各份文件的关系，与评估计划相关逻辑如下文所述：

1. 评估计划与绩效计划和报告。

《循证法案》要求各机构制定年度评估计划，并与机构年度绩效计划一并提交。虽然没有正式要求这些计划和活动必须相互参照，但OMB希望各机构开展的绩效和评估活动在适当的时候能够相互补充和借鉴。例如，各机构应当说明如何使用包括项目评估和其他方法在内的证据来制定年度绩效计划。此外，项目评估也是帮助机构评价其绩效的关键和重要工具，各机构需要确定适合管理组织绩效的不同证据类型，并将其涵盖在年度机构绩效报告中。总的来说，机构年度绩效计划和年度绩效报告共同为各机构提供了综合评估活动的结果的机会，包括以往年度评估计划中描述的结果，并酌情确定未来年度评估计划的评估内容。

2. 评估计划与学习议程。

学习议程和年度评估计划是截然不同但又相辅相成的文件。年度评估计划应只包括那些符合评估的法定定义和每个机构的“重大”定义的评估活动，它不应局限于那些涉及学习议程问题的评估，而且还应该涉及其他重大的评估。同时，OMB希望机构为回答优先问题而列入学习议程的活动既包括评估活动，也包括非评估活动，如绩效测量、基础事实发现和政策分析。正如在OMB备忘录M－19－23中指出的和在OMB备忘录M－21－27中重申的：“回答的问题决定使用的方法”。OMB希望学习议程上的一些问题通过项目评估以

① U. S. Office of Management and Budget. Part 6, section 290, Evaluation and Evidence－Building Activities. Circular NO. A－11. Preparation, submission, and execution of the budget, 2016.

外的方法得到最合适的回答。因此，学习议程应包括年度评估计划中“重大”评估之外的活动。

这两份文件在时间安排上也有考虑。年度评估计划的重点是机构计划在提交计划的下一个财年开展的活动，而学习议程是一份较长期的文件，涵盖战略规划的整个期间（即不少于四年）。根据机构更新学习议程的方式和频率，在学习议程所涵盖的时间段中间（例如战略规划为2022至2026财年，时间段中间则是2024和2025财年）公布的年度评估计划中列出的“重大”评估可能不会反映在学习议程中。不过，OMB仍希望各机构利用其年度评估计划中的活动结果为学习议程提供信息，反之也一样。总的来说，学习议程的更新和评估计划的制定都需要参考先前活动产生的证据。图9－6说明了在四年战略规划周期和证据规划周期，各机构如何利用学习议程和年度评估计划活动所产生的证据，以及其他未列入这些计划的其他相关证据构建活动，来更新学习议程和起草下一财年的年度评估计划。

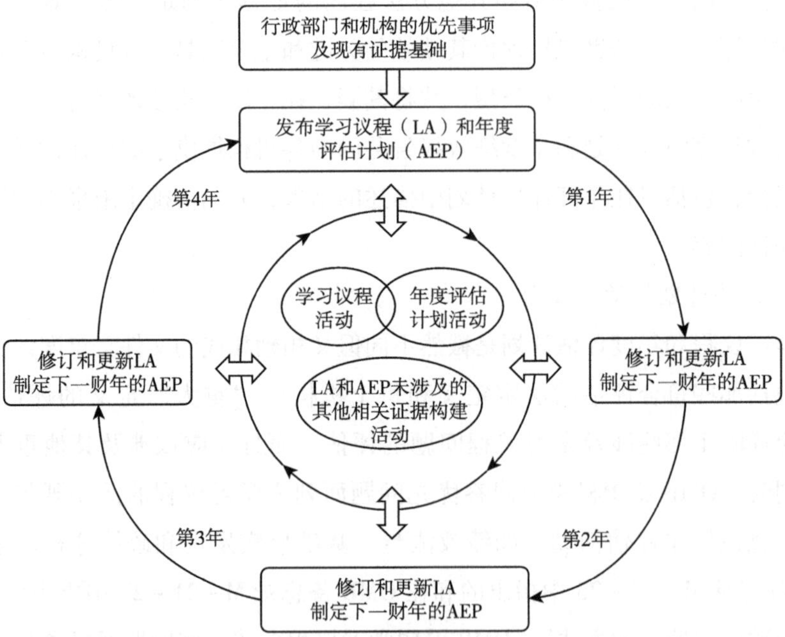


**图9－6　学习议程与评估计划的编制周期**

资料来源：Office of Mgmt. and Budget，Exec. Evidence－Based Policymaking：Learning Agendas and Annual Evaluation Plans，Washington，D. C.，2021，M－21－27.

3. 评估计划与能力评估

年度评估计划和能力评估是不同的文件，具有不同的目的。然而，与上文讨论的一样，这两份文件的性质决定了它们必须相辅相成。例如，年度评估计划包括机构计划在下一个财年开展的“重大”评估。这些信息也可以列入能力评估所要求的“目前正在评估和分析的机构活动和业务”清单。同样，年度评估计划要求各机构在计划中讨论其传播和使用计划中重大评估结果。OMB希望这些信息可以作为机构对其传播和使用统计、评估、研究和分析活动所产生的信息的能力进行评估的一项投入，这也是能力评估所要求的。因此，这两份文件的部分内容也会有一些重叠。

## 二、评估计划典型案例分析

### （一）交通部评估计划概况

美国交通部（U. S. Department of Transportation，简称 DOT）的使命是提供世界领先的交通运输系统，通过安全、高效、可持续和公平的人员和货物运输，为美国人民和经济服务。根据《循证法案》，交通部提交了《2024 财年年度评估计划》（The Fiscal Year 2024 Evaluation Plan），介绍了交通部计划在 2024 财年开展的重大评估活动。该计划提供了交通部指定为“重大”评估的标准以及重大评估的概述。它还包括 17 项重大评估研究中每一项的关键问题以及相关的信息需求、提出的方法、预期的挑战和传播计划。其中，联邦铁路管理局（Federal Railroad Administration，简称 FRA）已在其 2024 财年预算请求中要求追加资金，以支持本计划中所述的评估，除此之外，交通部预计将利用现有资源开展其他计划的评估。

### （二）利益相关者参与

交通部预算与项目助理部长办公室（The Office of the Assistant Secretary for Budget and Programs，简称 OST – B）与部门的首席数据官（首席信息官办公室）和统计官（研究与技术助理部长办公室，Office of the Assistant Secretary for Research and Technology，简称 OST – R）合作制定了本计划。OST – B 还征求

了更大范围的交通部绩效社区（DOT Performance Community）的意见，这是一个全部门的实践社区，代表了来自所有业务主管部门以及部长办公室的绩效和评估工作人员。OST－B 每月主持一次会议，与会者包括约 100 名联邦工作人员和合同制人员，他们为整个机构的绩效和评估工作提供支持。与会者的职位和背景包括预算和财政、信息技术、政策、研发和国际事务。代表的主题领域包括安全、公平和气候变化。会议提供了一个讨论《循证法案》要求（包括本计划）的机会，也提供了在计划和执行评估方面分享经验和请求协助的机会。这一群体支持交通部满足《循证法案》第一章的要求，促进该部在这些领域能力的成熟，并通过利益相关者的参与和教育，培养一种持续学习和改进的文化。OST－B 与首席数据官、统计官、OST－R 的其他人员、整个交通部的项目评估负责人以及其他致力于推动在决策中使用证据的合作伙伴进行协调，以制定 2024 财年评估计划。

根据 OMB 要求：各机构应根据利益相关者的需求和偏好选择合适的传播形式，包括面对面会议、研讨会、电子邮件等。2022 年 10 月，OST－B 举办了一次评估研讨会，来自交通部各业务主管部门和交通部长直属办公室的 150 多人参加了会议。评估研讨会的主要目标是采取协调一致的努力，以推进交通部的项目评估，概述项目评估的基本原理，并巩固交通部工作人员开展评估的能力。此次活动为工作人员提供了一个论坛，使他们能够与该部其他办公室分享有关评估的信息和见解。与会者还听取了来自美国国土安全部、环保署和小企业管理局的评估专家小组的意见。来自 OMB 的评估专家也发表了演讲，并开展了问答环节。随着交通部证据构建能力的成熟，OST－B 计划围绕如何开展评估和利用评估结果为项目和政策决策提供信息，为业务主管部门提供更多的指导、支持和资源。

### （三）交通部重大评估

1. 重大评估标准。

根据 OMB 备忘录 M－19－23，交通部在制定“重大”的定义时，考虑了以下因素：项目对机构使命的重大意义；项目在资金或服务对象方面的规模；研究将在多大程度上提供有关项目、服务人群或项目旨在解决问题有关的新的、有意义的信息。在考虑这些因素时，交通部根据项目与最近通过的《两党基础设施建设法案》（Bipartisan Infrastructure Law，简称 BIL）的关系、项目的规模（包括资金水平）及其与交通部优先事项（包括公平性）的一致性，指定重大评估，其所有的重大评估都符合《循证法案》中关于项目评估的定义。BIL 法案的通过也为评估计划和活动的有效性提供了新的契机。例如，交通部已承诺将合适的证据和评估工作纳入预算超过 10 亿美元的拨款项目的实施中。随着 BIL 项目（BIL programs）的实施，交通部将更新其年度评估计划，并确保该计划继续与交通部的战略规划和学习议程保持一致。

2. 重大评估。

交通部 2024 财年评估计划描述了交通部预计在 2024 财年资助的 17 项"重大"评估（见表 9 – 29），比 2023 财年评估计划中包含的评估多了 14 项。许多评估（17 项中的 6 项）涉及 BIL 项目，其中 3 项项目评估涉及预算超过 10 亿美元的拨款项目。这些评估来自八个运营管理部门，涉及多种交通模式。评估的类型也各不相同：形成性评估和过程评估通常适用于较新的项目，而成果和影响评估则倾向于使用在较成熟的项目（评估类型的讨论见第 11 章第 2 节）。有几项评估推进了该部的公平工作，包括对交通导向开发试点项目和重新连接社区试点项目的形成性评估。

**表 9 – 29　　　　交通部 2024 财年重大评估**

| 评估 | 领导 | BIL 项目 | 大额资助项目 | 评估类型 |
|---|---|---|---|---|
| 机场航站楼项目 | 联邦航空管理局 | 是 | 是 | 过程 |
| FAA 安全与危险品安全组织内项目管理成熟度模型的有效性 | 联邦航空管理局 | | | 过程 |
| 企业安全的重点办法评估 | 联邦公路管理局 | | | 过程 |
| FHWA 根据《美国残疾人法案》（Americans with Disabilities Act）对州和地方实体的监督 | 联邦公路管理局 | | | 过程 |
| 政府绩效管理项目 | 联邦公路管理局 | | 是 | 过程 |
| 汽车运输安全援助项目的有效性 | 联邦机动车安全管理局 | | | 过程 |

续表

| 评估 | 领导 | BIL 项目 | 大额资助项目 | 评估类型 |
|---|---|---|---|---|
| 入门级驾驶培训机构注册表 | 联邦机动车安全管理局 | | | 成果 |
| 轨道自动检查项目 | 联邦铁路管理局 | | | 过程 |
| 跨地补助金福利 | 联邦铁路管理局 | 是 | | 成果 |
| 东北走廊（Northeast Corridor）两党基础设施建设法案项目 | 联邦铁路管理局 | 是 | 是 | 成果 |
| 操作救生员（Operation Lifesaver） | 联邦铁路管理局 | | | 过程 |
| 超长列车研究 | 联邦铁路管理局 | 是 | | 成果 |
| 交通导向开发试点项目 | 联邦运输管理局 | 是 | | 形成性 |
| 美国国家海事学院（State Maritime Academies）招生和入学策略的有效性 | 海事学院 | | | 过程/成果 |
| 全国酒后驾车付费媒体宣传活动 | 美国国家公路交通安全管理局 | | | 成果 |
| 重新连接社区试点项目的公平性 | 交通政策助理部长办公室 | | | 形成性 |
| 天然气输配设施安全与现代化资助项目 | 管道及危险品安全管理局 | 是 | | 过程/成果 |

资料来源：U. S. Department of Transportation FY 2024 Evaluation Plan.

## （四）评估计划内容

交通部在评估计划中描述了 17 项重大的评估研究和所要回答的问题、相关的信息需求、使用的方法、预期的挑战和传播，满足 OMB 备忘录 M－19－23 的重大评估内容要求。表 9－30 选取了联邦航空管理局（Federal Aviation Administration，简称 FAA）领导的机场航站楼项目（Airport Terminal Program，简称 ATP）的评估计划展开说明。可以看到，该项目清晰说明了要做什么、如何做、谁来做以及何时做，采用过程（执行）评估，并使用文件评审这一典型的数据收集方法。

表 9－30　　交通部机场航站楼项目评估计划

| 领导（Lead） | 机场航站楼项目 |
| --- | --- |
| 项目（Program） | 机场航站楼项目是一项不考虑人员配备情况的竞争性酌情拨款项目（discretionary grant program），将 BIL 资金授予符合条件的项目，包括机场航站楼及相关道路、多式联运航站楼项目、机场铁路通道项目以及机场赞助商拥有的塔台。在许多机场，航站楼（包括道路和机场拥有的机场交通控制塔台）获得机场改善项目或其他联邦拨款项目的机会有限。ATP 拨款的目的是帮助这些机场解决基础设施老化的问题 |
| 时间范围（Time Frame） | 2023—2024 财年 |
| 评估问题（Evaluation Questions） | • 所有符合条件的机场赞助商，包括劣势社区的赞助商，在多大程度上了解到这一机会？<br>• 使用了哪些宣传方法，在通知期间对哪些群体进行了宣传？<br>• 入选的项目在多大程度上体现了残疾人无障碍环境的改善？<br>• 入选项目在多大程度上表明了能源效率的提高？ |
| 所需信息（Information Needed） | FAA 希望主要使用现有数据进行评估：<br>• BIL 要求；<br>• 符合条件的机场赞助商名单；<br>• 宣传说明；<br>• 2022 和 2023 财年项目选择数据；<br>• 拨款接受方就无障碍方面取得成果的报告；<br>• 拨款接受方就能源效率方面取得成果的报告 |
| 方法（Methods） | 这一过程（执行）评估将主要依靠文件审查和分析，辅之以数量有限的访谈和实地考察 |
| 预期挑战（Anticipated Challenges） | FAA 目前正在开发和测试 ATP 流程。FAA 不断与交通部长直属办公室的 BIL 小组协调，并可能根据需要调整流程，这可能会使测量有效性的工作复杂化 |
| 传播（Dissemination） | FAA 将在内部分享结果，为以后的 BIL ATP 周期提供信息。FAA 可能会通过 FAQ（Frequently Asked Questions）或技术援助文件分享相关结果，以改进未来资金的申请 |

资料来源：U. S. Department of Transportation FY 2024 Evaluation Plan.

# 第十章　优先绩效目标与季度审查

**【内容提要】**优先绩效目标是美国奥巴马政府提出的核心绩效管理工具，并以美国《政府绩效与结果现代化法案》（Government Performance and Results Modernization Act of 2010，GPRAMA）的形式对其相关内容作出了明确的规定，是推动美国政府绩效管理制度变革方面的重要突破，促进了美国政府绩效管理发展的不断成熟。本章以优先绩效目标与季度审查机制为核心，以近年来美国政府部门实施案例为切入点，重点介绍了美国 GPRAMA 法案中提出的优先目标内容以及教育部的机构优先目标案例、季度绩效审查的法规文件规定和审查流程等实施机制、交通部的战略目标和战略季度审查案例，说明了美国优先绩效目标及季度审查工作发展情况以及绩效管理的相关成果等，为提升我国政府的协同治理绩效能力、推动预算绩效管理工作实践提供一定借鉴作用。

## 第一节　优先绩效目标及案例

### 一、优先绩效目标

#### （一）优先绩效目标的概述

相比较于《政府绩效与结果法案》（Government Performance and Results Act，GPRA），《政府绩效与结果现代化法案》（Government Performance and Results Modernization Act of 2010，GPRAMA）在原有绩效目标的基础上，首次提出了优先目标的概念，并将其分类为联邦政府优先目标（Federal Government

Priority Goals，FGPG）和机构优先目标（Agency Priority Goals，APG）两类①。在美国联邦政府绩效计划中要设立本财年应该达到的联邦政府绩效目标以及下一个财年的联邦政府优先目标；在机构绩效计划中要设置机构的绩效目标和指标，并从中确定机构的优先目标②。

### （二）优先绩效目标的法律依据

2010 年美国国会通过的 GPRAMA 中明确了联邦政府和机构的优先目标。优先目标的相关业务活动属于联邦政府和机构固有职能，联邦政府和机构的优先目标的运作仅能由联邦工作人员执行。

1. 美国联邦政府的优先绩效目标（FGPG）。

美国联邦政府优先目标的制定应当符合以下要求：

（1）管理和预算办公室（Office of Management and Budget，OMB）主任应在与各机构协调的基础上制定优先目标，从而改善联邦政府的绩效和管理。所制定的优先目标应包括：①以结果为导向的目标，且目标要涵盖一定数量的横向政策领域；②联邦政府所需求的管理改进型目标，涵盖财政（务）管理、人力资本管理、信息技术管理、采购和收购管理、不动产管理这些方面。

（2）联邦政府的优先目标应是长期性的。联邦政府的优先目标应至少每 4 年更新或修订一次，并且按照相关规定，在总统任期开始后的第一个完整财年提交美国政府预算的同时，公开优先目标。OMB 主任可以根据需要调整联邦政府优先目标，从而反映联邦政府运行环境的重大变化，并适当通知国会。

（3）当对联邦政府优先目标进行制定或调整时，OMB 主任应定期与国会协商，包括从国会不同部门中获得各方面的看法，这些国会部门包括参议院和众议院的拨款委员会、参议院和众议院的预算委员会、参议院的国土安全和政府事务委员会、众议院的监督和政府改革委员会、参议院的财政委员会、众议院的筹款委员会以及其他任何相关的委员会。

（4）OMB 主任应至少每两年与国会有关委员会协商一次。

---

① Government Performance and Results Modernization Act of 2010（GPRAMA）.

② 曹堂哲．推动实现“一个部门、一本预算、一份绩效”［J］．中国财政，2019（12）：2.

（5）OMB 主任应按照规定在相关网站上提供联邦政府优先目标的信息。

六是按照相关要求制定的联邦政府绩效计划应与联邦政府优先目标一致。

2. 机构的优先绩效目标（APG）。

根据相关规定所明确的机构的负责人或按照 OMB 主任要求另行确定的机构的负责人应每两年在各自机构的绩效目标中确定优先目标。OMB 主任应确定整个政府中机构的优先目标的总数量，以及各个机构将制定的优先目标的数量。

机构的优先目标应当符合以下要求：

一是反映该机构的最高优先目标。最高优先目标由该机构负责人确定，并结合联邦政府的优先目标，与国会及其他相关方进行磋商后得出。

二是能够在两年内实现的雄心勃勃的目标。

三是明确机构中的目标领导人，由目标领导人负责实现机构优先目标。

四是如果频繁更新绩效指标会为政府、国会、项目合作伙伴提供重要的数据，并且不会对政府部门带来过多的负担，那么政府机构应当为每个季度制定相应的绩效指标。

五是明确定义季度里程碑。

如果一个机构的优先目标包括的项目活动或信息是为了国防或外交政策而保密，并可以根据行政指令进行适当分类，那么机构负责人应按照相关规定提供这类信息。

## 二、案例

本节以美国绩效网站（https：//www. performance. gov/）公布的美国教育部（U. S. department of education）的案例为例，对机构优先绩效目标进行介绍。

在美国教育部 2022 财年年度绩效报告、2024 财年年度绩效计划①和 2022 至 2026 财年战略计划中②提出了 2022 至 2023 财年的 3 个机构优先目标，以及与之对应的战略目标。

① 详见 https：//www2. ed. gov/about/reports/annual/2024plan/fy2022apr – fy2024app. pdf.

② 详见 https：//www2. ed. gov/about/reports/strat/plan2022 – 26/strategic – plan. pdf.

### （一）机构优先目标一

第一个机构优先目标为：应对新冠疫情对学生、教育工作者和教职员工的影响。

美国教育部将成为应对新冠疫情对教育领域影响的领导者和合作伙伴。美国教育部计划到2023年9月30日，通过支持国家教育机构、地方教育机构和高等教育机构持续提供高质量教育环境和教学能力，从而应对新冠疫情对教育的影响。具体包括：

- 继续支持学校为学生提供安全、全面的线下指导。
- 利用新冠救济资金开展适当、有效和循证的活动。通过提供300多个部门主导的技术援助活动来重新吸引学生，解决教学时间所损失的问题，并改善学生受教育机会。

与之相关的战略目标包括：

战略目标1.1：优先将资源公平合理地分配给集中贫困社区，从而努力为接受教育服务水平低下的学生提供高质量的受教育机会。

战略目标1.2：确保所有学生能够获得全面、严谨、有吸引力和多样化的学习机会和环境，从而支持他们能够在学校取得成功。

战略目标3.1：支持开发和实施多层支持体系，以提高学生的参与度，提高学生的社会、情感和心理健康水平，以及提高学生的幸福度和实现学术上的成就。

战略目标3.2：营造具有支持性、包容性和身份安全的学习环境，并确保通过适当设计的教学、循证实践以及相关支持和服务来满足接受教育服务水平低下的学生的个人需求。

如果新冠疫情的不同影响没有得到充分地解决，它可能会继续加深全国教室和校园在教育机会方面的差距。研究表明，对许多学生来说，疫情前存在的教育差距（例如机会、渠道、支持、成绩和其他结果）正在扩大。这些不利影响正在不成比例地发生在教育服务不足、机会最少的学生身上。2022财年和2023财年，美国教育部将聚焦应对新冠疫情对学生、教育工作者和教职员工的影响。

建立证据（Building Evidence）：正如2022至2026财年学习议程中进一步

详细介绍的那样，美国教育部正在两个主要重点领域建立与新冠疫情有关的证据。

首先，美国教育部试图更好地了解当前新冠疫情对学生、教育工作者和社区的影响以及教育系统的应对情况。在这一领域所做的工作示例包括教育科学研究所（the Institute of Education Sciences，IES）的“国家教育进步评价”（National Assessment of Education Progress，NAEP）2021 年对学校的相关调查、2022 年美国“国家教育进步评价”（NAEP）公布的新冠疫情前后的调查数据，以及教育部首席数据官办公室持续收集和发布的关于联邦复苏资金分配和使用的数据。其他例子包括教育科学研究所（IES）国家教育统计中心关于常规系统措施变化的数据，以及国家教育评估和区域援助中心在新冠疫情后实施的关键联邦教育政策的调查结果。

其次，美国教育部试图了解能够有效应对新冠疫情影响的政策、项目、实践和服务。美国教育部各部门都投身于研究和发展，旨在获得满足学生社交、情感、心理健康和学术需求的知识。值得注意的例子包括教育科学研究所（IES）集中投资于确定的疫情后复苏中行之有效的当地做法，借助人工智能的力量，支持残疾学生和其他教育服务不足的学生。

### （二）机构优先目标二

第二个机构优先目标为：有效管理联邦学生贷款。

美国教育部将为借款学生提供有效的客户服务，从而简化学生贷款偿还的流程。美国教育部计划到 2023 年 9 月 30 日，由联邦学生援助组织根据学生贷款服务协议规定，将贷款服务的质量和准确性提高至 95% 以上。

与之相关的战略目标包括：

战略目标 4. 2：改善学生援助项目管理，从而帮助符合条件的学生获得援助；支持借款学生成功偿还他们的借款、申请贷款减免福利，减轻学生贷款违约；追究相应订约人的责任。

在新冠疫情流行期间，《冠状病毒援助、救济和经济安全法》（Coronavirus Aid, Relief, and Economic Security Act）及其后续行动暂时暂停了数百万学生贷款的偿还要求，暂停期限直至 2022 年 5 月 1 日。联邦学生援助组织正在实施一项全面计划，以使数百万借款学生及时恢复到积极的还款状态。在美国教育部对借款学生开展相关服务时，就有机会帮助借款学生选择负担得起的还款计划，恢复曾存在违约情况的学生的贷款，并提供有关如何申请学生贷款减免项目的信息。在2022财年和2023财年，美国教育部将专注于改善学生贷款项目的管理。

建立证据（Building Evidence）：为了支持这项优先目标，美国教育部专注于建立证据以证明联邦学生资助计划项目的设计和实施有了切实的改进。美国教育部的预计工作将集中在切实改善借款客户体验上，并致力于更好地了解如何最好地支持借款学生成功管理自己的学生贷款债务。

### （三）机构优先目标三

第三个机构优先目标为：减少获得高质量学位和证书方面的差距。

美国教育部将支持各机构和各州帮助低收入家庭的学生和有色人种的学生参加并完成高质量的高等教育项目，这些项目包括社区大学以及职业和技术培训。美国教育部计划到2023年9月30日，把社区大学、历史上的黑人学院和大学、部落控制的学院和大学、少数民族服务机构、公立四年制大学的高等教育资助申请人的数量和多样性增加5%，从而支持和帮助低收入家庭的学生和有色人种的学生获得改进性的教育成果。

与之相关的战略目标包括：

战略目标4.1：支持教育机构和国家系统努力提高所有学生的学业质量和大学毕业率，特别是那些教育服务不足的学生，例如第一代学生、低收入家庭背景的学生、有色人种学生和残疾学生。

战略目标4.2：改善学生援助项目管理，从而帮助符合条件的学生获得援助；支持借款学生成功偿还他们的借款、申请贷款减免福利，减轻学生贷款违约；追究相应订约人的责任。

国家必须提高各级高等教育的完成率和毕业率，特别是对于那些教育服务欠缺的学生。新冠疫情进一步加剧了先前在获得高质量的高等教育（包括职业和技术教育、双学分课程和基于工作的学习）方面存在的公平差距。在2022财年和2023财年，美国教育部将专注于减少学生在获得高质量学位和证书方面的差距。

建立证据（Building Evidence）：为了支持这一优先目标，美国教育部正在建立两大领域有关政策、项目、实践和服务的证据：（1）高中毕业后公平获得教育和培训的机会；（2）公平地完成这些教育和培训项目。当前特别重视满足曾经高等教育服务不足的学生的需求。相关活动可能包括一是建立证据，这些证据关于策略的有效性即可以部署在现有大学访问项目（例如：获得大学早期意识和准备能力的项目和联邦 TRIO 项目）中，或者这些项目本身就可以实现的成果；二是开展机构能力建设工作，从而支持资源不足的学院和大学履行其学术使命；三是创新方法以支持大学生毕业，包括大规模评估有前景的实践做法；四是旨在大幅改善学生成果的体制改革的系统性方法。

## 第二节　战略季度审查的实施机制

### 一、季度绩效审查—从简单的绩效评价到绩效信息的综合运用

《政府绩效与结果法案》（Government Performance and Results Act，GPRA）实施十多年后，美国政府责任署（Government Accountability Office，GAO）在对政府各部门进行绩效考评过程中逐渐发现，按照法案要求，虽然各个政府部门能够持续地提供部门绩效指标信息，但是政策决策者和项目负责人却并没有充分利用这些信息进行改进项目决策和提高项目管理①。在此背景下，为进一步改善公共资源绩效，小布什政府提出进一步整合政府绩效与财政预算的思想。管理和预算办公室（OMB）发布了《总统管理议程》（PMA），要求各部门同 OMB 合作，明确项目目标，评价项目实施过程、成本和效率等。在此基础上，联邦各部门开始设立部门战略目标和实施计划，并按年度提交绩效进度报告。同时，OMB 还引入了项目评级工具 PART（Program Assessment Rating Tool），用于评估财政支出计划与项目的实施绩效。奥巴马政府时期，美国的绩效信息运用得到了进一步的发展，全面叫停了“一刀切”、主观性强的 PART 工具，代之以“跨部门优先事项”（CAP）。更值得注意的是，奥巴马政府对沿用 18 年之久的 GPRA 进行了修正，形成了《政府绩效与结果现代化法案》（Government Performance and Results Modernization Act of 2010，GPRAMA）。

① GAO-05-927 Managing For Results: Enhancing Agency Use of Performance Information for Management Decision Making.

GPRAMA 在 GPRA 框架基础上进一步推动了绩效管理特别是绩效报告的改进，增加了开展优先目标季度审查（Quarterly Priority Progress Review）等要求。该法案要求政府部门定期审查部门绩效，并在年度报告中说明审查结果。目前，季度绩效审查基本以数据驱动方式开展，绩效审查促使绩效信息得到进一步运用。通过季度绩效审查，OMB 和部门领导能够更频繁和科学地监督绩效情况，并将审查结果运用到提高项目决策和管理水平的过程当中。实践证明，至少每季度开展绩效审查（performance review）作用明显、非常必要。

## 二、关于季度绩效审查的法规文件规定

### （一）GPRAMA 规定[①]

GPRAMA 中第六部分“优先目标季度审查和绩效信息应用”对季度绩效审查进行了规定。1. 运用绩效信息实现联邦政府的优先目标。管理与预算办公室（OMB）应该在绩效促进委员会（PIC）的支持下，至少每个季度开展一次绩效审查，具体包括：（1）对于该法案 1120（a）规定确立的每个联邦政府优先目标，相关负责人应审查最近一个季度的绩效进展、数据总体趋势，以及达到计划绩效水平的可能性；（2）参与审查的人员应该包括对于完成优先目标有贡献和帮助的各机构、组织、实施方的相关工作人员；（3）审查相关机构、组织、项目活动、法规、税收支出、政策和其他活动等是否按计划对联邦政府优先目标做出贡献；（4）按照不能达成计划绩效水平风险大小，对优先目标进行分类；（5）针对达不到预期绩效水平风险最大的联邦政府优先目标，明确改进绩效的目标和策略，应包括对机构、组织、计划活动、法规、税收支出、政策或其他方面的全部必要措施。2. 机构运用绩效信息实现优先目标。对于该法案第 1120（b）规定设置机构优先目标的，机构负责人和首席运营官（COO）应在绩效改进官（PIO）的支持下，至少每季度开展一次绩效审查，具体包括：（1）对于每一个优先目标，与合适的目标负责人一起审查最近一个季度的绩效进展、数据总体趋势，以及达到计划绩效水平的可能性；

① Government Performance and Results Modernization Act of 2010（GPRAMA）.

(2) 协调好内外部对实现机构优先目标有贡献和帮助的各方人员；(3) 审查相关组织、项目活动、法规、政策和其他活动是否按照计划对优先目标实现做出贡献；(4) 按照不能达成计划绩效水平风险大小，对机构优先目标进行分类；(5) 针对达不到预期绩效水平风险最大的机构优先目标，明确改进绩效的目标和策略，应包括对机构、组织、计划活动、法规、税收支出、政策或其他方面的全部必要措施。

### (二) 第13576号总统行政命令（建立高效、有效和负责任的政府）有关规定①

该命令第二部分“问责政府倡议”第二点明确：联邦首席绩效官（CPO）兼OMB管理副主任和总统管理委员会（PMC）主席，应与PMC合作，支持各机构的绩效和管理改革以及削减成本工作。CPO领导OMB和PMC明确各机构职责，并根据需要进行跨机构协调与合作方面的改革。CPO应与各机构合作，确保绩效指标设置覆盖了所有绩效改进关键领域，同时机构领导应对这些指标进行经常性分析和审查。各机构根据实际情况每季度在performance. gov网站上更新指标进展。

第三点明确：根据2010年颁布的GPRAMA，应指定各机构首席运营官（COO）为高级问责官员，负责领导绩效和管理改革工作，从而减少浪费或无效支出。在履行职责时，该官员应按照OMB要求，以及近期主要目标进展情况，开展经常性数据驱动审查（frequent data - driven review）。具体目标可能包括改革信息技术，减少不当支出，撬动政府采购规模，减少高风险合同，改善房地产管理，加强客户服务，以及实现GPRAMA确定的联邦政府和机构优先目标等。

### (三) 联邦政府提升项目和服务质量的绩效框架（The Federal Performance Framework for Improving Program and Service Delivery）有关规定②

1. 开展经常性数据驱动绩效审查的目的。

在机构负责人的领导下，对机构制定的一系列绩效改进优先事项进行例行

① Executive Order 13576—Delivering an Efficient, Effective, and Accountable Government.

② OMB Circular No. A - 11 (2023) PART6: The Federal Performance Framework for Improving Program and Service Delivery, Section 260 - - DATA - DRIVEN PERFORMANCE AND STRATEGIC REVIEWS.

的、数据驱动的绩效审查，被证明是更加有效的管理实践。定期数据驱动审查为机构领导人提供了一种良性机制，以便更好审查组织管理的绩效，同时更好地围绕任务目标和管理目标，汇集并分析推动优先事项目标实现所需的人员、资源等。经常性的数据驱动绩效审查应有利于机构的优先事项推进，建立一种不断学习和改进的机构文化，向整个组织释放一种信号，即机构领导人专注于活动实施是否有效、高效，重视措施优化和结果导向。在经常性数据驱动绩效审查机制下，机构领导人能够更加持续专注于一系列优先事项，通过分析分类数据来诊断问题和机会，从过去的经验中吸取教训，并通过调整资源分配或改进管理手段来确定下一步提高绩效和生产力的措施。2018 年《循证决策基础法案》（Foundations for Evidence – Based Policymaking Act of 2018）要求机构制定学习议程，开展能力评估相关活动，强化了机构学习和改进的管理文化，而这种文化一定程度上是通过数据驱动绩效审查培养起来的。

2. 经常性数据驱动绩效审查内容。

一是对机构优先目标（APG）进行例行的数据驱动绩效审查。按照 GPRAMA 有关规定，在绩效网站（Performance. gov）公开优先目标的机构，应至少每个季度对其所有优先目标进行一次绩效审查。二是对组织健康和组织绩效框架进行例行的数据驱动绩效审查。根据 OMB 备忘录 M – 23 – 15“在不断变化的工作环境中衡量、监测和改善组织健康和组织绩效”（Measuring，Monitoring，and Improving Organizational Health and Organizational Performance in the Context of Evolving Agency Work Environments），首席财务官法案（CFO Act）规定范围内的单位，应建立衡量和监测组织健康和组织绩效的框架，完善持续监测和评估（assess）程序，通过诊断问题、切实行动提高组织或单位的健康程度和绩效水平。此外，不需要在绩效网站上发布优先绩效目标的机构，应该按照本指南有关规定确定经常性数据驱动绩效审查程序。

3. 如何对机构优先目标进行经常性数据驱动绩效审查。

联邦鼓励各机构通过实践探索建立健全绩效审查程序。绩效促进委员会（PIC）通过建立实践交流园地、制定指导手册等方式，支持跨机构数据驱动绩效审查。机构可以根据自身职责、领导偏好、组织文化及架构来设计具体绩效审查流程。具体来看，在绩效促进官（PIO）及其办公室的支持下，机构负责人或首席运营官应按照以下内容组织好绩效审查：

（1）与目标负责人一起审查最近一个季度取得的进展、总体数据趋势以及达到计划绩效水平的可能性；

（2）确保目标领导者充分了解所负责的绩效指标是否合理地向好的方向发展，如果没有，则分析原因，制定加快推进实现目标的计划；

（3）确保目标负责人了解有关数据的质量，制定必要的改进计划，填补关键证据或其他信息空白，并酌情与机构首席数据官和统计官员进行协调、协商；

（4）采用文献搜索、与审查官员或相关单位合作等方式，使目标负责人找准对标基点、有效分析分类数据、找出各下属相关单位的偏离度和异常值；

（5）确保目标负责人运用严谨的评价（evaluation）方法或其他循证方法，验证有关策略或措施的科学性和有效性；

（6）审查组织自身和合作方的绩效趋势差异，确定差异原因，并从中探索更有效果的做法，以及需要更多关注的问题；

（7）将评价官员和具体工作人员纳入审查过程，通过分享和审查绩效信息、评价结果等，更好地了解评价程序是否可以帮助提高绩效，完善业绩衡量标准，优化指标及机构学习议程，从而针对性制定存在问题的解决方案；

（8）绩效审查也应酌情将机构内外其他为实现机构优先目标做出贡献的相关人员纳入其中；

（9）在督促其他组织和项目按预期推动机构优先目标（或其他优先事项）实现方面给予支持；

（10）识别有可能无法按照计划达成绩效的机构优先目标，与目标负责人合作，制定绩效改进策略；

（11）鼓励使用多样化的分析方法，围绕哪些有效、哪些无效，以及推进组织最高优先事项的最佳方式进行有意义的对话；

（12）建立促进学习、分享经验与挑战的氛围环境。

## 三、季度绩效审查流程①

季度绩效审查的流程没有固定的范式，部门可以自行设计审查流程，以适

① A GUIDE TO DATA - DRIVEN PERFORMANCE REVIEWS. Harry Hatry, Elizabeth Davies Urban Institute IBM Center for The Business of Government, Page18 - 26.

应部门使命、领导偏好、组织结构和文化等。经相关文献分析，以下流程可作为季度绩效审查的参考。

## （一）审查会准备

1. 数据收集与分析。

绩效审查会议开始前（如提前两周），汇报方（reporting unit）应向绩效审查办公室提交数据，审查人员对提交数据的覆盖范围和质量进行审核、分析。可靠、准确、有效的绩效数据有助于成功实施绩效管理，因此应该优先考虑获取此类数据，同时，绩效数据应能够反映过往绩效审查中提出的整改事项进展情况。

2. 形成书面材料。

数据分析完成后，绩效审查办公室通常会制定各种摘要材料，包括供领导参阅的简报、图表和报告等。通过借助相关领导及参与审查的工作人员力量，设计规范的绩效审查会议议程、绩效数据表格等，推动高效完成审查工作。

3. 召开预备会议。

在前期工作的基础上，组织召开预备会，由绩效审查办公室向有关领导汇报初步审查结果。另外，审查人员可提前与汇报方沟通领导重点关注的问题及相关数据情况，并根据实际情况和需要确定是否召开其他筹备会。

## （二）组织召开审查会

1. 确定与会人员。

会议参与人员应包括各汇报方的高层管理人员及相关工作人员。高级别会议通常还包括汇报方重要职能人员，例如，预算、人力资源、法律、信息技术、公共部门等方面的关键人员。

虽然地方在联邦层面绩效审查工作中的作用有限，但地方的意见仍然十分宝贵。邀请地方有关负责人参与绩效审查会，有利于鼓励和带动地方实施绩效审查。

随着交流工具与现代技术的发展，场外代表参与会议变得越来越便捷，绩效审查组织方可以选择性邀请感兴趣的公民参与会议，并非必须向公众开放。

2. 明确会议内容。

绩效审查会的目的不是审查“重大政策问题”，而是服务于汇报方的组织管理。由于政策问题讨论涉及到多个层面，通常需要在绩效审查会议之外专项处理，因此组织方应该区分一般性绩效审查会议和必要的专题性会议。一般性绩效审查会议程主要包括：

（1）情况介绍；

（2）上次会议以来采取措施和突出问题；

（3）讨论新的情况以及组织协调层面问题；

（4）讨论明显偏离预期值的领域和指标（正向偏离及负向偏离）；

（5）集思广益明确下一步计划；

（6）基于会议情况确定下一步行动清单。

### （三）审查结果跟进

结果跟进是为了确认会议提出的行动或措施是否有针对性及效果，是否能够改进存在的问题。绩效审查会仅提出存在问题和行动清单不足以明确责任、确保行动有效落实，因此为有效跟踪会议结果落实情况，在会议期间和会后都要有所部署安排，具体如下：

（1）会议期间，留出足够的时间审查各项决定和要求，明确、细化后续行动步骤。

（2）跟踪会议期间明确的所有行动，例如，要求获取更多信息或制定具体的计划，明确每项行动责任主体或个人，以及完成时限等。

（3）会议结束后，及时向会议参与者发送备忘录，记录以下内容：①要求获取的具体信息和采取的具体行动；②行动责任方和责任人；③提供信息及采取行动的截止日期；④行动优先顺序；⑤其他附加信息；⑥负责跟进行动落实情况的联络员信息。

（4）建立落实行动追踪程序。

（5）审查人员积极配合汇报方负责人工作，例如，提供补充分析、与汇报方充分交流并接受咨询。

（6）审查人员在截止日期前一至两周提醒具体负责方或人员积极配合提供信息或采取行动。

（7）如果信息提供不达要求或逾期采取行动，向有关单位发送正式通知，指明未达标事项并要求解释说明。

（8）确保在下一次会议议程中留出足够的时间审查行动落实情况。

### （四）实施保障

成功实施绩效审查需多方面、多层次支持，主要包括：一是相关领导者及工作人员达成共识，即相信绩效审查能优化管理流程、推动政策实施，并在审查过程中积极配合；二是需要经验丰富的专业团队支撑，如确保有效分析数据、发现问题、分析原因、顺畅高效沟通等；三是绩效审查会议的结果或意见应具备可操作性、建设性及明确的结果导向性；四是必要的硬件保障能力，如完备的视频会议设备、互联网连通装置以及固定场所等。

## 第三节　战略季度审查的案例报告

### 一、美国交通部概述

1967 年成立的美国交通部将联邦政府的 31 个不同部门的交通职责合并到了一个部门下。成立该部门的目的是协调和管理联邦交通计划；在识别和解决交通问题方面发挥领导作用；鼓励联邦、州、部落和地方政府之间的合作，实现国家交通目标；推动交通技术的进步；制定国家交通政策和计划。如今，交通部负责监督和管理航空和地面交通的各种交通计划、政策和法规。交通部的首要任务是确保旅行公众的安全和保障，并使交通系统对国家的经济增长做出贡献。

### 二、美国交通部的战略目标框架及其战略目标

以 2018 年至 2022 年战略目标框架为例，该战略目标框架确定了交通部 2018 财年至 2022 财年的战略目标和目标。2010 年的《政府绩效和结果法案》修正案将 1993 年的《政府绩效和结果法案》与每届新任总统任期保持一致，要求每个内阁级部门和机构在新任总统任期开始后的 2 月的第一个星期一前制定新的战略计划。因此，战略计划描述了机构在每届新任总统任期开始时希望实现的长期目标，包括机构旨在实现的一般和长期目标、机构将采取哪些行动

来实现这些目标，以及机构如何最有效地利用其资源应对可能妨碍取得成果的挑战和风险。根据《政府绩效和结果法案》修正案，管理和预算办公室（OMB）制定了关于机构战略计划内容和框架的指导方针。

美国交通部（DOT）使用的战略绩效框架是一个指导其战略规划和绩效管理的结构，用于衡量和评估部门在实现其使命和目标方面的绩效。美国交通部的战略绩效框架包含以下几个关键要素：

第一，使命和愿景：美国交通部的使命是通过提供安全、高效、可持续和创新的交通系统来支持美国的经济繁荣、人民福祉和国家安全。其愿景是建设和维护全球最先进的交通系统。

第二，高级目标：美国交通部的战略绩效框架确定了四个高级目标，涵盖了其核心职能和关注领域：

（1）安全：提供安全的交通系统，减少交通事故和伤亡。

（2）移动：提供高效的交通系统，确保人们和货物的顺畅流动。

（3）智能：推动创新和技术应用，提高交通系统的效能和可持续性。

（4）健康环境：减少交通对环境的负面影响，保护自然资源。

第三，绩效指标：美国交通部的战略绩效框架包括一系列绩效指标，用于评估和跟踪在每个高级目标下的绩效。这些指标可以涵盖交通安全数据、交通拥堵指数、交通运输效率、环境影响等方面。

第四，策略和措施：美国交通部的战略绩效框架还包括明确的策略和措施，用于指导和支持实现高级目标的行动。这些策略和措施涉及监管、政策制定、研究和创新、基础设施投资等方面，以促进交通系统的改进和创新。

## 三、战略季度审查

美国交通部进行战略季度审查旨在定期评估和审查组织的战略计划和绩效。它通常在每个季度进行，并涉及对组织战略目标、计划执行情况和绩效表现的评估。战略季度审查的目标是确保组织在实施战略方面保持正确的方向，并及时进行调整以适应变化的环境和需求。美国交通部使用战略绩效框架来衡量其在各个领域的绩效，并通过定期的绩效评估和监测来追踪其目标的实现情况。这有助于确保美国交通部的工作与其使命和愿景保持一致，并提供基础用于决策制定、资源分配和政策调整。

每年交通部发布一份年度绩效计划和一份年度绩效报告，描述实现目标的进展情况，并为未来一年设定目标。这些报告将提交给管理和预算办公室（OMB），并提供给国会、利益相关者和公众。

除了这些年度报告外，美国交通部副部长还每季度与每个运营管理局局长和其他高级领导人举行绩效管理审查会议，讨论他们在绩效指标方面实现目标的进展情况。这些讨论向交通部领导层提供最新的发展动态，促进更大的项目透明度，并可能导致跟进行动以解决实施障碍。通过开展战略绩效审查，美国交通部能够定期审查和评估其战略目标的进展情况，并采取必要的行动来改进绩效和实现战略目标。这有助于美国交通部适应变化的交通环境、提高交通系统的效率和安全性，以及满足公众对交通服务和基础设施的需求。

具体来看，美国交通部（DOT）主要通过以下方式进行战略绩效审查，以评估其在实现战略目标和使命中的表现。

第一，绩效指标和目标：美国交通部制定了一系列绩效指标和目标，用于衡量和监测其不同领域的成效。这些指标可能涉及交通安全、交通拥堵、交通运输效率、环境影响等方面。通过定期跟踪这些指标的进展情况，美国交通部可以评估其绩效并识别需要改进的领域。

第二，绩效审查（review）：美国交通部进行定期的绩效审查，以审查其项目、计划和政策的执行情况和效果。这些审查由内部或外部机构进行，旨在确定是否按照预期实现了预期的成果，并提供改进建议。

第三，数据分析和报告：美国交通部收集和分析各种数据，包括交通统计数据、调查数据、研究报告等，以了解交通系统的状况和趋势。这些数据分析可以提供对特定问题或政策的绩效评估，并为决策提供支持。

第四，制定和执行规则：美国交通部根据法律和法规制定和执行各种规则和标准，以确保交通系统的安全性、效率和可持续性。这些规则可能包括交通运输、航空、公共交通、道路建设等领域的规定。绩效审查可以涉及对规则执行情况的监测和评估。

第五，创新项目审查：美国交通部支持和资助各种创新项目和试点项目，以推动交通领域的创新和改进。这些项目可能会接受评估，以了解其在实施过程中的绩效和效果，并为类似项目的决策提供参考。战略绩效审查是一个持续的过程，帮助 DOT 评估其工作的有效性和成效，并确定改进和优先事项。这些绩效审查的结果可以用于决策制定、政策调整和资源分配。

## （一）绩效指标

绩效指标提供了实现美国交通部战略计划中设定的战略目标的进展。部门确定与这些目标相一致的绩效指标，并根据历史趋势设定目标。历史上，美国交通部的绩效指标来自多个数据来源，包括几个国家交通数据库和报告系统，如公路性能监测系统（HPMS）、全国桥梁清单、全国交通数据库和事故死亡分析报告系统（FARS）。联邦航空局（FAA）跟踪并报告与安全、效率、能力、环境和成本效益相关的一组特定绩效指标。交通统计局（BTS）出版《交通统计年报》，描述交通系统和交通统计的现状，并涵盖交通系统的范围、使用情况、状况、性能和后果等一系列主题。交通部力求在这个基础上添加新的数据来源。如，2017 年，联邦公路管理局（FHWA）和联邦过境局（FTA）完成了旨在实现 MAP－21 下的目标的国家交通绩效管理（TPM）措施的规定，包括安全、基础设施状况、减少拥堵、系统可靠性、货运运输和公交系统良好维修状况等领域。州交通部、都市规划组织和公交提供者需要确定绩效目标，并定期向交通部报告他们的进展情况。都市和州级交通规划过程将利用这些目标，通过将项目投资与未来绩效目标相关联，来指导项目选择和投资决策。各州和都市规划组织已经开始制定目标并向联邦公路管理局报告结果，这些结果将在公共网站上发布。联邦过境局同样完成了公交资产管理规则，为公交机构监控和管理公共交通资产、提高安全性、增加可靠性和绩效，以及建立绩效指标提供了框架，并向联邦过境局的全国交通数据库提交了指标和目标。

未来，这些新的数据来源可以帮助提供有关全国交通绩效的新信息，交通部将利用这些新的数据来源来改进和完善现有的绩效指标。

《修复美国地面运输法案》（Fixing America's Surface Transportation Act，简称 FAST 法案）的基建法案对交通部和其他联邦机构引入了与某些基础设施项目的项目交付和环境评估相关的新要求，其中包括需要进行环境影响评估或环境评估的交通部项目和符合 FAST 法案第 41 条规定的其他机构基础设施项目。FAST 法案对许可仪表板的使用进行了法定化，这是一种在线工具，供联邦机构、项目开发者和公众感兴趣的人员跟踪联邦政府对某些大型或复杂基础设施项目的环境评估和授权过程，这是政府整体努力的一部分，旨在改善协调、透明度和问责制，加速项目交付并实现改善结果。随着仪表板数据库越来越多地记录基础设施项目的环境许可和评估的时间表和里程碑，交通部计划制定新的绩效指标来衡量这些过程的及时性。

### （二）其他与绩效的相关信息

除了早先提到的由交通部维护的数据库和信息系统外，其他联邦机构还拥有丰富的数据和信息资源，交通部利用这些资源来了解美国更广泛的人口统计、社会、经济和环境趋势。这些资源包括美国人口普查局的美国社区调查、能源信息管理局的年度能源回顾以及能源部的联邦汽车统计工具。

美国交通部进行或参与定期调查，例如商品流动调查、全国家庭出行调查（NHTS）、全国道路边缘酒精和药物使用调查，以及航空公司起始和目的地调查。从精心设计的调查（例如 NHTS）中产生的信息提供了随着时间推移出行模式、使用情况和行为变化的重要见解。进行 NHTS 等调查的成本可能限制其频率，相比较频繁进行调查，提供的交通趋势见解较少。

如联邦公交局的公交奖励管理系统（TrAMS）和安全管理系统（SMS），以及与各州合作开发的公路管理局基础设施自愿评估可持续性工具（INVEST）等评估和评估工具是美国交通部另一个潜在的绩效信息来源。

此外，美国交通部赞助特定主题和行业的研究，通常使用交通部提供的数据，这些研究产生了额外的信息，可以用于支持方案决策。其中一个例子是《NHTSA 工作的对策：公路安全对策指南》，这是第 8 版，它是对所有研究进行编译，以研究改善交通安全的行为干预策略的影响。联邦航空局的航空数据交换（AVDEX）将是一个实时的信息共享和讨论平台，使联邦航空局、其行业合作伙伴、民航部门和个人能够识别、捕获、讨论、交流和预测航空安全信息。交通部还赞助记录经验教训和最佳实践的研究。

### （三）数据来源和研究

美国交通部计划在其战略计划的 2018 年至 2022 年时间范围内进行数据来源、研究和调查工作。联邦公路管理局的交通绩效管理规定要求各州定期报告绩效目标、状况、绩效信息、实现目标的进展情况、其资产管理计划中所记录的投资策略的有效性，以及他们如何应对货运瓶颈处的拥堵情况，从而形成州级双年度交通绩效管理（TPM）报告。数据来源将随着更多项目进度和里程碑的发布和实现而变得更加完善。其他计划的数据来源和研究包括联邦公路管理局/联邦公交局条件和绩效报告的未来版本，联邦机动车管理局商业驾驶员执照合规性优先排序和审查过程评估。联邦公交局将在 2018 年启动数据安全计划。海事管理局正在召集一个工作组，以研究和评估在国家紧急情况下支持美国旗舰舰队所需的美国籍船员的可用性，交通部办公室科技转移追踪工具的开发正在进行中。

## 四、小结

美国交通部（DOT）通过以下方式进行战略季度审查，对绩效指标监测和进展评估，来达到战略绩效监测的目的。通过以下方法和机制，美国交通部能够有效地监测和评估其绩效指标的进展情况，并采取必要的措施来改进交通系统的安全性、效率性、可持续性和环境影响。这有助于美国交通部实现其使命和愿景，并提供更高质量的交通服务和基础设施。

第一，数据收集和报告：美国交通部收集和整理与其绩效指标相关的数据，并定期报告这些数据的结果。这些数据可以包括交通事故统计、交通拥堵数据、运输效率指标、环境影响数据等。数据的收集和报告是确保绩效指标监测的基础。

第二，绩效评估和报告：美国交通部进行定期的绩效评估，对绩效指标的达成情况进行分析和评估。这些评估可以在年度报告、战略规划更新或其他特定时间点进行。绩效报告通常包括对每个绩效指标的实际结果与设定目标之间的比较，并提供对绩效进展的解释和分析。

第三，监测和评估机制：美国交通部建立了监测和评估机制，以跟踪绩效指标的进展情况。这可能包括设立专门的绩效管理团队或委员会，负责收集数据、分析绩效结果、制定改进措施，并与相关部门和利益相关者进行沟通和协调。

第四，制订行动计划：基于绩效评估的结果，美国交通部会制定相应的行动计划来改进绩效，并实现设定的目标。这些行动计划可能包括政策调整、资源投入、项目实施、合作伙伴关系等方面的措施。

第五，利益相关者参与：美国交通部鼓励利益相关者的参与和反馈，以监督和评估绩效指标的进展。这可以包括与交通业界、学术界、社会组织和公众进行定期沟通和合作，收集他们的观点和建议，并将其纳入绩效监测和改进的过程中。

我国政府一直致力于推动绩效监控进行。习近平总书记在十九大报告中指出，“建立全面规范透明、标准科学、约束有力的预算制度，全面实施绩效管理。”2018 年，印发《中共中央 国务院印发关于全面实施预算绩效管理的意见》，部署全面实施预算绩效管理工作。为贯彻落实该《意见》，进一步提高绩效监控工作的规范性和系统性，在 2019 年我国财政部也制定了《中央部门预算绩效运行监控管理暂行办法》。

经过梳理和对比，笔者认为我国的绩效监控与美国的战略季度审查主要在以下四个方面存在差异。

在目标定位方面，美国战略季度审查侧重于对政府机构战略目标的审查和评估，以确保目标的实现和绩效的提升。而我国的绩效监控更加广泛，旨在对政府机构的各个部门的绩效进行全面监测和评估，包括经济发展、社会管理、环境保护等多个领域。

在审查频率方面，美国的战略季度审查通常按季度进行的，周期相对较短，以便及时检查和调整战略目标的进展情况。我国的绩效监控通常是按年度进行的，允许数据收集和分析更长的周期，周期相对较长。

在数据采集和分析方面，美国战略季度审查依赖于各政府机构提供的绩效数据，并进行相应的分析和评估。我国的绩效监控在数据采集方面更加全面，通常涉及各级政府的各个部门，数据来源包括统计数据、调查数据和绩效评估报告等。

在参与主体方面，美国战略季度审查通常由政府机构内部进行，涉及相关部门和利益相关者的参与。我国的绩效监控更加注重社会参与，公众、专家、学者等广泛参与绩效监控过程，以增加透明度和问责机制。

# 第十一章　财务报告、项目评估与绩效报告

【内容提要】1990 年《首席财务官法案》要求机构出具包含经审计的财务报表和绩效报告的年度报告。GPRAMA 法案要求各机构通过战略审查、年度绩效计划和绩效报告正式监控和审查组织绩效。机构绩效报告为国会、总统和美国人民提供了有关其财政资源管理以及目标实现进展的详细信息。机构财务报告提供了财务和绩效数据的概述，以帮助国会、总统和公众评估各机构对委托资源的管理。这些法案在法律层面对财务和绩效报告做出要求，但在实践中机构多使用绩效测量来跟踪实现目标的进展，但很少有机构深入开展项目评估。2018 年《循证决策基础法案》将项目评估提升为机构的一项重要职能，以改进公共政策和决策。项目评估较好地回应了美国 GPRAMA 法案和《循证决策基础法案》的要求，明晰投入、活动、产出和成果关系，有助于实现“基于活动的预算”或“绩效预算”。本章以联邦绩效框架的法律依据为逻辑起点，对财务报告、绩效报告和项目评估职能展开梳理，总结其主要内容和实施框架，以期为深化我国部门预算绩效管理改革提供有益启示。

## 第一节　财务报告及案例

《首席财务官法案》及系列法律要求联邦机构以符合会计准则的形式报告其财务状况（资产、负债）和经营结果（收入、成本）的年度报表。财务报告提供了机构的财务和绩效信息，它向国会、总统和公众展示了机构对其使命的承诺以及对委托资源的责任，使总统、国会和公众能够评估每个财年（10 月 1 日至次年 9 月 30 日）机构在实现其使命和管理其资源方面的信息。

## 一、财务报告

### （一）财务报告的发展脉络

1. 财务报告的法律依据。

1978 年《监察长法》（Inspector General Act of 1978）要求提供针对监察长办公室（Office of Inspector General，简称 OIG）的审计所采取的管理行动的信息；

1982 年《联邦管理人员财务诚信法》（Federal Managers' Financial Integrity Act of 1982，简称 FMFIA）要求对内部会计制度（internal accounting systems）和行政控制（administrative controls）的充分性进行持续的评估和报告，以及财务管理制度是否符合联邦财务管理制度的要求；

1990 年《首席财务官法案》（Chief Financial Officers Act of 1990，简称 CFO 法案）设立了首席财务官（Chief Financial Officer）职位，要求各主要执行机构出具经审计的财务报表，并要求管理和预算办公室（OMB）主任规定财务报表的内容和形式；

1994 年《政府管理改革法案》（Government Management Reform Act of 1994，简称 GMRA）要求每年对部门和机构一级（department and agency - level）的财务报表进行审计，并对整个美国政府（U. S. government - wide）的合并财务报表进行年度审计；

1996 年《联邦财务管理改进法案》（Federal Financial Management Improvement Act of 1996，简称 FFMIA）要求审计财务报表，以评估一个机构的财务管理制度是否符合联邦政府、联邦会计准则（Federal accounting standards）和美国政府总分类账（United States Government General Ledger）的要求，从而确保财务管理信息的准确、可靠和及时；

2000 年《报告合并法案》（Reports Consolidation Act of 2000）允许各部门和机构编制合并的《绩效与问责报告》（Performance and Accountability Report，简称 PAR）。法案指出，经 OMB 批准，如果合并报告将提高报告信息的有用性，各机构可以为财务管理、绩效管理和其他目的提交法定要求的合并报告。

在 2007 和 2008 财年，管理和预算办公室开展了一项试点工作，允许各部门和机构编制合并 PAR 的替代方案；

2002 年《税收责任法案》（Accountability of Tax Dollars Act of 2002，简称 ATDA）要求行政部门和机构编制经审计的财务报表（financial statements），并将财务报表的审计要求扩大到 CFO 法案未涵盖的方面；

2010 年《政府绩效与结果现代化法案》（The Government Performance and Results Modernization Act of 2010，简称 GPRAMA）要求对联邦政策和管理重点进行季度绩效审查；

2019 年《支付诚信信息法案》（Payment Integrity Information Act of 2019，简称 PIIA）要求在年度财务报告中描述为落实回收审计师（recovery auditor）关于防止超额付款而建议采取的行动。在 2019 财年和 2020 财年，该法案要求各机构向国会提交一份关于该机构在欺诈方面所取得进展的报告，并作为该机构年度财务报告的一部分。在 2019 财年和 2020 财年，法案要求各机构提交一份报告，说明其在减少欺诈方面所做的努力，以实施联邦机构的财务和行政控制及程序，评估和降低欺诈风险，并实施联邦机构开发和使用数据分析，识别、预防和应对欺诈行为，包括不当支付（improper payments）。

在 CFO 法案颁布之前，联邦机构因欺诈、浪费、滥用或管理不善等问题损失了数十亿美元。① 自 20 世纪 90 年代实施重大改革以来，联邦政府在改善财务管理方面取得了重大进展。总的来说，财务报告的改善并非一蹴而就，它在行政部门、立法部门和各种标准制定部门之间进行了数十年的协调努力。表 11 -1 梳理了联邦机构财务报告数十年来的发展脉络。下一步，美国联邦政府也在不断改进财务管理，促进首席财务官的职责标准化、制定财务管理计划、加强不当支付和欺诈风险管理报告，帮助联邦机构更好地将绩效和成本信息与决策联系起来。

---

① U. S. Government Accountability Office. Federal Financial Management: Substantial Progress Made since Enactment of the 1990 CFO Act; Refinements Would Yield Added Benefits. Washington, D. C., 2020. GAO -20 -566.

表 11-1　　联邦机构财务报告的发展脉络

| 时间 | 内容 |
| --- | --- |
| 20 世纪 90 年代之前 | • 联邦机构中存在大量不可靠的财务信息和不太可靠的运营和成本数据；<br>• 联邦机构无需编制经审计的财务报表；<br>• 联邦机构没有一个标准化的报告格式来提供机构的运营和绩效信息 |
| 20 世纪 90 年代 | • 联邦会计准则咨询委员会（FASAB）成立并开始制定联邦会计准则；<br>• 联邦政府开始按照 GMRA 的要求编制 CFO 法案机构和美国政府的经审计的财务报表；<br>• 在 1996 财年，6 个 CFO 法案机构收到了对其财务报表的"无保留"① 审计意见 |
| 21 世纪最初 10 年 | • FASAB 介绍了联邦政府财政前景的可持续性报告；<br>• 收到无保留审计意见的 CFO 法案机构数量增加；<br>• 在 2005 财年，所有 CFO 法案机构在财年结束后 45 天内发布了经审计的财务报表；<br>• ATDA 要求大多数其他行政部门机构编制经审计的财务报表；<br>• OMB 推出美国政府支出网站（USAspending. gov），按照《联邦资金问责与透明法案》（FFATA）的要求跟踪和报告联邦支出 |
| 21 世纪第二个 10 年 | • FASAB 继续制定标准，标准总数达到 58 个；<br>• 收到无保留审计意见的 CFO 法案机构数量稳定在 22 个左右；<br>• 根据《数据法案》（DATA Act）更新美国政府支出网站，以便更有效地跟踪联邦支出 |

资料来源：U. S. Government Accountability Office. Federal Financial Management: Substantial Progress Made since Enactment of the 1990 CFO Act; Refinements Would Yield Added Benefits. Washington, D. C., 2020. GAO-20-566.

2. 财务报告的主要进展。

（1）编制和审计财务报表的要求改进了机构的问责制。编制和审计年度财务报表对提高财务信息的有用性、一致性和可靠性至关重要。根据 CFO 法案，联邦机构的目标是准备可供审计的财务报表，将可靠的财务、项目、绩效和预算数据汇集到报告中，这些报告有助于行政部门的决策和国会的监督。编制审计的财务报表的要求也向各机构灌输了提高日常财务信息质量的意识，并帮助机构的管理人员处理他们在监督财务时面临的一系列问题。此外，财务报

① 无保留审计意见（unmodifed audit opinion）又称 clean audit opinion，是指财务报表在所有重要的方面均按照美国公认会计原则公允地陈述。

表的审计程序有助于查明和消除机构在内部控制方面的重大缺陷，巩固内部控制程序，促进联邦会计的诚信和纪律。

（2）OMB 和各机构提高了财务报告的及时性。自 CFO 法案颁布以来，各机构显著提高了其财务报告的及时性。及时性是提高财务信息有效性的一个关键因素，它既可以向公众提供透明度，又可以为决策提供信息。根据 GMRA 和 ATDA，每个 CFO 法案机构和大多数其他机构必须在每年 3 月 1 日之前或联邦财年结束后 5 个月内准备并提交经审计的财务报表。然而，OMB 提前了经审计的财务报表的截止日期。例如，上市公司向证券交易委员会提交报告的时间要求为 60 至 90 天，而 2005 财年所有 CFO 法案机构都在 11 月 15 日之前完成了经审计的财务报表，即财年结束后约 45 天。自 2005 财年以来，24 家 CFO 法案机构中至少有 20 家达到了 OMB 每年设定的时间表。提前审计财务报表的时间安排有助于确保 OMB、财政部、国会和公众能够及时获取财务信息，以做出有关分配联邦资源、授权和修改项目以及评价项目绩效的决策。

（3）CFO 法案机构通过在网站上提供绩效和财务信息提高了透明度。根据 OMB 的指导，各机构必须在其网站上公布其年度绩效和财务报告，包括经审计的财务报表。年度绩效报告提供了机构在实现其战略规划和年度绩效计划所述目标方面的进展情况，包括机构优先目标的进展情况。年度财务报告和绩效与问责报告的财务部分提供了有关机构财务状况的信息，包括财务报表和独立审计师的报告。这些报告有助于提高机构运行和财务状况的透明度，帮助机构和政策制定者评价绩效。

（4）FASAB 发布了会计准则以改进联邦财务报告。1990 年，OMB、财政部和 GAO 联合成立了联邦会计准则咨询委员会（Federal Accounting Standards Advisory Board，简称 FASAB），负责制定和颁布联邦政府财务报告的会计准则和原则。一套联邦会计准则是实现 CFO 法案目标的关键，即提供完整、可靠、一致和及时的财务信息。会计准则的统一应用有助于确保整个政府财务数据的可比性，并有助于促进财务活动记录和报告的统一性。1995 年，FASAB 发布了《联邦财务会计准则》（Statement of Federal Financial Accounting Standards，简称 SFFAS），要求联邦机构定期收集和报告其活动的成本，以便提供管理信息。它还要求联邦机构在一般用途的财务报告中报告产出的全部成本，并按权责发生制记录、累计和分配成本。截止 2020 年 3 月，FASAB 已启动了一系列旨在持续提高财务报告有效性的项目，包括对财务报告模型、管理层的讨论和分析以及附注披露的审查。

### （二）财务报告的基本概念

1. 机构财务报告。

机构财务报告（Agency Financial Report，简称 AFR）是关于机构财年末的财务状况的报告，包括但不限于财务报表（financial statements）、财务报表附注（notes to the financial statements）和独立审计师报告（Independent Auditors' Report），报告还包括绩效摘要（performance summary）。[①]

2. 政府财务报告。

美国政府财务报告，又称合并财务报告（Consolidated Financial Report，简称 CFR）是联邦政府的通用报告，旨在说明其财务责任。财务报告中的合并财务报表（consolidated financial statements）由财政部长与管理和预算办公室主任协调编制，提供了来自各个联邦政府机构和部门的合并和汇总财务信息，这包括来自联邦政府行政、立法和司法部门的财务信息。[②]

3. 政府与企业财务报告。

商业公司与联邦机构的一个区别是，联邦机构的存在不是为了盈利。大多数联邦活动并不产生收入来为项目运营提供资金，而是依靠授权（authorization）和拨款（appropriation）法案来提供运转所需的财政资源。根据美国政府责任署（GAO）的说法，联邦财务报告的目标是让各机构展示其问责制，提供有价值的信息，并帮助财务信息的内部使用者改进政府的管理。因此，联邦各机构的目标是对受委托的资产进行良好的财务管理，其财务报告侧重于资产管理、对各种负债的责任、项目活动的成本以及预算控制过程等要素，由于这些独特的要素，联邦政府的报告也有一套独特的会计准则，而私营企业财务报表的读者可能有兴趣投资于一家公司，他们希望财务报表所提供的信息是及时、准确的，并且可以依靠这些信息来评估其投资价值。

---

① U. S. Office of Management and Budget. Part 6, section 200, Overview of the Federal Performance Framework. Circular NO. A - 11. Preparation, submission, and execution of the budget, 2016.

② U. S. Government Accountability Office. Understanding the Financial Report of the United States Government. Washington, D. C. , 2018. GAO - 18 - 239SP.

## （三）财务报告的主要内容

1. 机构财务报告。

（1）机构负责人转交信。根据2000年《报告合并法案》，机构财务报告或绩效与问责报告中必须包括机构负责人转交信（Agency Head Transmittal Letter），具体包括：1）机构负责人对报告中使用的绩效和财务数据的完整性和可靠性的评估；2）评估必须“描述数据完整性和可靠性方面的所有重大不足，以及机构可以采取并正在采取哪些措施来解决这些不足之处”。此外，信中应描述机构在内部控制存在的所有“重大缺陷”（material weaknesses），以及该机构正在采取的解决这些缺陷的行动。

（2）管理层的讨论与分析。管理层的讨论与分析（Management's Discussion and Analysis，简称MD&A）部分提供了机构的大致背景信息，包括组织结构、使命、主要项目活动的财务和绩效结果以及影响机构运转的因素。值得注意的是，AFR的这一部分未经独立审计师审计，无法对其准确性或完整性发表任何意见。

（3）财务部分。财务部分（Financial Section）包括独立审计师报告、财务报表和财务报表附注，并介绍了机构该年度的财务绩效。其中，独立审计师报告提供了所进行的审计的背景信息和测试结果，包括审计师是否发现财务报表在所有重要的方面都按照美国联邦报告实体的公认会计原则（U.S. Generally Accepted Accounting Principles）公允地陈述。

财务报表提供了机构的财务结果，包括资产负债表（balance sheets）、净成本表（statements of net cost）、净权益变动表（statements of changes in net position）、预算资源表（statements of budgetary resources）等。

其中，资产负债表反映了机构在某一固定时间点的资产和负债情况。资产负债表上的大多术语都是财务报表使用者所熟悉的，如资产（assets），例如应收账款（accounts receivable）、房产（property）和设备（equipment）；负债（liabilities），例如应付账款（accounts payable）和精算负债（actuarial liability）。在联邦资产负债表中，还有一些独特的术语，如国库基金余额账户（Fund Balance with Treasury）和政府间债务（Intragovernmental Liabilities）。国库基金余额账户在概念上类似银行账户余额，基金余额代表机构在美国财政部账户中的资金数额，可用于国会批准的项目和开支。政府间债务源于两个联邦政府实体之间开展的业务活动。

净成本表显示机构在主要业务领域的运营结果，它展示了本财年机构为客户提供商品和服务所赚取的收入，并减去运营其项目所产生的费用，从而得出净成本。商业公司将这类报表称为损益表（income statement）。

净权益变动表类似于商业公司的权益变动表。该报表反映了资源的来源和使用对各资金财务状况的影响。

预算资源表是联邦政府独有的，它展示了预算控制过程（budgetary control process）的关键组成部分。该报表显示了预算授权的各种来源和为机构活动提供资金的资源；年度内使用了总资源的数量；以及年末未使用的资源。私营企业没有类似的报表，也没有一套以这种方式制定和控制预算的要求。

财务报表附注提供了有关财务报表中报告的资产负债的更多细节和背景信息。

（4）其他信息。其他信息（Other Information）部分提供了机构的其他相关信息，包括机构遵守法律法规的情况。AFR 的这一部分也未经独立审计师审计。

2. 合并财务报告。

（1）摘要。摘要（Executive Summary）强调了财务报告中的重要信息，它总结了联邦政府目前的财政运行（financial operations）、条件（condition）和状况（position），并讨论了包括财政可持续性在内的关键财政问题。

（2）管理层的讨论与分析。管理层的讨论与分析（Management's Discussion and Analysis，简称 MD&A）提供了管理层对联邦政府合并财务报表中所呈现信息的见解。它比摘要更详细地展示了管理层对财政信息和联邦政府整体运作的看法，并讨论了可能影响未来运行的重要财政问题和重要条件，包括实现财政可持续性的必要性。MD&A 旨在为读者提供联邦政府财政绩效、运行、条件和状况的概述和分析，它还旨在提供有关机构审计、系统、控制和法律合规性的信息，以及有关财务管理进展和优先事项的信息。

（3）财务报表。财务报表（Financial Statements）提供综合财务信息，包括所有联邦实体和财政可持续性信息，以及联邦政府财政运行、条件和状况的总览。联邦政府的合并财务报表包括五个财务报表，统称为权责发生制合并财务报表（accrual - based consolidated financial statements），另外三个财务报表统称为可持续性财务报表（sustainability financial statements）。

其中，权责发生制合并财务报表提供了两年的财务数据，以便读者比较联邦政府当前和前几年的财务信息，包括净成本表（Statement of Net Cost）、运营与净权益变动表（Statement of Operations and Changes in Net Position）、净运营收入（或成本）和统一预算盈余（或赤字）协调表（Reconciliation of Net Operating Revenue（or Cost）and Budget Surplus（or Deficit））、统一预算和其他活动现金余额变动表（Statement of Changes in Cash Balance from Budget and Other Activities）和资产负债表（Balance Sheet）。

可持续性财务报表涉及整个联邦政府75年的预测，以及社会保险项目，包括长期财政测算表（Statement of Long - Term Fiscal Projections）、社会保险表（Statement of Social Insurance）和社会保险数额变化表（Statement of Changes in Social Insurance Amounts）。

（4）财务报表附注。财务报表附注（Notes to the Financial Statements）提供了与联邦政府合并财务报表中报告的信息有关的重要披露和细节，是了解联邦政府财政运行和财政状况的重要信息来源。正如报表每页底部所述，附注被视为财务报表的组成部分。此外，大多数合并财务报表都包含一个或多个附注。

（5）补充信息。补充信息（Required Supplementary Information）提供关于财政可持续性和社会保险等重要议题的补充信息，以增强对联邦政府财政运行、条件和状况的理解。

（6）其他信息。其他信息（Other Information）是指不包括必要补充信息的财务和非财务信息，它提供了关于重要议题的额外信息，如税收缺口（tax gap）和税收负担（tax burden），以补充使用者对联邦政府财政运行、条件和状况的理解。

（7）政府托管信息。政府托管信息（Required Supplementary Stewardship Information）重点介绍了对公众有长期利益的大量联邦投资，包括与非联邦有形财产（nonfederal physical property）、人力资本和研发有关的项目。这些项目包括为州和地方政府财产（如桥梁和道路）的建设和重大翻修提供补助金，以及为教育和培训提供补助金。这一部分还介绍了联邦政府在基础研究、应用研究和发展项目方面的支出。

（8）政府问责署报告。美国政府问责署报告（Government Accountability Office Report）介绍了GAO对联邦政府合并财务报表和财务报表附注的审计结果。审计报告旨在告诉读者财务报表中提供的信息是否可靠。GAO根据美国公认的政府审计准则（government auditing standards）对合并财务报表进行审计，并获取和评估证据，目的是就权责发生制合并财务报表和可持续性财务报表（均包括相关报表附注）是否在所有方面按照美国公认的会计原则公允地陈述。财务报告中的摘要、MD&A、补充信息、其他信息和政府托管信息部分不需要审计。

## 二、财务报告典型案例分析

### （一）财务报告概述

财政部（Department of Treasury）2023财年《机构财务报告》（AFR）提供了与其使命和委托的资源相关的财务信息。AFR还强调了优先事项、成就和面临的挑战，这些项目旨在改善维持国内外经济增长和稳定的条件，保护国家金融体系的完整性，并有效管理美国政府的财政和资源。根据OMB通告A-136的财务报告要求，财政部制作以下报告：2023年11月15日发布的AFR，以及与财政部国会预算说明一起提交的年度绩效报告（APR）。财政部2023财年AFR提供了从2022年10月1日开始至2023年9月30日结束的财务和绩效信息，并在合适的情况下与上一年的数据进行比较。AFR表明了其对使命的承诺以及对国会和美国人民的责任，并介绍了财政部的运作、成就和挑战。

### （二）财务报告内容

财政部《机构财务报告》以美国财政部长珍妮特·耶伦（Janet L. Yellen）的讲话开始。引言之后是三个主要部分：

1. 管理层的讨论与分析。

第一部分主要是对财政部的组织结构、战略框架、项目和财务表现以及与财政部内部控制相关的管理保证展开高度的概述。

2. 财务部分。

这一部分首先是管理助理部长（Assistant Secretary for Management）兼副

首席财务官（Deputy Chief Financial Officer）的致辞，然后是独立审计师的报告、经审计的财务报表和说明以及补充资料。

3. 其他信息。

第三部分包括各种信息，包括监察长确定的管理和绩效挑战及管理部门的答复，税收缺口和税收负担、不当支付和其他相关信息。

## 第二节　项目评估及案例

项目评估是项目规划和设计的重要组成部分，旨在评估一个项目在推进或实现其预期成果方面的情况，在绩效管理中发挥着重要作用。2018 年《循证决策基础法案》将项目评估提升为机构的一项重要职能。项目评估可以分析单个或一组子项目在整个绩效期间，而不是在特定时间点的绩效情况；帮助政策制定者和机构管理人员加强项目的设计和运作；有助于确定如何最有效地花纳税人的钱；解决项目的整体绩效、特定项目的效益等问题；还可以审查与绩效进展有关的问题，如绩效数据的可靠性、确定合理的绩效目标或指标，以及了解与项目有关的因素。项目评估是一项科学的活动，各机构在开展评估活动时应当符合 OMB 规定的相关性和实用性、严格、客观性和独立性、透明和道德标准。

### 一、项目评估

#### （一）项目评估的发展脉络

1. 探索期：GPRA 和 GPRAMA 法案对项目评估的有限要求。

1993 年 GPRA 法案颁布之时，国会对行政部门的决策因缺乏有关联邦项目成果的良好信息而受到阻碍，为了提高联邦政府管理水平，提升效率和效益，GPRA 法案在政府范围内制定了一项规定，要求各机构设定目标，并每年报告绩效。GPRAMA 法案要求在战略规划环节，机构需描述用于建立或修改总目标和分目标的项目评估，并要求战略规划包含未来项目评估的时间表。在绩效报告环节，机构绩效更新需要包括绩效更新期间完成的项目评估的总结发现。GPRAMA 法案旨在通过要求各机构确定优先目标，明确官员的目标实现责任，并每季度审查项目进展情况，从而提高项目绩效。项目运行成功的关键是准确且及时的项目现状信息。但与 GPRA 法案一样，GPRAMA 法案主要侧重于目标设定和绩效测量，其对于项目评估的要求比较有限。①

2011 年，GAO 在其调查报告中指出，多年以来，各机构采用了许多分析方法来评估联邦项目、政策、活动和组织的运作和结果。大多数联邦机构使用绩效测量来跟踪实现目标的进展，但似乎很少有机构定期展开深入的项目评估，以评估其项目的影响或学习如何改进结果。②

2. 发展期：《循证法案》对项目评估的进一步指导。

尽管联邦各机构付出了诸多努力和资源，但依旧经常缺乏必要的数据和证据来做出关于项目运作、政策和法规的关键决策，也难以了解资源分配对实现项目目标的影响。在此背景下，2019 年 1 月 14 日签署通过的《循证决策基础法案》（The Foundations for Evidence – Based Policy Making Act of 2018），简称《循证法案》，旨在确保证据的有效性和证据的严格使用，并强调将评估视作政府日常运作的一部分，以改进公共政策和决策。在《循证法案》指导下，OMB 和各机构采取了一系列行动推进项目评估开展，推动形成项目评估的法律规范。

（1）发布项目评估指南。《循证法案》规定：OMB 主任在与评估相关的跨部门委员会协商后，应当根据广泛接受的评估标准，为各机构发布项目评估指南（guidance for program evaluation），并确定改进联邦项目评估（Federal program evaluation）的最佳评估实践。在法案要求下，2020 年 3 月，OMB 发布了题为《第四阶段 循证决策基础法案的实施：项目评估标准和实践》（Phase 4 Implementation of the Foundations for Evidence – Based Policymaking Act of 2018：Program Evaluation Standards and Practices）备忘录，即 M – 20 – 12，满足《循证法案》所要求的“必然建立在已经开展的活动的基础上，在某些情况下，需要以新的方式协调这些活动”。

---

① Clinton T. Brass. Changes to the Government Performance and Results Act（GPRA）：Overview of the New Framework of Products and Processes，2012.

② U. S. Government Accountability Office. Performance Measurement and Evaluation：Definitions and Relationships. Washington，D. C.，2011. GAO – 11 – 646SP.

（2）推进联邦证据构建。《循证法案》也致力于推进项目评估作为联邦证据构建（Federal evidence building）的重要组成部分①。“证据”的定义很宽泛，包括四个相互依赖的部分组成（见图11－1）：基础事实发现（foundational fact finding）、政策分析（policy analysis）、项目评估（Program Evaluation）和绩效测量（Performance Measurement），他们相辅相成。如图11－2所示，从证据构建活动中获得的信息应用于改进项目和政策的设计与实施，以及机构的运转。各机构应在整个项目、政策和运行的生命周期（从问题识别到实施、评估和评价）中建立和使用证据，同时，机构在建立和使用证据时，应该考虑这些不同类型的证据。然而，尽管各机构应考虑一系列的证据构建，《循证法案》着重强调项目评估内容，法案第一章便将项目评估提升为一项重要的机构职能，这一点在总统备忘录中也得到了巩固②。

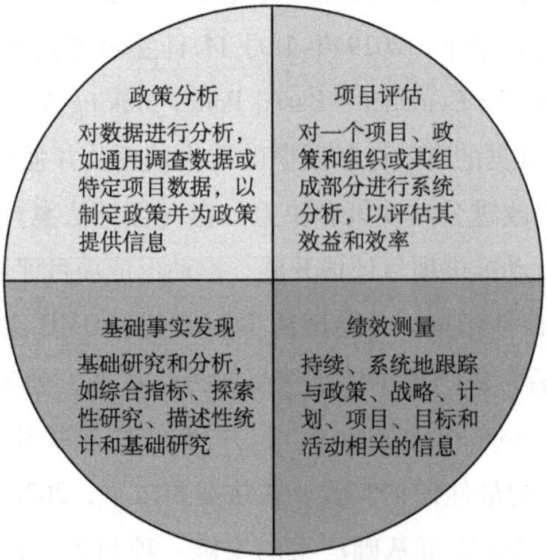


**图11－1　证据的组成部分**

资料来源：Office of Mgmt. and Budget, Exec. Phase I Implementation of the Foundations/or Evidence－Based Policymaking Act of 2018: Learning Agendas, Personnel, and Planning Guidance, Washington, D. C., 2019, M－19－23.

---

① Office of Mgmt. and Budget, Exec. Phase I Implementation of the Foundations/or Evidence－Based Policymaking Act of 2018: Learning Agendas, Personnel, and Planning Guidance, Washington, D. C., 2019, M－19－23.

② Office of Mgmt. and Budget, Exec. Evidence－Based Policymaking: Learning Agendas and Annual Evaluation Plans, Washington, D. C., 2021, M－21－27.

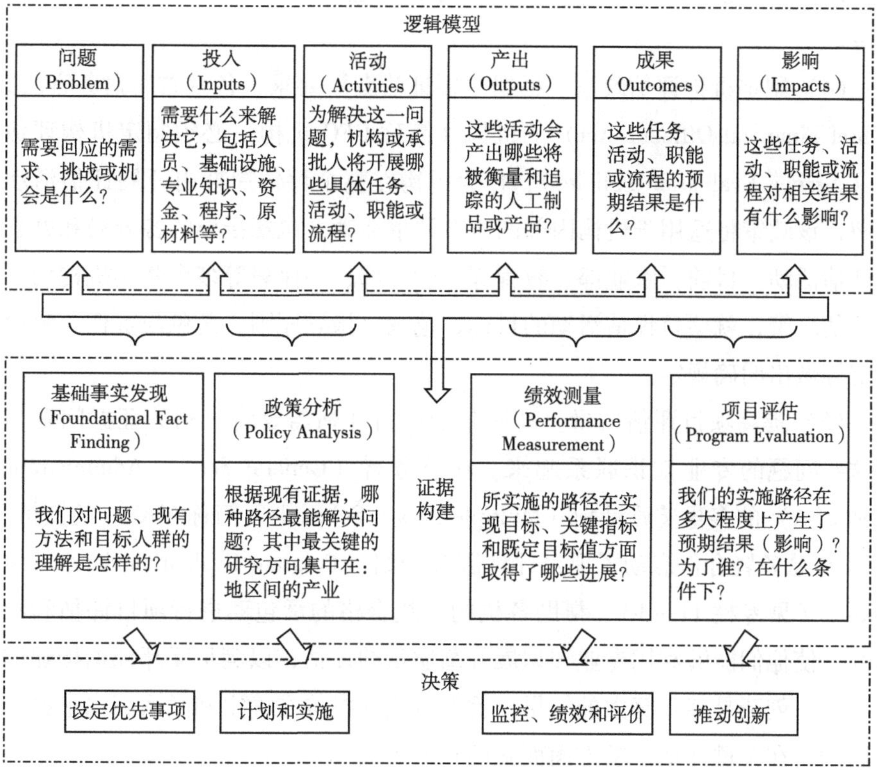


**图 11－2 证据构建的逻辑模型**

(3) 建立评估网站。评估在基于证据的政策制定中发挥着至关重要的作用,它帮助机构确定为什么,为谁,在什么情况下工作良好,工作不佳,并回答有关了解联邦评估情况的问题。所有联邦机构都将使用绩效信息来巩固项目。因此,联邦政府致力于促进各机构更加重视评估工作,以证明哪些是有效的,哪些是无效的。2021 年 8 月,根据《循证法案》,OMB 的证据组(The Evidence Team)建立了评估网站(Evaluation. gov)。该网站是关于联邦项目评估和评估官委员会(Evaluation Officer Council)的网站,它汇总了整个联邦政府评估工作的计划和活动。网站上的资料由 OMB 证据组汇编而成,该团队致力于开发、建立、生产和使用证据和评估,并推进在预算、管理、运营和政策决策中更好地整合证据和严格的评估目标。评估网站公开了有关评估官委员会及其正在开展的一些活动的信息,并提供了法律、指南和联邦机构文件的部分清单,这些文件反映了它们对《循证法案》,特别是第一章的执行情况。此外，评估网站还整理并分享了用于支持和改进评估活动及其评估结果使用的资源。

（4）制定机构评估政策。根据《循证法案》要求，各《首席财务官法案》（Chief Financial Officer's Act）的机构（简称 CFO 机构）必须制定机构评估政策（Agency Evaluation Policies），作为机构在整个评估周期内开展评估活动的指南，该政策将适用于机构内部的所有评估活动，包括指导的各分局和办公室的评估活动。目前，农业部、教育部、能源部、环保署等多个联邦机构均已出台评估政策，就项目评估活动的目标、范围、指导原则、角色与责任、政策和规定等做出明确规定。

（5）提高项目评估质量。高质量的项目评估需要将机构的证据问题与回答这些问题的专业知识联系起来。在总务署（General Service Administration，简称 GSA）的多重奖励计划（Multiple Award Schedule，简称 MAS）的支持下，OMB 与总务署合作启动了项目评估服务子组（Program Evaluation Services sub-group）（见专栏 11－1），帮助各机构寻找合格的承包商进行项目评估和相关研究，使他们能够利用专业知识展开高质量的评估，以满足联邦证据构建的需要。这一创新是多年努力的结果，旨在解决各机构在确定和联系高水平的承包商以满足在关键评估需求方面面临的长期挑战。

**【专栏 11－1】**

## 项目评估服务子组

### 多重奖励计划下的项目评估服务子组 SIN541611

**目标**

创建一批合格的、经过预先审查的承包商，供联邦机构选择，设计并开展项目评估活动，以满足机构的证据构建需要。

**如何运作**

1. 承包商申请加入子组。
2. 由评估官委员会的评估专家小组对申请进行审查。
3. 挑选在项目评估方面拥有专业知识（经验）的承包商加入子组。
4. 各机构通过子组发布项目评估招标书，并向子组持有者授标。
5. 机构和子组持有者定期举行会议，讨论项目评估采购的先进做法。

**子组的好处**

对联邦机构：

- 有机会向在项目评估方面经证实具有专业资质的承包商招标；
- 提高了实现管理支出采购目标的能力。

对承包商：

- 获得大量且不断增长的联邦项目评估投资（2018—2022 财年超过 5 亿美元）；
- 与联邦机构持续合作。

**谁有资质**

加入子组：SIN541611 下的 MAS 合同持有者（小型和大型企业），具有严格评估设计（或执行）的技术专长和相关经验，包括成果和影响评估

使用子组：所有联邦机构

**如何加入子组（承包商）**

1. 查看 MAS 专业服务类别附件中的申请说明。
2. 向 sinevalsubgroup@ gsa. gov 提交书面申请，申请涵盖所有要求的内容。
3. 对 GSA 要求的后续情况做出回应。
4. 如果收到 GSA 通知，则初次提交的申请和对后续情况的答复都获得了“通过”评级，按照说明在 eBuy 中添加子组。

**如何使用子组（联邦机构）**

1. 根据 SIN541611 在 eBuy 上发布招标信息。
2. 在招标文本中明确指出，此需求仅对项目评估服务子组的持有者开放，且仅接受经批准的子组持有者的提案。

**关键日期**

2023 年 7 月：创建子组；承包商申请窗口开放。

2023 年 10 月：子组可供联邦机构使用。

持续进行：承包商申请加入子组；联邦机构通过子组发布招标书。

**更多信息**

邮件：sinevalsubgroup@ gsa. gov.

## （二）项目评估相关术语界定

1. 项目。

对于术语“项目”目前尚未有一致的定义。在实践中，项目（program）可以是具有可识别的目的或一组目标的任意活动（activity）、项目（project）、倡议（initiative）、法律（law）、税收规定（tax provision）、职能（function）或政策（policy）。在项目评估中，项目的同义词包括处理（treatment）和干预（intervention）。[①] 在一些机构中，一个活动通过合同、赠款或协议实施某项（或一组）干预措施，而一个项目是一组互补的活动，在既定的时间表和预算基础上，实现离散的结果（discrete result）。[②]

2. 评估。

根据《循证法案》，评估（evaluation）指的是对一个或多个项目、政策和组织进行系统的数据收集和分析，以评估其效益（effectiveness）和效率（efficiency）。OMB 指南将“评估”定义为：系统地收集和分析有关项目特点和成果的信息，并将其作为对该项目进行判断和评估，提高项目效益以及为当前和未来的项目决策提供信息的依据。

3. 项目评估。

根据 GPRA 法案，项目评估（Program evaluations）是指：通过客观测量和系统分析，对联邦项目（Federal programs）实现预期目标的方式和程度进行评估。GPRAMA 法案沿用了这一定义。可以说，项目评估是定期或根据需要临时进行的独立系统研究（individual systematic studies），以评估项目的进展情况，它通常由项目外的专家（可能在机构内部，也可能在机构外部），以及项目经理开展（program managers），并通常在项目绩效的其他方面或项目发生的环境中检查项目目标的实现情况。因此，项目评估可以视作：（1）在特定的时间点得出的公开结论；（2）随着对越来越多的评估信息的收集和解释以及时间的推移，形成结论的一个累积过程。在实践中，项目评估使用了一种或多

---

① Clinton T. Brass, Erin D. Williams, and Blas Nunez - Neto. Congress and Program Evaluation: An Overview of Randomized Controlled Trials（RCTs）and Related Issues. Washington, D. C. , 2006.

② Office of Mgmt. and Budget. Monitoring and Evaluation Guidelines for Federal Departments and Agencies that Administer United States Foreign Assistance, Washington, D. C. , 2018, M - 18 - 04.

种方法来回答以下问题：项目进展得如何？项目是否实现了目标或导致了意外的后果？项目为什么这样执行？以及如何改进项目？

4. 绩效测量。

绩效测量（Performance measurement）这一术语有多重定义，但均与“项目评估”有所区别。“测量”（measurement）的同义词可以是指标（indicator）、度量（metric）和目标（target）等。一般情况下，绩效测量是对项目成绩，尤其是对预先设定的目标进展的持续监控和报告，它通常由项目或机构管理。有时绩效测量也指与项目相关但不一定受其影响的统计信息。绩效测量可以处理“过程”（process），即所进行的项目活动的类型或水平，“产出”（outputs），即项目提供的直接产品和服务，或者“成果”（outcomes），即这些产品和服务的结果。

5. 项目评估报告。

项目评估报告是一份综合、全面的文件，它集中了机构从评估中了解到的有关项目的信息，描述项目并提供信息分析的结果。它还包括对结果的解释，以了解项目的效率和效益。项目评估报告应清晰、简明，并以经验为依据，它应包括执行摘要、项目的简明描述、评估目的和问题、评估设计和数据收集方法及其局限性、主要发现和结论或建议。

### （三）项目评估与绩效测量概念辨析

GPRA 和 GPRAMA 法案均规定了目标设定、测量和评估。然而，这些活动的开展并不一定是中立、客观的，政策目标的选择或目标之间的权衡也可能存在争议。因此，目标在本质上是政治性的。同样，一个项目“成功”的界定也可能是有争议的。在这种情况下，项目评估和绩效测量作为两种政策分析工具，帮助政府测量绩效。项目评估（program evaluation）和绩效测量（performance measurement）共同确定了项目的改进领域和重点，并判断朝着总目标和分目标取得的进展情况。项目评估和绩效测量都是联邦项目管理（federal program management）的重要工具，在项目的开展过程中，它们发挥着有所不同但相互补充的作用，二者都依赖对方测量好的绩效，但重点和用途有所不同。

1. 不同重点。

绩效测量关注的是一个项目是否达到了它预先设定的目标，表现为可测量的绩效标准。项目评估的范围比绩效测量更广，它不是在持续的基础上进行绩效监测，它通常检查关于项目绩效及其背景的更为广泛的信息。根据它们的关注点，项目评估可以检查项目运作的各个方面或项目环境中可能阻碍或有助于其成功的因素，以帮助解释项目投入、活动、产出和成果之间的联系。其次，项目评估可以评估项目超出预期目标的影响，或者评估在项目没有开展的情况下会发生什么，以评估项目的净影响（net impact）。此外，项目评估还可以系统地比较针对同一目标的备选项目的有效性。

相比之下，绩效测量的关注重点更窄，通常指的是对与政府政策和项目相关的数据进行定期监测和报告。若单独来看，绩效测量数据通常被视为在管理上有用的。然而，绩效测量可能会受到项目或政策外的所谓“外部因素”（external factors）的显著驱动，例如自然灾害、经济衰退等，因此绩效测量有时并不一定反映政府项目或政策的进展情况。在这种情况下，绩效测量会与项目评估一同使用，以协助提供政策制定相关信息。

2. 不同用途。

项目评估和绩效测量都旨在支持资源分配和其他政策决定，以提升服务质量，提高项目有效性。但由于绩效测量是持续的，它可以作为对管理的早期预警系统和改善公众问责制的工具。项目评估通常对项目绩效和环境进行更深入的检查，以便对项目是否有效进行全面评估，并确定可以改善结果的调整举措。例如，某个项目旨在帮助无家可归的退伍军人，以降低他们的无家可归率。在这种情况下，项目评估会设法回答这样一个问题：与没有该项目的情况相比，该项目是否降低了无家可归者的比例。项目评估也可以评估项目的服务是否满足了客户的需求。相比之下，绩效测量则侧重于计算诸如提供的服务数量或总体无家可归率之类。一般而言，项目评估和绩效测量都是有效的绩效信息来源，它们回答了不同种类的问题。

总的来说，项目评估是独立的系统研究，即测量和分析，它主要评估一个项目是否有效实现其结果及得出此结论的原因，而绩效测量是一个持续的过程，通过使用预先设定的绩效指标来监控和报告项目的进展情况和取得成就，这有助于描述正在实现什么。因此，可以说绩效测量数据描述了项目的成就（program achievement），而项目评估解释了为什么我们会看到这些结果。二者区别如表 11 -2 所示。

表 11－2　项目评估与绩效测量对比分析

| 比较内容 | 项目评估 | 绩效测量 |
|---|---|---|
| 驱动因素 | 项目改变理论（Theory of program change） | 机构目标 |
| 数据使用 | 定性或定量 | 典型的定量 |
| 频率 | 间断的 | 持续的 |
| 展示信息 | 项目是否有效及其原因 | 项目的执行情况 |

资料来源：作者根据相关资料归纳而得。

一个项目将绩效测量标准设定为需要在特定时间内实现的一系列目标。测量数据可用于识别绩效提升或降低的领域，这些领域可能需要开展进一步调查或评估。项目评估不仅要评估项目是否达到了这些设定的标准，也要看为什么达到或为什么没有达到这些标准。举个简单的例子，假设你购置了一辆新车，每加仑汽油大约能行驶 30 英里。你若注意到你购买的汽车每加仑只能跑 20 英里，这是一种绩效测量，即判断这辆新车是否展现了应有的水平。那么接下来你要做什么呢？你会把它交给修理工。修理工会诊断出汽车没有达到应有水平的原因，其分析和建议则是项目评估。因此，你需要绩效测量来了解你的项目（或汽车）是否达到了应有的水平，你需要对项目进行评估（或去找修理工），找出它没有达到预期的原因。

## （四）项目评估的不同类型

项目评估可以使用在项目开发的各个阶段，所执行的评估类型一般与项目的成熟度（如发展、实施、完成等）保持一致，并由实施评估的目的和项目试图回答的问题驱动。各种类型的项目评估均使用项目绩效测量和其他信息来了解项目带来的好处，以及如何改进项目。项目评估通常包括六种类型，项目评估的目的决定使用哪种类型的评估。

1. 设计评估。

设计评估（（Design Evaluation）是在计划阶段或项目实施的早期进行的。它有助于划定项目或计划的范围，并确定合适的总目标和分目标。设计评估也可以用于预先测试想法和战略。

2. 过程评估。

过程评估（Process Evaluation），又称作执行评估（implementation evaluation），是对项目或服务的交付情况进行评估，通常包括所提供服务的内容、数量、质量和结构等方面的信息。过程评估还可以评估项目活动和产出是否符合法律法规要求、政策规范、项目设计、顾客期望等。过程评估可以回答如下问题："项目、政策或组织是否朝着预期进行?"或者"项目、政策或组织在实践中如何运作?"过程评估具有重要意义，因为即使支撑一个项目的基本概念是合理的，过于复杂或耗时的服务提供过程也可能会削弱项目所取得的成果或影响。

3. 成果评估。

成果评估（Outcome Evaluations）测量了一个项目、政策或组织达到预期成果的程度，它侧重于通过产出和结果（包括意外的影响）评价项目的有效性。成果评估有时也会检查项目过程和活动，以便更好地了解如何产生结果以及如何提高质量和效率。与影响评估不同，成果评估无法判断因果关系。例如，成果评估可以报告"联邦政府资助的企业工作岗位数量增加"，但它不能下定"政府援助导致工作岗位数量增加"的结论。因此，它一般作为绩效测量的补充方法使用。成果评估可以帮助回答："项目、政策或组织的预期结果是否达到?"（were the intended outcomes of the program, policy, or organization achieved?）

4. 影响评估。

影响评估（Impact Evaluation）是一种特殊的成果评估，主要评估项目活动和成果之间的因果关系。这是通过将观察到的结果与若该项目不存在会发生的情况进行比较，来估算评估项目的净效益（net effect）。当已知外部因素会影响项目结果时，采用这种类型的评估，可以排除项目对实现其目标的贡献。换言之，影响评估比较了有项目、政策、组织和没有项目、政策、组织的结果。影响评估包括实验（experimental），如随机对照实验（randomized controlled trials）和准实验设计（quasi - experimental designs），它可以帮助回答："是否有效"（does it work）或者"干预是否导致了观察到的结果?"（did the intervention lead to the observed outcomes?）。

5. 成本效益评估。

成本效益评估（Cost - Effectiveness Evaluation）将项目的产出和成果与其成本（耗费的资源）进行比较，这种类型的评估通常旨在确定项目所有相关的成本和效益。成本效益分析测量了实现单一目标的成本，并可用于确定实现该目标的成本最低的替代方案。当成本效益评估运用于现有项目时，它可以看作是项目评估的一种类型。

6. 形成性评估。

形成性评估（Formative Evaluation）在项目、政策或组织方法全面实施之前评估其可行性，或者评估其部分是否可行（feasible）、是否恰当（appropriate）、是否合意（acceptable）。这种类型的评估可以包括过程和结果的测量，但是它的总体目标是帮助主动学习和改进。因此，与成果评估和影响评估不同，成果和影响评估试图回答项目、政策或组织是否达到了预期目标或产生了预期的影响，形成性评估侧重于学习和改进，而不回答整体效益（overall effectiveness）的问题。

7. 描述性研究。

描述性研究（Descriptive Studies）可以是定量，也可以是定性的，它试图不通过因果推断（inferring causality）或效益测量（measuring effectiveness），描述一个项目、政策、组织或人口。虽然并非所有的描述性研究都是项目评估，但有些描述性研究可能用于各种评估目的，如了解项目活动与参与者的结果之间的关系，测量政策与成果之间的关系，描述项目参与者或项目组成部分，以及识别数据趋势或模式等。

### （五）项目评估的标准

OMB 备忘录 M－20－12 旨在为 CFO 机构提供必要指导，以满足《循证法案》的部分要求。此备忘录提供了项目评估的五项标准，即相关性和实用性、严格、客观性和独立性、透明和道德。这是 OMB 发布的有史以来第一个政府范围的项目评估标准。这些标准将《循证法案》中的评估和证据构建活动作为 1995 年《文书削减法案》（Paperwork Reduction Act of 1995）、OMB 对《信息质量法案》（Information Quality Act）的实施指南以及 GPRAMA 法案中概述的绩效框架原则的补充，为联邦机构提供建立了高质量评估能力的框架，以提高联邦各机构评估质量和评估结果应用程度。

这些标准和实践不仅适用于联邦评估办公室（Federal evaluation offices），也适用于执行或赞助评估的其他联邦单位和个人评估者。同时，该指南也为各机构在建立评估能力、制定政策和程序以及开展评估以支持循证决策提供参考。虽然该指南在法律上适用于 CFO 机构，但 OMB 强烈鼓励所有机构实施 M-20-12 中讨论的标准和最佳实践。如下所述标准适用于所有联邦机构的项目评估活动，尽管各机构的能力有所相同，但各机构在建立和增强其评估能力的同时，应朝着充分朝着执行这些标准的方向迈进。

1. 相关性和实用性（relevance and utility）。

项目评估必须具有相关性，这意味着它们需要回应机构内部或者跨机构的重要问题。各机构确定优先评估问题，制定评估计划，提供有价值的证据和数据，为预算和政策决策、项目设计和开发以及监控提供信息。评估问题应集中在重要的机构议题上，如对效率、效益、进展、学习或责任的考虑。为此，评估者以现有科学文献为基础，评定所考虑的政策、项目和行动的可评估性，并设计反映政策、项目和文化背景的评估。此外，利益相关者的认同促使评估结果的使用，因此在整个评估过程中，评估者应该考虑项目和参与者的文化背景，并让利益相关者参与进来（或考虑其利益）。有用的评估需要在所审议的问题的合理时间范围内得出结果，它使用传播策略（dissemination strategies），使利益相关者能够以清晰、简明和可操作的方式了解和理解结果。

2. 严格（rigor）。

在评估人员方面，项目评估必须产生联邦各机构及其利益相关者可以信赖的准确结果，并提供对局限性的解释。评估的质量取决于评估方法如何设计和实施，以及评估结果如何解释和报告。因此，为了提高评估信息可信度，提升评估过程的质量，项目评估需要由具有相关教育背景、技能和经验的合格评估人员进行设计、实施和解释。在评估方法方面，所有的评估，无论采用何种方法（即定性、定量或者定性和定量相结合），都必须坚持广泛的科学原则，并在时间、可行性和资源的限制下，采用最适合评估目标的评估方法。在政策要求方面，项目评估需要严格遵循 1995 年《文书削减法案》以及 OMB 对《信息质量法案》的实施指导。

一旦确定评估方法，其实施要严格把控。除了恰当的实施方法外，实施评估还需要考虑以下几点：①设计和方法的可信度（design and methods credibility），评估人员应采取行动提高可信度，包括通过同行评审（peer review）、技术工作组（technical working groups）、以及其他方式征求独立、客观的专家的意见和反馈等；②内部效度（internal validity），即确保因果关系的推论有充分的依据；③测量的可靠性和有效性（measurement reliability and validity），即使用或收集可核查的数据，准确获取信息并解决感兴趣的问题；④文化能力（cultural competence），确保在开展活动时清楚地了解政策、项目、文化和其他适用的背景。

一旦数据收集和分析工作完成，就必须严格地记录评估结果，编写报告和其他可交付的成果。最终评估文件应严格地记录评估所审查的人群（populations）、环境（settings）或情况（circumstances），以及评估结果可推广到哪些人群、环境或情况；使用准确的语言，根据评估设计和方法准确描述评估结果；披露局限性、假设、采用的方法、数据和抽样框，以及设计和方法与最初计划相比发生变化的理由等信息。

3. 客观性和独立性（independence and objectivity）。

评估必须是独立和客观的，这一原则取决于评估者的独立性和客观性。在确定评估优先事项、明确要回答的评估问题和评估结果的含义时，评估者应当秉持包容态度，与相关利益相关者广泛接触。联邦各机构应该使评估者能够并且应该，以适当的独立于项目、监管和政策制定活动的水平开展评估。同时，评估者应具有必要的权力，以保护其在设计和进行评估以及在解释和传播评估结果方面的独立性和客观性。

客观信息应当是公正、无偏见、清晰和完整的。缺乏客观性将损害评估结果及其使用。评估者应具备与评估工作相应的资历，并应努力减少在提出评估问题、收集或分析数据或解释评估结果时可能出现的利益冲突、偏见和偏袒等。此外，评估者应当及时广泛地提供有关评估设计、方法和结果的全面信息，以进一步提高评估的客观性。

4. 透明（transparency）。

评估在计划、实施和完成阶段都必须是透明的，这有助于实现问责制，确保评估并不是拿着既定的结论而开展的。各联邦机构和评估者在实施评估之前，需要确定并记录所有计划开展和正在进行的评估的目的（包括评估是仅用于内部，还是旨在为公众提供信息），以表明他们对透明度的承诺。同时，评估者还需要制定明确的时间表和向相关利益者公布评估结果的计划，及时向利益相关者公布所有（包括有利的、无效的和不利的）的评估结果。

评估者应制订详细的计划，说明评估的设计、方法和报告，以及时间表。该计划应包括选择利益相关者和专家的过程，以及让他们参与评估的相关信息。随后任何偏离计划（包括时间表）的行为都应记录在案，并应当有充分的理由支持。评估人员应在评估开始前披露资金来源和评估人员的任何潜在利益冲突。

评估完成后，机构应充分详细地报告所实施的设计、方法和结果，以便公众了解评估是否符合严谨和独立的标准，评估结果是否具有可信度和客观性。评估报告应充分说明评估的局限性，包括与设计和方法、实施、普遍性或对评估结果解释有关的局限性。同时，在条件允许下，应提供评估期间收集的数据，以支持数据的复制、复印和重复使用。

5. 道德（ethics）。

评估必须以最高的道德标准进行，以维护公众对政府工作的信任。评估的计划和实施要保障参与者和其他利益相关者及受影响实体的尊严、权利、安全和隐私。其中，保护隐私要求评估者在创建、收集、使用、处理、储存、维护、传播、披露和处置有关个人和实体的数据时，无论这些数据是由参与者和被评估实体提供的，还是由行政数据或其他来源数据组成的，都应当遵守法律和政策要求的合理程序。合乎道德的评估者在评估开始之前，以及在对评估问题或设计进行重大修改时，就应确定并通知利益相关者，并在评估完成后将评估结果告知受影响的个人和实体。

### （六）项目评估的逻辑模型

GPRAMA 法案包含近 20 项条款，涉及多个机构、活动、合作伙伴和有助于实现目标或预期结果的政策工具。同时，法案还要求评估交叉领域活动（crosscutting activities）是否有助于实现同一目标，但没有具体说明如何进行这种评估。逻辑模型（logic models）较好地回应了 GPRAMA 法案的几点要求。

在实践中，逻辑模型可以采取多种使用方式，评估多个机构和合作伙伴如何为实现结果作出贡献，一般而言它展示了关于项目的参与者群体以及各机构希望通过项目给参与者群体带来的变化的一系列逻辑关联的假设。它反映了项目如何运作，以及项目对目标群体的影响。项目评估的逻辑模型是展现特定项目的逻辑或基本原理的图表，它展示了一个或多个机构和合作伙伴的多重投入（inputs）、活动（activities）和产出（outputs）之间如何相互关联。它有不同的表述术语，如项目模型（program model）、项目理论（program theory）和改变理论（theory of change）等。简言之，逻辑模型是一个呈现项目应该完成的任务图表。

1. 投入（Inputs）。

投入（Inputs）是完成项目所需的财力、物力和人力资源，回答的是“我们投入了什么”（what we invest），例如资金来源、办公场所、员工及其所需的资质、员工时间、设备和材料等。确定项目资源（即投入）是重要的第一步，因为它有助于确定：哪些资源是必要的和可用的；这些资源是否足以确保项目的成功实施；以及根据可用资源，预期成果是否现实、是否可行。

2. 活动（Activities）。

活动（Activities），又称作干预措施（interventions），是指项目针对目标人群中已确定的问题或需求而实施的服务、活动、政策、实践或程序。活动回答的是“我们做了什么”（what we do）。

3. 产出（Outputs）。

产出（Outputs）是提供服务或活动的直接具体结果，即“我们得到了什么”（what we get）。实现产出的成功与否可以通过过程或产出标准来测量，例如服务人数、提供的服务类型、服务频率、服务持续时间等。通过描述产出，我们可以建立问题（情况）与项目影响（预期成果）之间的联系。

4. 成果（Outcomes）。

成果（Outcomes）是服务和活动的结果所期望发生的变化，即“我们实现了什么”（what we achieve）。成果可以是短期、中期或长期的。短期成果（Short - term outcomes）指项目或干预活动的直接效果，如意识、知识、态度或技能的改变。中期成果（Intermediate outcomes）是指在项目中期阶段所产生的预期效果，如行为、规范和政策的改变。长期成果（Long - term outcomes）是指可能需要数年才能实现的预期的项目结果，如对参与者的积极影响。根据项目的性质，逻辑模型并非总是同时产生三种类型的结果。

通过关注可测量的投入、活动和产出与成果的关系，逻辑模型被各机构广泛运用于系统的绩效测量和项目评估。例如，在就业培训项目中，机构可以为服务对象提供课程。这些课程可被视为一项“活动”。课程的最终结果是客户完成结业，这些课程的完成可以称为“产出”。如果服务对象学会了新技能，这是中期成果（intermediate outcome），那么他们可能会有更大的可能找到工作或提高收入，这被视为最终成果（end outcomes）。逻辑模型还可以显示一个机构或跨机构的多项活动如何与一个或多个目标保持一致。通过这种方式，逻辑模型可以帮助理解活动和结果之间的关系，并评估项目的效果。

### （七）项目评估的逻辑关系

1. 项目评估与计划（Planning）。

计划要回答的是“我们在做什么”（What are we doing），“应该做什么来实现目标”（what should we do to achieve our goals）这两个问题。通过提供有关机构目标进展的信息，并确定项目的哪些部分工作得好或不好，项目评估展开了如何做出改变，帮助项目更好满足预期目标的讨论。

2. 项目评估与绩效测量（Performance Measurement）。

许多项目通过创建、监控和报告项目进展情况的部分标记（markers）和里程碑（milestones）的结果来实现这一点。这种“绩效测量”作为一种评价，回答的是“我们做得怎么样”（How are we doing）这一问题。更为重要的是，当绩效测量结果表明项目绩效出现显著的（significant）或突然的（sudden）变化时，项目评估工作可以直接聚焦问题领域，以确定“为什么我们做得不好或好”（Why are we doing poorly or well）。

3. 项目评估与预算（Budgeting）。

将项目绩效与项目预算联系起来是实现问责制的最后一步。实现“基于活动的预算”（activity - based budgeting）或“绩效预算（performance budgeting）”，需要理解项目各个成分以及活动和预期成果之间的联系。项目评估方法的早期步骤（例如逻辑模型）澄清了这些关系，使预算和绩效之间建立联系变得更加容易、更加清晰。

4. 项目评估与监控（Surveillance）。

虽然监控（Surveillance）和评估（evaluation）这两个术语经常可以互换使用，但它们对一个项目有着不同的贡献。监控是在一段时间内对各种因素进行持续检测或例行数据收集。这些数据通过识别关键负担（key burden）和风险因素（risk factors），在项目规划和形成性评估中发挥重要作用。在理想的情况下，监控和评估是可以同时进行的。一方面，评估可以通过提供特定信息来回答有关项目的特定问题，从而补充监控数据。另一方面，具有明确问题导向的评估数据比监控更为灵活，可以更深入地评估项目领域。例如，某机构可以采取详细的调查来补充监控信息，以评估项目的实施情况以及项目对参与者的知识、态度和行为的影响。评估人员还可以使用定性方法（例如，小组讨论、半结构化或开放式访谈）来深入了解特定项目活动的优缺点。

## 二、项目评估典型案例分析

### （一）环保署概况

环保署（United States Environmental Protection Agency，简称 EPA）的使命是保护人类健康和环境，实现其使命的能力需要依赖证据的可用性和质量。EPA 利用项目评估和其他证据来评估项目实现其目标的有效性，确定改进任务交付的方法，并加强证据在决策的使用，这对促进透明和问责尤为重要。同时，项目评估有助于提供 EPA 所需的信息，以确保其项目达到预期结果，并促使该机构能够支持更高效的运作。为了确保为支持政策和决策的评估和证据是相关的、严格的、客观的、透明的、合乎道德的和符合科学诚信的，2022 年 3 月，根据《循证法案》以及 OMB 备忘录 M－20－12、M－19－23 和 M－21－27 要求的“建立、实施和广泛传播机构评估政策”、“确保该机构致力于进行严格且相关的评估，并利用评估中的证据为政策和实践提供信息”以及“确保评估活动遵循评估政策，并确保利益相关者了解其内容和用途”，环保署出台了《环保署评估和证据构建政策》（EPA’s Evaluation and Evidence－Building Policy），其中对评估和证据构建活动分工如下：

评估官（Evaluation Officer）负责促进机构遵守《环保署评估和证据构建政策》，包括防止机构管理人员和领导篡改或操纵评估以及其他证据构建活动，并建立相关机制，确保对此类行为的问责；负责发布额外的指导、标准、程序和报告，以实施评估政策；与其他相关机构官员展开协商和协调；提供培训、研讨会和其他机会，使机构工作人员和管理层了解评估政策及其在指导机构评估和其他证据构建活动中的作用。

统计官（Statistical Official）是 EPA 在统计政策、技术和程序方面的高级顾问，以支持开展可信、准确和客观的统计活动，用于项目评估和证据构建。统计官负责推广使用可提供必要水平的数据质量、保密和严格的技术，并促进 EPA 系统高效地使用实施这些技术的程序。

首席数据官（Chief Data Officer）负责从数据收集和创建到记录管理的整个信息生命周期的机构数据管理。首席数据官还应尽可能确保机构数据和数据管理符合数据管理的最佳做法，并负责确保在机构评估和其他证据构建活动中最大限度地使用 EPA 数据。

首席信息官（Chief Information Officer）是 EPA 负责质量管理的高级管理官员。首席信息官将与首席数据官、统计官和评估官合作，促进评估和其他证据构建活动遵守机构数据、信息政策和程序。

循证法案工作组（Evidence Act Workgroup）负责向 EPA 的评估官提供建议，以确保评估政策的持续实施，包括就评估政策对具体的证据构建活动的适用性提供建议，并协助制定和传播以及遵守实施指南、标准、程序和报告。

### （二）环保署项目评估实践

1. 年度绩效报告中的项目评估。

GPRAMA 法案提出：在绩效报告环节，绩效更新需要包括绩效更新期间完成的项目评估的总结。根据法案要求，每年 EPA 均会开展项目评估，以支持项目改进、学习和问责，并在其官网发布项目评估报告，作为绩效报告的一部分。其官网的“计划预算与结果”（Planning，Budget，and Results）模块（https：//www. epa. gov/planandbudget/results）梳理了历年的项目评估总结和对 EPA 证据组合的贡献。

2010 至 2015 年，EPA 在每个战略目标下都会选择至少一个项目开展评估，并发布年度项目评估摘要报告，并用于编制年度绩效报告。报告中针对每项目标分列了其评估标题（Evaluation Title）、评估者（Evaluator）、范围（Scope）、发现（Findings）和建议（Recommendations）。例如，在 2013 财年，EPA 对 31 个项目进行了评估，评估涉及了该机构的所有五个战略目标，且特别强调了“目标3：清洁社区和推进可持续发展”，以及目标2“保护美国水域”。其中，环保署监察长办公室（Office of the Inspector General，简称OIG）进行了大部分评估（20项评估，占64%），承包商和项目办公室（contractors and program offices）进行了11次评估（占29%），美国政府责任署（U.S. Government Accountability Office，简称GAO）进行了两次评估（占6%），如图11-3所示。

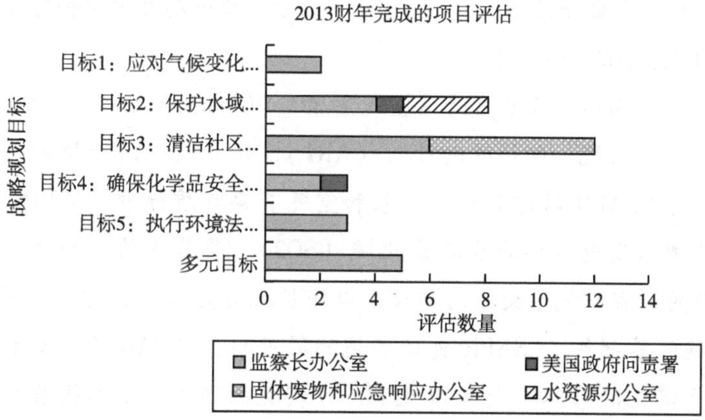


**图11-3 环保署2013财年项目评估情况**

资料来源：United States Environmental Protection Agency Summary of Program Evaluations for FY 2013 Annual Performance Report.

自2016年起，项目评估不再和战略目标一一对应，EPA着手开始根据不同责任主体呈现其评估报告总结。以2023年3月EPA发布的《2022财年环保署项目评估和其他证据构建活动》（FY 2022 EPA Program Evaluations and Other Evidence Building Activities）为例，针对9个办公室：执法和合规保证办公室（OECA）、水务署（OW）、行政长官办公室（OA）、空气和辐射办公室（OAR）、首席财务官办公室（OCFO）、化学品安全与污染防治办公室（OCSPP）、土地和应急管理办公室（OLEM）、使命支持办公室（OMS）、研究与发展办公室（ORD），EPA在其评估报告中明列了各项活动的目标和简要描述，各项活动旨在解决的政策、计划、操作问题，包括中期发现的结果、结论、发现的简要清单，以及EPA如何使用结果、结论、发现、中期发现等内容。专栏11-2为项目评估报告节选。

【专栏 11－2】

## 环保署 2022 财年项目评估报告节选

标题：2021 年电力部门项目进展报告

领导国家项目：OAR

支持的 2022—2026 财年战略目标：战略总目标4：确保为所有社区提供清洁和健康的空气；战略分目标4.1：改善空气质量，减少局部污染和对健康影响。

完成日期：2022 年 7 月

目的和简要描述：根据《清洁空气法案》（Clean Air Act），EPA 颁发了减少发电厂排放的法规，包括酸雨计划（ARP）、跨州空气污染规则（CSAPR）、CSAPR 更新、CSAPR 修订更新以及汞和空气有毒物质标准（MATS）。这些项目要求化石燃料发电设备减少二氧化硫（SO2）、氮氧化物（NOX）和包括汞（Hg）在内的有害空气污染物的排放，以保护人类健康和环境。本报告年度是 CSAPR 实施的第七年、CSAPR 更新实施的第五年、CSPAR 修订更新实施的第一年、ARP 实施的第二十七年以及 MATS 实施的第五年。本报告总结了截至 2021 年的年度进展情况，重点介绍了 EPA 系统收集的所有五个项目的排放数据以及 ARP 和 CSAPR 的合规数据。对透明度和数据可用性的承诺是这些项目的标志，也是其成功的基石。

活动旨在回应的政策、方案和/或业务问题：这项年度活动评估多项法规的实施情况，以减少发电厂的空气污染。具体的问题包括：

- 法规是否达到了减排目标？
- 受这些法规管制的空气污染源的合规记录如何？
- 实施这些法规对空气质量和环境的影响是什么？

结果/结论/发现（包括临时发现）的简要清单：ARP、CSAPR、CSAPR 更新、CSPAR 修订版更新和 MATS 大幅减少了电力行业的 $SO_2$、$NO_X$和有害空气污染物的排放，同时显著改善了空气质量和环境。项目亮点包括但不限于：

- 年 $SO_2$排放：

CSAPR——592 000 吨（比 2005 年减少 93%）；

ARP——936 000 吨（比 1990 年减少 94%）。

- 年 $NO_X$ 排放：

CSAPR——44 万吨（比 2005 年减少 80%）；

ARP——76.3 万吨（比 2000 年减少 85%）。

- CSAPR 臭氧季节 $NO_X$ 排放量：

242 000 吨（比 2015 年减少 46%）。

- 合规性：电厂 100% 遵守基于市场的 ARP 和 CSAPR 的排污许可证交易计划；
- 根据 MATS 报告的排放量：汞——3.0 吨（比 2010 年减少 90%）。

除了本报告中描述的电力行业排放控制项目所实现的减排效果外，$SO_2$，$NO_X$ 和有害空气污染物的排放量近年来也因电力行业的各种趋势而稳步下降，预计这些趋势还将持续下去。

EPA 如何使用结果/结论/发现/中期发现：ARP、CSAPR 和 CSAPR 更新是通过减少发电厂 $SO_2$ 和 $NO_X$ 排放的交易计划来实施的。ARP 是根据 1990 年《清洁空气法案修正案》（1990 Clean Air Act Amendments）第四章制定的，这是一项具有里程碑意义的全国性上限和交易计划，其目标是减少导致酸雨的排放。过去的进展报告显示，该项目成功地以具有成本效益的方式实现了大幅减排，这促使人们将基于市场的排污交易工具应用于其他领域的环境问题，即州际空气污染传输，或上风排放源污染对下风地区空气质量的影响。MATS 对发电厂有害空气污染物的排放设定了限制。EPA 于 2012 年 2 月公布了最终标准，合规性要求一般于 2015 年 4 月生效，部分电厂的合规性要求延长至 2016 年 4 月，少数电厂的合规性要求延长至 2017 年 4 月。因此，2021 年是 MATS 涵盖的大多数污染源向 EPA 报告排放数据的第五个整年。在一定浓度和持续时间内接触汞和其他有害空气污染物会增加对神经和发育影响、癌症、生殖、呼吸和其他健康问题的几率。$NO_X$ 排放会形成地面臭氧和细颗粒物污染，对人类健康造成各种不利影响，而 $SO_2$ 排放则会对人类健康和生态系统造成一系列不利影响。这些不利影响表明，需要根据 ARP、CSAPR、CSAPR 更新、CSAPR 修订更新和 MATS 减少污染。这些报告对于监测这些项目以确保其继续为环境和人类健康带来实质性益处至关重要。

调查报告链接：https：//www3. epa. gov/airmarkets/progress/reports/.

资料来源：United States Environmental Protection Agency FY 2022 EPA Program Evaluations and Other Evidence Building Activities.

2. 战略规划中的项目评估。

GPRAMA 法案要求机构应当在战略规划中描述用于建立或修改总目标和分目标的项目评估，以及未来项目评估的时间表。EPA 将项目评估与战略规划联系起来，其《环保署 2018—2022 财年战略规划：项目评估、证据和应用调查》（FY 2018 - 2022 EPA Strategic Plan：Program Evaluations，Evidence，and Applied Research）文件详细说明了 EPA 的项目评估如何测量战略目标的进展情况、如何用于 2022—2026 财年战略目标、指标的制定和修改以及战略举措的实施，并分析了依据 2022—2026 财年战略规划 EPA 未来计划开展哪些项目评估，及相关时间要求和责任主体。该文件包括如下两点内容：

一是用于制订 2018—2022 财年战略规划的历史项目评估，证据和调查。针对其每一个战略领域（Strategic Area），EPA 明列了其评估项目名称和办公室、报告链接，评估和调查范围以及对 EPA 战略、举措或决策的影响。表 11 - 3 为部分战略分目标 1.3 的相关项目评估内容。

**表 11 - 3　　　　战略规划相关历史项目评估**

| 战略领域 | 评估项目名称和办公室、报告链接 | 评估和调查范围 | 对 EPA 战略、举措或决策的影响 |
|---|---|---|---|
| 战略分目标 1.3 | 项目名称：资源保护和恢复法案（Resource Conservation and Recovery Act，简称 RCRA）的益处、RCRA 固体和有害垃圾项目<br>完成时间：2015 财年至今<br>办公室：土地和应急管理办公室、资源保护和恢复办公室 | 更好地量化 RCRA 项目给人类健康和环境带来的益处<br>通过内部数据和公开数据，EPA 对 RCRA 项目的益处进行了初步评估，只要数据可用、相关，评估范围包括有害垃圾和固体垃圾项目 | 这一评估描述了该项目给内部和外部受众带来的益处<br>根据 2018—2022 财年 EPA 战略规划，该评估为 EPA 战略举措"RCRA 设施为预期使用做好准备"的年度目标设定提供了信息 |
| 战略分目标 1.3 | 项目名称：2016 财年超等基金重建倡议（Superfund Redevelopment Initiative）国民经济最新信息<br>完成时间：2016 财年<br>办公室：土地和应急管理办公室、超等基金补救和技术创新办公室 | 研究了超等基金清理和重新利用场地进行新业务的经济效益。收集的数据包括年销售额、创造的就业机会和年就业收入 | 这项研究有助于测量 EPA 战略分目标 1.3 的进展情况。该研究表明，超等基金清理工作除环境效益外，还产生了经济效益<br>本届政府高度重视超等基金清理和超等基金场地再开发的经济效益 |

资料来源：Environmental Protection Agency FY 2018 - 2022 EPA Strategic Plan：Program Evaluations，Evidence，and Applied Research.

二是有助于 EPA 的证据组合（Portfolio of Evidence）和 2018—2022 财年战略规划的实施而计划开展的未来项目评估和应用研究。针对其每一个战略领域，EPA 同样也明列了将要评估的项目名称和办公室、评估和调查范围以及对 EPA 战略、测量或决策的影响。表 11 -4 为部分战略分目标 1. 3 的相关项目评估内容。

表 11 -4　　　　战略规划相关未来项目评估

| 战略领域 | 评估项目名称和办公室 | 评估和调查范围 | 对 EPA 战略、测量或决策的影响 |
| --- | --- | --- | --- |
| 战略分目标 1. 3 | 项目名称：棕地环境的劳动力开发与就业培训（EWDJT）项目<br>计划完成时间：2018 财年<br>办公室：土地和应急管理办公室、棕地和土地再生办公室 | 除 EPA 已收集的数据外，收集和分析有关该项目的经济和环境效益的更多数据，并回答以下问题：自 2011 财年以来，EPA 其他部门对该项目的资助扩大，是否导致社区的直接和间接效益增加 | EPA 将利用评估结果为与申请人/受资助人提供资金有关的决策提供信息，为现有的 EWDJT 受资助人提供有针对性的外联和技术援助，突出 EWDJT 项目政策中的差距，并提高项目的整体绩效 |
| 战略分目标 1. 3 | 项目名称：2005 年《地下储备项目能源政策法案》（Underground Storage Tank Program Energy Policy Act of 2005）：3 年检查频率要求对路易斯安那州地下储油罐（UST）合规性的影响<br>计划完成时间：2018 财年<br>办公室：土地和应急管理办公室、宣传、伙伴关系和分析办公室 | 将检查频率提高到每 3 年一次（根据 2005 年《能源政策法案》的要求），以确定对路易斯安那州 UST 合规性的影响。此外，还将尽可能研究 UST 合规性与已确认的排放之间的关系 | 这将为 EPA 提供基于数据的证据，证明频繁的审查对合规性产生了积极影响，这些证据将用于决策和与主要利益相关者沟通。这些信息还将与各州共享，以加强各州项目的实施 |

资料来源：Environmental Protection Agency FY 2018 - 2022 EPA Strategic Plan：Program Evaluations，Evidence，and Applied Research.

## 第三节　绩效报告及案例

绩效报告是美国支持问责制和决策的重要组成部分，也是美国联邦绩效管理的重要环节。绩效报告作为绩效信息传播的主要载体，是机构将实际绩效结果与确立的目标进行比较，进而详细、综合地报告每财年末机构的目标、结果和进展情况的文件。GPRA 和 GPRAMA 法案均在法律层面对联邦绩效框架和绩效报告制度做出要求，OMB 指南为各机构编制绩效报告提供了指导和支持。美国联邦机构绩效报告具有明显的立法驱动、一致性和协同性特点，是实现问责、透明、参与、协作等现代治理价值的重要制度安排。

## 一、绩效报告

### （一）术语界定

1. 年度绩效报告。

年度绩效报告（Annual Performance Report，简称 APR）提供了机构在战略规划和年度绩效计划中的目标进展情况，包括战略目标、绩效目标和机构优先目标的进展情况。“年度绩效报告”是 OMB 根据 GPRA 和 GPRAMA 法案要求，采用的一种非法定术语（non - statutory term）①。各机构为保持灵活性，可以在机构网站发布年度绩效报告（APR）作为绩效与问责报告（PAR），但同时各机构也被鼓励发布合并的年度绩效计划和报告（Combined Annual Performance Plan and Report）。“年度绩效报告”这一术语与各机构在 11 月发布的“绩效与问责报告”中的绩效部分（performance section）含义相同。

2. 绩效报告与项目绩效报告。

1993 年 GPRA 法案要求机构每年提交机构层面的年度报告。OMB 有时也称呼“项目绩效报告”（Program Performance Report，简称 PPR）为“年度项目绩效报告”（Annual Program Performance Report）。GPRAMA 法案中用“绩效更新”的额外要求取代了“项目绩效报告”。因此，“项目绩效报告”术语已不再适用于现行法律的要求。

3. 绩效报告与机构绩效更新。

机构绩效更新（Agency Performance Update，简称 APU）主要提供机构两年绩效计划中的绩效目标与实际绩效的比较。在实践中，OMB 通常会用“机构年度绩效报告”来称呼“机构绩效更新”和“项目绩效报告”。根据《2000

① Brass, C. T. Changes to the Government Performance and Results Act (GPRA): Overview of the New Framework of Products and Processes, 2012.

年报告合并法案》（Reports Consolidation Act of 2000，简称 RCA），机构可以在每年 2 月与总统预算提案一起，将 APU 与机构的国会预算说明一并发布，也可以将 APU 与机构绩效与问责报告（PAR）在 11 月 15 日前（通常为财年结束后的 45 天）一并发布。

4. 绩效报告与绩效与问责报告。

绩效与问责报告（Performance and Accountability Report，简称 PAR）是机构年度绩效报告（APR）和财务报告（Agency Financial Report，简称 AFR）的合并报告。根据 RCA 法案，各机构可以在征得 OMB 同意后，将 GPRA 法案要求的项目绩效报告（年度绩效报告）与其他财务报表和报告（Financial statements and reports）一同打包，这一合并后的文件就称作“绩效与问责报告”（PAR）。PAR 包含了机构经审计的财务报表及上一财年为实现目标所作努力。GPRAMA 法案并未对这一法定的灵活性做出修改，因此机构在适用法律下也可以将 GPRAMA 要求的绩效报告进行类似的合并。APR 和 AFR 的结合是机构通过“合并的绩效与问责报告”展示机构每财年末情况的一种选择[①]。例如，国土安全部（The Department of Homeland Security，简称 HDS）在其《2022 财年绩效与问责报告》中附上了机构财务报告、财务状况、2022—2024 财年年度绩效报告、其他信息等。

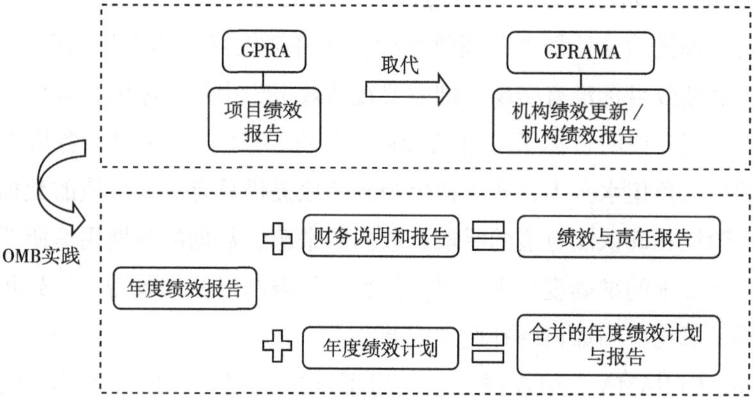


**图 11-4　绩效报告相关术语梳理**

① U. S. Office of Management and Budget. Part 6, section 200, Overview of the Federal performance framework. Circular NO. A-11. Preparation, submission, and execution of the budget, 2016.

### （二）绩效报告的法律依据

GPRA 法案规定，自 2000 年起联邦政府机构应于每年 3 月 31 日前向总统和国会准备并提交上一财年的绩效报告。项目绩效报告主要包括以下四个方面基本内容：一是明列机构绩效计划中确定的绩效指标，并对本财年内实际取得的绩效结果和年度绩效计划中的绩效指标进行比较。如果是以替代形式规定的绩效目标，则说明该项目是否达到了有效且成功的标准。二是对成功实现的目标和项目进行经验总结。如果没有实现绩效目标，要说明没有实现绩效目标的原因，以及将来完成绩效目标的计划和时间表。如果某个绩效目标是不实际或不可行的，要说明具体原因及改进或终止计划。三是对报告涵盖的财年内已经完成的项目评估概述。四是对为实现绩效目标，使用和评估关于豁免管理要求和控制的实施效果说明。一个完整的评价周期包括：计划、实施、测量和评估。一个项目的成败是影响下一轮绩效评价（包括战略规划和绩效计划）的重要因素。调整和修改上一年度报告中的相关信息，进而从实际出发调整下年度计划，是绩效管理的重要环节。

GPRAMA 法案延续了 GPRA 法案中绩效报告的相关条款，并在此基础上进一步地具体化，要求对机构绩效目标进行审查，以及对机构战略性人力资本管理（strategic human capital management）相关的绩效计划进行评估；要求机构绩效报告提供绩效计划中的绩效指标，并将绩效目标和实际结果进行比较。如果过去的绩效目标没有实现，则需要在绩效报告中解释原因，并说明实现目标的计划，或者说明目标不可行的理由。根据 GPRAMA 法案，各机构还应当在合理的行政负担水平下，比以往更为频繁地提供具有重要价值的数据，包括明确用于验证和确认测量值的手段、数据的来源、数据的预期用途所要求的准确程度、所要求的准确度水平上对任何数据的限制以及如果需要达到相应的准确度水平，机构应当如何弥补此类限制。

此外，GPRAMA 在绩效报告中新增了未达到绩效目标的阐述，明确规定每财年 OMB 应当明确机构的项目和活动是否达到了绩效计划中概述的目标，并提交一份机构未实现的目标报告给：①机构负责人（the head of the agency）；②参议院国土安全和政府事务委员会（the Committee on Homeland Security and Governmental Affairs of the Senate）；③众议院监督和政府改革委员会（the Committee on Oversight and Governmental Reform of the House of Representatives)；④政府问责署（the Government Accountability Office）。

**表 11－5　　GPRA 和 GPRAMA 绩效报告比较**

| | GPRA | GPRAMA |
|---|---|---|
| 术语定义 | 项目绩效报告 | 机构绩效报告/机构绩效更新 |
| 程序 | 在限定期限内递交总统和国会 | 在限定期限内递交总统和国会，并在机构网站上对绩效报告进行及时有效地更新 |
| 及时性要求 | 未设置条款规定报告的更新要求 | 绩效报告至少一年更新一次，最迟不能超过该财年末的 150 天 |
| 内容 | 提供机构相关绩效计划中的绩效指标，并将绩效目标与实际结果作比较。如果机构没有实现过去的绩效目标，则应解释原因并描述实现目标的计划或者解释目标是否可行 | （左栏的基础上增加）在合理的行政负担水平下，比以往更为频繁地提供具有重要价值的数据 |

资料来源：作者根据相关资料归纳而得。

如果机构的项目和活动没有达到 OMB 确定的一个财年的绩效目标，该机构负责人应向 OMB 提交一份绩效改进计划，以提高未实现目标的项目效率，并设置可测量的里程碑。同时该机构应当指定一名高级官员，负责监督每个未实现目标的绩效改进策略。

如果 OMB 确定机构的项目和活动连续两个财年没有达到绩效目标，该机构负责人应当向国会提交一份为改善绩效采取的行动说明，包括拟议的法例变更或计划的行政行动，并描述机构采取行动实现该目标所需的额外资金（若此行动在与 OMB 主任协商后被认定为恰当的，则金额由办公室主任确定）。在提供所述的额外资金时，机构负责人可以使用该机构所拥有的任何重新规划或转移的权力。在行使这种权力后，为达到 OMB 主任确定的适当水平，如果还需要额外的资金，则机构负责人应向国会提出申请，要求获得额外的重新规划或转移的权力。

如果机构的项目和活动连续三个财年没有达到 OMB 确定的绩效目标，OMB 应当在确定后 60 天内向国会提交关于改善绩效的行动建议，包括未达到绩效目标的每个项目活动的重新授权建议，为使项目活动达到绩效目标的拟议绩效水平的必要法例修订建议，计划采取的行政行动或在总统预算中确定终止或削减的项目。

表 11－6　　机构就未达成的绩效目标采取行动

| 时间范围 | 处理程序 |
|---|---|
| 1 财年 | 机构负责人向 OMB 提交一份绩效改进计划 |
| 连续 2 财年 | 机构负责人向国会提交一份为改善绩效采取的行动说明，并描述机构采取行动实现该目标所需的额外资金 |
| 连续 3 财年 | OMB 应当在 60 天内向国会提交关于改善绩效的行动建议 |

资料来源：作者根据 GPRA Modernization Act of 2010. Jan. 4，2011. 整理而得。

## （三）绩效报告的主要内容

年度绩效报告必须包含 OMB 通告第 210 节所规定的内容，但各机构也被鼓励按照战略规划编制年度绩效报告。绩效报告应当清楚地阐明机构的工作如何惠及公众、让公众了解机构为取得进展而采取的行动，并解释机构为提高绩效而正在采取的行动。表 11－7 的内容为机构在绩效网站更新绩效报告信息提供了一般指导。

表 11－7　　机构绩效报告的主要内容（参考）

| 章节标题（Section Heading） | 内容（Content） |
|---|---|
| 机构和使命信息（Agency and Mission Information） | 概述（Overview） |
| | 使命陈述（Mission Statement） |
| | 愿景与价值观（Vision and Values） |
| | 组织架构（Organizational Structure） |
| 战略总目标（Strategic Goals） | 战略总目标（Strategic Goals） |
| 战略分目标（Strategic Objectives） | 战略分目标（Strategic Objective） |
| | 战略分目标的最新进展（Progress Update for Strategic Objectives） |
| 机构优先目标（Agency Priority Goals） | 机构优先目标声明（APG Statement） |
| | 机构优先目标概述（APG Overview） |
| | 机构优先目标的指标（APG Indicators） |
| | 机构优先目标的最新进展（APG Progress Update） |

续表

| 章节标题（Section Heading） | 内容（Content） |
|---|---|
| 绩效目标（Performance Goals） | 绩效目标（Performance Goal） |
| | 实际结果（Actual Results） |
| | 绩效信息缺口（Performance Information Gaps） |
| | 绩效目标的最新进展（Performance Goal Progress Update） |
| | 绩效目标变更（Changed Performance Goals） |
| 其他指标（Other Indicators） | 其他指标（Other Indicators） |
| | 其他指标实际值（Other Indicator Actuals） |
| | 其他指标信息缺口（Other IndicatorInformation Gaps） |
| 其他信息（Other Information） | 主要管理重点和挑战（Major Management Priorities and Challenges） |
| | 跨机构合作（Cross – Agency Collaborations） |
| | 证据构建（Evidence Building） |
| | 超链接（Hyperlinks） |
| | 数据验证与核实（Data Validation and Verification） |

资料来源：作者根据 OMB Circular A – 11：section 210—Performance. gov and public reporting 整理而得。

1. 战略目标的最新进展。

各机构必须在年度绩效报告中公布每个战略目标简要的、描述性的最新进展情况，并同步更新绩效网站内容。战略目标的最新进展主要包括机构上一财年在战略目标方面取得的成就，机构需要说明在哪些方面取得了进展，在哪些方面没有取得进展，在哪些方面取得了成效，在哪些方面没有取得成效，以及去年遇到的挑战。机构战略分目标的进展情况说明中应当包含一部分取得“显著进展的”（noteworthy progress）和一部分需要“重点改进的”（focused improvement），并进一步解释机构认为取得进展的原因。机构可以总结绩效目标或其他指标的进展情况（但不必逐一说明），或者可以讨论趋势、成因、有希望的做法以及评估或独立评估的结果。为了使机构最新进展情况的说明简明扼要，机构可以使用超链接、引用、脚注，或者插入外部链接（如已发表的分析、评估、研究报告，绩效目标和其他指标的历史趋势，里程碑，其他外部指标或者其他独立评估等）来支持其陈述，而不是在最新进展情况中描述所有细节。

2. 机构优先目标的最新进展。

各机构需要在绩效网站简要说明上一季度取得的成就（或者在每年的最后一个季度，总结上一财年的成就），并确定阻碍机构优先目标进展的重大挑战。由于机构优先目标是具有挑战性的，所有机构在实现其所设定的优先目标方面都会面临一些风险。因此，各机构应酌情说明致使计划的绩效水平无法实现的重大风险。

3. 实际绩效结果。

各机构需要在绩效报告中说明绩效目标的结果。对于所有绩效目标，绩效指标应至少将上年度的实际绩效与目标绩效水平进行比较，并说明是否达到目标。不同机构在绩效报告中对绩效执行情况总结的呈现方式略有不同，例如美国教育部（U. S. Department Of Education）在 2022 财年评估了 71 项绩效指标的进展情况，将其划分为数据无法获取（Data unavailable）、基准指标（Baseline indicator）、未达成目标（Did not meet target）和达成目标（Met target）四种类别，并借助柱状图清晰地呈现了各项绩效指标的状况（见图 11 –5）。农业部（U. S. Department of Agriculture）在《2022 财年年度绩效报告》（FY 2022 Annual Performance Report）中定义了绩效指标的三种结果：一是达成（Met），即完全实现或超出目标（Within 100% or more of target）；二是需要改进（Needs Improvement），即目标完成率为 90% 以上（Within 10% of target）；三是未达标（Unmet），即目标完成率低于 90%（Greater than 10% below target）。2022 财年，在 53 项绩效指标中，美国农业部有 22 项（42%）目标“达成”，有 6 项（11%）被视为“需要改进”，这意味着它们距离达到既定目标的差距在 10% 以内，有 19 项（36%）目标“未达标”，有 6 项（11%）由于数据报告和处理的滞后性，在撰写绩效报告时没有数据。同时，农业部在绩效报告中以饼状图陈述了总体指标情况（见图 11 –6）。此外，在适用情况下，机构至少应当展示前五个财年绩效指标的实际结果。即使是首次公布绩效指标，也应当提供可获得数据时间点起的趋势数据。因为如果机构所要处理的问题已经大大减少，那么从开始采取预防性行动之前的长期趋势数据就很有启发性。

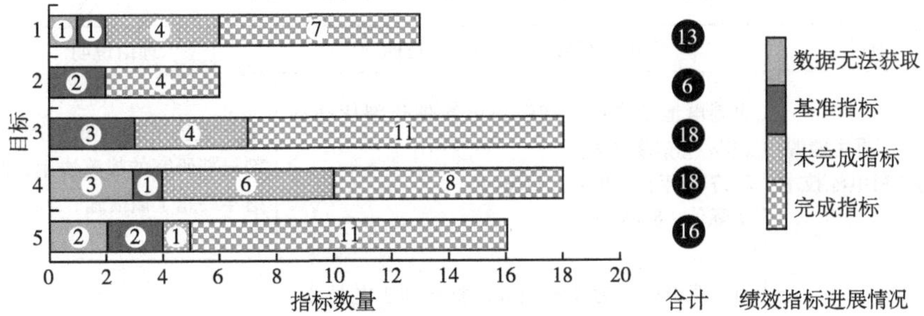


**图 11-5 教育部 2022 财年绩效结果概览**

资料来源：FY 2022 U. S. Department of Education Annual Performance Report.

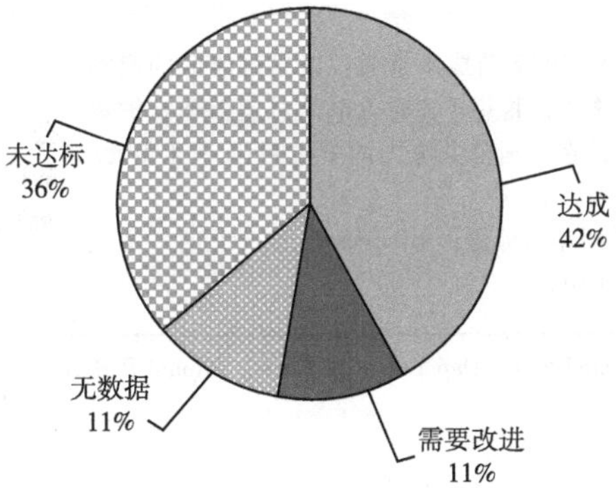


**图 11-6 农业部 2022 财年绩效结果概览**

资料来源：FY 2022 U. S. Department of Agriculture Annual Performance Report.

4. 绩效目标的最新进展与变更。

各机构应在绩效报告中简要解释绩效指标出现差异或趋势变化的原因，以及是否达到目标。机构应当明确与绩效目标相关的成功或有希望的做法，并说明年中预算变动或拨款延迟对机构目标或整个绩效年度之前设定的目标的实现产生了哪些影响。如果机构在实现绩效目标方面没有取得足够的进展，则应简要说明未来的改进措施，包括未实现绩效目标的原因和实现目标的计划。如果绩效目标被确定为不切实际或不可行，机构应在解释和计划中说明原因以及建议采取的行动。如果在绩效计划公布以来，机构在 OMB 批准下更新或取消了某些绩效目标，则要在绩效报告中说明原因。例如，能源部（Department of Energy，简称 DOE）在其《2018 财年年度绩效报告》中就 2017 财年结束后 16 个终止的绩效目标及其原因做出说明（见表 11-8）。

表 11-8　　能源部 2018 财年起终止的绩效目标（部分）

| 项目 | 2018 财年起终止的绩效目标 | 理由说明 |
| --- | --- | --- |
| 节能与可再生能源/氢与燃料电池技术 | 燃料电池功率：提高燃料电池催化剂比功率（KW/g 铂族金属）<br>2017 财年目标值：7.1KW/g<br>实际值：8KW/g | 由于做出了转向非 PGM 催化剂早期研究的战略决策，2018 财年终止了该措施 |
| 节能与可再生能源/先进制造业 | 研发联合体：为展示先进的材料和工艺技术，最终实现商业化而谈判选定的制造研发联合体的数量<br>2017 财年目标值：2 个联合体<br>实际值：2 个联合体 | 由于重点转向早期研发，2018 财年终止了该措施 |
| 美国西南电力管理局 | SWPA 年度运营成本绩效：以尽可能低的成本提供电力，将每千瓦时发电的总运营和维护费用保持在全国公共电力的中位数以下（美元/千瓦时，kWh）<br>2017 财年目标值：<0.065 美元/千瓦时，实际值：0.017 | 公共设施公司已不再提供以前的信息。因此，这一指标已被新的运营成本指标所取代 |

资料来源：FY 2018 United States Department of Energy Annual Performance Report.

5. 数据测量。

根据 GPRAMA 法案要求，绩效报告中应当包含其所提交数据的可靠性信息。各机构可以编制一个单独的数据验证与核实附录（data verification and validation appendix）以阐述机构的数据使用方法。例如财政部（Treasury）根据 OMB 指南、财务报告要求和 RCA 法案，在 2022 年 6 月至 9 月期间开展了绩效测量质量审查，并编制了 2022 财年数据验证与核实附录，列出本机构的绩效测量标准和指标，以及各自的定义、数据来源、数据收集方法、可靠性评估和报告频率等。

此外，各机构也可以选择传达绩效信息的其他地方（例如网站）提供机构有关数据质量的信息。必要时，各机构应当与其各自的 OMB 资源管理办公室（Resource Management Office）协商讨论其数据验证与核实技术。

机构负责人对绩效数据的准确性和可靠性负责。机构负责人应在机构年度绩效报告的传送函中简要说明绩效数据的完整性和可靠性，以及存在哪些数据限制。

机构年度绩效报告中必须包含机构负责人对其所提交的绩效数据的完整性和可靠性评估，并在必要时描述机构提高其数据完整性、可靠性和质量的计划。其绩效数据测量必须注意以下流程：

（1）数据的局限性（Data limitations）。为了评价绩效目标的进展情况，绩效数据必须准确可靠，符合预期用途。机构应确定重要的或已知数据的局限性，包括对局限性的描述、局限性对目标实现的影响以及为纠正局限性将采取的行动。绩效数据不一定要完美无缺才可靠。各机构可以根据数据的预期用途和提高数据质量的成本来校准数据的准确性。同时，严重的数据局限性会导致错误的决策，从而降低绩效或造成绩效评价不准确。数据局限性的例子包括测量和记录不精确、数据不完整、数据收集程序不一致，以及数据过时或者数据收集频率太低，无法及时、经济、高效地快速调整机构行动。

（2）验证与核实（Verification and Validation，简称 V&V）。GAO 把“验证”定义为检查或测试绩效信息的过程，以评估其他类型的错误，如数据输入的错误，把“核实”定义为确保数据不存在系统误差或偏差，并确保所要测量的内容得到真正测量①。各机构应当具备 V&V 技术，以确保其提供的年度绩效计划和绩效报告中使用的数据的完整性与可靠性。同时，各机构在其绩效报告中对 V&V 的标准使用，也能够提高国会和公众对其提供的绩效报告的信心。

（3）机构内部评估。如表 11 - 9 所示，机构内部评估应当考虑标准和程序、数据录入和传输、数据完整性、数据质量和数据局限性、监督和认证等基本的 V&V 因素。

**表 11 - 9　　机构内部验证与核实的基本要素**

| 评估因素 | 主要内容 |
|---|---|
| 标准和程序<br>(Standards and procedure) | • 源数据定义明确，有据可查；定义可用且已使用<br>• 收集标准有据可查/可使用/已使用<br>• 数据报告时间表有记录/可分配/可遵循<br>• 保存并随时提供证明文件<br>• 数据采集人员技能娴熟/接受过使用正当程序的培训 |

① GAO/GGD - 10. 1. 20，“The Results Act：An Evaluator's Guide to Assessing Agency Annual Performance Plans”，https：//www. gao. gov/assets/ggd - 10. 1. 20. pdf.

续表

| 评估因素 | 主要内容 |
|---|---|
| 数据录入和传输<br>(Data entry and transfer) | • 数据输入方法有记录且被遵循<br>• 根据所需的准确性水平对数据进行适当核实<br>• 记录并遵循对以前输入的数据进行更改的程序<br>• 在报告、学习和关键决策周期需要时，数据是可用的<br>• 数据录入人员技能娴熟/接受过使用正当程序的培训 |
| 数据完整性（Data integrity） | • 在可能的情况下，数据应当以增值的方式返还给数据提供者，以便数据提供者从数据分析中获益，并长期参与提高数据质量的工作<br>• 第三方评估通常优于自我评估<br>• 用于其他用途并经使用验证的行政数据可以以相对较低的成本成为高质量绩效数据的来源 |
| 数据质量和局限性<br>(Data quality and limitations) | • 所有数据的准确度限制均符合其预期用途<br>• 解释并记录数据的局限性<br>• 建立并使用处理异常数据的方法，不仅是为了避免数据造假，也是为了寻找较好的做法来验证并解决需要注意的问题<br>• 开展第三方评估<br>• 记录外部控制数据的使用情况 |
| 监督和认证<br>(Oversight and certifications) | • 对数据准确性的问责体现在责任人员的绩效标准中<br>• 责任官证明每个报告期（reporting period）都遵循了相关程序<br>• 责任官证明每个报告期都对数据准确性进行了检查 |

资料来源：作者根据 OMB Circular A－11：section 260—Annual Performance Reporting 整理而得。

（4）外部评估。外部评价或者同行评审等外部评估有助于确定数据或信息差距，以及绩效趋势的变化是全部或部分归因于机构行动还是其他因素。在进行这种分析时，各机构应考虑现有的证据，包括任何现有的评估结果。在适当的情况下，这种分析应考虑绩效目标和指标是否已通过：①与最终结果密切相关的研究得到验证；②现有研究对测量标准适当性的影响；③测量标准总体上的相对优势或劣势。各机构应确定何时以及如何用评估或其他高质量的外部评估来补充绩效测量，以提高所报告数据的质量和完整性。

总体而言，由于大多数机构都要处理大量的绩效测量数据，因此各机构需要综合考虑判断对哪些绩效指标进行验证与核实。各机构应考虑优先事项、支出、GAO 高风险清单、IG 报告和管理挑战，确定预期用途所需的适当验证与核实频率，并应分配适当资源，以定期进行验证与核实。机构每年提交的数据通常应每年或每两年验证一次。专栏 11－3 是环保署 2022—2026 财年战略分目标 4.1 的数据质量记录（Data Quality Records，简称 DQR）。

**【专栏 11－3】**

## 环保署 2022—2026 财年数据质量记录

### 长期绩效目标的数据质量记录

长期绩效目标内容：截止 2026 年 9 月 30 日，确保美国每年消耗的含氢氯氟烃（HCFCs）少于 76.2 吨。

相应的年度绩效目标：美国含氢氯氟烃（HCFCs）（消耗臭氧层的化学物质）的剩余消费量，以 ODP－加权公吨为单位。

目标编号：战略目标 4/战略分目标 4.1

NPM 领导：空气与辐射办公室（OAR）

1a. 长期绩效目标：

这一长期绩效目标（long－term performance goal，简称 LTPG）跟踪美国每年的含氢氯氟烃（HCFCs）消费量。作为《蒙特利尔议定书》的缔约方，根据《清洁空气法》（Clean Air Act），美国必须逐步减少 HCFC 的消费量和生产量，最终在 2030 年完全淘汰 HCFC。从 2020 年到 2029 年，HCFC 消费量必须比基准水平至少减少 99.5%。目前，美国所有 HCFC 的年度消费上限为 76.2 公吨消耗臭氧潜能值（ODP），低于 2015—2019 年每年 1 520ODP－加权公吨的目标。自 1996 年 1 月 1 日起，美国的 HCFC 消费基准为 15 240ODP－加权公吨。HCFC 消费量持续低于上限的趋势表明了美国环保署平流层保护项目的有效性。

今天，我们看到臭氧层正在“愈合”的迹象，预计到 2065 年将恢复。《蒙特利尔议定书》的全面实施预计仅在美国就能预防 4.43 亿例皮肤癌和 6300 万例白内障。

1b. 绩效测量术语定义：

HCFCs：由氢、氯、氟、碳组成的化合物。含氢氯氟烃是用来替代氯氟化碳（CFCs）的一类化学品。它们含有氯，因此会消耗平流层臭氧，但程度远低于 CFCs。HCFCs 的 ODPs 范围为 0.01 至 1.0。

消费量（Consumption）：一个专业术语，意指 HCFC 的生产量，加上进口量，减去出口量，减去销毁量，再减去为转化而生产或进口的数量。由此得出的消费量实际上是某一年新投放到美国市场的 HCFCs 数量。

ODP：指由某种物质引起的臭氧消耗的相对数量。ODP 是一种化学品对臭氧的影响与同等质量的三氯氟甲烷（CFC－11）的影响之比。因此，CFC－11 的 ODP 被定义为 1.0。其他 CFCs 和 HCFCs 的 ODP 值在 0.01 到 1.0 之间。消耗臭氧层物质（ODS）的公吨按其 ODP 加权计算，否则称为 ODP 吨。

1c. 测量单位：

测量单位是公吨/年 ODP。

2a：数据来源：

美国的 ODS 生产商、进口商和出口商必须按季度、年度和交易情况报告其 ODS 交易。ODS 跟踪系统以公司为单位跟踪已用和未用限额。ODS 跟踪系统还可以查询，以生成总结整个美国 ODS 生产和消费的年度统计报告。根据《关于消耗臭氧层物质的蒙特利尔议定书》（《蒙特利尔议定书》）第 7 条的要求，美国向联合国环境规划署（UNEP）秘书处提交年度报告，这是美国证明其遵守《蒙特利尔议定书》规定的生产和消费限制及其他要求的方式。

2b：解释（计算）绩效结果所需的数据：

HCFC 消费量必须比基准水平至少减少 99.5%。美国所有 HCFCs 的年度消费上限为 76.2ODP－加权公吨，低于 2015—2019 年每年 1 520ODP－加权公吨的目标。自 1996 年 1 月 1 日起，美国的 HCFC 基准消费量为 15 240ODP－加权公吨。

3. 计算方法：

对美国所有公司的每项 ODS 数据进行汇总，以分析美国的消费和生产总量。

4. 质量保证/质量控制：

ODS 跟踪系统的程序设计可确保各公司报告的数据内容保持一致。该系统能够标记出不一致的数据，递交系统管理员审查和处理。此外，OAR 将报告公司提交的 HCFC 进出口数据与外部数据源进行交叉核对，外部数据源包括海关和边境保护局（CBP）通过其自动商业环境（ACE）/国际贸易数据系统（ITDS）收集的数据以及从 Descartes Datamyne™ 购买的数据。

OAR 为 ODS 跟踪系统制定了标准操作程序指南，规定了数据录入和数据分析的标准。此外，除了用于审查提交的ODS报告的质量保证/质量控制指南外，OAR还制定了质量保证计划（QAPP），该计划定义并记录了如何规划、实施和评估数据收集活动。

5. 数据限制/资质：

《清洁空气法》要求公司报告数据。

6. 技术联系人：

Daniel Hopkins（OAR）

7. 认证声明/签名：

我证明此DQR中的信息是完整和准确的。

DAA签名　原件由Elizabeth（Betsy）Shaw签名　日期5/10/2022

6. 其他内容。

各机构可以有选择地在绩效报告中提供以下两点内容：一是提供利用了非联邦政党的信息（Information on use of non－Federal parties）。GPRAMA法案规定，编制绩效报告是联邦政府的固有职责。然而，各联邦机构应当承认非联邦实体（Non－Federal entity）在支持其准备绩效报告过程中发挥的重要作用，并简要说明其对绩效报告编制做出的重大贡献。二是不向公众公开的机密附录（Classified appendices not available to the public）。执行机密活动项目的机构可以给绩效报告准备一个机密附录。此外，如果机构认为公开绩效报告会阻碍某些绩效目标的实现进展，也可以在与OMB协商确认后，为绩效报告准备一个非公开的附录（Non－public appendix）。

### （四）绩效报告的实施框架

1. 绩效报告的编制。

根据GPRAMA法案，各机构均要编制绩效报告。除非向国会提交绩效报告时有纸质版的特殊要求，一般而言机构不应当产生绩效报告的纸质印刷费用。在纸质版的报告编制要求下，OMB也鼓励各机构本着节约成本的前提，直接印刷电子版的绩效报告，而非制作一个特殊且专业的“精装版报告”。同时，OMB也会综合考虑机构在绩效网站上提供综合绩效计划和报告信息的经验，向各机构发布相关指导，以提供及时简明的绩效信息，协助其编制绩效报告。

2. 绩效报告的提交。

机构提交给国会的绩效报告传送函的收件人是众议院议长、参议院议长以及参议院临时议长。除非国会另有印刷要求，传送函的副本也将以电子方式发送给预算管理委员会、相关授权和监督委员会、拨款小组委员会的主席和少数党首席委员、参议院国土安全和政府事务委员会和众议院监督和政府改革委员会的主席和少数党首席成员。各机构与其内部法务人员和国会工作人员展开合作，确定向国会传递通知的最佳方式。为了通知总统和 OMB 负责人，各机构还应当在 MAX 网站（https：//max. omb. gov/community/x/C5VxIQ. ）提交最终报告。各机构应当以电子的方式将最终年度绩效报告通知国会，该通知必须由机构负责人发布，或者由其代表以电子方式传送。各机构可以根据传送的需要增加其他签署人，如副秘书长（Deputy Secretary）、首席运营官（Chief Operating Officer）、绩效改进官（Performance Improvement Officer）或者首席财务官（Chief Financial Officer）等，以确定机构内部的共同责任。

3. 绩效报告的发布。

各机构应当以可搜索和机器可读的形式在绩效网站（Performance. gov）上公开提供绩效报告，并确保其在机构官网和绩效网站上发布的绩效报告的内容一致性。大型机构（Large Agencies）需要根据战略分目标在绩效网站上发布绩效报告，小型机构（Small Agencies）需要通过超链接的方式在机构网站发布绩效报告。如果机构希望比以往更为频繁地在绩效网站更新绩效信息，则应与 OMB 进行协商。随着绩效网站的不断扩容，各机构也被鼓励在合理的行政负担范围内更为频繁地更新实际绩效信息。同时，各机构必须确保在机构官网和绩效网站发布的绩效报告符合《康复法案》第 508 节的标准，使残障人士无障碍获取信息，并为残疾员工和公众提供与其他人同等的获取信息的机会[①]。

4. 减少过时和重复的报告。

GPRAMA 对绩效报告的形式做出了严格规定，并要求减少过时和重复的报告。每年，各机构首席运营官应在 OMB 指导下，根据法定要求或国会报告中的指示编制一份清单，确定机构向国会呈报的所有计划和报告，进而明确哪

---

① OMB Circular A-11：section 210—Performance. gov and public reporting.

些计划和报告已经过时或与其他规定的计划和报告重复，并完善该清单，使其仅包括过时或重复的计划和报告。随后，各机构将此清单与国会委员会进行协商，确定其是否对委员会不再有用，是否可以取消或与其他计划和报告合并。最后，各机构向 OMB 提交初始的汇编清单和确定过时或重复的清单。

### （五）绩效报告的主要特点

1. 一致性：绩效报告应当与国会预算请求保持一致性。

自 GPRAMA 法案发布以来，各机构致力于推动绩效计划和绩效报告与国会预算请求保持一致。在发布国会预算请求最终说明的同时，大型机构要在绩效网站公开（或更新）战略规划、年度绩效计划、绩效报告的内容。这既是为了提高利益相关者获得绩效报告的可及性和绩效报告的可使用性，也是为了减少机构重复规划和报告的时间负担。例如，各机构应发布其 2016 财年绩效报告和 2018 财年绩效计划以及 2018 财年国会预算的最终说明，并在 2017 年春季提交。

2. 协同性：各机构应当与 OMB 或国会合作编制绩效报告。

GPRAMA 强调透明、参与、协作，避免绩效报告徒有文本，流于形式，绩效报告有赖于 OMB、国会等多方参与。各机构按照法律的规定，协调配合，分别从不同的角度对绩效评价工作进行管理，共同促进事业的发展和工作目标的实现。在准备编制机构年度绩效报告时，机构人员和 OMB 必要时应在向国会提交报告之前，展开讨论并解决各种顾虑。同时，各机构多被鼓励与国会联系，进而获取如何改进与国会的绩效信息交流方面的意见。各机构还应当与其立法事务办公室（Legislative Affairs Offices）合作，确定与国会协商的最佳方式。

## 二、绩效报告典型案例分析

### （一）劳工部绩效报告概况

根据 1993 年 GPRA 法案和 2010 年 GPRAMA 法案要求，美国劳工部（United States Department of Labor，简称 DOL）以可搜索、机器可读的形式在

绩效网站上公开提供了其《2022 财年年度绩效报告》(FY 2022 Annual Performance Report),报告重点反映了其战略规划和绩效计划中所述目标的完成情况。同时,该报告也作为2024 财年年度绩效计划,更新了2023 财年的绩效测量标准和目标,并建立了与2024 财年国会预算请求中反映一致的目标。

## (二)绩效报告的主要内容

1. 战略审查进展总结。

劳工部在其绩效报告中,针对每项战略分目标陈述了其战略审查进展总结(Strategic Review Summary of Progress),审查结果包括“有待改进”(Area for Improvement)、“取得一定进步”(Adequate Progress)和“取得显著进步”(Noteworthy Progress)三个方面。在具体说明时,劳工部进一步将战略分目标细分主题,并按照两个合作机构(Partner Agencies)的责任划分,即职业安全和健康局(Occupational Safety and Health Administration,简称 OSHA)和矿山安全和健康局(Mine Safety and Health Administration,简称 MSHA),依次展开陈述。

下面以审查结果为“有待改进”的战略分目标 2.1“确保工作场所,尤其是在高风险行业工作场所的安全和卫生”为例说明劳工部战略审查进展总结的主要内容。劳工部将这一份目标的审查结果分为三个主题:安全和健康的工作场所、举报人和矿工的权利以及执法能力。审查发现机构在努力重建受疫情严重影响的执法和合规援助保护方面,以及在吸引、雇用、培训和留住多元化员工队伍方面,都面临着挑战。同时还注意到,劳工部的律师办公室(Office of the Solicitor,简称 SOL)是成功实现这一目标的关键。SOL 需要足够的资源和能力为保护工人的机构提供建议和咨询,以协助这些机构在法律允许下充分发挥其力量。

第一,安全和健康的工作场所。

OSHA:工作场所安全与健康标准的执行

疫情期间,OSHA 在执行工作场所安全与健康标准方面面临挑战。疫情的扩散可能会削弱该机构有效执法的能力,且受疫情影响,OSHA 有限的资源更加紧张。不过,通过《美国救援计划法案》(American Rescue Plan Act,简称 ARPA),OSHA 获得了略高于 1 亿美元的补充资金。截至 2022 财年,OSHA 在

2022 财年将这笔补充资金中的 5620 万美元用于执法活动。2021 年 2 月，劳工部监察长办公室（OIG）报告称，与 2019 年同期相比，OSHA 在 2020 年收到的投诉增加了 15%，但进行的检查却减少了 50%。因此，OSHA 可能无法确保工人在不同工作场所获得需要的保护标准，从而增加了风险。2022 财年，OSHA 开展了 31 886 次检查，目标检查次数为 31 400 次。

OSHA：自愿保护项目（Voluntary Protection Programs，简称 VPP）

2021 财年，由于疫苗接种速度缓慢，以及为控制疫情持续在多个地区和管辖范围内实施严格的居家隔离，OSHA 无法进行参与 VPP 所需的现场评估。在 2022 财年，新批准的数量增加了 36%，从 2021 财年的 14 个增加到 2022 财年的 19 个，重新批准的数量增加了 175%，从 2021 财年的 96 个增加到 2022 财年的 264 个。

MSHA：保护矿工安全

2022 财年，采矿业每 20 万工作小时的五年死亡率约为 0.0111，比 2021 财年增加了 4%。虽然没有达到他们设定的积极目标，但这是过去五年中，所有与动力运输设备相关的伤害事故的五年滚动平均估计死亡率最低的第二年。MSHA 还开发了一款 APP，直接向矿工和矿山经营者提供安全与健康信息。该 APP 是快速联系矿工和操作人员并帮助保证矿工安全的额外工具。

MSHA：保护矿工健康

OIG 已将保护工人的安全与健康确定为管理和绩效方面的首要挑战。MSHA 面临着黑肺病例的数量创 25 年新高的挑战，需要采取战略来解决这一问题。此外，MSHA 还面临着如何更好地保护矿工免受二氧化硅粉尘（矽尘）等空气污染物的危害。因此，该机构正在制定一项二氧化硅规则提案，旨在为所有矿工提供更好的健康保护措施。2022 财年，MSHA 启动了一项计划，以增加与矽尘相关的抽样检查，并改进执法和合规援助。这一举措将持续到 2023 财年及以后。此外，MSHA 还发起了矿工健康问题运动（Miners Health Matters campaign），重点是执法和外联工作，以确保矿工在潜在危险环境中工作时意识到并采取预防措施，进而限制他们接触二氧化硅和其他有害粉尘。

第二，举报人和矿工的权利。

OSHA：举报人保护项目

OIG 对 OSHA 的举报人保护项目进行了一系列审计。2020 财年完成了两项审计：一项是关于疫情的影响和响应，另一项是关于 OSHA 第九区的举报人保护项目。这两项审计结果都表明，仍需提高调查质量，完善《举报人调查手册》，通过维持技术和质量之间的合理平衡，来改善案件管理，监测可能在全国范围内实施的试点项目，并升级数据库系统。

MSHA：保护矿工权利

在 2022 财年，MSHA 在收到矿工临时复职请求的 20 天内完成了 100% 的调查，在收到矿工歧视投诉的 105（c）调查的 60 天内完成了 90% 的调查。作为几项新的安全和健康倡议的一部分，MSHA 继续教育矿工，帮助他们了解自身权利以及《矿业法》（Mine Act）对打击报复、歧视和干扰的保护。

第三，执法能力。

OSHA：招聘

OSHA 在 2022 财年增加了人员编制（从 1 859 人增至 2 044 人）。该机构聘用了 393 名员工，其中包括 227 名安全与健康执行官员（Compliance Safety and Health Officers，简称 CSHO）。在 2023 财年，OSHA 将继续加大招聘力度，并在黑人历史悠久的学院和大学、西班牙裔服务机构、亚裔美国人和太平洋岛民服务机构以及部落学院和大学进行有针对性的招聘，以吸引多样化的求职者。该机构还拥有 CSHO 职位的直接雇用权，允许 OSHA 快速雇用具有安全和健康经验的员工。

MSHA：招聘和继任项目

2022 财年，MSHA 的人员编制得以增加（从 1 668 人增至 1 704 人）。2022 财年，MSHA 继续实行混合职业系列（the hybrid occupational series）（1801），以克服招聘障碍，吸引多样化和有能力的劳动力。这个新系列给招聘提供了更大的灵活性，通过招聘和培训应届毕业生作为入门级检查员，然后在培训计划完成后将他们过渡到职业系列 1822 检查员。此外，MSHA 的注册学徒项目为生活或工作在服务不足和代表性不足的社区的有经验的矿工提供了在 MSHA 获得职业的机会。学徒可以达到 GS－11 级别。这是为了让学徒在入职后六个月内完成初级检查员培训的前三个模块。MSHA 的注册学徒项目是通过就业和培训管理局建立的，对象是服务不足的社区，特别是西班牙裔和美洲原住民社区。

2. 绩效结果。

劳工部在陈述目标进展情况时，设计了分析与未来计划（Analysis and

Future Plans）表格（见表 11－10）进而清晰呈现绩效信息，其中包含了恰当的举措（applicable measures）、目标（targets）、结果（results）和状况（status），所谓“状况”，指的是结果与目标的关系，具体有如下三种状况：Y（Yes 的首字母，表明目标达成）、N（No 的首字母，表明目标未达成）和 I（Improved 的首字母，表明结果比上一年度有所改善，但未达成目标）。如果新指标的目标单元格显示“基线”（baseline），则表明没有用来确定数值目标（numerical target）的数据。最后三列则有助于说明成功的程度和有助于改进结果的计划。

针对每一项绩效目标，劳工部均以表格辅助文字的形式呈现其分析与未来计划。下面结合矿山安全和健康管理局（Mine Safety and Health Administration，简称 MSHA）绩效目标 2.1“防止采矿造成的死亡、疾病和伤害，为美国矿工提供安全和健康的工作条件”（见表 11－11）展开具体说明：

MSHA 优先努力降低工作场所可能造成职业病、死亡和受伤的风险。2022 财年，由动力运输设备（一种用于运输矿工或在矿场运输材料的移动机器）造成的事故占死亡人数的 28%，占总伤害人数的 9%。MSHA 继续推广最佳实践，以防止与电力运输事故有关的伤亡。动力运输倡议网站（The Powered Haulage Initiative website）包括强调大型设备盲区、安全带使用和输送机安全的页面。所有现场办事处的检查员在访问矿场期间继续重点关注输送机的安全，讨论最佳实践并分发安全帽贴纸和小册子。MSHA 重点关注涉及承包商的死亡事故，并提供合规援助，以处理这些死因。MSHA 继续通过社交媒体、该机构的公共网站（msha. gov）和利益相关者季度电话会议来推广其外联工作。2022 财年，MSHA 还通过其 Brookwood－Sago 补助金计划提供了 100 万美元的补助金，用于支持重点关注安全和健康主题（包括动力运输安全）的矿工教育和培训机会。MSHA 还在制定《地面移动设备安全计划》（Safety Program for Surface Mobile Equipment）的最终规则，该计划旨在减少动力运输事故和伤害。

2022 财年，采矿业每 20 万工作小时的五年死亡率约为 0.0111，比 2021 财年增加了 4%。虽然没有达到他们的积极目标，但这是在过去五年中，所有与动力牵引设备相关的工伤事故的五年滚动平均死亡率最低的第二年。

MSHA 将继续采取行动和合规援助，以减少采矿业二氧化硅粉尘超标的情况。作为二氧化硅行动倡议（Silica Enforcement Initiative）的一部分，2023 财年和 2024 财年，MSHA 将继续加强对有反复二氧化硅超标情况的矿山的检查；增加目标条件下的抽样；分析抽样数据；制定健康警报；为培训计划提供指导；并建立一个专家小组来解决关键的健康问题。如果确定有必要保护矿工，MSHA 将进行现场检查，如果在规定的减少时间内未完全减少，MSHA 将酌情考虑采取额外行动，以确保矿工受到保护。MSHA 还将继续开展矿工健康问题运动，重点确保矿工和操作员意识到二氧化硅和其他污染物对健康的不利影响，并确定减少矿工接触的最佳实践方式。

此外，MSHA 还将跟踪和分析参与 30CFR 第 90 部分计划（该计划旨在保护患有尘肺病的矿工）的矿工人数。MSHA 将为培训计划提供指导，重点关注暴露风险，并告知矿工他们享有第 90 部分规定的权利，允许他们继续在矿场中较健康的区域工作。

MSHA 的工作包括强有力的行动、积极的外联、教育和培训以及对采矿业的技术支持。2022 财年，MSHA 利用 ARPA 提供的约 230 万美元补充资金，在健康危害执行方面提供了专家建议和指导，通过执行与控制大流行病有关的健康倡议来支持执行和监管活动，继续努力制定有关矿工接触呼吸道健康危害的标准；并支持解决任何安全和健康风险的内部需求。MSHA 继续推进政府和部长的优先事项，重点关注多样性、种族和性别平等，以及服务不足社区的双语需求，以建立一支更现代化、更包容的员工队伍。

3. 其他信息。

DOL 在 2022 财年绩效报告（APR）中借助历史信息陈述未来的战略和目标，所以若把 APR 视作为一份规划文件（planning document），它是围绕代表机构预算年度（2024 财年）目标而选择的目标（goals）和测量标准（measures）进行组织实施的。根据 GPRMA 法案，DOL 在该财年发布的国会预算说明（CBJ）中确定了绩效目标、测量标准和指标，以便进行报告，因此，机构有义务在 APR 中报告测量的结果。表 11 - 12 提供了机构自修订、替换或终止以来的绩效测量标准的信息。

表 11 – 10　　劳工部分析与未来计划表格

| 目标达成（Y），改进（I），未达成（N） | | FY/PY 2018 | FY/PY 2019 | FY/PY 2020 | FY/PY 2021 | FY/PY 2022 | FY/PY 2023 | FY/PY 2024 | 什么起作用（What Worked） | 什么未起作用（What Didn't Work） | 项目绩效改进计划（Program Performance Improvement Plan） |
|---|---|---|---|---|---|---|---|---|---|---|---|
| 衡量的名称 | 目标（targets） | | | | | | | | | | |
| | 结果（results） | | | | | | | | | | |
| | 状况（status） | | | | | | | | | | |

资料来源：United States Department of Labor. FY 2022 Annual Performance Report.

表 11 - 11　　MSHA 绩效目标 2.1 分析与未来计划

| 目标达成（Y），改进（I），未达成（N） | | FY/PY 2018 | FY/PY 2019 | FY/PY 2020 | FY/PY 2021 | FY/PY 2022 | FY/PY 2023 | FY/PY 2024 | 什么起作用 | 什么未起作用 | 项目绩效改进计划 |
|---|---|---|---|---|---|---|---|---|---|---|---|
| 每 20 万工作小时与动力运输设备相关报告的伤害的 5 年滚动平均值 | 目标 | 0.170 | 0.170 | 0.171 | 0.164 | 0.169 | 0.169 | TBD | MSHA 未达成目标，但情况有所改善。动力运输伤害依然是优先事项，例如 MSHA 从 2021 年 11 月至 2022 年 3 月的动力运输倡议（Powered Haulage Safety Initiative） | MSHA 未发现任何无效的行动或举措。MSHA 继续努力实现执行的一致性，并增加合规援助 | MSHA 将继续巩固行动计划，以减少事故、伤害和死亡，包括但不限于带式输送机安全、驾驶员注意事项和车辆安全 |
| | 结果 | 0.181 | 0.179 | 0.171 | 0.172 | 0.171 [e] | — | — | | | |
| | 状况 | N | I | Y | N | I | — | — | | | |
| 每工作 20 万小时致命伤害的 5 年滚动平均值 | 目标 | 0.0114 | 0.0114 | 0.0100 | 0.0091 | 0.0091 | 0.0091 | TBD | 根据估计结果，MSHA 未达成目标。MSHA 利用利益相关者外联和安全倡议（stakeholder outreach and safety initiatives）来解决安全和健康问题，例如利益相关者电话会议 | 同上 | MSHA 发起了一项全国安全运动“花时间拯救生命”（Take Time Save-Lives），以确保工作场所的安全。除了外联工作和利益相关者参与之外，MSHA 将继续巩固行动计划 |
| | 结果 | 0.0110 | 0.0102 | 0.0095 | 0.0107 | 0.0111 [e] | — | — | | | |
| | 状况 | Y | Y | Y | N | N | — | — | | | |

续表

| 目标达成（Y），改进（I），未达成（N） | | FY/PY 2018 | FY/PY 2019 | FY/PY 2020 | FY/PY 2021 | FY/PY 2022 | FY/PY 2023 | FY/PY 2024 | 什么起作用 | 什么未起作用 | 项目绩效改进计划 |
|---|---|---|---|---|---|---|---|---|---|---|---|
| 每工作 20 万小时所有伤害的 5 年滚动平均值 | 目标 | 2.30 | 2.25 | 2.13 | 1.99 | 1.99 | 1.99 | TBD | 根据估计结果，MSHA 达成了目标。MSHA 利用利益相关者外联和安全倡议来解决安全和健康问题，例如利益相关者电话会议 | 同上 | MSHA 将提高检查和执行效率、实现培训现代化并努力保护矿工权利。MSHA 将扩大学院的使用，增加数字化学习和教师评估 |
| | 结果 | 2.26 | 2.18 | 2.08 | 2.03 | 1.97 [e] | — | — | | | |
| | 状况 | Y | Y | Y | I | Y | — | — | | | |

注：[e] 表示估计数（estimate）。MSHA 的死亡率和受伤率反映了前五年期间每工作 20 万小时的死亡或受伤人数。

TBD 表示待定（To be determined）。

资料来源：United States Department of Labor. FY 2022 Annual Performance Report.

表 11－12　DOL 终止的测量标准（Measures Discontinued）

| 测量标准（机构） | 目标<br>FY 2022<br>PY 2021 | 结果<br>FY 2022<br>PY 2021 | 为什么不包括? |
|---|---|---|---|
| 战略分目标 1. 1 | | | |
| 积极注册的学徒人数（ETA） | 700 000 | 604 512 [e] | 用更加全面的版本（每年服务的学徒总数）取代 |
| 战略分目标 2. 2 | | | |
| 倡议外联活动的百分比（WHD） | 50% | 69% | 替换为与战略举措相关的目标受众规模的外联活动百分比 |
| 在标准时间内处理的投诉百分比（OFCCP） | 88% | 89% | 用在标准时间内（15 天）完成投诉的百分比取代，重点是及时处理收到的投诉 |
| 战略分目标 2. 4 | | | |
| 每个重大个案职员日（Major Case Staff Day）的重大案件货币追回额（EBSA） | $87 394 | $51 205 | EBSA 调整了 2023 财年的绩效指标，以反映弱化（但不是消除）的 TVPP 调查，并将调查重点转向健康方面 |
| 每个重大个案职员日的非终止既得利益参与者计划（Terminated Vested Participant Program，简称 TVPP）重大案件货币追回额（EBSA） | $42 189 | 27 386 | 同上 |
| 每个重大个案职员日结案的重大案件追回的金额（EBSA） | $67 066 | $74 717 | 同上 |
| 每个重大个案职员日结案的非 TVPP 重大案件追回的金额（EBSA） | $29 795 | $41 648 | 同上 |
| 每个重大个案职员日结案的 TVPP 重大案件追回的金额（EBSA） | $179 953 | $139 066 | 同上 |

资料来源：United States Department of Labor. FY 2022 Annual Performance Report.

第四编

# 预算绩效审查监督

# 第十二章　国会预算绩效审查与监督

【内容提要】美国国会的高风险清单是由对联邦政府计划和运营领域进行监督、评估和审计而每两年发布的项目评估报告，该报告从领导承诺、解决能力、行动方案、有效监督和结果可视化这5个方面对项目进行审查监督。这一清单能够有效识别政府运营中存在的欺诈，浪费、滥用、管理不善等多种漏洞，并提出相应的解决方案和应对措施。通过及时发现并有效解决高风险问题，能够起到节省财政支出，改善公众服务，优化政府绩效、落实问责制等作用。此外，高风险清单也明确了项目的退出标准。本章以美国政府责任署（GAO）发布的“高风险清单”和《确定绩效和问责挑战与高风险》为基础，对美国绩效结果运用、绩效审计和信息公开进行了分析。

## 第一节　美国国会的高风险清单管理

美国国会的高风险清单是由美国政府责任署（Government Accountability Office，GAO）对联邦政府计划和运营领域进行监督、评估和审计而每两年发布的项目评估报告，该报告从领导承诺、解决能力、行动方案、有效监督和结果可视化这5个方面对项目进行评估，按照满足、部分满足和不满足3个等级列出项目的风险等级，从而对财政项目进行审查监督。

### 一、什么是高风险清单管理？

美国政府责任署（General Accounting Office，GAO）于1990年启动了一项计划，汇总报告了被认定为“高风险”的政府项目实施情况，此清单中列出了整个联邦政府中最容易发生欺诈、浪费和滥用行为的领域，并于1991年列出了八个领域。从那时起，通常在每次新一届国会开始时都会报告解决高风险领域的进展情况，并更新高风险清单，清单阐述了 GAO 对已取得的进展以及为每个高风险领域找到持久解决方案仍需采取的行动的看法。此后，美国政府责任署每两年更新并发布高风险清单，对象为易发生欺诈、浪费滥用、管理不善或需要改革（waste，fraud，abuse，and mismanagement，or that need broad reform）的联邦政府计划和运营领域。

美国联邦政府是世界上最大和最复杂的实体之一。2020 财政年度约有 6.6 万亿美元的支出用于资助多方面的计划和运营。① 美国政府责任署（Government Accountability Office，GAO）的高风险清单能够有效识别政府运营中存在的欺诈、浪费、滥用、管理不善等多种漏洞，并提出相应的解决方案和应对措施。通过及时发现并有效解决高风险问题，能够起到节省财政支出，改善公众服务，优化政府绩效、落实问责制等作用。

该高风险清单从领导承诺、解决能力、行动方案、有效监督、结果可视化的 5 项标准进行评估（见图 12－1）。② 其中，领导承诺代表的是强烈的承诺和高层领导的支持；解决能力是机构有能力（即人力、资源等），以解决风险；行动方案是指设置纠错机制，用于明确根本原因和解决方案，并提供了实质性的纠错机制来实施美国政府责任署的解决方案建议；有效监督是指设置监督机制，对纠正措施的有效性和可持续性进行检测和独立验证；结果可视化是指具备证明执行纠错措施和解决高风险领域的进展。

其评估结果划分为满足、部分满足、未满足 3 项等级（见图 12－2）。③ 其中，满足等级是指已经采取了符合标准的行动，不需要采取任何重大行动来进一步处理这一标准；部分满足是指已经采取了一些但不是所有必要的行动来满足这一要求；未满足是指几乎没有采取任何行动来达到这一标准。

① GAO. Dedicated Leadership Needed to Address Limited Progress in Most High－Risk Areas［EB/OL］（2021－03－02）.［2024－03－03］. https：//www. gao. gov/products/gao－21－119.

②③ GAO. Key Actions to Make Progress Addressing High－Risk Issues［EB/OL］（2016－04－25）.［2024－03－03］. https：//www. gao. gov/products/gao－16－480r.

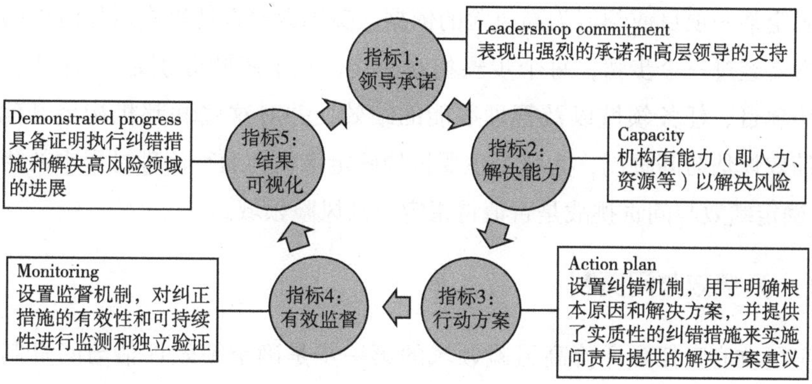


**图 12－1　高风险清单的五项标准详解**

资料来源：GAO. Key Actions to Make Progress Addressing High－Risk Issues.

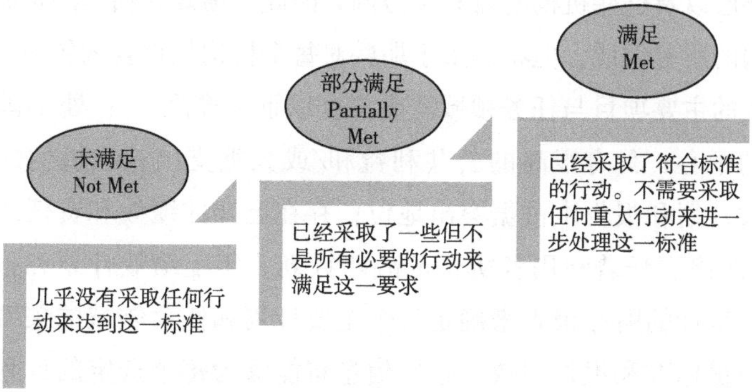


**图 12－2　高风险清单的三级评估结果**

资料来源：GAO. Key Actions to Make Progress Addressing High－Risk Issues.

## 二、高风险清单管理的评价路径

2000 年，美国政府责任署发布了《确定绩效和问责挑战与高风险》（Determining Performance and Accountability Challenges and High Risks），该文件成为美国政府责任署确定高风险领域的指导性文件。[①] 文件中规定的评价标准

① GAO. Determining Performance and Accountability Challenges and High Risks. ［EB/OL］（2020－11－01）．［2024－03－01］． https：//www. gao. gov/products/gao－01－159sp.

成为确定某一项目或领域为高风险的依据。美国政府责任署高风险清单的评价路径需要经过三个步骤，每个步骤相互衔接，三个步骤分别是：评估联邦主要机构项目、任务领域以及管理职能的绩效，并对这些联邦机构展开问责；基于绩效评估与问责制，为每个主要机构确定该机构运行治理过程中的相关挑战；确定绩效与问责挑战是否值得指定为高风险领域。

### （一）绩效与问责制

美国政府责任署评价高风险领域的第一步是确定绩效评估与问责制的对象。美国政府责任署按照一定的标准确定主要项目与任务领域，从而确定绩效评估与问责的对象。在选取主要项目与任务领域作为绩效评估与问责对象时，美国政府责任署将与国会协商后选定，并与管理和预算办公室、主要联邦机构的最高领导层以及这些机构的监察长协调。因此，绩效评估与问责制可能不包括一个机构的所有领域，但将侧重于那些对每个机构最重要的领域。美国政府责任署选取的主要项目与任务领域需要符合以下标准之一：处于国会和行政分支关注的中心；具有很高的公共利益和/或大笔支出；在机构的战略计划和年度绩效计划和报告中占据突出地位；存在已知的绩效和责任或高风险问题。[①] 美国政府责任署利用各机构的战略计划、年度绩效计划和报告、责任报告以及经审计的财务报表来确定每个主要计划和使命领域的关键目标、战略、绩效衡量标准和报告绩效。这些信息将能够为每个选定的计划和使命领域制定一个实际绩效的概况。

### （二）绩效与问责的相关挑战

根据对大量政府项目的研究，美国政府责任署发现创建和维持高绩效组织的关键是管理职能的有效表现。内部控制是每一项管理职能的关键方面。美国政府责任署将评估各机构的主要计划和使命领域所取得的成果，以及对高绩效至关重要的管理职能的执行情况。值得注意的是，即使在一个或多个管理职能中存在缺陷，也不一定表明整个主要方案或使命领域没有得到充分管理。

---

① GAO. Determining Performance and Accountability Challenges and High Risks.［EB/OL］（2020-11-01）.［2024-03-01］. https：//www. gao. gov/products/gao-01-159sp。

- 战略规划
- 预算编制与执行
- 组织调整与控制
- 绩效衡量
- 人力资本战略
- 财务管理
- 信息技术
- 采购

内部控制是每个管理职能的基础

**图 12－3　高绩效组织的关键要素**

资料来源：GAO. Determining Performance and Accountability Challenges and High Risks

对于那些可以显著提高绩效的计划和使命领域，美国政府责任署将确定当前绩效水平的根本原因，并帮助确定改进机会。此外，这种将显示更好的管理对高绩效的具体贡献。在评估主要计划和使命领域及管理职能，以及在做出高风险决定时，美国政府责任署将从许多来源获得的信息中进行分析，如国会证词、调查研究各部门和机构的年度审计财务报表、国会委员会的报告、总统的年度预算所显示的政府绩效计划和管理目标、机构的问责制报告等。①

## （三）确定个人绩效和责任挑战是否值得指定为高风险领域的标准

一是确定单一机构绩效与问责挑战是否应被列为高风险领域。② 首先确定业绩和问责挑战是否涉及具有国家意义的计划或使命领域，或管理职能是业绩和问责制的关键。其次，确定风险是否源于以下之一：第一，一种固有风险。当计划的性质容易导致欺诈、浪费和滥用时，可能会出现这种风险，涉及向第三方提供服务的索赔人付款的方案可能涉及的风险，例如，由于需要和难以核实大量索赔的准确性。第二，系统性问题。当机构为执行计划而建立的计划、管理支持或财务系统、政策和程序无效时，可能会出现系统性问题，从而造成重大缺陷。最后，考虑一些定性和定量因素。考虑的部分定性因素主要有：风险严重不利于公众健康或安全、服务交付、国家安全、国防、经济增长、隐私或公民权利；风险可能导致服务显著受损程序失败、效果显著降低、显著降低效率、伤害或丧失生命、不可靠的决策数据、减少对政府的信心、未经授权披

①② GAO. Determining Performance and Accountability Challenges and High Risks. ［EB/OL］（2020－11－01）.［2024－03－01］. https：//www. gao. gov/products/gao－01－159sp.

露，操纵或滥用敏感信息，例如个人，财务管理或计算机化系统中维护的程序化数据。

除定性因素外，美国政府责任署也会考虑货币或其他定量方面的亏损风险。① 例如，10 亿美元以下领域面临风险：主要资产的价值（例如，应收贷款）减值；收入来源（例如，应付税款）未实现；主要机构资产（例如，库存或财产）丢失、被盗、损坏、浪费或未充分利用；不适当的支付；以及意外事件或潜在的负债（例如，环境清理费用）。10 亿美元的临界值是指重大计划或使命领域中处于风险中的部分，而不是整个计划或使命领域的财务方面。在确定高风险时，我们将从定性和定量的角度分析风险。程序或功能可能非常容易受到质量因素（例如生命损失）引起的风险的影响，但可能不一定满足最低定量美元阈值。相反，风险敞口可能在数量上很大，即使 10 亿美元或更多的资金面临风险，但不涉及质量因素。在某些情况下，单独的定性和定量因素不会是高风险，但结合起来，它们可能需要被指定为高风险。因此，我们将考虑定性和定量因素的整体，以决定是否有必要将其定为高风险。

此外，在指定高风险之前，我们将确定和评估机构为解决重大缺陷而计划或正在采取的纠正措施的有效性。这些纠正措施既包括正在筹划当中的，也有正在实施的，这些措施用来表明当局是否正在致力于解决问题，这也是评价高风险领域的最后一步。纠正措施主要包括：该机构是否已表明解决问题的决心；机构在加强控制以解决问题方面取得进展的程度；建议的原有纠正计划是否合适；有效的解决方案是否将在近期内基本完成；解决方案是否能从根本上解决问题。

二是确定政府范围高风险的标准。② 在某些情况下，几个机构可能有一个共同的问题，导致高风险的情况。当这种情况发生时，我们将使用图 12 - 1 中的标准来确定政府范围内的高风险指定是否有必要。确定为政府范围内高风险领域的标准有：属于多个机构中存在的重大缺陷；影响政府总体预算或其他政府资源的很大一部分；源于需要通过个别机构行动、管理和预算办公室（OMB）、立法行动、国会监督解决的缺陷。

①② GAO. Determining Performance and Accountability Challenges and High Risks. [EB/OL] (2020 - 11 - 01). [2024 - 03 - 01]. https: //www. gao. gov/products/gao - 01 - 159sp.

如果符合这些标准，我们可以将该问题指定为政府范围内的高风险领域。例如，1997 年，政府责任署将 2000 年（Y2K）计算挑战定为政府范围内的高风险，因为它具有广泛的影响，而且 Y2K 故障可能造成严重的破坏。[①] 随后，通过提供高级别的国会和行政分支领导，理解解决问题的重要性，提供标准指导，采用建设性的参与办法，促进进展和监测业绩，以及实施根本性的改进，Y2K 问题得到了成功解决。另一个例子是计算机安全，全世界的公共和私营组织都广泛认为这是一个高风险问题。1996 年9 月在15 个最大的联邦机构中，有 10 个机构发现了严重的计算机安全弱点。1997 年 2 月，GAO 将信息安全定为政府范围内的高风险领域，因为越来越多的证据表明，对计算机化操作的控制并不有效，而且令人信服的信息表明风险正在增加。[②]几个机构可能存在相同的重大缺陷，并可能对部分或所有这些机构上升到高风险水平，但根据评判标准，这不被视为政府范围内的高风险。在这种情况下，将酌情作为业绩和问责挑战或其所影响的每个机构的高风险领域予以报告。

## 三、高风险清单的退出标准

当立法和机构的行动导致在解决高风险问题方面取得重大进展时，美国政府责任署将删除指定项目的高风险标识。[③] 如果再次出现重大问题，将考虑重新申请高风险标识。自 1990 年高风险倡议开始以来，已经从几个项目中删除了高风险标识。例如，在 1991 年，银行保险基金被定为高风险，因为在 20 世纪 80 年代末和 20 世纪 90 年代初，银行倒闭和保险损失的数量前所未有，耗尽了该基金的储备。1995 年，GAO 取消了这一高风险称号，因为该基金的风险已经降低，原因是采取了立法行动，重建枯竭的存款保险基金，并要求进行重大的治理、监管和会计改革。[④]在 1999 年，美国海关总署在解决其财务管理弱点方面取得了相当大的进展。鉴于作出了重大改进，包括与评估和收取收入有关的改进，海关财务管理中删除了高风险的标识。用于确定是否删除高风险

①②④ GAO. Key Practices to Successfully Address High - Risk Areas and Remove Them from the List [EB/OL] (2022 -03 -03). [2024 -03 -04]. https://www.gao.gov/products/gao -22 -105184.

③ GAO. Key Actions to Make Progress Addressing High - Risk Issues [EB/OL] (2016 - 04 - 25). [2024 -03 -05]. https://www.gao.gov/products/gao -16 -480r.

指定的标准主要有：表现出强烈的承诺和高层领导的支持；机构有能力（即人力、资源等）以解决风险；一个（或多个）纠正措施计划（定义根本原因、确定有效的解决方案、提供近期内基本完成的纠正措施，包括但不限于实施我们建议的解决方案所需的步骤）；设置监督机制，对纠正措施的有效性和可持续性进行监测和独立验证；具备证明执行纠错措施和解决高风险领域的进展。

## 四、成功退出高风险清单的例子

采取专门行动，解决易受欺诈、浪费、滥用和管理不善影响或需要转型的领域，对于在国家面临的当前和新出现的挑战方面取得进展至关重要。自 1990 年高风险计划开始以来，高风险名单上增加了 66 个地区，并删除了其中 40% 以上的地区，以应对解决所发现问题的充分进展。[①] 此外，名单上的许多高风险领域也取得了有意义的进展，并显示出重大的财务和非财务效益。在过去 18 年（2006 至 2023 财政年度），解决高风险领域的进展为联邦政府带来了超过 6 260 亿美元的财政利益。[②] 在高风险领域取得的进展还带来了许多无法用美元衡量的其他好处，例如改善对公众的服务，提高完成机构任务的能力。

高风险领域的进展需要联邦官员的最高层关注。五个关键实践即领导承诺、能力、行动计划、监控和已展示的进展为联邦采取行动展示进展提供了指导。高风险清单取得了总体进展。持久解决联邦政府的高风险问题可能会保存数十亿美元，大大改善对美国公众的服务，加强公众对国家政府绩效和问责制的信心和信任，并确保联邦政府履行承诺的能力。

国防部供应链管理由于美国国防部在管理库存、保持物资可见性以及交付物资和设备方面取得了重大进展，美国政府责任署于 2019 年将国防部供应链管理领域从高风险名单中删除。[③] 国会和国防部的行动是实现这一结果的基本要素。

①② GAO. Efforts Made to Achieve Progress Need to Be Maintained and Expanded to Fully Address All Areas［EB/OL］(2023－04－20).［2024－03－06］. https://www.gao.gov/products/gao－23－106203.

③ GAO. Determining Performance and Accountability Challenges and High Risks.［EB/OL］(2020－11－01).［2024－03－01］. https://www.gao.gov/products/gao－01－159sp.

有效和高效的供应链管理对于（1）支持军队的准备和能力以及（2）帮助确保国防部避免将资源花费在不必要的库存上至关重要，这些库存可以更好地应用于其他国防和国家优先事项。1990 年，国防部供应链管理因为效率低下和无效的管理实践导致库存过剩被列入高风险清单。2005 年，增加了资产可见性（即保持供应的可见性）和物资分配（即由于包括分发点积压了数百个货盘和集装箱）。

2017 年，库存管理从高风险清单中退出，因为国防部解决了每一个高风险标准，从而实现了明显和持续的改进。例如，国防部在管理“订购过量库存”（即已购买的物品可能因后续变化在需求中过剩）和“现有过剩库存”（即分类为可能再利用或处置的物品）。这些行动导致2009 至 2015 财政年度这两类价值的百分比减少。由于国防部在监测和展示进展方面取得了足够的进展，因此在 2019 年，资产可见性和物资分配也从高风险清单中退出。

几个关键的做法有助于国防部在供应链管理方面的进展：国会的行动是至关重要的，在获得国防部领导的承诺，并在制定国防部的战略指导用于其行动计划和监测改进。国防部通过发展和参与几个专注于供应链管理问题的机构，展示了持续的机构领导承诺。为了满足法定要求，国防部制定了战略文件和纠正行动计划，这对解决供应链管理挑战至关重要。2010 年至 2019 年初，国防部高级官员定期组织会议，讨论国防部在解决库存管理、资产可见性和物资分配挑战方面的计划和进展。

领导承诺。包括负责后勤和物资准备的助理国防部长、负责供应链整合的副助理国防部长、美国运输司令部司令和作战司令部司令在内的高级官员展示了解决国防部供应链管理挑战的承诺和高层领导的支持。国防部开发并使用了高级协作工作组来管理整个部门的供应链问题。这些小组包括预测和需求规划、库存和保留以及供应链指标工作组；供应链执行指导委员会；资产可见性工作组；以及分配工作组。特别是，供应链执行指导委员会收到了季度最新简报，批准了行动项目关闭，并向高级领导人提供了对任何需要升级的领域的关注。此外，国防部在领导层层面上提供了供应链管理问题的持续努力。例如，从 2010 年到 2017 年，从事库存管理工作的国防部工作人员基本保持一致。这些工作人员采取了行动，如建立业绩管理框架，以监测和执行纠正行动计划，并修订库存管理政策和指导，使帮助确保国防部工作长期成功的承诺制度化。

纠正措施计划和监测。国防部为供应链管理制定了详细的纠正行动计划，确定了薄弱环节的关键根源、行动项目、目标里程碑、预期成果、成功措施以及监控进展的流程。这包括其2010年全面库存管理改进计划，该计划到2016财年采取行动和实现目标，并包括一项后续改进计划，以指导到2020年的工作。截至2021年7月，国防部表示将继续使用类似的概念来管理其工作。部门高级领导通过与军事部门和国防后勤局代表举行的每月进度审查会议，监督和监测纠正行动的执行情况和相关指标的业绩。此外，在2012年至2022年1月期间，国防部实施了与全面库存管理改进计划有关的18项GAO建议中的17项，为国防部提供了持续改进的库存管理。2014年，国防部发布了《提高国防部资产可见性战略》（Strategy for Improving DOD Asset Visibility）和相应的实施计划，并在2015年和2017年进行了更新。国防部在其2017年战略更新中为军事部门提供了指导，以在度量发展过程中考虑成功绩效措施的关键属性，以促进其改进举措。军事部门遵循了指导意见，并提供了最新的高级别汇总指标。国防部已采取措施，通过在行动后报告中酌情纳入与绩效衡量有关的信息，来监控资产的可见性。2014年，GAO确定了解决该领域所需的16项行动和成果，并征求了国防部的反馈。这些行动和成果得到了国防部的普遍认同，并在多年来的定期检查中与国防部进行了更新和沟通。这种来回的重点都是国防部需要做什么，以及报告中的建议中确定的商定行动和成果方面的进展。例如，一个行动项目建议国防部在开发其一套分销绩效指标、提高这些指标的数据质量以及在利益相关者之间共享指标信息方面取得进展。2016年，国防部发布了一项纠正行动计划，即《物资分配改进计划》，以应对国防部的物资分配挑战。国防部通过开发一套分配绩效指标、提高基础数据质量以及与利益相关者共享指标信息方面取得进展，对物资分配进行了监控。

通过定期与GAO举行签到会议，讨论进展情况并获得反馈，进行持续和协作性沟通，是国防部成功改进工作并确保解决正确问题的关键。这种公开对话、共享临时文件和对国防部进展的快速周转评估使国防部能够根据需要调整其行动。

## 第二节　美国政府绩效审计及案例

### 一、政府绩效审计

#### （一）绩效审计的内涵

在不同的环境、实践、习惯下，不同国家的政府绩效审计表现形式各有差异。瑞典国家审计局（SNAO）称绩效审计为效益审计（Effectiveness audit），其主要关注政府相关计划的完成状况和管理情况①；英国国家审计署（NAO）称绩效审计为货币价值审计②（Value for money audit），其主要关注组织运用资源的经济性及效益③；美国政府责任署（GAO）设立“3E”审计，即经济性、效率性及效果性审计④（Economy、Efficiency、Effectiveness auditing），并制定了《政府组织计划项目、活动和职责的审计标准》（Auditing Standards for Projects, Activities and Responsibilities of Government Organizations）将其以法律法规形式呈现，其强调政府部门的财政支出及资源使用的经济、效率与效果。

从美国政府所处环境及审计实践来看，绩效审计是按照一定的法律法规的规定，综合多种审计方法和技巧，对政府财政收支及公共资源利用的经济、效率及效果进行评价和监督的行为。其中，经济性指达成既定成果或服务时所耗费的成本最小，效率性反映投入与产出的比例关系，效果性强调计划与项目的完成状况。

#### （二）美国政府绩效审计的形成与发展

1. 萌芽起步时期（1921—1945 年）。

美国联邦政府依据 1921 年《预算和会计法案》（Budget and Accounting

① 瑞典国家审计署［OL］：http：//www. riksrevisionen. se/.

② 英国国家审计署［OL］：http：//www. nao. org. uk/.

③ 郝丽瑛．英国货币价值审计的理论与实践［J］．中国审计信息与方法，1998（3）：43－44.

④ 美国政府责任署［OL］：http：//www. gao. gov/.

Act），成立了预算局及审计总署。法案明确规定，预算局负责联邦政府的预算编制，而审计总署负责审查政府的账目、支出以及公共经费的使用情况，确认政府经费使用的合法性，保障审批手续的完整性。在这个阶段，国会审计总署仅对经费的合法性进行审查，其功能限制在对政府行政经费的事后审计（post-audit）上①，该阶段政府绩效审计的功能较弱，且审计内容较少。

2. 基础建设时期（1945—1981 年）。

1947 年华伦审计长（Lindsay Warren）与财政部长约翰及预算局长詹姆斯商议后确定国家审计总署的职责在于监督财务管理程序并提供会计规范，这一观念后纳入《1950 年会计与审计法》（the Accounting and Auditing Act of 1950）。康贝尔审计长（Campbell）仿照会计公司进一步将审计模式扩展，扩展了审计总署的工作范围，确定审计总署的工作为评价政府机构财政收支的合法性及审计政府财务报告。随后，斯塔茨审计长（Statts）运用预算局的规划－项目－预算系统（PPBS）实现了审计总署工作职能从财务审计到计划评估的转换，强调审计总署在完成传统固有的审计工作外，还需对管理进行评价。

在国会与三任审计长（Warren 1940－1954、Campbell 1955－1965、Statts 1966－1981）的努力下，审计总署的工作方向发生了明显地转变和扩张。1972 年，美国审计总署制定了《政府组织计划项目、活动和职责的审计标准》，设立了“3E”审计准则，审计总署逐步建立了综合的审计制度，同时初步对个别项目尝试了绩效审计，为后来绩效审计的全面快速发展奠定基础。

3. 快速发展时期（1981 至今）。

20 世纪 70 年代末 80 年代初，新公共管理运动（New Public Management，NPM）浪潮席卷全球，民主意识和参与意识增强，这就对资金的用途和效益提出了更高的要求，这为美国政府绩效审计的快速发展创造了良好的社会环境②。1981 年以来，美国社会不断发展，政府财政管理日趋完善。由于美国公共行政管理思维以预算管理为主，加强了内部控制，大大改善了联邦政府的财务管理，2004 年美国审计总署（General Accounting Office，GAO）更名为美国

---

① 张平．美国审计总署组织与工作情况简介［J］．审计与经济研究，1994（1）：17－24.

② 李璐．新公共管理运动对美国政府绩效审计的影响及其启示［J］．管理世界，2009（10）：180－181.

政府责任署（Government Accountability Office，GAO），明确其工作重心并非会计审计，而是通过监督和评价提高联邦政府的绩效，保障联邦政府尽到对公众的责任。在这一阶段，审计总署组织管理不断创新，美国政府绩效审计得以快速发展。

### （三）美国政府绩效审计的内容及特点

美国政府绩效审计也称“3E”审计，包含经济性（Economy）、效率性（Efficiency）及效果性（Effectiveness）。经济审计重点关注计划和输入的经济性，强调成本向投入的转换率，即从政府经济活动的经济性目标着眼，考察能否以最低的成本来获得既定质量和数量的资源，如经济资源能否合理节约。效率审计重点关注实施过程的效率性，强调投入向产出的转换率，即从政府活动效率性目标的实现情况出发，考察能否以最小的投入来获得既定的产出，如生产能力能否有效使用。效果审计重点关注实施结果的效果性，强调产出向效益的转换率，即将执行结果与预期结果进行比较，考察执行结果与预期结果的差距及原因，如经济收益偏差的可能原因。在具体的实践过程中，活动的经济、效率与效果往往相互管理、彼此影响，因此多采用综合的审计方式。

作为一种内部审计方式，美国绩效审计具有以下四个特点：（1）范围广泛性。绩效审计的范围较广，既包括政府部门也包括其他使用公共资源和资金的单位，适用于多种类型的项目和经济管理活动。（2）目标灵活性。绩效审计包含对组织和活动经济、效率和效果的审计，具有一定灵活性，即既可以全面广泛审查，也可以聚焦于单一方面进行审查。（3）方法多样性。绩效审计的方法是多样的，包括抽查法、逆查法、统计测量、管理会计、综合评价法、结构访谈法等多种现代方法和技术。（4）结论建设性。绩效审计并非仅进行监督，也需要对组织、项目或活动进行评价，揭示前期、中期及后期存在问题并提出提高绩效的改进建议，强调挖掘潜力和解决难题。

### （四）美国政府绩效审计取得的成就

美国是最早开展政府绩效审计的国家，在20世纪60年代，美国审计总署即将重点放在绩效审计而非会计审计上，到70年代绩效审计工作已成为审计总署的主要工作。由于审计总署具有直接向国会提供客观信息的权威，其工作职能不仅包括提示联邦政府资金使用的合理性和适当性问题，还包括评估联邦政府颁发的政策、行政机构的工作状况等。在这个过程中，审计总署通过多种审计手段对政府工作进行监督，依法依规保障公共资金和公共资源有效使用，提高联邦政府的工作效率和质量，成为美国提升国家治理效果的重要保障。1993 年，美国颁布《政府绩效与结果法案》（Government Performance and Results Act，GPRA），要求联邦机构学习和使用绩效评估技术方法，同时开通公众监督部门绩效状况的渠道。在全面系统推广绩效管理的良好环境下，绩效审计成为绩效管理的关键环节，发挥着促进、监督、反思绩效管理实施的重要作用。

自绩效审计发展完善以来，其主要围绕美国国际利益、社会保障、自然资源、风险管理以及保健安全等领域展开。在过去的十年中，美国政府责任署有力削减了美国联邦政府的预算和不必要的财政支出，大大提高了税收收入。在 2013 财政年度，美国政府责任署发表了 709 份报告，提出了 1 430 项建议，其中 80% 被国会及联邦政府相关部门采纳，全年绩效审计工作产生 500 余亿美元经济效益①。在 GAO 公布的 2014 财年年度报告中，揭露了 11 个政府重复、交叉等行为证据，指出 15 个应当避免财政浪费的领域，向国会提出 60 余项改进方向和措施，预计可节省超过 5 亿美元的财政支出。2018 财年美国政府责任署实施的审计工作产生了 751 亿美元的经济效益，同时其审计工作为 1 294 项项目和活动带来收益，粗略来看，美国政府责任署投入的 1 美元能够为联邦政府及其他部门带来超过 120 美元的回报②。总体来看，美国政府绩效审计成效颇丰，不仅提高了政府决策科学性及计划效率，而且节约了大量公共资金和资源，显著提升了国家治理效果。

## 二、美国政府绩效审计的程序

美国政府责任署（Government Accountability Office，GAO）不仅对外部联邦政府各行政部门和其他使用公共资金和资源的组织和单位进行绩效审计，同

① 美国政府责任署［OL］：http：//www. gao. gov/.

② The United States Government Accountability Office，2019b；2019g.

时也对其内部的经济、效率和效果进行绩效审计，且需将审计的绩效状况及信息汇报给国会。外部绩效审计和GAO内部绩效审计评估的程序存在一定差异，其中外部绩效审计程序主要分为计划、执行、报告三个阶段，而内部绩效审计则较为灵活，主要用一套量化的绩效指标进行系统地评估①。

### （一）外部绩效审计程序

外部绩效审计主要包括三个主要阶段，即计划编制阶段、计划执行阶段及结果报告阶段，美国政府责任署结合审计阶段的特征和细节，对三个阶段设定了详细的审计标准②。

1. 计划编制阶段。

在计划编制阶段，GAO首先要依据既定标准③判断审计工作的必要与否，如是否属于国会关注重点，是否涉及大量公共资金和资源的使用，是否具有已识别的高风险问题等。在确认需进行审计工作后，署中参与绩效审计工作的人员需要与相关人员广泛沟通和交流，了解该次审计工作的目标和被审计单位对过去审计意见建议的执行情况，同时GAO要做好对参与审计工作人员的培训和配置，在此基础上编制审计计划。

2. 计划执行阶段。

在计划执行阶段，审计人员首先要全面、系统地了解该次审计计划的属性和性质，在调查清楚被审计单位的需求后确定审计工作的技巧和方法。在对审计计划执行的过程中，审计人员需结合被审计单位的情况灵活运用不同的审计方法，对已识别的内部控制存在的缺陷进行评估和记录，对被审计单位存在的风险进行识别和评估，对审计证据的类型和梳理进行确定，此外还需设置专门工作人员对整体的审计程序执行过程进行监督和调整④。

---

① 张文博．美国政府绩效审计发展研究［D］．吉林大学，2020. DOI：10.27162/d.cnki.gjlin.2020.006211.

② The United States Government Accountability Office. Government auditing standards 2018 revision［R］. The United States：2018f：1－16.

③ GAO. 2000. Determining Performance and Accountability Challenges and High Risks［R］. http：//www/gao.gov/products/GAO－01－159SP.

④ The United States Government Accountability Office. Performance auditing－the experiences of the United States Government Accountability Office［R］. The United States：2013：1－16.

3. 结果报告阶段。

在审计计划执行结束后，审计人员需要结合审计状况和充足的审计证据撰写审计报告，汇报该次绩效审计的结果。绩效审计报告涵盖的内容较为广泛，包括该次审计的对象、目的、技巧、方法；该次审计的结果；相应法律法规的遵循情况；内部控制状况与缺陷等多个部分。在审计报告撰写完成后，还需结合审计人员整理的证据对报告进行审核，对审计过程中发现的缺陷和问题提出对应的意见和建议。

外部绩效审计的程序并非绝对固化的，在以上三个阶段的执行过程中，审计人员需要结合具体状况在法律法规允许范围内对三个环节进行适当调整。

### （二）GAO 内部绩效审计程序

美国政府责任署又被称为“国会监督机构”，它是一个独立的服务机构，重点关注联邦政府如何使用税收收入，能否合理使用公共资源，并以提升政府工作效率为目标提供系列建议。美国政府责任署为更好发挥自身价值会使用一套量化的绩效指标对自身的绩效进行审计和评估，指标主要涉及审计成果、审计服务、审计人员和内部运营四个领域。

美国政府责任署完成自身使命和目标的基石是保障实现结果的过程的有效性，对审计成果的评估需要综合衡量审计产生的能够予以实施的建议、带有建议的成果、财务效益以及公共福利等其他收益，GAO 往往通过 4 年滚动平均值对四个项目进行评定。审计服务即对 GAO 向客户提供服务的质量和水平进行评价和衡量，GAO 通常使用客户反馈表对服务的信息进行广泛收集，根据反馈结果来评价其服务质量和水平。审计人员是指参与绩效审计工作的员工的工作能力和态度，GAO 较多使用员工调查和考核的方式对其进行评价。内部运营是指政府责任署内部运营机制的完善程度和运营激励的有效程度，GAO 通过对内部客户和员工进行满意度调查并使用调查结果对这一指标进行评价。

## 三、美国政府绩效审计的案例

美国政府绩效审计的发展已有几十年的历史，该部分本书将以发布在美国劳工部的尘肺病福利项目绩效审计①及多德弗兰克法案审计②为例，介绍具体实践中美国政府绩效审计的方法和成效。

### （一）GAO 对劳工部尘肺病福利项目的绩效审计

1. 尘肺病福利项目概况。

矿工的尘肺病补偿问题是世界许多具有煤炭资源国家关注的共同问题，1996 年，美国国会创建尘肺病福利项目（Black Lung Benefits Program），项目主要关注矿工尘肺病相关医疗服务的诊断和提供。该项目首先对索赔人进行检查和测试（如呼吸测试、胸部 X 光检查等），以判断索赔人的患病状况；其次，对于部分享受福利的工人，项目能够提供尘肺病治疗的医疗保险。

2. 绩效审计目的。

自 20 世纪 70 年代始，美国矿工因尘肺病死亡人数已超过七万人，在阿巴拉契亚地区，工人的患病率从 1995 年 3.4% 跃升至 2006 年 7.9%③，因此，对尘肺病福利项目的关注刻不容缓。2009 年，美国政府责任署第一次对尘肺病福利项目进行审计，同时 2012 年对该福利项目继续进行了进一步的跟踪审计。美国政府责任署对该福利项目进行绩效审计的目的在于了解美国劳工部对该项目的管理状况，包括劳工部下设部门工人赔偿项目办公室（Office of Workers' Compensation Programs，OWCP）、行政案件法官办公室（Office of Administrative Law Judges，OALJ）、利益审查委员会（Benefits Review Board，BRB）的工作效率以及矿工索赔过程的障碍。

3. 审计结论及建议。

美国政府责任署基于合理的审计目标，选取 2008 年 10 月至 2009 年 10 月相关数据和记录，对尘肺病福利项目进行了全面的绩效审计④。

该福利项目是美国矿工尘肺病补贴的关键要件，但经审计发现，该项目实

---

① 郭丹，王芳．美国政策绩效审计特征与借鉴——以联邦矿工尘肺福利项目审计为例［J］．中国审计评论，2016（1）：96 - 104.

② The United States Government Accountability Office. DODD - FRANK REGULATIONS Agencies' efforts to analyze and coordinate the irrecent final rules［R］. The United States：2016a：50 - 90.

③ 数据来源于美国卫生资源和服务管理局（United States Health Resources and Services Administration，HRSA）。

④ 数据来源于 GAO 尘肺病绩效审计报告（Black Lung Benefits Program Report），2009 年 10 月。

践的过程中存在部分缺陷和问题，阻碍了美国矿工获得补贴和赔偿。首先，在该项目中，患有尘肺病的矿工若想获得补贴，必须要进行相当繁琐的步骤来收集足够多的证据，事实上，许多矿工因为证据不充分而被否决。其次，项目中关于对矿工患病状况的检查不够完善，多数情况下难以协助矿工获得患病的举证；最后，项目中缺乏对部分特殊群体如丧失劳动能力的矿工的补贴和赔偿机制。

为保障尘肺病福利项目更好地推进和完善，美国政府责任署针对项目中存有的缺陷和问题提出了多条建议。建议包括缩短尘肺病赔偿案件受理时间、结合索赔人的反馈完善医疗机构对尘肺病的检查判断机制、完善尘肺病补贴和赔偿机制、使用技术设施提高项目实施效率等，推动了尘肺病福利项目结构和机制的发展和完善。

### （二）多德弗兰克法案审计

1. 多德弗兰克法案概况及绩效审计目的。

多德弗兰克法案诞生于金融危机后，是为维持金融体系的平稳和预防金融风险而颁布的法律。由于金融危机后美国经济受到创伤，因此政府颁布的该法案包含大量特殊的规则和要求，牵扯多个金融监管机构的资源配置情况。为保障法案能够切实高效地发挥作用，美国政府责任署对该法案进行了全面的绩效审计，在监督和检查法案运行效果的同时也期望提出对该法案的修正建议。

2. 审计方法。

在该次绩效审计的过程中，美国政府责任署审计人员采取了综合审计方法。审计人员首先确定审计对象，对2015年七月至次年七月的法案规则进行分析；其次，审计人员使用收益分析的方法对银行控股公司的信用指标、规模指标等进行计算，并将指标的计算结果与专业指标进行对比，以指标间差距来分析金融政策实施状况；随后，审计人员通过数据对比分析和量化成本分析判断法案中致使银行SIFIs（Systemically Important Financial Institutions，SIFIs）特征随时间而变化的规则，确定法案规则的影响；最后，审计人员将整理完成的证据和报告提交给国会，完成绩效审计的程序。

3. 审计效果。

2015年对该法案的审计报告中提出了五条意见和建议，大大提高了金融监管机构的效益。截至2016年末，多个金融监管机构结合美国政府责任署的监督和评价发布了约75%项条款，使其较好地把握了金融风险①。从长远来看，美国政府责任署对多德弗兰克法案开展的绩效审计，显著提高了审计机构的地位，充分发挥了其在促进金融体系平稳运行、精准防范金融风险等方面的关键作用。

## 第三节　预算绩效信息公开

### 一、美国预算绩效信息公开制度

绩效信息透明化能够增强政府公共支出的责任意识，更好发挥绩效监督功能②。预算绩效信息公开不仅有利于全面提高绩效水平，促使预算绩效评价工作更快步入规范化、法治化轨道，也有利于保障公众知情权，更加广泛地接受公众监督。

#### （一）美国预算绩效信息公开制度发展历程

从20世纪初至今，美国不断探索和实践预算制度，经历了从线性预算、项目预算到绩效预算、零基预算和新绩效预算等多个预算制度，建立了一套以科学合理绩效评估方法为保障，以完善健全法律体系为支撑的预算制度③。美国预算绩效信息公开制度随着预算制度和绩效管理制度的演进不断发展变化，总体来看，美国预算绩效信息公开制度的发展完善主要经历了三个阶段。

1. 第一阶段：克林顿政府时期的预算绩效信息公开。

1993年，美国颁布《政府绩效与结果法案》（Government Performance Results Act of 1993，GPRA），推动了美国政府绩效改革，标志着绩效改革步入了成熟阶段。GPRA第一次以立法的形式将美国政府部门的绩效评价制度确立下

---

① The United States Government Accountability Office. DODD – FRANK REGULATIONS Agencies' efforts to analyze and coordinate the irrecent final rules [R]. The United States：2016a：50 – 90.

② 王红梅，李佳鹏，曹堂哲．中西方政府预算绩效管理体系的共性与差异——基于1990—2018年的文献考察 [J]．中央财经大学学报，2020（4）：15 – 25. DOI：10. 19681/j. cnki. jcufe. 2020. 04. 002.

③ 邹靖，梁永晋，王晓培．美国政府绩效预算对我国预算绩效改革的启示 [J]．财政研究，2015（7）：107 – 110. DOI：10. 19477/j. cnki. 11 – 1077/f. 2015. 07. 021.

来，使预算绩效获得史无前例的合法地位，代表了美国政府全面实施绩效管理的决心。在这一阶段，预算绩效建立了一套量化指标和评价标准[①]，美国政府以 GPRA 为依据对预算绩效信息进行公开和披露，通过对绩效目标、评估以及结果的公开强化行政部门和使用公共资源和资金组织的责任。

2. 第二阶段：布什政府时期的预算绩效信息公开。

2001 年，美国颁布《总统管理议程》（Presidential Management Agenda），议程中设置了预算和绩效整合、财务绩效完善、电子政务、竞争采购及人力资本投资等五个方面工作。在该议程的指导下，美国管理和预算办公室（Office of Management and Budget，OMB）建立了“红黄绿”三档评估系统，同时引入项目分级评价工具（Program Assessment Rating Tool，PART）将预算与绩效进行正式的统一合并，并及时将项目预算绩效评价结果予以公开和公布。

3. 第三阶段：奥巴马政府时期的预算绩效信息公开。

2010 年，美国颁布《政府绩效与结果现代化法案》（The Government Performance and Results Modernization Act of 2010，GPRAMA），该法案是在对 GPRA 多项规定补充和完善的基础上制定的，目的在于推动美国政府绩效管理活动，提升公众信任度。在法案的指导下，预算绩效信息公开制度进一步得到发展，美国政府在利用绩效信息促进政府决策的同时及时将合理的预算绩效信息提供给公众[②]，拓宽了公众监督渠道，提升了政府财政透明度，预算绩效信息公开制度得以逐步完善。

### （二）美国预算绩效信息公开特征

预算绩效信息的公开既是联邦政府及行政部门履职尽责的应有之义，也是推进全面预算绩效管理的关键举措。美国预算绩效信息公开制度主要具有以下三个特征。

1. 预算绩效信息公开的法律体系健全。

法治化是美国预算绩效信息公开的重要保障。美国政府预算绩效信息公开制度是依据一套完善的法律体系形成的，在信息公开过程中，立法机关会广泛

---

①② 肖鹏，胡一鸣，梁云凤．部门预算绩效管理的国际比较及启示［J］．全球化，2022（5）：61 - 70 + 134. DOI：10. 16845/j. cnki. ccieeqqh. 2022. 05. 002.

参与其中，保障信息公开工作地平稳运行。美国宪法中规定“应当对涉及公款收支的明细账目和报告进行全面公开”①，奠定了最基本的法律基础；1966年《信息自由法案》（Freedom of Information Act，FOIA）要求“联邦政府的信息应当向公众开放”②，极大地扩展了政府信息地披露范围；1976年《阳光政府法案》（Government in the Sun Act）指出“坚决杜绝政府关门执政，应当在阳光下行使权利”③，对预算制定全过程的信息公开提出要求。在以上法律之外，美国联邦政府还签署了多条行政条例，对政府预算绩效信息公开的时间和方法做出明确规定。一系列的法案和条例为政府预算绩效信息公开构建了坚实的法律基础，使政府能够更加高效、透明地进行预算绩效管理。

2. 预算绩效信息公开的部门职责分工明晰。

美国政府预算绩效信息公开的过程涉及了立法部门、司法部门和行政部门④。其中立法部门负责制定保障信息公开的法案，如联邦政府制定联邦《阳光政府法案》，州政府制定其所在州的《阳光政府法案》等。司法部门负责在行政部门或其他使用公共资金部门违背法律要求隐瞒部门预算绩效数据时，强制其公开预算绩效信息，如当公民在法律规定范围内申请某部门预算绩效信息公开的过程中受阻时接受公民的申诉并进行裁决。行政部门负责按照法律规定进行本部门的预算绩效信息公开，并在公众提出申请信息公开时依据法律规定对更多预算绩效数据进行公开。美国政府预算绩效信息公开的过程中，各部门职责分工清晰，保障了信息公开过程的高效性和信息公开结果的真实性，有助于公众的参与、评价与监督。

3. 民间社会组织充分参与政府预算绩效信息公开。

社会性团体的广泛、充分参与预算绩效是提高政府责任感的关键抓手。美国具有数量众多的专业化社会组织和团体，包括非政府组织、社区组织、研究机构等，这些民间社会组织在政府预算绩效信息公开的过程中充分参与，不仅参与监督绩效结果并反馈绩效监督信息，而且在对公开信息的分析后积极提出政策建议和意见，如研究机构对劳工部某项目预算绩效信息进行分析后，结合分析结果为项目未来发展提出指导性建议。因组织专业水平较

---

①④　肖鹏．美国政府预算制度［M］．北京：经济科学出版社，2013：316－317．
②　肖鹏．美国政府预算制度［M］．北京：经济科学出版社，2013：292－293．
③　肖鹏．美国政府预算制度［M］．北京：经济科学出版社，2013：294－295．

高且信息公开相关法律体系较完善，美国民间社会组织的充分参与使美国预算绩效信息公开更具公信力，同时也在一定程度上提高了行政部门经济管理活动的结果和成效。

## 二、美国国土安全部预算绩效信息公开案例

### （一）美国国土安全部预算绩效信息公开的法律框架及要求

美国国土安全部（Department of Homeland Security，DHS）成立于“9·11”事件发生后，其下设包括国家协调中心（NCC）、网络安全与通信办公室（CS&C）等多个部门，主要负责协助其他行政部门保护国家信息安全和基础设施安全等，是信息保障政策的主要执行者。此外，国土安全部在制定信息安全政策和标准的同时还负责监督和评估行政机构的信息管理问题，并需及时向联邦政府反馈评估结果。

立法增强了各级政府行政部门预算绩效公开的合法性，美国完善的法律框架更为行政部门和使用公共资金的组织预算绩效信息公开实践提供支持。在联邦政府出台的《宪法》《信息自由法案》《阳光政府法案》《国家安全法》（National Security Act of 1947）等法律基础上，美国国土安全部还签署了《2015年国土安全部拨款法案》（Department of Homeland Security appropriations Bill of 2015），法案的解释性声明中包含了美国政府责任署对国土安全部审查的具体条款，同时也对国土安全部绩效信息公开提出明确要求，即国土安全部需要在法律规定范围对政府问责局的绩效审计结果进行公开，包括项目的预算执行情况、结果交付时间等。

### （二）国土安全部预算绩效信息公开运行情况

1. 美国政府责任署审计国土安全部项目预算绩效情况。

为了确保边境安全、提高海上安全、增强网络安全，DHS每年会投资数十亿美元用于购置安全操作系统。在2024财年，DHS计划花费超40亿美元用于采购办理安全项目组合，美国政府责任署选择对DHS最大的26个采办项目进行审查，以确定截至2023年9月30日的项目状态，保障DHS采办项目的

平稳运行①。

政府问责办公室分别对 DHS 26 个项目的成本和进度状况以及性能状态进行绩效审计。审计结果发现被审查的 26 个 DHS 采办项目中有 16 个项目设置了可衡量的目标，包括项目成本、项目执行方式以及项目交付时间等，其中 15 个项目达到了其设定的成本和进度目标，1 个项目在 2023 财年处于违约状态。在美国政府责任署审查后，DHS 结合 COVID－19 等外部环境的影响对其采办的 26 个项目重新建立了成本、进度、性能等目标，同时在其官方网站上及时、准确地向管理人员、决策者以及其他利益相关者提供变更信息，以减少采办项目的财务风险、进度风险和性能风险。

2. 国土安全部预算绩效信息公开方式。

由于国土安全部涉及国家安全事项和工作，因此其主要依据《国家安全法》和《国土安全部拨款法案》的相关规定对其采办项目预算绩效信息进行公开。美国政府责任署对国土安全部的绩效审计结果进行评估后撰写了 DHS 年度评估报告，报告内详细描述了 26 个项目的预算执行情况以及成本增长情况。经国会批准后，美国政府责任署将该报告公示在其官方网站上②，同时国土安全部以及国会委员会也收到了报告的副本并在相应网站上进行信息公开。总体而言，国土安全部预算绩效信息公开方式以主动公开为核心，涉及到的行政机关主动将审计报告放在网站上，以供公众自由查询和调取③，保障了公众知情权的有效实现。

3. 国土安全部预算绩效信息公开成效及意义。

（1）预算绩效信息公开推动 DHS 执行改进。预算绩效信息公开是一种合法化机制，它强调一个部门或组织的结构和行为应当与制度环境的规范要求一致④。美国国土安全部对其预算绩效信息进行公开在客观上推动了部门执行改进，即对绩效评估中经济性、效率性和效果性较差的项目进行调整和完善，在其

① United States Government Accountability Office. DHS Annual Assessment：Most Programs Are Meeting Current Goals, but Some Continue to Face Cost and Schedule Challenges, 2024. 02. https：//www. gao. gov.

② https：//www. gao. gov.

③ 肖鹏 . 美国政府预算制度［M］. 北京：经济科学出版社，2013：295－296.

④ Thornton, P. H. &Ocasio, W. (1999). Institutional Logics and the Historical Contingency of Powerin Organizations：Executive Succession in the Higher Education Publishing Industry, 1958—1990. American Journal of Sociology, 105 (3) : 801－843.

采办执行过程中进行更正和改进，以提升其自身预算绩效，增强其自身合法性①。

（2）预算绩效信息公开促进 DHS 持续创新。绩效信息的公开是对行政机构过往行为的绩效反馈②，当绩效评估的指标随着外部环境变化和经验积累不断变动时，持续进行绩效评估在一定程度上能够起到指导和引领功能。根据报告可知③，美国国土安全部依据美国政府责任署的审计结果对其采办管理政策进行了创新，即当项目获批成本无法满足其运营建设成本时，相关组织需要依据项目违约状况寻找替代方案，重新进行基线（建立新的成本、进度和性能参数目标）的制定，保障项目的推进。由此可见，预算绩效信息公开的压力促使 DHS 对其管理方式和项目方案进行创新，部门的创新能力得以提升。

（3）预算绩效信息公开增强 DHS 公众可信度。美国国土安全部在其网站上对预算绩效评估结果进行公开有利于社会公众和组织直接参与到项目的监督和管理中来，一方面社会组织的参与能够为 DHS 项目建设和发展提供可借鉴的意见和建议，另一方面社会组织的参与使 DHS 相关项目更加真实，大大增强其公众可信度。

---

① Cho, C. H. & Patten, D. M. (2006). The Role of Environmental Disclosures as Tools of Legitimacy: A Research Note Accounting. Organizations and Society, 32 (78): 639-647.

② 李晓方，孟庆国，王友奎. 绩效信息公开与政府响应——基于政府门户网站建设第三方评估数据的断点回归分析［J］. 公共行政评论，2019，12（5）：115-132+214.

③ United States Government Accountability Office. DHS Annual Assessment: Most Programs Are Meeting Current Goals, but Some Continue to Face Cost and Schedule Challenges, 2024.02. https://www.gao.gov.

# 术语对译表

**A**

Across – Silos Management “跨孤岛式” 管理

Advisory Committee on Data for Evidence Building 证据建设数据咨询委员会

Agency Mission 机构使命

Agency Performance Plans（APP）机构绩效计划

Agency Performance Report（APR）机构绩效报告

Agency Performance Update（APU）机构绩效更新

Agency Priority Goals（APG）机构优先目标

Agency Strategic Plan（ASP）机构战略计划

Agency 机构（包括大多数行政部门和机构，但明确不包括中央情报局、美国政府问责署、美国邮政局和邮政管理委员会）

American Customer Satisfaction Index（ACSI）美国客户满意度指数

Annual Performance Plans 年度绩效计划

Annual Performance Reports 年度绩效报告

Annual performance review process 年度绩效审查流程

Annual Reviews of Progress 年度进展回顾

Authorized to be appropriated 因授权而拨款

**B**

Benefits Review Board（BRB）利益审查委员会

Block/Formula Grant 大额或公式化补贴项目

Budget and Accounting Act of 1921《预算和会计法案》（1921）

Budget and Performance Integration 预算和绩效整合

Budget appropriation 预算拨款

Budget authorization 预算授权

Budget baseline 预算基线

Budget Enforcement Act of 1990（BEA）《预算执行法案》（1900）

Budget Justification 预算说明

Budget Prosecutor 预算检察官

Budget reconciliation 预算调和

Budget Requests 预算请求

Budget resolution 预算决议

Build Back Better 更好的重建

Bureau of Budget（BoB）预算局

Byrd Rule 伯德规则

## C

Capacity Assessment 能力评估

Capital Assets And Service Acquisition Program 资本资产和服务获得性项目

CFO Act agencies 首席财务官法案机构（简称 CFO 法案机构）

Chief Data Officer（CDO）首席数据官

Chief Evaluation Officer（CEO）首席评估官

Chief Financial Officers Act of 1990《首席财务官法案》（1990）

Chief Information Officer（CIO）首席信息官

Chief Operating Officer（COO）首席运营官

Chief Performance Officer（CPO）首席绩效官

Committee on Department Methods（Keep Commission）凯普委员会

Common Sense Government 常识政府

Competitive Grant Program 竞争性补贴项目

Coronavirus Aid, Relief, and Economic Security Act《冠状病毒援助、救济和经济安全法》

Cost－Efficiency 成本—效益

Council of Economic Advisers（CEA）经济顾问委员会

Credit Program 信贷项目

Cross Agency Priority（CAP）跨部门优先事项

Cross – Agency Priority Goals（CAP Goals）跨部门优先事项目标

Customer Experience（CX）客户体验

**D**

Data Access 数据访问

Data Quality Records（DQR）数据质量记录

Data Sharing 数据共享

Data Transparency 数据透明度

Data – Driven Performance Reviews 数据驱动的绩效审查

Deputy Director for Management（DDM）管理副主任

Direct Federal Program 直接联邦项目

Discretionary Spending 自主性支出

**E**

Economy 经济性

Effectiveness 效益、有效性

Efficiency 效率、效率性

EvidenceBuilding 证据构建

Evidence Practices 证据实践

Evidence – Based Policymaking Commission 美国循证决策委员会

Evidence – Based Policymaking 循证决策

Executive Order（EO）行政命令

Executive – Legislative Partnership 行政—立法合作关系

**F**

Federal Acquisition Streamlining Act《联邦采购精简化法案》

Federal Activities Inventory Reform Act《联邦职能清单改革法案》

Federal Data Strategy 联邦数据战略

Federal Government Performance Goal（FGPG）联邦政府绩效目标

Federal Government Performance Plan（FGPP）联邦政府绩效计划

Federal Government Priority Goals（FGPGs）联邦政府优先目标

Financial Report 财务报告

Financial Statements 财务报表

Fiscal year 财年

Focused Area for Improvement（FAFI）重点改进领域

Foundations for Evidence – Based Policymaking Act of 2018《循证决策基础法案》(2018)

From Red Tape to Result：Creating A Government That Work Better and Cost Less《戈尔报告》

## G

Goals and Objectives 总目标和分目标

Government Performance and Results Act（GPRA）《政府绩效与结果法案》

Government Performance and Results Modernization Act of 2010（GPRAMA）《政府绩效与结果现代化法案》(2010)

## H

High Impact Service Provider（HISP）高影响力服务供应商

High Priority Performance Goals（HPPGs）高优先级绩效目标

Hoover Commission 胡佛委员会

House Committee on Appropriation 国会众议院拨款委员会

## I

Impact Evaluation 影响评估

Impoundment 扣押

Incremental budgeting 渐进预算

Inspector General（IG）监察长

Intellectual Property 知识产权

## K

Keep Commission 凯普委员会

## M

Management Reports 管理报告

Mandatory Spending 强制性支出

Metrics 具体指标

Milestone 里程碑

Mixed Program 混合型项目

## N

New York Bureau of Municipal Research（NYBMR）纽约市政研究局

Noteworthy Progress（NP）显著进展

## O

Office of Administrative Law Judges（OALJ）行政案件法官办公室

Office of Evaluation Sciences（OES）评估科学办公室

Office of Management and Budget（OMB）管理和预算办公室

Office of Personnel Management（OPM）人事管理局

Office of Workers' Compensation Programs（OWCP）工人赔偿项目办公室

OMB Circulars OMB 通告

OMB Memoranda OMB 备忘录

Open Government Data Act《开放政府数据法案》

Organizational Health and Organizational Performance Framework 组织健康和组织绩效框架

Outcomes 结果

Output 产出

## P

Performance Administration Mode 绩效行政模型

Performance and Accountability Report（PAR）绩效与责任报告

Performance budget management 绩效预算管理

Performance Governance Mode 绩效治理模型

Performance Improvement and Analysis Framework 绩效改进和分析框架

Performance Improvement Council（PIC）绩效改进委员会

Performance Improvement Officer（PIO）绩效改进官

Performance Management Mode 绩效管理模型

Performance Measurement 绩效测量

Pilot 试行计划

Planning – Programming – Budgeting System（PPBS）规划—项目—预算系统

Presidential Priorities 总统优先事项

President's Budget Proposal 总统预算提案

President's Management Agenda（PMA）总统管理议程

President's Management Council（PMC）总统管理委员会

Program activity 项目活动

Program Assessment Rating Tool（PART）项目评级工具

Program Evaluation 项目评估

Program performance narratives 项目绩效叙述

Program 项目集、项目、行动、方案（该术语在实践中有多种用途，因此没有明确统一的定义，在预算过程指统筹管理的一组项目（projects）和其他事务，以获得单独管理无法获得的效益）

Project 项目、工程、计划

## R

Randomized Controlled Trials（RCT）随机对照实验

Reconciliation 调和

Red Tape 官样文章

Regulatory – Based Program 管制性项目

Reinventing government 重塑政府

Reinvention Laboratories 再造实验室

Reorganization Act of 1949《重组法案》(1949)

Report of the National Performance (NPR)《国家绩效评估报告》

Researchand Development Program 研发项目

Resolution 决议

Results – Oriented 结果导向

rules and practices 规则以及惯例

**S**

Siloed Performance Model 孤立绩效模型

Strategic Planning 战略规划

Strategic Review 战略审查

**T**

The Blair House Papers《布莱尔之家文件》

The Committee on Homeland Security and Governmental Affairs of the Senate 参议院国土安全和政府事务委员会

The Committee on Oversight and Governmental Reform of the House of Representatives 众议院监督和政府改革委员会

The Institute of Education Sciences (IES) 教育科学研究所

Tight fiscal policy 紧缩性财政政策

**U**

U. S. Department of Homeland Security (DHS) 美国国土安全部

U. S. Department of Education (ED) 美国教育部

U. S. General Accounting Office (GAO) 美国审计总署(2004 年更名为美国政府责任署,但缩写不变,仍为 GAO)

U. S. Government Accountability Office (GAO) 美国政府责任署

U. S. National Center for Education Statistics (U. S. NCES) 美国国家教育统

计中心

United States Patent and Trademark Office（USPTO）美国专利商标局

**V**

Value for money audit 物有所值审计

# 后　　记

美国是世界上较早开展绩效评价和管理并颁布绩效管理单行法律的国家。自 1993 年《政府绩效与结果法案》（GPRA）颁布的 30 多年以来，美国联邦政府及其部门在绩效评价和管理技术的采纳和使用方面取得了显著进展，绩效预算倡议引人注目。2018 年《循证决策基础法案》的出台更是推动了数据和证据运动的蓬勃发展，成为未来更广泛的绩效治理框架中的新元素。

目前关于美国政府预算绩效管理的研究对奥巴马、特朗普和拜登政府时期的研究较为薄弱，且已有的研究主要是制度和法律文本的翻译介绍，尚未深入到对美国预算绩效评价与管理的运行机制、操作流程、实际案例进行深入的分析和介绍。本书基于“古为今用、洋为中用”的原则，将财政部预算评审中心青年理论学习小组和中央财经大学课题组搜集的外文资料系统梳理、翻译、整合、批判和再表达，完成《美国政府预算绩效评价与管理》一书，以期为深化预算绩效评价和管理改革提供镜鉴。。

本书主要基于美国联邦政府和部门相关网站（绩效网站、OMB 网站、支出网站、评估网站等）、预算与绩效立法及政策指南、绩效评价与管理工具的延续与创新、国家绩效评审委员会系列报告、千余份 PART 报告、CRS 报告及 GAO 调查报告等、历届政府的总统管理议程、联邦机构预算与绩效文件、现行联邦绩效框架（计划——证据、评估、分析与审查——报告）、行之有效的绩效管理实践（专注于数量有限的优先目标、定期开展数据驱动的绩效审查、透明地向公众报告结果等）所载的大量一手资料和有关文献编纂而成，力图尽可能客观地展示美国联邦政府及其部门预算绩效评价与管理的制度和机制、工具和实践。

全书分为四编：“历史演变与法律框架”“联邦制政府层面预算绩效评价与管理”“部门层面预算绩效评价与管理”“预算绩效审查监督”，包括前言、后记和十二章。

全书由财政部预算评审中心李方旺主任担任主编、常海林副主任和赵鹏副主任担任副主编，统筹、指导全书编写工作。曹堂哲教授担任副主编负责大纲设计、章节写作指导和全书最后统稿。

各章分工完成情况如下：

前言由李方旺、曹堂哲组织撰写，李方旺、曹堂哲、胡诚、侯飞、柏子旋、程子轩、解诗琪参加了写作。

第一章由彭珮文和柏子旋统稿，第一节由解诗琪撰写；第二节由张子怡撰写；第三节由柏子旋、刘晴撰写；

第二章由张雅涵统稿，张雅涵、丁一博、田梦撰写；

第三章、第四章由王梦琦、李敏撰写；

第五章、第八章由柏子旋撰写；

第六章由杨卓妮统稿，杨卓妮、薛莹、王盈撰写；

第七章由申晔统稿，申晔、程小珊、孙阳、黄丰雨撰写；

第九章、第十一章由程子轩撰写；

第十章由程铄雅统稿，程铄雅、侯飞、许铁宁、秦泽宇撰写；

第十二章由曹堂哲统稿，第一节由罗淋撰写，第二节、第三节由解诗琪、于东仪撰写。

财政部预算评审中心

2024 年 5 月